OEUVRES

DU

CARDINAL DE RETZ

NOUVELLE ÉDITION

REVUE SUR LES PLUS ANCIENNES IMPRESSIONS
ET LES AUTOGRAPHES

ET AUGMENTÉE

de variantes, de notices, de notes, d'un lexique des mots
et locutions remarquables, d'un portrait, de fac-similés, etc.

PAR MM.

A. FEILLET, J. GOURDAULT ET R. CHANTELAUZE

TOME DIXIÈME

PARIS
LIBRAIRIE HACHETTE ET C.ie
BOULEVARD SAINT-GERMAIN, 79

1896

LES
GRANDS ÉCRIVAINS
DE LA FRANCE

NOUVELLES ÉDITIONS

PUBLIÉES SOUS LA DIRECTION

DE M. AD. REGNIER

Membre de l'Institut

ŒUVRES
DU
CARDINAL DE RETZ

TOME X

PARIS. — IMPRIMERIE LAHURE
Rue de Fleurus, 9

LEXIQUE

DE LA LANGUE

DU

CARDINAL DE RETZ

AVEC

UNE INTRODUCTION GRAMMATICALE

PAR M. LOUIS-ADOLPHE REGNIER

PARIS
LIBRAIRIE HACHETTE ET Cie
BOULEVARD SAINT-GERMAIN, 79

1896

PRÉFACE

Le cardinal de Rétz n'est, en fait de langage, ni un réformateur, ni un novateur. Il n'était nullement grammairien par goût, comme tant d'autres écrivains de son temps ; et la langue n'était évidemment pour lui qu'un moyen de rendre sa pensée, ou plutôt de présenter habilement, sous un certain jour, les hommes, les événements, et en particulier ses propres actions.

On sait de plus par suite de quelles circonstances ses *Mémoires*, le seul de ses ouvrages qui ait une importance de premier ordre, ont été publiés tardivement et n'ont pu avoir aucune influence sur la littérature de son siècle.

Sa langue n'offre donc pas, il faut bien l'avouer, autant d'intérêt que celle des écrivains de profession ; non seulement de ceux qui, se fondant sur le bon usage, comme Malherbe ou Vaugelas, s'étaient donné mission de réformer le langage, ou au moins de le maintenir dans la bonne voie, par leurs préceptes ou par leurs exemples ; mais même de tous ceux qui, sans prétendre faire école, s'occupaient du moins avec amour à polir et à repolir leurs ouvrages, et attachaient une extrême importance au choix judicieux des mots et des tournures.

Ces écrivains-là ont rendu assurément un éminent service à la langue française. La belle langue d'oil du xiiie siècle s'était peu à peu corrompue dans les âges suivants, et le xvie siècle l'avait inconsidérément remplie d'une foule d'éléments nouveaux qui l'avaient plus encombrée qu'enrichie. Le xviie l'épura, la resserra et l'assouplit à la fois, et de plus il la fixa. Il en fit ce langage admirable, aussi noble et aussi harmonieux qu'il est vigoureux et précis, et qui nous sert encore de modèle à l'heure qu'il est ; mais en même temps il lui ôta un peu de cette vie, de cette sève de jeunesse qui anime parfois si délicieusement le français des trouvères.

Or, si la prose de notre auteur se distingue par une qualité particulière, c'est assurément parce qu'elle est plus spontanée, et partant plus vivante que celle d'une bonne partie de ses contemporains. C'est celle d'un homme bien élevé, habitué à parler comme la bonne société de son temps, et qui, n'ayant pas de système à lui, devait écrire à peu près comme il parlait.

Homme bien élevé et grand seigneur, certes il se piquait de l'être ; et cette prétention n'était point exagérée. Il faisait à bon droit partie de cette aristocratie, qui n'était pas toujours vertueuse, mais qui, aux traditions d'honneur mondain qui se conservaient dans les familles, savait allier pour l'ordinaire une grande culture intellectuelle et un goût prononcé pour les choses de l'esprit. Il en avait, à un très haut degré, et les défauts et les qualités ; il en avait certainement le langage.

Son bon goût naturel, il est vrai, l'empêchait le plus souvent de se servir de la langue recherchée qui avait cours dans le monde précieux. Mais il appartenait un peu à ce monde-là ; et s'il attachait une assez grande importance à ce qui s'y faisait et à ce qui s'y disait, ce n'était pas seulement parce qu'un chef de parti, ou celui qui aspire à l'être, doit tenir compte de toutes les influences et les ménager autant qu'il le peut, c'était aussi par suite d'une prédilection, qu'il ne prenait pas la peine de dissimuler, pour ceux qu'il appelait « des gens de qualité à qui l'on devoit de la considération[1] ».

Non seulement il paraît fier d'être un vrai gentilhomme[2], et il parle en plus d'un endroit de sa maison avec une satisfaction très visible ; mais il n'est pas tout à fait étranger à certaines vanités beaucoup plus futiles encore. Il ne lui est pas indifférent d'être compté parmi les élégants, et il dit très volontiers ce qui leur sied et ce qui ne leur sied pas, ou même ce qui leur seyait à telle ou telle époque. Bien qu'il affecte de parler de la mode avec une nuance d'ironie, il est bien visible que la mode n'est point pour lui une chose à dédaigner.

Sa langue nous offre à chaque instant des expressions empruntées aux jeux et aux passe-temps de la haute société d'alors. La chasse à courre, la fauconnerie, le jeu de paume, l'escrime, les tournois, lui fournissent fréquemment des mots et des tournures qu'il emploie, le plus souvent au figuré, avec un naturel parfait[3].

Mais la véritable élégance demande une instruction solide et générale. Retz avait des connaissances variées et sûres, dont il se

---

1. Voyez tome II, p. 514.
2. « Je sors, dit-il, d'une maison illustre en France et ancienne en Italie. » (Tome I, p. 81.)
3. Voyez, au Lexique, les articles Botte, Bricole, Courre (Courre la lance, Fond de courre), Droit (Jouer le droit du jeu, De droit), Esteuf, Estocade, Filière, Pied (Tenir pied à boule), Planer, Pointe, Relais, Relayer, Servir, etc.

servait tantôt en homme du monde, lorsqu'il parlait ou qu'il écrivait aux gens de sa classe, tantôt en politique, pour préparer et faire agir les ressorts de la grande machine qu'il se flattait de mettre habilement en œuvre : car c'était avant tout un amateur de conspiration, un révolté pour le plaisir, qui se mit en tête d'exciter et de conduire savamment une révolution, comme l'on fait une partie d'échecs.

Tout ce qu'il avait besoin de savoir pour une pareille entreprise, il l'avait étudié avec soin, son langage même en fait foi. Il emploie avec une aisance égale, ou peu s'en faut, les termes scientifiques, juridiques, philosophiques et religieux. Dans ses récits ou dans ses lettres, il ne paraît presque jamais embarrassé pour défendre sa cause, et pour en démontrer la justice (à laquelle il ne croyait pas toujours) avec une apparence de clarté et de sincérité fort remarquables, et cela en se fondant sur l'histoire, sur la morale, sur les traditions, sur les textes de lois civiles et religieuses, usant toujours des expressions propres, et sans reculer devant les mots techniques, dont il se sert avec une savante et habile discrétion. Enfin, quelque sujet qu'il ait à traiter, il semble qu'il soit constamment dans son domaine, et l'on peut admirer autant la variété du ton que la verve inépuisable du discours.

Cependant, malgré ces brillantes qualités, ce n'était pas un écrivain à proprement parler. Il serait sans doute bien hardi d'assurer qu'il n'ait pas eu quelque ambition littéraire, car il était, en toutes choses, éminemment ambitieux ; mais c'était là, chez lui, une préoccupation d'un ordre très secondaire. Il y a assurément dans ses *Mémoires* des passages fort étudiés ; mais il les étudiait beaucoup moins en écrivain qu'en politique. Puis, à côté de ces morceaux plus soignés, combien d'autres où le récit et le dialogue sont comme improvisés, où l'irrégularité même et les obscurités du style semblent trahir la hâte, ou tout au moins l'absence de toute contrainte !

Quelle qu'ait été, en effet, la personne à laquelle il adresse le récit de sa vie, le ton même de ce récit prouve qu'elle appartenait à la même société que lui, et qu'il avait quelque intimité avec elle. C'est le ton d'une conversation élégante et familière, simple avec art, comme celles que le cardinal de Retz devait avoir dans le salon de la dame en question. Or « c'était dans la conversation, alors assez travaillée pour devenir une œuvre littéraire, assez libre pour conserver une heureuse audace, que s'introduisaient d'abord les nouveautés[1] ». Ces nouveautés pour la langue écrite pouvaient n'être bien souvent que des expressions déjà anciennes dans la

---

1. M. Ch. Marty-Lavaux, Préface du *Lexique de Corneille*, p. xi.

langue vulgaire, et dont quelques-unes ont eu la bonne fortune de passer dans les salons d'abord, et de là dans la littérature.

Retz aime assez les mots très familiers, mais il les emploie sciemment et à propos, car il n'abandonne pas grand chose au hasard. Lorsqu'il dit qu'une aventure est *falote*[1], que les officiers de Saint-Denis ont été *tympanisés*[2] dans la Grande Chambre, lorsqu'il dit à un sot : « Vous êtes un *viédase*[3] », il est bien certain que ce grain de trivialité n'est chez lui qu'une petite coquetterie de style. D'ailleurs ces termes bas sont exceptionnels, et sa familiarité est d'ordinaire du meilleur ton. Il n'est pas rare de rencontrer chez lui des expressions encore usitées maintenant dans la conversation courante, et qui, même de nos jours, pourraient passer, à première vue, pour des néologismes. Les mots inusités à présent ne sont pas fort nombreux dans son vocabulaire ; mais il n'en est pas de même des sens aujourd'hui perdus ; et bien des termes y sont employés tantôt dans leur sens ancien, tantôt dans le sens qu'ils ont conservé jusqu'à nos jours, tantôt enfin dans des sens intermédiaires qui font assez bien comprendre le passage d'une signification à l'autre[4].

Quant à sa syntaxe, si l'on laisse de côté un bon nombre de tournures du temps, qui sont devenues remarquables uniquement parce que la langue a changé dans la suite, elle se distingue surtout par certaines négligences[5]. Mais ces négligences mêmes sont rarement l'effet d'un pur hasard ; et leur auteur, dans son style comme dans sa vie, savait garder une certaine logique jusque dans ses incorrections[6].

Dans l'*Introduction grammaticale* qui suit, et que nous nous sommes appliqué à rendre avant tout claire et complète, nous avons donné tous les détails qui nous ont paru intéressants de la syntaxe de notre auteur. Nous ne ferons donc ici qu'un petit nombre de remarques générales.

Retz, qui comme historien, comme moraliste et comme écri-

1. Voyez tome III, p. 169.
2. Voyez tome VIII, p. 521.
3. Voyez tome VIII, p. 62.
4. Voyez les mots ABÎMER, ADMIRER, D'ABORD (à l'article DE), ÉTONNEMENT, ÉTONNER, LIBERTIN, LIBERTINAGE, etc.
5. Voyez, par exemple, à l'*Introduction grammaticale*, ce qui est dit de l'accord des participes.
6. On rencontre assez souvent des phrases comme celles-ci : *Il fit en sorte que lui-même donna.... les ordres qui étoient nécessaires.* (III, 19.) — *La Providence permit qu'il arriva un accident....* (V, 501), où le subjonctif serait plus régulier que l'indicatif. Mais ce dernier mode n'est jamais employé, en pareil cas, que pour indiquer que l'action exprimée par le verbe s'est accomplie en effet. (Voyez, à l'*Introduction grammaticale*, ce qui est dit de l'emploi d'un *indicatif pour un subjonctif.*)

vain, a plus d'un point de ressemblance avec Salluste, se rapproche en particulier de celui-ci par un certain air d'archaïsme, plus naturel même chez lui que chez l'historien latin, chez qui les formes antiques n'étaient, on le sait, qu'un produit de l'art et de l'érudition. Cet archaïsme de Retz se montre tout d'abord dans l'emploi de l'*article*, et surtout dans son omission. Celle-ci est si fréquente qu'il nous a été impossible d'en citer tous les exemples. Nous renvoyons au paragraphe qui traite de l'*absence d'article*, où l'on verra un certain nombre de cas, assez curieux, de cette omission, soit devant des noms de pays[1], soit devant des noms communs.

Dans les chapitres du *substantif* et de l'*adjectif*, on trouvera quelques particularités de nombre ou de genre, par exemple certains mots employés au singulier ou au pluriel, au masculin ou au féminin, contrairement à notre usage moderne[2].

Pour ce qui est des autres parties du discours, nous nous contenterons d'attirer l'attention sur les paragraphes qui, dans le chapitre du *verbe*, traitent de l'*emploi* et de la *concordance des temps et des modes*. C'est là, plus que partout ailleurs, qu'on rencontrera une foule de ces petites irrégularités dont nous avons parlé plus haut, qui, si elles sont des fautes de grammaire, sont beaucoup plus rarement des fautes de logique.

A côté de nos remarques sur l'emploi proprement dit des diverses espèces de mots, nous avons groupé un certain nombre d'exemples où ces mots sont surtout curieux par leur *construction*, par la *place* qu'ils occupent dans la phrase ou par les autres mots dont ils sont accompagnés[3].

Dans cette étude exclusivement grammaticale, nous n'avons pas, cela va sans dire, à parler du style de Retz. Que l'on nous permette cependant, pour terminer, une petite digression sur une question pour ainsi dire intermédiaire, je veux dire sur la forme de la phrase.

Elle n'est pas très facile à caractériser, car elle varie étonnamment suivant le genre d'ouvrage auquel nous avons affaire.

Dans les écrits qui n'étaient pas destinés à être publiés, comme dans les lettres familières, elle est simple, absolument exempte de recherche, ordinairement fort claire, mais quelquefois aussi

---

1. Aujourd'hui encore, nous omettons bien souvent l'article devant les noms de pays. Si nous ne disons plus, comme Retz, *traiter avec Espagne*, nous disons encore constamment *le roi d'Espagne, aller en Espagne*, etc.

2. Outre l'*Introduction grammaticale*, voyez au *Lexique* les mots Goutte, Écritoire, Équivoque, Paroi, Rencontre, etc.

3. Voyez, outre le chapitre général sur la *Construction*, ce qui est dit de la *construction des substantifs*, de celle *des adjectifs*, *des pronoms*, *des verbes*, de celle *des adverbes* Très, Fort, Si, Aussi, etc., des *conjonctions* Et, Si, Que, etc.

assez embrouillée, et d'ailleurs d'une longueur très inégale. Il semble que bien souvent, en la commençant, l'auteur ne savait pas encore comment il la finirait : on croit qu'elle s'achève, et puis l'on est tout surpris de voir qu'elle reprend en quelque sorte une vie nouvelle, comme une flamme qui a failli s'éteindre, et qu'elle vous lance dans des développements inattendus reliés aux premiers par quelque pronom relatif ou quelque conjonction.

Dans ses œuvres destinées au public, comme *la Conjuration du comte Jean-Louis de Fiesque*, c'est bien différent. Là nous trouvons un art remarquable, quelquefois peut-être un peu excessif, dans la structure et dans la succession des phrases. Non seulement elles sont entre elles dans un rapport parfait, paraissant s'appeler et se compléter l'une l'autre; non seulement leur forme et leur étendue sont savamment calculées en vue d'un ensemble harmonieux : mais chacune d'elles est si habilement composée qu'il semble que ses moindres parties soient nécessaires, et que l'on n'y puisse ajouter ni changer un seul mot sans tout gâter. Si l'on joint à cela que leur longueur, bien que variable assurément, ne va jamais aux extrêmes, que l'on n'y rencontre que peu d'interrogations et presque pas d'exclamations, on comprendra facilement qu'un pareil style soit un peu monotone, mais plein d'une harmonie sobre et d'une vigueur calme qui lui donnent le plus grand charme.

Il en est à peu près de même des *sermons*, des *panégyriques* et de quelques-unes des *lettres épiscopales*. Mais là, la forme oratoire oblige trop souvent l'écrivain à une certaine pompe, à certaines exclamations emphatiques qui semblent lui être peu naturelles et se rapprochent un peu trop de l'enflure.

Ce qui domine dans les *pamphlets* (ou au moins dans la plupart d'entre eux), c'est la vivacité. Les phrases y sont alertes et concises, souvent très brèves, mais de formes extrêmement variées. L'interrogation et l'exclamation viennent souvent s'y mêler, s'y croiser et s'y répondre, parfois inattendues, mais toujours naturelles.

Dans les *Mémoires* enfin, la variété de ton est plus grande encore. Il est des écrivains, comme Mme de Motteville (pour ne parler que des auteurs de mémoires), qui ont un style à eux, toujours à peu près le même; il en est, comme La Rochefoucauld, dont le style se modifie plus ou moins avec les années ou suivant le genre d'ouvrage qu'ils composent : dans les *Mémoires* de Retz, on rencontre à peu près tout ce que l'on a rencontré dans ses autres écrits. Comme il s'y montre tour à tour historien, politique, théologien, moraliste et romancier, le style aussi y est non seulement très variable, mais même assez inégal. Après certains portraits fort étudiés, certains récits où nous pouvons admirer sans réserve cette sobriété forte et savante que nous avons remarquée à propos de la *Conjuration de Fiesque*, nous trouvons tout à coup des historiettes amusantes, écrites en phrases courtes et sautillantes, entremêlées de dialogues; ou bien quelque longue et pénible explication, en phrases interminables, embarrassées de relatifs, et dont l'intelligence n'est pas toujours des plus faciles[1]. Nous avons là, vraisemblablement, la preuve d'une grande inégalité de travail, mais aussi d'une remarquable souplesse.

Le style de Retz est peut-être une plus fidèle image de son caractère et de sa vie, que les pensées qu'il exprime, ou que les événements tels qu'il les raconte.

En résumé, son originalité est grande pour qui l'étudie en critique littéraire ou en historien. Cet esprit surprenant a déjà donné lieu aux appréciations et aux controverses les plus intéressantes, et les questions qui regardent sa vie sont loin d'être tranchées. Il est même fort douteux qu'elles le soient jamais complètement. Notre tâche, beaucoup plus modeste, se borne, comme nous l'avons dit, à parler ici de sa grammaire.

Dans le présent travail, nous nous sommes efforcé avant tout de ne rien omettre. Peut-être même nous reprochera-t-on d'y avoir admis trop de choses. Mais il faut considérer que, dans l'esprit qui a présidé à la fondation de la collection des *Grands Écrivains de la France*, les lexiques n'étaient pas seulement des vocabulaires servant à expliquer les termes qui ne se comprennent plus aujourd'hui; ils étaient destinés à donner une idée générale, aussi exacte et aussi complète que possible, de la langue des auteurs, et à faciliter les moyens de la comparer, soit avec celle de leurs contemporains, soit avec celle qui a précédé ou suivi.

C'est pourquoi nous avons pris soin de noter non seulement les mots, mais les sens et les alliances de mots inusités à présent, ou ayant quelque air de nouveauté.

Nous avons même quelquefois cité des expressions encore courantes de nos jours, lorsqu'il nous a paru utile de les rapprocher, soit des mêmes expressions employées dans un autre sens, soit du même sens exprimé par d'autres mots. C'est ainsi, pour ne prendre qu'un exemple, que nous avons donné des passages contenant les noms des différents ordres religieux, parce que, si les uns ont toujours été désignés par le même mot, il en est d'autres qui, dans le cours des siècles, ont vu leur nom changer plusieurs fois dans la langue vulgaire.

1. Voyez, par exemple, tome II, page 306, la phrase qui commence par ces mots : « Et M. de Bouillon, qui ne la lui avoit proposée... »; tome II, p. 163, celle qui commence ainsi : « M. de Longueville n'y étoit pas venu la veille... », etc.

Enfin nous n'avons qu'assez rarement ajouté à la suite des mots leur explication, parce que de pareilles explications ne sont bien souvent que des à peu près, et que d'ordinaire le meilleur interprète est le contexte. Aussi avons-nous cité parfois, dans l'intérêt de la clarté, des passages quelque peu longs, tandis que nous nous contentions souvent de simples renvois pour les exemples qui ne devaient pas apporter de jour nouveau sur le sens des mots.

Nous tenons, en terminant, à remercier de tout cœur les personnes qui, par leurs savants conseils et leurs affectueux encouragements, nous ont aidé et guidé dans notre tâche.

INTRODUCTION GRAMMATICALE

I. — Article et mots partitifs.

1° Article devant les noms de personnes.

.... Le retour des nièces *du* Mancini. (VIII, 48.)

Ramène-nous Broussel ou *le* Mazarin et le chancelier en otage. (II, 51.)

Le maréchal de la Meilleraie s'étoit laissé persuader par *le* Mazarin. (II, 91.)

Tant qu'il avoit cru qu'ils n'eussent en butte que *le* Mazarin, il avoit été pour eux. (II, 101.)

Nous soumettons au caprice *du* Mazarin les propositions qu'ils nous font. (II, 259.)

Les Mazarins vouloient diviser le peuple du Parlement,... il falloit bien se garder de donner dans le panneau....; le Parlement avoit ses raisons pour agir comme il faisoit, mais... il n'en falloit rien craindre à l'égard *du* Mazarin. (II, 479.)

Les exemples du nom de *Mazarin* avec l'article sont fréquents : voyez encore II, 127, 140, 170, 260, 267, 436, etc. Mais on le trouve souvent aussi sans article : voyez II, 471, etc., etc.

Si l'on croyoit *la* Serment, il n'y auroit point de terme à ses chicanes. (VIII, 378.)

Quand Jésus-Christ voulut ressusciter *le* Lazare.... (IX, 140.)

Vous marquerez toujours *au* M. Guisy que.... (VIII, 93.)

Les articles qui entrent dans la composition des noms propres sont parfois déclinés de diverses façons.

Le président de Bellièvre,... ayant voulu appuyer la proposition *du* Cogneux (*de Le Cogneux*), fut interrompu. (II, 398.)

Il avoit donné... ses ordres *au* Tellier (*à Le Tellier*). (III, 96.)

Le Premier mot qu'il dit *au* Tellier fut.... (III, 97.)

La fidélité *du* Coudray (*de du Coudray-Montpensier*) m'est un peu suspecte. (I, 160.)

Voyez la note 3 de la page indiquée.

.... Le retour *du* Coudrai-Montpensier. (III, 97.)

Le Coudrai-Montpensier... fit en pleine assemblée de chambre la relation de ce qu'il avoit négocié..., dont la substance étoit que lui, *Coudrai-Montpensier*.... (III, 127.)

Retz écrit tantôt *Charles-Quint* (VII, 195), comme nous faisons aujourd'hui, et tantôt, avec l'article :

Charles le Quint. (VI, 423; VII, 164.)

2° Article devant les noms de lieux.

L'article est très souvent omis devant les noms de pays.

Il demanda... aux Hollandois qu'ils se convertissent à la religion catholique, si ils vouloient demeurer dans l'alliance de *France*. (I, 209.)

Nous ne voyions pas de fondement assez bon et assez solide pour y appuyer, du côté de *France*, le projet que nous aurions pu faire de nous soutenir sans le Parlement. (II, 329.)

Il (*le comte de Soissons*) faisoit.... paroître trop de presse aux conseils de l'Empire et d'*Espagne*. (I, 168.)

Saint-Ibar... me pressa de prendre des mesures avec *Espagne*. (II, 63.)

Le chef du parti commença sa déclaration par une jonction ouverte et publique avec *Espagne*. (II, 109.)

La disposition où je trouvai Mme de Longueville me donna lieu de penser à préparer une défense pour Paris plus proche, plus naturelle et moins odieuse que celle d'*Espagne*. (II, 120.)

Madame sa femme... n'agissoit en quoi que ce soit que par les mouvements d'*Espagne*. (II, 121.)

Je me résolus de ne lier aucun commerce avec *Espagne*. (II, 122.)

Cette apparition d'un député d'*Espagne* dans le parlement de Paris fait une scène qui n'est pas fort ordinaire dans notre histoire. (II, 231.)

Il avoit été... à la pension d'*Espagne*. (II, 234.)

Mme de Bouillon... s'étoit ouverte avec moi... du commerce qu'elle avoit avec *Espagne*. (II, 237.)

.... Les drogues que l'envoyé d'*Espagne* nous alloit débiter. (II, 248.)

Il parleroit peu pour ne pas trop marquer de concert avec *Espagne*. II, 254.)

Ce que vous faites présentement avec *Espagne*.... (II, 269.)

Ces martyrs de l'État... ont dissipé plus de factions par leurs bonnes et saintes maximes que l'or d'*Espagne* et d'*Angleterre* n'en a fait naître. (I, 278.)

.... Quelque entreprise soutenue par *Espagne* et par *Angleterre*. (V, 220.)

.... La signature du traité conclu entre *Espagne* et *Angleterre*. (VII, 189.)

M. de Bouillon... assisté de l'argent et de l'intrigue de *Castille*.... (II, 240.)

Il (*M. de La Rochefoucauld*) dit... que si il fût revenu de *Poitou* deux mois devant le siége de Paris, il eût... empêché Mme de Longueville d'entrer dans cette misérable affaire. (II, 292.)

Je crois que M. de Hacqueville ne sera pas parti pour *Bretagne*. (VIII, 445.)

Votre lettre du 28 de ce mois... me fait voir votre départ pour *Bretagne*. (VIII, 493.)

Voici les lettres que je vous ai promis pour *Bretagne*. (VIII, 596.)

Voyez encore II, 236, 239, 245, 255, 257, 269, 270, 272, 280, etc., etc. Mais cette façon de parler n'est pas constante. Nous trouvons, par exemple, le mot *Espagne* précédé de l'article, II, 240, 243, 261, 279, 344, 391, etc.

On rencontre même des énumérations de noms de pays dont les uns ont l'article et les autres ne l'ont pas :

Il est ... à propos de savoir en quelle humeur sont les princes d'*Italie*, ce que nous pouvons craindre et espérer de ceux d'*Allemagne*, de *la Suède*, de *l'Angleterre* et de *la Hollande*. (VII, 4.)

Article omis devant un nom de fleuve :

Ce lui étoit même un mérite que de n'avoir pas quitté les bords de

Loire dans un temps où il est vrai qu'il falloit et de l'adresse et de la fermeté pour les tenir. (II, 192.)

Le lendemain,... notre armée sortit pour le camp formé entre *Marne* et *Seine*. (II, 317.)

Dans les exemples suivants, nous ne mettrions plus l'article aujourd'hui :

Nous trafiquons tous les jours en *l'Amérique*. (IX, 174.)

Il la retira... *du Port-Royal*. (I, 131.)

.... Sa maison *du Port-Royal*. (I, 176.)

Il s'est approché *du Liége* (*de la ville de Liége*) plus près qu'il n'étoit. (VIII, 31.)

Huy... est auprès *du Liége*. (VIII, 37.)

Il ne s'étoit approché *du Liége* que pour.... (VIII, 37.)

3° Emplois particuliers de l'article.

a) Emplois de l'article défini :

Nous demeurions ainsi sans nous pouvoir faire *du* mal. (I, 89.)

N'y a-t-il pas *des* moyens pour suppléer à cet inconvénient ? (II, 111.)

Nous examinions les moyens de tirer l'armée hors des murailles sans donner de *la* défiance au Parlement. (II, 286.)

L'on leur donneroit ce pouvoir quand la quantité *du* blé qui avoit été promise aurait été reçue. (II, 372.)

M. de Vendôme... me pressa de partir, en me disant qu'on tenoit *des* fâcheux conseils contre moi. (I, 525.)

L'on peut dire, avec vérité, que les rentes de l'Hôtel de Ville de Paris sont particulièrement le patrimoine de tous ceux qui n'ont que médiocrement *du* bien. (II, 548.)

Il ne seroit... ni sûr ni utile à leur dessein de lui rendre *des* mauvais offices auprès du Roi. (V, 503.)

Je vous puis assurer qu'il n'a pas *du* pain avec un fort grand nom. (VII, 415.)

Je lui ai même *des* anciennes obligations. (VIII, 564.)

Ne flattez-vous pas votre paresse par *des* fausses maximes ? (IX, 88.)

J'eus la vanité de prétendre le premier lieu, et je ne crus pas le devoir céder à l'abbé de la Mothe-Houdancourt, qui est présentement *l'*archevêque d'Auch. (I, 118.)

Ceux qui persisteront à demander... l'exclusion du Mazarin, demeureront *les* maîtres des peuples. (II, 436.)

Argenteuil... en prit *le* soin. (II, 42.)

M. de Bouillon... retomboit dans ses premières propositions de porter toutes *les* choses à l'extrémité. (II, 428.)

Rozé,... qui étoit ce jour-là dans le jeu *du* ballon, dit.... (I, 126.)

La résolution marche *du* pair avec le jugement. (I, 152.)

Le sien (*son esprit*) étoit médiocre, et susceptible, par conséquent, *des* injustes défiances. (I, 153.)

Ce grand monarque adressa ces paroles au roi son fils et son successeur en la terre dans le lit de *la* mort. (IX, 130.)

Le Sénat... condamna... les principaux de sa faction à *la* mort. (V, 583.)

Les présidents *au* mortier. (I, 317.)

Voyez la note 1 de la page indiquée.

Les curés de Saint-Eustache, de Saint-Roch, de Saint-Méri et de Saint-Jean me mandèrent, sur *les* neuf heures du soir.... (II, 160.)

Les officiers des quartiers, sur *les* dix heures, me firent tenir cinquante et plus de billets. (II, 160.)

Nous sortîmes ensemble, sur *les* huit heures, pour nous faire voir au peuple. (II, 564.)

J'eus trente billets, sur *le* midi. (II, 564.)

Nous nous trouvâmes, sur *les* six heures, chez Mme de Montbazon. (II, 565.)

L'évêque de Varmie, l'un des ambassadeurs qui venoient querir la reine de Pologne, prit en gré de vouloir faire la cérémonie du mariage dans Notre-Dame.... Les évêques et archevêques de Paris n'ont jamais cédé ces sortes de fonctions.... J'allai descendre chez Monsieur le Cardinal. Je lui représentai *les* raisons et *les* exemples. (I, 252.)

La Reine commanda sur l'heure que l'on lui tranchât la tête. Le grand provôt, qui ne douta point de *la* conséquence,... m'en avertit. (II, 200.)

Le secret n'est pas si rare que *l'*on *le* croit. (I, 176.)

Vous ne serez pas surprise de ce que *l'*on *le* fut de la prison de M. de Beaufort. (I, 232.)

L'on *les* interdisoit de leurs fonctions ; *l'*on *les* mettoit dans des maisons distinctes. (I, 242.)

M. le cardinal Mazarin... me parut pleinement désabusé des impressions que *l'*on lui avoit voulu donner contre moi. (I, 266.)

Il (*Mazarin*) s'érigea et *l'*on *l'*érigea en Richelieu. (I, 286.)

Il remplace un adjectif possessif :

Ces galanteries ne l'empêchèrent pas (*mon père*) de faire tous ses efforts pour [m']attacher à l'Église... : *la* prédilection pour son aîné et la vue de l'archevêché de Paris, qui étoit dans sa maison, produisirent cet effet. (I, 90.)

Je donnai la main chez moi à tout le monde ; j'accompagnai tout le monde jusques *au* carrosse. (I, 218.)

Il (*Mazarin*) parut encore plus modéré, plus civil et plus ouvert le lendemain de l'action (*de l'arrestation de Beaufort*). L'accès étoit tout à fait libre, *les* audiences étoient aisées. (I, 235.)

Varicarville... n'attribuoit cette pauvre et misérable conduite ni au défaut de cœur de M. de Longueville, qui étoit très-soldat, ni même *au* défaut d'expérience, quoiqu'il ne fût pas grand capitaine. (II, 451.)

Il remplace un pronom démonstratif :

Comme je savois qu'elle avoit une sœur, qui possédoit plus de quatre-vingt mille livres de rente, je songeai au même moment à *la* double alliance. (I, 92.)

Je devois la coadjutorerie de Paris à la Reine, et... *la* grâce étoit assez considérable pour m'empêcher de prendre aucune liaison qui pût ne lui être pas agréable. (I, 223.)

Je lui dis ces propres paroles : « Je serois bien honteux, Monsieur, de ce qui se vient de faire, si.... » *Le* mot plut à Monsieur, et il le redit le soir au cercle, comme une politesse. (I, 258.)

Dans un superlatif, *les*, se rapportant au sujet de la phrase, au lieu de *le* neutre :

M. de Beaufort nous réjouit sur cela de quelques apophthegmes, qui ne manquoient jamais dans les occasions où ils étoient *les* moins requis. (II, 438.)

b) Emplois de l'article indéfini :

Il venoit de recevoir *une* je ne sais quelle grâce de Monsieur le Cardinal. (I, 148.)

Elle les mettoit (*elle mettoit ses jupes*) dans son lit quand elles lui plaisoient ; elle les brûloit, par *une* pure aversion, deux jours après. (II, 186.)

J'étois obligé de ne me point relâcher sur ce point, et comme *un* Évêque..., et comme *un* membre de l'Église Gallicane. (VI, 298.)

Il se vit presque en *un* même temps cardinal, vice-chancelier.... (IX, 89.)

4° Absence d'article (ou de mot partitif).

Pour plus de commodité, nous rangeons ces nombreux exemples selon l'ordre alphabétique des mots (presque toujours des substantifs), qui sont dépourvus d'article [1].

M. de Longueville... étoit l'homme du monde qui aimoit le mieux les commencements de toutes *affaires*. (II, 19.)

Je me répondois de M. de Longueville, qui étoit l'homme du monde qui aimoit le mieux le commencement de toutes *affaires*. (II, 120.)

La Compagnie... commanda... que dès le lendemain, toutes *affaires* cessantes, l'on délibéreroit sur la proposition. (II, 82.)

Il est bon de finir *affaire*. (VIII, 223.)

Voyez la note 2 de la page indiquée.

M. d'Estampes devoit... rendre des lettres de Monsieur le Comte au Parlement, et l'obliger à donner *arrêt* en sa faveur. (I, 173.)

Le Parlement... donna enfin *arrêt* par lequel il fut dit que.... (I, 318.)

L'on donna *arrêt* par lequel il fut ordonné que la Reine seroit remerciée de la liberté accordée aux prisonniers. (II, 53.)

Le Parlement donna... *arrêt* par lequel il étoit ordonné que très-humbles *remontrances* seroient faites à la Reine. (II, 73.)

Le Parlement se leva après avoir donné *arrêt* par lequel il enjoignoit... aux troupes de n'approcher Paris de vingt lieues. (II, 158.)

Craignant que le Parlement ne donnât *arrêt* de défenses.... (I, 298.)

.... Ceux auxquels la Compagnie avoit accordé *arrêt* d'union. (II, 397.)

Le chancelier se réduisit à demander que les intendants ne fussent point révoqués par *arrêt* du Parlement, mais par une déclaration du Roi. (I, 323.)

Ce fut un miracle que le Parlement ne levât pas dernièrement ce voile... en forme et par *arrêt*. (II, 105.)

MM. de Beaufort, de la Mothe, de Brissac, de Vitri et *autres* ne se sépareroient pas de moi. (II, 447.)

Il étoit impossible de ne pas broncher d'un côté ou d'*autre* à tous les pas. (III, 67.)

Je ne le ferai jamais ni à lui ni à *autre*. (VIII, 335.)

Le maréchal de la Mothe... avoit beaucoup de cœur. Il étoit *capitaine* de la seconde classe ; il n'étoit pas homme de beaucoup de sens. (II, 179.)

Messieurs *cardinal* Mazarin, des Noyers et de Chavigny en prirent sujet de me traverser. (I, 206.)

Voyez la note 1 de la page indiquée. — L'article est peut-être omis ici par erreur.

Le Plessis Guénégaut, secrétaire d'État, entra dans le parquet, et mit

---

1. Nous suivrons un ordre semblable, dans la suite de cette introduction, lorsque la chose se pourra, et qu'un ordre méthodique ne nous paraîtra pas préférable.

entre les mains des gens du Roi un arrêt du conseil d'en haut qui portoit, en termes même injurieux, *cassation* de celui d'union des quatre compagnies. (I, 313.)

Le chancelier... fit lire... un second arrêt du conseil, portant *cassation* du dernier arrêté, *défenses* de s'assembler sur peine de rébellion, et *ordre* d'insérer dans les registres cet arrêt. (I, 315 *et* 316.)

Les gens du Roi apportèrent au Parlement un arrêt du conseil, qui portoit *cassation* de celui du Parlement et *défenses* de délibérer sur la proposition de 617 (*pour* 1617) contre le ministère des étrangers. (II, 82.)

Le Roi s'avança à Compiègne, pour donner *chaleur* au siége de Cambrai. (II, 507.)

Comme je le connoissois extrêmement, je lui fis *civilité*. (II, 222.)

Nous étions en conversation les uns avec les autres; nous nous faisions *civilités*. (II, 597.)

Beaucoup de gens... m'ayant fait *civilité* lorsque je passai, et m'ayant témoigné *joie* de l'adoucissement qui commençoit à paroître.... (III, 495.)

MM. de Beaufort, *coadjuteur*, et de Broussel, vous êtes accusés. (II, 587.)

La Reine... faisoit *collation* auprès de la grotte. (II, 77.)

L'on lui demanderoit *copie*, signée de lui, de ce qu'il auroit dit au Parlement. (II, 257.)

.... Messieurs les conseillers du grand Conseil et *Cour des aides*. (V, 455.)

Je remarquai ce mot, que je lui fis... expliquer, sans faire semblant toutefois d'en avoir *curiosité*. (II, 510.)

Toutes les levées d'argent ordonnées par *déclarations* non vérifiées (*en Parlement*) n'auroient point de lieu. (I, 326.)

Le Parlement étoit sur le point de faire *défenses* de l'exécuter (*l'édit du tarif*). (I, 297.)

La Reine... avoit *dessein* d'insulter ou d'affamer la ville. (II, 80.)

L'on ne se ressouvint plus seulement qu'il y eût *différence* entre « faire instance et obtenir », et « faire instance d'obtenir ». (II, 408.)

Ce que nous avions projeté la veille ne recevroit pas *grande difficulté* dans son exécution. (II, 419.)

Je n'avois pas *disposition* naturelle à perdre de telles occasions. (II, 568.)

Le provôt des marchands et *échevins* seroient mandés. (II, 74.)

Voyez la note 1 de la page indiquée.

L'on tint la police générale par les députés du Parlement.... M. de Montbazon, gouverneur de Paris, provôt des marchands et *échevins*.... (II, 142.)

Voyez la note 2 de la page indiquée.

Il fut arrêté que le provôt des marchands et *échevins* donneroient des commissions pour lever quatre mille chevaux et dix mille hommes de pied. (II, 143.)

Un raccommodement... feroit *éclat* et donneroit, par conséquent, *ombrage* à la cour. (II, 502.)

Je trouvai effectivement que je faisois *effet* dans beaucoup d'esprits. (II, 150.)

Le Premier Président et ses collègues avoient demandé *escorte* pour revenir à Paris. (II, 321.)

Je n'ai *espérance* qu'en vous. (II, 74.)

Sire, je ne prétends pas de vous toucher en ce point par *exemples*. (IX, 118.)

Je ne voulois qu'un nom pour animer ce qui, sans un nom, ne seroit que *fantôme*. (II, 120.)

Jamais *personne* n'a fait moins d'attention sur les périls, et jamais *femme* n'a eu plus de mépris pour les scrupules et pour les devoirs. (II, 186.)

Je ne lui avois pas gardé *fidélité* à l'égard de Mlle de Chevreuse. (II, 539.)

Je lui dis... que je n'avois jamais vu personne qui fût si éloquent que lui pour persuader aux gens que *fièvres* quartaines leur étoient bonnes. (II, 448.)

Notre affaire, en beaucoup de choses, avoit l'air de n'être pas publique, quoiqu'elle ne fût pas cachée. Cela paroît *galimatias*; mais il est de ceux que la pratique fait connoître quelquefois et que la spéculation ne fait jamais entendre. (I, 241.)

Le 1 de février, M. d'Elbeuf mit *garnison* dans Brie Comte-Robert. (II, 213.)

.... A Brie-Comte-Robert, où nous avions *garnison*. (II, 262.)

Il seroit défendu à tous *gens* de guerre... de prendre des commissions pareilles. (II, 48.)

Ce sont *gens* assez difficultueux. (VIII, 450.)

M. de Thou, avec lequel j'avois *habitude* et *amitié* particulière.... (I, 201.)

Il n'étoit plus *heure* de se coucher quand j'eus déchiffré cette lettre. (II, 427.)

Le théologal (*du chapitre de Notre-Dame*) ... étoit *homme* de doctrine et de sens. (I, 258.)

Jamais *homme* n'a eu moins que lui l'art de se faire plaindre dans sa misère. (II, 179.)

Je n'ai jamais vu *homme* qui entendît cette figure, approchant de M. de Bouillon. (II, 421.)

Le cardinal de Richelieu... distinguoit plus judicieusement qu'*homme* du monde entre le mal et le pis, entre le bien et le mieux. (I, 282.)

Argenteuil, brave et déterminé autant qu'*homme* qui fût au monde.... (II, 42.)

Longueil, qui connoissoit mieux le Parlement qu'*homme* du Royaume.... (II, 275.)

Parmentier... étoit aussi capable d'une grande action qu'*homme* que j'aie jamais connu. (I, 165.)

J'eus *honte* pour moi-même. (I, 203.)

Cette considération toute seule seroit capable de me donner *impatience* de sortir de la faction. (III, 46.)

Fuensaldagne... avoit *inclination* pour lui. (III, 109.)

Les députés du Parlement retourneront à Saint-Germain pour faire *instance* et obtenir la réformation de quelques articles. (II, 406.)

M. d'Elbeuf et lui avoient *intelligence* avec le Mazarin. (II, 306.)

Si le Parlement travaille à la ruine de l'État, ce n'est pas qu'il ait *intention* de le ruiner. (II, 102.)

Ce n'est pas toujours *jeu* sûr de refuser de *plus grand* que soi. (II, 415.)

Je lui témoignai *joie* de ce que Monsieurs de Paris m'avoit tiré d'embarras. (I, 255.)

Voyez la note 2 de la page indiquée.

Ce qui cause l'assoupissement dans les États qui souffrent est la durée du mal .... Aussitôt qu'ils trouvent *jour* à en sortir,... bien loin de considérer les révolutions comme impossibles, ils les croient faciles. (I, 292.)

L'on arrêta... que l'on feroit... *lecture* de ce même procès-verbal. (II, 404.)

J'accompagnai tout le monde jusques au carrosse, et j'acquis par ce moyen la réputation de civilité.... J'évitai, sans affectation, de me trouver en *lieu* de cérémonie avec les personnes d'une condition fort relevée, jusques à ce que je me fusse tout à fait confirmé dans cette réputation. (I, 218.)

.... Lorsque la bande s'en retourneroit et qu'elle ne seroit plus en *lieu* où les personnes qu'on ne vouloit point offenser y puissent prendre part. (II, 516.)

Nous sommes de pauvres religieux qui ne faisons *mal* à personne. (I, 190.)

Les piques des bataillons des gardes commençoient à se toucher et à faire un cliquetis qui est toujours *marque* de confusion. (II, 218.)

C'étoit *marque* que je n'approuvois pas la paix. (II, 478.)

Ils eussent pris pour *mensonge* et pour *trahison* tout ce que l'on leur eût dit. (II, 147.)

.... Dans une occasion où il sembloit que tout le monde ne cherchoit qu'à rompre toutes *mesures*. (III, 373.)

J'étois averti, de *moment à autre*, par les officiers des colonelles, qui étoient à moi, que le premier mouvement du peuple... n'avoit été que de fureur. (II, 130.)

Je vous supplie, par cette raison, d'avoir la bonté d'essuyer encore deux ou trois historiettes de *même nature*. (I, 257.)

Il faut qu'elle (*la philosophie*) souffre à son sage de pleurer et de se plaindre comme le vulgaire, *nature* s'étant réservé ces marques d'autorité inviolable à la raison et à la vertu des stoïques. (IX, 149.)

On a reçu *nouvelles* de la reddition de toutes les tours de la Rochelle. (VIII, 55.)

.... Quoique je n'aie fait que me servir du droit naturel, qu'a toute personne opprimée, de se délivrer d'*oppression*. (VI, 37.)

A mon retour chez moi, je trouvai l'argentier de la Reine, qui me portoit *ordre* de l'aller trouver à l'heure même. (I, 248.)

Il avoit *ordre* de la Reine de m'obliger à aller chez elle. (I, 254.)

Dom Gabriel de Tolède... avoit *ordre*... de s'ouvrir avec moi. (II, 419.)

Madame la Princesse ayant *ordre* du Roi d'aller à Bourges.... (III, 30.)

Esprits qui vous éblouissez par l'éclat de vos bonnes œuvres, qui vous assurez vous-mêmes de la gloire de *paradis*.... (IX, 102.)

Tout le reste n'est que *parole* qui n'engagera à rien le Parlement. (II, 424.)

M. le cardinal Mazarin... vint lui-même dans l'assemblée (*du clergé*) porter *parole* de la restitution. (I, 268.)

Elle lui avoit enfin fait donner *parole* de n'y plus penser. (II, 441.)

M. de Bouillon se chargea de faire agréer aux Espagnols cette conduite, pourvu que nous lui donnassions *parole* de ne leur point témoigner qu'elle eût été concertée auparavant avec nous. (II, 443.)

Nous sommes de *même parti*. (II, 145.)

Je vois bien que nous serons bientôt de *même parti*, si nous n'en sommes déjà. (III, 176.)

Tous les arrêts rendus par le Parlement, depuis le 6 de janvier, seront nuls, à la réserve de ceux qui auront été rendus entre *particuliers*, sur *faits* concernant la justice ordinaire. (II, 380.)

Il étoit nécessaire... d'enjoindre à tous les sujets du Roi de lui donner (*de donner à Turenne*) *passage* et *subsistance*. (II, 367.)

N'ignorant pas qu'il y avoit dans ce monastère plus de quatre-vingts filles,... j'avois *peine* à me résoudre à y exposer ma vertu. (I, 240.)

Ce voyage... fit *peine* au Cardinal. (II, 508.)

Je ne doutois point que l'accès que j'avois auprès de Monsieur ne lui fît *peine*. (III, 48.)

.... Pour m'ôter de l'esprit que l'on eût *pensée* de sortir de Paris. (III, 257.)

On donnoit tout, on ne refusoit rien; et Mme de Beauvais, entre autres, eut *permission* de bâtir dans la place Royale. (II, 231.)

.... En donnant *permission* au prince d'Harcourt de.... (II, 469.)

.... Assistant les malades de *peste*. (IX, 95.)

On résolut... de leur faire quelque sorte de réparation,... en les priant de venir prendre *place* dans la Compagnie (*à l'assemblée du clergé de* 1645), quoiqu'ils n'y fussent pas députés. (I, 246.)

Je vous ai offert *place* dans le conseil. (III, 315.)

Ainsi notre vie passera, et on n'en verra pas seulement les traces, non plus que d'une nuée fondue, ou *pluie* que les rayons du soleil ont dissipée. (IX, 145.)

Les députés... avoient demandé, le 10, *nouveau pouvoir*, parce que l'ancien étoit révoqué. (II, 373.)

M. le prince de Conti, *princes, ducs*, et tous ceux sans exception qui ont pris les armes, n'en pourront être recherchés. (II, 380.)

Il (*Laigue*) sollicitoit Bridieu, gouverneur de Guise, de remettre sa place aux Espagnols, sous *promesse* de la liberté de M. de Guise. (II, 475.)

Il a proposé au Parlement de surseoir la vérification pendant *quinzaine*. (VIII, 48.)

N'ai-je pas eu *de raison* de vous dire qu'il ne sioit (*seyoit*) pas bien à un honnête homme d'être mal à la cour en ce temps-là ? Et n'eus-je pas encore *raison* de conseiller à Naugis de ne s'y pas brouiller ? (I, 232.)

Comme j'avois, de ma part, *raison* particulière pour cela.... (II, 462.)

J'ai *raison* particulière pour.... (VIII, 294.)

N'ayant pas *bonne raison* à vous opposer.... (VIII, 88.)

Ils souffrirent que MM. de Longueville, le chancelier, le maréchal de Villeroi et celui de la Meilleraie, et le Coadjuteur prouvassent, par *bonnes raisons*, qu'il falloit rendre Broussel. (II, 24.)

Il y a *même raison* pour cela. (II, 73.)

N'en parlez, s'il vous plaît, à qui que ce soit au monde, et pour *raison*. (VIII, 309.)

Je fis *rapport*... de mon ambassade. (II, 543.)

Cette résolution, qui fut prise d'un consentement général dans les conversations particulières, fut portée innocemment et sans aucun mystère dans l'Assemblée (*du clergé*), où l'on ne songea pas seulement que la cour y pût faire *réflexion*. (I, 247.)

Je répondis même assez aigrement à ceux du chapitre qui m'y voulurent faire faire *réflexion*. (I, 258.)

La cour prit de l'ombrage de moi dans le temps même où je n'avois pas fait seulement *réflexion* que je lui en pusse donner. (I, 266.)

Il fut dit que la Compagnie demeureroit assemblée, et que *très-humbles remontrances* seroient faites au Roi. (I, 318.)

La requête de Madame la Princesse seroit envoyée à Sa Majesté, et *très-humbles remontrances* lui seroient faites sur la détention de Messieurs les Princes. (III, 58.)

Les plus doux (*des avis*) furent de faire *très-humbles remontrances* pour demander à la Reine son éloignement. (III, 232.)

.... Une lettre par laquelle Monsieur faisoit *réponse* à la sienne. (III, 102.)

Mme de Vendôme présenta *requête* au Parlement. (II, 90.)

Il présenta, le lendemain, *requête* au Parlement. (II, 195.)

Les rentiers... résolurent de présenter *requête* au Parlement. (I, 553.)

M. de Bouillon, pour qui j'avois *respect* et *amitié*.... (II, 462.)

J'avois naturellement de l'inclination à servir Monsieur le Prince, pour qui j'avois eu toute ma vie et *respect* et *tendresse* particulière. (III, 178.)

La Reine lui avoit promis *satisfaction*. (II, 50.)

Il y avoit très-peu de gens dans cette compagnie qui ne s'effarassent seulement de la proposition, et peut-être aussi peu à qui il y eût *sûreté* de la confier. (II, 63.)

Il (*M. de Longueville*) la supplia (*supplia la Compagnie*) de trouver bon que, pour *sûreté* de son engagement, il fît loger à l'Hôtel de Ville Madame sa femme, Monsieur son fils et Mademoiselle sa fille. (II, 164.)

.... Pour donner *temps* à ces Messieurs de s'accommoder. (II, 166.)

Monsieur le Prince... me donnoit toujours lieu de gagner *temps*. (IV, 45.)

On ne cherche qu'à gagner *temps*. (VI, 302.)

La cour des aides députa vers la chambre des comptes, pour lui demander *union* avec elle pour la réformation de l'État. (I, 309.)

Il y a trop de prolixité dans cette digression. Vous l'attribuerez peut-être à *vanité*. (IV, 225.)

5° Emplois de l'article défini (pour l'article indéfini).

. J'en fis assez pour laisser voir que je ne voulois point m'attacher à M. le cardinal de Richelieu, qui étoit un très-grand homme, mais qui avoit *au* souverain degré le foible de ne point mépriser les petites choses. (I, 112.)

Avec *la* grande qualité et *les* grands desseins, l'on n'est jamais compté pour rien. (II, 177.)

.... Le mal auquel vous cherchez *le*, remède. (*Nous dirions :* « *auquel vous cherchez un remède* », *ou :* « *d'ont vous cherchez le remède* ».) (II, 269.)

M. le président de Mesme... fut épouvanté, et au point qu'il trembloit comme *la* feuille. (II, 397.)

La vérité et le mensonge... entrent chez nous par une même porte, et s'y maintiennent par *les* voies toutes pareilles. (IX, 154.)

6° Emplois de l'article indéfini (pour l'article défini).

L'imagination d'*un* assassinat d'un prêtre, d'un cardinal, me vint à l'esprit. (I, 146.)

Je sentis je ne sais quoi qui pouvoit être *une* peur. (I, 146.)

Comme si je l'avois choisi pour me faire souffrir *une* mort, il prend par ambition... un titre que les Officiers de l'Église ne portent jamais que dans le deuil de la mort de leurs Évêques. (VI, 235.)

.... Dès le moment qu'il auroit plu au Roi de nommer *un* lieu d'assemblée et les députés pour la traiter (*pour traiter la paix*). (II, 463.)

II. — Substantif.

1° Particularités de nombre.

a) Emplois du singulier[1].

.... Une grande et difficile guerre..., fomentée par *l'Anglois.* (IX, 120.)
La proposition fut reçue avec *applaudissement.* (II, 313.)
Je m'ouvris à feu M. d'Estampes... et à M. l'Escuyer,... tous deux colonels et fort autorisés parmi *le bourgeois.* (I, 164.)

« Parmi les bourgeois, » dans les manuscrits H et Ch et dans toutes les éditions anciennes.

Le bourgeois s'alarma, monta dans les clochers des trois églises de la rue Saint-Denis. (I, 301.)
La Compagnie (*le Parlement*)... donna arrêt par lequel il fut ordonné que *le bourgeois* prendroit les armes. (II, 133.)
Le bourgeois se lassoit de fournir à la subsistance des troupes. (II, 219.)
Comme ils arrivèrent sur le Pont-Neuf, ils trouvèrent force gens en armes, parce que *le bourgeois* les avoit prises à la première rumeur. (II, 560.)
Je fus reçu à *bras ouvert.* (II, 502.)

Voyez la note 3 de la page indiquée.

Le Mazarin... le recevroit à *bras ouvert.* (II, 535.)
Clanleu... eut avis que Monsieur d'Orléans et Monsieur le Prince marchoient à lui avec sept mille hommes de pied et quatre mille chevaux et *du canon.* (II, 214.)
L'on fit un pont de bateaux sur la rivière, au Port-à-l'Anglois, défendu par des redoutes où il y avoit *du canon.* (II, 318.)
.... En marquant à Son Altesse beaucoup plus *d'égard* et beaucoup plus de soin pour sa personne. (III, 153.)
.... Une sincérité qui a peu *d'exemple.* (III, 135.)
Nous aurons *du fonds* pour suppléer. (VIII, 532.)
Il se mit à *genou* pour recevoir ma bénédiction. (III, 510.)

Voyez la note 4 de la page indiquée.

M. le comte de Cramail... me tint ce propre discours : « Il n'y a qu'un coup d'épée ou Paris qui puisse nous défaire du Cardinal.... J'y ai bien pensé : voilà ce que j'ai ajouté à notre plan. » En finissant *ce mot*, il me coula dans la main un papier. (I, 162.)
M. d'Elbeuf me dit qu'il alloit de ce pas à l'Hôtel de Ville lui offrir *son service.* (II, 148.)
Reims, Tours et Poitiers prirent les armes en sa faveur (*en faveur du Parlement*).... Le duc de Retz lui offrit *son service.* (II, 203.)
.... Pour lui offrir *leur service.* (III, 264.)

Voyez encore II, 150.

.... La paix qu'il vient de conclure avec *le Turc.* (VII, 4.)
.... Les propositions de paix avec *le Turc.* (VII, 229.)

b) Emplois du pluriel[1].

Le Comte vint à entrer avec *ses airs* libres et enjoués. (V, 614.)

1. Voyez plus haut la note 1 de la page XIII.

C'est en quoi ils emploient *toutes leurs adresses*, et c'est ce qui les a obligés de faire tant d'efforts dans la dernière Assemblée. (VI, 369.)

Le soleil... se lève de lui-même pour nous éclairer par *ses aspects*, qui sont la joie et la félicité de tout le monde. (IX, 69.)

Toutes les fois que vous... avez remercié le Dieu des armées...; toutes les fois que vous... avez imploré *ses assistances*.... (VI, 420.)

La bonté que vous avez eue de présenter à Leurs Majestés *les assurances* de *mes obéissances* très-humbles.... (VI, 436.)

Au sortir du Colisée, il (*Mazarin*) apprit à piper, ce qui lui attira des coups de *bâtons* d'un orfèvre de Rome appelé Moreto. (I, 283.)

Je ne laissai pas... de m'attacher à mon devoir préférablement à *toutes choses*. (II, 15.)

La cour vouloit pousser *toutes choses* à l'extrémité. (II, 140.)

Il avoit voulu, dans *les commencements*, aigrir les affaires. (II, 113.)

Ce ne fut pas la vue de l'impossibilité qui m'en fit rejeter la pensée, qui fut même assez vive dans *les commencements*. (II, 123.)

.... Dans *les commencements* d'un discours.... (II, 420.)

Les nuages commençoient à se grossir de *tous côtés*. (II, 16.)

Vous y avez grappillé quelque chose, quand ce ne seroit que *les crottes* que vous gagnâtes en revenant chez vous la nuit. (VIII, 157.)

Craignant que le Parlement ne donnât arrêt de *défenses*.... (I, 298.)

La cour des aides... fit *défenses*... de mettre les tailles en parti. (II, 97.)

Montrésor... faisoit *ses éloges*. (II, 485.)

.... Une grande dépêche du Cardinal,... qui faisoit *mes éloges* sur cette proposition. (III, 347.)

Faites réflexion... sur l'inutilité des recherches qui se font tous les jours, par les gens d'*études*, des siècles qui sont plus éloignés. (III, 298.)

Noirmoutier sortit avec deux mille chevaux pour amener à Paris un convoi de cinq cents charrettes de *farines*. (II, 262.)

Ils (*les hommes*) cherchent presque toujours, dans les malheurs qui leur arrivent par *leurs fautes*, des excuses devant que d'y chercher des remèdes. (II, 383.)

M. de Bouillon... entra appuyé, à cause de *ses gouttes*, sur deux gentilshommes. (II, 164.)

Les gouttes, qui le tenoient dans le lit et qui l'empêchoient d'agir, avoient donné lieu aux gens de la cour à jeter des soupçons contre lui dans *les esprits des peuples*. (II, 238.)

L'on proposa même à Monsieur le premier Président de sortir par *les greffes*, par *lesquels* il se pourroit retirer en son logis sans être vu. (II, 401.)

Voyez la note 3 de la page indiquée.

Il y a des points inexplicables dans *les histoires*. (III, 538.)

La vérité *des histoires* n'est pas capable de recevoir tant d'embellissement et de grâce que la vraisemblance des fictions. (IX, 137.)

Je l'assurai de *mes obéissances* et de mon zèle. (II, 116.)

Je témoignai à la Reine... que je venois l'assurer de *mes obéissances* très-humbles. (II, 524.)

Je travaille à remettre ma santé pour l'aller assurer moi-même (*Votre Majesté*) de *mes très-humbles obéissances*. (VII, 380.)

Je ne souhaiterai jamais rien avec plus de passion que de me pouvoir rendre digne par *mes obéissances* très humbles de la qualité.... (VIII, 610.)

Le Premier Président parla à la Reine.... Il lui représenta au naturel le jeu que l'on avoit fait, en *toutes occasions*, de la parole royale. (II, 48.)

Le peuple... ne pouvoit souffrir la domination de la noblesse que comme une tyrannie nouvelle, établie contre *les ordres* anciens. (V, 501.)

J'ai *toutes les passions* du monde de vous servir. (III, 313.)

.... L'honneur de vous voir, que je souhaite avec *toutes les passions* du monde. (VIII, 608.)

Nous nous bâttîmes dans le bois de Boulogne, après avoir eu *des peines* incroyables à nous échapper de ceux qui nous vouloient arrêter. (I, 101.)

.... En lui rendant un compte, qui peut-être le surprendroit, de *mes pensées* sur les deux arrêts du héraut et de l'envoyé. (II, 255.)

Il falloit rendre Broussel devant que *les peuples*, qui menaçoient de prendre les armes, les eussent prises effectivement. (II, 24.)

Je me soutenois... par la faveur des *peuples*. (II, 38.)

Cet avis... nous obligea à prévenir le mal, mais d'une façon toutefois qui ne parût pas offensive, n'y ayant rien de si grande conséquence dans *les peuples* que de leur faire paroître, même quand l'on attaque, que l'on ne songe qu'à se défendre. (II, 41.)

Le Parlement... a peine à retenir *les peuples* qu'il a éveillés. (II, 106.)

Les peuples enragés ne pouvoient pas ne pas s'attacher au premier objet. (II, 147.)

Pour ce qui est du crédit que M. de Beaufort et moi avons dans *les peuples*.... (II, 270.)

Rien ne touche et n'émeut tant *les peuples*, et même les compagnies, qui tiennent toujours beaucoup *du peuple*, que la variété des spectacles. (II, 165.)

Comme on le voit par les derniers exemples cités, Retz dit *les peuples* dans un sens où nous emploierions aujourd'hui le mot au singulier. C'est là sa façon de parler la plus habituelle (voyez encore II, 50, 79, 103, 147, 149, 156, 238, 281, 272, 515, etc., etc.). Mais elle n'est pas constante, et nous trouvons *le peuple*, au singulier, dans le même sens, II, 104, 114, 157, 275, etc. Dans l'exemple qui précède immédiatement cette note, nous voyons même les deux formes côte à côte.

L'on voyoit les enfants... avec *les poignards* à la main. (II, 44.)

Vous aviez pris connoissance *des procédures* du Palais et des démarches des procureurs. (VIII, 189.)

Je vous en rends *toutes les reconnoissances* dont je suis capable. (VI, 6.)

Il n'y avoit qu'un parti, qui étoit de refuser toute audience... au héraut, sur ce que *ces sortes* de gens n'étoient jamais envoyés qu'à des ennemis ou à des égaux. (II, 225.)

Ce pourroit être l'unique moyen de m'assurer de M. le prince de Conti pour *les suites*. (II, 124.)

Ce pas... pourroit être interprété, dans *les suites*, pour une approbation tacite. (II, 242.)

C'est lui (*Richelieu*) qui a commencé à punir les magistrats pour avoir avancé des vérités pour lesquelles leur serment les oblige à exposer *leurs propres vies*. (I, 278.)

Il faut qu'au hasard de *nos vies* nous sauvions *la leur*. (II, 412.)

Monsieur le Prince,... qui ne donna pas dans la pensée que l'on avoit à la cour d'attaquer Paris, crut qu'il la falloit au moins satisfaire par les autres marques qu'il pouvoit donner à la Reine de son attachement à *ses volontés*.... (II, 81.)

Le second lui témoigna toutes sortes de *bonnes volontés* pour moi. (V, 136.)

2° Particularités de genre.

a) Masculin[1].

Caumartin l'avoit (*le traité*) dans sa poche avec *un écritoire* de l'autre côté. (III, 191.)

Voyez la note 2 de la page indiquée.

Monsieur... me commanda de lui apporter *un écritoire* qui étoit sur la table de son cabinet. (III, 260.)

Cette difficulté... n'étoit fondée que sur *un équivoque*. (VII, 84.)

Un malentendu, fondé sur *un pur équivoque*... (VII, 85.)

Voyez encore, pour *équivoque* masculin, VII, 56 (et la note 7 de cette page) et 118; IX, 247.

L'*estafette* que j'avois *dépêché*.... (VII, 362.)

Mais *estafette* est féminin, VII, 364.

Un étude continuel.... (V., 554.)

Il tomba, comme *un foudre*, au milieu de tous ces quartiers. (IV, 173.)

L'idole le plus *fragile*.... (V, 297.)

La première cause de l'ombrage qu'il (*Mazarin*) prit de mon pouvoir à Paris fut l'observation qu'il fit de *ce manœuvre*, qui étoit pourtant, à son égard, très-innocent. (I, 242.)

Voyez la note 1 de la page indiquée.

Longueil... entendoit mieux le détail *du manœuvre* du Parlement que tout le reste du corps ensemble. (II, 56.)

Je n'ignorois pas de quelle nécessité est la règle des *mœurs* à un évêque. Je sentois que le désordre scandaleux de *ceux* de mon oncle me l'imposoit encore plus étroite et plus indispensable qu'aux autres. (I, 216.)

Voyez la note 4 de la page indiquée.

Nous réunirons le corps pour *ce grand œuvre* de la paix générale. (II, 343.)

La lettre de Monsieur le Prince au Parlement n'étoit qu'*un offre* qu'il faisoit à la Compagnie de sa personne et de ses armes. (IV, 76.)

Ce n'est qu'une croûte superficielle; ce n'est que l'enduit d'*un parois*. (IX, 186.)

La préséance me fut adjugée par arrêt du conseil, et j'éprouvai en *ce rencontre*, par le grand nombre de gens qui se déclarèrent pour moi, que descendre jusques aux petits est le plus sûr moyen pour s'égaler aux grands. (I, 219.)

Un autre rencontre lui en donna (*de l'ombrage*) avec aussi peu de sujet. (I, 242.)

Voyez la fin de la note 1 de la page indiquée.

Je proposai à Broussel... de dire qu'il ne concevoit pas l'embarras où l'on témoignoit être dans *ce rencontre*. (II, 225.)

Je suivis fort justement cette règle en *ce rencontre*, qui étoit *délicat* pour moi. (II, 254.)

L'intrépidité du Premier Président (*Molé*)... ne parut jamais plus complète ni plus achevée qu'en *ce rencontre*. (II, 400.)

Ce rencontre m'étoit très-*fâcheux*. (II, 410.)

Ordinairement masculin en ce sens, le mot *rencontre* se trouve aussi quelquefois féminin. Voyez III, 353; IV, 92; V, 263; IX, 27.

1. Voyez plus haut la note 1 de la page XIII.

b) Féminin[1].

C'est *cette amour* de la belle gloire... qui fait les hommes véritablement grands. (V, 534.)

.... *La duché* de Milan. (IX, 85.)

Ces *gardes* si bien *choisies* furent dix fois sur le point de faire des insultes au Parlement, et *ils* en firent d'assez fâcheuses à des conseillers et à des présidents en particulier. (II, 410.)

Remarquez que le mot *gardes* est traité d'abord comme féminin, puis comme masculin, dans la même phrase.

Il n'y a *aucune risque* pour moi. (VIII, 407.)

J'ai fait les *troubles*, parce que je les ai *prédites*. (III, 120.)

Voyez la note 5 de la page indiquée.

.... *Une ulcère maligne*. (IX, 150.)

Voyez la note 3 de la page indiquée.

3° Emplois d'abstraits et de concrets.

Mon *âge* avoit besoin d'avis et de conseils. (I, 207.)

Monsieur le Duc... haïssoit l'abbé de la Rivière, parce qu'il avoit eu l'insolence de trouver mauvais... que l'on lui eût préféré M. le prince de Conti pour la nomination au *cardinal*. (I, 262.)

Voyez la note 1 de la page indiquée.

4° Substantifs employés adjectivement.

Je pris une ferme résolution de remplir exactement tous les devoirs de ma profession (*ecclésiastique*), et d'être *aussi homme de bien* pour le salut des autres que je pourrois être méchant pour moi-même. (I, 217.)

La Compagnie (*le Parlement*)... se montra *plus peuple*, en cette occasion, que ceux qui ne l'ont pas vu ne le peuvent croire. (II, 294.)

Voyez la note 5 de la page indiquée.

Voilà comme tout le monde se trouva en un instant *Mazarin* (*partisan de Mazarin*). (I, 237.)

Voyez, au paragraphe suivant, *Mazarin* pris comme nom commun.

5° Noms propres. Genre, nombre, emploi.

La Hâvre pour *Le Hâvre*.

M. le duc de Richelieu... ne la voulut pas recevoir dans *la Hâvre*. (III, 24.)

Voyez la note 4 de la page indiquée.

Le Pays-Bas, au singulier.

Beaucoup de gens de qualité... *du Pays-Bas*.... (IV, 85.)

Monsieur l'Archiduc... commandoit dans *le Pays-Bas*. (IV, 9.)

Mazarin, sous forme de nom commun, signifiant *partisan de Mazarin*.

Cette diminution (*d'amitié*) ne regarde que quelques membres de ce corps qui sont *Mazarins*. (II, 277.)

Il faut jeter dans la rivière *tous les Mazarins*. (II, 400.)

Je faillis à me décréditer dans le public et à passer pour *Mazarin* dans le peuple. (II, 468.)

1. Voyez plus haut la note 1 de la page XIII.

Les *Mazarins* vouloient diviser le peuple du Parlement,... il falloit bien se garder de donner dans le panneau. (II, 479.)

Les gardes... lui avoient offert de massacrer ceux qu'il leur nommeroit comme *Mazarins*. (II, 479.)

6° Construction des substantifs.

Les mots *l'aîné* précèdent ordinairement le nom qu'ils qualifient.

.... Le mariage de l'*aîné Manchini*. (III, 34.)

L'*aîné Fouquet* soutenoit.... (III, 391.)

L'*aîné Cherrière*... ne me dit pas.... (VIII, 241.)

J'en ai reçu une (*une lettre*) très-longue et très-impertinente de l'*aîné Cherrière*. (VIII, 294.)

Mais nous lisons autre part, VIII, 240 : *Cherrière l'aîné*.

III. — Adjectif.

1° Adjectifs pris substantivement.

Ils sont fréquents chez Retz; nous n'en citerons que quelques exemples [1].

La fortune peut jeter cent et cent incidents dans une affaire de cette nature, qui couronnent *l'abominable* par *le ridicule* quand elle ne réussit pas. (II, 555.)

Le cardinal de Richelieu... étoit homme de parole où un grand intérêt ne l'obligeoit pas *au contraire*. (I, 281.)

Le Premier Président... se plaignit hautement de la cassation de l'arrêt d'union, et il conclut, par une instance très-ferme et très-vigoureuse, à ce que *les contraires*, donnés par le conseil d'en haut, fussent supprimés. (I, 319.)

Le remède à *ce dernier* (*à cette dernière chose*) est de se fixer.... (VII, 453.)

Dans le rang des qualités qui le composent (*le bon chef de parti*), la résolution marche de pair avec le jugement : je dis avec le jugement héroïque, dont le principal usage est de distinguer *l'extraordinaire* de *l'impossible*. (I, 152.)

N'est-ce pas *l'extrême* des ignorances? (IX, 157.)

M. d'Elbeuf,... selon le caractère de tous *les foibles*, étoit rogue et fier. (II, 157.)

J'avois pris *le frivole* pour la substance. (II, 274.)

Vous voyez, d'un coup d'œil, *le frivole* de ce raisonnement. (III, 406.)

Il (*le Coadjuteur*) est pis que l'autre (*M. de Bouillon*); car l'on voit au moins un temps où l'autre négociera; mais celui-là ne traitera jamais que pour *le général*. (II, 376.)

L'aveuglement, en ces matières, *des bien intentionnés*, est suivi pour l'ordinaire, bientôt après, de la pénétration de ceux qui... voient *le futur* et *le possible* dans le temps que ces compagnies réglées ne songent qu'*au présent* et qu'à *l'apparent*. (II, 60.)

Je me sentis de la rage dans *le plus intérieur* de mon âme. (I, 136.)

Je trouve une satisfaction si sensible à vous soumettre uniquement et absolument le jugement de tout ce qui me regarde, que je ne puis seulement me résoudre à m'en former, dans *le plus intérieur* de mon esprit, la moindre idée. (II, 190.)

---

[1]. Voyez plus haut la note 1 de la page XIII.

M. de Beaufort... avoit le sens beaucoup au-dessous *du médiocre*. (I, 220.)

.... Tout ce que *le meilleur* de ses amis eût pu dire pour sa défense. (III, 96.)

La chose fut ainsi exécutée, quoique Monsieur le Cardinal et M. de la Rivière en enrageassent *du meilleur* de leur cœur. (I, 263.)

Je suis persuadé qu'il eût donné sa vie *du meilleur* de son cœur. (III, 104.)

Je suis tout à vous, et je vous assure que c'est *du meilleur* et *du plus intérieur* de mon cœur. (VIII, 188.)

Ce parti, formé dans la cour par M. de Beaufort, n'étoit composé que de quatre ou cinq *mélancoliques*, qui avoient la mine de penser creux. (I, 223.)

Mon imagination me fournissoit toutes les idées *du possible*. (II, 6.)

.... Une scène où il y eut bien *du ridicule*, quoiqu'il ne s'y agît que *du tragique*. (II, 565.)

Cette lâcheté... ne serviroit qu'à donner de la hardiesse *aux séditieux*. (II, 402.)

Ces remarques... marquent très-naturellement l'extravagance de ces sortes de temps... où il n'est pas permis *aux plus sensés* de parler et d'agir toujours en sages. (II, 470.)

La passion lui donnoit de l'esprit et même *du sérieux* et de *l'agréable*, uniquement pour celui qu'elle aimoit. (II, 186.)

Mme la Palatine estimoit autant la galanterie qu'elle en aimoit *le solide*. (II, 187.)

Je prêchai l'Ascension, la Pentecôte, la Fête-Dieu dans les petites Carmélites, en présence de la Reine et de toute la cour; et cette audace m'attira un second éloge de la part de M. le cardinal de Richelieu; car, comme on lui eut dit que j'avois bien fait, il répondit : « Il ne faut pas juger des choses par l'événement; c'est *un téméraire*. » (I, 115.)

Je suis absolument à vous et *du plus tendre* de mon cœur. (VIII, 481.)

J'ai, Messieurs, à parler à la Compagnie; je vous supplie de reprendre vos places; il y va *du tout* pour toute l'Europe. (II, 258.)

Monsieur le Cardinal,... pour vous dire *le vrai*, ne nous dit que des impertinences. (I, 253.)

Je lui représentai ce que, pour vous dire *le vrai*, je ne venois que d'apprendre. (I, 258.)

2° Adjectifs pris adverbialement.

Ce parti, formé dans la cour par M. de Beaufort, n'étoit composé que de quatre ou cinq mélancoliques, qui avoient la mine de penser *creux*. (I, 223.)

Vous n'aurez pas *grand* lettres (*beaucoup de lettres*) de moi. (VIII, 184.)

3° Forme de quelques superlatifs.

Superlatifs de forme latine, en *-issime*.

....M. de Chavigny, conseiller d'État et *confidentissime* du Cardinal. (I, 143 *et* 144.)

Le cardinal Mazarin, *ignorantissime* en toutes ces matières.... (I, 297.)

Comparatif pour superlatif. (Nous trouverons des exemples du même fait dans le chapitre de l'ADVERBE.)

De toutes les passions, la peur est celle qui affoiblit *davantage* le jugement. (III, 374.)

Voyez ci-dessous, p. xxvii, ce qui est dit à propos de l'exemple: *Il a tenu une des places plus considérables.*

4° Particularités de nombre.

Les adjectifs *aucun, maint* et *tout*, employés au pluriel contrairement à l'usage moderne.

Je ne vous celerai *aucunes* des démarches que j'ai faites. (I, 80.)

<small>Plusieurs éditions, plus ou moins modernes, donnent *aucune* au singulier.</small>

.... Des contre-temps plus naturels à ces sortes d'affaires qu'à *aucunes autres*. (II, 512.)

Il semble que tous les membres n'aient pu avoir *aucuns mouvements* qui leur fussent naturels. (IV, 131.)

.... Un peuple qui ne peut recevoir *aucuns ordres* ni *aucunes lettres* de son évêque. (V, 123 et 124.)

Messieurs des Enquêtes donnèrent à leur ordinaire *maintes bourrades* à Messieurs les présidents. (II, 260.)

Cette déclaration portoit que *tous étrangers* seroient exclus des conseils. (III, 270.)

5° Accord.

Mots essentiellement neutres, comme *tout, ce*, le comparatif *pis*, se rapportant à des personnes.

M. de Schomberg avoit toute sa vie été inséparable de *tout ce* qui étoit bien à la cour; M. de Gramont en étoit esclave. (I, 237.)

Tout ce qu'il y eut de savant dans le clergé se déclara pour moi. (I, 264.)

Je ne trouvai... dans les rues que des gens qui crioient : « Point de Mazarin! point de paix! » Je dissipai *ce* que je trouvai d'assemblé au Marché-Neuf. (II, 478.)

Il (*le Coadjuteur*) est *pis* que l'autre. (II, 376.)

Réciproquement, la forme masculine ou féminine *pire* se rapportant à un neutre.

C'est bien *pire*. (IX, 148.)

6° Construction des adjectifs.

Exemples d'adjectifs précédant leur substantif.

M. d'Elbeuf se crut le plus *considérable homme* du parti. (II, 235.)

Je ne pouvois presque être d'un *contraire sentiment*. (III, 277.)

Bien que nous fussions toujours de *contraire parti*, je l'aimois naturellement. (III, 301.)

L'unique Premier Président, le *plus intrépide homme*, à mon sens, qui ait paru dans son siècle, demeura ferme. (II, 51.)

Tout ce que nous ferons sera de faire croire à tout Paris et à tout Saint-Germain que nous avons un *très-grand et très-particulier concert* avec Espagne. (II, 424.)

La conclusion de notre conférence fut qu'il partiroit *au même moment* pour Ruel. (II, 85.)

Cette main (*de Dieu*) n'est rien que la *même intelligence* qui forme les idées. (IX, 140.)

.... Ce qu'il avoit résolu devant que ces Messieurs fussent entrés et ce que la *seule colère* l'avoit empêché de faire. (III, 98.)

.... Qu'on ne fît tous les jours de *pareilles fautes à* celles que vous avez vues dans mes affaires. (VIII, 190.)

Je ne crois pas qu'il y ait au monde une *pareille ingratitude à* la sienne. (VIII, 573.)

Adjectif suivant son substantif :

Il a tenu une des *places plus considérables*. (V, 271.)

C'est ainsi du moins qu'il nous paraît naturel d'entendre la phrase, qui doit être pour *une des plus considérables places*. Si elle était pour *une des places les plus considérables*, ce serait un exemple à ajouter aux superlatifs ayant forme de comparatif. (Voyez ci-dessus, p. xxv.)

Adjectifs (ou participes) plus ou moins éloignés des noms auxquels ils se rapportent.

Le président de Mesme... fit une *exclamation* au seul nom de l'envoyé de l'Archiduc, *éloquente* et *pathétique* au-dessus de tout ce que j'ai lu en ce genre dans l'antiquité. (II, 246.)

L'on dit un *adieu* aux dames *fort léger* et *fort public*. (I, 97.)

Voilà la vue de la Rochepot, qui n'étoit nullement impraticable, et je le sentis par l'*effet* que la possibilité prochaine fit dans mon esprit, *tout différent* de celui que la simple spéculation y avoit produit. (I, 146.)

Toutes ces considérations... ne se pouvoient rectifier pour le bien du parti que par un traité du Parlement avec Espagne..., ou par *un engagement* que j'y prisse moi-même *tout à fait positif*. (II, 239.)

Vous voyez les *inconvénients* du refus, *si grands* que je n'eusse pas trouvé un homme qui me l'eût osé conseiller. (I, 207.)

Il fit une *apostrophe* aux officiers des gardes, en achevant cette dernière parole, *la plus touchante, la plus pathétique* et *la plus éloquente* qui soit peut-être jamais sortie de la bouche d'un homme de guerre. (II, 29.)

Il y eut à Paris plus de douze cents *barricades* en moins de deux heures, *bordées* de drapeaux. (II, 44.)

L'on fit un *pont* de bateaux sur la rivière, au Port-à-l'Anglois, *défendu* par des redoutes. (II, 317.)

Exemples divers de constructions inusitées ou remarquables.

Son *bon sens, et très-bon* dans la spéculation.... (II, 180.)

L'exemple *que nous avions tout récent* du héraut exclu.... (II, 243.)

Tous parloient sur ce ton, et il n'y avoit de différence que *le plus haut* et *le plus bas*. (II, 224.)

.... De chercher toutes les assurances *possible* (c'est-à-dire : qu'il était possible *de chercher*). (III, 411.)

Voyez la note 4 de la page indiquée.

Mme de Montbazon... eut peu de foi dans la galanterie, *nulle* dans les affaires (nulle *sans négation, quoique ayant le sens négatif*). (II, 187.)

IV. — Noms de nombre.

1° Forme des noms de nombre cardinaux.

Emploi de *et*.

Après *vingt-et-sept* ans de guerre déclarée.... (V, 316.)

Il y a *vingt-et-sept* ans que je ne sais quels intérêts légers et presque frivoles ébranlent toute la terre. (V, 322.)

Il (*Sixte V*) fixe le nombre des cardinaux à *septante et deux*. (VII, 331.)

Sa Sainteté n'a fait, en douze ans de pontificat, que trois nationaux, de *vingt et six* cardinaux qu'Elle a créés. (VII, 335.)

L'on vous envoyoit une lettre de crédit de vingt-cinq mille écus.... Prenez... tout ce qui vous sera nécessaire et non pas seulement les *vingt et cinq mille* écus. (VIII, 18.)

.... Pour la *cent et unième* (*fois*). (VIII, 546.)

Nous nous trouvâmes dix-huit cardinaux chez elle, à *vingt et deux* heures. (VII, 239.)

Sur cette manière italienne de compter les heures, voyez la note 19 à la page indiquée.

Douze heures pour *midi*.

.... Sur les *douze heures*. (VII, 70.)

Voyez la note 5 à la page indiquée.

2° Emploi fréquent (mais non constant) du nom de nombre ordinal dans les noms de quantièmes ou de souverains.

Noms de quantièmes. Le nom de nombre est parfois suivi de la préposition *de*.

Ce que je viens de vous dire se passa dans l'*onze* et le *douzième de* décembre 1549. Le *treizième*, M. le duc d'Orléans... vint au Parlement.... Le *quatorzième*... etc., (II, 570.)

Paris demeura en cet état jusques au 3ᵉ *de* septembre. (III, 89.)

Je vous écrivis de Milan le 28ᵉ *du* passé, j'en partis le 29ᵉ. (VII, 28.)

J'arrivai ici le *cinq*ᵉ *de* ce mois. (VII, 28.)

Je tire... la lettre de quatre mille livres payable au *douzième du* mois qui vient. (VIII, 319.)

J'ai reçu vos deux lettres du 29 *du* passé et du *second de* celui-ci. (VIII, 586.)

Le *1* de février.... (II, 213.)

Ce bel exploit... s'exécuta l'*onzième* décembre. (II, 556.)

J'ai reçu la lettre... du 26ᵉ juin. (VII, 40.)

.... Celui (*l'ordinaire*) du 22ᵉ janvier n'étant arrivé que jeudi au matin, et celui du 29, vendredi à midi. (VII, 173.)

.... Votre lettre du 23ᵉ avril. (VII, 232.)

.... Du *trente-unième* août. (IX, 46.)

Noms de souverains.

Charles *V*, qui a mérité le titre de sage.... Louis *onzième*, plus artificieux que prudent.... Louis *douze*.... François *premier*.... François *second*.... Charles *IX*.... Henri *trois*.... Henri *IV*.... Louis *treizième*.... (I, 272-274.)

La dérogation de Léon *Dix* à cette clause en faveur de Charles *V*.... (VII, 118.)

Charles *V*. (VII, 166.)

Jules *II*. (*Ibid.*)

Philippe *IIII*. (VII, 167.)

Innocent *dixième* lui écrit un Bref, qui est proprement son Apologie. (VI, 168.)

Le pape Jean *huitième*. (VI, 197.)

C'est ainsi qu'en usa la République de Venise dans le fameux différend avec Paul *Cinq*ᵉ. (VII, 11.)

Jules *second*. (VII, 117.)

.... La bulle de Léon X^e. (VII, 164.)
La bulle de Jules II^d.... (VII, 164.)
Charles-*le-Quint*. (VII, 164 *et aux pages suivantes.*)
Jules IIIe. (VII, 165.)
Philippe IIe. (*Ibid.*)
Clément VIIIe. (*Ibid.*)
Philippe IIIe. (*Ibid.*)
Jules IIe. (*Ibid.*)
.... La donation de Jeanne *seconde* à Jacques de Bourbon. (VII, 261.)

Remarquez le nom de *Charles-le-Quint*. Nous y conservons encore aujourd'hui le nom de nombre ordinal sous sa forme ancienne, mais sans l'article.

3° Emploi particulier des noms de nombre ordinaux.

.... Un billet que j'avois reçu de Longueil, au *cinq ou sixième* mot duquel Mme de Bouillon... s'écria.... (II, 381.)

M. de Turenne... s'étoit retiré, *lui cinq ou sixième* (*avec quatre ou cinq autres*), chez Madame la Landgrave de Hesse. (II, 418.)

Ce que je viens de vous dire se passa dans *l'onze et le douzième* de décembre 1649. (II, 570.)

Il s'étoit sauvé à toute peine, *lui cinquième*. (III, 208.)

V. — Pronoms.

1° Pronoms personnels.

a. *Il, lui, le,* neutre, dans le sens de *cela*.

Vous ne serez pas surprise de ce que l'on le fut de la prison de M. de Beaufort.... Il n'y avoit rien de si facile que ce coup par toutes les circonstances que vous avez vues; mais il paroissoit grand, et tout ce qui est de cette nature est heureux, parce qu'*il* a de la dignité et n'a rien d'odieux. (I, 233.)

Ce qui n'étoit que pour modérer le mouvement veut le faire, et je conviens qu'*il* le fait mal, parce qu'*il* n'est pas *lui*-même fait pour cela. (II, 103.)

Monsieur... avoit répondu à Monsieur le Prince, qui le pressoit de se trouver au Palais, qu'*il* lui étoit impossible. (III, 455.)

Madame... fit des efforts incroyables pour le persuader. *Il* ne fut pas en son pouvoir. (III, 225.)

.... Si Sa Majesté ne trouvoit pas qu'*il* fût (*que cela fût*) de son service. (VII, 135.)

Si cela, d'un côté, peut faire peur à Rome, de l'autre, *il* peut faire espérer.... (VIII, 58.)

Il n'est pas aisé... de prendre des précautions là-dessus parce qu'*il* n'est ni de la conscience, ni de la bienséance. (VIII, 270.)

Si elle voit à Paris quelque dame de Remiremont, comme *il* est assez aisé, y en ayant présentement sept ou huit, je la supplie de.... (VIII, 318.)

Il (*Mazarin*) me fit un million d'excuses du terme insolemment (*qu'il avait employé*). Il me dit, et *il* pouvoit être vrai, qu'il avoit cru qu'il signifiât *insolito*. (I, 254.)

J'étois... en colère, parce que je voyois que l'on m'avoit joué à Fontainebleau, comme *il* étoit vrai. (I, 255.)

Il est vrai, reprit M. de Bouillon. (II, 389.)

Il est bon de faire connoître à ce M. Ferrand... qu'il n'y auroit qu'à perdre à faire des procédures contre moi et vous savez bien qu'*il* est vrai. (VIII, 516.)

Un jour..., en se regardant dans un miroir qui étoit dans la ruelle, elle montra tout ce que la morbidezza des Italiens a de plus tendre, de plus animé et de plus touchant. Mais par malheur elle ne prit pas garde que Palluau, qui a depuis été le maréchal de Clérembault, étoit au point de vue du miroir. Il *le* remarqua. (I, 97.)

b) Il, masculin ou neutre, explétif.

Qui aime son père ou sa mère plus que moi, *il* n'est point digne de moi. (IX, 189.)

Il est incroyable ce que ces vingt ou trente paroles, où il n'y eut pas ombre de construction, produisirent dans les eprits. (II, 313.)

Il est incroyable quelle peine j'eus à lui persuader que.... (IV, 83.)

Il n'est pas croyable ce que ma facilité naturelle... m'a coûté de chagrin. (V, 113.)

Il s'excite un tourbillon afin qu'Élie soit emporté dans le Ciel. (VI, 399.)

c) Accord.

La, où nous mettrions *le*, neutre.

Ce désespoir... de négociation fut... plus utile à la cour que la négociation la plus fine ne *la* lui eût pu être. (II, 375.)

Voyez la note 5 de la page indiquée.

Leur, pronom personnel, avec le signe du pluriel.

Le Premier Président et le président de Mesme... ornèrent de toutes les couleurs qu'ils *leurs* purent donner les termes obligeants avec lesquels elle (*la Reine*) leur avoit parlé. (II, 308.)

Voyez la note 4 de la page indiquée.

Je lui dis... que je n'avois jamais vu personne qui fût si éloquent que lui pour persuader aux gens que fièvres quartaines *leurs* étoient bonnes. (II, 448.)

Nous *leurs* écrivîmes. (III, 191.)

Notons enfin un emploi étrange de *leur* pour *les*. Cette singularité est sans doute du fait du secrétaire qui tenait la plume.

Tous les titres de ces transports sont chez Modane, et Malclerc *leur* y a vu. (VIII, 341.)

2° Pronom réfléchi.

Le pronom réfléchi *soi* est souvent employé, suivant l'ancien usage, dans des cas où l'usage moderne, moins correct, demanderait plutôt *lui* ou *elle*.

Il railla le président de Mesme, comme un homme qui prenoit plaisir à se flatter *soi*-même. (II, 274.)

Longueil, qui connoissoit mieux le Parlement qu'homme du Royaume,... lui avoit confirmé tout ce que je lui avois dit la veille de la pente que ce corps prenoit, sans s'en apercevoir *soi*-même. (II, 275.)

La proposition de la paix générale... est de *soi*-même le plus grand... de tous les biens. (II, 422.)

.... Huit enfants qu'elle aime plus que *soi*-même. (II, 445.)

Il perdroit l'État en se perdant *soi*-même. (III, 95.)

Mais cet emploi n'est pas constant. Voyez III, 96, etc.

Dans les exemples suivants, le pronom *se*, *soi*, de sens indéterminé, est également contraire à notre usage et à la logique.

Il fit le malade le dimanche, et il envoya *s*'excuser (*l'excuser*) pour le lundi. (III, 463.)

Je trouvai M. de Beaufort très-persuadé que *nous* n'avions plus rien à faire qu'à fermer les portes de Paris aux députés de Ruel,... qu'à *se* rendre maître (*qu'à nous rendre maîtres*) de l'Hôtel de Ville, et qu'à faire avancer l'armée d'Espagne dans *nos* faubourgs. (II, 431.)

Jésus-Christ... *nous* propose d'aimer le prochain comme *soi*-même. (IX, 339.)

Voici même une construction plus hardie encore :

Le cardinal de Richelieu avoit affecté d'abaisser les corps, mais il n'avoit pas oublié de ménager les particuliers.... Ce qu'il y eut de merveilleux fut que tout contribua à le tromper et à *se* tromper *soi-même* (*c'est-à-dire, à produire cet effet qu'il se trompât lui-même*). (I, 288.)

Voyez la note 5 de la page indiquée.

3° Pronom relatif.

Qui, au sens neutre, pour *ce qui*; *dont* pour *ce dont*.

Il me prêta douze cents écus, *qui* étoit tout ce qu'il avoit d'argent comptant. (I, 99.)

Le sien (*son esprit*) étoit médiocre, et susceptible, par conséquent, des injustes défiances, *qui* est de tous les caractères celui qui est le plus opposé à un bon chef de parti. (I, 153.)

Le Premier Président... prit sa longue barbe avec la main, *qui* étoit son geste ordinaire quand il se mettoit en colère. (II, 587.)

On vous entendra devant que de rien résoudre là-dessus, *qui* ne presse pas encore. (VIII, 158.)

.... Pour me résoudre aisément à vivre en Archevêque de Paris, *qui* est au moins une condition assez douce. (VIII, 100.)

Je lui présente (*au crucifix*) des couronnes, *qui* n'est pas le sacrifice le plus ordinaire que l'on lui fasse. (IX, 112.)

.... Ce que la hardiesse de ses domestiques fut sur le point de lui faire faire à Corbie, *dont* il faut, pour plus d'éclaircissement, vous entretenir un moment. (I, 138.)

M. de Beaufort... se mit en tête de gouverner, *dont* il étoit moins capable que son valet de chambre. (I, 209.)

Supposé même qu'il fût aussi bien préparé que toute la défiance se le peut figurer, *dont* je doute fort.... (II, 57.)

Le sien (*son accommodement*) particulier, supposé même qu'il se fît, *dont* il doutoit fort, leur pouvoit être utile. (II, 446.)

C'est *dont* un homme de bien ne se doit jamais tenir dispensé. (III, 313.)

C'est *dont* tous ses écrits ne parlent point. (V, 387.)

Que pour *dont*.

Faites, s'il vous plaît, à l'égard du sel *qu'*il parle, ce que vous jugerez à propos. (VIII, 412.)

.... Ordonné que les Présentes seront signifiées audit Seigneur Archevêque de Sens, et autres *que* besoin sera. (IX, 49.)

4° Pronom démonstratif.

a) Emplois particuliers de *ce*.

La Reine... me dit d'abord que Monsieur étoit dans une colère terrible, qu'elle en étoit très-fâchée, mais qu'enfin c'étoit Monsieur, et qu'elle ne pouvoit n'être pas dans ses sentiments. (I, 259.)

.... Une fluxion que j'ai sur les pieds que j'apprends *ce* être goutte. (VIII, 244.)

Je suis persuadé que *ce* qu'il n'a pas donné (*ce fait, qu'il n'a pas donné*) la décharge générale, ne vient que de la pensée qu'il a eue qu'on la lui demandoit par défiance. (VIII, 258.)

b) Absence de *ce*.

Ce que je sais, de science certaine, *est* que Cohon... dit l'avant-veille... que M. de Beaufort et moi ne serions pas en vie dans trois jours. (II, 228.)

Ce que je puis au moins, en ce rencontre, *est* d'employer le peu de séjour qui me reste ici à.... (VII, 289.)

Ce qu'il y a plus à craindre, à mon sens, *sont* les indultaires. (VIII, 383.)

c) Emplois de *en*, qui tient souvent la place, non d'un mot qui précède, mais d'une idée plus ou moins vague contenue dans l'une des phrases précédentes.

Mon père n'étoit pas dans le dessein de me mener aux noces (*de Catherine de Gondi*), peut-être en vue de ce qui *en* arriva (*de ce qui arriva par suite de ma présence à ces noces*). (I, 92.)

Voilà à peu près ce que je dis à Monsieur le Comte. Il en parut touché. M. de Bouillon s'*en* mit en colère. (I, 156.)

M. le comte de Cramail... ne songea plus qu'à couvrir le passé, qui, du côté de Paris, n'étoit qu'entre six personnes.... Le manquement de secret étoit encore plus à craindre de celui de Sedan, où il y avoit des gens beaucoup moins intéressés à le garder, parce que, ne revenant pas en France, ils avoient moins de lieu d'*en* appréhender le châtiment. (I, 175.)

Elle dit en badinant à Mme de Vendôme qu'il y falloit donner la comédie à Monsieur de Lisieux. Le bon homme... répondit qu'il n'*en* feroit aucune difficulté. (I, 187.)

Je commençai à entrevoir quelque chose, et ce qui m'*en* parut fut une longue procession de fantômes noirs. (I, 189.)

Quoique je fusse très-bien averti, par mon ami l'aumônier, que le coup me venoit de la cour, je le souffris avec bien plus de flegme qu'il n'appartenoit à ma vivacité. Je n'*en* témoignai quoi que ce soit, et je demeurai dans ma conduite ordinaire à l'égard de Monsieur le Cardinal. (I, 243.)

Il ne me fut pas difficile de la mettre (*la Reine*) en état de ne pouvoir que me dire sur mes raisons, et elle *en* sortit (*elle sortit de cet embarras*) par le commandement qu'elle me fit de les aller faire connoître à Monsieur le Cardinal. (I, 248.)

Je ne me souviens pas précisément de la manière dont cette affaire s'accommoda ; je crois de plus que vous n'*en* avez pas grande curiosité (*vous n'avez pas grande curiosité de le savoir*), et je ne vous *en* ai parlé (*de cette affaire, et non pas de la manière dont elle s'accommoda*) un peu au long que pour.... (I, 249.)

Comme je parlois au nom et de Monsieur l'Archevêque et de toute l'Église de Paris, il éclata comme il eût pu faire si un particulier, de son autorité privée, l'eût voulu haranguer à la tête de cinquante séditieux. Je lui *en* voulus faire voir, avec respect, la différence (*la différence qu'il y a entre parler au nom de l'Archevêque, et parler de son autorité privée, etc.*). (I, 252.)

Le Cardinal... prit le parti de faire faire la cérémonie dans la chapelle du Palais-Royal.... Je fis voir à la reine de Pologne que si elle se marioit ainsi, je serois forcé... de déclarer son mariage nul; mais qu'il y avoit un expédient, qui étoit qu'elle se mariât véritablement dans le Palais-Royal, mais que l'évêque de Varmie vînt chez moi *en* recevoir la permission par écrit. (I, 256.)

d) Emplois de *y* pronom.

Le Parlement s'assembla... pour délibérer de ce qui étoit à faire à l'égard de l'arrêt du conseil d'en haut... qui avoit défendu la continuation des assemblées.... Ils y désobéissoient même en *y* délibérant, parce qu'il leur avoit été expressément enjoint de n'*y* pas délibérer. (I, 316.)

Ce que vous allez voir est d'une peinture plus égayée, et les factions et les intrigues *y* donneront du coloris. (I, 327.)

5° Pronom interrogatif.

Quel pour *tel... que*, tournure latine.

J'écrirai quand et en *quelle* manière vous le désirerez. (VIII, 450.)

6° Adjectifs pronominaux possessifs.

a) Emplois particuliers.

M. le cardinal de Richelieu avoit donné une atteinte cruelle à la dignité et à la liberté du clergé dans l'assemblée de Mantes, et il avoit exilé, avec des circonstances atroces, six de *ses* prélats les plus considérables. (I, 245.)

Je fus nommé... pour solliciteur de l'expédition (*de la restitution de l'évêché de Saint-Pol-de-Léon à René de Rieux*).... Monsieur le Duc... me dit qu'il vouloit finir cette affaire. Il alla trouver à l'heure même Monsieur le Cardinal... : j'eus *mon* expédition. (I, 270.)

Le cardinal Mazarin... fut capitaine d'infanterie en Valteline; et Bagni, qui étoit son général, m'a dit qu'il ne passa dans *sa* guerre, qui ne fut que de trois mois, que pour un escroc. (I, 284.)

J'ai examiné comme vous les discours de MM. Cherrière..., et je suis tombé de moi-même dans *vos* mêmes sentiments (*dans les mêmes sentiments que vous*). (VIII, 289.)

b) Adjectif possessif là où nous mettrions l'article.

Comme il affecta d'élever *sa* voix en cet endroit pour se faire entendre de deux ou trois prélats qui étoient au bout de la chambre, j'affectai aussi de ne pas baisser la mienne. (I, 260.)

Il l'attrapa entre deux portes, il lui mit une plume entre *ses* doigts.... (III, 191.)

c) *Leur*, adjectif possessif, sans *s* au pluriel.

Il ne s'étoit pas ému de *leur* crieries. (II, 316.)

Voyez la note 5 de la page indiquée.

.... Pour faire avancer *leur* troupes. (II, 346.)

.... Arrêt par lequel il soit ordonné aux députés de la Compagnie (*du Parlement*)... de revenir à Paris prendre *leur* places. (II, 386.)

.... Un empressement merveilleux pour *leur* intérêts particuliers. (II, 455.)

J'avois insisté... qu'ils ne donnassent *leur* mémoires.... (II, 454.)

Monsieur et Messieurs les Princes étant arrêtés, le parti contraire à la cour n'ayant plus à sa tête que *leur* noms.... (III, 155.)

Leur avidité... soutenoit *leur* espérances. (III, 180.)

.... Dans la vue de détacher Monsieur de *leur* intérêts. (II, 245.)

.... Le rétablissement de *leur* priviléges. (III, 246.)

MM. de Bouillon et de Turenne... offrirent *leur* services à Monsieur le Prince. (III, 537.)

7° Construction des pronoms.

a) Pronom personnel se rapportant tour à tour, dans la même phrase, à deux personnes ou à deux choses différentes.

M. d'Elbeuf... témoigna qu'il appréhendoit que son absence... ne pût être mal interprétée. Et M. de Bouillon, qui ne la *lui* avoit proposée que pour *lui* faire craindre l'émotion, prit l'ouverture de la difficulté qu'*il lui* en fit pour s'assurer encore plus de *lui* par une autre voie, en *lui* disant qu'*il* étoit persuadé effectivement, par la raison qu'*il lui* venoit d'alléguer, qu'*il* feroit mieux d'aller au Palais, mais qu'*il* n'y devoit pourtant pas aller comme une dupe; qu'il falloit qu'*il* y vînt avec moi; qu'*il* le laissât faire et qu'*il* en trouveroit un expédient qui seroit naturel. (II, 306.)

Comme je sortis de chaire, Mlle de Chevreuse dit : « Voilà un beau sermon. » Noirmoutier, qui étoit auprès d'elle, lui répondit : « Vous *le* trouveriez bien plus beau, si vous saviez qu'*il* est si malade à l'heure qu'il est, qu'un autre que lui ne pourroit pas seulement ouvrir la bouche. » (II, 595.)

De semblables négligences sont fréquentes chez Retz, et rendent souvent ses constructions embarrassées.

b) Pronom défini tenant la place d'un substantif indéterminé qui précède.

Je ne me pouvois passer *de galanterie*, mais je *la* fis avec Mme de Pommereux. (I, 179.)

Ce ne furent pourtant pas eux qui eurent le plus *de frayeur*. Les pauvres Augustins..., voyant venir à eux deux hommes qui avoient l'épée à la main, *l*'eurent très-grande. (I, 190.)

Cette mine, ou fit peur à M. le cardinal Mazarin, ou lui donna lieu de feindre qu'il avoit *peur*.... Ce qui est certain est que la Rivière... essaya de *la* donner au ministre par toute sorte d'avis..., et que Monsieur le Prince n'oublia rien aussi pour *la* lui faire prendre. (I, 224.)

La mode, qui a *du pouvoir* en toutes choses, ne *l*'a si sensible en aucune qu'à être ou bien ou mal à la cour. (I, 227.)

M. de Morangis me disant... que je faisois trop *de dépense*, comme il n'étoit que trop vrai que je *la* faisois excessive, je lui répondis fort étourdiment.... (I, 244.)

c) Emploi des pronoms personnel et réfléchi comme régime indirect.

Il tomba, le pied *lui* ayant glissé. (I, 204.)

Le cardinal de Richelieu la vint traiter (*la France*) comme un empirique, avec des remèdes violents, qui *lui* firent paroître de la force, mais une force d'agitation qui en épuisa le corps et les parties. (I, 289.)

La petite vérole avait laissé à Mme de Longueville... tout l'éclat de la beauté, quoiqu'elle *lui* eût diminué la beauté. (II, 168.)

Monsieur le Prince avoit voulu *se* réunir toute sa maison. (II, 534.)

d) Pronom placé en tête d'une série de verbes dépendants les uns des autres, dans des cas où l'usage moderne les placerait après le premier ou même après plusieurs d'entre eux.

J'étois... plein des sentiments que je *vous viens de* marquer. (I, 137.)

Il donna de la main, en *se voulant* soutenir, contre un morceau de bois un peu pointu. (I, 204.)

Vous voyez les inconvénients du refus, si grands que je n'eusse pas trouvé un homme qui *me l'eût osé* conseiller. (I, 207.)

J'ajoutai à cela tout ce que vous *vous pouvez* imaginer. (I, 208.)

Le plus dangereux ridicule qui *se puisse* rencontrer.... (I, 217.)

L'on *se vouloit* imaginer que.... (I, 229.)

La Reine ne *se vouloit* conduire que par leurs conseils. (I, 237.)

.... Les circonstances que je *vous viens de* marquer. (I, 238.)

L'assemblée du clergé se tint en 1645. J'y fus invité comme diocésain, et elle *se peut* dire le véritable écueil de ma médiocre faveur. (I, 245.)

Elle (*la Reine*) en sortit par le commandement qu'elle me fit de *les aller* faire connoître (*mes raisons*) à Monsieur le Cardinal. (I, 248.)

.... Le peu que l'on *lui en vouloit* faire entendre. (I, 252.)

Les choses *se pourroient* accommoder. (I, 254.)

.... Ceux du chapitre qui *m'y voulurent* faire faire réflexion. (I, 258.)

.... La réparation dont je *vous viens de* parler. (I, 260.)

La cour prit de l'ombrage de moi dans le temps même où je n'avois pas fait seulement réflexion que je *lui en pusse* donner. (I, 266.)

M. le cardinal Mazarin... me parut pleinement désabusé des impressions que l'on *lui avoit voulu* donner contre moi. (I, 266.)

Je ne *me puis* empêcher de vous dire que le combat étant presque perdu, Monsieur le Prince le rétablit. (II, 4.)

Le Cardinal... me dit qu'il *se vouloit* servir de l'occasion présente. (II, 10.)

Il ne s'agit pas de moi, mais de Paris soumis et désarmé, qui *se vient* jeter aux pieds de Votre Majesté. (II, 29.)

Faisant réflexion sur le péril auquel la Compagnie *s'alloit* exposer.... (II, 49.)

Quoiqu'il *me vint* d'assurer.... (II, 148.)

M. d'Olonne... avoit été arrêté comme il *se vouloit* sauver habillé en laquais. (II, 200.)

.... Le plus cruel de tous les incidents que l'on *se fût*[1] *pu* imaginer. (II, 556.)

Comment *se seroit-il pu* adoucir? (II, 30.)

Je ne vois pas que Monsieur *se fût pu* conduire plus justement. (III, 32.)

Voyant... qu'elle (*la Reine*) *se va* raccommoder avec Monsieur le Prince, je ne *me veux* brouiller ni avec l'une ni avec l'autre. (III, 374.)

.... Plus que je ne *le vous puis* jamais exprimer. (VII, 422.)

Nous pourrions citer une foule d'autres exemples de cette tournure, qui est habituelle. Voici deux exemples de la tournure contraire, qui est exceptionnelle :

L'agitation que je *viens de vous* représenter.... (II, 60.)

La raison... que je *viens de vous* alléguer.... (II, 120.)

---

1. Il faut remarquer que, dans quelques-uns de ces exemples, l'ordre des mots demande l'auxiliaire *être*, au lieu de l'auxiliaire *avoir*, qu'un ordre différent exigerait : « Que l'on se *fût* pu imaginer », mais « Que l'on *eût* pu s'imaginer »;

De même que les pronoms précèdent ordinairement les verbes comme nous venons de le voir, ils précèdent souvent aussi, par une tendance analogue, la particule négative *pas*.

Louis treizième n'étoit jaloux de son autorité qu'à force de ne *la pas* connoître. (I, 274.)

Les ministres... sont presque toujours assez aveuglés par leur fortune pour ne *se pas* contenter de ce que ces ordonnances permettent. (I, 278.)

.... Pour ne *se pas* servir de cette occasion. (II, 4.)

e) *Qui, que* séparé de son antécédent.

Il me fit des *leçons* sur la manière dont je devois vivre, *qui* me persuadèrent. (I, 123.)

Voyez la note 7 de la page indiquée.

Mme de Vendôme... prit une *affection* pour moi, depuis cette conférence, *qui* alloit jusques à la tendresse d'une mère. (I, 183.)

Il m'en présenta la garde (*de son épée*) en me demandant un million de pardons. Il les redoubla bien quand mon *gouverneur* fut arrivé, *qui* lui dit qui j'étois. (I, 205.)

Le *cardinal de Richelieu* leur succéda, *qui* fit, pour ainsi parler, un fonds de toutes ces mauvaises intentions. (I, 275.)

Ce filoutage faisoit que le ministère... ne lui seyoit pas bien (*à Mazarin*), et que le *mépris* s'y glissa, *qui* est la maladie la plus dangereuse d'un État. (I, 287.)

Les délibérations alloient à mettre des *modifications* aux édits *qui* les rendoient presque infructueux. (I, 307.)

Je trouvai M. *de Chavigni* à l'hôtel de Lesdiguières, *qui* me l'apprit. (II, 4.)

Il ajouta *je ne sais quoi* entre ses dents, *que* je n'entendis pas, mais *qui* apparemment piqua le Cardinal. (II, 22.)

Il y en eut... qui... me donnèrent à moi-même un *coup de pierre* au-dessous de l'oreille *qui* me porta par terre. (II, 27.)

Je vis... une *lance*, traînée plutôt que portée par un petit garçon de huit ou dix ans, *qui* étoit assurément de l'ancienne guerre des Anglois. (II, 45.)

M. *d'Elbœuf* entra chez moi, *qui* me dit.... (II, 148.)

Elles tenoient chacune un de leurs *enfants* entre leurs bras, *qui* étoient beaux comme leurs mères. (II, 168.)

Ils trouvèrent le *maréchal de Gramont* dans la plaine de Villejuif, *qui* avoit deux mille hommes de pied. (II, 217.)

Il présenta la *lettre de l'Archiduc* au Parlement, *qui* n'étoit que de créance. (II, 252.)

Il dépêcha... un second *courrier* à Bruxelles, *que* nous fîmes escorter.... (II, 261.)

Vous avez déjà vu deux actes de ce même 19 de février; en voici un *troisième* de la nuit qui le suivit, *qui* ne fut pas si public, mais *duquel* il est nécessaire que vous soyez informée. (II, 263.)

M. de Bouillon et moi... fîmes dépêcher... un *courrier*, à Bruxelles, *qui* partit sur le minuit. (II, 265.)

Nous fîmes retirer les séditieux, et la Compagnie sortit.... Je fus surpris... de la facilité que nous y trouvâmes. Elle donna une *audace* au Parlement *qui* faillit à le perdre. (II, 310.)

Il faut, à mon sens, que Messieurs les généraux signent un *traité*, dès demain, avec Espagne, par *lequel*.... (II, 333.)

Riquemont entra *qui* nous dit.... (II, 334.)

INTRODUCTION GRAMMATICALE. xxxvii

Permettez-moi, je vous supplie, une petite *disgression* en ce lieu, *qui* n'est pas indigne de votre curiosité. (II, 335.)

Comme M. de Bellièvre achevait de parler, *Noirmoutier* entra dans ma chambre, *qui* nous dit.... (II, 361.)

M. le prince [de Conti], M. d'Elbeuf, M. de Beaufort et M. le maréchal de la Mothe entrèrent dans la chambre, *qui* ne savoient rien de la nouvelle. (II, 382.)

Il fit la *relation* de son voyage de la cour, dans le Parlement, *dont* la substance fut.... (III, 89.)

Son *crime* (*le crime d'Adam*) ne fut pas personnel, mais réel, *qui* gâta, corrompit et altéra toute la nature. (IX, 143.)

f) *Celui* suivi d'un participe épithète.

Le parti proposé par M. le cardinal d'Estrée... révient... à *celui proposé* par M. le cardinal de Bouillon. (VII, 454.)

g) Construction de *en* pronom, de *dont*, de *laquelle*.

Il (*Mazarin*) s'érigea et l'on l'érigea en Richelieu ; mais il n'*en* eut que *l'impudence de l'imitation*. (I, 286.)

Cette atteinte fut cruelle à la personne d'un cardinal reconnu, depuis la mort du feu Roi, pour premier ministre ; et la suite *ne lui en fut pas moins honteuse*. (II, 87.)

Il en avoit ouï parler (*des grandes affaires*) aux Importants ; il *en avoit un peu retenu du jargon*. (II, 177.)

Pour ne point répéter le détail, qui *en est assez long*.... (VII, 240.)

Dès l'après-dînée du jour *dont elle arriva le matin*.... (II, 486.)

Monsieur... me parla, le soir *dont le trompette de l'Archiduc étoit arrivé l'après-dînée*, avec une aigreur.... (III, 93.)

La Reine... étoit très-satisfaite de ce qui se venoit de passer le matin du jour *dont Monsieur lui fit ce discours l'après-dînée*. (III, 481.)

.... Mlle de Chevreuse, *du mariage de laquelle avec lui* l'on avoit parlé autrefois. (II, 486.)

h) Construction du pronom interrogatif.

Je ne manquerai pas de m'enquérir soigneusement *qu'est* devenu M. de Beaufort. (VIII, 18.)

M. de Bellièvre me demandant *qu'est-ce que* c'étoit que des tambours qui battoient.... (II, 169.)

VI. — Verbe.

1º Voix.

a) Actif.

Verbes aujourd'hui neutres employés au sens actif (ou au passif, lequel suppose l'actif).

Elle (*la Reine*) finit par un commandement qu'elle fit au doyen et aux députés de me mener chez Monsieur le Cardinal, et d'*aviser* ensemble ce qu'il y auroit à faire. (I, 254.)

Voyez la note 2 de la page indiquée.

Je l'avois servi (*j'avois servi Monsieur le Prince*)... avec chaleur, dans le démêlé qu'il eut avec Monsieur, touchant le chapeau de cardinal, *prétendu* par Monsieur son frère. (II, 76.)

Il me vint une pensée... qui fut de *contribuer*, sous main, *tout ce qui* seroit en moi à la paix, pour sauver l'État, qui me paroissoit sur le penchant de sa ruine. (II, 429 et 430.)

Il faut aussi qu'il puisse *éclore les pensées* de son âme. (IX, 173.)

b) Passif.

Devant que les épines *soient achevées* de fleurir. (IX, 195.)

L'hypocrite a plus de clinquants et de broderies dans l'esprit, qu'il n'y en a sur les habits des princes, quand ils *sont commandés* de se parer. (IX, 182.)

c) Neutre.

Le parlement fut obligé de *décréter* contre les séditieux. (I, 300.)

d) Réfléchi.

Réfléchi dans le sens du passif.

Nous ne donnons, de cette tournure extrêmement fréquente, que quelques exemples dignes de remarque; en particulier, ceux où le réfléchi est suivi d'un régime indirect à la façon des verbes passifs. (Voyez les derniers exemples.)

La troisième (*barricade*) ne *se* voulut pas *payer* de cette monnoie. (II, 50.)

Le vieux président le Cogneux... prit garde que je parlois de temps en temps d'une lettre de l'Archiduc, de laquelle il ne *s'étoit* rien *dit*. (II, 244.)

J'y admirai M. de Bouillon, chez qui la résolution *se prit* de faire faire l'ouverture par M. le prince de Conti. (II, 248.)

Monsieur le Prince convint... que nos troupes, qui ne *se pouvoient attaquer* au poste qu'elles avoient pris, lui feroient plus de peine que si elles étoient demeurées dans la Ville. (II, 319.)

Il *s'excite* un tourbillon afin qu'Élie soit emporté dans le Ciel. (VI, 399.)

Toutes ces difficultés *se faisoient par* les mêmes personnes qui avoient conclu.... tout d'une voix, quinze jours devant, de.... (II, 326.)

La place étoit vide,... elle *se* pouvoit *remplir par* un autre qui ne dépendroit pas de moi. (II, 362.)

Il étoit de la bonne conduite que cette escarmouche... *s'attachât* plutôt *par* M. de Beaufort que *par* moi. (II, 488.)

Il étoit nécessaire... que la négociation *se fît par* nous-mêmes en personne. (II, 522.)

Faites réflexion, je vous supplie, sur l'inutilité des recherches qui *se font* tous les jours, *par* les gens d'étude, des siècles qui sont plus éloignés. (III, 298.)

Verbe réfléchi sans pronom réfléchi.

Aussitôt... que M. de Turenne *seroit déclaré*, il (*M. de Bouillon*) étoit très-résolu à s'affranchir de la tyrannie ou plutôt du pédantisme du Parlement. (II, 302.)

2° Emploi des temps et des modes.

a) Indicatif présent.

Pour un passé.

Il *paroît* un peu de sentiment,... et ce signe de vie, dans les commencements presque imperceptible, ne se *donne* point par Monsieur, il ne se *donne* point par Monsieur le Prince, il ne se *donne* point par les grands du royaume, il ne se *donne* point par les provinces : il se *donne* par le Parlement, qui jusques à notre siècle n'avoit jamais commencé de révolution. (I, 293.)

Les gens du Roi... conclurent à ce que... les députés du Parlement se rendissent au plus tôt vers le Roi, pour l'informer de ce qui se *passe* sur la frontière. (IV, 62.)

Pour le futur.

Le Parlement fera demain des pas... pour son propre compte vers la cour; mais je soutiens que quelques pas qu'il fasse, nous *demeurons* en état... de nous moquer du Parlement. (II, 304.).

Il n'y a rien de plus beau que ce que vous proposez; je conviens même qu'il est possible; mais je soutiens qu'il est pernicieux pour tous les particuliers, et je vous le *prouve* en peu de paroles. (II, 343.)

Pour un subjonctif.

La déclaration de M. de Turenne est l'unique voie qui nous *peut* conduire à.... (II, 342.)

Est-il possible que Monsieur le Prince *peut* oublier un procédé si sincère? (V, 187.)

Le seul intérêt solide et réel que le Roi *a* en cette occasion se réduisant à.... (VII, 143.)

b) Indicatif imparfait.

Pour le présent.

Je la trouvai dans un abattement extrême.... J'y trouvai quelque chose de plus le lendemain, qui fut une raison encore plus surprenante et plus extraordinaire que sa beauté, et c'*étoit* beaucoup dire. (I, 203.)

M. le duc d'Orléans avoit, à l'exception du courage, tout ce qui *étoit* nécessaire à un honnête homme; mais... il n'avoit rien, sans exception, de tout ce qui peut distinguer un grand homme. (II, 175.)

Pour le plus-que-parfait.

Le roi mourut. M. de Beaufort, qui *étoit* de tout temps à la Reine, et qui en faisoit même le galant, se mit en tête de gouverner. (I, 209.)

Pour le subjonctif imparfait.

[Mazarin] étoit au désespoir que sa dignité de cardinal ne lui *permettoit* pas de s'humilier autant qu'il l'eût souhaité devant tout le monde. (I, 232.)

Cette audience (*donnée au député de l'Archiduc*) étoit... la seule circonstance qui *pouvoit* suppléer... le défaut de ma signature. (II, 243.)

M. le cardinal Mazarin faisoit croire à la Rivière que le seul obstacle qu'il *trouvoit* au cardinalat étoit M. le prince de Conti. (II, 292.)

Je ne laissois pas d'... avoir toujours quelque sorte de doute dans l'esprit... par l'appréhension... que j'avois de nous voir manquer la seule chose par laquelle nous *pouvions* engager et fixer le Parlement. (II, 394.)

Huit ou dix conseillers des Enquêtes entrèrent... pour témoigner l'étonnement où ils étoient qu'après une conjuration aussi furieuse, on *demeuroit* les bras croisés. (II, 591.)

Monsieur vit..., dans l'esprit de la Reine, de la disposition à s'accommoder avec Monsieur le Prince, quoiqu'elle l'*assuroit* du contraire. (III, 371.)

.... Un acte public, que j'ai fait signifier par la seule voie qui *étoit* en ma puissance. (VI, 352.)

Pour le conditionnel passé.

Les princes et les grands du royaume, qui pour leurs propres intérêts *devoient* être plus clairvoyants que le vulgaire, furent les plus aveuglés. (I, 235.)

Le convoi *étoit* infailliblement perdu, si Noirmoutier ne fût arrivé avec le reste des troupes. (II, 263.)

Si le moindre laquais eût tiré l'épée en ce moment, Paris *étoit* confondu. (II, 601.)

J'étois satisfait de mon ouvrage; et si il eût plu à la cour et à Monsieur le Prince d'ajouter quelque foi à ce que je leur disois, je *rentrois* moi-même, de la meilleure foi du monde, dans les exercices purs et simples de ma profession. (III, 277.)

La république de Gênes se trouvoit dans un état que l'on *pouvoit* appeler heureux, s'il *eût été* plus affermi. (V, 499.)

c) Indicatif passé défini.

Pour l'imparfait.

Il se trouva que ce fantôme *fut* petit-fils d'Henri le Grand; qu'il *parla* comme on parle aux halles, ce qui n'est pas ordinaire aux Enfants d'Henri le Grand, et qu'il *eut* des cheveux bien longs et bien blonds. (II, 194.)

Pour le passé indéfini.

M. le duc Césarin *mourut* la nuit du vendredi au samedi passé. (VII, 110.)

Le Pape *revint*, hier au matin, de Castel. (VII, 110.)

M. le cardinal Corrado *mourut* ici samedi au soir. (VII, 152.)

Il n'y en a encore à Rome qu'un exemplaire que le Pape *reçut* par le pénultième ordinaire. (VII, 197.)

Pour le plus-que-parfait.

La cour promit de ne point presser la restitution de la Bastille, et elle s'engagea même de parole à la laisser entre les mains de Louvière..., qui y *fut établi* gouverneur par le Parlement, lorsqu'elle fut prise. (II, 473.)

Pour un subjonctif.

Il commanda que l'on *ôta* son drap de pied. (I, 258.)

Faut-il croire que, dans ce premier exemple, nous avons affaire à une faute due à la négligence? La chose ne paraît pas certaine, si l'on considère que l'on *ôta* en effet le drap de pied, et que, d'après les exemples qui suivent, l'auteur emploie volontiers l'indicatif lorsque l'action indiquée par le verbe s'est accomplie.

Quelque instance que me *firent* Montrésor et Laigue, je me résolus de m'attacher purement à mon devoir. (II, 6.)

Il fit en sorte que lui-même *donna*... les ordres qui étoient nécessaires. (III, 19.)

Voyez la note 2 de la page indiquée.

Personne n'a douté jusques à présent que Monsieur le Prince *s'engagea* dans cette accusation avec joie. (V, 376.)

La Providence permit qu'il *arriva* un accident.... (V. 501.)

Dieu permit qu'un peu après ces persécutions, Saint Charles *trouva* une occasion.... (IX, 99.)

d) Indicatif passé indéfini.

Pour l'imparfait.

Les favoris des deux derniers siècles n'ont su ce qu'ils *ont fait* quand ils ont réduit.... (II, 47.)

INTRODUCTION GRAMMATICALE.

Pour le conditionnel passé.

L'on a blâmé Monsieur le Prince d'avoir donné dans ce panneau, et, à mon opinion, l'on l'en *a dû* plaindre. (II, 562.)

f) Indicatif passé antérieur.

Pour le passé défini.

Le propre jour qu'il l'*eut fait* nommer par le Roi, il écrivit au cardinal Sachetti. (III, 15.)

Nous dirions plutôt *qu'il le fît nommer*. Mais il faut remarquer pourtant que le passé antérieur exprime quelque chose de plus : c'est non seulement *le jour qu'il le fît nommer*, mais *après qu'il l'eut fait nommer*.

f) Indicatif futur.

Pour le présent.

On dit que le vin, quand on le prend après la ciguë, dissout la force de son venin et en est le contrepoison ; mais quand on les prend mêlés ensemble, il *servira* de véhicule pour la porter jusque dans les veines. (IX, 188.)

Pour le subjonctif présent.

Je me servirai de cette conjoncture pour lui faire voir devant eux que je désire que les droits où il n'y a point d'utile ne *seront* pas moins soignés que les autres où ils trouvent de l'émolument. (VIII, 458.)

Je ne doute point que la sainte éducation que vous recevez, ne vous *vermettra* point de les ignorer (*ces obligations*). (IX, 120.)

g) Subjonctif présent.

Pour l'indicatif présent.

Cet homme croit... que je *sois* la plus grosse bête du monde et qu'il sera demain cardinal. (III, 15.)

L'on croit qu'il se *soit* mis sous les murailles de Xaintes. (VIII, 63.)

Si... ce que vous m'avez mandé ne vient que de ce que vous n'*ayez* peut-être pas eu présent dans la mémoire l'état que nous avions dressé.... (VIII, 196.)

Que s'il m'en demande parce qu'il en *ait* besoin.... (VIII, 210.)

Ne dites, je vous supplie, à personne qu'il m'*ait* fait cette demande. (VIII, 541.)

Ils croient qu'il leur *soit* permis de.... (IX, 183.)

Pour l'indicatif futur.

Traître, je me soucie peu de ce que tu *deviennes*. (III, 500.)

Quoique je sois persuadé par la raison que la ratification ci-jointe ne *serve* de rien.... (VIII, 235.)

Pour le subjonctif imparfait.

Il n'y avoit que ces deux considérations qui l'y *puissent* judicieusement obliger. (I, 154.)

« Pussent, » dans les manuscrits H et Ch et dans quelques éditions anciennes.

.... Lorsque la bande s'en retourneroit et qu'elle ne seroit plus en lieu où les personnes qu'on ne vouloit point offenser y *puissent* prendre part. (II, 516.)

Les copies R, H, Caf., toutes les anciennes éditions et 1843-1866 ont l'imparfait, *pussent*.

Le Coadjuteur... avoit déclaré... qu'il n'en tireroit jamais quoi que ce *soit*. (II, 328.)

Il s'éleva un cri... qui ordonna au président de Bellièvre d'écrire expressément au Premier Président... de ne résoudre quoi que ce *soit*. (II, 368.)

Il serait inutile, par cette raison, que je vous *entretienne* de ce qu'il m'en *écrit*. (VII, 362.)

Sa nature est d'être ce que Dieu a voulu qu'elle *soit*. (IX, 255.)

h) Subjonctif imparfait.

Pour l'indicatif imparfait.

Il (*Mazarin*) me fit un million d'excuses du terme insolemment (*qu'il avait employé*). Il me dit, et il pouvoit être vrai, qu'il avoit cru qu'il *signifiât insolito*. (I, 255.)

Tant qu'il avoit cru qu'ils n'*eussent* en butte que le Mazarin.... (II, 101.)

Je l'avois prié un peu brusquement de se taire dans un bal..., dans lequel il me sembloit qu'il *voulût* faire une raillerie de Monsieur le Comte. (II, 151.)

Le Cardinal... n'eût point consenti à un voyage qui pouvoit faire croire au peuple que j'*eusse* part au retour du Roi.... Vous croyez facilement que j'oubliai de dire à Servien que je *fisse* état de parler à la Reine sur ce retour. (II, 523.)

Je lui en fis connoître la conséquence, qui étoit de donner à croire au Parlement que l'intention du Cardinal *fût* sincère. (III, 244.)

Tant que l'on feroit paraître que l'on le *craignît* (*ce retour*) comme proche.... (III, 376.)

Elle lui fit dire... qu'elle croyoit qu'ils *dussent* venir. (III, 459.)

Il faut... qu'il ait vu que ses actions passées *fussent* infiniment au-dessus de ces emportements. (V, 216.)

Comme ce président fut un des premiers qui témoigna de la chaleur dans son corps, l'on soupçonna qu'elle ne lui *fût* inspirée par Chavigni. (II, 57.)

Ce que les Espagnols ont dit... me feroit soupçonner que le premier bruit qu'il y a eu de leurs instances sur ce sujet auprès du Pape ne *fût* véritable. (VII, 134.)

Dans les deux derniers exemples, le verbe *soupçonner* est construit comme *craindre* avec le subjonctif précédé d'une négation.

Pour le subjonctif présent.

Renvoyons Foderato, de crainte que son séjour ici et nos entrevues ne *donnassent* quelque soupçon. (V, 632.)

Pour le conditionnel présent.

Je fus moins étonné de sa manière d'agir quand l'on me fit voir ces placards, qui ne se *fussent* pas en effet accordés avec des compliments. (II, 223.)

Les intentions de Fuensaldagne... étoient de s'engager avec nous, pourvu qu'il fût assuré, de son côté, que nous nous *engageassions* avec lui. (II, 238.)

Voyez la note 1 de la page indiquée.

Il (*M. de Bouillon*) ne m'aidoit qu'autant que la bienséance l'y forçoit... à faire résoudre que nous ne *troublassions* la délibération... par aucune émotion populaire. (II, 300.)

Voyez la note 1 à la page indiquée.

i) Subjonctif parfait.

Pour l'indicatif passé indéfini.

Ce n'est pas que je ne ressente un déplaisir extrême d'entendre qu'on *ait donné* au Roi et à la Reine de si mauvaises impressions. (IX, 61.)

Pour le subjonctif imparfait.

M. de Bourlemont vous mandera sans doute les raisons pour lesquelles il n'a pas jugé à propos que *j'aie fait* accompagner par un carrosse le nouveau vice-roi de Naples. (VII, 197.)

j) Subjonctif plus-que-parfait.

Pour l'indicatif passé indéfini.

Il ne seroit peut-être pas mal à propos d'ajouter que je vous *eusse écrit* que.... (VII, 96.)

Voyez, sur cet emploi du subjonctif, la note 18 à la page indiquée.

Pour l'indicatif plus-que-parfait.

« Quelles gens? » lui repartis-je; et dans le vrai je croyois que tout le monde *eût perdu* le sens. (I, 189.)

J'avois sujet de croire que l'on *eût affecté* de me brouiller... avec lui. (II, 496.)

Voyez plus bas aux emplois du *conditionnel passé*, à la fin.

Pour le subjonctif imparfait.

La Reine... me dit... qu'elle n'eût jamais cru que *j'eusse été* capable de lui manquer au point que je venois de le faire. (I, 248.)

k) Conditionnel présent.

Pour le subjonctif imparfait.

L'on étoit convenu... qu'il concluroit à ce que nous *serions* assignés pour être ouïs. (II, 573.)

Pour l'indicatif imparfait, après un *si* conditionnel.

Si vous lui *pourriez* donner... le paquet que je vous adresse pour lui, j'en serois très-aise. (VIII, 259.)

Pour le conditionnel passé.

Je ne *voulois* qu'un nom pour animer ce qui, sans un nom, ne seroit que fantôme. (II, 120.)

Emploi particulier.

Messieurs les généraux... furent charmés d'un parti qui leur *feroit* faire (*leur devait faire faire*), tous les matins, les braves au Parlement. (II, 447.)

l) Conditionnel passé.

Pour l'indicatif plus-que-parfait dans des phrases qui contiennent une idée de conditionnel.

Si il (*Richelieu*) périssoit par une maladie, Monsieur le Comte auroit l'avantage d'avoir fait voir au Roi... qu'il n'*auroit sacrifié* qu'au bien et au repos de l'État ses propres ressentiments. (I, 156.)

Le Cardinal... me dit... qu'il prétendoit que tout le monde confesseroit, dans peu de jours, que les avantages remportés par les armes du Roi *auroient* bien plus *adouci* qu'élevé l'esprit de la cour. (II, 11.)

Pour l'indicatif plus-que-parfait après un *si* conditionnel.

Si les Canons n'*auroient* pas *laissé* d'être blessés par l'emprisonnement d'un Cardinal.... (VI, 330.)

Pour l'indicatif futur antérieur.

L'Espagne nous promettra tout, mais elle ne nous tiendra rien, dès que nous lui *aurions promis* de ne traiter avec la cour qu'à la paix générale. (II, 344.)

Emplois particuliers.

Elle (*la Reine*) finit par un commandement qu'elle fit au doyen et aux députés de me mener chez Monsieur le Cardinal.... J'eus un peu de peine à faire ce pas, et je marquai à la Reine qu'il n'y *auroit eu* qu'elle au monde qui m'y *auroit pu* obliger (*qu'il n'y avoit qu'elle qui m'y* PÛT, *ou qui m'y* EÛT PU, *obliger*). (I, 254.)

Monsieur le Prince, qui ne douta point que deux hommes aussi dépendants du Cardinal n'*auroient* pas *eu* la hardiesse de lui faire des propositions de cette importance sans son ordre.... (III, 288.)

Je suis persuadé et que l'État *eût soutenu* la dépense nécessaire et qu'il n'y *auroit* point *eu* de guerre civile. (II, 127.)

Dans ce dernier exemple, il y a une nuance de sens, légère et assez délicate, entre le subjonctif et le conditionnel.

m) Infinitif passé.

Je n'avois pas le moindre doute que Palluau eût pu *avoir* rien *vu*. (I, 98.)

.... Au point d'être très-fâché que l'on m'eût engagé à *avoir prétendu* le cardinalat. (III, 277 *et* 278.)

Ce plan vous paroîtra peut-être *avoir été* bien long. (I, 238.)

Dans les deux premières phrases citées, l'infinitif passé forme un véritable pléonasme avec le passé qui précède. Dans la dernière, les mots *avoir été* s'expliquent mieux, car l'auteur pense évidemment au temps où l'on aura achevé de lire le *plan* en question.

3° Concordance des temps et des modes.

Nous donnons ici un certain nombre de passages où plusieurs temps ou modes, dans la même phrase ou dans des phrases voisines, sont moins irréguliers par eux-mêmes que peu d'accord entre eux.

Comme il *insista* et qu'il m'*eut fait* dire... de sortir du jeu, je me mis sur la défensive. (I, 126.)

Je pris la liberté de lui représenter qu'un prince du sang *doit* plutôt faire la guerre civile que de remettre rien ou de sa réputation ou de sa dignité; mais qu'aussi il n'y *avoit* que ces deux considérations qui l'y *puissent* judicieusement obliger, parce qu'il *hasarde* l'une et l'autre par le mouvement, toutes les fois que l'une ou l'autre ne le *rend* pas nécessaire. (I, 154 *et* 155.)

« Qui l'y *pussent* judicieusement obliger, » dans les manuscrits H et Ch et dans quelques éditions anciennes.

Monsieur le Comte... *est tué* au milieu des siens, sans qu'il y en *ait* jamais *eu* un seul qui *ait pu* dire comme sa mort est arrivée. (I, 175.)

Mlle de Vendôme... *étoit* aimable à tout prendre et en tout sens. Je *suivis* ma pointe, et je *trouvois* des commodités merveilleuses. (I, 195.)

Les maîtres des requêtes... *entrent* dans la Grande Chambre, et ils *demandent* qu'ils soient reçus opposants à l'édit de création de leurs confrères ; et l'on leur *donna* acte de leur opposition. (I, 305.)

L'on ne doit rechercher la cause de la révolution que je décris que dans le dérangement des lois, qui *a causé* insensiblement celui des esprits, et qui *fit* que devant que l'on se fût presque aperçu du changement, il y avoit déjà un parti. (II, 59.)

Voyez la note 2 de la page indiquée.

Monsieur le Prince parla avec beaucoup de colère ; et l'on prétendit même qu'il *avoit fait* un signe du petit doigt par lequel il *parut* menacer. (II, 99.)

Comme je ne *trouvai* point M. d'Elbœuf, que ceux à qui j'avois donné ordre de l'observer me *rapportèrent* qu'il avoit pris le chemin du Palais, et que *j'eus appris* que..., je ne *doutai* point de la vérité.... (II, 155.)

La manière dont son nom *frapperoit* d'abord l'imagination des Enquêtes, *décidoit* du refus ou de l'acceptation de son audience. (II, 248.)

Ce fut... cette dernière considération qui emporta Mme de Bouillon, qui *étoit rentrée* dans la chambre de Monsieur son mari aussitôt que les généraux en *furent sortis*. (II, 303.)

Jugez, je vous supplie, quel plaisir il *y a* d'avoir un négociateur de cette espèce, dans une cour où nous *devions* avoir plus d'une affaire. (II, 363.)

Ce parti vous convient à tous... ; mais je maintiens que quand il ne vous *conviendroit* pas de le prendre, il vous *convient* toujours que je le prenne. (II, 437.)

Nous convînmes que... M. de Beaufort, accompagné de ceux que je viens de vous nommer, et de cent ou six-vingts gentilshommes, se *trouveroient* chez Renard..., et qu'après avoir fait compliment à M. de Candale et aux autres, il *dit* à Jairzé que.... (II, 516.)

.... Cinq ou six personnes... que *j'avois jetées* dans l'assemblée pour la diriger, aussitôt que je la *vis* formée. (II, 551.)

Je ne doutois pas que nous ne *manquassions* notre coup... ; mais je doutois encore moins que, quand même nous... réussirions, nous *serions* perdus. (II, 574.)

Il me dit... qu'aussitôt qu'il *fut* hors du lit, il lui *avoit demandé* d'un ton effaré comme il se portoit. (II, 579.)

Elle (*cette récompense*) étoit la seule que *j'estimois* et qui me *pût* être sensible. (III, 9.)

Il devoit juger que cette considération toute seule *seroit* capable de me donner impatience de sortir de la faction, quand il n'y en *auroit eu* pas mille autres qui en faisoient naître le dégoût à tous les instants. (III, 46.)

Il *s'habilla* en maçon, avec quatre-vingts officiers de ses troupes, qui s'étoient coulés dans Paris, et ayant ramassé des gens de la lie du peuple, auxquels on avoit distribué quelque argent, il *vient* droit à Monsieur, qui sortoit et qui étoit déjà au milieu de la salle du Palais. (III, 86.)

J'écrivis à M. de Beaufort ce qui se passoit, et je le *priois* de se rendre... à l'hôtel de Montbazon. (III, 261.)

Son sentiment *étoit*... qu'il ne *falloit* plus songer qu'à applaudir à celui qui *a été* assez habile, me dit-il même avec aigreur, pour.... (III, 398.)

Je n'ai point *su* que Monsieur le Coadjuteur se *soit* jamais expliqué.... (V, 375.)

Ceux du Palais, apprenant l'état où se trouvoient les conjurés, *délibèrent* s'ils les *iroient* charger où s'ils *traiteroient* avec eux. (V, 652.)

Qui *eût osé* désormais... entreprendre une cause dans laquelle il se *souviendroit* qu'un si grand Archevêque *auroit succombé?* (VI, 400.)

.... Ce qui *donna* lieu de croire que cette indisposition n'*a* pas *été* considérable. (VII, 118.)

Je *vis*... M. le cardinal Abbizzi, qui me *dit*... que, si les députés *écrivent* au Pape, Sa Sainteté ne *doit* faire aucune difficulté de les éclaircir sur tous les points dont il s'agit, et que l'unique chef qui *mérite* réflexion et concert *est* celui de l'infaillibilité. (VII, 130.)

Nous osons bien vous assurer que, si nous nous *trompions* dans nos espérances, le nom du Roi n'y *sera*, en aucune façon du monde, engagé. (VII, 132.)

M. de Bourlemont *a jugé* qu'il *est* nécessaire... que je vous *fasse* savoir ce détail. (VII, 241.)

Une chaise qui se renversa sous moi me *porta* avec violence sus le quarre d'un piédestal de table et m'*a fait* un trou à la tête. (VII, 371.)

M. de Saint-Mihiel arriva ici avant-hier, qui m'*a dit* qu'il *a préparé* MM. Cherriers. (VIII, 451.)

MM. Cherriers *ont dit*... que je *suis tenu* de l'incendie. (VIII, 581.)

Il y *trouva* de la résistance, on *renverse* la croix, il *voit* les épées tirées contre lui.... (IX, 96.)

4° Accord des participes.

a) Accord du participe présent.

Mme de Fruges, que vous voyez *traînante* dans les cabinets, sous le nom de vieille femme, en fut un autre (*fut un autre objet de l'amour de Richelieu*). (I, 108 et 109.)

Les ennemis *étants* entrés en Picardie.... (I, 138.)

Voyez la note 4 de la page indiquée.

Les pauvres Augustins,... *voyants* venir à eux deux hommes.... (I, 190.)

Voyez la note 3 de la page indiquée.

Il y en eut vingt ou trente qui ne me *voyants* pas ou ne me *voulants* pas voir.... (II, 27.)

Une compagnie composée de plus de deux cents officiers, et *agissante* avec trois autres compagnies.... (II, 57.)

L'animosité des peuples augmentant et les délibérations du Parlement *continuantes*, il feroit semblant de s'affoiblir contre sa propre inclination. (II, 79.)

La Compagnie (*le Parlement*)... commanda... que dès le lendemain, toutes affaires *cessantes*, l'on délibéreroit sur la proposition de 617 (*de 1617*). (II, 82.)

Elles me rapportèrent, *pleurantes* et *hurlantes*, à mon logis. (II, 134.)

Il (*le Parlement*) ordonna que tous les deniers royaux *étants* dans toutes les recettes... du Royaume seroient saisis. (II, 196.)

Les huissiers *étants* venus dire.... (II, 309.)

L'on ne se peut imaginer la joie qui parut dans le Parlement de la sortie de l'armée, ceux qui étoient bien intentionnés pour le parti, se persuadant qu'elle alloit agir avec beaucoup plus de vigueur, et ceux qui étoient à la cour se *figurants* que le peuple... en seroit bien plus souple et plus adouci. (II, 318.)

Les généraux... se *voyants* recherchés par la cour... ne doutoient point.... (II, 365.)

Voyez la note 5 de la page indiquée.

La plupart *voulants* que.... (II, 565.)

Faisants état de nous trouver.... (II, 597.)

Le nonce du Pape et le ministre qui, en l'absence de l'ambassadeur, résidoit à Paris pour la république de Venise,... *étants* allés coucher à Nanteuil.... (III, 109.)

Ils dirent à la Compagnie qu'*ayants* été demander audience à la Reine.... (III, 247.)

Voyez la note 8 de la page indiquée.

Les gens du Roi *ayants* ajouté.... (III, 255.)

Les ordres de Brusle, *arrivants* dans ces conjonctures. (III, 341.)

.... Des soumissions vers la Reine, qui, *étants* sans mesure.... (III, 437.)

Il ajouta quelques paroles *tendantes* au même effet. (III, 482.)

Les impressions... *naissantes* dans les esprits par un raisonnement bizarre.... (V, 262.)

.... Certains petits esprits emportés et peu *connoissants* le fond des affaires. (V, 419.)

.... Tous les instants *étants* précieux. (VII, 451.)

On vous renvoie... une explication plus ample et plus particulière de la lettre de crédit qui vous a été envoyée, *adressante* au sieur Bouvier. (VIII, 20.)

Voyez la note 2 à la page indiquée.

Ils se font une béatitude à l'appétit de leurs yeux et *demeurants* attachés aux choses terrestres, ne s'élèvent jamais vers le ciel. (IX, 190.)

La pensée aussi dépendante du corps ne fait point connoître l'âme comme *agissante* seule. (IX, 227.)

b) Participe passé.

Défaut d'accord du participe passé.

Ce défaut d'accord est très fréquent, bien qu'il soit loin d'être une règle générale.

Nous renvoyons ici, une fois pour toutes, aux notes qui, aux pages indiquées, accompagnent d'ordinaire ces irrégularités.

On ne parla que peu de cette affaire, et encore fut-ce par l'indiscrétion de Noirmoutier, qui l'ayant *appris* du marquis de Boisy, la mit un peu dans le monde. (I, 89.)

L'histoire de *la Conjuration de Jean-Louis de Fiesque*, que j'avois *fait* à dix-huit ans.... (I, 113.)

Cette entreprise, qui nous eût *comblé* de gloire si elle nous eût réussi, ne m'a jamais plu. Je n'en ai pas le même scrupule que des deux fautes que je vous ai marqué ci-dessus avoir *commis* contre la morale. (I, 148.)

.... Une raison qu'il m'a *dit* lui-même, mais qu'il ne m'a *dit* que plus de dix ans après. (I, 184.)

.... Des choses que nos pères ont *appréhendé*. (I, 275.)

Il (*Mazarin*) ne voyoit pas ces précipices, que le cardinal de Richelieu n'avoit pas *ignoré*. (I, 288.)

Ils quittèrent les armes, ce qui fut le salut de Paris, parce que, si ils les eussent *eu* encore à la main à l'entrée de la nuit, qui s'approchoit, la ville eût été infailliblement pillée. (II, 28.)

La précaution que nous avions prise avoit été utile pour prévenir l'insulte que l'on pouvoit avoir *projeté* contre les particuliers. (II, 42.)

Le Premier Président montra au peuple les copies qu'il avoit *pris*. (II, 54.)

Cette corde nous avoit paru à nous-mêmes bien grosse à toucher; mais il ne la falloit pas moindre pour éveiller, ou plutôt pour tenir éveillés des gens que la peur eût très-facilement *jeté* dans l'assoupissement. (II, 73.)

Il répareroit... avec soin celles (*les marques*) qu'il avoit *laissé* paroître de son mécontentement. (II, 78.)

Il me dit ces propres paroles, qui me sont toujours *demeuré* dans l'esprit. (II, 84.)

Cette fumée si noire et si épaisse est *entretenu* par un feu qui est bien vif et bien allumé. (II, 104.)

.... La liberté que les peuples ont *pris*. (II, 105.)

Contre la couronne et la personne d'un des plus braves et des meilleurs rois que la France ait jamais *eu*. (II, 109.)

.... La parole qu'ils vous ont *donné*... de ne laisser pénétrer à personne du monde... vos intentions. (II, 110.)

L'on doit convenir que s'il l'eût *eu* mauvaise (*l'intention*).... (II, 114.)

J'avois considéré tous ces gens-là, mais je ne les avois *considéré* que dans une perspective éloignée. (II, 121.)

L'état où je fus tout ce jour-là... me parut le plus affreux de tous ceux que j'eusse *passé* jusque-là dans ma vie. (II, 140.)

.... Un des plus grands obstacles et un des plus grands embarras que j'aie *rencontré* dans tout le cours de ma vie. (II, 145.)

Je n'ai pu aussi jamais deviner d'autre cause de la première haine que M. de la Rochefoucauld a *eu* pour moi. (II, 173.)

.... Les lettres que le parlement de Paris avoit *écrit*. (II, 204.)

La proposition serait très-*agréé* par la cour. (II, 220.)

Les barricades... les ont-elles *empêché* d'assiéger Paris? (II, 281.)

.... Un expédient qui les eût... *satisfait*. (II, 338.)

.... Des appréhensions que nous avons *eu*. (II, 341.)

Nous le persuaderions nous-mêmes à M. de Turenne, quand il nous auroit *joint*. (II, 355.)

Ils me trouveroient bien dans ma maison si ils croyoient que je les eusse *appréhendé* ici. (II, 402.)

.... Tous ceux qui se sont *déclaré* pour le parti. (II, 407.)

Si nous eussions engagé le Parlement, comme vous le vouliez dernièrement, et que l'armée d'Allemagne nous eût manqué comme elle a fait et comme cet engagement du Parlement ne l'en eût pas *empêché*.... (II, 433.)

.... La mauvaise impression que cette démarche lui avoit *donné*. (II, 461.)

.... La précipitation que M. d'Elbeuf avoit *eu*. (II, 461.)

Si la Reine se défaisoit de la surintendance des mers, qu'elle avoit *pris* pour elle.... (II, 509.)

. Mlle de Chevreuse eût eu assez de plaisir que l'on l'eût *distingué* (*que l'on eût distingué la maison de Rohan*)... de celle de Lorraine. (II, 542.)

La conversation que j'avois *eu* avec lui.... (III, 542.)

Nous n'étions pas encore *pressé*. (II, 546.)

.... Les mêmes choses que le Premier Président avoit *dit* la veille. (II, 590.)

Quelque perfidie que la Rivière eût *fait* au Cardinal.... (III, 15.)

Elle (*cette vision*) étoit impraticable et... elle n'avoit jamais réussi à ceux qui l'avoient *entrepris*. (III, 46.)

La Reine les avoit *remercié* des bons sentiments que la Compagnie lui avoit *témoigné*. (III, 89.)

.... Les conditions que vous avez *vu* ci-dessus. (III, 127.)

Montreuil... étoit un des plus jolis garçons que j'aie jamais *connu*. (III, 131.)

Le pauvre maréchal... joua un des plus ridicules personnages qu'homme de sa qualité ait jamais *joué*. (III, 245.)

La première parole qu'il lui avoit *dit*.... (III, 259.)

Je vous aurois trop *ennuyé* par la répétition. (*Il s'adresse à une femme.*) (III, 283.)

.... Les deux choses qu'il avoit *eu* le plus à cœur. (III, 299.)

M. le Prince de Conti vint au Palais, y porter les raisons qu'il avoit *eu* de se retirer. Il ne parla qu'en général des avis qu'il avoit *reçu*. (III, 366.)

.... Après que je vous aurai *supplié* de faire une réflexion. (*Il s'adresse à une femme.*) (III, 439.)

.... La réputation que lui avoit *acquis* un ministère assez long. (V, 197.)

.... Des mauvaises suites qu'avoit *produit* ses mauvais conseils. (V, 200.)

.... Une lâcheté pareille à celle qu'auroit *ressenti* l'âme du monde la plus timide. (V, 200.)

.... Les instances que l'on m'a *fait*, il y a plus d'un an, de me nommer sur sa simple recommandation. (VIII, 39.)

.... Des premières (*lettres*) que je vous ai *envoyé*. (VIII, 69.)

.... Incontinent après les avoir *reçu* (*les lettres*). (VIII, 69.)

.... Les espérances que vous m'aviez *donné*. (VIII, 83.)

L'on vous envoie les bagues que vous avez *demandé* pour M. Guisy. (VIII, 88.)

Toutes les bontés qu'il m'a *témoigné*.... (VIII, 94.)

Je ne doute point que vous n'ayez approuvé la résolution que j'ai *pris* sur votre retour. (VIII, 102.)

Je les ai toutes *écrit* (*ces lettres*) de ma main. (VIII, 435.)

Voici les lettres que je vous ai *promis* pour Bretagne. (VIII, 596.)

Nous avons fait toute la diligence que les chaleurs de la saison nous ont *permis*. (VII, 435.)

.... Toutes les armes que la Ligue avoit *laissés* entières. (II, 44.)

Il est à remarquer que, dans ce dernier exemple, l'auteur, sans doute par mégarde, fait accorder le participe en nombre, et non en genre.

Dans l'avant-dernier, on peut penser que le participe est sans accord parce que la phrase équivaut à celle-ci : « avec autant de diligence que les chaleurs nous l'ont permis ». (Voyez VII, 435, note 2.) Mais cette explication ne paraît pas nécessaire, vu les habitudes de Retz.

Accord fautif du participe passé.

.... Si il vous plaît de vous ressouvenir des propositions que je vous ai *marquées* de temps en temps, dans la suite de cette histoire, avoir été faites dans le Parlement. (II, 89.)

Monsieur... avoit reçu plus d'acclamations... qu'il n'en avoit jamais *eues*. (III, 266.)

Le radoucissement de Monsieur ne lui seroit pas d'une aussi grande utilité... qu'elle se l'étoit *imaginée*. (III, 434.)

J'étois accoutumé à ses dits, mais comme je ne l'étois pas à ses douceurs, j'en fus touché, quoiqu'elles me fussent suspectes, *vue* la conjoncture. (II, 568.)

5° Personnes.

Emploi de la troisième personne se rapportant à un sujet qui est à la première.

Quoique je sentisse dans moi-même beaucoup de peine à être le premier qui *eût* mis dans nos affaires le grain de catholicon d'Espagne.... (II, 117.)

Il n'y avoit que *moi* à Paris qui *fût* proprement maître du peuple. (II, 233.)

Emploi de la première personne dans un cas semblable.

Je lui répondis que je savois fort bien que j'étois le coadjuteur de Paris qui *parlois* à M. le cardinal Mazarin; mais que je croyois que lui pensoit être le cardinal de Lorraine qui parloit au suffragant de Metz. (I, 253.)

Mélange de la première et de la troisième personne, en parlant à quelqu'un que l'on traite d'Altesse.

Votre Altesse n'empêchera pas... les suites du malheureux état que je *vous* marque.... *Elle voit* que le Parlement même a peine à retenir les peuples qu'il a éveillés; *elle voit* que la contagion se glisse dans les provinces. (II, 106.)

Voyez encore tome II, p. 107, 108, 110 et 111.

6° Emploi des auxiliaires.

Être au passé défini au lieu du présent.

Périsse misérablement le jour funeste auquel je *fus* né. (IX, 150.)

Emploi de l'auxiliaire *être*.

Comme tous ces sujets étoient extrêmement odieux au public,... ils furent sifflés par tous les laquais... aussitôt que le Roi *fut* expiré. (I, 229.)
Le bon homme Broussel *étoit* vieilli entre les sacs. (II, 58.)
Cet homme *étoit* vieilli dans les emplois. (III, 52.)

Emploi de l'auxiliaire *avoir* (parfois exigé par la construction de la phrase).

.... Des procédures,... dont les frais *eussent* retombé sur moi dans la suite. (V, 103.)
Comment *se seroit-il pu* adoucir? (II, 30.)
.... Le plus cruel de tous les incidents que l'on *se fût pu* imaginer. (II, 556.)
Je ne vois pas que Monsieur *se fût pu* conduire plus justement.... (III, 32.)

7° Infinitifs et participes pris substantivement.
Infinitifs.

La mode, qui a du pouvoir en toutes choses, ne l'a si sensible en aucune qu'à *être* ou bien ou mal à la cour. (I, 227.)
L'on me chargea de la harangue qui se fait toujours à la fin de l'assemblée (*du clergé*).... Le clergé en fut content, la cour s'en loua, et M. le cardinal Mazarin me mena, au *sortir*, souper tête à tête avec lui. (I, 265.)
.... Que l'on pût croire que j'eusse altéré, par trop *presser*, les bonnes dispositions.... (IX, 70.)

Participes passifs. — Quoique pris substantivement, ils gardent parfois certains compléments, tels que les prendraient les verbes dont ils sont tirés.

Je me remis en honneur... parmi les *emportés* du Parlement, en prônant fortement contre le comte de Grancei. (II, 469.)
Il avoit... un je ne sais quel air d'*emporté*... qui ne me revenoit pas. (IV, 227.)

Les députés... apprirent que M. le cardinal Mazarin étoit un des *nommés par la Reine* pour assister à la conférence. (II, 319.)

Tirez promptement le *contenu en la lettre* de change sur le sieur Géricot. (VIII, 21.)

Je prie M. de la Fons de faire le *contenu ci-dessus*. (VIII, 460.)

7° Construction du verbe.

Infinitif sans *que*.

Cela soit pour vous et pour lui seul. (VIII, 390.)

Verbe réfléchi sans pronom.

A la réserve des gens que j'y avois fait *trouver*, personne ne cria : « Vive Conti ! » (II, 157.)

Exemples de construction prégnante.

J'insistai que l'on n'innovât rien. (II, 301.)

Je dis ce mot si à l'aventure, que je *fis* même *réflexion*, un moment après, *sur quoi* je l'avois dit. (II, 394.)

J'ajoute ce mot à ma lettre pour vous prier de *vous enquérir quel est* le bien de Mlle de Bron. (VIII, 392.)

Autres constructions peu habituelles.

Il ne me fut pas difficile de la mettre en état de *ne pouvoir que* me dire sur mes raisons. (I, 248.)

Quand le peuple n'auroit point, *comme il a*, des gages.... (V, 343.)

Je ferois... tout ce qu'*il lui plairoit* sans exception. (II, 442.)

.... Certains petits esprits emportés et *peu connoissants le fond* des affaires. (V. 419.)

VII. — ADVERBES ET MOTS NÉGATIFS.

1° Mots négatifs.

a) Emploi de la négation par pléonasme.

Je ne pouvois ignorer que je *ne* fusse très-mal dans l'esprit du cardinal. (II, 6.)

Comme ce président (*Viole*) fut un des premiers qui témoigna de la chaleur dans son corps, l'on soupçonna qu'elle *ne* lui fût inspirée par Chavigni. (II, 57.)

Elle retomba dans ses soupçons que je *ne* fusse de toutes les démarches de Monsieur. (III, 456.)

Il s'en est fallu beaucoup que son esprit *n*'ait été si grand que son cœur. (II, 188.)

Le parlement de Bordeaux... défendit qu'aucun de son corps *ne* rendît plus aucune visite à aucun de ceux qui avoient eu commerce avec les Espagnols. (III, 60.)

Il envoya... faire défense aux maréchaux de France de *ne* reconnaître que ses ordres, comme lieutenant général de l'État, et au prevôt des marchands de *ne* faire prendre les armes que sous son autorité. (III, 232.)

Voyez la note 5 de la page indiquée.

Je connaissois le Cardinal pour un esprit qui n'eût pas pu s'empêcher de croire qu'il *n*'y eût une arrière-boutique partout où il y avoit de la place pour la bâtir. (III, 211.)

b) Absence de négation.

Je querellai Praslin à propos de *rien*. (I, 100.)
La Reine dit à Sennetaire, à propos de *rien*.... (III, 338.)
L'on employa toute la matinée proprement à *rien*. (III, 394.)
Avec la grande qualité et les grands desseins, l'on n'est jamais compté pour *rien* (*c'est-à-dire : l'on ne peut jamais n'être compté pour rien*); quand l'on ne les soutient pas, l'on n'est pas compté pour beaucoup ; et c'est ce qui fait le médiocre. (II, 177.)
Il n'y eut presque que des paroles, que M. le cardinal Mazarin *comptoit* pour *rien*. (II, 470.)
Il faut prendre garde à ce héraut; il ne vient pas pour *rien*. (II, 224.)
Cet expédient avoit peu ou *point* d'inconvénient. (II, 356.)
Le président Viole avoit toute sa vie été un homme de plaisir et de *nulle* application à son métier. (II, 58.)
.... Des ministres du roi son maître qui s'amusoient à se plaindre du Saint-Siége sur un sujet de *nulle* conséquence. (VII, 245.)
Cette exception... passe, parmi tous les jurisconsultes, pour *être* une clause de *nulle* valeur. (VII, 262.)
Mme de Montbazon... eut peu de foi dans la galanterie, *nulle* dans les affaires. (II, 187.)
Je ne doutai point que nous *le revissions* bientôt. (II, 131.)
L'on ne peut être plus étonné ni plus affligé que *le furent* M. et Mme de Bouillon. (II, 273.)
Dom Gabriel de Tolède... n'avoit pas plus de connoissance de nos affaires que nous *en pouvions avoir* de celles de Tartarie. (II, 425.)
Nous ne fûmes guère moins embarrassés dans notre assemblée chez M. de Bouillon, que nous *avions appréhendé* de l'être dans celle du Parlement. (II, 298.)
Sont-ce pas là de beaux songes? (IX, 139.)
....Dont le total n'augmente *ni diminue* jamais. (IX, 341.)
La raison *n'y intervient pas que* pour y porter son consentement; et cette ardente passion,... elle l'échauffe encore.... (IX, 166.)
Et enfin *n'est-il pas que* trop véritable que.... (IX, 205.)

c) Emplois particuliers des particules *pas* et *point*.

Dieu... sauva le chancelier... en empêchant que cette canaille, qui s'amusa... à piller, ne s'avisât *pas* de forcer une petite chambre dans laquelle il s'étoit caché. (II, 44.)
Vous ne doutez *pas*, à mon opinion, ni de la confusion, ni de la terreur qui saisit presque tous les assistants. (II, 51.)
Il n'ignoroit *pas* ni le peu de pouvoir ni le peu de sûreté de M. d'Elbeuf. (II, 238.)
Ni lui (*le coadjuteur*) ni M. de Beaufort ne veulent *point* opprimer le Parlement par le peuple. (II, 330.)
Ni M. le prince de Conti ni Mme de Longueville ne s'expliquoient *point* du détail. (II, 499.)
Ni l'une ni l'autre de ces préoccupations ne sont *pas* nouvelles dans le monde. (IX, 204.)
Je n'aurai *pas* la peine de tromper personne sur ce sujet. (II, 339.)
Ne faites *point* pourtant semblant de rien. (VIII, 340.)

Voyez la note 2 à la page indiquée.

Il n'y avoit à tout cela qu'un remède, que non *pas* seulement je ne prendrois pas, mais auquel même je m'opposerois. (II, 274.)

d) Absence de la particule *pas* ou *point*.

Le maréchal... de Villeroi n'en dit pas tant, car il *n'ose*. (II, 36.)
Je *n'écris* tout à fait si bien en italien qu'en françois. (VIII, 54.)
Je vous avoue que je *ne* le *conçois*. (VIII, 273.)
Comme elle (*cette montre*) est d'argent, il *ne faut* l'exposer à la douane. (VIII, 320.)

2° Emplois de *où*.

Emplois de *où*, avec pléonasme, au lieu de *que*.

Ils firent peur à Monsieur.... Ce fut de ce penchant *où* nous crûmes... que nous le pourrions précipiter dans nos pensées. (I, 144.)
C'est en cette occasion *où* je connus qu'il (*Mazarin*) affectoit de me brouiller avec elle (*avec la Reine*). (I, 252.)
C'étoit en cette occasion *où* nous avions dû signaler le pouvoir que nous avions sur le peuple. (III, 32.)
C'est justement le moment dans lequel ceux qui obéissent perdent le respect ; et c'est dans ce même moment *où* l'on revient de la léthargie, mais par des convulsions. (I, 291.)
Ce ne fut que dans ce moment *où* je pris l'entière et pleine résolution d'attaquer personnellement le Mazarin. (II, 127.)

Emploi de *où* avec ellipse d'autres mots.

Je vous marque cette circonstance pour avoir lieu de vous faire le plan de l'état où les choses se trouvèrent à la mort du feu Roi. C'est par *où* (*c'est l'endroit par où*, ou *c'est par là que*) je devois commencer ; mais le fil du discours m'a emporté. (I, 227.)
.... Le peuple... n'avoit besoin que de bride en tout *où* (*en toutes les occasions où*) le nom de Monsieur paroissoit. (III, 292.)
Mais pourquoi chercher des exemples étrangers *où* (*là où*) nous en avons tant de domestiques ? (I, 280.)
Le cardinal de Richelieu... étoit homme de parole *où* (*là où*) un grand intérêt ne l'obligeoit pas au contraire. (I, 281.)

Constructions particulières.

Je me trouvai dans la cruelle nécessité de jouer le plus méchant *personnage où* peut-être jamais particulier se soit rencontré (*c'est-à-dire : Je me trouvai dans la plus cruelle nécessité, où peut-être jamais particulier se soit rencontré, de jouer un méchant personnage*). (II, 25.)
Elle est à Paris et vous pouvez le savoir de *M. l'abbé de Lamet où* (*chez qui*) elle loge. (VIII, 396.)

3° Emploi de *y*, équivalent à une proposition suivie d'un pronom, et tenant quelquefois la place d'un nom de personne.

Je la trouvai dans un abattement extrême, et je n'en fus point surpris, parce que je l'attribuai à la pudeur. J'*y* trouvai quelque chose de plus le lendemain. (I, 203.)
Pour se rendre plus nécessaire à la cour et dans la vue de faire pour le Cardinal ce qu'il *y* fit depuis.... (II, 113.)
Toutes ces considérations... ne se pouvoient rectifier pour le bien du parti que par un traité du Parlement avec Espagne,... ou par un engagement que j'*y* prisse moi-même. (II, 239.)
N'ai-je pas eu raison de vous dire qu'il ne sioit (*seyoit*) pas bien à un honnête homme d'être mal à la cour en ce temps-là ? Et n'eus-je pas encore raison de conseiller à Nangis de ne s'*y* pas brouiller ? (I, 232.)

Sa puissance... fourniroit infailliblement, par l'abus qu'il ne manqueroit pas d'en faire, des occasions plus favorables au mouvement que celles qui s'*y* voyoient présentement. (I, 156.)

Comme rien n'anime et n'appuie plus un mouvement que le ridicule de ceux contre lesquels on le fait, je conçus qu'il nous seroit aisé d'*y* tourner de tout point la conduite d'un ministre.... (I, 163.)

.... Deux aventures qui m'arrivèrent au sortir du collége, et desquelles je ne vous ai pas parlé, parce que je n'ai pas cru que... elles méritassent seulement votre réflexion. Je suis obligé de les *y* exposer en ce lieu. (I, 202.)

Cette résolution, qui fut prise d'un consentement général dans les conversations particulières, fut portée innocemment et sans aucun mystère dans l'Assemblée (*du clergé*), où l'on ne songea pas seulement que la cour *y* pût faire reflexion; et il arriva par hasard que lorsque l'on *y* délibéra, le tour, qui tomba ce jour-là sur la province de Paris, m'obligea à parler le premier. (I, 247.)

Comme cette affaire et le mariage de la reine de Pologne m'avoient fort brouillé à la cour, vous pouvez bien vous imaginer le tour que les courtisans *y* voulurent donner. (I, 264.)

L'avarice insatiable du connétable de Montmorenci lui donna bien plus de mouvement à étendre l'autorité de François premier qu'à la régler. Les vastes et lointains desseins de MM. de Guise ne leur permirent pas, sous François second, de penser à *y* donner des bornes. (I, 273.)

Les rois qui ont été sages... ont rendu les parlements dépositaires de leurs ordonnances, particulièrement pour se décharger d'une partie de l'envie et de la haine que l'exécution des plus saintes et même des plus nécessaires produit quelquefois. Ils n'ont pas cru s'abaisser en s'*y* liant eux-mêmes, semblables à Dieu, qui obéit toujours à ce qu'il a commandé une fois. (I, 278.)

L'affoiblissement et... le changement des lois de l'État... plaît toujours d'abord aux princes peu éclairés, parce qu'ils s'*y* imaginent l'agrandissement de leur autorité. (I, 280.)

Votre Altesse trouveroit-elle plus de difficulté à ménager le parlement de Paris que M. du Maine n'*y* en a trouvé dans le temps de la Ligue? (II, 108.)

4° Emploi particulier de divers adverbes.

a) *Également*, construit comme *autant* avec *que*.

Une occasion considérable... donne à leur autorité (*à l'autorité des ministres*) un éclat... qui leur fait même tirer, dans les suites, du mérite de tout ce qu'ils ne font pas, presque *également que* de tout ce qu'ils font. (I, 233.)

b) *Nullement*, employé absolument, d'une manière peu habituelle.

Il (*le Parlement*) a... tout le caractère de l'autorité; il en perdra bientôt la substance. Il le devroit prévoir, et par les murmures qui commencent à s'élever contre lui et par le redoublement de la manie du peuple pour M. de Beaufort et pour moi. *Nullement* (*il ne le prévoira nullement*): il ne le connoîtra jamais que par.... (II, 282.)

c) *Aussi*, employé par une sorte de pléonasme.

Il tomba,... et comme il donna de la main, en se voulant soutenir, contre un morceau de bois un peu pointu, son épée s'en alla *aussi de l'autre côté*. (I, 205.)

d) Tout, adverbe.

Le tour... m'obligea à parler le premier. J'ouvris donc l'avis, selon que nous l'avions *tout* concerté, et il fut suivi de toutes les voix. (I, 247.)
<small>Voyez la note 2 de la page indiquée.</small>

Je savois que Monsieur avoit été aux Carmes à l'office du vendredi saint, et je n'ignorois pas que tous ceux du clergé vont à l'adoration (*de la croix*) *tout* les premiers. (I, 258.)

e) Même, adverbe, invariable, après un pronom personnel.

Les bourgeois, d'eux-*même* et sans ordre.... (II, 131.)

5° Construction de *très, fort, si, aussi* devant un substantif, ou devant une locution adjective ou adverbiale comme *à son aise, à propos*, etc.

Un boucher, *très-homme de bien*, me dit.... (II, 561.)
M. d'Avaux qui étoit *un très-homme de bien*.... (III, 103.)
La Reine... me parla du dernier (*de Lionne*)... comme d'*un fort homme de bien.* (III, 336.)
.... L'exclusion d'*un aussi homme de bien* qu'Odescalchi. (VII, 449.)
M. de Longueville... étoit *très-soldat.* (II, 451.)
J'ai toujours *très-mal* aux yeux. (VIII, 562.)
Caumartin... me conseilla et *très-à propos....* (III, 147.)
Il est en général *très à propos* d'inquiéter en toutes les façons la cour de Rome. (VII, 10.)
.... Ce qui me semble *très à propos.* (VIII, 239.)
Je le croyois *très à son aise.* (VIII, 326.)
Je dis ce mot *si à l'aventure*, que.... (II, 394.)
J'étois *très en colère.* (II, 487.)
Madame, qui étoit *très en colère....* (III, 437.)
Tout cela me met *très en peine.* (VIII, 148.)
Je suis *très en peine* de la santé de M. de Hacqueville. (VIII, 461.)
J'en suis *très en peine.* (VIII, 517.)

6° Construction de divers adverbes.

.... De ne nous pas *si fort choquer* des fautes de ceux.... (III, 96.)
Ce qui est même méprisable (*même ce qui est méprisable*) n'est pas toujours à mépriser. (III, 184.)
Il devoit juger que cette considération toute seule seroit capable de me donner impatience de sortir de la faction, quand il n'y en auroit *eu pas* mille autres qui en faisoient naître le dégoût à tous les instants. (III, 46.)
Ce n'est *pas donc* de merveille si.... (IX, 154.)
Le cardinal de Richelieu... anéantissoit par son pouvoir et par son faste royal la majesté personnelle du Roi; mais il remplissoit avec tant de dignité les fonctions de la royauté, qu'il falloit *n'être pas* du vulgaire pour *ne pas confondre* le bien et le mal en ce fait. (I, 282.)
La déclaration de Monsieur le Comte nous tira, quelque temps après, de nos tanières, et nous nous réveillâmes au bruit de ses trompettes. Il faut reprendre son histoire *un peu de plus loin* (*d'un peu plus loin*). (I, 150.)
Il est à propos de la reprendre (*de reprendre cette scène*) *un peu de plus loin.* (II, 232.)
Devant que l'on se fût presque aperçu (*presque devant que...*) du changement, il y avoit déjà un parti. (II, 59.)

J'ai reçu votre lettre du 22 que je ne fais *que presque* (*presque que*) d'accuser. (VIII, 560.)

Cette passion ne fait pas, pour l'ordinaire, cet effet sur les particuliers; j'ai observé qu'*elle le fait sur les compagnies très-souvent*. (II, 73.)

7° Adverbes pris substantivement.

Le Parlement ne se rendant point à cette raison, le chancelier se réduisit à demander que les intendants ne fussent point révoqués par arrêt du Parlement.... L'on consentit avec peine à cette proposition; elle passa toutefois *au plus* de voix. (I, 323.)

Voyez encore quatorze lignes plus bas, à la page indiquée.

Je sais bien que ce sont trois cent et tant de livres, mais comme j'ai perdu votre lettre, je ne me ressouviens pas précisément de *ce tant*. (VIII, 244.)

Le cardinal de Richelieu... *distinguoit* plus judicieusement qu'homme du monde entre *le mal* et *le pis*, entre *le bien* et *le mieux*. (I, 282.)

8° Comparatif pour superlatif.

Vous auriez manqué de courage, quand vous aviez *plus* besoin de demeurer ferme. (VI, 398.)

Ce n'est que foiblesse et misère partout; entre les animaux, l'homme est celui qui dure *plus* au mal et *moins* au plaisir. (IX, 149.)

VIII. — Préposition.

Voyez au *Lexique* les diverses prépositions, et en particulier à et DE.

1° Absence de la préposition *de*.

Je me reculai *deux pas*. (I, 205.)

Plaise au ciel *éclairer* mes pensées.... Plaise au ciel *purifier* vos cœurs. (IX, 80.)

Si ce n'étoit pas un espèce de blasphème de dire qu'il y a quelqu'un, dans notre siècle, *plus intrépide* que le grand Gustave.... (II, 187.)

Si un esprit connoît quelque chose *plus parfait* que lui.... (IX, 283.)

Ce qu'il y a *plus à craindre*, à mon sens, sont les indultaires. (VIII, 383.)

De exprimé une seule fois devant plusieurs noms ou verbes réunis par la conjonction *et*.

Le parlement... étoit aigri par l'enlèvement de Turcan et d'Argouges... et par celui *de Lotin, Dreux et Guérin*. (I, 312.)

Votre Majesté... est passionnément désirée *de tout le clergé et le peuple*. (IX, 70.)

Elle seule (*Votre Majesté*) est capable, par son heureux retour, *de calmer* toutes ces tempêtes *et dissiper* tous ces tristes nuages. (IX, 70.)

Il est plus *de votre justice et piété*.... (IX, 70.)

.... Tout remplis *d'extrêmes misères et désolation*. (IX, 71.)

Obtenez pour nous la grâce *de quitter* le péché *et suivre* la vertu. (IX, 106.)

2° Absence de la préposition *à*.

.... Le même jour 14 du présent mois, *une heure* de relevée. (IX, 48.)

Le Parlement... ne songea qu'*à justifier et soutenir* (*et à soutenir*) son arrêt d'union par des exemples. (I, 312.)

3° Absence de diverses prépositions (*par, pendant*, etc.)

Je n'ai point reçu de lettre de vous *cet ordinaire*, quoique j'aie reçu mon paquet bien conditionné. (VIII, 385.)

Je n'ai point eu de vos lettres *cet ordinaire*. (VIII, 393.)

Je suis très-fâché de ce qu'il n'a pu s'achever, *ce parlement* (*pendant cette session du Parlement*). (VIII, 350.)

4° Une seule préposition (*de* ou *à*), servant à deux fins, là où, logiquement, il en faudrait deux.

Il n'appartenoit pas au Parlement de prendre connoissance *de* quels ministres elle se servoit. (III, 248.)

Pour que la phrase fût complète, il faudrait un *de* dépendant de *prendre connoissance*, et un autre dépendant de *se servoit*. Nous avons, dans les deux exemples suivants, des constructions analogues.

Cet avis... nous obligea à prévenir le mal, mais d'une façon toutefois qui ne parût pas offensive, n'y ayant rien *de* si grande conséquence dans les peuples que de leur faire paroître, même quand l'on attaque, que l'on ne songe qu'à se défendre. (II, 41.)

.... Ces raisons à qui l'on donne le plus souvent le nom *d'*État (DE raisons D'État). (V, 301.)

Je ne souhaiterai jamais rien avec plus de passion que de me pouvoir rendre digne par mes obéissances très-humbles de la qualité,
   Monseigneur,
     De Votre Altesse Sérénissime, très-humble et très-obéissant et très-obligé serviteur (DE *la qualité* DE *très-humble*, etc. DE *Votre Altesse Sérénissime*.) (VIII, 610.)

Il se recommanda jusques *aux* moindres Frondeurs avec des bassesses que je ne vous puis exprimer. (III, 67.)

Il faudrait deux *à*, dépendant l'un de *se recommanda*, l'autre de *jusques*.

Voyez ci-dessous un emploi analogue des conjonctions *que* et *si*.

5° Redondance de prépositions.

Il n'y avoit rien de contradictoire *entre* la restriction *et entre* l'arrêt. (IV, 65.)

IX. — Conjonction.

Voyez au *Lexique* les diverses conjonctions, en particulier ET et QUE.

1° Emploi de deux *mais* qui s'opposent l'un à l'autre dans la même phrase.

Je ne me pouvois passer de galanterie, *mais* je la fis avec Mme de Pommereux, jeune et coquette, *mais* de la manière qui me convenoit. (I, 179 et 180.)

Je fis voir à la reine de Pologne que si elle se marioit ainsi, je serois forcé... de déclarer son mariage nul ; *mais* qu'il y avoit un expédient, qui étoit qu'elle se mariât véritablement dans le Palais-Royal, *mais* que l'évêque de Varmie vînt chez moi en recevoir la permission par écrit. (I, 256.)

2° Absence des conjonctions *et* et *ni*.

Le président de Mesme... affecta de dire, à l'instant que l'on parloit *de Noirmoutier, de Laigue* (*de Noirmoutier et de Laigue*), qu'il ne concevoit pas pourquoi.... (II, 475.)

Voyez la note 4 de la page indiquée.

Le Parlement se plaignoit... de ce que *les généraux ni* les troupes (*ni les généraux ni...*) n'osoient montrer le nez hors des portes. (II, 316.)

3° Une seule conjonction (*que* ou *si*), servant à deux fins, là où, logiquement, il en faudrait deux.

Il n'y a rien de plus constant dans la politique *que* (QUE *ce fait* QUE) le crédit est toujours plus dangereux dans la personne des princes qu'en celle des particuliers. (V, 347.)

Il n'y a rien de plus véritable, et qui soit plus universellement reçu, *qu*'il est dangereux d'élever trop les princes, et de les faire trop puissants. (V, 374.)

Il n'y a rien de plus vrai *qu*'il s'est toujours porté à son ordinaire. (VII, 293.)

Il n'y a rien de plus juste *que* ces deniers, dont vous me parlez pour les poursuites, soient mis entre vos mains. (VIII, 565.)

Vaut-il mieux que des mazarins demeurent auprès du Roi et dans son conseil, pour fomenter leur vengeance et entretenir les esprits ulcérés, *que* ceux qui peuvent guérir la plaie ? (V, 345.)

Voyez la note 1 de la page indiquée.

Je demanderois volontiers à ceux qui se laissent si facilement surprendre *si*, quand le Cardinal a été chassé, on avoit mis dès lors Monsieur le coadjuteur dans le Conseil, il y eût eu des personnes qui se fussent plaintes de ce digne choix (*c'est-à-dire* : si *il y eût eu des personnes qui se fussent plaintes* si... *on avoit mis*....) (V, 344 et 345.)

Voyez ci-dessus un emploi analogue des prépositions *de* et *à*.

4° Construction de diverses conjonctions.

a) Construction de *et*.

Il (*Mazarin*) parut d'abord l'original de Trivelino Principe. La fortune l'ayant ébloui *et* tous les autres, il s'érigea et l'on l'érigea en Richelieu. (I, 286.)

...., Une violence qui vous a fait soupirer *et* toute l'Église, durant tant de temps. (VI, 29.)

L'île de Ré est tout à fait déclarée pour le Roi *et* toute la haute Guyenne, qui a taillé en pièces une partie des troupes de M. Marcin. (VIII, 43.)

b) Construction de *et* et de *que*.

Il est à observer *et que* les maires du palais *et que* les comtes de Paris (*que, et les maires du palais et les comtes de Paris*) se placèrent dans le trône des rois justement et également par la même voie par laquelle ils s'étoient insinués dans leur esprit. (I, 280.)

Je ne me repentis pas un moment de ce que j'avois fait, parce que je fus persuadé *et* que le devoir *et* que la bonne conduite (*que, et le devoir et la bonne conduite*) m'y avoient obligé. (II, 32.)

Voyez la note 4 de la page indiquée.

c) Construction de *si*.

Bourgogne, qui étoit dans la place, se rendit ce jour-là même, et je ne sais, *si* il eût tenu plus longtemps, *si* l'on se fût pu empêcher de faire... quelque tentative bizarre. (II, 294.)

d) Construction de *si* et de *que*.

Il me dit... qu'elle (*la Reine*) ne pouvoit pas s'ouvrir davantage, n'étant pas assurée de moi; mais *si je voulois* m'engager dans son service, qu'elle m'en feroit toucher le détail au doigt et à l'œil (*mais que, si je voulois....*) (III, 286.)

X. — Accord.

1° Nombre.

a) Article, pronom, adjectif ou nom en apposition au singulier, bien que se rapportant à plusieurs noms ou à un nom au pluriel.

Il ne parut pas que l'on en eût seulement peur (*peur d'aucune incommodité*), que le 23 de janvier, et *le 9 et 10* de mars. (II, 202.)

.... Le *8 et 9* d'août. (III, 85.)

Voyez la note 2 de la page indiquée.

.... Conformément aux articles accordés entre les députés de Sa Majesté et ceux *du parlement et pays de Provence.* (II, 380.)

Informez-vous... *du revenu et qualité* du prieuré. (VIII, 590.)

Dans *le Diocèse et Province* de Paris. (IX, 49.)

.... En *cette Ville et Diocèse* de Paris. (*Ibid.*)

.... Dans *cette grande Ville et Diocèse.* (IX, 69.)

Auriez-vous, Monsieur, plus de peine à soutenir ce poids que *Messieurs votre aïeul et bisaïeul* n'en ont eu à s'accommoder aux caprices des ministres de la Rochelle? (II, 108.)

Voyez la note 2 de la page indiquée.

Servien veut ou que je sorte demain de Paris, ou que je fasse aujourd'hui tout ce qui plaira à Monsieur le Prince, et cela à *votre honneur et louange.* (III, 379.)

.... Selon *sa forme et teneur.* (IV, 56.)

L'une *des causes* pour *laquelle* il avoit fait arrêter Monsieur le Prince.... (III, 473.)

M. de Thou, avec lequel j'avois *habitude et amitié particulière....* (I, 201.)

Voilà le canevas sur lequel il broda *mainte et mainte impertinences.* (II, 65.)

Voyez la note 4 de la page indiquée.

Ma dignité m'obligeoit à ne pas souffrir *un mal et un scandale* aussi *général* et aussi *public.* (II, 129.)

Les démarches si peu concertées du Parlement *nous* donnoient tous les jours de justes appréhensions d'en être *abandonné.* (II, 326.)

J'avois affaire à Monsieur, qui étoit un *des hommes* du monde *le plus foible*, et tout ensemble *le plus défiant* et *le plus couvert.* (III, 140.)

J'avois vu *et l'un et l'autre très-embarrassé.* (III, 256.)

M. le cardinal Chigi, et *Azzolini* y ont aussi agi d'une manière.... (VII, 406.)

Il sera bon de le payer,... après vous, *M. de Châlons, de Caumartin, et de la Houssaye.* (VIII, 400.)

b) Pronom au pluriel se rapportant à un nom au singulier.

Nous avons deux avantages... dans notre parti. Le premier est que les deux intérêts que nous y avons, qui sont *le public* et *le particulier*, s'y accordent fort bien ensemble, ce qui n'est pas commun. Le second est que les chemins pour arriver *aux uns* et *aux autres* s'unissent et se retrouvent... être les mêmes, ce qui est encore plus rare. (II, 339.)

.... Tout *le bétail* de Commerci, qui étoit à lui, de bonne guerre, parce qu'il *les* avoit repris après les vingt-quatre heures. (IV, 34.)

c) Noms propres précédés de l'article au pluriel, et prenant eux-mêmes le signe du pluriel (qu'ils désignent plusieurs personnes, ou qu'ils n'aient de pluriel que la forme).

Il faut confesser, à la louange de M. le cardinal de Richelieu, qu'il avoit conçu deux desseins que je trouve presque aussi vastes que ceux *des Césars et des Alexandres.* (I, 227.)

Ces ombres fameuses *des Guillaumes, des Maurices* et *des Frédérics*.... (V, 313.)

.... Des successeurs *des Pépins, des Charles* et *des Othons.* (VII, 338.)

Le cardinal de Richelieu a fait des crimes de ce qui faisoit, dans le siècle passé, les vertus *des Mirons, des Harlays, des Marillacs, des Pibracs* et *des Fayes.* (I, 276 et 277.)

Est-ce un avantage, quand l'on pense que *les Fouquets, les Bartets* et *les Brachets* passeront... la moitié des nuits auprès d'elle ? que *les Estrées, les Souvrés* et *les Sennetaires* y demeureront tout le jour? (III, 409.)

Les Bartets et *les Brachets*... étoient cachés dans les greniers du Palais-Royal. (III, 506.)

Je crois que *les Jeannins, les Villerois* et *les Silleris* sortiroient du tombeau pour venger le cruel outrage.... (V, 203.)

.... Pour venger la honte *des Belforts* et *des Talbots.* (V, 298.)

Cet homme injuste et violent... avoit commandé au capitaine Lercaro de se défaire de tous *les Fiesques.* (V, 558.)

Voyez encore I, 293 ; V, 592.

Mais cette habitude n'est pas constante, si l'on en juge par les exemples suivants :

Les gens de bien frémissent encore au seul nom *des Canto, des Sociando* et *des Pichons.* (V, 227.)

Les Doria s'imaginent que je me conduis de la sorte par mon inclination naturelle. (V, 631.)

d) Verbe au singulier avec plusieurs sujets ou un sujet au pluriel.

L'affoiblissement et... le changement des lois de l'État... *plaît* toujours d'abord aux princes peu éclairés,... et,... dans les suites, *sert* de prétexte aux grands et de motif au peuple pour se soulever. (I, 280.)

Cette chambre de justice, dont *les officiers et l'exécution seroit* toujours à la disposition des ministres.... (I, 323.)

Je demeurai ferme dans ma résolution ; mais... je n'ignorois pas que *son innocence et sa droiture* me *brouilleroit* dans les suites presque autant avec la cour qu'auroit pu faire la contraire. (II, 8.)

Voilà l'état où j'étois à la cour quand je sortis de l'hôtel de Lesdiguières, pour remédier, autant que je pourrois, au mauvais effet que *la nouvelle* de la victoire de Lens *et la réflexion* de M. de Chavigni m'*avoit* fait appréhender. (II, 10.)

La Reine répondit à tous ces corps qu'*elle* ne *rentreroit* jamais à Paris, ni le Roi ni elle, que le Parlement n'en fût dehors. (II, 144.)

Votre naissance et votre mérite vous *élève*.... (II, 109.)

Toute l'Europe connoîtra que nous nous tenons en état de faire ce que *le véritable service* du Roi *et le bien* solide de l'État *demandera* de notre ministère. (II, 260.)

Je ne puis vous exprimer *la chaleur et la fureur qui parut*... à cette nouvelle. (II, 311.)

.... Les fausses démarches que *l'ignorance* du Mazarin *et l'insolence* de Servien leur *fit* faire. (III, 38.)

Ces mouvements ne *seroit* qu'un feu de paille. (III, 471.)

Sa fermeté et son expérience donne sujet de craindre.... (V, 181.)

Vous avez su... combien *ma condescendance et ma facilité a* eu peu de succès. (VI, 200.)

Dix jours de voyage de plus en cette saison *et la poudre de Lombardie mérite* quelque réflexion. (VII, 408.)

Vous ne savez point ce que *est* devenu *un cabinet et une table*.... (VIII, 406.)

.... Où vous *conduise le Père, le Fils et le S. Esprit*. (IX, 131.)

Vous jugez bien de quel inconvénient il nous étoit de laisser l'honneur du retour du Roi ou au Cardinal ou à Monsieur le Prince, qui n'eussent pas manqué, selon toutes les règles, de s'en faire une preuve de ce qu'*il avoit* toujours dit que nous nous y opposions. (II, 521.)

Voyez la note 2 de la page indiquée.

Verbe au singulier après *l'un et l'autre*.

L'un et l'autre affecta une douceur extraordinaire. (II, 10.)

Cette manière humble et modeste de répondre à cent mots aigres et piquants que j'avois essuyés... et du Premier Président et du président de Mesme... effaça pour assez longtemps l'impression que *l'un et l'autre avoit* commencé de jeter dans la Compagnie. (II, 256.)

Elle (*Mme de Bouillon*) ne retint que Riquemont, capitaine des gardes de Monsieur son mari, à qui *l'un et l'autre avoit* confiance. (II, 265.)

Verbe au singulier après des locutions comme *un de ceux, un des premiers*, etc. et paraissant s'accorder avec le singulier *un*.

Ce président fut *un des premiers* qui *témoigna* de la chaleur dans son corps. (II, 57.)

Cette faute est *l'une de celles* qui *m'a* obligé de vous dire.... (IV, 18.)

.... Comme *un de ceux* qui *doit*, à l'avenir, entrer avec le plus d'autorité dans le fond de ces questions. (VIII, 100.)

Cette soumission... est *une des principales raisons* qui *m'avoit* obligé de.... (IV, 116.)

Cette tournure n'est pas constante. Voyez IV, 120, etc.

Verbe au singulier après *beaucoup de, peu de*, et paraissant s'accorder avec l'adverbe plutôt qu'avec le substantif pluriel qui le suit.

Y a-t-il *beaucoup de gens* qui nous *ait* imités? (II, 278.)

Voyez la note 1 de la page indiquée.

J'explique *ce peu de paroles*, qui *comprend* beaucoup de choses, par un exemple. (I, 288.)

Verbe au singulier paraissant s'accorder plutôt avec l'attribut qu'avec le sujet.

Vous remarquerez... que *ces Jeux de l'inconnu étoit un livre*... très-mal fait. (I, 161.)

Quand elle est, il ne se peut pas qu'elle ne soit vraie, parce que *nature et vérité est la même chose* réellement. (IX, 254.)

.... Sur *les neuf heures* du soir, *qui étoit* justement *l'heure* que j'étois sorti de chez Mme de Pommereux. (IV, 31.)

Dans ce dernier exemple, on pourrait aussi entendre la chose autrement, et considérer *qui* comme un équivalent de *ce qui*.

Verbe au singulier après *ce*, s'accordant avec ce pronom singulier qui est le vrai sujet, et non avec le substantif pluriel qui suit.

Ce pourroit bien être *des diables*. (I, 189.)
C'étoit (les Espagnols étoient) les gens du monde avec lesquels il étoit le plus nécessaire de conserver... de la réputation. (II, 327.)
.... Comme si *c'eût été des nèfles*. (V, 208.)
C'étoit MM. de Caumartin et de la Houssaye. (VIII, 192.)

e) Verbe au pluriel avec un sujet au singulier.

Cette irrégularité est purement grammaticale, et, dans tous les exemples cités, le verbe a, logiquement, plusieurs sujets.

M. de Montbazon, assisté de Fournier, premier échevin, d'un autre échevin et de quatre conseillers de Ville, *apportèrent* la lettre au Parlement. (II, 144.)
Nous convînmes que... *M. de Beaufort*, accompagné de ceux que je viens de vous nommer, et de cent ou six-vingts gentilshommes, *se trouveroient* chez Renard,... et qu'après avoir fait compliment à M. de Candale et aux autres, il *dit* à Jairzé que.... (II, 516.)
Si *cela*, avec les avis que vous aurez eu à Rome de l'entrée du Mazarin en France, ne *font* leur effet.... (VIII, 72.)
.... *L'inconstante* attention que *la moitié* des hommes *ont*.... (V, 139.)
Il n'y a *aucun* des consulteurs et des qualificateurs qui en *aient* connoissance. (VII, 190.)
L'idée d'esprit et de corps *sont* également conjointes.... (IX, 245.)

Verbe au pluriel paraissant s'accorder plutôt avec l'attribut qu'avec le sujet.

Elle avoit ouï dire à la Reine... que *la seule beauté* des hommes *étoient les dents*. (III, 512.)
L'ingratitude... détruit *ce qu'elle* (*la nature*) a de plus illustre et de plus noble, *qui sont les bienfaits*. (V, 363.)

f) Accord d'adverbes, ou du moins de mots employés adverbialement.

Son mari (*le mari de Mme de Bouillon*) l'avoit assurée... que ce que je marquois dans mon écrit n'étoit que trop bien fondé, *supposés* les faits dont il ne pouvoit pas croire que je ne fusse très-bien informé. (II, 274.)

Voyez la note 6 de la page indiquée.

Les Frondeurs, *quelques* fous qu'ils puissent être.... (III, 118.)

Voyez la note 3 de la page indiquée.

2° Genre.

a) Désaccord de l'article, de l'adjectif ou du pronom avec le nom; ou accord avec un autre mot que le nom avec lequel ils devraient s'accorder grammaticalement.

Je les menai avec *un* espèce de triomphe à l'Hôtel de Ville. (II, 167.)

Voyez la note 2 de la page 105.

Si ce n'étoit pas *un* espèce de blasphème de dire.... (II, 187.)
Nous fîmes *un* espèce de corps. (II, 484.)
Varicarville... étoit *le plus sensé* et *le moins emporté* de toutes les personnes de qualité qui étoient auprès de Monsieur le Comte. (I, 153.)
La plupart des hommes du commun qui raisonnent sur les actions de ceux qui sont dans les grands postes sont tout au moins des dupes *présomptueux*. (IV, 225.)
Je sentis je ne sais quoi qui pouvoit être une peur. Je *le* pris (*je pris ce je ne sais quoi*) pour un scrupule. (I, 146.)
Un peu plus, un peu moins de chaleur dans le Parlement doit-*il* être capable de vous le faire changer (*de vous faire changer votre plan*)? (II, 110.)

b) Accord de *tout, toute.*

Il mêla dans ses réflexions des menaces indirectes, et la conversation s'échauffant, il passa jusques à la picoterie *toute* ouverte. (I, 260.)
Elle (*cette colère*) étoit *toute* affectée. (II, 500.).

c) Accord de *demi, demie.*

Les oraisons du maréchal de la Mothe n'étoient jamais que d'une *demie* période. (II, 384.)
Une *demie* déclaration.... (III, 213.)

d) Nom en apposition avec deux autres et ne s'accordant qu'avec le dernier.

J'ai reçu la réponse de *M. et de Mme la Vicomtesse* de Lamet. (VIII, 396.)

e) Accord ou défaut d'accord du mot personne, contrairement à notre usage.

Il n'y a personne si *grossière* qui n'ait bien jugé.... (V, 453.)
La Reine avoit, plus que personne que j'aie jamais *vu*[1], de cette sorte d'esprit. (II, 174.)

f) Le mot *chose* demeurant féminin dans l'expression *quelque chose.*

Cette parole n'est qu'une chanson; mais cette chanson nous est bonne, parce qu'il ne sera pas difficile d'en faire *quelque chose* qui sera très-*solide* et très-*bonne*. (II, 338.)
.... Que vous prétextiez la prolongation de votre séjour de *quelque chose* fort *solide*. (VIII, 103.)
Quand il arrive *quelque chose* qui mérite d'être *mandée*, il m'en donne avis. (VIII, 303.)
Il se persuade que les êtres existent par *quelque chose distincte*, ou réellement ou modalement, de l'existence, et que l'existence par conséquent dure par *quelque chose distincte* de soi-même. (IX, 314.)

3° Personne.

Verbe à la troisième personne avec le pronom de la première.
Il n'y avoit que *moi* en France qui *fût* homme de bien. (II, 61.)

---

1. On peut aussi voir là un défaut d'accord de participe, dont nous avons vu un certain nombre d'exemples au chapitre du *verbe*.

XI. — Régime.

1° Un seul régime indirect servant à deux verbes (ou locutions verbales) dont l'un demanderait un régime direct.

Dans les malheurs où l'État est tombé, l'on *peut* et l'on *est* même *obligé*, lorsque l'on se trouve en de certains postes, *à n'avoir* égard qu'à son service. (III, 313.)

Il n'*approuvoit* ni ne *concouroit à* rien. (IV, 124.)

L'on pourroit très-aisément *investir* et *couper les vivres à la ville.* (II, 62.)

Je crois... peu que la postérité puisse *souffrir*, ni même *ajouter foi à* ce que.... (II, 584.)

2° Verbe neutre ayant un régime direct.

M. de Beaufort employa son lieu commun, qui étoit d'assurer qu'il *iroit* toujours *son grand chemin*. (II, 384.)

XII. — Ellipse.

1° Ellipse de substantif.

a) Substantif exprimé précédemment, non répété devant un adjectif ou un substantif qui le détermine.

.... Les gens qui sont assez pressés dans leurs *affaires* pour desirer du changement dans *les publiques*. (I, 167.)

Je fis... trois tribunaux..., qui devoient réduire tous les *prêtres* en trois classes, dont la première étoit *des capables*, etc. (I, 242.)

Les quatre premières années de la Régence furent comme emportées par ce mouvement de rapidité que M. le cardinal de Richelieu avoit donné à l'autorité royale. M. le cardinal Mazarin, son disciple,... crut que ce *mouvement* de rapidité étoit *le naturel*. (I, 271.)

Les parlements, qui avoient tout fraîchement gémi sous sa tyrannie (*sous la tyrannie de Richelieu*), étoient comme insensibles aux *misères* présentes (*du temps de Mazarin*), par la mémoire encore trop vive et trop récente *des passées*. (I, 290.)

Je demeurai ferme dans ma *résolution;* mais comme je n'ignorois pas que son innocence et sa droiture me brouilleroit dans les suites presqu'autant avec la cour qu'auroit pu faire *la contraire*.... (II, 8.)

Les plus grands *dangers* ont leurs charmes,... *les médiocres* n'ont que des horreurs. (II, 68.)

Je me résolus à un *parti* qui me fit beaucoup de peine, mais qui étoit bon, parce qu'il étoit *l'unique*. (II, 69.)

Vous allez voir des *scènes* au prix desquelles *les passées* n'ont été que des verdures et des pastourelles. (II, 94.)

Il ne répondit à mes *raisons* particulières que par *les générales*. (II, 112.)

L'on comprit... que cette *réponse* étoit *la naturelle*. (II, 226.)

Cet exemple nous apprend que la malignité des *âmes* vulgaires n'est pas assez forte pour empêcher le crédit que l'on doit faire, en beaucoup de rencontres, *aux extraordinaires*. (II, 337.)

Il n'y a de véritable *gloire* que celle qui peut durer; *la passagère* n'est qu'une fumée. (II, 345.)

Je voyois le fond de l'esprit et du dessein de M. de Bouillon. J'avois cru jusque-là l'un plus vaste et l'autre plus élevé qu'ils ne me paroissoient en cette *occasion*, qui étoit pourtant *la décisive*. (II, 350.)

A quoi nous servira de faire au Parlement la proposition de la *paix* générale, qu'à lui faire croire et dire que nous n'en parlons que pour rompre *la particulière?* (II, 424.)

J'avois toujours insisté pour la *paix* des couronnes,... je n'avois eu aucun intérêt dans *la particulière*. (II, 497.)

Les *affaires* publiques ne m'occupoient pas si fort, que je ne fusse obligé de vaquer à *des particulières*. (II, 538.)

.... Que le mauvais démon de la France venoit de susciter ce scélérat pour remettre partout la *confusion;* qu'elle étoit la plus dangereuse de toutes *les possibles*.... (IV, 105.)

La Reine... étoit trop fière et trop aigre pour avoir de la *honte* de ce qu'elle m'avoit dit la veille; et le Cardinal n'étoit pas assez honnête homme pour en avoir de *la bonne*. (II, 16.)

Je n'avois voulu prendre aucune part dans la *cabale* que l'on appeloit *des Importants*. (I, 219.)

Le *lieu* où ils tiennent la justice, que l'on appelle *des requêtes du Palais*. (I, 304.)

Voyez la note 1 de la page indiquée.

.... La *salle* que l'on appelle *de Saint-Louis*. (I, 309.)

.... Ces *raisons* à qui l'on donne le plus souvent le nom *d'État* (*de raisons d'État*). (V, 301.)

b) Substantif non exprimé, et désigné seulement par un mot qui le détermine.

Je me souviens, entre *autres*, qu'un jour Varicarville m'écrivoit.... (I, 168.)

Le président le Cogneux... pria en même temps M. le prince de Conti et M. de Longueville d'entrer dans la *quatrième* (*la quatrième chambre*) des enquêtes, dans laquelle l'on entre de la grande chambre. (II, 166.)

Monsieur le Premier Président soutenant l'emprisonnement de Belot, Daurat, conseiller de la *troisième*, lui dit.... (II, 601.)

Son affaire... est à la *seconde* des Enquêtes. (VIII, 248.)

.... Pour un procès qu'il a à la *cinquième* des enquêtes. (VIII, 394.)

Je vous ai... prié de voir M. le p[résident] de Maupeou, de la *quatrième*, de ma part et de le prier de solliciter pour lui M. le p[résident] de Maupeou de la *cinquième*, parce que je ne le connois point du tout et que je vous ai même mandé de parler en mon nom à ceux de la *cinquième*. (VIII, 507 et 508.)

Le mercredi second jour d'août,... Monsieur le Premier Président... fit le rapport de tout ce qui s'étoit passé, le 26 du *passé* (*du mois passé*), au Palais-Royal. (III, 464.)

Je vous écrivis de Milan le 28° du *passé*. (VII, 28.)

Ce que je lui répondis ne seroit ici que la répétition et de ce que je vous ai mandé par toutes mes *précédentes* (*mes lettres précédentes*), et de ce que vous avez eu la bonté de m'écrire par votre *dernière*. (VII, 63.)

M. de Bourlemont est d'avis que j'attende la réponse à *celle-ci*.... Je reçois à ce moment *celle* que vous m'avez fait l'honneur de m'écrire du 2° de ce mois. (VII, 101.)

Vous aurez vu, par mes *précédentes*, que.... (VII, 123.)

Je vous ai écrit, par ma *précédente*, qu'après avoir.... (VII, 124.)

Vous aurez vu, par l'une de mes *précédentes*, que.... (VII, 188.)

J'ai reçu la *vôtre* du 30° du *passé*. (VIII, 43.)

Voici une (*une lettre*) des religieux de Buzay. (VIII, 331.)

J'ai promis la chaise de Saint-Denis pour cette année au P. Cauqui, cordelier,... et à un Augustin, pour la suivante,... de sorte que le *recommandé* par le Religieux du parement n'y sauroit prêcher que dans deux ans. (VIII, 332.)

Je mis Marigni en œuvre, entre *dix* et *onze* (*dix et onze heures*). (II, 161.)

Tout le monde s'... entretenoit de ce qui étoit arrivé la veille à *11* du soir. (II, 221.)

Il l'amena (*il amena son convoi*)... à Paris, où il ne rentra qu'à *11* du soir. (II, 264.)

L'on sortit avec toutes les troupes, entre *neuf* et *dix* du soir. (II, 290.)

.... Un paquet qu'il avoit reçu à *onze* du soir. (II, 396.)

.... Ce que M. de Bouillon lui avoit inspiré, la veille, à *onze* du soir. (II, 398.)

.... Entre *11* et minuit. (III, 403.)

Il en recevoit quelques-unes (*quelques lettres*) dans des pièces de *quarante-huit* (*de quarante-huit livres*) qui étoient creuses. (III, 192.)

2° Ellipse de pronom.

a) Pronom sujet.

Il n'y a plus rien à espérer et *faut* songer à prendre d'autres mesures. (VIII, 88.)

Si ma nomination n'est pas révoquée, *faudra* bien que le Pape... me fasse cardinal. (VIII, 92.)

Et *n'y eut* pas jusques à un bonhomme de la Grand'Chambre qui[1].... (V, 208.)

Et *n'y a* peut-être que moi au monde qui.... (V, 209.)

.... L'arrêt... par lequel *étoit défendu* aux étrangers de s'immiscer dans le gouvernement du Royaume. (II, 72.)

L'on donna l'arrêt, par lequel il fut dit que... le cardinal Mazarin sortiroit dans quinze jours du Royaume,... avec tous ses parents... : à faute de quoi *seroit procédé* contre eux extraordinairement. (III, 255.)

Je n'ai pas cru que le Parlement pût faire la paix aujourd'hui; mais j'ai cru, comme bien *savez*, qu'il la feroit très-mal si nous le laissions faire. (II, 381.)

Il arriva, par hasard, que M. de Beaufort vint à cet instant chez Monsieur, et que, s'impatientant d'entendre assez souvent, à travers les acclamations accoutumées, des voix qui nous reprochoient notre union avec le Mazarin, *dit* assez brusquement.... (III, 99.)

.... Pour avoir accepté une charge que moi, qui étois son supérieur, *lui avois commise*. (VI, 189.)

Dans ce dernier cas, le pronom sujet est bien exprimé une fois, mais il est d'usage de le répéter dans cette sorte de phrase (*que moi... je...*).

b) Pronom régime direct.

Je n'avois été d'avis de lui donner audience (*à l'envoyé d'Espagne*) que parce que j'avois bien connu... que le plus de voix de la Compagnie alloit à *lui donner*. (II, 256.)

---

[1]. Cet exemple et le suivant sont du jargon attribué plaisamment par l'auteur au duc de Beaufort. Voyez la *notice* sur le *Manifeste de Monseigneur le duc de Beaufort*, tome V, page 206.

Voilà ce que j'écrivis, avec précipitation, sur la table du cabinet de Mme de Bouillon. Je *leur lus* aussitôt après. (II, 284.)

Si le bailliage de Saint-Denis vient à vaquer, comme vous me mandez qu'il y en a quelque apparence, je crois que cela peut être bientôt, et je *lui donne* de très-bon cœur. (VIII, 187.)

Voilà un paquet pour M. de la Houssaye ; *faites-lui* rendre incessamment. (VIII, 520.)

Votre lettre... porte qu'il faut accuser Chevincourt sur l'affaire de la Serment, et comme je *n'ai pas fait* moi-même,... il faut que vous y suppléiez. (VIII, 414.)

Quoique vous soyez Normand,... vous ne *vous êtes pas gardé de méprendre* (*de vous méprendre*) dans votre lettre du 16. (VIII, 140.)

On peut à la rigueur voir dans cette phrase un équivalent de : *vous n'avez pas gardé de vous méprendre*. Dans ce cas un seul *vous* serait suffisant. Mais cette façon d'entendre ne nous paraît pas être la vraie.

3° Ellipse d'adjectif.

En état que..., d'une nature que..., à un point que..., pour *en tel état que...,* etc.

.... A mettre les choses *en état que* Sa Majesté... pût prendre... le parti qu'Elle jugeroit le meilleur. (VII, 375.)

La Fortune m'ayant mis *en état que* tous mes pas sont considérés.... (VIII, 94.)

.... Si cette affaire n'étoit *d'une nature que* je n'y puis périr sans ensevelir avec moi toutes sortes de lois. (VI, 303.)

Sa maladie est *d'une nature que* l'on ne devra pas être surpris, soit qu'il tombe dans quelques mois, soit qu'il passe encore quelques années. (VII, 320.)

Je conviens que l'apparence y est, et *à un point que* je crois que l'on doit excuser les historiens qui ont pris le vraisemblable pour le vrai en ce fait. (II, 55.)

Il s'en affligea *à un point qu'*il y a des gens qui ont cru que sa douleur contribua à sa mort. (III, 214.)

Cette vue... le charmoit *à un point qu'*il en parla à Bagnols... comme de l'action la plus sage... qui eût été faite de notre siècle. (III, 365.)

4° Ellipse d'adverbe ou de préposition.

Monsieur le Prince ne se pressa pas, comme il avoit accoutumé, de prendre, *cette campagne* (*pendant cette campagne*, ou *pour cette campagne*), le commandement des armées. (II, 506.)

Ce calme n'y étoit (*dans le Parlement*) que par intervalles. La chaleur revenoit au bout de deux jours, et l'on s'assembloit avec la même ardeur que *le premier moment*. (II, 493.)

Je n'ai reçu *cet ordinaire* aucune lettre de M. de Saint-Mihiel. (VIII, 354.)

Je priai Laigue de lui aller rendre, de ma part, ce que je lui devois, *lui demander* avec respect le sujet de sa colère, et *l'assurer* qu'il n'en pouvoit avoir aucun qui pût être fondé à mon égard. (II, 499.)

.... La lettre dont il a plu au Roi *m'honorer*. (VII, 308.)

Le reste étoit subdivisé en deux bandes, dont les uns vouloient la sûreté et l'honneur du parti,... comme M. de Montrésor, M. de Vitri.... Les autres ne savoient proprement ce qu'ils vouloient, *M. de Beaufort, Mme de Montbazon* (*comme M. de Beaufort,* etc.). (III, 139.)

5° Ellipses complexes.

a) Ellipses de mots précédemment exprimés.

Je ne vois pas qu'il y ait plus de raison de la demander (*de demander notre opinion*) à Monsieur mon frère et à moi qu'à tous ceux qui ont passé aujourd'hui sur le Pont-Neuf. — Il y en a beaucoup moins *à moi*, lui répondis-je. (IV, 25.)

Que si nous parlons des lumières de l'esprit, Adam avoit toutes les sciences infuses; *si de la perfection* de la volonté, Deus fecit hominem rectum. (IX, 142.)

Si on la mesure (*la vie*) par le cours des mois et des années! oh! qu'elle passe vite! *si par les afflictions* et par les déplaisirs, oh! que nous la trouvons longue! (IX, 144.)

b) Ellipses de mots non exprimés précédemment.

Il m'avoit toujours eu dans l'esprit, depuis les deux aventures de l'épinglière et de Coutenan. *Quel rapport de ces deux bagatelles* à l'archevêché de Paris? (I, 210.)

Vous voyez l'air qui fut donné à la conversation. Les courtisans commencèrent par le ridicule, et Monsieur finit par *un serment qu*'il m'obligeroit d'aller à Notre-Dame prendre ma place et recevoir l'encens après lui. (I, 259.)

M. le cardinal Mazarin... vint lui-même dans l'assemblée (*du clergé*) porter parole de la restitution.... Il donna dans la suite toute sorte de *démonstrations qu*'il tiendroit fidèlement sa parole. (I, 269.)

Prenez, s'il vous plaît, *un billet* de Gaultray *que* ces trente pistoles [sont] sur la pension de la Saint-Jean prochaine. (VIII, 409.)

Il ne fut pas en notre pouvoir d'en tirer (*de tirer de mon oncle*) que *des impertinences et des vanteries :* qu'il me défendroit bien mieux que je ne me défendrois moi-même. (II, 578.)

Toute la séance se passa en *contestations si* le président Charton... opineroit ou n'opineroit pas. (II, 571.)

M. de Vendôme envoya en forme *sa malédiction* à son fils, *si* il n'obtenoit du moins la surintendance des mers. (II, 456.)

Le Cardinal... me parut toutefois un peu embarrassé, et il me fit une espèce de galimatias *par lequel*, sans me l'oser toutefois dire, *il eût été bien aise* que j'eusse conçu qu'il y avoit eu des raisons toutes nouvelles qui avoient obligé la Reine à se porter à la résolution que l'on avoit prise. (II, 16.)

Il *pressa que* l'on lui permît de prendre les gardes.... (II, 21.)

M. d'Avaux *insista, que* cette clause y étoit entièrement nécessaire. (III, 103.)

Je vois qu'*il y a partage* dans le monde, *laquelle* de ces deux passions est le principe des actions de Monsieur le cardinal de Retz. (V, 256.)

L'Église *a été* autrefois *en peine de quelle sorte* elle pourvoiroit aux besoins d'un diocèse, lorsque.... (VI, 52.)

J'ai couru jusques ici à perte d'haleine sur ces matières, *quoique nécessaires* à ce récit, pour me trouver plus tôt sur une autre. (I, 308.)

Ce qui acheva d'étouffer tous mes scrupules fut *l'avantage que je m'imaginai à* me distinguer de ceux de ma profession. (II, 37.)

C'est tout vous dire, qu'ils firent si bien par leurs journées, que.... (II, 67.)

C'est tout vous dire, que le chevalier de Fruges en eût de grandes (*de grandes prétentions*). (II, 455.)

Que diriez-vous qu'il y ait des gens assez méchants pour dire que j'ai fait prendre Charenton?... *Que diriez-vous qu*'il y ait des gens assez scélérats pour dire que M. le prince de Conti est venu ici de concert avec Monsieur le Prince? (II, 163.)

Ah! mon Dieu! dit-il, ne sortez pas; voilà M. d'Elbeuf qui sera ici dans un moment. — Et *que faire (que viendrait-il faire?*)? lui répondis-je; n'est-il pas à Saint-Germain? (II, 146.)

Véritablement, *pour me consoler (je puis me dire, pour me consoler, que*), j'avois pour prendre mon parti sur ces réflexions peut-être deux moments, peut-être un quart d'heure pour le plus. (II, 148.)

La Reine avoit... plus d'aigreur que de hauteur, plus de hauteur que de grandeur,... et plus d'incapacité que de tout *ce que dessus*. (II, 175.)

Depuis *ce que dessus*, nous avons reçu la lettre.... (VII, 453.)

De tout *ce que dessus*, j'infère que.... (IX, 255.)

Ce procès-verbal et ces articles furent lus, ce qui ne se passa pas sans beaucoup de chaleur, mais *beaucoup moindre* toutefois que celle des deux premiers jours. (II, 405.)

Dom Gabriel de Tolède... n'avoit pas plus de connoissance de nos affaires que nous en pouvions avoir de celles de Tartarie. *De l'esprit, de l'agrément, de l'enjouement, peut-être même de la capacité*, qui avoit au moins paru en quelque chose dont il se mêla, à l'égard de feu Monsieur le Comte; mais je n'ai guère vu d'ignorance plus crasse, au moins par rapport aux matières dont il s'agissoit. (II, 425.)

Voyez la note 5 de la page indiquée.

Servien recommença... ses négociations avec moi.... Je ne m'engageai pas de voir à Compiègne le cardinal Mazarin, parce que j'étois très-résolu de ne l'y point voir; mais je lui fis entendre, plutôt qu'*autrement*, que je l'y pourrois voir. (II, 523.)

Si vous pouvez trouver... quelque petit fonds pour le payement de la veuve la Plaine et de la Fontaine, j'en serai bien aise. Je vous supplie, *si autrement*, de les remettre à Noël. (VIII, 539.)

Si tu avois cette foi surnaturelle qui est un don de Dieu, seroit-elle si morte, si infirme et si languissante, *si seulement historique*, si elle étoit semblable à celle que tu as pour les choses que Tite-Live et Pline écrivent de leurs siècles? (IX, 190.)

Je lui faisois la guerre d'une petite grisette qu'il aimoit de tout son cœur, *dans la rue des Petits-Champs*. (III, 108.)

M. de Bourlemont est d'avis que je prenne *le chemin par Venise*. (VII, 289.)

Paul Pansa... n'oublia rien pour le ramener dans *les bornes d'un citoyen*. (V, 570.)

M. de Bourlemont... a même été d'avis que j'en parlasse au maître des cérémonies du Pape, d'une manière *qui prît une note avec lui*, si le Roi trouvoit qu'il fût à propos de tirer en conséquence pour ses ambassadeurs ce qui s'est fait pour celui d'Espagne, et qui n'engageât pourtant à rien, si Sa Majesté ne trouvoit pas qu'il fût de son service. (VII, 135.)

Voyez la note 25 à la page indiquée.

Mais *possible* que le Conseil de Sa Majesté y trouvera quelque difficulté. (VII, 9.)

Voyez la note 22 à la page indiquée.

Vous vous attendez sans doute à un éclaircissement: *nullement*. (III, 124.)

Enfin *tout*, Madame, plutôt que d'accorder à Monsieur le Prince ce qu'il demande. (III, 307.)

Envoyez-moi... tout cela... avec le petit service *façon* de porcelaine. (VIII, 356.)

Le cardinal de Richelieu avoit affecté d'abaisser les corps, mais il n'avoit pas oublié de ménager les particuliers.... Ce qu'il y eut de merveilleux fut que tout contribua à le tromper et *à se tromper soi-même* (à produire cet effet qu'il se trompât soi-même). (I, 288.)

Le maréchal ne douta de rien : « *La parole de la Reine valoit mieux* (*disait-il*) *que tous les écrits!* » (II, 25.)

XIII. — Pléonasme.

1° Répétition du même mot.

.... Que *tous* les rapports que le Coadjuteur avoit faits au Parlement étoient *tous* faux. (III, 235.)

Il n'y en avoit pas un... qui eût la moindre vue... de ce qui *s'en ensuivit*. (II, 59.)

Ce fut *à* lui *à* qui je dus le peu d'éclat que j'eus en ce temps-là. (I, 183.)

C'est *à* M. le cardinal d'Estrée *à* qui nous nous devons rapporter de ce détail. (VII, 452.)

Varicarville... étoit un *des* hommes de France *des* plus fermes. (II, 453.)

La Reine ayant fait dire... *que* comme cette union n'étoit faite que pour l'intérêt particulier des compagnies,... *qu'*elle n'y trouvoit rien à redire.... (I, 311.)

On ajoute *qu'*encore que Monsieur le Coadjuteur ne puisse être dans ce dessein et qu'on le veuille attirer par des protestations contraires, néanmoins *que* la Reine ayant établi l'autorité sous les apparences du bien et par un changement agréable au public, il ne pourra résister à ce torrent. (V, 345.)

Vous voulez toujours persuader *que*, sous prétexte que Monsieur le Coadjuteur a vu la cour et qu'on y connoît à présent sa vertu et son courage, *que* son dessein est d'entrer dans le ministère. (V, 369.)

Mon sens est *que*, sur cet article du jansénisme, *que* ces Messieurs n'en sont guère embarrassés. (VIII, 88.)

Prenez garde *que*, comme on a vu ici la lettre, *qu'*il n'y ait des gens qui.... (VIII, 103.)

2° Emploi de *en*, pronom, et de *y*, formant tautologie.

.... Sept ou huit gentilshommes, *dont* il y *en* avoit quatre chevaliers de Malte. (I, 124.)

Il y avoit dans ce monastère plus de quatre-vingts filles, *dont* il y *en* avoit plusieurs de belles et quelques-unes de coquettes. (I, 240.)

Mon crime... étoit d'autant plus dangereux que je n'oubliois rien pour l'aggraver... par de grandes aumônes, par des libéralités très-souvent sourdes, *dont* l'écho n'*en* étoit quelquefois que plus résonnant. (I, 266.)

Le président de Bellièvre allégua douze ou quinze raisons, *dont* il n'y *en* avoit pas une qu'il entendît lui-même, pour lui prouver que cela ne seroit pas à propos. (II, 522.)

.... Huit ou dix cardinaux, *dont* il y *en* a quelques-uns de la congrégation du Saint-Office. (VII, 50.)

.... Cinq factions différentes... *desquelles* il y *en* a même quelques-unes.... (VII, 322.)

Il y a quinze cardinaux qui prétendent au pontificat, *dont* il y *en* a neuf ou dix qui.... (VII, 377.)

.... L'obéissance que vous lui devez, *de laquelle* l'auguste sang qui coule dans vos veines, et ce beau naturel que l'Europe admire dans les commencements de votre vie, ne vous permettront jamais de vous *en* dispenser. (IX, 119 *et* 120.)

Si *de ce gouffre* horrible les avenues *en* étoient belles.... (IX, 148.)

.... Que *de toutes ces victoires* ils n'*en* érigent point de trophées. (IX, 198.)

Il y avoit moins d'inconvénient... à laisser croire un peu de concert [*avec l'Espagne*].... Ce n'est pas que la moindre ombre de concert, *dans ces compagnies* que l'on appelle réglées, ne soit très-capable d'*y* empoisonner les choses même et les plus justes et les plus nécessaires. (II, 248.)

Dans ce traité préliminaire... avec les envoyés de l'Archiduc, *y* signerez-vous? (II, 355.)

Envoyez-moi, s'il vous plaît, ce qu'i[l] nous faut pour Busay, *auquel* je vois bien qu'il commence à être bon d'*y* penser. (VIII, 594.)

.... Des propositions *auxquelles* il est bien difficile d'*y* trouver du bon sens. (IX, 336.)

3° Redondances de mots et tautologies diverses.

Vous voyez par là que l'état dont vous me parlez ne presse point, et vous avez *du temps de* le dresser, sans vous incommoder. (VIII, 312.)

Le Cardinal... prit le parti de faire faire la cérémonie dans la chapelle du Palais-Royal.... Je fis voir à la reine de Pologne que si elle se marioit ainsi, je *serois forcé*, *malgré moi*, de déclarer son mariage nul. (I, 256.)

Monsieur le Prince... fut si touché de voir que je me radoucissois à celle (*à la considération*) de Monsieur son fils,... qu'il changea *aussi de son côté*. (I, 263.)

Celle (*la confiance*) que le Ministre (*Mazarin*) prit de l'état où il me voyoit à Paris, et qui l'avoit déjà porté à me faire les pièces que vous avez vues ci-dessus, l'obligea *encore*... à m'en faire une *nouvelle* trois mois après. (I, 267.)

Ces deux compagnies... ne *se contentèrent* pas *seulement* de répondre à Monsieur. (I, 308.)

Je *me contenterai* de vous en dater *seulement* les journées les plus considérables. (II, 201.)

Les membres du corps humain *conspirent ensemble* pour se prêter réciproquement un même secours. (VI, 195.)

Voyez la note 29 à la page indiquée.

Vous m'avez quelquefois ouï parler de l'intrépidité du Premier Président; elle ne parut jamais *plus complète ni plus achevée* qu'en ce rencontre. (II, 400.)

Le *seul et unique* abbé de la Rivière étoit convaincu que l'émotion du peuple n'étoit qu'une fumée. (II, 20.)

La confiance que M. le prince de Conti avoit témoignée au peuple, d'aller *tout seul et sans suite* dans mon carrosse se mettre entre les mains de ceux mêmes qui crioient contre lui, avoit fait un effet merveilleux. (II, 160.)

Le Pape Jean huitième présida *lui-même en personne*. (VI, 197.)

Le marquis de Silleri... fut *pris prisonnier*. (II, 263.)

Le président de Novion,... étant *sorti hors* du parquet des huissiers,... y trouva un certain du Boisle. (II, 399.)

Lazare, *sors dehors*. (IX, 140.)

J'espérois avoir l'honneur de *me rapprocher plus près* de Votre Sainteté. (VI, 252.)

Voyez la note 3 de la page indiquée.

Il (*M. de La Rochefoucauld*) a *toujours* eu une irrésolution *habituelle*. (II, 181.)

Monsieur d'Orléans y vint encore (*au Parlement*), quelques jours après, porter une troisième déclaration, par laquelle le Roi vouloit qu'il ne se fît plus aucune levée d'argent qu'en vertu de déclarations vérifiées en parlement. Rien ne *paroissoit* plus *spécieux*. (I, 324.)

Ce parti étoit l'unique bon..., il avoit même le moyen de l'*améliorer* encore beaucoup *davantage*. (II, 440.)

L'on ne vous dit *autre* chose, *si ce n'est* que.... (II, 330.)

Si *dans deux jours après* vous n'avez satisfaction de Desnots, poussez-le à toute rigueur. (VIII, 393.)

4° Pléonasmes divers.

Je suis résolu *qu*'avant de souffrir l'éclat du désordre dans mes affaires cette année, *de tout faire*. (VIII, 321.)

Il avoit fait, tout de nouveau, *une je ne sais quelle* liaison avec La Rivière. (II, 570.)

Que savez-vous ce qu'une beauté comme celle-là, qui sera bien instruite, vous pourra mettre dans l'esprit? (I, 104.)

XIV. — Syllepse.

1° Genre.

Sa Sainteté ayant parlé de la sorte, *il* se tourna vers Monseigneur... et lui demanda si tout ce qu'*Elle* disoit n'étoit pas véritable. (VI, 77.)

Sa Sainteté s'arrêta ici quelque temps, et, après avoir soupiré trois ou quatre fois avec empressement et avec des gémissements lugubres, *il* continua et dit.... (VI, 79.)

Sa Sainteté... en usa de même avec tous les autres cardinaux, qu'*il* dépêcha fort promptement. (VII, 148.)

Sa Sainteté fait état d'aller après-demain à Castel, d'où *il* ne reviendra qu'à l'Ascension. (VII, 226.)

Son Eminence crut qu'*il* étoit maître de Paris. (II, 529.)

C'est à quoi *Son Altesse Royale* doit s'appliquer; mais, pour s'y appliquer et avec dignité et avec succès, *il* ne doit pas.... (III, 411.)

.... Les *créatures* de M. le cardinal Mazarin qui ont été *nommés*. (III, 429.)

Il protestoit, et en son nom et en celui des *personnes* de qualité qui étoient *entrés* dans le parti, qu'aussitôt qu'il (*Mazarin*) en seroit exclu (*du ministère*), *ils* renonceroient à toute sorte d'intérêts sans exception. (II, 460.)

La même *personne* qui étoit *accoutumé* de violer le respect.... (V, 202.)

Qui eût pu croire... qu'une *personne nommé lui*-même à l'Épiscopat eût abandonné tous les droits mêmes de l'Épiscopat? (VI, 339.)

Voyez la note 47 à la page indiquée et le *Lexique de Corneille*.

.... *Cet espèce* de silence religieux. (II, 105.)

Nous trouvons, au contraire, dans un autre endroit (II, 420): « *Une espèce* de bonheur. »

Le *peu* d'habitude que nous avions *eue* ensemble... étoit comme *perdue*. (III, 103.)

On trouve aussi (II, 189) : « Le *peu* de part que j'ai *eu* dans celles (*dans les affaires*) dont il s'agit en ce lieu me pourroit peut-être donner la liberté d'ajouter ici mon portrait. »

Il trouva fort mauvais que l'on ne l'aimât pas. Il s'en plaignit, *l'on* n'en fut point *touchée*. (I, 110.)

Madame la Palatine... trouva à propos que je retournasse chez Monsieur, pour lui dire que ce courrier auroit pu peut-être avoir donné à la Reine de nouvelles vues, et qu'elle jugeoit qu'il ne seroit que mieux, par cette considération, qu'elle n'exécutât pas la commission qu'il lui avoit donnée par moi devant que *l'on* pût être *informée* de ce détail. (III, 401.)

Ce qui n'est présentement qu'une plaie dangereuse à l'État lui deviendra peut-être *mortelle*. (II, 107.)

Voyez la note 2 de la page indiquée.

2° Nombre.

Je fus accablé d'*une foule* de peuple qui hurloit.... Je m'en démêlai en *leur* disant que la Reine *leur* feroit justice. (II, 16.)

Le maréchal de la Meilleraie m'a chargé de vous dire que le diable possède *le Palais-Royal;* qu'il *leur* a mis dans l'esprit que.... (II, 35.)

On ne *le* prendra pas (*on ne prendra pas Paris*) comme Dunkerque, par des mines et par des attaques, mais si le pain de Gonesse *leur* manquoit huit jours. (II, 115.)

La clause plut pour un moment à la Reine; mais quand elle connut qu'elle n'empêchoit pas que presque tous les édits ne fussent rejetés par le commun suffrage *du Parlement*, elle s'emporta, et elle *leur* déclara qu'elle vouloit que tous les édits... fussent exécutés. (I, 308.)

Les gens du Roi demandèrent audience à la Reine, pour *le Parlement*, le soir même. Elle *les* manda, dès le lendemain, par une lettre de cachet. (I, 318.)

Le Parlement s'assembla... avec un tumulte de consternation ; et je ne sais ce qu'*ils eussent* fait tant *ils étoient effarés*, si.... (II, 131 *et* 132.)

Qu'est-ce que nous avons pour appuyer dans *le Parlement* la proposition de la paix générale? Nos troupes, vous voyez ce qu'*ils* vous en ont dit eux-mêmes aujourd'hui dans la Grande chambre. (II, 423.)

Il (*le Parlement*) nous charge de reproches et d'opprobres, parce que nous prenons la liberté de nous plaindre de ce qu'*il* traite sans nous.... C'est peu : il ne tient qu'à nous de *les* laisser étrangler; il faut qu'au hasard de nos vies nous sauvions la *leur*. (II, 412.)

J'avois de grands exemples de l'instabilité *des peuples*, et beaucoup d'aversion naturelle aux moyens violents qui sont souvent nécessaires pour *le* fixer. (II, 63.)

Ce même peuple dont vous vous serez servi pour abattre l'autorité des magistrats ne reconnoîtra plus la vôtre dès que vous serez obligé de *leur* demander ce que les magistrats en exigent. (II, 276.)

Je dissipai *ce* que je trouvai d'assemblé au Marché-Neuf et sur le quai des Orfèvres, en *leur* disant que.... (II, 479.)

Blancménil... nous déclara qu'il ne vouloit plus de conférences particulières, qu'*elles* sentoient *sa* faction et *son* complot. (II, 66.)

3° Accord avec des mots non exprimés.

Montrésor et Saint-Ibar... n'oublièrent rien pour m'obliger à envoyer, dès ce moment, à Bruxelles. Quoique je sentisse dans moi-même beaucoup de peine à être le premier qui eût mis dans nos affaires le grain de catholicon d'Espagne, je m'y résolus par la nécessité, et je commençai à *en* dresser l'instruction. (En *se rapporte à l'idée de dépêche*.) (II, 117.)

Dès que j'eus ouvert à Mme de Longueville le moindre jour du poste qu'elle pourroir tenir, en l'état où les affaires alloient tomber, elle *y* entra (*elle entra dans mes idées, dans mes vues*) avec des emportements de joie. (II, 121.)

Je le voyois assez souvent la nuit, et Mme de Bouillon *y* étoit toujours présente (*était présente à ces entrevues*). (II, 125.)

M. de Bouillon... savoit bien que son avis ne passeroit pas à la pluralité, et... ne m'avoit proposé de l'*y* mettre (*de le mettre aux voix*) que parce qu'il croyoit que j'en appréhenderois la commise. (II, 438.)

Brederode se fâchant de ce que, dans les premiers commencements de la révolte des Pays-Bas, l'on *les* appeloit (*l'on appelait les révoltés*) les Gueux, le Prince d'Orange... lui écrivit... qu'il en devoit être très-aise, et qu'il ne manquât pas même de faire mettre sur *leurs* manteaux de petits bissacs en broderie. (II, 495.)

Il y a des occasions où ce parti est absolument impossible, et quand il *l*'est (*quand il est possible*), il est pernicieux. (III, 406.)

Comme toutes les choses qui sont hors de leur état naturel, travaillent à *en* sortir (*à sortir de l'état où elles sont*), aussitôt qu'une Église est destituée d'Évêque, elle doit soupirer pour en avoir. (VI, 381.)

J'avois eu un peu de relâche à ma fluxion, mais je commence à m'en ressentir depuis hier au soir, et le mal est qu'on ne *la* peut arracher (*qu'on ne peut arracher la dent qui cause cette fluxion*) dans la situation où elle est. (VIII, 490.)

M. des Noyers... me fit proposer au Roi... pour l'évêché d'Agde.... Le Roi agréa la proposition avec joie, et il m'*en* envoya le brevet le jour même. (I, 207.)

Le cardinal de Richelieu... eût... souhaité d'être aimé du public; mais quoiqu'il eût la civilité, l'extérieur et beaucoup d'autres parties propres à cet effet, il n'*en* eut jamais le je ne sais quoi, qui est encore, en cette matière, plus requis qu'en toute autre. (I, 282.)

4° Exemples divers d'accord, grammatical avec un mot, et logique avec un autre mot exprimé ou non.

Je rendis compte de tout à M. le maréchal de Vitry, qui fit *l'ordre de l'entreprise*, qui l'écrivit de sa main, et qui *la* porta cinq ou six jours dans sa poche. (I, 172.)

Aussitôt que nous aurions reçu *la nouvelle du gain* de la bataille, nous *le* devions publier dans Paris avec toutes les figures. (I, 172.)

Je sais que la déclaration de mon frère peut faire croire que j'ai *de grandes vues*, et pour lui et pour moi, et pour toute ma maison; et je n'ignore pas que ce que je viens de dire présentement de la nécessité que je crois qu'il y a de le laisser avancer devant que nous prenions un parti décisif doit confirmer tout le monde dans *cette pensée*. Je ne désavoue pas même que je ne *l*'aie et que je ne sois persuadé qu'il m'est permis de *l*'avoir. (*Le pronom* L' *se rapporte grammaticalement à* PENSÉE, *mais logiquement à* GRANDES VUES.) (II, 392.)

Ce Parlement étoit tout propre à s'aveugler dans la pratique, parce qu'il est si accoutumé, par *les règles de la justice ordinaire*, à s'attacher aux formalités, que dans *les extraordinaires* (*dans les règles de la justice extraordinaire*), il ne les peut jamais démêler de la substance. (II, 224.)

Les Jeannins, les Villerois et les Silleris sortiroient du tombeau pour venger le cruel outrage que ce faux politique a fait à ce *nom* de ministre, qu'ils *ont rempli* avec tant de gloire. (V, 203.)

XV. — Construction.

1° Inversion.

a) Inversion du sujet.

Les articles furent :... *Ne sera faite aucune assemblée* de chambre pour toute l'année 1649.... (II, 379.)

Vous dites qu'*ayant vaqué un bénéfice* beaucoup meilleur que cette abbaye, il ne la voulut pas accepter. (V, 372.)

C'est une chose pitoyable que Chevincourt ne sache pas où est le bail judiciaire; autant en *serait-ce*, s'il n'y avoit moyen de le suppléer. (VIII, 435.)

b) Inversion du régime direct ou indirect.

Voyez plus haut ce qui a été dit, au chapitre du *pronom*, 7°, *d.*, sur la construction des pronoms avant le verbe.

c) Inversions diverses.

Je mandai à ceux des Curés qui étoient le plus intimement à moi de jeter *la défiance*, par leurs ecclésiastiques, dans l'esprit des peuples, *de l'union* qui avoit paru entre M. d'Elbeuf et l'abbé de la Rivière. (II, 149.)

Les Espagnols, auxquels *il remit Bourg, place voisine de Bordeaux, entre les mains*.... (IV, 10.)

.... De vous mettre *les vingt mille livres entre les mains du fonds* qu'ils doivent à Noël. (VIII, 451.)

Les officiers des quartiers... me firent tenir *cinquante et plus de billets*. (II, 161.)

Sans elle (*sans la clémence*) les princes les plus légitimes *ne sont comme point* distingués des tyrans. (IX, 124.)

.... *Parce, dis-je*, qu'ils auront.... (IX, 37.)

.... *Parce, ajoute ce Canon*, que c'est à lui.... (VI, 383.)

On ne pourroit encore l'envoyer que samedi, *dans lequel temps* je crois que vous serez parti. (VIII, 146.)

J'ai très-grande impatience de vous voir ; mais *non pas seulement, j'approuve, je vous conjure même* de ne point quitter Paris que vous n'ayez.... (VIII, 342.)

Voyez la note 1 à la page indiquée. Mais il ne paraît pas nécessaire de croire que, comme elle le dit, le secrétaire de Retz ait omis quelques mots en cet endroit.

2° Mots et membres de phrases détachés et indépendants.

a) Participes actifs.

Il étoit fort attaché à Mme de Retz, avec laquelle, *étant fille*, il avoit eu beaucoup de commerce. (I, 97.)

Le Bernardin... me demanda si je ne le signerois pas (*le traité*) : à quoi *lui ayant répondu* que M. de Fuensaldagne me l'avoit défendu de la part de Mme de Bouillon, il me dit d'un ton sérieux que c'étoit toutefois un préalable absolument nécessaire. (II, 357.)

M. le prince de Conti... et tous ceux sans exception qui ont pris les armes, n'en pourront être recherchés..., *en déclarant par* les dessus dits, dans quatre jours à compter de celui auquel les passages seront ouverts, et *par* M. de Longueville, en dix, qu'ils veulent bien [être] compris dans le présent traité. (II, 380.)

Je montai sur un banc de procureur, et *ayant fait un signe de la main*, tout le monde cria silence pour m'écouter. (II, 402.)

.... M. le duc d'Orléans,... dont les sentiments, *étant oncle du Roi et lieutenant général de l'État*, ne tirent point à conséquence. (III, 428.)

Le devoir de l'Evêque est rempli, *ayant fait* toutes ses diligences. (VI, 202.)

Surtout n'épargnez rien pour faire réussir l'affaire, et en *baillant baillant*, car vous connoissez les fourbes du pays. (VIII, 21.)

Je ne donnai point de lettre à Beauregard, parce que *s'en allant par le coche*, je crois qu'il valoit mieux envoyer toutes les miennes par la poste. (VIII, 308.)

Les députés... apprirent que M. le cardinal Mazarin étoit un des nommés par la Reine pour assister à la conférence. Ceux du Parlement prétendirent qu'*ayant été condamné par la compagnie*, ils ne pouvoient conférer avec lui. (II, 319.)

b) participes passifs.

Je viens encore, *depuis ma lettre écrite*, d'apprendre une nouvelle qui.... (II, 320.)

Voyez encore la même expression VII, 118, 194 et 327; VIII, 241.

Depuis cette lettre écrite, l'on a appris que.... (VIII, 19.)

Voyez, je vous supplie, *aussitôt ma lettre reçue*.... (VIII, 470.)

Si le Pape vous demande, *après votre créance exposée*, ce que vous croyez.... (VIII, 51.)

c) Infinitifs.

Je n'oubliai rien pour faire éclater ce combat (*ce duel*), jusqu'au point *d'avoir aposté* des témoins. (I, 102.)

Cette haine de M. le cardinal de Richelieu avoit passé jusqu'au point *d'avoir voulu* obliger, pour se venger.... (I, 105.)

Les raisons que je lui alléguois (à *Mazarin*) le touchoient, au point *d'être* certainement *fâché* d'avoir donné cet ordre devant que d'en savoir la conséquence. (I, 252.)

Messieurs du Conseil s'opiniâtrèrent beaucoup à le soutenir (*l'édit du tarif*). Connoissant que le Parlement étoit sur le point de faire défenses de l'exécuter,... ils souffrirent qu'il fût porté au Parlement pour *l'examiner*. (I, 297.)

L'on ajouta dans l'arrêt que la Reine seroit très-humblement suppliée de vouloir nommer les calomniateurs, pour *être procédé* contre eux selon la rigueur des ordonnances. (II, 138.)

La confiance que M. le prince de Conti avoit témoignée au peuple, *d'aller* tout seul et sans suite dans mon carrosse se mettre entre les mains de ceux mêmes qui crioient contre lui, avoit fait un effet merveilleux. (II, 160.)

Ne me plaignez-vous pas... *de me voir* dans la nécessité où vous me voyez? (II, 444.)

Je ne puis vous dire la joie que j'ai de l'espérance que vous me donnez *de me venir voir* bientôt. (VIII, 340.)

Je les ai si peu méritées (*les grâces de Votre Majesté*), que je ne sais si je ne manque point au respect *d'en oser espérer*. (VII, 379.)

Il n'eut point de cesse que, pour lever l'obstacle qu'il eut peur que je fisse à son ami, il ne m'eût apporté une lettre de lui, par laquelle il m'assuroit *de ne jamais songer* (qu'il ne songeroit jamais) au cardinalat devant que je l'eusse moi-même. (III, 54 et 55.)

.... Donner un pernicieux exemple *d'asservir* l'Épiscopat à la puissance des Grands. (VI, 242.)

Les provinces commencent à branler; mais enfin le feu n'y est pas encore assez allumé pour *ne pas continuer*... à faire de Paris notre capitale. (II, 280.)

Nous sortîmes ensemble... pour nous faire voir au peuple, et pour *voir moi-même* la contenance du peuple. (II, 564.)

Le maréchal d'Albret... lui portoit (à *Mme de Montbazon*) tout ce qu'il plaisoit au Cardinal *d'aller* jusqu'à elle. (II, 563.)

Il me paroît qu'il a grand tort, si il a quelque prétention nouvelle, après *lui avoir dit* vingt fois aux Blancs-Manteaux, comme je lui dis.... (VIII, 329.)

Pourroit-on les rechercher (*ses actions*) sans violer la parole du Roi et la foi publique, après *avoir été purgées* par les amnisties.... (VI, 164.)

Je me suis ravisé, Monsieur, depuis *vous avoir écrit* la lettre que vous trouverez dans mon gros paquet. (VIII, 506.)

d) Membres de phrases construits à la façon de l'ablatif absolu latin.

Je mis l'épée à la main et lui aussi; et dès le premier coup que nous nous portâmes, il tomba, *le pied lui ayant glissé*. (I, 204.)

M. *de Morangis me disant*... que je faisois trop de dépense,... je lui répondis.... (I, 243.)

Il mêla dans ses réflexions des menaces indirectes, et *la conversation s'échauffant*, il passa jusques à la picoterie toute ouverte. (I, 260.)

Ils m'insinuèrent que Monsieur pourroit bien... me faire enlever par ses gardes.... *L'avis m'en étant donné* le soir par M. de Choisi, chancelier de Monsieur, je me mis de mon côté très-ridiculement sur la défensive. (I, 261.)

M. d'Elbeuf... dit... que c'étoit lui... qui s'étoit offert le premier à la Compagnie, et qu'*elle lui ayant fait* l'honneur de lui confier le bâton de général, il ne le quitteroit jamais qu'avec la vie. (II, 158.)

Je m'étois promis... de n'être jamais cardinal par aucun moyen qui pût avoir le moindre rapport à la guerre civile, *dans laquelle la seule nécessité m'ayant jeté*, j'avois trop d'intérêts de faire connoître à la Reine même qu'il n'y avoit point d'autre motif qui m'eût séparé de son service. (III, 9.)

Ce qu'il y eut de plus admirable,... ce fut que *ses ennemis voyant son procédé* toujours égal, ils n'en prirent aucun ombrage. (V, 552.)

Je ne puis rien faire sur cela sans savoir vos sentiments, particulièrement *s'agissant* de l'abbaye de Saint-Denis. (VIII, 407.)

Cet avis... nous obligea à prévenir le mal, mais d'une façon toutefois qui ne parût pas offensive, *n'y ayant rien* de si grande conséquence dans les peuples que de leur faire paroître, même quand l'on attaque, que l'on ne songe qu'à se défendre. (II, 41.)

Il ne se pouvoit résoudre à devenir le général d'une armée de fous, *n'y ayant pas un homme sage* qui pût s'engager dans une cohue de cette nature. (II, 102.)

Y ayant une démission de moi,... le plus sûr seroit.... (VII, 414.)

Il n'étoit plus heure de se coucher quand j'eus déchiffré cette lettre; mais quand même j'eusse été dans le lit, je n'y eusse pas assurément reposé, dans la cruelle agitation qu'elle me donna, et *cette agitation aigrie* par toutes les circonstances qui la pouvoient envenimer. (II, 427 et 428.)

e) Propositions infinitives.

Je trouvai Equilli,... que *j'ose assurer avoir été* le plus honnête homme de son siècle. (I, 98.)

Il le destinoit à la place *que* nous avons vu *avoir été tenue* depuis si glorieusement par M. de Turenne. (I, 107.)

Monsieur le Comte, *que* tout le monde convint *avoir été* le plus ferme de tous les conjurés d'Amiens, se retira à Sedan. (I, 142.)

Je n'en ai pas le même scrupule que des deux fautes *que* je vous ai marqué ci-dessus *avoir commises*. (I, 148.)

La Reine... leur témoigna *être surprise* de ce qu'ils *se* prétendoient *toucher* à ce que la présence du Roi avoit consacré. (I, 305.)

La Reine témoigna *être satisfaite* des exemples que l'on lui apporta. (I, 306.)

L'on mettoit en prison les meilleurs serviteurs du feu Roi, *que* l'on jugeoit *devoir être contraires* à ce pernicieux dessein. (II, 72.)

Monsieur s'éleva avec chaleur à ce mot, qu'il prétendit *donner* des bornes trop étroites à l'autorité royale. (II, 87.)

.... Si il vous plaît de vous ressouvenir des propositions *que* je vous ai marqué de temps en temps, dans la suite de cette histoire, *avoir été faites* dans le Parlement. (II, 89.)

Le Parlement résolut... de s'assembler pour pourvoir à l'exécution de la déclaration, *que* l'on prétendoit *avoir été blessée*... en tous ses articles. (II, 100.)

Je me résolus... d'attendre que les occasions, *que* je jugeois bien *n'être que trop proche*, donnassent lieu à une conjoncture.... (II, 122.)

.... Ce que j'ai su toutefois depuis, de science certaine, *n'être pas vrai*. (II, 125.)

Le 21 du même mois, l'on lut, l'on examina et l'on publia ensuite les remontrances par écrit *que* le Parlement avoit ordonné, en donnant l'arrêt contre le cardinal Mazarin, *devoir être faites* au Roi. (II, 210.)

Sa proposition... fut rejetée... parce que l'on *la* crut *avoir été faite* de concert avec la cour. (II, 213.)

Le secours d'Espagne, que nous étions obligés de recevoir comme un remède à nos maux, mais comme un remède *que* nous convenions *être dangereux*.... (II, 245.)

Je ne sais si la plupart... ne se fussent pas repentis d'avoir été d'un sentiment *qu'ils* eussent cru leur *avoir été inspiré* par un autre. (II, 257.)

.... L'exclusion du héraut, *qu'elle* ne pouvoit pas ignorer toutefois *n'avoir* pour fondement que le prétexte du monde le plus mince. (II, 267.)

Les généraux témoignèrent *être embarrassés* de cette proposition. (II, 296.)

Nous diversifiions la scène selon que nous jugions *devoir être* du goût des spectateurs. (II, 529.)

Je me chargeai de la commission, *que* la conversation que j'avois eue avec lui aida à me faire croire *pouvoir être* d'un succès plus possible. (II, 542.)

Elle se prenoit à Monsieur le Prince d'une galanterie... *que* Jairzé avoit voulu faire croire à tout le monde *avoir avec elle*. (III, 7.)

J'ai toujours attribué, en mon particulier, à son irrésolution naturelle ce délai, *que* je confesse *avoir pu et dû* même produire de grands inconvénients. (III, 18.)

L'aîné Fouquet soutenoit *savoir* le contraire. (III, 391.)

Je me persuadois *ne devoir* me justifier... que de la patience.... (VI, 231.)

Cette conduite parut criminelle à ceux qui ne *me* peuvent souffrir *innocent*. (VI, 296.)

Je suppliai très-humblement Sa Sainteté de ne considérer... ni la manière de mon emprisonnement,... ni tant d'autres circonstances dont je pouvois, avec beaucoup de fondement et même selon les lois, prétendre *la réparation être* des préalables nécessaires à toutes les plaintes que l'on pouvoit former contre moi. (VI, 298.)

Je ne lui témoignai pas *désapprouver* cette proposition. (VII, 146.)

f) Membres de phrases détachés. Exemples divers.

Ce cardinal de Retz est celui-là même qui attaqua le cardinal Mazarin,... qui contribua plus que personne... à le chasser *dans l'état même que (alors que Retz se trouvait dans un tel état que)* sa conservation lui pouvoit être utile. (V, 247.)

.... Au Conclave, qui peut n'être pas éloigné *en l'état où* l'on dit qu'est le Pape. (VIII, 333.)

3° Anacoluthes.

a) Anacoluthe après un relatif.

Ce que voyant le Conseil, et *craignant que* le Parlement ne donnât arrêt de défenses,... il envoya une déclaration. (I, 298.)

Le temps... ne fut employé qu'à des chicanes, *que* Champron... *faisoit autant qu'il pouvoit pour différer et pour voir* si on ne tireroit point quelque lumière de la prétendue conjuration.... (II, 599.)

C'est *ce qu'il vous faut examiner à fond, et faire connoître* à Votre Majesté *que*.... (V, 302.)

b) Anacoluthe après une conjonction.

Je lui fis répondre *qu'il n'y avoit rien que* je n'eusse rendu à Son Excellence, si elle me l'eût demandé par civilité ; *mais puisque* c'étoit un ordre, *j'étois obligé* de lui dire que je n'en pouvois recevoir.... (I, 126.)

c) Changements de tournure par l'emploi de *que*.

Je *l'ai observé* mille et mille fois, *et que* quand ils ne sont pas dupes, ce n'est pas la faute du ministère. (II, 91.)

Je ne le suis que trop *(fou)*, lui répondis-je, vous *le savez*, Monsieur, *et que* je suis de plus coadjuteur de Paris. (II, 116.)

Le président de Bellièvre me *le disoit* encore cette après-dînée, *et qu'il est nécessaire*... de.... (II, 389.)

M. de Beaufort prit si mal son parti qu'il tomba tout d'un coup à rien. Vous *le verrez* par la suite, *et que*, par conséquent, Mme de Montbazon avoit raison de ne pas prendre sur elle sa conduite. (III, 294.)

Elle *verra ma soumission, et que* je rapporterai simplement à Monsieur... ce dont elle me fera l'honneur de me charger. (III, 388.)

Je pourrai peut-être *faire connoître*... *le respect* que j'ai pour le Saint-Siége, *et que* le cardinalat, en la personne d'un Archevêque de Paris, ne seroit pas contraire aux intérêts de Rome. (VIII, 100.)

J'en suis persuadé et que M. de Bouillon n'eût pas été capable d'une perfidie. (II, 449.)

La Compagnie *(le Parlement)*... *commanda* à tous les gouverneurs *de laisser* les passages libres, *et que* dès le lendemain, toutes affaires cessantes, l'on délibéreroit sur la proposition de 617 *(de 1617)*. (II, 82.)

d) Mélange de *à* et de *de*.

Le cardinal... *conclut à* se donner encore du temps jusques au lendemain, et *de* faire connoître en attendant au peuple.... (II, 24.)

J'étois fort *résolu à* ne pas souffrir l'oppression de Paris, *de* travailler par mes amis à faire que le Parlement mesurât un peu plus ses démarches et *d'*attendre le retour de Monsieur le Prince. (II, 64.)

Il *passa à* refuser l'entrée de la Ville au héraut, et *de* charger Messieurs les gens du Roi d'aller à Saint-Germain. (II, 226.)

Le reste à la première vue, qui me donnera en vérité bien de la joie par celle que j'*aurai à* vous embrasser et *de* vous dire moi-même.... (VIII, 484.)

e) Pronom remplaçant, dans un second membre de phrase, le participe non exprimé du verbe d'un premier membre.

L'argentier... fit ce qu'il put pour me *persuader* de mon pouvoir ; et quoique j'eusse été très-fâché qu'il *l'eût été (qu'il eût été persuadé)* de mon impuissance, je ne laissai pas de feindre que je la lui voulois toujours persuader. (II, 46.)

Je n'oubliai rien pour le *persuader* de mes sentiments, dans lesquels je *le* suis encore moi-même que j'étais bien fondé. (II, 346.)

Je me conformerai à l'avis commun,... à condition toutefois que vous ne serez pas dans la liste de ceux à qui je m'*engagerai*, car je *le* suis assez, comme vous savez, par le respect et par l'amitié que j'ai pour vous. (II, 438.)

Le propre jour que Mme de Chevreuse fit cette amitié à M. le Tellier, elle m'en fit une autre, qui me *surprit* pour le moins autant qu'il *l'*avoit été. (III, 124.)

Les hommes qui sont irrésolus de leur naturel ne se *déterminent* que difficilement pour les moyens, quoiqu'ils *le* soient pour la fin. (III, 167.)

f) Changements de tournure divers.

Je *la trouvai* très-belle, *le teint* du plus grand éclat du monde,... *du défaut à la taille*.... (I, 93.)

Si il (*Paris*) *a* été aussi furieux que l'on me l'a voulu faire croire, comment se *seroit*-il pu adoucir en si peu de temps ? (II, 30.)

On ne le *prendra* pas (*on ne prendra pas Paris*) comme Dunkerque, par des mines et par des attaques, mais si le pain de Gonesse leur *manquoit* huit jours. (II, 115.)

L'on donna tout d'une voix... ce fameux arrêt du 8 de janvier 1649, par lequel *le cardinal Mazarin fut déclaré* ennemi du Roi et de l'État, perturbateur du repos public, *et enjoint à tous les sujets du Roi* de lui courir sus. (II, 142.)

... Se servir... de la première occasion... favorable pour *s'assurer*... des personnes de ceux dont *nous* ne *nous* pourrions pas répondre. (II, 275.)

Nous dépendions absolument... et des Espagnols et de M. de Turenne, qui n'avoient encore de *mouvement* que *ceux* qui leur étoient inspirés par M. de Bouillon. (II, 354.)

Les compagnies vont toujours devant elles, quand elles ont été jusques à un certain point, et leur retour n'est pas à craindre quand elles *sont fixées*. La proposition de la paix générale *l'eût fait* (*eût fixé la Compagnie, le Parlement de Paris*)... dans le moment de la déclaration de M. de Turenne. (II, 434.)

Je *ne sais pas* si M. de Bouillon en étoit bien informé, et *aussi peu* quelle suite ces propositions purent avoir. (II, 508.)

.... Si M. de Bouillon... ne se *fût* rendu maître de Bordeaux et *empêché* les effets de la bonté et de la clémence du Roi. (III, 90.)

Je crois que ce *n'est rien ou fort peu de chose*. (VII, 255.)

Ce qu'il me disoit... étoit si général que j'*appréhendois* et même que je ne doutois pas que vous et Messieurs les cardinaux *n'y feriez* que très-peu de fondement. (VII, 439.)

Vous avez très-bien fait, ce me semble, de vous rapporter à M. d'Ormesson sur la vente du Temple et je *ne crois pas* que M. le Grand Prieur *ne veuille* bien s'y rapporter aussi. (VIII, 205.)

Ce sentiment est au-delà de *ce que je vous le puis* exprimer. (VIII, 311.

.... Après *l'avoir lue (cette lettre), cachetée et mis le dessus.* (VIII, 316.)

Voici une lettre de M. Léger avec la réponse que je lui fais; vous *la lui expliquerez*, s'il vous plaît, comme vous le jugerez à propos, *de [ne] lui rien donner* sur son principal à ce premier Noël. (VIII, 469.)

g) Un même mot pris dans une acception dans un premier membre de phrase, dans une autre acception dans le suivant.

Mlle de Vendôme n'étoit pas ce que l'on appelle une grande *beauté*, mais elle *en* avoit pourtant beaucoup. (I, 193.)

Vous ne serez pas surprise de ce que l'on le fut de la *prison (c'est-à-dire de l'emprisonnement)* de M. de Beaufort, dans une cour où l'on venoit de *les* ouvrir à tout le monde sans exception. (I, 232.)

Il y a de certains temps où de certaines gens ont toujours *raison*. Par *celle* des contraires Mazarin avoit toujours tort. (II, 517.)

h) Anacoluthes diverses. (Mots indéterminés dans un premier membre de phrase, regardés comme déterminés dans le suivant, ou tournures analogues.)

Brion avoit fort peu d'esprit, mais il avoit beaucoup *de routine, qui* en beaucoup de choses supplée à l'esprit. (I, 185.)

Il n'y auroit plus *de confiance, qui* est l'âme de la société civile (V, 343.)

Mon âge avoit besoin d'avis et *de conseils qui* ne se rencontrent jamais que fort imparfaitement dans les provinces. (I, 207.)

L'on se vouloit imaginer qu'elle (*la Reine*) avoit eu *de la patience, qui* est très-souvent figurée par l'indolence. (I, 229.)

Notre affaire, en beaucoup de choses, avoit l'air de n'être pas publique, quoiqu'elle ne fût pas cachée. Cela paroît *galimatias;* mais *il* est de ceux que la pratique fait connoitre quelquefois et que la spéculation ne fait jamais entendre. J'en ai remarqué de cette sorte en tout genre d'affaires. (I, 241.)

Matha... lui ayant dit qu'il se faisoit *tort*, il se mit dans l'esprit qu'il *le* falloit réparer.... (II, 458.)

Ces nouvelles... firent *impression* sur son esprit, et elles l'obligèrent d'*en* faire sur ce que nous lui disions. (III, 50.)

Il me répondit que les Provençaux n'étoient que *frivoles, dont* l'on peut quelquefois tirer parti, et que les Gascons étoient toujours *fous*, avec *lesquels* il n'y avoit jamais que des impertinences à faire. (III, 137.)

M. le prince de Conti, qui étoit *malade* ou qui *le* faisoit.... (II, 464.)

Je m'en démêlerai assez aisément en parlant *italien, qui* est une langue où.... (VII, 175.)

Je lui fis là-dessus son panégyrique, et *de propos en propos, qui* continua assez longtemps, elle tomba sur les beaux exploits que nous aurions faits si nous nous étions trouvés unis ensemble. (II, 567.)

Après que je les eus laissés longtemps battre l'eau pour leur donner lieu de refroidir *leur imagination, qui* ne se rend jamais quand elle est échauffée (*l'imagination, en général* — et non pas *leur imagination* — ne se rend jamais, etc.).... (II, 575.)

Voyez la note 2 de la page indiquée.

4° Observations diverses.

a) Un seul suffixe pour plusieurs mots.

M. de Turenne... s'étoit retiré, lui *cinq ou sixième*, chez Madame la Landgrave de Hesse. (II, 418.)

.... *L'onze et le douzième* de décembre. (II, 570.)

.... *Le douze ou le treizième* de ce mois. (VII, 30.)

b) Remplacement de la tournure infinitive par l'emploi de *que*.

Je le *suppliai* avec instance *qu'il* me *permît* d'avoir l'honneur de l'accompagner. (I, 116.)

Je *fus* bien *étonné qu'*un matin, à six heures, *je vis* toute ma chambre pleine de gens armés. (I, 116.)

Je *feignis que je prenois* pour bon tout ce qu'il lui plut de me dire. (II, 18.)

Nous entrâmes... chez M. le prince de Conti, et M. de Bouillon le *vria qu'il* lui *pût parler* en présence de Mme de Longueville. (II, 446.)

M. de Retz... ne m'a pas encore *pardonné de ce que je n'entrepris pas* de lui faire rendre la généralité des galères. (II, 457.)

Il lui *proposa que le Roi* lui *achèteroit* le comté de Montbéliar. (II, 350.)

Montrésor *proposa qu'il falloit faire tirer* un coup de pistolet à l'un des syndics. (II, 553.)

c) Tournures hardies, embarrassées, obscures ; alliances de mots singulières.

Je mis Vanbroc dans une soupente, *où il eût fallu être chat ou diable pour* le trouver. (I, 116.)

Vous concevrez... *l'importance dont il est de ne faire jamais les propositions, même les plus favorables, que bien à propos.* (III, 84.)

Il (*Mazarin*) se fit de la honte *de tout ce que l'autre (Richelieu) s'étoit fait de l'honneur.* (I, 286.)

Voyez la note 3 de la page indiquée.

Ces deux hommes (*Laigue et Montrésor*) joints ensemble ne me laissoient pas un jour de repos, pour me faire voir, *s'imaginoient-ils*, ce que, sans vanité, j'avois vu plus de six mois devant eux. (II, 8.)

C'est *tout vous dire*, qu'ils firent si bien par leurs journées, que la Reine... s'impatienta et emmena le Roi à Ruel. (II, 67.)

J'avois *le cœur du monde le plus propre pour l'y placer* entre Mmes de Guémené et de Pommereu. (II, 123.)

Si le Parlement *n'est pas assez sage (c'est-à-dire, est assez peu sage) pour craindre ce qui ne lui peut faire du mal, et pour ne pas appréhender ce qui lui en peut faire effectivement....* (II, 331.)

L'armée de M. de Longueville, vous savez ce que c'est ; nous la disons de sept mille hommes de pied et de trois mille chevaux, et *nous ne disons pas vrai de plus de moitié.* (II, 424.)

Il étoit... très-indifférent et à lui et aux Frondeurs *en quel lieu fussent* Messieurs les Princes. (III, 157.)

Il *est public combien* ma conduite... est hors la portée... des soupçons de mes ennemis. (VI, 301.)

La grandeur de cette injure n'est point diminuée par le cours des années, et c'est au contraire ce qui la rend plus insigne et plus préjudiciable à l'honneur de notre caractère, *de ce qu'elle est demeurée si longtemps sans aucune réparation.* (VI, 186.)

.... M. l'abbé de Vatteville, *que je connois il y a fort longtemps.* (VII, 27.)

M. le cardinal Chigi *n'iroit point légat* à Milan. (VII, 307.)

Ce qui me fait juger le plus nécessaire de... leur faire entendre la vérité du fait, est qu'*à moins que de cela* ils ne manqueront pas de croire.... (VIII, 451.)

Un petit procureur du Roi du Châtelet... aposta, pour de l'argent, douze ou quinze femmes, qui... crièrent : « Vive *Son Éminence!* » qui étoit dans le carrosse du Roi. (II, 528.)

J'ajoutai : « Et *Monsieur le Prince;* » *qui* entendant que je le nommois, dit... avec un ton moqueur : « Moi, moi! » (II, 588.)

La Reine... dit... qu'elle feroit ce que le conseil jugeroit raisonnable. *Ce conseil, qui étoit un nom spécieux,* fut réduit à Monsieur le Cardinal, à Monsieur le garde des sceaux, au Tellier et à Servien. (III, 161.)

La foiblesse du cardinal Mazarin... donna *le dernier coup à l'affoiblissement* de l'autorité royale (*consomma l'affaiblissement de,... ou donna, en achevant de l'affaiblir, le dernier coup à l'autorité royale*). (I, 319.)

Sa capacité (*la capacité de Mme de Longueville*), qui *n'a pas été aidée par sa paresse* (*qui, grâce à sa paresse, n'a pu se développer assez*) n'est pas allée jusques aux affaires. (II, 182.)

Dans le *chapitre* des accidents, auquel je conviens qu'il faut *s'abandonner* en suivant ce chemin, nous pouvons trouver des abîmes. (II, 436.)

ORTHOGRAPHE.

Voyez au *Lexique* les mots :

Amnestie; arrouser; aureille; auser; bestial (bétail); beuvète (buvette); beuvetier; brief; brièfve; chaire (chaise); chaise (chaire); cheux (chez); chifler (siffler); col (cou); compter (conter); convent (couvent); courre (courir); disgression; doncques; droit (à droit pour à droite); émologuer (homologuer); erte (à l'); étau (étal); faucet (fausset); fesanderie; fesandier; fol; hermite; junction; jurisdiction; lesse (laisse); mittoner; payen; provôt; provôté; raccompter (raconter); sol (sou); sus (sur); Toussaints (La); veiulle (veille); vilainie; etc.

Nous avons d'ailleurs fort peu de remarques à faire sur l'orthographe de Retz. Quoique assurément fort instruit, ce n'était pas, comme nous l'avons dit, un grammairien, et la plupart des singularités que l'on peut remarquer dans ses écrits ne lui sont point personnelles. Ce sont quelquefois des fautes d'étourderie évidentes, mais le plus souvent ce ne sont que des habitudes de son temps, où l'orthographe était peu fixée.

Néanmoins, aux mots auxquels nous renvoyons, au *lexique*, on peut ajouter les suivants : *cai* (écrit *quai* quelques lignes plus loin), *choq* (*choc*), *Flamang* (*Flamand*), *fonds* (dans le sens de *fond* et de *fonts* baptismaux), *holaucauste, meaux* (*maux*), *menasser, mil* (pour *mille*, dans l'expression : *mil et mil farces*), *quartd'heures* (au pluriel; en un mot, avec *s* final), *républiquain, sillable, succer* (*sucer*), *tariffe*.

L'orthographe grecque ou latine est souvent plus ou moins conservée : *charte* (pour *carte*), *cholère, cholique, chorde, sepmaine, soubmain, soubsmain* (adverbe), *soubministre, soubscrire, soubscrit* (substantif), *soubsterrain, calumnie, nuntiature, umbrage, umbre*, etc.

Ailleurs, au contraire, on peut remarquer une certaine tendance à écrire simplement comme on prononce : *cohérament, exorter, gentishommes, sale* (*salle*), *emfase, eschets* (*échecs*), *apoftegme, fisionomie, nimfe, périfraser, profétie, profétique, triumfe,* et même *quesceque* pour *qu'est-ce que*.

Certaines lettres sont quelquefois ajoutées arbitrairement, comme l'*h* après le *t* dans les mots *galimathias, Anthoine, Don Anthonio*, et en latin *prothonotarius*.

Dans l'orthographe des adjectifs, nous trouvons quelques formes de masculin ou de féminin inusitées aujourd'hui : le féminin *royaux* dans l'expression *ordonnances royaux ; vieil* dans des phrases comme *il est vieil et soupçonneux.* Le féminin du mot *grand* est tantôt *grande* dans les cas où nous lui conservons sa forme archaïque *grand*, tantôt au contraire *grand* là où nous mettrions aujourd'hui *grande* : *grande peine, grande route; la Grand-Bretagne;* on trouve indifféremment *grande chambre* et *grand'chambre.*

C'est peut-être dans les formes verbales que l'orthographe est surtout variable. On trouve fréquemment *je vas*, mais quelquefois aussi *je vais; aie, die,* 3ᵉ personne du subjonctif présent *d'avoir* et de *dire; envoirai, envoyerai, renvoyerai, envoyerois, voira, envoira, envoiroit, envoiera, envoieroit, envoyeroit, renvoyeroit, voirons, envoirions, voirez, envoyerez; conquerrerai, concourrerai, courreroit, eschéeroit, sioit* ou *seoioit (seyoit); fairez, fesoient; lairrai* et *lairra* (ancien futur de *laisser*); *criallier, traitallier (criailler, traitailler); supplions, diversifions*, etc. (imparfaits, pour *suppliions, diversifiions*); *retindrent, soubstindrent (retinrent, soutinrent); eussai-je, méritai-je (eussé-je, mérité-je); ajouta-il;* des participes féminins comme *excluse;* enfin des formes comme *bévras, buriez (boiras, boiriez)*, par lesquelles Retz imite à plaisir le parler normand.

Quelques adverbes paraissent avoir gardé l'*s* adverbial là où l'usage moderne le supprime : *guères, jusques* (même devant une consonne), *mêmes.*

L'orthographe des noms propres est quelquefois singulière, et souvent plus ou moins variable. Ainsi, *Basse (Vassé), Pommereux (Pommereuil), le maréchal de L'afferté-Imbault (La Ferté-Imbault), Semblancat (Saint-Blancard); du Boisle,* écrit aussi *du Boile* et *du Boille; Broussel,* écrit *Brusselles, Bruxelles, Bruxelle* ou *Brusselles; d'Hacqueville, d'Harcourt,* écrits aussi *de Hacqueville, de Harcourt,* etc., etc. Le nom même du cardinal est écrit d'abord *Retz*, et ensuite (suivant une orthographe plus ancienne) *Rais*[1].

Il en est de même pour les noms de lieux ou de pays : *Xaintes* (ancienne orthographe, pour *Saintes*); *Ligourne* ou *Livorne (Livourne); Dannemarc* ou *Dennemarc;* etc.

Les noms étrangers sont, naturellement, les plus déformés, les anglais surtout; la manière dont ils sont écrits reproduit souvent, sans doute, la manière dont on les prononçait alors en France : *Manchini (Mancini); Brusle (Brühl); Scomberg (Schomberg); Witemberg (Würtemberg* ou *Wirtemberg); Buchincham, Buchinchan* ou *Bouchinchan (Buckingham); Cromvel, Vorcester; Germain (Jermyn); Grem (Graham); Nortombelland (Northumberland); Taf (Taafe);* etc. — Ils sont fréquemment francisés : *Aquavive (Aquaviva);* les *Aldobrandins (Aldobrandini); Bracciane (Bracciano);* le duc *Césarin (Cesarini);* le cardinal *Colonne (Colonna);* la *Garfagnane (Garfagnana);* le cardinal *Imperial* ou *Imperiale (Imperiali); Ottobon (Ottobuono) Pancirolle (Panciroli);* la maison des de *Viscomptes (Visconti);* etc.

Il arrive à chaque instant que, dans certains mots, comme *de, que, si*, l'élision n'a pas lieu devant une voyelle : ... *de Ulli-Saint-George;* ... *que ainsi...;* ... *que effectivement...;* ... *ce que est devenu...;* ... *que hier;* ... *que ils...; parce que ainsi...; parce que autrement...; parce que elles...; parce que une...; quoique avec...; ...que Anctauville...; ...que Arnauld...; ...que Erlac...; ...que Imbert...; ...que Ondedei* (ailleurs *qu'Ondedei*)...; *si il, si ils*, est l'orthographe la plus habituelle, mais *s'il* ou *s'ils* se rencontre aussi. — L'élision a lieu, au contraire, dans certains cas où l'usage a prévalu de ne la plus faire : *l'onze, l'onzième, quelqu'unes* (au pluriel, pour *quelques-unes*).

Pour ce qui est de l'aspiration de l'*h*, elle est à peu près conforme à notre usage. Néanmoins on trouve *hasard* et *hasarder* avec une *h* muette, et *hésiter* avec une *h* aspirée.

---

[1]. Voyez tome I, page 79, note 1.

LEXIQUE

DE LA

LANGUE DE RETZ

A

À, préposition.

1° à, dans le sens de *pour*, devant un infinitif :

L'avarice insatiable du connétable de Montmorenci lui donna bien plus de mouvement *à* étendre l'autorité de François Ier qu'*à* la régler. (I, 273.)

Quand même l'on s'en veut servir (*de cette proposition*), en attendant qu'elle réussisse, *à* fixer une compagnie que rien autre chose ne peut fixer.... (II, 423.)

Le président de Mesme... dit : «... Il en faut opiner. »... Il y eut plus de quatre-vingts voix *à* nous faire demeurer dans nos places. (II, 588.).

Il n'y eut pas dix voix *à* ne pas recevoir le député. (III, 76.)

Ce parti... donnoit beaucoup plus de temps *à* attendre des nouvelles de la Reine. (III, 101.)

Il y eut des avis *à* décréter contre le Cardinal ajournement personnel. Il y en eut *à* le mander sur l'heure même pour venir rendre compte de son administration. (III, 232.)

Il y eut des voix *à* ordonner qu'il n'y aurait plus de favoris en France. (III, 253.)

2° à, dans le sens de *pour*, devant un substantif, un adjectif ou un pronom :

Je n'ignorois pas de quelle nécessité est la règle des mœurs *à* un évêque. (I, 216.)

L'on ne l'avoit vue (*la Reine*) que persécutée, et la souffrance, *aux* personnes de ce rang, tient lieu d'une grande vertu. (I, 229.)

Ce qui n'est présentement qu'une plaie dangereuse *à* l'État lui deviendra peut-être mortelle. (II, 107.)

Cette aventure... n'avoit pas déjà beaucoup de rapport avec ces bonnes dispositions de la cour *à* la paix. (II, 223.)

.... Pour m'empêcher de l'en presser davantage devant eux, *auxquels* il n'avoit pas la même confiance qu'il avoit en moi. (II, 440.)

Nous n'avions qu'un parti *à* prendre, qui étoit *à* lui de se jeter dans Péronne..., et *à* moi de me retirer à Mézières. (II, 563.)

La prison ne peut ni ne doit être éternelle *à* un homme de son rang. (III, 10.)

Il étoit naturellement vétilleux et grondeur, ce qui est un grand défaut *à* des gens qui ont affaire à beaucoup de monde. (III, 32.)

Les Frondeurs ne pouvoient faire quitter le pavé à cette cabale que par une violence, qui n'est presque jamais honnête *à* des particuliers. (III, 133.)

Il se soumettoit à tout ce qu'il lui plairoit, si ce qu'il me devoit dire n'étoit de la dernière importance *à* son Altesse Royale. (III, 285.)

Cette conduite étoit d'un grand embarras *à* un parti dont l'intention... n'étoit que de s'accommoder avec la cour. (III, 355.)

Il ne s'étoit pas encore résolu à la guerre civile, *à* laquelle il est constant qu'il avoit une aversion mortelle. (III, 357.)

.... L'attachement qu'il avoit *à* M. de Chavigni et... celui qu'il avoit eu... *à* M. d'Avaux. (III, 401.)

Il falloit terminer cette affaire, qui n'étoit bonne *à* personne. (VII, 146.)

Si nous ne savons pas la force ni la signification des mots, quand nous nous entreparlons, ne sommes-nous pas barbares les uns *aux* autres? (IX, 174.)

Ces malicieux esprits... abusent, à la ruine des hommes, de celles (*des lumières*) qu'il (*Dieu*) leur a données. (IX, 176.)

3° À, suivi d'un infinitif, dans le sens de *en* avec le participe présent :

Faites paroître votre force *à* relever notre foiblesse. (IX, 157.)

4° À, vers, sur, chez :

Je me tournai *aux* députés en leur disant : « Messieurs, le mot est gai. » (I, 253.)

En se tournant *aux* gardes, il leur dit.... (II, 157.)

L'on manda à Clanleu de tenir, et l'on lui promit d'être *à* lui à la pointe du jour. (II, 215.)

Si elle (*la Compagnie*) vouloit faire une députation à Saint-Germain, elle y seroit très-bien reçue et pourroit être d'un grand acheminement *à* la paix. (II, 231.)

Il eût souhaité... de se remettre... à la tête de la Fronde, de laquelle il s'étoit séparé... par un rapprochement *à* la cour qui... avoit été... plus apparent qu'effectif. (II, 501.)

Blancmenil... me dit que le Roi marchoit *au* Palais avec huit mille chevaux. (II, 130.)

L'on marcha ainsi *au* Palais en pompe et au petit pas. (II, 163.)

Il y en eut vingt ou trente qui sortirent avec des hallebardes et des mousquetons de la rue des Prouvelles,... et qui... firent une charge fort brusque *aux* chevau-légers. (II, 27.)

Clanleu... eut avis que Monsieur d'Orléans et Monsieur le Prince marchoient *à* lui avec sept mille hommes de pied. (II, 214.)

Il le fit marcher (*son régiment*) *à* Saint-Germain. (I, 230.)

M. de Turenne nous écrit... qu'à l'instant il marchera *à* nous. (II, 285.)

J'allai entendre complies *aux* Pères de l'Oratoire. (III, 269.)

5° À, envers :

Croyez-vous... qu'un attachement *à* une fille de cette sorte puisse vous empêcher...? (I, 102.)

J'avois... beaucoup d'aversion naturelle *aux* moyens violents. (II, 63.)

Ces âmes noires... perdent le respect *aux* puissances les plus légitimes. (V, 230.)

J'aurois considéré de très-bon cœur la personne que vous me recommandez, sans les engagements que j'ai à mes grands vicaires. (VIII, 584.)

6° À, en, dans, pendant :

Au même temps, Mme de la Meilleraye plut à Monsieur le Cardinal. (I, 133.)

Ils obligèrent M. de Beaufort à me faire beaucoup d'avances. Je les reçus avec respect, mais je n'entrai *à* rien. (I, 222.)

Monsieur le Prince... lâcha des

mots qui me firent connoître que Monsieur le Duc prenoit... part à mes intérêts.... Je ne balançai pas à me rendre *à* cet instant. (I, 263.)

Les esprits de cette nature osent tout ce que ceux *à* qui ils ont confiance leur persuadent. (II, 7.)

.... Varicarville, qui étoit son pensionnaire et *auquel* il avoit... une parfaite confiance. (II, 122.)

M. Le prince de Conti parla *au* même sens. (II, 81.)

Le Parlement s'assembla, *au* même temps, avec un tumulte de consternation. (II, 13.)

M. de la Rochefoucauld écrivoit *au* même sens à Mme de Longueville. (II, 145.)

Le président Aubri... avoit parlé... *au* même sens. (II, 220.)

Le vieux M. du Maine en avoit chassé (*de Paris*) *à* la Ligue le Cardinal de Gondi. (II, 240.)

Il avoit cru qu'il y auroit du péril à les exposer (*les troupes*) *à* la campagne. (II, 336.)

En la campagne dans la copie R.

On prétendit, *à* ce temps-là, que Herballe... avoit averti Monsieur le Prince. (II, 530.)

Je faisois... de certains signes à Monsieur, pour le faire ressouvenir de ce qu'il me venoit de confesser lui-même, qu'il n'étoit pas temps d'éclater contre le cardinal. L'on prenoit ces signes *au* sens contraire, parce que Monsieur d'abord ne s'en aperçut pas et qu'il continua à pester. (III, 98.)

La cour reçut ces agréables dépêches comme elle étoit en chemin *à* son retour de Bordeaux. (III, 152.)

Comme il n'y avoit aucune assurance *aux* paroles du Cardinal.... (II, 501.)

Quelle sûreté *à* M. le duc d'Orléans? (III, 283.)

L'on dit toujours qu'il n'y a point d'assurance *au* peuple. (III, 397.)

Il faut donner quelque chose à l'opinion du siècle *auquel* nous vivons. (V, 372.)

.... Nos plus illustres citoyens, dont la mort... doit être pleurée *à* tous les siècles. (V, 420.)

La connoissance que nous avons de votre expérience *à* la conduite de l'Église.... (VI, 122.)

J'apprends aussi, *à* ce moment, que.... (VII, 118.)

La santé du Pape... est *au* même état où je l'ai laissée en partant de Rome. (VII, 360.)

Il est même plus tôt que vous leur parliez *à* mon nom. (VIII, 394.)

Je vous prie... de faire ce que vous pourrez *à* mon nom pour son affaire. (VIII, 414.)

.... Le jour funeste *auquel* je fus né. (IX, 150.)

Nous sommes savants *aux* choses divines. (IX, 153.)

7° À, par :

MM. de Candale, de Boutteville..., et je ne sais combien d'autres, se laissèrent persuader *à* cette folie. (II, 513.)

Le maréchal de la Mothe... se laissa toucher *à* l'honnêteté que Monsieur le Prince lui fit. (II, 572.)

Je me laissai pénétrer, beaucoup davantage que je n'avois accoutumé, *à* Arnauld et *à* Viole. (III, 185.)

La Reine fut... plus touchée de l'atteinte que l'on avoit donnée au mariage de M. de Mercœur, qu'*aux* autres coups... que l'on avoit portés à son autorité. (III, 470.)

Innocent s'étoit laissé toucher *à* des manières de réprimandes que l'Empereur... lui avoit fait faire par son nonce de Vienne. (IV, 132.)

Si je me laissois emporter *à* la juste crainte qui saisit mon esprit.... (IX, 117.)

Le sage... donne bien quelque chose à l'autorité de la nature, mais il ne se laisse pas tyranniquement emporter *à* elle. (IX, 166.)

Il s'est laissé conduire *à* de meilleurs yeux que les siens. (IX, 171.)

8° À, où nous mettrions plutôt *de :*

Bautru, qui vous a tant manqué *au* respect. (II, 61.)

Le crédit, parmi les peuples, cultivé et nourri de longue main, ne manque jamais *à* étouffer... ces fleurs minces et naissantes de la bienveillance publique. (II, 159.)

Les gouttes, qui le tenoient dans le lit et qui l'empêchoient d'agir, avoient donné lieu aux gens de la cour *à* jeter des soupçons contre lui dans les esprits des peuples. (II, 238.)

.... L'habitude *au* bonheur. (II, 176.)

L'habitude qu'il me donna *à* prendre la même conduite dans des conjonctures.... (II, 415.)

Il n'y aura rien de si aisé qu'*à* les renvoyer. (II, 389.)

Il n'y a rien de si aisé qu'*à* couler des matinées sur des procédures, où il ne faut qu'un mot pour faire parler cinquante hommes. (V, 602.)

Vous savez quelle peine doit avoir un homme de bien *aux* choses qui peuvent faire dire... qu'il a affecté de faire du mal à ceux qui sont déjà dans le malheur. (VII, 185.)

C'est au public *à* défendre mon honneur; mais l'on veut perdre le public, et c'est à moi *de* le défendre de l'oppression. (II, 39.)

9° À, avec :

Ces trois ou quatre brouilleries que j'eus en ce temps-là (*avec la cour*) ont eu beaucoup de rapport *aux* plus grandes qui sont arrivées dans les suites. (I, 256.)

Une proposition... qui va à faire la paix *à* son roi malgré tout son conseil.... (II, 422.)

10° À, d'après, selon :

Et il m'assura même, *à* ce qu'il m'a dit lui-même depuis, que ce qu'il avoit vu ne pouvoit pas être un original. (I, 97.)

11° À, quant à :

Je n'ai pas cru que le Parlement pût faire la paix aujourd'hui; mais j'ai cru... qu'il la feroit très-mal si nous le laissions faire : il ne m'a trompé qu'*au* temps. (II, 381.)

12° À, emplois divers :

J'y demeurai... avec ce que j'avois de gens le plus *à* moi. (II, 157.)

Du Mont, que vous voyez *à* Monsieur le Prince, qui commandoit sous lui dans Saumur,... se déclara pour le parti. (III, 39.)

Mme de Rhodes, qu'il croyoit beaucoup plus *au* garde des sceaux qu'*à* moi.... (III, 174.)

Aussitôt qu'il (*le Parlement*) eut achevé de faire... des remontrances pour la décharge du quart entier des tailles, et du prêt *à* tous les officiers subalternes.... (II, 65.)

Il passa enfin, de quatre-vingt-dix-huit voix à soixante et deux, qu'il (*le Premier Président*) demeureroit juge. (II, 599.)

Monsieur, *à* cette vision et *à* deux coups de pistolet que le Bourdet tira en même temps, tourna brusquement et s'enfuit dans la Grande Chambre. (III, 87.)

La Compagnie ne délibérait pas aussi vite que les marchands le prétendoient sur un impôt établi *à* l'entrée du vin. (II, 94.)

M. le cardinal Sforze... opinoit *à* deux ou trois places de lui. (VII, 269.)

Vous y pourrez remarquer une différence notable des sentiments de M. le cardinal Pallavicin *à* ceux de M. le cardinal Albizzi. (VII, 43.)

Je mènerois la nuit, dans un carrosse inconnu, Monsieur le Prince chez Longueil et chez Broussel, pour les assurer qu'ils ne seroient pas abandonnés *au* besoin. (II, 78.)

Cette corde nous avoit paru à nous-mêmes bien grosse *à* toucher. (II, 73.)

Il ne falloit pas perdre un moment *à* traiter, ni même *à* conclure avec l'archiduc. (II, 327.)

La mode, qui a du pouvoir en toutes choses, ne l'a si sensible en aucune qu'*à* être ou bien ou mal à la cour. (I, 227.)

Aux personnages que nous jouions, M. de Beaufort et moi, il n'y avoit rien de plus aisé que de se défaire de nous. (II, 565.)

.... Dom Gabriel de Tolède, qu'il disoit être homme *à argent.* (III, 107.)

Je la conservai (*ma vertu*) avec l'édification du prochain, parce que je n'en vis jamais une seule (*religieuse*) au visage, et je ne leur parlai jamais qu'elles n'eussent le voile baissé. (I, 240.)

.... La douleur que Sa Sainteté ressent en voyant des commencements de trouble et d'altération *à la paix générale.* (VII, 150.)

Monsieur le Duc... haïssoit l'abbé de la Rivière, parce qu'il avoit eu l'insolence de trouver mauvais... que l'on lui eût préféré M. le prince de Conti pour la nomination *au* cardinal. (I, 262.)

Voyez la note 1 de la page indiquée.

13° À, servant à former diverses locutions :

Ce ne fut plus cela le lendemain *au matin.* (II, 83.)

L'on délibéreroit, le lendemain *au matin,* sur la lettre du Roi. (II, 133.)

M. le Prince sortit hier *au matin* de Paris. (III, 369.)

Voyez II, 61, 67, 137, 141, 144, 220, 281, 307, 321, 356, 401, 536. On trouve aussi *le lendemain matin.* (II, 562.)

J'en ai reçu un (*un billet*) *à ce matin* de Bussi-Lamet. (II, 286.)

Votre Majesté... lui a fait dire, *à ce matin,* par le vicomte d'Autel.... (III, 377.)

Vous croyez donc... que l'accommodement est fait ? — ... Il le sera peut-être *à ce soir.* (*Ibidem.*)

Voyez III, 197 ; VII, 364 ; VIII, 399.

Elles (*ces matières*) eussent pu être terminées.... en un quart d'heure *à chaque matin.* (II, 204.)

L'Eglise..., nous proposant ce grand saint comme celui dans les actions duquel nous devons *à ce jour* honorer notre Dieu.... (IX, 104.)

Il a passé de trente-six voix... qu'il seroit délibéré *à mardi* conjointement sur la déclaration et sur la proposition. (VIII, 48.)

Je trouvai le moyen de prendre même des avantages de la jalousie de Monsieur de Paris, en ce que je pouvois, *à jeu sûr,* faire paroître ma bonne intention en tout. (I, 242.)

La Reine me renvoya, *à son ordinaire,* à Monsieur le Cardinal. (I, 260.)

Messieurs des Enquêtes donnèrent *à leur ordinaire* maintes bourrades à Messieurs les présidents. (II, 260.)

J'écris *à même temps* audit Chevincourt. (VIII, 302.)

*A même temps qu'*elles (*ces vertus*) remportent une victoire sur celle-ci (*sur l'envie*).... (V, 540.)

Il ne me répondit que par un soufflet, qu'il me donna *à tour de bras,* et qui me mit tout en sang. (I, 204.)

Il m'ordonna de lui exposer *au vrai* l'état des choses. (II, 78.)

Le petit Courtin, qui était dans une croisée, pouvoit m'avoir entendu ; c'est ce que je n'ai jamais su *au vrai.* (II, 172.)

Deux huissiers de la chaîne... déclarèrent qu'ils vous signifioient cet arrêt par exprès commandement, *à ce que* vous n'en prétendissiez cause d'ignorance et *que* vous eussiez à obéir. (V, 120.)

À BÂTONS ROMPUS. Voyez BÂTON.

À BRAS OUVERTS. Voyez BRAS.

À LA BONNE HEURE. V. HEURE.

À L'ERTE. Voyez ERTE.

À L'HONNEUR DE. Voyez HONNEUR.

À POINT NOMMÉ. Voyez POINT.

Voyez BALANCER À, DONNER À, DURER À, ÊTRE À, FAILLIR À, OBLIGER À, RÉUSSIR À, etc.

ABAISSER, BAISSER :
Il *abaissa* sa voix. (II, 360.)

ABANDONNEMENT :
Il y avoit six mois que le Cardinal n'avoit fait payer la Reine de sa pension.... J'exagérai la honte de cet *abandonnement*, et le Parlement envoya quarante mille livres à la reine d'Angleterre. (II, 197.)

Caumartin... se servit... de ces lumières pour lui proposer ma promotion comme une voie mitoyenne entre l'*abandonnement* au Cardinal et le renouvellement de la faction. (III, 166.)

Voyez II, 385 et 387 ; IV, 66.

ABANDONNER :
Je m'enveloppai... dans mes grandes dignités, auxquelles j'*abandonnai* les espérances de ma fortune. (IV, 219.)

.... Caumartin... le trouva *abandonné* (*ce traité*) dans une vieille armoire. (III, 185.)

S'ABANDONNER À :
Elle s'y *abandonna* (*aux affaires*), parce qu'elle s'*abandonnoit* à tout ce qui plaisoit à celui qu'elle aimoit. (II, 184 et 185.)

MM. de Rohan, de Chavigni et de Gaucour le pressoient... de ne pas *s'abandonner* si absolument aux affaires des provinces qu'il ne songeât à celle de la capitale. (IV, 158.)

ABANDONNÉ :
.... La vieille Mlle de Bouillon, sa sœur, en qui il avoit une confiance *abandonnée*. (II, 285.)

Il joua toujours l'ambassadeur en lui témoignant une confiance *abandonnée*. (IV, 134.)

ABANDONNÉ, éhonté :
La théologie la plus *abandonnée* et la plus asservie aux maximes de Machiavel ne peut soutenir la remise des places maritimes de Flandres entre les mains des Anglois. (V, 301.)

Nous ne doutons point que... Elle (*Votre Majesté*) ne reconnoisse fort aisément l'extrême préjudice que cette liaison si *abandonnée* a déjà apporté à ses intérêts. (V, 312.)

ABATTRE :
J'eus bientôt *abattu* cette fumée par le moyen de Mlle de Chevreuse. (III, 190.)

Celui (*le dessein*) d'*abattre* le parti de la religion avoit été projeté par M. le cardinal de Retz, mon oncle ; celui d'attaquer la formidable maison d'Autriche n'avoit été imaginé de personne. (I, 227.)

Si nous ne pouvions retenir le Parlement,... mon avis seroit que, plutôt que de nous servir du peuple pour l'*abattre*, nous le devrions laisser agir. (II, 332.)

Pour ce qui étoit du cardinalat..., je lui allois découvrir avec sincérité quels avoient été et quels étoient mes mouvements sur cette dignité ;... je m'étois mis follement dans la tête qu'il seroit plus glorieux de l'*abattre* que de la posséder. (III, 46.)

Cette nouvelle *abattit* extrêmement les partisans de Monsieur le Prince. (III, 130.)

M. de Beaufort se remit encore sur le même ton ; et ce fut précisément ce qui *abattit* Monsieur. (III, 293.)

.... De leur fournir (*à mes ennemis*) moi-même des moyens de m'*abattre* et de me détruire. (VI, 273.)

ABBÉ :
Monsieur le Cardinal... blâma l'*abbé* de la Rivière d'avoir engagé Monsieur. (I, 260.)

M. de Candale... étoit gouverné par l'*abbé*, présentement cardinal d'Estrées. (III, 44.)

Le P. Hilarion, bernardin et *abbé* de Sainte-Croix en Jérusalem.... (V, 80.)

Voici la procuration pour la Chaume, mais faites réflexion, s'il vous plaît, que je n'en suis plus *abbé*. (VIII, 368.)

ABÎMER :

M. Caumartin... entra dans mes intérêts, lorsque l'on me croyoit *abîmé* à tous les quarts d'heure. (II, 572.)

.... Ainsi finit cette matinée qui faillit à *abîmer* Paris. (III, 501.)

Cette raison... satisfit la plupart des vieillards, noyés, ou plutôt *abîmés*, dans les formes du palais. (IV, 100.)

Il est étonnant qu'un homme qui paroissoit autant *abîmé* que moi dans la disgrâce ait pu trouver d'aussi grandes sommes. (V, 106.)

ABOLIR, détruire, effacer :

.... Ce vain fantôme de la première guerre de Paris, dont la mémoire *a été abolie* tant de fois par des Déclarations si absolues... de Sa Majesté. (VI, 299.)

La mémoire des mouvements de la première guerre de Paris... *ayant été abolie* tant de fois par des Déclarations si absolues... de Sa Majesté.... (VI, 331.)

Plût à Dieu qu'on pût *abolir* pour jamais la mémoire d'un si pernicieux exemple ! (VI, 335.)

ABOLITION, amnistie :

Il y eut quelque difficulté touchant Noirmoutier et Laigue, la cour ayant affecté de leur vouloir donner une *abolition*, comme étant plus criminels que les autres, parce qu'ils étoient publiquement encore dans l'armée d'Espagne. (II, 474.)

Elle (*la réponse de la Reine*) contenoit... une promesse positive d'*abolition* pour tous ceux qui avoient pris les armes. (III, 227.)

L'*abolition* fut signée en même temps. (V, 582.)

ABOUTIR À :

.... L'entreprise d'Hocquincourt *aboutissoit* toujours... à assassiner Monsieur le Prince. (III, 341.)

s'aboutir à :

De là il (*l'esprit*) monte jusqu'au principe universel et à la cause générale où il voit toutes sortes de beautés et de perfections qui viennent *s'aboutir* à leur origine. (IX, 172.)

ABORD (À L') :

Monsieur le Prince... fut si touché... qu'il changea aussi de son côté, et qu'au lieu qu'*à l'abord* il ne trouvoit point de satisfaction assez grande pour Monsieur, il décida nettement en faveur de celle que j'avois toujours offerte. (I, 263.)

d'abord. Voyez de.

dès l'abord :

Ce raisonnement... me parut, *dès l'abord*, très-faux. (II, 420.)

ABORDER :

Nous allâmes dîner... chez moi, où nous eûmes peine à *aborder*, à cause de la foule du peuple. (II, 589.)

.... Marcoussi, maison de M. d'Entragues,... située à six lieues de Paris, d'un côté où les Espagnols n'eussent pu *aborder* à cause des rivières. (III, 126.)

ABRÉGER :

Elle (*la dépêche*) ne parloit que des bonnes intentions de Monsieur l'Archiduc, de la sincérité de Fuensaldagne, de la confiance que nous devions prendre en eux, enfin, pour vous *abréger*, je n'ai jamais rien vu de si sot. (II, 362.)

ABSOLU :

.... Elle (*la Reine*) sera demain plus *absolue* qu'elle ne l'étoit le premier jour de la Régence. (III, 381.)

Si je me fusse considéré comme le propriétaire *absolu*, et non pas comme le simple dépositaire du patrimoine des pauvres.... (VI, 292.)

ABSOLUMENT :

La Reine... me dit d'abord que Monsieur étoit dans une colère terrible... ; qu'elle vouloit *absolument* que je le satisfisse. (I, 260.)

Le renversement des anciennes lois, l'anéantissement de ce milieu qu'elles ont posé entre les peuples et les rois, l'établissement de l'autorité purement et *absolument* despotique... ont jeté originairement la France dans les convulsions dans lesquelles nos pères l'ont vue. (I, 289.)

Je me retirai *absolument* d'Italie où ma présence ne pouvoit plus avoir aucune utilité. (VI, 342.)

Voyez II, 8 ; III, 295 ; IV, 18.

ABUS, erreur :

Un jour je lui représentois qu'il étoit judicieux et même nécessaire de changer de conduite, selon la différence des esprits auxquels l'on avoit à faire, et... il me répondit ces propres mots : « *Abus !* tout le monde pense également, mais il y a des gens qui cachent mieux leurs pensées les uns que les autres. » (IV, 42.)

ABUSER de :

Le cardinal de Richelieu... aimoit la gloire beaucoup plus que la morale ne le permet ; mais il faut avouer qu'il n'*abusoit* qu'à proportion de son mérite *de* la dispense qu'il avoit prise sur ce point de l'excès de son ambition. (I, 282.)

ACADÉMIE :

Je pris habitude avec soin avec tout ce qu'il y avoit de gens de science et de piété ; je fis presque de mon logis une *académie* ; j'observai avec application de ne pas ériger l'*académie* en tribunal. (I, 178 *et* 179.)

.... Deux ou trois *académies*... s'étoient tenues sur ce digne sujet. (V, 96.)

ACCABLER :

Je le trouvai... entouré de trente ou quarante conseillers qui l'*accabloient* de louanges (III, 229.)

ACCOMMODER, arranger, au propre et au figuré :

Elle fit très-proprement *accommoder* une manière de cave. (III, 170.)

Quand les affaires *furent accommodées*.... (V, 340.)

Il... dit à la Reine qu'il *accommoderoit* encore cette affaire avec moi. (III, 12.)

Le voulez-vous faire revenir pour l'*accommoder* effectivement avec la Reine ? (III, 372.)

Accommoder, arranger, plaire à :

Les incertitudes perpétuelles de M. de Longueville et le peu de sens du maréchal de la Mothe ne l'*accommodoient* pas. (II, 238.)

Accommoder, s'accommoder :

Partez demain, monsieur, si vous n'*accommodez* aujourd'hui. (III, 59.)

Accommoder à :

Je ne faisois pas le dévot... ; mais j'estimois beaucoup les dévots.... J'*accommodois* même mes plaisirs *au* reste de ma pratique. (I, 179.)

.... Ses anciennes maximes qu'il ne pouvoit *accommoder au* temps. (III, 82.)

S'accommoder à :

Ils furent... de mon sentiment ; ils crurent que le contraire nous perdroit infailliblement. Ils convinrent qu'il falloit toutefois *s'y accommoder* pour le présent. (II, 354.)

Elle lui avoit enfin fait donner parole... de *s'accommoder à* la cour ou de prendre parti avec Espagne. (II, 441.)

S'accommoder de :

Je n'étois pas trop content de le trouver en cette société. Il fallut pourtant *s'en accommoder*. (II, 125.)

ACCOMPAGNER, accompagner de :

Mlle de Chevreuse n'avoit que

de la beauté, de laquelle l'on se rassasie quand elle n'*est* pas *accompagnée*. (IV, 228.)

.... Cet expédient, n'*étant* pas *accompagné*, serait capable de tout perdre. (III, 260.)

La défiance que le peuple avoit de toutes les démarches de la cour fit que cette entrée (*du Roi au Parlement*) ne *fut* pas *accompagnée* de l'applaudissement ni même des cris accoutumés. (I, 325.)

Il *accompagnoit* ce récit *de* tant de circonstances, que je crois qu'il disoit vrai. (II, 378.)

Accompagnez-la (*cette réponse*), s'il vous plaît, en la lui rendant, *des* raisons que vous savez. (VIII, 505.)

ACCOMPLISSEMENT (Donner l') :

Quand il fut question de *donner l'accomplissement* à ce grand ouvrage.... (V, 201.)

ACCORDER, arrêter d'un commun accord :

M. le duc de Retz... rompit... le traité de mariage qui *avoit été accordé*, quelques années auparavant, entre M. le duc de Mercœur et sa fille. (I, 92.)

.... Conformément aux articles *accordés* entre les députés de Sa Majesté et ceux du parlement et pays de Provence. (II, 380.)

Accorder, mettre d'accord :

Ce que je devrois faire pour mon honneur seroit d'*accorder*, autant qu'il me seroit possible, ce qui seroit de mon avantage avec ce qui pourroit empêcher leur ruine. (II, 330.)

Je ruinai dans son esprit le duc de Brunswic de Zell, avec qui elle *étoit* comme *accordée*. (II, 490.)

ACCOUCHER, au figuré :

Il n'en falloit pas moins pour rassurer Monsieur, « qui *avoit accouché* toute la nuit, bien plus (me dit Madame le matin) que je n'ai jamais accouché de tous mes enfants ». (III, 229).

ACCOURCIR :

J'*accourcirois*... mon voyage de sept ou huit jours. (VII, 28.)

Je n'ai d'application, dans la route que je fais à cette heure, qu'à observer ce qui pourra *accourcir* celle de mon retour.... (VII, 370.)

ACCOUTUMÉ (Avoir) :

Le fortune me favorisa, en cette occasion, plus qu'elle n'*avoit accoutumé*. (I, 181.)

La fin de l'assemblée du clergé approchoit, et... l'on étoit sur le point de délibérer sur le don que l'on *a accoutumé* de faire au Roi. (I, 264.)

Le Roi *avoit accoutumé*, tous les ans, de prendre l'air en cette saison. (II, 80.)

Le secret n'est pas si rare que l'on le croit, entre les gens qui *ont accoutumé* de se mêler de grandes affaires. (I, 176.)

Nous commençâmes... à parler plus haut dans le Parlement que nous ne l'*avions accoutumé*. (II, 319.)

M. le prince de Conti s'expliqua... et plus amplement et plus fermement qu'il n'*avoit accoutumé*. (II, 461).

Voyez II, 114, 215, 343, 421, 506 et 560 ; III, 447, etc.

À L'ACCOUTUMÉ, À L'ACCOUTUMÉE :

Ce dont je vous prie... est de laisser vos ordres... touchant mon quartier d'octobre que je tirerai à *l'accoutumé*. (VIII, 518.)

Il y eut samedi congrégation consistoriale.... Tout s'y passa à *l'accoutumée*, sans aucune innovation. (VII, 281.)

ACCUSER une lettre, Accuser la réception de :

J'ai reçu votre lettre du 27e d'avril et je ne vous fais ce mot que pour l'*accuser*. (VIII, 253.)

Je suis d'hier au soir ici où j'ai reçu votre lettre du 6ᵉ de ce mois, et je ne fais que l'*accuser*, parce que j'en pars dans une heure. (VIII, 325.)

Celle-ci (*cette lettre*) n'est donc que pour *accuser* la vôtre du 12ᵉ. (VIII, 357.)

J'ai reçu votre lettre du 29ᵉ de novembre que je ne fais qu'*accuser* pour vous remercier. (VIII, 363.)

Vous m'*avez accusé* le billet que je vous écrivois de Jouars. (VIII, 547.)

J'ai reçu votre lettre du 22 que je ne fais que presque d'*accuser*. (VIII, 560.)

L'on vous prie d'*accuser la réception de* toutes celles (*les lettres*) que l'on vous envoie et leur date, lorsque vous les aurez reçues et que vous écrirez. (VIII, 19.)

Je ne vous fais ce mot que pour *accuser la réception de* la vôtre du premier de ce mois. (VIII, 527.)

ACÉPHALE :

L'on réduit... l'Église de Paris à un état monstrueux, puisqu'on la rend véritablement *acéphale*, en l'empêchant de recevoir la conduite de son véritable Chef. (VI, 350.)

Voyez tome VI, p. 391, une citation du concile de Pavie : « Tales enim *acephalos*, id est, sine capite, prisca Ecclesiae consuetudo nuncupavit. »

ACHEVÉ :

Vous m'avez quelquefois ouï parler de l'intrépidité du Premier Président ; elle ne parut jamais plus complète ni plus *achevée* qu'en ce rencontre. (II, 400.)

ACQUÉRIR :

La faveur de M. le duc d'Orléans ne s'*acquéroit* point, mais elle se conquéroit. (III, 112.)

Votre très-*acquis* et affectionné serviteur, le Cardinal de Retz. (VI, 5, 6.)

ACQUIT :

L'*acquit* des dettes... emporte la plus claire partie de leurs revenus. (IX, 37.)

ACTE :

La licence de Sorbonne expira ; il fut question de donner les lieux, c'est-à-dire déclarer publiquement, au nom de tout le corps, lesquels ont le mieux fait dans leurs *actes*. (I, 118.)

Acte de comédie, au figuré :

J'avois considéré tous ces gens-là, mais je ne les avois considérés que dans une perspective éloignée, parce qu'il n'y en avoit aucun de tous ceux-là qui fût capable d'ouvrir la scène. M. de Longueville n'étoit bon que pour le second *acte*. (II, 121.)

Vous avez déjà vu deux *actes* de ce même 19 de février. (II, 264.)

Voyez encore II, 449.

ACTION :

Il (*Mazarin*) parut encore plus modéré, plus civil et plus ouvert le lendemain de l'*action* (*de l'arrestation de Beaufort*). (I, 235.)

Elle (*la résolution*) est... encore plus nécessaire que l'autre (*que la vaillance*) pour les grandes *actions* ; et y a-t-il une *action* plus grande au monde que la conduite d'un parti ? (I, 152.)

Il passa jusques à la picoterie toute ouverte, en me disant que quand l'on affectoit de faire des *actions* de saint Ambroise, il en falloit faire la vie. (I, 260.)

Mes amis mirent l'épée et le poignard à la main ; et... ces épées, ces poignards et ces pistolets demeurèrent un moment sans *action*. (III, 495.)

Cette parole plut beaucoup et à beaucoup de gens. Le peu d'*action* que j'eus, dans le même temps, touchant les états généraux, ne fut pas si approuvé. (III, 279.)

ACTUEL :

Il (*le Parlement*) a... tout le caractère de l'autorité ; il en perdra bientôt la substance.... Il ne le connoîtra jamais que par une violence *actuelle* et positive que l'on lui fera. (II, 282.)

ADMETTRE :

Le Roi avoit pris des engagements assez publics de n'en point *admettre (de coadjutorerie)*, depuis celle qu'il avoit accordée à Monsieur d'Arles. (I, 208.)

ADMIRABLE :

Cette conduite donna un merveilleux lustre à ma chasteté. Je crois que les leçons que je recevois tous les soirs chez Mme de Pommereux la fortifioient beaucoup pour le lendemain. Ce qui est d'*admirable* est que ces leçons, qui n'étoient plus secrètes, ne me nuisirent point dans le monde. (I, 240.)

Son bon sens,... joint à sa facilité de mœurs, qui est *admirable*, devoit récompenser plus qu'il n'a fait le défaut de sa pénétration. (II, 181.)

Je rejetai avec une fermeté *admirable* toutes les instances que l'on me fit. (II, 133.)

Monsieur le Prince... décida nettement en faveur de celle (*de la satisfaction*) que j'avois toujours offerte, qui étoit d'aller lui dire (*à Monsieur*)... que je n'avois jamais prétendu manquer au respect que je lui devois, et que ce qui m'avoit obligé de faire ce que j'avois fait à Notre-Dame étoit l'ordre de l'Église.... Il trouva mes raisons *admirables*; il me mena voir ses médailles, et ainsi finit l'histoire. (I, 263.)

Comme toutes les circonstances extraordinaires sont d'un merveilleux poids dans les révolutions populaires, je fis réflexion que celle-ci... feroit un effet *admirable* dans la ville, aussitôt qu'elle y éclateroit. (I, 163.)

Laissez-le (*dans le Conseil*)... ; il y est *admirable* pour Monsieur.... (III, 301.)

L'intérêt du Coadjuteur n'est pas de vous tuer, Messieurs, mais de vous assujettir. Le peuple lui suffiroit pour le premier ; le camp lui est *admirable* pour le second. (II, 319.)

ADMIRER (il a souvent encore, plus ou moins accusé, le sens de *s'étonner de*) :

Ne doit-on pas *admirer*... l'insolence des historiens vulgaires... ? (III, 343.)

Quelle contrariété ! quelle confusion ! L'on l'*admire* dans les histoires, l'on ne la sent pas dans l'action. (III, 430.)

N'*admirez*-vous pas ces gens-ici ? Ils viennent de donner un arrêt qui peut très-bien produire la guerre civile ; et parce qu'ils n'y ont pas nommé le cardinal,... ils croient que la Reine leur en doit de reste. (II, 74.)

Admirez, s'il vous plaît, la force de l'imagination. (III, 216.)

Chapelain, qui enfin avoit de l'esprit, ne pouvoit se lasser d'*admirer* ce grand événement (*l'arrestation de Beaufort*). (I, 234.)

Il ne les peut assez *admirer* du mépris qu'ils ont toujours eu pour le tumulte. (II, 35.)

La prison de M. de Beaufort... y imprima (*dans les esprits*) du respect pour un homme (*Mazarin*) pour qui l'éclat de la pourpre n'en avoit pu donner aux particuliers.... Le Cardinal s'étoit moqué,... à ce propos, de la légèreté des François ; mais... au bout de quatre mois il s'*admira* lui-même... ; il s'érigea, dans son opinion, en Richelieu. (I, 287.)

ADONNER (S') À :

Il *s'étoit adonné à* une petite Mme de Bois-Dauphin. (III, 150.)

Il est vrai qu'il y avoit un valet de pied [de] la Reine, qui... venoit très-souvent chez moi ; mais il est vrai aussi... qu'il ne *s'y étoit adonné* que parce qu'il étoit parent d'un de mes gens. (IV, 188.)

ADORATION :

Je savois que Monsieur avoit été

aux Carmes à l'office du vendredi saint, et je n'ignorois pas que tous ceux du clergé vont à l'*adoration* (*de la croix*) tous les premiers. (I, 258.)

Voyez Adorer.

ADORER :

Le dernier frère convers des Carmes qui *adora* avant-hier (*le vendredi saint*) la croix devant Votre Altesse Royale le fit sans aucune peine. (I, 258.)

Voyez Adoration.

Je lui dis, et il étoit vrai, qu'il (*Monsieur le Comte*) y étoit aimé (*à Paris*), honoré, *adoré*. (I, 154.)

La Reine *étoit adorée* beaucoup plus par ses disgrâces que par son mérite. (I, 229.)

Ce peuple *a adoré* le Parlement jusques à la guerre. (II, 276.)

AFFAIRE :

M. le maréchal de Vitry avoit peu de sens, mais... l'emploi qu'il avoit eu de tuer le maréchal d'Ancre lui avoit donné dans le monde... un certain air d'*affaire* et d'exécution. (I, 160.)

Je ne laissai pas de prendre une grande liaison d'*affaire* avec Mme de Longueville. (II, 124.)

La dame eût été bien fâchée que l'on ne les eût pas sues (*nos relations galantes*); mais elle les mêloit, et à ma prière et parce qu'elle-même y étoit assez portée, de tant de diverses apparences, où il n'y avoit pourtant rien de réel, que notre *affaire*, en beaucoup de choses, avoit l'air de n'être pas publique, quoiqu'elle ne fût pas cachée. Cela paroit galimatias, mais il est de ceux que la pratique fait connoître quelquefois et que la spéculation ne fait jamais entendre. J'en ai remarqué de cette sorte en tout genre d'*affaires*. (I, 241.)

L'esprit dans les grandes *affaires* n'est rien sans le cœur. (II, 169.)

L'on ne lui a pas inspiré d'assez bonne heure les grandes et générales maximes.... Il n'a pas eu le temps de les prendre par lui-même, parce qu'il a été prévenu, dès sa jeunesse, par la chute imprévue des grandes *affaires*. (II, 176.)

Si lui, Monsieur le Prince, pouvoit faire en sorte d'obliger la cour à ne point se faire une *affaire* ni une condition de la présence de ce ministre.... (II, 86.)

Avoir affaire de, avoir besoin de :

Pourquoi vendre les meubles de bois qui sont à Villepreux! n'*en ai-je pas affaire* ici? (VIII, 162.)

Toutes les beautés de l'art et de la nature naissent sous la plume des poètes à mesure qu'ils *en ont affaire*. (IX, 137.)

AFFECTER, actif :

Il est aussi nécessaire de choisir les mots dans les grandes affaires, qu'il est superflu de les *affecter* dans les petites. (II, 581.)

La chaleur fut encore augmentée par les arrêts de Toulouse et de Rouen,... dont l'on *affecta* la lecture dans ce moment. (IV, 90.)

Affecter de :

Le cardinal de Richelieu *avoit affecté* d'abaisser les corps, mais il n'avoit pas oublié de ménager les particuliers. (I, 288.)

Il étoit persuadé que je m'étois plaint de lui.... Comme je ne l'avois pas fait, j'avois sujet de croire que l'on *eût affecté de* me brouiller personnellement avec lui. (II, 496.)

S'affecter de :

La source la plus ordinaire des manquements des hommes est qu'ils *s'affectent* trop *du* présent et qu'ils ne *s'affectent* pas assez *de* l'avenir. (IV, 18.)

AFFECTIONNÉ :

Le vieux Guitaut, homme de peu de sens, mais très-*affectionné*.... (II, 22.)

AFFECTIONNÉ à, suivi d'un substantif ou d'un infinitif :

.... Des gens que l'on croit *affectionnés au* Cardinal. (III, 409.)

Cinquante officiers écossois... furent distribués dans les maisons de la rue Neuve qui m'étoient le plus *affectionnées*. (III, 303.)

Votre très-*affectionné à* vous servir Le Cardinal de Retz. (VI, 244.)

Voyez cette dernière phrase encore tome VIII, pp. 611 et 619.

AFFIDÉ :

Un chirurgien domestique que j'avois venant de sortir de chez moi, parce qu'il avoit tué un homme, je crus que je ne me pouvois mieux adresser qu'au marquis de Noirmoutier..., qui en avoit un très-bon et très-*affidé*. (II, 594.)

.... Les gens les plus *affidés* du parti. (III, 299.)

AFFOIBLIR (S') :

L'animosité des peuples augmentant et les délibérations du Parlement continuantes, il feroit semblant de *s'affoiblir* contre sa propre inclination. (II, 79.)

AFFRES, craintes, effroi :

Monsieur devint... moins sensible aux plaisirs de la liberté... qu'aux *affres* qu'il prit... des bruits qui se répandirent. (IV, 16.)

AFFRONTEUR :

Posidonius (tu as beau faire, ô douleur, disoit-il, je n'avouerai jamais que tu sois mal) étoit un *affronteur*. (IX, 149.)

ÂGE, vie :

La divine Providence... a mis dans Votre Majesté, dès le commencement de son *âge*, cette haute valeur.... (VI, 8.)

AGENCE, emploi de celui qui fait les affaires d'autrui :

Je ne sais donner à M. Cagnart mon *agence* parce que j'ai à Rome un nommé M. de la Chausse à qui je suis obligé et au préjudice duquel le sieur Cagnart ne voudroit pas l'avoir. (VIII, 556.)

AGENCEMENT :

Nos dix mille écus seront-ils perdus par l'arrêt qui a été donné contre les hypothèques des particuliers ? Je ne le crois pas, puisque le mien est sur la maison même et non pas sur les *agencements*. (VIII, 188.)

AGGRAVATION :

Monsieur le Prince... vouloit saper les fondements de l'autorité royale,... en satisfaisant... le public par une *aggravation*, pour ainsi parler, contre le Cardinal. (III, 407.)

AGISSANT :

Les Espagnols... ont intérêt de le tenir ici, parce qu'il est tout à eux et qu'il est d'ailleurs fort *agissant*. (VII, 208.)

AGITER, poursuivre :

Les Furies qui *agitent* les parricides.... (V, 309.)

S'AGITER :

Le maréchal *s'agita* beaucoup sur cet article. (III, 309.)

AGRÉABLE (Avoir) que :

Ayez donc *agréable*, Madame, *que*... je rende à Votre Majesté ces témoignages de ma reconnoissance. (VI, 310.)

Ayez agréable... que je la fasse revoir (*notre foiblesse*) à votre peuple dans le plus haut point de la sagesse humaine, aussi grande que dans sa folie. (IX, 152.)

AGRÉABLEMENT :

Bien qu'il fût l'homme du monde qui reçût toujours le plus *agréablement*, en apparence, ce qu'il ne vouloit pas en effet.... (III, 400.)

Ce témoignage... fut reçu très-*agréablement*, parce qu'il fut porté dans un instant où la Reine étoit très-satisfaite de Madame. (III, 413 *et* 414.)

AGRÉER, plaire, AGRÉER À :
Quand l'on se trouve obligé à faire un discours que l'on prévoit ne devoir pas *agréer*…. (III, 311.)
L'avis de M. de Bouillon… *agréa* à tout le monde. (II, 393.)
Il me donna la carte blanche…. Je la remplis d'une manière qui *lui agréa*. (III, 373.)

AGRÉMENT, dans les divers sens qu'il a aujourd'hui, et dans les sens intermédiaires qui les rattachent les uns aux autres :
Mlle de Chevreuse… avoit plus de beauté que d'*agrément*. (II, 186.)
Il ne devoit s'opposer à la translation qu'autant qu'il seroit nécessaire pour donner plus d'*agrément* au consentement qu'il y donneroit. (III, 157.)
La Reine me témoigna beaucoup de bonté et même beaucoup d'*agrément* sur tout ce que je lui disois. (II, 525.)
…. Après les témoignages qu'il a donnés, depuis trois ans, de l'*agrément* qu'il a pour ma personne. (VIII, 41.)
Monsieur le Cardinal… avoit refusé l'*agrément* du régiment de Champagne pour lui (*du Fargis*) à M. le maréchal de la Meilleraye. (I, 137.)
Une proposition… qui, de l'*agrément* même du Parlement, eût suppléé…. (II, 126.)
…. Monsieur ne pouvoit s'engager à un colloque personnel avec l'Archiduc, sans un *agrément* exprès… du Roi. (III, 103.)

AHEURI, ahuri :
Il sortit du cabinet tout aussi *aheuri*… qu'il y étoit entré. (IV, 129.)

AHURI. Voyez AHEURI.

AIDER à :
Je ne doutois point que le péril où il s'étoit vu le matin n'*aidât* encore beaucoup à la pente qu'il avoit déjà très-naturelle à l'accommodement. (II, 404.)

S'AIDER :
Le bonhomme *s'aida* ainsi vers tout le monde, tout le monde l'aida, et le Cardinal le fit garde des sceaux. (III, 55.)

AIGRE :
La Reine… étoit trop fière et trop *aigre* pour avoir de la honte de ce qu'elle m'avoit dit la veille. (II, 17.)
La Reine contrefit la douce, et elle ne fut jamais plus *aigre*. (II, 19.)
La Reine… croyoit toujours que le plus *aigre* (*le parti le plus aigre*) étoit le meilleur. (IV, 67.)
Je répondrai… avec toute la douceur et la modération qui me sera possible, bien qu'il n'y ait rien de plus *aigre* que d'avoir voulu donner atteinte à la gloire et à la réputation d'une homme de bien. (V, 357.)

AIGREUR :
La Reine… avoit plus d'*aigreur* que de hauteur. (II, 174.)
Que les pensées qui naîtront ce jour-là dans l'esprit des hommes soient des pensées d'*aigreur* et d'amertume. (IX, 151.)

AIGRIR :
La guerre civile est une de ces maladies compliquées dans lesquelles le remède que vous destinez pour la guérison d'un symptôme en *aigrit* quelquefois trois et quatre autres. (II, 395.)
Le remède… *aigrit* le mal au lieu de le guérir. (V, 110.)

S'AIGRIR :
Monsieur le Prince *s'aigrit* à ce mot. (III, 466.)
Le murmure s'éleva, et… si l'heure n'eût sonné, les choses *se fussent* encore plus *aigries*. (II, 99.)

AIMER (S') :
Il (*Mazarin*) *s'aimoit* trop, ce qui

est le naturel des âmes lâches; il se craignoit trop peu, ce qui est le caractère de ceux qui n'ont pas de soin de leur réputation. (I, 286.)

AIR, climat, pays :

Un bon François ne change pas de cœur pour changer d'*air*. (VI, 66.)

AIR, apparence, aspect :

Ils laissèrent toujours, dans Paris, un *air* de parti contraire, qui ne manque jamais de s'épaissir quand il est agité par les vents qu'y jette l'autorité royale. (IV, 211.)

La Reine, dont tout l'esprit consistoit en *air*,... me dit.... (III, 387.)

L'on vit l'*air* des esprits et des visages sensiblement changé. (III, 214.)

Je proposai à M. le prince de Conti de venir au Parlement l'après-dînée, de s'offrir à la Compagnie, et d'en demeurer simplement et précisément dans ces termes, qui se pourroient expliquer plus et moins fortement, selon qu'il trouveroit l'*air* du bureau dans la grande chambre. (II, 156.)

Il (*Mazarin*) avoit de l'esprit, de l'insinuation, de l'enjouement, des manières; mais le vilain cœur paroissoit toujours au travers, et au point que ces qualités eurent, dans l'adversité, tout l'*air* du ridicule, et ne perdirent pas, dans la plus grande prospérité, celui de fourberie. (I, 286.)

Tout se disoit et tout se faisoit dans l'esprit des procès; et comme il avoit l'*air* de la chicane, il en avoit la pédanterie. (II, 59.)

Cet *air* de honte et de timidité que vous lui voyez dans la vie civile s'étoit tourné, dans les affaires, en *air* d'apologie. (II, 181.)

Il lui importoit... de répandre dans le même parti un *air* de défiance des Frondeurs. (III, 177.)

Il (*ce parti*) a l'air de sagesse. (IV, 117.)

Mme de Montbazon étoit d'une très-grande beauté. La modestie manquoit à son *air*. (II, 187.)

La Reine, qui étoit naturellement très-coquette, entendoit les *airs*. (III, 513.)

EN L'AIR, au figuré :

M. de Bouillon lui ayant témoigné... que ses discours n'étoient qu'*en l'air*.... (II, 397.)

AJOURNEMENT, mise en demeure :

L'on étoit convenu... qu'il (*le procureur général*) concluroit à ce que nous serions assignés pour être ouïs : ce qui est une manière d'*ajournement* personnel un peu mitigé. (II, 573.)

Il y eut des avis à décréter contre le Cardinal *ajournement* personnel. (III, 232.)

AJOURNER À :

.... Que le sieur de Navailles *fût ajourné à* comparoir en personne à ladite cour. (IV, 63.)

AJUSTER :

.... Pour *ajuster* les conditions du mariage de son fils avec l'une des nièces du cardinal Mazarin. (V, 424.)

Vous verrez à *ajuster* ce détail avec lui quand il sera à Paris. (VIII, 258.)

Je m'imagine que vous aurez présentement tout *ajusté* avec M. Gagne. (VIII, 522.)

L'on ne travaille plus ici qu'à *ajuster* toutes choses à votre consentement et satisfaction. (IX, 69.)

.... Après que les intérêts du Parlement *seroient ajustés*. (II, 454.)

ALENTIR, ralentir :

.... Vos faux tribuns,... qui vous *ont* tantôt excité et tantôt *alenti*. (III, 93.)

Ce passage est extrait du texte d'un placard, cité par le *Journal du Parlement*, d'où Retz l'a tiré. Voyez la note 2 de la page indiquée. — Voyez ALLENTIR (S') :

À L'ERTE. Voyez ERTE.

ALIÉNER DE :

Je donnois lieu... à tous ceux qui vouloient plaire à la cour, de me traiter d'esprit dangereux, qui cabaloit auprès de monsieur pour l'*en aliéner*. (III, 82.)

Il lui importoit.... d'effacer de l'esprit de beaucoup de gens... l'opinion qu'ils avoient qu'elle *étoit* trop *aliénée de* la cour. (III, 177.)

ALLÉES ET VENUES (Faire les) :

M. de Retz *fit les allées et venues* entre eux et Mme de Longueville. (II, 125.)

ALLÉGUER :

Je parlerai pour moi, Monsieur, quand j'opinerai. Pourquoi m'*alléguer ?* (III, 292.)

ALLENTIR (S') :

La chaleur des esprits suffit pour faire cet effet au commencement. Quand elle *s'allentit*, il faut que la force y supplée. (II, 269.)

Voyez Alentir.

ALLER :

Mlle de Vendôme... étoit aimable à tout prendre et en tout sens. Je suivis ma pointe, et je trouvois des commodités merveilleuses.... L'on fit deux voyages à Anet,.. et dans le dernier voyage, j'*allai* plus loin qu'à Anet. Je n'*allai* pourtant pas à tout, et je n'y ai jamais été : l'on s'étoit fait des bornes, desquelles l'on ne voulut jamais sortir. J'*allai* toutefois très-loin et longtemps. (I, 195 et 196.)

Voyez la note de la page 195.

Aller, durer :

Sa Sainteté ne pouvoit *aller* sans miracle jusques à la fin du mois d'août. (VII, 300.)

Aller à, s'étendre à :

Il (*le peuple*) s'imagine lui-même que cette diminution (*d'amitié*) ne regarde que quelques membres... qui sont Mazarins : il se trompe, elle *va* à toute la Compagnie; mais elle *y va* comme insensiblement. (II, 277.)

Aller à, monter à :

Ces intérêts *vont à* peu de chose, et il est bon à mon avis de les leur payer. (VII, 257.)

Il me semble que ce reste ne *va* qu'*à* trois cents livres. (VIII, 274.)

Aller à, parvenir à :

Le Roi lui répondit avec beaucoup de bonté pour moi; mais j'étois encore trop jeune, l'affaire avoit fait trop de bruit devant que d'*aller au* Roi, et autres telles choses. (I, 206.)

Le respect que j'eus pour M. le cardinal Mazarin, à la considération de la Reine, *alla* jusques *à* la patience. (I, 249.)

Il eût pu *aller à* tout dans un temps où l'enfance du Roi, l'opiniâtreté de la Reine... ouvroient à un jeune prince plein de mérite... une carrière plus belle... que celle que MM. de Guise avoient courue. (II, 114.)

Sa capacité... n'*est* pas *allée* jusques *aux* affaires. (II, 182.)

Il n'y a point de fin aux prétentions de Monsieur le Prince et... il *va à* tout si l'on ne trouve quelque moyen de l'arrêter. (III, 454.)

Tous ceux qui se sont engagés dans de semblables desseins par un esprit de tyrannie et des intérêts qui ne *vont* point *à* la grande réputation.... (V, 523.)

Si le cas arrivoit, on *iroit* assurément fort vite, en cette cour, *à* suppléer tous les manquements. (VII, 265.)

Aller à, tendre à, aboutir à :

Messieurs du Conseil... souffrirent qu'il (*l'édit du tarif*) fût porté au Parlement pour l'examiner, dans l'espérance d'éluder... les résolutions de la Compagnie.

Ils se trompèrent : la mesure étoit au comble, les esprits étoient échauffés, et tous *alloient à* rejeter l'édit. (I, 297.)

Les délibérations *alloient à* mettre des modifications aux édits. (I, 307.)

La Boulaie... vit que la suite de la négociation *alloit à* faire le voyage à Compiègne. (II, 520.)

Il n'y eut... que quinze ou seize conseillers qui parlèrent... Ils *allèrent* la plupart *aux* remontrances pour la liberté des Princes, mais simplement, timidement. (III, 209 et 210.)

M. du Maine, trouvant dans le Parlement cet esprit que vous lui voyez, qui *va* toujours *à* unir les contradictoires.... (II, 279.)

Cette malignité n'*alloit* qu'*à* diminuer le mérite du service que j'avois rendu. (II, 33.)

Un raccommodement... feroit éclat et donneroit, par conséquent, ombrage à la cour : ce qui *alloit à* ses fins. (II, 502.)

Beaucoup de celles (*des circonstances*) que l'abbé Charrier me marquoit,... *alloient à* me laisser voir que le Mazarin s'en alloit paisiblement hors du Royaume. (III, 256.)

.... Je connus que ce galimatias n'*alloit*... qu'*à* me faire croire qu'il croyoit lui-même ne m'en avoir pas [fait] le fin la veille. (III, 405.)

.... Son empressement, qui paraîtroit *aller à* rappeler Monsieur son cousin, n'*iroit* effectivement qu'à le tenir en paix dans son gouvernement. (III, 539.)

Le cardinal de Richelieu... *alloit au* bien, ou par inclination ou par bon sens, toutefois que son intérêt ne le portait point au mal. (I, 282.)

Voyez I, 324; II, 256, 300, 422, 424 et 464; III, 209, 237, 336 et 446.

ALLER À, sens divers :

Je pris toutefois, sans balancer, le parti d'*aller* purement *à* mon devoir. (II, 25.)

Je vous l'avois bien dit, que vous vous laisseriez *aller à* Monsieur le Coadjuteur. (II, 304.)

Dans la vue... de m'ouvrir un nouveau chemin pour *aller aux* Espagnols, en cas de besoin. (II, 486.)

Pour faire la cour au Cardinal en lui faisant voir qu'il *alloit aux* avis les plus vigoureux pour son service. (III, 82.)

Cela peut *aller à* de grandes longueurs. (VII, 453.)

Elle prit tout à coup de la passion pour Charlotte, une fille de chambre fort jolie, qui étoit à elle, qui *alloit à* tout. (IV, 229.)

ALLER LOIN AVEC. Voyez LOIN.

ALLER SON GRAND CHEMIN. Voy. CHEMIN.

S'EN ALLER :

Il tomba,... et comme il donna de la main, en se voulant soutenir, contre un morceau de bois un peu pointu, son épée *s'en alla* aussi de l'autre côté. (I, 205.)

S'EN ALLER, avec un participe passif :

Il faudra... nous priver... d'un bien... sans lequel l'autorité *s'en va* perdue, et peut-être la monarchie. (V, 354.)

Les bons ecclésiastiques sont persécutés...; le schisme *s'en va* formé. (VI, 79.)

Voyez la note 26 à la page indiquée.

SE LAISSER ALLER À :

M. le prince de Conti *se laissa aller au* plus grand bruit, comme tous les hommes faibles ont accoutumé de faire. (II, 215.)

Je *me laissai aller à* ses prières et à celles de Montrésor, et nous lui donnâmes la commission de résider auprès de Monsieur l'Archiduc. (II, 362.)

Y ALLER DE; IL Y VA DE, impersonnel :

De quoi y va-t-il, enfin, en ce

plus et en ce moins (*de chaleur dans le Parlement*)? (II, 110.)

J'ai, Messieurs, à parler à la Compagnie; je vous supplie de reprendre vos places; il *y va du* tout pour toute l'Europe. (II, 258.)

Il *y allait du* tout pour le parti. (II, 521.)

Cette occasion... étoit... la décisive, puisqu'il *y alloit d*'engager ou *de* ne pas engager le Parlement. (II, 350.)

Le garde des sceaux crut qu'il *y alloit de* l'autorité du Roi de le soutenir. (III, 77.)

.... Il *y alloit de* passer pour un sot ou pour un habile homme. (III, 141.)

Il me pressa... d'avoir une conférence secrète avec lui « pour affaires, me disoit-il, où il *y alloit de* ma vie et *de* mon honneur ». (III, 285.)

ALLUMER, au figuré :

L'activité naturelle à Monsieur le Prince *fut* encore merveilleusement *allumée* par la colère qu'il eut de la déclaration de M. le prince de Conti et de M. de Longueville. (II, 196.)

S'ALLUMER, au figuré :

Le grand saint Cyprien,... ayant vu la persécution qui *s'allumoit* contre lui.... (V, 125.)

Voyant tous les jours avec déplaisir la peste qui *s'allume* dans toute l'Italie... (VI, 245.)

ALMANACH, pronostic :

Le Pape parut fort abattu... à la chapelle de l'Annonciation, ce qui, joint à la distribution assez opulente qu'il a faite de bénéfices,... donne lieu à beaucoup d'*almanachs*. (VII, 200.)

Voyez la note 23 de la page indiquée et le *Lexique de Mme de Sévigné*.

ALTÉRATION :

La cour de Vienne est bien plus aisée à satisfaire, et Monsieur le Nonce, qui est auprès de l'Empereur, a répondu au Pape qu'il n'y auroit, de ce côté-là, aucune *altération* sur ce sujet. (VII, 207.)

ALTÉRER :

Nous eûmes... un autre démêlé sur le sujet des rentes de l'Hôtel de Ville, où M. d'Émeri... n'oublioit rien de tout ce qui pouvoit *altérer* les rentiers. (III, 34.)

AMBASSADRICE :

Il ne falloit pas attaquer lâchement le carrosse de Madame l'*Ambassadrice*. (VII, 6.)

Voyez VII, 179 et 187.

AMBIGUITÉ :

Le premier parti que je pris fut d'appuyer imperceptiblement les incertitudes et les *ambiguités* de M. le prince de Conti. (II, 301.)

AMBIGUMENT :

Celui qui lui avoit fait des avances... lui avoit parlé si *ambigument*, qu'elle en étoit entrée en défiance. (III, 177.)

AMBITIEUSEMENT :

Celle (*la tristesse*) dont il est parlé dans notre Evangile, qui est *ambitieusement* immodérée.... (IX, 187.)

ÂME :

M. le cardinal Mazarin, qui avoit beaucoup d'esprit, mais qui n'avoit point d'*âme*.... (II, 503.)

AMENDER, baisser de prix :

Il ne leur importe... que de dix ans le prix du blé n'*amende*. (V, 431.)

AMERTUME :

Vous concevez aisément l'*amertume* de cette nouvelle. (II, 155.)

AMEUTER, s'AMEUTER :

Ce ménagement pouvoit être l'effet de quelque arrière-pensée que j'avois peut-être de me raccommoder avec lui plus facilement, après *avoir ameuté*... contre lui le parti de Messieurs les Princes. (III, 213.)

Je vis que la Compagnie s'échauffoit et *s'ameutoit* contre le président de Mesme. (II, 249.)

AMIE (Bonne) :

.... Sa *bonne amie* Mme de Chevreuse. Mais à propos de *bonne amie*,... vous en avez une meilleure que vous ne pensez peut-être. (III, 319.)

AMITIÉ :

Le propre jour que Mme de Chevreuse fit cette *amitié* à M. le Tellier, elle m'en fit une autre, qui me surprit pour le moins autant qu'il l'avoit été. (III, 124.)

Il témoigna des *amitiés* merveilleuses à Mme de Montbazon. (III, 65.)

AMNESTIE, amnistie :

Ma conduite a toujours été si pure et si innocente, que je ne puis jamais avoir aucun besoin de pareilles *amnesties*. (VI, 408.)

AMNISTIE :

L'on publia, quelques jours après, une *amnistie* de tout ce qui s'étoit fait et dit dans Paris pendant les assemblées des rentiers. (III, 23.)

AMOLLIR :

Vous aviez espéré d'*amollir* par cette condescendance aux ordres qui portent le nom du Roi, le cœur de ses ministres. (VI, 294.)

AMORTIR :

Cet ombrage *amortit*, dès sa jeunesse, en lui les couleurs mêmes les plus vives et les plus gaies. (II, 175.)

AMOUR, féminin :

C'est cette *amour* de la belle gloire... qui fait les hommes véritablement grands. (V. 534.)

AMOUREUSEMENT :

Les gardes du corps me portaient *amoureusement* sur leurs bras. (II, 25.)

AMPHIBOLOGIQUEMENT :

Il m'avoit parlé *amphibologiquement*. (V, 92.)

AMPLEMENT :

Vous verrez encore plus *amplement* mes sentiments dans la lettre que j'écris à Messieurs de l'Assemblée. (VI, 141.)

AMUSER (S') à :

Monsieur *s'amusa* à une médaille que Bruneau lui apporta. (IV, 27.)

Elle ne concevoit pas comme je *m'amusois* à une vieille, qui étoit plus méchante que le diable, et à une jeune qui étoit encore plus sotte à proportion. (II, 567.)

AMUSEUR :

.... Des *amuseurs* en titre d'office (IV, 222.)

AMUSEUSE :

Elle ne pouvoit pas lui celer que l'on ne pouvoit plus amuser l'*amuseuse*, et que l'*amuseuse* même commençoit fort à douter de son pouvoir. (III, 151.)

ANATHÈME :

Il passa enfin à ce que nous nous retirassions ; mais la plupart des avis furent des panégyriques pour nous, des satires contre le ministère, des *anathèmes* contre les brevets. (II, 588.)

Mestaier avoit apporté des *anathèmes* plutôt que des lettres contre les propositions qui avoient été faites. (III, 400.)

ANCIEN :

Je vis... une lance... qui étoit assurément de l'*ancienne* guerre des Anglois. (II, 45.)

ANDABATES, gladiateurs antiques, qui combattaient à cheval, les yeux bandés :

Nous allions tous combattre à la

façon des anciens *Andabates*. (IV, 49.)

ANGE (Bon), ange gardien :

Il signa... comme il auroit signé a cédule du sabbat, s'il avoit eu peur d'y être surpris par son *bon ange*. (III, 191.)

ANIMER :

La faveur du peuple... ne lui paroîtra plus (*à cette compagnie, c'est-à-dire au Parlement*) une fumée, dès qu'elle la verra *animée* et comme épaissie par une armée qu'elle ne croira plus entre ses mains. (II, 284.)

.... Cette paperasse... que l'on voit formée des mêmes caractères qui ont profané le sacré nom du Roi pour *animer* des témoins à brevet. (III, 240.)

Monsieur le Prince ne songeoit qu'à *animer* son fantôme (*le fantôme de Mazarin*) pour effaroucher les peuples. (III, 376.)

Personne alors ne vous dissuaderoit plus fortement que moi du dessein où je vous *anime* présentement. (V, 545.)

Nous *avons*... *animé* nos larmes...; nous les *avons*, dis-je, *animées* d'une voix plus forte et plus puissante.... (IX, 31.)

Il (*Saint Charles Borromée*) se vit presque en même temps cardinal, vice-chancelier et pénitencier de l'Église romaine, et archevêque de Milan. Le Pape lui confia tous les emplois qui peuvent *animer* ces grandes dignités. (IX, 89.)

Voyez II, 56 et 70 ; III, 275.

ANNÉE :

EN ANNÉE :

Leur agent (*l'agent des Espagnols*)... en a eu nécessairement toute la direction, parce que le clerc de sa nation est *en année*. (VII, 227.)

Voyez la note 1 de la page indiquée.

À LONGUES ANNÉES :

Pour ce qui est du pavé,... on sera obligé de l'entretenir *à longues années;* quand elles expireront, nous ne serons plus, ou nous serons mieux. (VIII, 233.)

ANNIVERSAIRE :

On fait tous les ans un *anniversaire* pour l'âme de Henri le Grand, dans l'église de Saint-Jean de Latran. (V, 99.)

ANTICIPER :

J'*anticipe* l'ordinaire de jeudi parce que je pars dès aujourd'hui pour Châteauvillain. (VIII, 322.)

ANTIDATER :

Il écrivit une lettre *antidatée* de Limours, où il alloit assez souvent. (III, 189.)

ANTIQUAIRE :

L'*antiquaire* du Pape ayant été ces jours derniers à Palestrine, pour chercher des médailles dans les ruines du Temple de la Fortune.... (VII, 356.)

APOLOGIE :

Je me suis épargné une *apologie* en explication de bienfaits, qui est toujours insupportable à un homme de bien. (II, 32.)

Cet air de honte et de timidité que vous lui voyez dans la vie civile s'étoit tourné, dans les affaires, en air d'*apologie*. (II, 181.)

APOSTOLIQUE :

La protection *apostolique* qu'il (*le Pape*) m'avoit fait l'honneur de me promettre avec tant de tendresse et de générosité.... (V, 117.)

APPARAT :

Le courrier... voulut nous le dire avec *apparat*, et il s'en acquitta assez mal. (II, 334.)

Le Cardinal ne fut pas beaucoup plus sage dans l'*apparat* qu'il donna au refus de ma nomination. (III, 164.)

D'APPARAT :

La délibération... dura plusieurs jours. L'on opina *d'apparat*, et il est constant que cette matière fut épuisée. (II, 599.)

Voyez la note 2 de la page indiquée.

APPAREMMENT, manifestement :

.... Monsieur son frère, dont les intérêts ne comportoient pas *apparemment* une conduite de cette nature. (II, 441.)

APPARENCE, APPARENCES :

La plus petite *apparence* de ces efforts étoit capable de lui en faire prendre la résolution en un instant. (III, 171.)

M. de Bouillon m'assuroit que les Espagnols n'entreroient point dans le Royaume que nous ne fussions engagés à ne poser les armes qu'avec eux, c'est-à-dire qu'en traitant la paix générale. Et quelle *apparence* de prendre cet engagement, dans une conjoncture où..... (II, 329.)

.... Qu'il n'y a plus d'*apparence* à prétendre à ces grandes couronnes qui ont honoré les saints. (IX, 82.)

N'y a-t-il pas *des apparences* à donner? N'y a-t-il pas même de l'effectif? (II, 111.)

HORS D'APPARENCE :

Quoique ces calomnies fussent *hors de* toute *apparence*,... c'étoit néanmoins l'unique fondement de ce procès imaginaire. (VI, 405.)

Il n'y avoit personne assez simple pour ajouter foi à des médisances *hors d'apparence*. (VI, 407.)

APPARENT :

Je ne conçois pas qu'il y ait encore des esprits capables de ces sortes d'ombrages, si mal fondés et si peu *apparents*. (VIII, 98.)

APPAROÎTRE, avec AVOIR :

Le diable *avoit apparu*... à Mme la princesse de Guémené. (I, 129 et 130.)

APPARTENIR :

Quoique je fusse très-bien averti, par mon ami l'aumônier, que le coup me venoit de la cour, je le souffris avec bien plus de flegme qu'il n'*appartenoit* à ma vivacité. (I, 243.)

Le Parlement de Bordeaux... garda... beaucoup plus de mesures qu'il n'*appartenoit* et au climat et à l'humeur où il étoit contre M. d'Épernon. (III, 58.)

Il (*M. de Beaufort*) étoit brave de sa personne, et plus qu'il n'*appartenoit* à un fanfaron. (II, 178.)

Il prit occasion de me dire, plus délicatement qu'à lui n'*appartenoit*, que Monsieur m'avoit aussi abandonné. (III, 309.)

APPEL :

Je m'en pris à lui; je lui fis un *appel* à la Comédie. Nous nous battîmes le lendemain. (I, 88.)

APPELER, sens divers :

Je le priai de se servir de moi la première fois qu'il tireroit l'épée. Il la tiroit souvent, et je n'attendis pas longtemps. Il me pria d'*appeler* pour lui Melbeville. (I, 85.)

M. d'Elbeuf avoit eu grand tort d'*appeler* des membres du Parlement à une action de cette nature. (II, 236.)

Miron, conseiller et député du parlement de Rouen,... s'étoit plaint en forme au Parlement de ce que l'on avoit fait la paix sans *appeler* sa compagnie. (II, 408.)

APPELLATION, appel :

On lui a ôté (*à l'Église*)... la décision des choses les plus spirituelles par ces *appellations* comme d'abus. (IX, 33.)

APPENDU :

.... Les étendards de Castille *appendus* aux démons dans les temples de Londres. (V, 324.)

APPLAUDIR à :

Le Tellier et Servien se contentèrent de ne pas *lui applaudir*. (III, 162.)

APPLAUDISSEMENT, abstrait, action d'applaudir :

La proposition fut reçue avec *applaudissement*. (II 313.)

.... L'*applaudissement* que sa déclaration avoit eu. (III, 230.)

APPLICATION, soin, zèle :

Quoique le président de Mesme me désignât avec *application* et avec adresse, je ne pris rien pour moi. (II, 254.)

C'est, de tous les états, celui qu'il faut toujours éviter avec le plus d'*application*. (III, 45.)

Mgr Fagnano le défend avec *application* et avec ardeur. (VII, 208.)

APPLIQUER :

.... Une intrigue de cabinet, que l'on pourroit *appliquer* et pousser dans les suites, selon qu'il conviendroit. (III, 166.)

L'évêque, en qualité de pasteur de son Diocèse,... lui doit ce gouvernement général par lequel il anime, il remue, il *applique*, il conduit tous les pasteurs inférieurs. VI, 385.)

Appliquer à :

S'il *eût été appliqué* à la question, il eût peut-être confessé quelque chose de plus. (IV, 32.)

APPORTER :

Je trouve un plaisir incroyable à les aller chercher (*mes pensées*) dans le fond de mon âme, à vous les *apporter* et à vous les soumettre. (I, 149.)

Apporter, rapporter :

La fameuse victoire de Rocroy donna autant de sûreté au royaume qu'elle lui *apporta* de gloire. (I, 228.)

Il n'ignoroit pas que le personnage qu'il soutenoit... ne fût le plus fâcheux du monde, vu qu'il ne lui pouvoit jamais rien *apporter*. (IV, 103.)

APPRENDRE à, ironique :

Il se fâcha de mon souris, et il me dit d'un ton très-haut : « A qui croyez-vous parler? Je vous *apprendrai à* vivre. » (I, 253.)

Il l'auroit jeté du haut du rempart pour lui *apprendre à* se vauter. (II, 516.)

Apprendre de :

La charité nous *apprend d'*avoir toujours bonne opinion de notre prochain. (V, 343.)

Il est important d'*apprendre* aux moines *de* ne plus abuser de la manière dont je les ai traité. (VIII, 531.)

Ils se fient à ceux-là mêmes auxquels, par leurs propres exemples, ils *ont appris d'*être infidèles. (IX, 177.)

APPROBATION :

Je me contenterai de faire présentement avec douceur, pour sa défense, ce qu'un des plus grands hommes de l'ancienne Rome fit autrefois avec *approbation* pour sa propre gloire. (V, 177.)

APPROCHANT de, locution adverbiale :

Je n'ai jamais vu homme qui entendît cette figure, *approchant de* M. de Bouillon. (II, 421.)

APPROCHER, actif :

Le Parlement se leva après avoir donné arrêt par lequel il enjoignoit... aux troupes de n'*approcher* Paris de vingt lieues. (II, 158.)

La noblesse frondeuse n'*approchoit* pas en nombre celle qui suivoit Monsieur le Prince. (III, 490.)

Approcher, rapprocher, rendre proche :

M. le prince de Conti... par sa

qualité concilioit et *approchoit*, pour ainsi parler, tout ce qui paroissoit le plus éloigné à l'égard des uns et des autres. (II, 121.)

L'impétuosité de Mlle de Chevreuse lui *approcha* d'abord toute l'action. Il n'y a rien qui effraie tant une âme foible. (III, 295 et 296.)

Il connut et que l'impatience de la Reine et que l'empressement même du Cardinal *approchoient* ces conjonctures beaucoup plus qu'il ne se l'étoit imaginé. (IV, 39.)

APPUYER, au figuré :

Comme rien n'anime et n'*appuie* plus un mouvement que le ridicule de ceux contre lesquels on le fait, je conçus qu'il nous seroit aisé d'y tourner de tout point la conduite d'un ministre.... (I, 163.)

Le premier parti que je pris fut d'*appuyer* imperceptiblement les incertitudes et les ambiguités de M. le prince de Conti. (II, 301.)

APRÈS :

ÊTRE APRÈS, être occupé de, travailler à :

Comme M. de Beaufort et M. de La Mothe *étoient après* pour faire ouvrir une espèce de bureau.... (II, 440.)

APRÈS COUP :

Voilà ce que me dit M. le cardinal Mazarin.... Je ne sais s'il ne parloit point *après coup*; mais je sais bien que s'il eût plu à M. de Bouillon de me croire, nous n'eussions pas donné lieu, ni lui ni moi, à cette pénétration. (II, 378.)

APRÈS-DÎNÉ :

Nous travaillâmes, dès l'*aprèsdîné*, à envoyer chercher nos amis dans les provinces. (II, 591.)

APRÈS-DÎNÉE :

L'on résolut de s'assembler l'*après-dînée* au Palais. (II, 50.)

Elle (*cette conversation*) se passa justement l'*après-dînée* du jour où l'on prétendit qu'il (*Monsieur le Prince*) avoit menacé le Parlement. (II, 101.)

Le Parlement s'assembloit réglément tous les matins et quelquefois même les *après-dînées*. (II, 204.)

Voyez II, 117, 142, 155, 166, 170, 206, 319, 389, 404 et 431; III, 64.

ARBITRE :

Il se trouveroit maître du cabinet... et *arbitre* du public. (II, 79.)

ARBRE, au figuré :

.... Des intrigues nouvelles et... des subdivisions de parti, qui... m'éloignoient toujours du gros de l'*arbre*. (III, 276.)

ARGENTIER :

A mon retour chez moi, je trouvai l'*argentier* de la Reine, qui me portoit ordre de l'aller trouver à l'heure même. (I, 248.)

Le Roi sortit de Paris justement à ce moment, et je l'appris, à cinq heures du matin, par l'*argentier* de la Reine,... qui me donna une lettre écrite de sa main, par laquelle elle me commandoit, en des termes fort honnêtes, de me rendre dans le jour à Saint-Germain. L'*argentier* ajouta de bouche que le Roi venoit de monter en carrosse pour y aller. (II, 129.)

Voyez II, 45, 46 et 131.

ARME :

ARMES, armées, troupes, forces militaires :

M. le maréchal de Châtillon... commandoit les *armes* de France qui étoient sur la Meuse. (I, 172.)

« Les armées » dans la plupart des éditions.

Les monarchies les plus établies... ne se soutiennent que par l'assemblage des *armes* et des lois.... Les lois désarmées tombent dans le mépris ; les *armes* qui ne sont pas modérées par les lois tombent bientôt dans l'anarchie. (I, 279.)

Voyez encore quatre lignes plus bas, à la page indiquée.

Aussitôt qu'elles (*les lois*) perdirent leur force, celle des empereurs s'évanouit, et elle s'évanouit par le moyen de ceux mêmes qui s'étant rendus maîtres et de leur sceau et de leurs *armes* par la faveur qu'ils avoient auprès d'eux, convertirent en leur propre substance celle de leurs maîtres. (I, 279.)

.... M. le prince de Conti, déclaré... généralissime des *armes* du Roi, sous les ordres du Parlement. (II, 169 *et* 170.)

Le commandement des *armes* ayant été réglé,... l'on continua à travailler aux fonds nécessaires pour la levée et pour la subsistance des troupes. (II, 189.)

Dans le temps qu'elle (*la paix*) se traiteroit, il ne donneroit aucun mouvement à ses *armes*. (II, 253).

Comme je venois d'être averti que l'on avoit dressé la veille une déclaration, à Saint-Germain, par laquelle M. de Turenne étoit déclaré criminel de lèse-majesté, je croyois qu'il étoit nécessaire de casser cette déclaration ; d'autoriser ses *armes* par un arrêt solennel.... (II, 367.)

N'êtes-vous pas lieutenant général de l'Etat ? Ne commandez-vous pas les *armes ?* (III, 225.)

Elle enjoignoit aux communes de courre sus aux généraux des *armes* du Roi. (IV, 80.)

CESSATION D'ARMES :

Le Coudrai-Montpensier... avoit envoyé deux trompettes à Bordeaux et deux courriers, pour y proposer la *cessation d'armes* pour dix jours. (III, 127.)

RENDRE LES ARMES :

Monsieur le Coadjuteur força encore, dans cette occasion, la haine et l'envie de lui *rendre les armes*. (V, 221.)

Il faut que la philosophie, malgré qu'elle en ait, *rende les armes* à la goutte et à la gravelle. (IX, 149.)

ARMÉE NAVALE :

L'*armée navale* d'Espagne est sur le point de passer dans ces mers. (VII, 172.)

ARMER (S'), au figuré :

Monsieur... *s'arma* contre cette ouverture, qui étoit très-sage. (III, 401.)

ARRANGEMENT, ordre :

Vous voyez, par le peu d'*arrangement* de ce discours, qu'il fut fait sans méditation et sur-le-champ. (II, 112.)

ARRANGER :

J'entrai... dans le cabinet des livres, où Monsieur arrangeoit ses médailles. (III, 107.)

ARRÉRAGES :

Il s'éleva un cri... qui ordonna au président de Bellièvre d'écrire... au Premier Président... de ne résoudre quoi que ce soit... jusques à ce que tous les *arrérages* du blé promis eussent été entièrement fournis et délivrés.... (II, 368.)

Ce mot s'applique ordinairement à des intérêts, à des rentes.

ARRÊTER, S'ARRÊTER :

Justement au pied (*de la descente*) le carrosse *arrêta* tout court. (I, 188.)

Nous sortîmes ensemble de chez Prudhomme pour aller voir M. le prince de Conti. Nous nous mîmes en même portière. Nous *arrêtâmes* dans la rue Saint-Denis et dans la rue Saint-Martin. (II, 194.)

ARRÊTER, faire prisonnier ; ARRÊTER PRISONNIER :

MM. de Vitry et de Cramail devoient s'ouvrir... aux autres prisonniers, se rendre maîtres de la Bastille, *arrêter* le gouverneur, sortir, *etc*. (I, 172.)

M. de Beaufort *fut arrêté*. Cette prison fit beaucoup d'éclat. (I, 223.)

Gilles, archevêque de Reims,... *ayant été arrêté prisonnier* dans Metz.... (VI, 359.)

ARRÊTER, décider, fixer :

La Compagnie ne l'a pas entendu ainsi, et ce qu'elle *a arrêté* est purement que l'on porte la copie. (II, 259.)

La Rivière... considéroit... que le compte que l'on feroit avec M. le prince de Conti ne seroit jamais bien sûr pour les suites, si il n'*étoit* aussi *arrêté* par Monsieur le Prince. (II, 375.)

Ceux (*les articles*) qui *auront été arrêtés* ne seront ni honnêtes ni sûrs. (II, 385.)

ARRIÈRE-BOUTIQUE, au figuré :

Je connoissois le Cardinal pour un esprit qui n'eût pas pu s'empêcher de croire qu'il n'y eût une *arrière-boutique* partout où il y avoit de la place pour la bâtir. (III, 211.)

ARRIVER :

Il (*Mazarin*) porta le filoutage dans le ministère, ce qui n'*est* jamais *arrivé* qu'à lui. (I, 287.)

Monsieur le Prince est né capitaine, ce qui n'*est* jamais *arrivé* qu'à lui, à César et à Spinola. (II, 175.)

Il m'*arriva* justement, le lendemain du départ de dom Antonio Pimentel, une petite intrigue qui me fâcha plus qu'une plus grande. (II, 498.)

.... Après que je vous aurai fait le récit d'une historiette qui *arriva* au Palais. (III, 444.)

ARROSER, voyez ARROUSER.

ARROUSER, arroser :

Après que j'*eus* un peu *arrousé* le public, je m'ouvris avec les particuliers. (III, 324.)

Comme ces grandes rivières qui portent l'abondance dans les provinces qu'elles *arrousent*.... (IX, 114.)

Voyez encore IX, 186.

ART, artifice :

J'en connus l'*art* et j'y remédiai. (II, 9.)

Comme le Cardinal eut aperçu que j'avois tourné son *art* contre lui-même.... (II, 9.)

ARTICLE :

Voilà l'un des *articles* de la lettre de M. de Lionne. (V, 79.)

Je ne suis pas fâché de ce que je vois dans le dernier *article* de votre lettre du 2. (VIII, 347.)

Elle reprit, en cet endroit, son mémoire pour le continuer. Vous en avez vu le premier *article*. (III, 180.)

ASPERGÈS :

La Bussière arracha de la main du curé l'*aspergès*, comme il me vouloit présenter l'eau bénite. (V, 102.)

ASSAISONNEMENT, au figuré :

Les enregistrements des traités... et les vérifications des édits... sont des images presque effacées de ce sage milieu.... Ce milieu a été considéré par les bons et sages princes comme un *assaisonnement* de leur pouvoir, très-utile même pour le faire goûter aux sujets. (I, 272.)

Je connus clairement que sans cette considération, et même sans les autres *assaisonnements* que la qualité des temps... me donna lieu d'y mettre,... elle (*ma hauteur*) n'eût pas été d'un bon sens. (IV, 182.)

ASSAISONNER, au figuré :

Le cardinal de Richelieu... n'étoit pas libéral ; mais il donnoit plus qu'il ne promettoit et il *assaisonnoit* admirablement les bienfaits. (I, 281.)

Je ne leur cachai rien de mes raisons, sans en excepter même la dernière, que j'*assaisonnai*, comme vous pouvez juger, de toute la raillerie la plus douce et la plus honnête qui me fut possible. (II, 241.)

M. de Bouillon alla... chez les envoyés d'Espagne, auxquels il persuada que la conduite que nous venions de résoudre... leur pouvoit être très-utile.... Il *assaisonna* ce tour... de tout ce qui les pouvoit persuader. (II, 446.)

Je souris à cette question de la Reine, avec un respect que j'*assaisonnai* d'un air de mystère. (III, 387.)

Voyez II, 241 et 446.

ASSASSINAT :

Le chevalier de la Valette... avoit formé le dessein de nous tuer, M. de Beaufort et moi, sur les degrés du Palais.... La cour a toujours nié ce complot à l'égard de notre *assassinat*. (II, 228.)

Sauvez-vous de l'*assassinat*; devant qu'il soit huit jours, vous serez plus fort que vos ennemis. (II, 573.)

ASSEMBLAGE :

Les monarchies les plus établies et les monarques les plus autorisés ne se soutiennent que par l'*assemblage* des armes et des lois; et cet *assemblage* est si nécessaire que les unes ne se peuvent maintenir sans les autres. (I, 279.)

.... L'*assemblage* des raisonnements et des faits. (IV, 132.)

ASSEMBLÉE, action d'assembler :

Le Premier Président... précipita l'*assemblée* des chambres. (II, 154.)

Monsieur le Prince devoit, le lendemain,... demander l'*assemblée* des chambres. (III, 454.)

Le Pape, étant sur le point de faire tenir la congrégation de Jansénius,... en avoit sursis tout d'un coup l'*assemblée*. (VII, 174.)

ASSEMBLER, rassembler :

Ces sortes d'esprits *assemblent* toujours, dans leur imagination, les contradictoires. (III, 140.)

.... Les grandes dignités que la fortune *avoit assemblées* dans ma personne. (IV, 186.)

ASSEZ, sens divers, s'écartant parfois légèrement du sens que nous donnons aujourd'hui à ce mot :

Vous jugez *assez*, par ce que je viens de vous dire, de la brouillerie du dedans de la maison de M. le cardinal de Richelieu. (I, 108.)

Vous voyez *assez* la suite de ce discours. (II, 157.)

Vous voyez *assez*, par toutes ces circonstances, l'embarras où je me trouvois. (II, 429.)

Le maréchal de la Mothe... avoit *assez* de douceur et de facilité dans la vie civile. (II, 179.)

Comme la conversation se passoit avec *assez* de confusion.... (II, 245.)

M. de Beaufort fit *assez* connoître, par ses manières, que Mme de Montbazon avoit essayé de modérer ses emportements. (II, 352.)

Il eût souhaité... de se remettre... à la tête de la Fronde, de laquelle il s'étoit *assez* séparé les premiers jours de la paix. (II, 501.)

Il (*Monsieur le Prince*) ne répondit à mes raisons particulières que par les générales, ce qui est *assez* de son caractère. (II, 112.)

Après que j'eus préparé *assez* à mon gré la défensive.... (II, 126.)

Le grand prévôt... étoit *assez* de mes amis. (II, 200.)

Le premier étoit mon parent proche, et le second étoit *assez* de mes amis. (I, 222.)

Le personnage... étoit d'ailleurs *assez* de mes amis. (III, 154.)

ASSIETTE :

.... Ce pays si important par son *assiette* et par ses ports. (V, 391.)

ASSIGNATION :

On le payoit en mauvaises *assignations*. (V, 504.)

Je vous prie de lui mettre en main cette *assignation* certaine sur MM. Chevriers sur le payement de l'année prochaine. (VIII, 465.)

ASSIGNER :

L'on étoit convenu... qu'il (*le procureur général*) concluroit à ce que nous *serions assignés* pour être ouïs : ce qui est une manière d'ajournement personnel un peu mitigé. (II, 573.)

Comme le Procureur général... eut pris ses conclusions, qui furent de nous *assigner* pour être ouïs..., j'ôtai mon bonnet pour parler. (II, 584.)

Je ne sais que vous dire sur ce que vous me demandez de la manière dont il se faut conduire avec ceux que l'on devoit *assigner* sur la pension. (VIII, 192.)

L'on se prépara pour aller... à la conférence que la Reine *avoit assignée* à Ruel. (II, 315.)

Son Altesse Impériale, *ayant assigné* le lieu et le jour comme elle avoit fait, n'avoit rien à dire de nouveau. (III, 110.)

ASSISTER DE, aider de :

M. de Bouillon... pourroit bien avec le temps, *assisté de* l'intrigue et *de* l'argent de Castille, chasser le Coadjuteur de Paris. (II, 240.)

Il ne fut pas en mon pouvoir de l'obliger à *assister de* mille pistoles le roi d'Angleterre. (III; 114.)

Il m'avoit offert de faire un traité secret par lequel il m'*assisteroit d'argent*. (IV, 46.)

ASSOUPIR :

Les provinces, abandonnées à la rapine des surintendants, demeuroient abattues et *assoupies* sous la pesanteur de leurs maux.... Si cette indolence générale eût été ménagée, l'*assoupissement* eût peut-être duré plus longtemps ; mais comme le médecin (*Mazarin*) ne le prenoit que pour un doux sommeil, il n'y fit aucun remède. (I, 289.)

ASSOUPISSEMENT :

Cette corde nous avoit paru à nous-mêmes bien grosse à toucher ; mais il ne la falloit pas moindre pour éveiller, ou plutôt pour tenir éveillés des gens que la peur eût très-facilement jetés dans l'*assoupissement*. (II, 73.)

Voyez l'exemple de l'article ASSOUPIR.

ASSUJETTIR :

L'intérêt du Coadjuteur n'est pas de vous tuer, Messieurs, mais de vous *assujettir*. (II, 319.)

Leur intérêt n'est pas de l'employer (*d'employer le peuple*) pour *assujettir* le Parlement. (II, 330.)

ASSUJETTIR À, suivi d'un infinitif :

Je ne me pouvois imaginer qu'il voulût *assujettir* la Compagnie *à* ne suivre jamais que ses sentiments. (II, 255.)

ASSURANCE, sûreté :

L'on dit toujours qu'il n'y a point d'*assurance* au peuple. (III, 397.)

Il me fallut donc choisir une retraite où je fusse en *assurance*, et dans laquelle j'ôtasse à mes ennemis l'espoir... de me contraindre... à ce qu'ils souhaitent si ardemment. (VI, 273.)

ASSURÉMENT, avec certitude :

Je savais *assurément*, sans en pouvoir douter, que.... (VII, 96.)

ASSURER quelqu'un QUE :

Le loup *assura* avec serment un troupeau de brebis *qu'il* le protégeroit. (II, 9.)

Assurer, rendre sûr, stable, solide :

La faveur publique... est toujours beaucoup plus *assurée* par l'inaction que par l'action. (I, 155.)

Assurer quelque chose à quelqu'un, le lui gagner définitivement ; Assurer de :

Cette conduite *lui assura* tellement les cœurs de ses amis, que pas un de ceux qui lui avoient promis de le servir ne manqua de foi. (V, 553.)

Je ne le pouvois pas *assurer du* Parlement ; mais je m'engageois, en cas que Paris fût attaqué et que le Parlement pliât, de me déclarer et de faire déclarer le peuple. (II, 74.)

M. de Bouillon se prenoit à moi de ce que des gens *dont* je l'*avois* toujours *assuré* prenoient une conduite aussi contraire à ce que je lui en avois dit mille fois. (II, 136.)

J'en ai reçu un (*un billet*) à ce matin de Bussi Lamet, qui m'*assure de* Mézières. (II, 286.)

Assurer, rassurer :

Monsieur le prince... dit qu'il n'en falloit pas moins pour l'*assurer*. (III, 470.)

S'assurer, être certain ; S'assurer que :

Vous n'en douterez pas, je m'*assure*. (VIII, 617.)

Je ne faisois pas le dévot, parce que je ne *me* pouvois *assurer que* je pusse durer à la contrefaire. (I, 179.)

S'assurer, se mettre en sûreté :

Le reste de la nuit l'on régla les gardes.... L'on *s'assura* comme il étoit nécessaire en cette occasion. (III, 262.)

Monsieur... crut qu'... il *s'assuroit* ainsi lui-même de tous les deux côtés. (III, 371.)

S'assurer de, être sûr de, avoir confiance en :

Le maréchal de la Mothe n'étoit accessible que par M. de Longueville, *duquel* la cour ne *s'assuroit* pas beaucoup davantage, par la négociation d'Anctauville, que *nous nous en assurions* par la correspondance de Varicarville. (II, 374.)

Je ne crus pas me devoir expliquer plus clairement par une voie *de* laquelle je ne m'*assurois* pas tout à fait. (VII, 372.)

S'assurer de, s'emparer de, gagner, se rendre maître de :

J'étois sur le point de m'*assurer d'*une de ces flûtes hollandoises qui sont toujours à la rade de Retz. (I, 96.)

Ce pourroit être l'unique moyen de m'*assurer de* M. le prince de Conti pour les suites. (II, 124.)

M. de Turenne nous écrit qu'il est sur le point de se déclarer pour le parti ; qu'il n'y a plus que deux colonels dans son armée qui lui fassent peine ; qu'il *s'en assurera* d'une façon ou d'une autre, devant qu'il soit huit jours, et qu'à l'instant il marchera à nous. (II, 285.)

Si l'on *se* pouvoit *assurer des* gens, on feroit bien des choses. (III, 4.)

L'on ne pouvoit jamais *s'assurer* pleinement *de* l'esprit de Monsieur. (III, 220.)

Assuré, certain, ne doutant pas :

Je ne fis pas seulement réflexion sur ce que je pouvois, parce que j'en étois très-*assuré*. (II, 37.)

Je suis *assuré*... que vous avez de la curiosité. (II, 55.)

J'étois fort *assuré* que le maréchal de la Mothe... ne se détacheroit point de M. de Longueville. (II, 120.)

Assuré, certain, dont on ne doit pas douter :

M. le cardinal Mazarin... donna dans la suite toute sorte de démonstrations qu'il tiendroit fidèlement sa parole ; il me fit écrire deux ou trois fois aux provinces qu'il n'y avoit rien de plus *assuré*. (I, 269.)

M. le cardinal de Richelieu avoit dépossédé Monsieur l'évêque de Léon.... M. le cardinal Mazarin... vint lui-même dans l'assemblée (*du clergé*) porter parole de la restitution.... Je fus nommé, en sa présence, pour solliciteur de l'expédition, comme celui de qui le séjour étoit le plus *assuré* à Paris. (I, 269.)

Assuré de, sûr de, ayant confiance en :

Quand j'eusse été aussi *assuré* d'eux que *de* moi-même, que leur eussé-je pu proposer? (II, 147.)

La nouvelle que nous venons de recevoir nous fait voir que M. de Turenne est *assuré de* ses troupes. (II, 338.)

Assuré, hardi :

Le cardinal faisoit l'*assuré*, et il ne l'étoit pas si fort qu'il le paroissoit. (II, 19.)

Les allures qu'il étoit obligé d'y suivre (*au bord des précipices*)... étoient d'une nature à faire glisser les gens qui eussent été les plus fermes et les plus *assurés*. (IV, 79.)

ATÊTER (S') à, s'attaquer à :

Comme je vis que la Compagnie s'échauffoit et s'ameutoit contre le président de Mesme,... je dis à Quatresous... d'entretenir l'escarmouche.... Quatresous s'acquitta dignement de cette commission; il *s'atêta* au président de Mesme et au Premier Président sur le sujet d'un certain la Raillière.... (II, 249.)

ATTACHEMENT :

Mes *attachements* me retinrent à Paris. (I, 150.)

La Reine avoit... plus d'*attachement* que de passion. (II, 174.)

ATTACHER à, S'ATTACHER à :

J'étois fort assuré que le maréchal de la Mothe... ne se détacheroit point de M. de Longueville, à qui il *avoit été attaché* vingt ans durant, par une pension, qu'il avoit voulu même retenir, par reconnoissance, encore après qu'il eut été fait maréchal de France. (II, 120.)

Je crus que ne pouvant l'empêcher (*empêcher Mazarin*) de nous attaquer, nous ferions sagement de l'attaquer nous-mêmes, par des préalables qui donneroient dans le public un mauvais air à son attaque.... Je *lui attachai* Marigni, qui revenoit tout à propos de Suède, et qui s'étoit comme donné à moi. (II, 127.)

Je fis le malade, j'allai à la campagne; enfin j'en fis assez pour laisser voir que je ne voulois point *m'attacher à* M. le cardinal de Richelieu. (I, 112.)

Ce vidame... se fâcha, écrivit une lettre très-haute au Cardinal, et il *s'attacha à* Monsieur le Prince. (II, 544.)

S'ATTACHER AVEC :

L'aigreur... qui se fomente entre ceux qui s'intéressent dans leurs partis (*dans les partis des personnes principales*)... augmente la chaleur de ceux *avec* lesquels ils *s'attachent*. (V, 185.)

Il y a des rencontres où l'intérêt se trouve si *attaché avec* l'honneur.... (V, 539.)

ATTACHER L'ESCARMOUCHE, engager l'action :

Il eût bien voulu... n'*avoir* pas *attaché* cette escarmouche. (II, 358.)

ATTAQUES (DONNER DES) :

....En lui rendant un compte, qui peut-être le surprendroit, de mes pensées sur les deux arrêts... sur lesquels ils m'*avoit donné* tant d'*attaques*. (II, 255.)

ATTEINTE, ATTEINTES :

Charles V... n'a jamais cru que sa puissance fût au-dessus des lois et de son devoir. Louis onzième, plus artificieux que prudent, donna, sur ce chef, aussi bien que sur tous les autres, *atteinte* à la bonne foi. (I, 273.)

La Reine fut... plus touchée de l'*atteinte*, que l'on avoit donnée au mariage de M. de Mercœur, qu'aux autres coups.... (III, 470.)

Le gros du corps... songeoit beaucoup plus à donner des *atteintes* au Mazarin qu'à me faire du mal. (III, 276.)

ATTENDRE à :

Je lui répondis qu'il *attendit*... à juger du Parlement. (II, 404.)

S'ATTENDRE DE :

M. de Saint Avold... *s'attend* avec respect *de* vous voir prononcer votre panégyrique. (VIII, 166.)

S'ATTENDRE QUE :

Je ne *me serois* pas *attendu*... *que* ceux... qui sont demeurés dans le silence durant tant de temps, se soient emportés tout d'un coup. (VI, 27 *et* 28.)

ATTENDU, adv. :

.... *Attendu* les inconvénients qui en sont déjà arrivés plusieurs fois. (VIII, 19.)

ATTENTER, actif :

Le peuple fit de grandes clameurs; nous entendîmes même quelques voix qui crioient: « République! » Mais l'on n'*attenta* rien. (II, 403.)

ATTENTION (FAIRE) SUR :

Jamais personne n'*a fait* moins d'*attention sur* les périls. (II, 186.)

ATTIRER :

Si le cardinal Mazarin eût tenu ferme,... il se *seroit* sûrement *attiré* des barricades et la réputation d'un téméraire. (I, 320.)

S'ATTIRER, se concilier :

Monsieur le Prince... étoit très-bien intentionné pour l'accommodement de M. de Bouillon et de M. de Turenne, dans la vue de *s'attirer* des gens d'un aussi grand mérite. (II, 466.)

ATTRAPE :

Prenez garde de ne donner votre argent mal à propos et que vous ne soyez assuré de ce que l'on vous promettra, y ayant eu plusieurs *attrapes* de cette sorte. (VIII, 17.)

ATTRAPER, au figuré :

J'*attraperai* ces sages du monde... dans leurs artifices. (IX, 177.)

ATTRAPER, prendre, saisir :

Il l'*attrapa* entre deux portes, il lui mit une plume entre ses doigts et il signa. (III, 191.)

M. le prince de Conti... fut obligé... de souffrir que Maillart, qui *fut attrapé* sur le degré de la Sainte-Chapelle, eût force coups de bâtons. (III, 447.)

Ledit prince de Conti n'avoit plus que quatre heures de marche devant lui : il pourroit bien se laisser *attraper*. (VIII, 28.)

ATTRAPER, surprendre de façon désagréable :

Chavigni *sera* bien *attrapé*. (IV, 180.)

AUCUN, AUCUNE, au pluriel :

Je ne vous celerai *aucunes* des démarches que j'ai faites. (I, 80.)

Plusieurs éditions, plus ou moins modernes, donnent *aucune*, au singulier.

AUCUN, au pluriel, sans négation :

Il est... surpris... par *aucuns* de ses amis. (V, 410.)

Il s'est relâché sur *aucuns* des intérêts particuliers de ses amis. (V, 423.)

Leur premier traité... ne recevra aucun changement, si ce n'est que Monsieur le Prince ait oublié, depuis ce temps, les services considérables qui lui ont été rendus par *aucuns* de ceux qui y sont nommés. (V, 423.)

AUCUN, personne :

La Reine fut obligée de consentir que la déclaration portât que l'on ne pourroit plus tenir *aucun*, même particulier, du Royaume en prison plus de trois jours sans l'interroger. (II, 88.)

Le parlement de Bordeaux... défendit qu'*aucun* de son corps ne rendit plus aucune visite à aucun de ceux qui avoient eu commerce avec les Espagnols. (III, 60.)

AUCUNEMENT, sans négation, quelque peu :

Pour se défaire donc *aucunement* de l'empressement des agents de Monsieur le Prince.... (V, 422.)

AU DEÇÀ, AU DELÀ, AU-DESSOUS, AU-DESSUS, AU-DEVANT. Voyez Deçà, Delà, Dessous, Dessus, Devant :

AUDIENCE :

L'on ne refusa pas l'*audience* à un gentilhomme de Monsieur le Prince. (IV, 74.)

Prendre audience :

Il y eut mercredi consistoire extraordinaire.... J'y *pris audience* pour parler à Sa Sainteté des intérêts de Monsieur l'évêque d'Orléans. (VII, 111.)

AUGMENTATION, addition, chose ajoutée :

Si je ne savois que cet article a été mis dans la réponse de Monsieur le Prince contre le sentiment d'une personne d'érudition et de mérite, je croirois que ce seroit une *augmentation* de l'imprimeur. (V, 353.)

AUGURE :

Le jour de ma naissance, on prit un esturgeon monstrueux.... Comme je ne m'estime pas assez pour me croire un homme à *augure*, je ne rapporterois pas cette circonstance si.... (I, 82.)

AUGUSTIN :

Il se servit, pour cet effet, du vicaire général des *Augustins*. (III, 144.)

Voyez VII, 155; VIII, 236.

AUMÔNE :

.... De se saisir de mon bien et de réduire à l'*aumône* un archevêque de Paris. (VI, 44.)

AUMÔNERIE :

Je m'imagine que la grande *aumônerie* sera donnée en ce temps-là. (VIII, 473.)

AUPARAVANT, préposition :

J'arrivai au Palais un quart d'heure *auparavant* Monsieur le Prince. (III, 489.)

.... Longtemps *auparavant* nos derniers troubles. (V, 381.)

Dès le commencement de nos affaires et *auparavant* le blocus de Paris, ils avoient promis... qu'ils seroient nos protecteurs. (V, 348.)

Auparavant le retour du cardinal Mazarin.... (V, 407.)

Ses ennemis ne peuvent lui rien imputer de tout ce qui s'est passé, *auparavant* ce jour. (VI, 172.)

Auparavant que de :

L'on résolut de publier le siége d'Étampes quinze jours *auparavant que de* l'exécuter. (V, 414.)

AUPRÈS (D') :

Il est logé *d'auprès* Saint-Thomas. (VIII, 207.)

AUREILLE, oreille. (I, 180; II, 19 *et* 388.)

AUSER, oser. (III, 358.)

AUSSI, de même :

Il tomba,... et comme il donna de la main, en se voulant soutenir, contre un morceau de bois un peu pointu, son épée s'en alla *aussi* de l'autre côté. (I, 205.)

Si la santé de Monsieur le Cardinal se rétablissoit, sa puissance deviendroit *aussi* odieuse de plus en plus. (I, 156.

Aussi, ainsi :

Sire,... comme votre puissance vient du Ciel, *aussi* doit-elle inspirer une confiance entière à ceux qui l'implorent. (VI, 305.)

Comme la souveraine félicité d'un chrétien est d'aller généreusement à la mort pour la cause de son Dieu, *aussi* la plus étroite obligation d'un sujet est de mépriser la vie pour les intérêts de son Prince. (VI, 305.)

Aussi, en effet :

La voie paroissoit toute naturelle. Elle fut prise *aussi*, aussitôt qu'elle fut proposée. (II, 234.)

Vous devez tous... être d'accord avec votre Évêque, comme vous faites *aussi*. (VI, 384.)

Aussi, non plus :

Cette mine, ou fit peur à M. le cardinal Mazarin, ou lui donna lieu de feindre qu'il avoit peur... Ce qui est certain est que la Rivière... essaya de la donner au ministre par toute sorte d'avis,... et que Monsieur le Prince n'oublia rien *aussi* pour la lui faire prendre. (I, 224.)

Je n'aurai pas sujet de me plaindre de vous. Ne vous plaignez pas *aussi* de moi. (II, 116.)

Le petit Courtin, qui étoit dans une croisée, pouvoit m'avoir entendu ; c'est ce que je n'ai jamais su au vrai; mais je n'ai pu *aussi* jamais deviner d'autre cause de la première haine que M. de la Rochefoucauld a eue pour moi. (II, 172.)

La cour ne manqua pas de se servir... de cette occasion pour entrer en traité. Quoiqu'elle ne traitât pas dans ses passeports les députés de présidents et de conseillers, elle ne les traita pas *aussi* de gens qui l'eussent été et qui en fussent déchus. (II, 288.)

AUTANT :

Je la trouvai d'une capacité étonnante, ce qui me parut particulièrement en ce qu'elle savoit se fier. C'est une qualité très-rare, et qui marque *autant* un esprit élevé au-dessus du commum. (III, 175.)

Vous voilà cardinal, *autant* vaut. (III, 381.)

Autant, tant :

Vous ne me blâmerez pas de ne pas exposer une femme que j'aime *autant*... à un parti aussi hasardeux que celui que vous prenez. (II, 445.)

Je renonçois à tous les priviléges pour avoir la satisfaction de faire paroître mon innocence à un corps pour lequel j'avois eu, toute ma vie, *autant* d'attachement et *autant* de vénération. (II, 575 et 576.)

Autant, aussi :

A l'égard de M. le duc d'Orléans, j'y suis *autant* bien que jamais. (VIII, 72.)

AUTEUR :

Comme les barricades furent levées, j'allai chez Mme de Guémené, qui me dit qu'elle savoit de science certaine que le Cardinal croyoit que j'en avois été l'*auteur*. (II, 60 et 61.)

Vous pouvez croire que Monsieur ne nomma pas ses *auteurs;* mais il marqua, en général, au Premier Président qu'il en savoit plus que lui. (III, 266.)

AUTHENTIQUE :

Celle (*la déclaration*) qui regardoit l'innocence de Monsieur le Prince, fut remise au jour de la majorité, sous prétexte de la rendre plus *authentique* et plus solennelle par la présence du Roi. (III, 528.)

AUTORISER (S') :

Cette prodigieuse inondation de toute sorte de vices qui s'*autorisent* par le fer.... (VI, 155).

AUTRE :

Le gros de l'armée d'Espagne seroit tel jour à Vadancour 'avant-garde tel jour à Pont-à-Vère ;... elle y séjourneroit quelques *autres* jours. (II, 427.)

L'AUTRE, LES AUTRES :

Le provôt des marchands étoit... passionné pour la cour.... Le Premier Président n'en étoit pas esclave comme *l'autre*. (II, 147.)

Le clergé, qui donne toujours l'exemple de la servitude, la prêchoit *aux autres* sous le titre d'obéissance. (I, 237.)

ENTRE AUTRES :

Je me souviens, *entre autres*, qu'un jour Varicarville m'écrivoit.... (I, 168.)

On donnoit tout, on ne refusoit rien ; et Mme de Beauvais, *entre autres*, eut permission de bâtir dans la place Royale. (I, 231.)

AVANCER, faire avancer, presser :

M. le cardinal de Richelieu... avoit conçu deux desseins.... Il a consommé le premier ; et à sa mort, il *avoit* bien *avancé* le second. (I. 228.)

Le Parlement lui fit de grands remercîments... et le pria d'*avancer* ses levées avec diligence. (II, 371.)

Il étoit assuré du chapeau pour la première promotion, et il n'oublia rien de ce qui la pouvoit *avancer*. (IV, 135.)

AVANCER, déclarer, assurer :

J'avois... *avancé* et justifié que le crédit que M. de Beaufort et moi avions dans le peuple étoit... propre à faire un mal qu'il n'étoit pas de notre intérêt de faire. (II, 327.)

Mme de Montbazon... *avança*, même avec précipitation, qu'il seroit mieux que M. de Beaufort y allât. (II, 522.)

Ce procédé, qui répondoit si peu à ce que Monsieur *avoit avancé* et assuré à la Compagnie.... (III, 90.)

Il lui avoit fait proposer, par le Tellier, ce qu'il *avoit avancé* à la Compagnie (*au Parlement*) pour le décréditer. (III, 93.)

Rien de tout ce qui s'*avançoit* contre le Mazarin ne pouvoit être désapprouvé. (III, 271.)

L'on poussa les voix jusques à la clameur contre la proposition du pauvre maréchal d'Étampes, et l'on la rejeta avec fureur, de la même manière que si elle n'*eût* pas *été avancée*,... depuis six semaines, par trente conseillers. (IV, 92.)

Je m'étonne que l'on ne se lasse point d'*avancer* des impostures. (V. 245.)

S'AVANCER À :

Il s'*avança*... à dire qu'il étoit vrai que les défiances de Monsieur le Prince n'étoient pas sans fondement. (III, 467.)

AVANT, adverbe :

.... Ce qui m'obligea... d'insister positivement que Sa Sainteté résolût... ce qu'Elle voudroit faire en cas de la lettre, devant que je m'engageasse plus *avant* à la faire écrire. (VII, 129.)

Ils n'ont point à proprement parler la volonté de monter plus *avant*. (IX, 191.)

AVANT QUE, suivi d'un infinitif :

.... *Avant que* partir. (VIII, 416.)

AVANTAGE :

Le Mazarin... prit sur le compte de l'autorité royale tout ce qu'un habile ministre eût pu imputer, sans aucun inconvénient et même avec l'*avantage* du Roi, aux deux parties. (III, 42.)

Justinian n'a pas cru manquer contre la politique, quand il a reconnu avec tant d'*avantage* la force, la dignité, la nécessité des paroles des Evêques, qu'il a condamné même leur silence.... (IX, 29.)

Il n'y a nulle certitude, et un François qui entendra sa langue parfaitement, qui saura les règles de la grammaire et les préceptes de la rhétorique n'aura [pas] plus d'*avantage* à connoître les sentiments de son ami, de son frère même, que ceux d'un Moscovite et d'un Japonais. (IX, 174.)

PRENDRE SES AVANTAGES :

Je ne me hâterai pas... à lui montrer celle (*la manière*) dont nous croyons... que la Faculté peut concevoir sa lettre, afin de nous laisser toujours plus de terrain pour *prendre nos avantages* sur les expressions et sur les termes. (VII, 146.)

CHERCHER SES AVANTAGES :

Toutes ces considérations... embarrassoient Fuensaldagne, et... le pouvoient fort naturellement obliger à *chercher ses avantages* du côté de Saint-Germain, où l'on appréhendoit avec raison sa jonction avec nous. (II, 238.)

AVEC :

M. de Turenne... se tourna vers moi de l'air dont il eût demandé son dîner et de l'air dont il eût donné une bataille, *avec* ces paroles : « Allons voir ces gens-là. » (I, 189.)
Si M. de Beaufort eût eu le sens commun,... la mémoire du cardinal de Richelieu auroit été sûrement condamnée par le Parlement *avec* une joie publique. (I, 229.)
Ma première fonction fut la visite des religieuses de la Conception, que la Reine me força de faire, parce que... j'avois peine à me résoudre à y exposer ma vertu. Il le fallut toutefois, et je la conservai *avec* l'édification du prochain. (I, 240.)

AVEC, par :

Le président de Novion éclata contre lui (*contre Mazarin*) *avec* des injures atroces. (II, 73.)
Elles furent reçues dans la salle *avec* une huée de vingt ou trente gueux. (III, 444.)

AVEC, dans :

J'eusse pu aisément m'accommoder avec elle.... Mais comme accommoder cet accommodement avec mes autres engagements,... *avec* lesquels il y avoit,... sans comparaison, plus de sûreté ? (II, 496.)

AVEC, après :

Une confusion, telle qu'elle eût été dans la conjoncture, fût retombée, *avec* un peu de temps, sur ses auteurs. (II, 302.)

AVEC, auprès de, dans l'esprit de :

La résolution de me perdre *avec* le public. (II, 38.)

AVENUE :

Les conjonctures ne lui permirent pas de rendre... ses devoirs au Roi : le cardinal Mazarin lui en ferma toutes les *avenues*. (V, 219.)

AVENTURE :

Il venoit chercher son *aventure* dans un parti où il crut que notre alliance pourroit ne lui être pas inutile. (II, 145.)

À L'AVENTURE :

Il étoit persuadé que tout étoit à *l'aventure*. (IV, 78.)

AVENTURIÈRE :

D'héroïne d'un grand parti elle (*Mme de Longueville*) en devint l'*aventurière*. (II, 183.)

AVERSION (Avoir) À, TÉMOIGNER AVERSION À :

Il *avoit aversion* à sa mine trop fine. (III, 36.)
L'*aversion* mortelle que j'avois à tout ce qui avoit la moindre apparence de girouetterie.... (III, 135.)
.... L'*aversion* que l'on *témoigne à* être obligé à ceux avec lesquels on se réconcilie. (III, 8.)

AVERTIR :

L'on n'eut jamais le moindre

vent de cette entreprise dans le temps de M. le cardinal de Richelieu, qui a été le ministre du monde le mieux *averti*. (I, 150.)

M. le cardinal Corrado mourut ici samedi au soir; ceux qui se croient le mieux *avertis* sont persuadés que l'on ne donnera pas sa charge à un cardinal. (VII, 152.)

AVILIR :

La révocation met toujours le prétendant au-dessous de ce qu'il étoit devant que d'avoir prétendu. Elle *a avili* la Rivière. (III, 144.)

AVIS, opinion, expression d'une opinion :

Le président Charton ne parloit plus que de campements; le président de Mesme finissoit tous ses *avis* par la nécessité de ne pas laisser les troupes inutiles. (II, 296.)

Cette proposition passa toute d'une voix. La joie qui parut dans les yeux et dans les *avis* de tout le monde ne se peut exprimer. (II, 367.)

Il se mit... à rire en m'entendant parler ainsi; presque toute la Compagnie en fit de même. Je continuai mon *avis* fort sérieusement. (III, 469.)

Avis, avertissement :

Mon âge avoit besoin d'*avis* et de conseils qui ne se rencontrent jamais que fort imparfaitement dans les provinces. (I, 207.)

Être de l'avis de :

Il s'en fallut bien peu qu'il ne sortît de cet enchantement une tempête qui eût fait changer de face à l'Europe, pour peu qu'il eût plu à la destinée d'*être de mon avis*. (I, 133.)

Ouvrir l'avis :

Le tour... m'obligea à parler le premier. J'*ouvris* donc *l'avis*, selon que nous l'avions tout concerté, et il fut suivi de toutes les voix. (I, 247.)

Broussel... fut celui qui *ouvrit l'avis* de l'arrêt. (II, 85.)

Le président Viole... *avoit ouvert l'avis* au Parlement de renouveler l'arrêt de 617 contre les étrangers. (II, 87.)

Il *ouvriroit l'avis* de donner... commission au Procureur Général pour informer contre moi. (III, 237.)

AVISER :

Elle (*la Reine*) finit par un commandement qu'elle fit au doyen et aux députés de me mener chez Monsieur le Cardinal, et d'*aviser* ensemble ce qu'il y auroit à faire. (I, 254.)

Voyez la note 2 de la page indiquée.

Aviser à :

Emery ayant proposé une conférence particulière pour *aviser aux* expédients d'accommoder l'affaire (*entre la Cour des aides et le Parlement*), elle fut proposée, le lendemain, dans les chambres assemblées. (I, 298.)

.... Que ses envoyés nous apportoient la carte blanche, mais que nous devions *aviser*, avec bien de la circonspection, *à* ce dont nous la devions et nous la pouvions remplir. (II, 327.)

Aviser de :

Elle me commanda ensuite d'aller voir le pauvre Monsieur le Cardinal... pour *aviser* avec lui *de* ce qu'il y auroit à faire. (II, 61.)

S'aviser de :

Il ne lui en a manqué aucune (*qualité*) que celles *dont* il ne *s'est pas avisé*. (II, 179.)

Voyez I, 116 et 323; III, 171.

S'aviser de, suivi d'un infinitif :

Il n'y eut que Dieu qui sauva le Chancelier... en empêchant que cette canaille... ne *s'avisât pas de* forcer une petite chambre dans laquelle il s'étoit caché. (II, 44.)

Voyez encore II, 336, etc.

AVOIR, emplois divers :

La dispute s'engagea, et au point qu'elle *eut* neuf conférences de suite. (I, 181.)

M. de Beaufort fut arrêté. Cette prison fit beaucoup d'éclat, mais elle n'*eut* pas celui qu'elle devoit produire. (I, 223.)

J'ai remis à vous rendre compte en ce lieu d'un certain détail, sur lequel vous vous êtes certainement fait des questions à vous-même, parce qu'il *a* des circonstances qui ne se peuvent presque concevoir devant que d'être particulièrement expliquées. (II, 55.)

Vous jugez assez, par tout ce que vous *avez* ci-dessus, qu'il n'étoit pas encore temps que Monsieur parût. (III, 205.)

Avoir telle qualité, tel avantage, tel défaut, etc. :

M. le cardinal de Richelieu aimoit la raillerie, mais il ne la pouvoit souffrir; et toutes les personnes de cette humeur ne l'*ont* jamais que fort aigre. Il en fit une de cette nature. (I, 133.)

Le cardinal de Richelieu *avoit* de la naissance. Sa jeunesse jeta des étincelles de son mérite. (I, 281.)

Le cardinal de Richelieu... eût... souhaité d'être aimé du public; mais quoiqu'il *eût* la civilité, l'extérieur et beaucoup d'autres parties propres à cet effet, il n'en *eut* jamais le je ne sais quoi, qui est encore, en cette matière, plus requis qu'en toute autre. (I, 282.)

Avoir, prendre, faire, etc. :

Ayez, s'il vous plaît, la peine de donner à l'abbé Daurat les provisions.... (VIII, 492.)

La bonne conduite vouloit même que nous *eussions* une attention très-particulière sur ses mouvements. (III, 166.)

Avoir, recevoir :

Voilà tout ce que j'en pus tirer *de Mme de Longueville*) pour le fond, car j'en *eus* toutes les honnêtetés possibles. (II, 500.)

Aussitôt qu'elles (*les lois*) perdirent leur force, celle des empereurs s'évanouit, et elle s'évanouit par le moyen de ceux mêmes qui s'étant rendus maîtres et de leur sceau et de leurs armes, par la faveur qu'ils *avoient* auprès d'eux, convertirent en leur propre substance celle de leurs maîtres. (I, 279.)

J'*eus* un coup de poignard dans mon rochet. (III, 87.)

Il dit qu'il pourroit prendre des mesures plus certaines en se donnant tout ce jour pour attendre ce que Monsieur le Prince lui-même lui feroit dire. Il en *eut* effectivement un gentilhomme, sur le midi. (III, 416.)

Avoir accoutumé. Voyez Accoutumé.

Avoir lieu de :

Je vous marque cette circonstance pour *avoir lieu de* vous faire le plan de l'état où les choses se trouvèrent à la mort du feu Roi. (I, 227.)

Avoir de, tenir de :

Elle (*Mme de Guémené*) en fut outrée, et moi plus qu'elle; car enfin il s'étoit contracté une certaine espèce de ménage entre elle et moi, qui *avoit* souvent *du* mauvais ménage, mais dont toutefois les intérêts n'étoient pas séparés. (I, 133.)

.... Les ordres furent donnés... avec un secret qui *eut du* prodige. (III, 440.)

En avoir :

Les généraux en virent assez pour ne pas appréhender que le Parlement se fâchât des démarches qu'ils pourroient faire vers l'Espagne; et... M. de Bouillon et moi n'*en eûmes* que trop pour satisfaire l'envoyé de l'Archiduc. (II, 261.)

Il faut que la philosophie, malgré qu'elle *en ait*, rende les armes à la goutte et à la gravelle. (IX, 149.)

AVOUER, approuver, donner son aveu à, AVOUER DE :

Il n'y avoit... qu'à exécuter la chose au nom de Monsieur...; Monsieur l'*avoueroit* de tout son cœur dès qu'elle seroit exécutée. (I, 146.)

Le chevalier de la Valette... avoit formé le dessein de nous tuer, M. de Beaufort et moi, sur les degrés du Palais.... La cour a toujours nié ce complot à l'égard de notre assassinat; car elle *avoua* et répéta même le chevalier de la Valette à l'égard des placards. (II, 228.)

M. le Tellier étant venu lui demander... si il *avouoit* ce que j'avois dit de sa part au Parlement : « Oui, répondit-il, je l'*avoue*, et je l'*avouerai* toujours *de* tout ce qu'il dira pour moi. » (III, 230.)

Voyez III, 264; V, 185; VII, 144.

B

BADAUDERIE :

La *badauderie* des courtisans m'étonna beaucoup plus que n'avoit fait celle des bourgeois. (III, 23.)

BADIN :

Il étoit lui-même fort *badin*. (III, 511.)

BADINER :

Feu Mme de Choisy en proposa une (*une promenade*) à Saint-Cloud; et elle dit en *badinant* à Mme de Vendôme qu'il y falloit donner la comédie à Monsieur de Lisieux. (I, 187.)

Il me semble que je n'ai été jusques ici que dans le parterre, ou tout au plus dans l'orchestre, à jouer et à *badiner* avec les violons. (I, 212.)

Bachaumont s'avisa de dire un jour, en *badinant*, que le Parlement faisoit comme les écoliers qui frondent dans les fossés de Paris. (II, 493.)

.... Les *Contre-temps du sieur de Chavigni*,... que je dictai en *badinant* à M. Caumartin. (IV, 218.)

BAGATELLE :

Le commandeur de Jars... n'est jamais dupe qu'en *bagatelle*. (III, 396.)

BAGUES SAUVES :

Morette, qui commandoit dans la place,... se rend *bagues sauves* (*en emportant tous les meubles les plus précieux*). (V, 602.)

Voyez la note 5 de la page indiquée.

BAILLER :

En peut-on trouver d'autres (*d'autres sûretés*) que celles qui lui ont été déjà *baillées* : la parole du Roi, de la Reine, de M. le duc d'Orléans? (V, 350.)

Ledit Seigneur Archevêque de Paris auroit... *baillé* Requête à ladite cour aux fins de.... (IX, 48.)

Surtout n'épargnez rien pour faire réussir l'affaire, et en *baillant baillant*, car vous connoissez les fourbes du pays. (VIII, 21.)

BAILLIAGE :

Les arrêts rendus n'avoient point encore été envoyés ni aux *bailliages* ni aux parlements. (IV, 99.)

BAISE-MAIN :

Mes *baise-mains*, s'il vous plaît, à M. et Mme de la Houssaie. (VIII, 461.)

Voyez encore VIII, 531.

BALANCE, au figuré :

Joli... a une sorte de travers dans l'esprit, tout à fait contraire à la *balance* qu'il est nécessaire de tenir bien droite dans l'économie. (V, 112.)

EN BALANCE :

Ils tiennent... les choses *en balance*, pour se rendre nécessaires à cette Éminence, à qui il est arrivé quelquefois de considérer fort peu les gens lorsqu'ils lui étoient inutiles. (VI, 174.)

BALANCEMENT, hésitation :

Il seroit au désespoir que leurs envoyés (*les envoyés des Espagnols*) eussent seulement la moindre lueur du *balancement* de MM. de Beaufort et de la Mothe. (II, 328.)
Mlle de Chevreuse... fit tant de honte à sa mère du *balancement* qu'elle témoignoit pour son établissement.... (III, 190.)
.... De l'obliger à se confesser, pour ainsi dire, de son *balancement*. (III, 403.)

BALANCER, peser, comparer, faire pencher d'un côté ou de l'autre :

Le dessein de l'auteur... n'étoit pas... d'étouffer la mémoire des illustres actions de Monsieur le Prince ; sa pensée n'étoit point de *balancer* les biens avec les maux qu'il a faits. (V, 366.)
Dieu vous oblige, Sire,... de peser au poids du sanctuaire les raisons qui peuvent *balancer* cette importante question. (V, 301.)

Voyez II, 102; V, 545; VII, 263.

BALANCER AVEC :

Après les *avoir balancés* (*ces inconvénients*) *avec* la nécessité que nous trouvâmes à mêler... l'envoyé et le Parlement.... (II, 268.)

BALANCER, hésiter :

Il m'avoua qu'il avoit ordre de la Reine de m'obliger à aller chez elle. Je ne *balançai* point : j'y menai les députés. (I, 254.)
Je ne laissai pas de prendre le parti, sans *balancer*, d'aller trouver la Reine. (II, 15.)

Voyez I, 208; II, 25, 35, 76, 159 et 259; III, 10.

BALANCER À, suivi d'un infinitif :

MM. de Vitry et Cramail, qui avoient au commencement *balancé à se sauver*, se rassurèrent. (I, 175.)
J'y admirai M. de Bouillon, chez qui la résolution se prit de faire faire l'ouverture par M. le prince de Conti. Il n'*y balança* pas un moment. (II, 248.)

Voyez I, 263; II, 84, 113, 241 et 244; III, 6.

BALANCER À, suivi d'un substantif :

Le Cardinal... *balança* trop *au* choix. (III, 36.)
Il étonna Monsieur jusques au point de le faire *balancer au* voyage. (III. 157.)
Elle vit... que je ne *balançois à* rien de ce que je lui avois promis. (III, 474.)

BALANCER SUR :

Vous êtes surprise, sans doute, de ce que M. de Turenne... s'avise... de faire une action *sur* laquelle je suis persuadé que le Balafré et l'amiral de Coligni *auroient balancé*. (II, 336.)
Il ne *balança* pas *sur* la liberté de Messieurs les Princes. (III, 166.)

BALLET (PAS DE), au figuré :

Je n'ai jamais pu comprendre ce *pas de ballet* du Cardinal, qui m'a paru un des plus ridicules de notre temps. (III, 268.)
J'allai prendre congé de Messieurs les Princes.... M. le prince de Conti reçut mon compliment en riant et en me traitant de bon père hermite. Mme de Longueville ne me parut pas y faire beaucoup de réflexion; Monsieur le Prince en conçut la conséquence, et je vis clairement

que ce *pas de ballet* l'avoit surpris. (III, 302.)

Qu'en dit-il (*qu'en dit Monsieur*)? reprit la Reine; ne se joindra-t-il pas à Monsieur le Prince pour me faire faire encore ce *pas de ballet?* (III, 387.)

BALLOTTER, au figuré :

Le cardinal Rospigliosi... ne veut pas que l'on parle seulement de ses créatures, tant que celles de Chigi n'*auront* pas *été ballottées*. (VII, 447.)

BARBARIE :

La vente de la bibliothèque du Cardinal... eût été, à mon sens, une *barbarie* sans exemple. (II, 468.)

BARBOUILLER :

Mme de Rhodes, qui avoit ce soir-là un carrosse de deuil tout neuf, voyant qu'il pleuvoit, me pria de la mettre dans le mien, parce que le sien la *barbouilleroit*. (IV, 37.)

BARIGEL, italien *bargello*, chef des sbires :

N'ayant pu souffrir les sbires dans sa place, il avoit demandé la parole à ces Messieurs pour avoir lieu d'en faire sortir le *barigel*. (VII, 70.)

Voyez la note 6 à la page indiquée.

BARRIÈRE (Repousser à la) :

Mme de Chevreuse *a été repoussée à la barrière* sur votre sujet. (III, 159.)

BAS, au figuré :

.... Selon les règles de la *basse* politique dont il fait profession. (V, 267.)

Bas, adv.

Le Parlement, délivré du cardinal de Richelieu, qui l'avoit tenu fort *bas*, s'imaginoit que le siècle d'or seroit celui d'un ministre qui leur disoit tous les jours que la Reine ne se vouloit conduire que par leurs conseils. (I, 237.)

BASSE-COUR :

.... Ces auteurs impertinents qui, étant nés dans la *basse-cour* et n'ayant passé jamais l'antichambre, se piquent de ne rien ignorer de tout ce qui s'est passé dans le cabinet. (III, 353.)

BATAILLE :

Donner bataille :

Les bourgeois sortiront-ils pour *donner bataille?* (II, 115.)

Être en bataille :

L'on ne *fut en bataille* sur la hauteur de Fescan qu'à sept heures du matin. (II, 215.)

BÂTARD, bâtarde :

Corneille, son frère *bâtard*.... (V, 570.)

Et vous, lâches imposteurs et infâmes *bâtards* de la légitime fronde.... (V, 178.)

Je me liai intimement avec Mme de Rhodes, *bâtarde* du feu cardinal de Guise. (II, 490.)

BÂTON :

Je m'éblouis d'abord à la vue du *bâton* (*de gouverneur de Paris*), qui me parut devoir être d'une figure plus agréable, quand il seroit croisé avec la crosse. (II, 93.)

Bâton de général :

M. d'Elbeuf... dit... que... la Compagnie... lui ayant fait l'honneur de lui confier le *bâton de général*, il ne le quitteroit jamais qu'avec la vie. (II, 158.)

Voyez encore II, 164.

BATTANT (Mener) :

.... La fuite de l'armée navale des Turcs, qu'il *mena battant* pendant trois jours jusque sous Gallipoli.... (V, 606.)

BATTERIE :

Ce fut un assez plaisant spectacle

de voir les femmes, à ce fameux siége (*au siège de la Bastille*) porter leurs chaires dans le jardin de l'Arsenal, où étoit la *batterie*, comme au sermon. (II, 191.)

Il (*Satan*) dressa ouvertement sa *batterie* contre la raison même. (IX, 143.)

À LA BATTERIE DES SAISONS, à l'injure du temps :

Tu vivrois misérable, découvert dans les forêts, *à la batterie des saisons*. (IX, 169.)

Voyez la note 3 de la page indiquée.

BATTRE :

Il (*Cromwell*) voudra se servir, pour *battre* votre royaume, de la même foiblesse qui lui sert présentement à le tromper. (V, 309.)

Augustin Spinola... investit la place, la *battit* quarante jours durant, et obligea ceux qui étoient dedans de se rendre à discrétion. (V, 584.)

BATTRE L'EAU :

Après que je les eus laissés longtemps *battre l'eau* pour leur donner lieu de refroidir leur imagination,... je leur proposai.... (II, 575.)

BÉATIFIQUE (VISION) :

.... Et même que l'homme ne peut jouir de la *vision béatifique* que par cette puissance matérielle. (IX, 252.)

BEAU, grand, noble :

Cet ombrage amortit, dès sa jeunesse, en lui les couleurs même les plus vives et les plus gaies, qui dévoient briller naturellement dans un esprit *beau* et éclairé. (II, 175.)

Cette déclaration se fit en *beaux* termes. (II, 460.)

BEAU, ironiquement :

La Reine les mande, les appelle de *belles* gens pour s'opposer aux volontés du Roi. (I, 304.)

AVOIR BEAU :

Vous voyez que *j'avois beau*, et d'autant plus que.... (III, 276.)

BEAUCOUP, très, fort, avec un participe passif :

Je la trouvai très belle,... du défaut à la taille, mais peu remarquable et qui étoit *beaucoup* couvert par la vue de quatre-vingt mille livres de rente. (I, 93.)

Je ne fus pas *beaucoup* ému de leurs menaces. (II, 136.)

Nous sortîmes... pour voir... la contenance du peuple, que l'on m'avoit mandé de différents quartiers être *beaucoup* consterné. (II, 564.)

Je fis rapport... de mon ambassade aux dames, qui en furent *beaucoup* édifiées. (II, 543.)

BEAUCOUP, avec un verbe :

Il s'en est fallu *beaucoup* que son esprit n'ait été si grand que son cœur. (II, 187.)

Notre Bernardin... trouvoit *beaucoup* son compte à.... (II, 243.)

Je reconnois de bonne foi que je manquai *beaucoup*, en cet endroit, de la présence d'esprit qui y étoit nécessaire. (II, 419.)

Il me parut que cette étincelle alluma *beaucoup* le feu. (III, 78.)

BEAUCOUP DE :

Saint-Ibar... entretenoit toujours *beaucoup* de correspondance avec le comte de Fuensaldagne. (II, 232.)

BEAU-FILS :

Téligni, *beau-fils* de M. l'amiral de Coligni.... (III, 359.)

Il (*Cromwell*) voit à tous moments les mânes de Henri le Grand qui menacent le parricide de son *beau-fils*. (V, 309.)

BEAUTÉ, personne belle :

Mlle de Vendôme n'étoit pas ce que l'on appelle une grande *beauté*, mais elle en avoit pourtant beaucoup, et l'on avoit approuvé ce que j'avois dit d'elle et de Mlle de Guise : qu'elles étoient des *beautés* de qualité. (I, 193 *et* 194.)

BÉNÉFICE, au figuré :

J'avois le cœur du monde le plus propre pour l'y placer (*pour y placer Mme de Longueville*) entre Mmes de Guémené et de Pommereu. Je ne vous dirai pas qu'elle l'eût agréé.... Le *bénéfice* n'étoit pas vacant ; mais il n'étoit pas desservi. (II, 123.)

Voyez la note 5 de la page indiquée.

La société de MM. de Brissac, de Vitri, de Matha, de Fontrailles, qui étoient demeurés en union avec nous, n'étoit pas, dans ces temps-là, un *bénéfice* sans charge. (II, 491.)

BÉNÉFICIER, substantif :

.... Une démission... qui... ne suffiroit pas pour faire perdre la moindre chapelle au plus petit *bénéficier* du Royaume. (VI, 49.)

Voyez encore VI, 299.

BERNARDIN :

Nous priâmes tous M. d'Elbeuf de faire trouver bon au *Bernardin* de conférer avec nous. (II, 245.)

Voyez V, 80 ; VII, 194.

BESICLES :

.... Deux paires de *besicles* vertes. (VIII, 330.)

BESOIN (Au), dans l'occasion, dans une circonstance critique :

Je mènerois la nuit, dans un carrosse inconnu, Monsieur le Prince chez Longueil et chez Broussel, pour les assurer qu'ils ne seroient pas abandonnés *au besoin*. (II, 78.)

BESTIAL, bétail. (IV, 33.)

BÊTE, au figuré :

Mme de Chevreuse... conçut que j'aurois peine à me laisser opprimer tout à fait comme une *bête*. (III, 136.)

Vous êtes une *bête* de vous imaginer que j'aille si vite. (VIII, 158.)

Si Monsieur de Beauvais n'eût pas été une *bête* mitrée.... (I, 229.)

Cet homme croit... que je sois la plus grosse *bête* du monde. (III, 15.)

Vous êtes une grosse dupe ou je suis une grosse *bête*. (III, 368.)

ÊTRE LA BÊTE DE quelqu'un :

Ce qui est certain est que la Rivière, qui avoit déjà beaucoup de part dans l'esprit de Monsieur, essaya de la donner (*de donner peur*) au ministre par toute sorte d'avis, pour l'obliger de le défaire de Montrésor, qui *étoit sa bête*. (I, 224.)

Une infinité de circonstances... marquèrent à Monsieur le Prince et la méconnoissance et la méfiance du Cardinal. Il étoit trop vif et encore trop jeune pour songer à diminuer la dernière ; il l'augmenta par la protection qu'il donna à Chavigni, qui *étoit la bête du* Mazarin. (II, 505.)

Voyez I, 224 ; III, 401.

REMONTER SUR SA BÊTE :

M. de Chavigni... me demanda si je ne gagerois pas que le Cardinal seroit assez innocent pour ne se pas servir de cette occasion pour *remonter sur sa bête*. (II, 4.)

BÊTISE :

Je fus, pour vous dire le vrai, terriblement honteux de ma *bêtise*. (II, 245.)

Je fus assez innocent pour recevoir cette commission.... Il n'y a peut-être jamais eu de *bêtise* plus complète. (II, 464.)

BEUVÈTE. (III, 487.) Voyez BUVETTE et, ci-après, l'exemple de BEUVETIER.

BEUVETIER, buvetier :

Comme j'avois habitude avec les *beuvetiers*, je fis couler,... dans les *beuvètes*, quantité de gens à moi. (III, 487.)

BIAISER :

Chavigni pressa... Monsieur le Premier Président de *biaiser* un peu dans ses remontrances. (III, 440.)

C'est une chose pitoyable que d'avoir affaire à des gens qui ne regardent que leurs intérêts et qui même les entendent mal : car je suis persuadé qu'en faisant bien, on les trouve plus sûrement qu'en *biaisant*. (VIII, 304.)

BIEN, substantif, avoir, fortune, richesse :

Je ferois une faute extrême de préférer des récompenses d'une valeur, qui se peut dire méprisable, puisqu'elle n'est que de *bien*.... (VI, 84.)

FAIRE SON BIEN :

Notre intérêt est de ne lui point faire de mal (*au Parlement*)... et d'agir toutefois d'une manière qui lui fasse voir qu'il ne peut *faire son bien* qu'avec nous. (II, 282.)

BIEN, adverbe, sens divers :

Il m'en présenta la garde (*de son épée*) en me demandant un million de pardons. Il les redoubla *bien* quand mon gouverneur fut arrivé, qui lui dit qui j'étois. (I, 205.)

.... Ce qui seroit *bien* d'une conséquence plus dangereuse et plus funeste. (II, 105.)

Je ne doute point que votre Sainteté n'ait *bien* la bonté d'approuver ce dessein. (VI, 246.)

Vous direz *bien*, Madame,... que je marque beaucoup d'inconvénients, mais que je marque peu de remèdes, à quoi je vous supplie de me permettre de vous répondre.... (II, 271.)

BIEN, très, ou significations approchantes :

L'empire romain mis à l'encan, et celui des Ottomans exposé tous les jours au cordeau nous marquent, par des caractères *bien* sanglants, l'aveuglement de ceux qui ne font

consister l'autorité que dans la force. (I, 279.)

Il eut de grands cheveux *bien* longs, *bien* blonds. (II, 194.)

BIEN DU, BIEN DE LA, dans le sens de beaucoup de :

Si j'eusse eu *bien du* bon sens, je n'aurois pas seulement écouté une proposition de cette nature. (II, 92.)

Voilà ce que j'eusse prévu si j'eusse eu *bien du* bon sens. (II, 92.)

Vous soupçonnez apparemment *bien du* mystère, *bien de la* cabale et *bien de l'*intrigue. (II, 55.)

La défiance générale que l'on avoit de tout ce qui avoit le moins du monde de rapport à Monsieur le Prince nous obligeoit à ménager avec *bien de la* douceur ces premiers moments. (II, 153.)

Mme de Longueville a naturellement *bien du* fonds d'esprit. (II, 182.)

ÊTRE BIEN À OU AVEC :

J'*étois* trop *bien* à Paris pour *être* longtemps *bien* à la cour. C'étoit là mon crime dans l'esprit d'un Italien (*Mazarin*) politique par livre. (I, 266.)

La mode, qui a du pouvoir en toutes choses, ne l'a si sensible en aucune qu'à *être* ou *bien* ou mal à la cour. (I, 227.)

M. de Schomberg avoit toute sa vie été inséparable de tout ce qui *étoit bien à* la cour. (I, 237.)

Il n'est pas difficile de faire valoir, dans le commencement d'une guerre civile, celui (*le mérite*) de tous ceux qui sont mal à la cour. C'en est un grand que de n'*y être* pas *bien*. (II, 192.)

Monsieur le Comte... *étoit* intimement *bien avec* Monsieur. (I, 139.)

.... Monsieur le Prince, *avec* qui j'*étois* très-*bien*. (II, 64.)

Je trouvai Mlle de Chevreuse aimable ; je me liai intimement avec Mme de Rhodes... qui *étoit bien avec* elle. (II, 490.)

BIGARRÉ :

Il est impossible... de bien comprendre la conduite qu'ils (*les Espagnols*) tiennent avec le Palais, tant elle est *bigarrée* et extraordinaire. (VII, 236.)

BIJOUTIER, amateur de bijoux :

Il étoit extrêmement *bijoutier*, et... il avoit tous les doigts pleins de petites bagues. (III, 173.)

Voyez la note 7 de la page indiquée.

BILLET :

Le chevalier de la Valette avoit été pris semant des *billets* très-injurieux pour le Parlement et encore plus pour moi. (I, 222.)

L'on envoie des semeurs de *billets* pour soulever le peuple. (II, 224.)

BISSAC :

Je lui fis voir un manuscrit de Saint-Aldegonde, un des premiers fondateurs de la république de Hollande, où il étoit remarqué que Brederode se fâchant de ce que... l'on les appeloit *les Gueux*, le prince d'Orange... lui écrivit... qu'il en devoit être très-aise, et qu'il ne manquât pas même de faire mettre sur leurs manteaux de petits *bissacs* en broderie, en forme d'ordre. (II, 495.)

BLÂME, occasion de reproche, scandale :

Je ne crois pas qu'il soit à propos que vous partiez ensemble de Paris, pour ne pas donner trop de *blâme*. (VIII, 334.)

BLAMER de, accuser de :

Quand il n'y auroit que l'ordre que l'on a vu dans toutes les choses auxquelles il a eu part, on ne sauroit, sans passer pour calomniateur, *blâmer* sa conduite de violence. (V, 272.)

BLANC, substantif, blanc-seing :

Je revins à Paris avec trente-deux *blancs* signés de Monsieur le Comte. (I, 172.)

Son sentiment étoit qu'ils remplissent un *blanc* de Monsieur l'Archiduc ; qu'ils en fissent une lettre de lui à M. le prince de Conti. (II, 463.)

BLANC-SIGNÉ :

La lettre de l'Archiduc au Parlement... n'étoit qu'un *blanc-signé*, que nous avions rempli. (II, 245.)

Voyez III, 176 ; V, 407 ; VIII, 40.

BLESSER, au figuré :

Il *étoit* aussi *blessé* des services que je rendois à la Reine qu'il l'avoit été de ceux que j'avois rendus au Parlement. (III, 141.)

La Reine... me dit... qu'elle n'eût jamais cru que j'eusse été capable de lui manquer,... dans une occasion qui *blessoit* la mémoire du feu Roi son seigneur. (I, 248.)

.... Pour ne point *blesser* le véritable intérêt de l'Etat. (II, 464.)

L'on ne lui peut imputer (*à mon grand vicaire*)... d'autres crimes que d'avoir obéi à son Archevêque dans les fonctions toutes ecclésiastiques et toutes nécessaires, et qu'on ne peut accuser de *blesser* l'Etat dans la moindre chose. (VI, 259.)

Blesser, enfreindre, violer :

Le Parlement résolut... de s'assembler pour pourvoir à l'exécution de la déclaration que l'on prétendoit *avoir été blessée* en tous ses articles. (II, 100.)

Sans *blesser* l'autorité royale.... (III, 411.)

Les Canons n'auroient pas laissé d'*être blessés* par l'Emprisonnement d'un Cardinal. (VI, 330.)

Vous vous trompez fort... si vous croyez que ce soit *blesser* la fidélité que vous avez promise au

Roi, que de l'empêcher de tomber dans quelque faute. (VI, 364.)

BLESSURE, au figuré :

... Cette *blessure* mortelle que l'on vient de faire à la paix générale. (V, 327.)

BOIRE :

La santé du Roi *fut bue* avec le refrain de : « Point de Mazarin ! » (III, 269.)

BON :

Nous la trouvâmes (*la Reine*) radoucie, *bonne*, changée à un point que je ne vous puis exprimer. (I, 254.)

André Doria, sorti d'une des *bonnes* maisons de Gênes.... (V, 594.)

Le baron de Verderonne, homme de *bon* esprit.... (III, 102.)

Le maréchal d'Estrées se servit fort habilement de ce *bon* intervalle pour.... (III, 52.)

Je lui dis familièrement et en *bonne* amitié.... (III, 163.)

M. de la Rochefoucauld... n'a jamais été, par lui-même, *bon* courtisan, quoiqu'il ait eu toujours *bonne* intention de l'être. Il n'a jamais été *bon* homme de parti, quoique toute sa vie il y ait été engagé. (II, 181.)

Bon, utile, sûr, favorable :

Toutes ces démarches, qui n'étoient nullement *bonnes*, me firent prendre la résolution de me tirer du pair. (II, 458.)

Nous ne voyions pas de fondement assez *bon* et assez solide pour y appuyer, du côté de France, le projet que nous aurions pu faire de nous soutenir sans le Parlement, ou plutôt contre le Parlement. (II, 329.)

Nous avons manqué aujourd'hui d'engager le Parlement, moyennant quoi tout étoit sûr, tout étoit *bon*. (II, 361.)

... L'air de courtisan... ne m'étoit pas *bon*. (III, 113.)

Bon, cher :

Il (*le Roi*) donnoit part au prévôt des marchands et aux échevins des raisons qui l'avoient obligé à sortir de sa *bonne* ville de Paris. (II, 132.)

Arnauld crut avoir fait un miracle en faveur de son parti, d'avoir gagné M. de Beaufort par Mme de Montbazon. Mme de Nemours, sa *bonne* sœur, prétendoit cette gloire. (III, 183.)

Bon, d'aspect satisfaisant, indiquant la santé :

Quoiqu'il soit fort pâle et un peu bouffi, je lui trouvai l'œil *bon* et beaucoup de force. (VII, 99.)

Bon, ironiquement :

Dom Francisco Pizarro... étoit un *bon* Castillan, assez fraîchement sorti de son pays. (II, 358.)

Les rentiers,... tous *bons* bourgeois et vêtus de noir.... (II, 550.)

Bon, plaisant :

Nous eûmes besoin de tout notre crédit pour l'apaiser (*le peuple*) ; et le *bon* est que le Parlement croyoit que nous le soulevions. (II, 298.)

Bon à :

Messieurs les princes furent transférés à Marcoussi, maison de M. d'Entragues, *bonne à* coups de main. (III, 126.)

J'ai toujours cru que l'affaire de Jouy-le-Châtel n'étoit *bonne qu'à* accommoder. (VIII, 572.)

L'accommodement de M. d'Elbeuf avec Saint-Germain *leur* étoit fort *bon*. (II, 446.)

Il se pouvoit servir et de moi et de mon nom pour donner à la cour toutes les offres qui *lui* pourroient être *bonnes*. (II, 442.)

Châteauneuf *nous est bon* ; et... il faut que vous lui fassiez meilleure mine que jamais. (III, 319.)

Bon pour :

M. de Longueville n'étoit *bon* que *pour* le second acte. (II, 121.)

... Les affaires de la Guienne, *pour* le débrouillement desquelles le bon sens des Jeannins et des Villerois... n'eût pas été trop *bon*. (III, 44.)

Ce ne sont que des portraits de tous mes proches qui étoient dans la galerie, et qui ne sont *bons* que *pour* quelqu'un de la maison. (VIII, 503.)

Je jugeois bien que nous n'étions pas trop *bons*, et lui et moi, *pour* relever une affaire de cette nature. (II, 488.)

PRENDRE POUR BON :

Brion... étoit fort amoureux de Mlle de Vendôme,... et il étoit aussi fort ami de M. de Turenne, qui,... pour lui donner lieu de voir plus souvent Mlle de Vendôme, affectoit d'écouter les exhortations de M. de Lisieux.... Je *pris* le tout *pour bon*. (I, 185.)

L'on parla de la lettre de l'Archiduc, sur laquelle le Premier Président prononça hardiment... : « Il la faut *prendre pour bonne*, dit-il. » (III, 100.)

Le peuple, instruit du dessous des cartes, ne *prit* plus *pour bon* tout ce que l'on lui voulut persuader. (III, 356.)

Voyez II, 8, 19 et 390.

TROUVER BON, TROUVER BON QUE :

Je ne vous puis exprimer la peine que toutes ces folies me donnèrent.... Le peuple ne les *trouvoit* nullement *bonnes*. (II, 492.)

Je n'oubliois rien pour faire que M. de Bouillon... *trouvât bon que* nous ne différassions pas davantage à.... (II, 462.)

TOUT DE BON :

Monsieur ne prit que pour une raillerie ce que je lui disois *tout de bon* et comme je le pensois. (IV, 56.)

DU BON DU COEUR :

Elle s'abaissa, mais sans feintise et *du bon du cœur*, jusques à me faire des excuses. (III, 474.)

BON MOT, A BON MARCHÉ, A LA BONNE HEURE. Voyez MOT, MARCHÉ, HEURE.

BONEVOGLIE, terme de marine, marin volontaire :

Les autres (*passoient*) comme aventuriers qui demandoient à prendre parti pour servir de mariniers ou de galériens que l'on nomme *bonevoglies*. (V, 637.)

Voyez la note 2 de la page indiquée.

BONHOMME, ou BON HOMME, terme affectueux, mais avec une nuance d'ironie dédaigneuse ; il s'applique particulièrement à un vieillard :

Comminges, lieutenant des gardes de la Reine, enleva dans un carrosse fermé le *bonhomme* Broussel, conseiller de la grande chambre, et il le mena à Saint-Germain. (II, 13.)

J'allai dîner... avec M. le maréchal de Bassompierre, qui s'étant mis au jeu sur les trois heures avec Mme de Gravelle... et avec le *bonhomme* du Tremblai,... nous laissa très-naturellement M. le comte de Cramail et moi ensemble. (I, 162.)

Le *bonhomme* M. de Morangis.... (I, 243.)

Mme de Rhodes, de qui le *bon homme* garde des sceaux étoit beaucoup plus amoureux qu'elle ne l'étoit de lui.... (III, 138.)

Mon *bon homme* de gouverneur.... (I, 173.)

Ce *bon homme* (*l'évêque de Lisieux*)... avoit tant d'amitié pour moi qu'il me faisoit trois fois la semaine des leçons sur les Epîtres de saint Paul. (I, 184.)

Les conférences pour M. de Turenne furent suivies de l'explication des Épîtres de saint Paul, que le *bon homme* (*l'évêque de Lisieux*) étoit ravi de me faire répéter en françois. (I, 195.)

Je connoissois... le vicomte d'Autel pour un *bon homme* très-capable d'être trompé. (III, 285.)

Voyez I, 187; II, 21, 41, 58, 61, 152, 225 et 226; III, 55, 239, 245 et 271; IV, 27.

BONNE FEMME :

Je prêchai, le jour de Noël, dans Saint-Germain de l'Auxerrois. J'y traitai particulièrement ce qui regarde la charité chrétienne, et je ne touchai quoi que ce soit de ce qui pouvoit avoir le moindre rapport aux affaires présentes. Toutes les *bonnes femmes* pleurèrent, en faisant réflexion sur l'injustice de la persécution que l'on faisoit à un archevêque qui n'avoit que de la tendresse pour ses propres ennemis. (II, 593.)

BONNEMENT :

La Reine se mit en colère.... Elle fut plus d'un demi-quart d'heure dans de grands mouvements, dont elle revint après assez *bonnement*. (III, 315.)

Il entra *bonnement* avec moi sur les raisons qu'il avoit eues de ne pas pousser les affaires. (II, 540.)

Le Tellier la remercia *bonnement*. (III, 124.)

Il entra *bonnement* dans tous mes égards, dans tous mes intérêts. (IV, 223.)

Hiérôme traite *bonnement* avec le Sénat et consent à rentrer dans la condition d'un simple particulier, après s'être vu sur le point de se rendre souverain. (V, 656.)

BONNET :

Comme j'étois en rochet et en camail, je passai la grande salle le *bonnet* à la main. (II, 580.)

Comme le Procureur général... eut pris ses conclusions, qui furent de nous assigner pour être ouïs..., j'ôtai mon *bonnet* pour parler. (II, 584.)

Les deux Frondes s'élevèrent à ce discours, et quand je les vis bien échauffées, je fis signe de mon *bonnet*, et je dis que Monsieur m'avoit commandé d'assurer la Compagnie que.... (III, 228.)

Il se mit à genou pour recevoir ma bénédiction; je la lui donnai, le *bonnet* en tête. (III, 510.)

Le courrier que M. le cardinal de Vendôme a dépêché au Roi pour la prise du *bonnet* peut nous apporter les volontés et les ordres de Sa Majesté. (VII, 385.)

Bonnet carré :

Le Parlement va trop vite.... Ces diables de *bonnets carrés* sont-ils enragés ? (II, 84.)

Bonnet rouge, calotte de cardinal :

.... L'impossibilité qu'il avoit trouvée... de me mettre en perspective vis-à-vis du Mazarin avec un *bonnet rouge*. (III, 165.)

A Dieu ne plaise que le *bonnet rouge* me fasse tourner la tête au point de disputer le rang aux princes du sang. (IV, 183.)

Voyez encore IV, 186.

Opiner du bonnet :

Le maître des cérémonies du Pape dit à quelques cardinaux que Sa Sainteté, étant fort incommodée de la grande chaleur, vouloit que l'on n'*opinât* que *du bonnet*. (VII, 268.)

Voyez la note 21 à la page indiquée.

Conclure du bonnet :

Le reste du Collège *conclut* ensuite, ou *du bonnet* ou en deux paroles, au renouvellement de l'investiture dans la forme ordinaire. (VII, 271.)

Voyez ci-dessus Opiner du bonnet.

Passer du bonnet à :

M. le Tellier... dit nettement à Monsieur que celle (*l'opinion*) du Premier Président étoit qu'il *passeroit du bonnet* à entendre le député. (III, 75.)

BORNES :

Paul Pansa... n'oublia rien pour le ramener dans les *bornes* d'un citoyen. (V, 570.)

BORNER :

La souveraineté de Gênes n'*eut* pas *borné* son courage ni sa fortune. (V, 688.)

BOTTE, terme d'escrime, au figuré ; Donner une botte, Donner ou Porter des bottes :

La *botte* est belle, vous l'entendez mieux que nous. (III, 330.)

... Il se réunit avec elle (*avec la Reine*), en *donnant une* cruelle *botte* au Mazarin. (III, 412.)

M. de Chavigny sera de ce Conseil et ainsi obligé de paroître publiquement contre la Cour, ce qui ne lui est pas fort avantageux. Je lui ai fait *donner* cette *botte*. (VIII, 78.)

Je vous assure que je leur *donnerai* une *botte* du côté de Rome. (VIII, 438.)

Il trouveroit bien dans sa place des moments à *donner* de bonnes *bottes* au Sicilien. (III, 250.)

Je *donnois des bottes* à M. de Beaufort. (III, 305.)

Le petit Foucquet... étoit bien aise de faire jouer au mari un mauvais personnage, qui lui donnât lieu de lui *porter des bottes* du côté de la cour. (V, 85.)

Graisser ses bottes, faire ses préparatifs de départ :

En discutant les cautions, *graisse tes bottes*. (VIII, 139.)

BOTTER :

Saint-Ibar *étoit botté* pour partir. (II, 75.)

Le Roi étoit sur le point de sortir de Paris ;... il venoit de se relever et... il *étoit* même déjà *botté*. (III, 258.)

Je vous prie de faire rendre la lettre que j'écris à Mme de Longueville, par un homme *botté*, qui parte comme si je l'avois envoyé exprès en poste. (VIII, 498.)

BOUCHE :

De bouche :

La véritable raison pour laquelle il (*Monsieur le Comte*) m'avoit mandé étoit le désir qu'il avoit d'être éclairci, *de bouche* et plus en détail que l'on ne le peut être par une lettre, de l'état de Paris. (I, 154.)

L'argentier de la Reine... me donna une lettre écrite de sa main, par laquelle elle me commandoit... de me rendre dans le jour à Saint-Germain. L'argentier ajouta *de bouche* que le Roi venoit de monter en carrosse pour y aller. (II, 129.)

J'ai eu... des raisons qui ne se peuvent écrire, et que je ferai dire *de bouche*... à Madame de Nortombelland. (VIII, 317.)

.... Dans la pensée de concerter toutes choses *de bouche* avec vous-même. (VIII, 343.)

Ouvrir la bouche sur, Ouvrir la bouche de :

Je me croyois obligé d'*ouvrir la bouche sur* l'oppression des peuples. (III, 212.)

Si il n'avoit plu à Sa Majesté de m'*ouvrir la bouche sur* les incommodités que l'air de ce pays me fait ressentir.... (VII, 235.)

Il m'en parla un jour en se promenant dans le jardin de Luxembourg, devant que je lui *en eusse ouvert la bouche*. (III, 44.)

BOUE, au figuré :

Je méprise... l'insolence de ces âmes de *boue*. (III, 358.)

BOUFFONNER :

Bautru et Nogent *bouffonnoient*, et représentoient, pour plaire à la Reine, la nourrice du vieux Broussel... qui animait le peuple à la sédition. (II, 20.)

BOULE (Tenir pied à). Voyez Pied.

BOURDELOIS :

Aucune province en France ne branle pour ses intérêts. Les *Bourdelois* pourroient bien même lui fermer les portes. (VIII, 56.)

BOURDON, bâton de pèlerin :

M. le cardinal de Hesse dit publiquement qu'il est venu en carrosse de voiture, qu'il est prêt de s'en retourner avec un *bourdon* et qu'il n'y manquera pas, si le confesseur ne le traite plus favorablement que le cardinal d'Aragon. (VIII, 228.)

BOURGEOIS (Le), Le gros bourgeois, nom collectif :

Je m'ouvris à feu M. d'Estampes... et à M. l'Escuyer..., tous deux colonels et fort autorisés parmi *le bourgeois*. (I, 164.)
.... Quatre mille hommes *du gros bourgeois*. (III, 446.)
Ne dit-on pas tous les jours à la Reine que *le gros bourgeois* est à elle ? (II, 282.)
La haine et l'envie que nous contracterons dans le tiers de Paris, c'est-à-dire dans *le plus gros bourgeois*.... (II, 279.)

« Parmi les bourgeois, » dans les manuscrits H et Ch et dans toutes les éditions anciennes.

BOUT :

Nous leur mandâmes... de faire voir... au président de Mesme et à Mainardeau... un *bout* de lettre de moi à Longueil. (II, 320.)

Au bout de :

Comme il affecta d'élever sa voix en cet endroit pour se faire entendre de deux ou trois prélats qui étoient *au bout de* la chambre, j'affectai aussi de ne pas baisser la mienne pour lui repartir : « J'essaierai, Monsieur.... » (I, 260.)

Pousser à bout :

Ils aiment mieux introduire un Schisme dans l'Église de Paris... que de ne pas *pousser à bout* les mouvements de leur vengeance. (VI, 211.)

Mettre à bout :

.... Que le Cardinal ne pût à l'avenir conserver aucune pensée... de *mettre à bout* ses desseins. (V, 420.)

BOUTADE :

Quand on supposeroit même que la légèreté de quelques François eût donné lieu aux premières *boutades* de la milice corse.... (VII, 6.)

Voyez la note 10 à la page indiquée.

BOUTE-SELLE :

Si au lieu de sonner le *boute-selle*, elle (*la trompette*) sonne à l'étendart.... (IX, 173.)

BOUTONNER, au figuré :

Leurs vertus ne commencent qu'à *boutonner*. (IX, 195.)

BRANLE :

.... Ces villes, dont le *branle* naturel est de suivre celui du Parlement. (IV, 120.)
Ils ne sont pas assez considérables... pour donner quelque *branle* aux affaires. (V, 258.)
Toute la ville fut d'un même mouvement et d'un même *branle*. (V, 358.)

BRANLER, remuer, s'agiter, chanceler, au propre et au figuré :

Le Parlement... a peine à retenir les peuples qu'il a éveillés;... la contagion se glisse dans les provinces.... Tout *branle*, et Votre Altesse seule est capable de fixer ce mouvement. (II, 106.)
Aussitôt que Paris se fut déclaré, tout le Royaume *branla*. (II, 203.)
Les provinces commencent à *branler;* mais enfin le feu n'y est

pas encore assez allumé pour.... (II, 280.)

Toutes les provinces qui *branlent* déjà ne se déclareront-elles pas ? (II, 341.)

Tout le Royaume *branle*. (IV, 69.)

Aucune province en France ne *branle* pour ses intérêts. (VIII, 56.)

Aussitôt que le Roi fut à la portée, M. de Saint-Simon, gouverneur de Blaie, qui *avoit branlé*, vint à la cour. (III, 67.)

BRAS :

À TOUR DE BRAS :

Il ne me répondit que par un soufflet, qu'il me donna *à tour de bras*, et qui me mit tout en sang. (I, 204.)

AVOIR SUR LES BRAS, au figuré :

Nous avions certainement besoin de tout pour nous soutenir, *ayant toute la maison royale sur les bras*. (II, 495.)

.... Par la considération... des affaires que *j'ai sur les bras*. (III, 445.)

TOMBER SUR LES BRAS, au figuré :

.... Etant impossible que l'armée ennemie ne lui *tombât sur les bras* dans sa marche. (V, 418.)

La citadelle tiendroit assez longtemps pour attendre le secours de l'armée françoise qui étoit devant Pavie, et... en moins de huit jours elle lui *tomberoit sur les bras*. (V, 601.)

Les *zelanti*, qui sont répandus dans les factions, nous *tomberoient sur les bras*. (VII, 449.)

BRAVADE :

Hocquincourt, qui étoit de nos amis, fit le même jour je ne sais quelle *bravade* au Cardinal. (II, 526.)

M. de Chavigni, qui apprit en même temps le mouvement de l'Hôtel de Ville et la réponse de Monsieur, lui en fit des réprimandes et des *bravades*, qui passèrent jusques à l'insolence et à la fureur. (IV, 180.)

BRAVE :

La ligue fit une guerre où le chef du parti commença la déclaration par une jonction ouverte et publique avec Espagne, contre la couronne et la personne d'un des plus *braves* et des meilleurs rois que la France ait jamais eu. (II, 109.)

Messieurs les généraux... furent charmés d'un parti qui leur feroit faire, tous les matins, les *braves* au Parlement. (II, 447.)

BRAVE HOMME, BRAVES GENS :

Vous êtes un *brave homme* d'avoir achevé l'affaire du boulanger. (VIII, 157.)

Il n'y avoit... qu'à s'associer de *braves gens* qui fussent capables d'une action déterminée. (I, 145.)

BRÈCHE, au figuré :

.... Qu'il y en ait eu un nombre considérable, qui sont demeurés fermes dans la résolution de souffrir plutôt toutes choses, que de consentir à cette *brèche* qu'on vouloit faire à ma dignité. (VI, 57.)

BREVET :

Monsieur le Prince s'étoit engagé... de faire donner le tabouret à la comtesse de Fleix ; et le Cardinal, qui y avoit grande aversion, suscita toute la jeunesse de la cour pour s'opposer à tous les tabourets qui n'étoient point fondés sur des *brevets*. (II, 541.)

Voyez la note 2 de la page indiquée.

Y ayant une démission de moi, et un *brevet* du Roi ensuite.... (VII, 414.)

Voyez le suivant.

TÉMOIN À BREVET :

Ils (*ces témoins*) ont une autre

qualité, qui est bien plus relevée et bien plus rare : ils sont *témoins à brevet*.... Oui, Messieurs, Canto, Sociando et Gorgibus ont des brevets pour nous accuser. Ces brevets sont signés de l'auguste nom qui ne devroit être employé que pour consacrer encore davantage les lois les plus saintes. M. le cardinal Mazarin... a forcé M. le Tellier, secrétaire d'Etat, de contre-signer ces infâmes brevets. (II, 585 et 586.)

Il y eut beaucoup de voix qui s'élevèrent sur ce que j'avois dit des *témoins à brevet*. (II, 586.)

L'on ne se pouvoit empêcher de nous absoudre et de condamner les *témoins à brevet*. (II, 601.)

Voyez III, 33 et 240.

BREVET DE RETENUE. Voyez RETENUE.

BRICOLE (DE), terme emprunté aux jeux de paume et de billard (imité du jargon du duc de Beaufort) :

Si les bons François ne m'aiment de droit, au moins ils m'aimeront *de bricole*. (V, 212.)

Voyez tome V, p. 207, note 1.

BRIDE, au figuré :

....Que M. de Beaufort et moi nous nous pourrions tenir sur les quais qui sont des deux côtés du Palais, pour contenir le peuple, qui n'avoit besoin que de *bride* en tout où le nom de Monsieur paroissoit. (III, 292.)

TENIR EN BRIDE, au figuré :

Le Pont-de-l'Arche, place considérable sur la rivière de Seine,... *tient* Paris *en bride* pour sa subsistance et pour son commerce. (V, 361.)

TENIR BRIDE EN MAIN, au figuré :

Ces deux cours (*l'Empire et l'Espagne*), qui lui avoient fait (*au comte de Soissons*) des instances incroyables quand il balançait, commencèrent à *tenir bride en main* dès qu'il fut résolu. (I, 168.)

À TOUTE BRIDE :

M. de Boutteville... passa sur le pont Notre-Dame *à toute bride*. (III, 20.)

BRIEF, BRIÈVE :

Il en feroit très-bonne et *briève* justice à Sa Majesté. (V, 78.)

BRIGANDAGE :

Il (*le Parlement*) délibéroit touchant les rentes de l'Hôtel de Ville, dont la cour avoit fait un commerce honteux, ou plutôt un *brigandage* public. (II, 62.)

BRIL :

Tu priserois autant la lueur du verre que le *bril* des saphirs et les flammes de l'escarboucle. (IX, 170.)

Voyez la note 2 de la page indiquée.

BRILLANT :

Pouvez-vous répondre de vous-même à l'égard d'une fille aussi *brillante* et aussi belle qu'elle est ? (I, 104.)

La beauté... de Mme de Bouillon, bien qu'un peu effacée, étoit toujours très-*brillante*. (II, 168.)

BRILLANT, substantif :

Je m'aperçus que la petite cervelle de la demoiselle ne résisteroit pas longtemps au *brillant* de la faveur. (I, 135.)

Mme de Longueville... avoit une langueur dans les manières, qui touchoit plus que le *brillant* de celles mêmes qui étoient plus belles. (II, 182.)

La mitre de Paris ne pouvoit, avec tous ses *brilllants*, faire cet effet. (III, 141.)

BROCHE (COUPER) à, au figuré, empêcher de continuer :

Il faut *couper broche* à cette conduite et la régler pour une bonne fois. (VIII, 234.)

Voyez, sur l'origine de l'expression, la note 2 à la page indiquée.

BRONCHER :

Nous... demeurâmes tous en un état où il étoit impossible de ne pas *broncher* d'un côté ou d'autre à tous les pas. (III, 67.)

Ce n'est pas donc de merveille si la philosophie *a bronché* si lourdement en cette matière. (IX, 154.)

Ils *broncheront* dans les plus beaux chemins et les plus unis. (IX, 176.)

BROUILLER, mélanger, rendre confus, au propre et au figuré :

Le compte de M. Paris est *brouillé* entre les papiers du coffre, mais certainement il y est. (VIII, 215.)

Elle jeta sur un petit autel le mémoire, *brouillé* et raturé. (III, 318.)

Vous ne vous étonnez pas, sans doute, de ce que je n'avais pas fixé des vues aussi vagues et aussi *brouillées* que celles-là. (II, 121.)

La difficulté de s'assurer des uns ou des autres *brouilloit* à midi les vues qu'il avoit prises à dix heures. (III, 361.)

Le fort de M. le cardinal Mazarin étoit proprement... de jeter des lueurs, de les retirer; de donner des vues, de les *brouiller*. (IV, 213.)

....Que le meilleur moyen d'y réussir seroit de *brouiller*... l'unique négociation qu'il y avoit. (V, 86.)

Ce composé... d'esprit et de vues est toujours confus et *brouillé*. (IV, 21.)

Toutes ces différentes espèces, qui se *brouilloient* les unes dans les autres.... (III, 146.)

Brouiller les espèces, au figuré :

Les affaires *brouillent les espèces*. (II, 38.)

Mais l'on peut tout concilier, dit M. de Bouillon, qui fut bien aise de *brouiller les espèces* et de prévenir la conclusion de ce que j'avois commencé. (II, 389.)

Brouiller, mettre en hostilité, en défaveur :

Comme cette affaire et le mariage de la reine de Pologne m'*avoient* fort *brouillé* à la cour, vous pouvez bien vous imaginer le tour que les courtisans y voulurent donner. (I, 264.)

Se brouiller :

N'ai-je pas eu de raison de vous dire qu'il ne seyoit pas bien à un honnête homme d'être mal à la cour en ce temps-là ? Et n'eus-je pas encore raison de conseiller à Nangis de ne *s'y pas brouiller* ? (I, 232.)

Vous ne *vous* voulez pas *brouiller* à la cour. (II, 110.)

Je ne m'aperçus pas que je *me brouillasse* à la cour par cette conduite. (III, 515.)

BROUILLERIE, brouille, fâcherie; trouble, désordre; et sens intermédiaires entre ces diverses significations :

Vous jugez assez, par ce que je viens de vous dire, de la *brouillerie* du dedans de la maison de M. le cardinal de Richelieu. (I, 108.)

La *brouillerie* qui étoit présentement dans l'Etat étoit proprement une intrigue de cabinet entre un prince du sang et un ministre. (III, 141.)

Il faisoit tous les matins une *brouillerie*. (III, 361.)

Voyez I, 256 ; II, 166 ; V, 179 ; VIII, 27.

BROUSSER, aller à travers bois, par buissons et broussailles :

Il fallut se réduire au parti de *brousser* à l'aveugle, de jour à jour :

c'est le nom que Patru donnoit à notre manière d'agir. (IV, 51.)

BRUIT, bruit public, renommée :

Le *bruit* commun portant que la paix avoit été signée à Ruel... (II, 393.)

M. de la Rochefoucauld n'avoit pas eu trop bon *bruit* dans l'affaire des Importants. (II, 125.)

BRÛLEMENT :

.... Le *brûlement* de la Lettre d'un Archevêque. (VI, 186.)

C'est ce qui les a fait passer... du *brûlement* de ma lettre à la persécution de M. Chassebras. (VI, 189.)

BRÛLER, au figuré :

Il est impossible que ces scandales ne vous *brûlent*, et que... vous ne ressentiez ces nobles impatiences.... (VI, 61.)

BRUNE (Sur la) :

Je le vis deux ou trois fois, *sur la brune*, chez Lefebvre.... (IV, 227.)

BUFFLE. Voyez Bufre.

BUFRE, buffle :

.... Des gens à collets de *bufre*. (IV, 36.)

Voyez la note 7 de la page indiquée.

BULLOIRE :

J'ai donné à M. de Bourlemont la bulle de Jules II, et il a jugé à propos de vous l'envoyer, parce qu'elle ne se trouve point dans les *bulloires*. (VII, 134.)

BUREAU, table ou pièce où l'on écrit :

Il fallut délibérer sur le sujet de l'envoyé; et... il passa à l'entendre. L'on le fit entrer... ; l'on lui donna place au bout du *bureau*. (II, 251.)

M. de Beaufort et M. de la Mothe étoient après pour faire ouvrir une espèce de *bureau* qui répond sur la salle. (II, 440.)

Je n'eus le temps que de serrer la main à M. de Bouillon, et nous entrâmes tous ensemble dans le *bureau*. (II, 441.)

Bureau, siège d'une administration où l'on fait, par exemple, les recettes des impôts.

.... De se rendre maître des *bureaux*, de se saisir des deniers du Roi.... (IV, 124.)

L'AIR DU BUREAU :

Je proposai à M. le prince de Conti de venir au Parlement l'après-dînée, de s'offrir à la Compagnie, et d'en demeurer simplement et précisément dans ces termes, qui se pourroient expliquer plus et moins fortement, selon qu'il trouveroit *l'air du bureau* dans la grande chambre. (II, 156.)

J'avois bien connu, à *l'air du bureau*, que le plus de voix de la Compagnie alloit à lui donner (*à lui donner audience*). (II, 256.)

BUTTE (Avoir en) :

Tant qu'il avoit cru qu'ils n'*eussent en butte* que le Mazarin, il avoit été pour eux. (II, 101.)

BUVETIER. Voyez Beuvetier.

BUVETTE :

Je fis le tour par la *buvette*, et quand je fus dans la grande salle.... (II, 402.)

.... La *buvette* de la chambre des comptes. (III, 275.)

Les députés revinrent... au Palais, où Monsieur avoit mangé un morceau à la *buvette*. (III, 238.)

C

CABINET, au sens propre, lieu de réunion, ruelle :

Mme de Fruges, que vous voyez traînante dans les *cabinets*, sous le nom de vieille femme, en fut un autre (*fut un autre objet de l'amour de Richelieu*). (I, 109.)

<small>Voyez la note 1 de la page indiquée et le dictionnaire de Littré.</small>

Cabinet, au figuré :

Vous ne vous voulez pas brouiller à la cour, vous aimez mieux le *cabinet* que la faction. (II, 110.)

Je l'ai vue (*j'ai vu Madame la Palatine*) dans la faction, je l'ai vue dans le *cabinet*, et je lui ai trouvé partout également de la sincérité. (II, 187.)

Chavigni étoit rentré dans le *cabinet*, son unique élément. (III, 362.)

Voyez I, 319; II, 56, 79, 84, 86, 113 et 176; III, 365 et 397.

Homme de cabinet :

Je m'étendis beaucoup en cet endroit, parce que c'étoit celui qui étoit le plus difficile à comprendre à un *homme de cabinet*. (III, 48.)

Tenir cabinet :

Ils se servirent... très-habilement des grandes apparences que M. de Beaufort... ne manqua pas de donner... aux moindres bagatelles. L'on *tenoit cabinet* mal à propos, l'on donnoit des rendez-vous sans sujet. (I, 226.)

Cabinet, sorte de buffet :

.... Si vous ne savez point ce que est devenu un *cabinet* et une table qui étoi[en]t à moi en la chambre du docteur Paris. (VIII, 406.)

<small>Voyez la note 1 à la page indiquée.</small>

J'avois toujours cru la table et le *cabinet* chez le chanoine Péan. (VIII, 410.)

CACHET (Lettre de). Voyez Lettre.

CACHET volant, cachet qui ne ferme pas l'enveloppe, A ou En cachet volant :

J'ai pris la liberté de mettre, à *cachet volant*, dans ce paquet la lettre que j'écris sur ce sujet. (VII, 240.)

Voici une lettre pour le prieur de la Chaulme, que je vous envoie *en cachet volant*. (VIII, 346.)

Voyez VIII, 195, 212 et 403.

CADRAN :

....Les ressorts (*des événements*), qu'ils (*les historiens vulgaires*) montent et qu'ils relâchent presque toujours sur des *cadrans* de collége. (III, 343.)

CAJOLERIE :

M. d'Elbœuf... me dit tout ce que la *cajolerie* de la maison de Guise put suggérer. (II, 148.)

CALEBASSE :

Les vases dans lesquels l'on nous servit le vin étoient tout à fait semblables aux *calebasses* de Saint-Jacques. (V, 97.)

CAMARADE :

Il ne me répondit que par un apologue italien, qui porte qu'au temps que les bêtes parloient, le loup assura avec serment un troupeau de brebis qu'il le protégeroit contre tous ses *camarades*. (II, 10.)

CAMERLINGUE :

M. le cardinal Antoine... étoit présent à ce serment en qualité de *camerlingue*. (VII, 176.)

M. le cardinal Antoine, qui s'étendit un peu plus, à cause de sa charge de *camerlingue*, conclut de même. (VII, 269.)

<small>Voyez la note 23 à la page indiquée. Voyez encore VII, 273.</small>

CAMP :

M. le président de Bellièvre y ayant lu votre écrit en présence de M. et de Mme de Bouillon et de

M. de Brissac, qui revenoit du *camp*.... (II, 425.)

.... En présence de tous les généraux, à l'exception de M. d'Elbeuf, qui étoit au *camp*. (II, 444.)

CAMP VOLANT :

M. le comte d'Harcourt, que le Roi y envoya avec un petit *camp volant*, tint toutes ces villes, toutes ces troupes et tous ces peuples en haleine. (II, 450.)

CAMP (MAISTRE DE). Voyez MAISTRE DE CAMP.

CAMPAGNE (À LA) :

Le comte d'Harcourt... les resserra presque toujours dans les murailles de Rouen, et... l'unique exploit qu'ils firent *à la campagne* fut la prise de Harfleur. (II, 450.)

CANAILLE :

Le maréchal de la Meilleraie,... sur ce que le bonhomme Vennes, lieutenant-colonel des gardes, vint dire à la Reine que les bourgeois menaçoient de forcer les gardes,... pressa que l'on lui permît de prendre les gardes,... en assurant qu'il terrasseroit toute la *canaille*. (II, 21.)

L'Agneau et autres, ses émissaires,... furent vers le logis de M. le Premier Président avec quelque *canaille*. (VIII, 64.)

Voyez II, 44, 282 et 409; IV, 205.

CANAL, au figuré :

Il y avoit moins d'inconvénient, sans comparaison, à laisser croire un peu de concert, qu'à ne pas préparer, par un *canal* ordinaire, non odieux et favorable, les drogues que l'envoyé d'Espagne nous alloit débiter. (II, 248.)

.... Le *canal* par lequel il (*l'avis*) avoit été porté. (III, 344.)

CANNE, mesure de longueur :

.... Du logis des François, qui est à plus de deux cents *cannes* de celui de l'Ambassadeur. (VII, 69.)

CANON. Les CANONS, sorte d'ornements qui s'attachaient au-dessous du genou :

Tout fut à la mode, le pain, les chapeaux, les *canons*, les gants, les manchons, les éventails, les garnitures. (II, 495.)

Voyez la note 6 de la page indiquée.

M. de Candale... n'avoit rien de grand que les *canons*. (III, 43.)

CANTONNER (SE) :

....Un factieux qui *se cantonne* dans un coin du Royaume. (IV, 104.)

.... Dans Rome, où il est certain que toutes les nations se distinguent et, pour ainsi parler, *se cantonnent* pour s'unir en elles-mêmes avec plus de force, avec plus d'application et avec plus de zèle que dans leur propre pays. (VII, 178.)

CAPABLE DE, avec un substantif :

Je n'ignorois pas de quelle nécessité est la règle des mœurs à un évêque. Je sentois que le désordre scandaleux de ceux de mon oncle me l'imposoit encore plus étroite et plus indispensable qu'aux autres; et je sentois, en même temps, que je n'*en* étois pas *capable*. (I, 217.)

La bonté que vous avez eue de présenter à Leurs Majestés les assurances de mes obéissances très-humbles a fait l'unique satisfaction *dont* j'ai été *capable* depuis neuf ans. (VI, 436.)

J'avois autrefois recommandé à M. du Fresnoi... la cure de Morcin en Brie, et il en avoit effectivement ôté les chapes, que l'on avoit transférées à Tréfou qui, dans la vérité, *en* est plus *capable*. (VIII, 550.)

CAPITAINE, chef, d'armée ou autre :

Monsieur le Prince est né *capitaine*. (II, 175.)

.... Qu'on ait traité un Archevêque... comme on auroit fait... un *capitaine* de voleurs. (VI, 28.)

CAPITAINE, nom d'un grade; CAPITAINE DE QUARTIER, CAPITAINE DES GARDES, CAPITAINE AUX GARDES :

Le cardinal Mazarin... fut *capitaine* d'infanterie en Valteline; et Bagni, qui étoit son général, m'a dit qu'il ne passa dans sa guerre... que pour un escroc. (I, 283.)
Les colonels et les *capitaines de quartier* qui étoient dans mes intérêts eurent chacun leur signal et leur mot de ralliement. (III, 303.)
Elle (*Mme de Bouillon*) ne retint que Riquemont, *capitaine des gardes* de Monsieur son mari. (II, 265.)
Le Bourdet, brave et déterminé soldat qui avoit été *capitaine aux gardes*.... (III, 86.)

Voyez II, 144, 159, 162 et 169, etc.

CAPITAINE GÉNÉRAL :

Saint-Ibar... me pressa de prendre des mesures avec Espagne, avec laquelle il avoit de grandes habitudes, par le canal du comte de Fuensaldagne, *capitaine général* aux Pays-Bas sous l'Archiduc. (II, 63.)

CAPITAINE DES CHASSES :

M. le cardinal de Bouillon me demande des provisions de *capitaine des chasses* de Sergi et de ses dépendances.... Si le *capitaine des chasses* d'Anvers à Sergi.... (VIII, 409.)
Je mande à Gaultray d'expédier des lettres de *capitaine des chasses* de Sergi en blanc. (*Ibid.*)

LA CAPITAINE, la galère capitane :

Il les trouva (*les galères*) presque toutes désarmées et s'en rendit maître avec beaucoup de facilité; mais craignant que, dans cette confusion, la chiourme ne relevât *la Capitaine*, sur laquelle il entendoit beaucoup de bruit, il courut en diligence pour y donner ordre. (V, 577.)

Dans l'édition de 1682, il y a, en ce même passage, *la Capitane*. Voyez tome V, p. 649, ll, 12 et 13. — Voyez CAPITANE.

CAPITAL, adjectif :

.... Certains moments qui sont *capitaux* et décisifs dans les affaires. (IV, 21.)

CAPITAL, CRIME CAPITAL, FAUTE CAPITALE, ENNEMI CAPITAL :

Toute sorte d'intelligence avec lui n'est pas seulement odieuse, mais *capitale*. (V, 188.)
Monsieur le Comte... avoit surtout commis le *crime capital* de refuser le mariage de Mme d'Aiguillon. (I, 140.)
.... *Fautes capitales*. (IV, 18.)
Je m'expliquai... sur le peu de sûreté que je trouvois à aller à la cour, où mon *ennemi capital* étoit encore le maître. (II, 483.)
Le plus *capital ennemi* que j'aie au monde est le coadjuteur. (III, 306.)
Paris a failli aujourd'hui à être brûlé; quel feu de joie pour le Mazarin! et ce sont ses deux plus *capitaux ennemis* qui ont été sur le point de l'allumer. (III, 404.)

FAIRE SON CAPITAL DE :

Les provinces commencent à branler; mais enfin le feu n'y est pas encore assez allumé pour ne pas continuer avec plus d'application que jamais à *faire de* Paris *notre capital*. (II, 280.)

CAPITAN :

Afin qu'il ne manquât aucun personnage au théâtre, le maréchal de la Meilleraie... prit celui du *capitan*. (II, 21.)
M. d'Elbeuf, qui venoit de recevoir une lettre de la Rivière, pleine de mépris, faisoit le *capitan*. (II, 300.)
Il vint habillé en vrai *capitan* de

comédie. (III, 346; voyez encore *ibidem*, *l.* 21.)

La capitane, la galère capitane :

Trois cents forçats turcs... se saisissent de *la capitane* de Doria, qui étoit un des plus superbes bâtiments qu'on eût vus depuis longtemps sur la mer. (V, 652.)

Voyez Capitaine.

CAPITULAIRE, adjectif :

Comment pouvoient-ils témoigner plus clairement, qu'ils cédoient seulement à la violence, que par ce qu'ils ont ajouté à la fin de leur acte *capitulaire*? (VI, 58.)

CAPITULATION, dans le sens de *négociation*, puis dans le sens plus particulier de *reddition* :

Mme de Chevreuse, qui vit qu'on parlementoit, ne douta point du succès de la *capitulation*. (III, 161.)

La Sorbonne feroit le premier pas, mais... elle ne le feroit pas sans *capitulation*. (VII, 126.)

Le Parlement et le peuple, ne voyant point paroître le secours d'Espagne,... obligèrent les gens de guerre à capituler, ou, pour mieux dire, à faire une paix plutôt qu'une *capitulation*,... car le Roi n'entra point dans Bordeaux. (III, 70.)

CAPITULER, tenir chapitre, discuter, d'où le sens particulier d'*accepter des conditions*, de *se rendre* :

Etoit-il possible que vous voulussiez qu'une Faculté de théologie *capitulât* avec le Pape? (VII, 89.)

Voyez la note 10 à la page indiquée.

Le Pape ne pourroit plus dire... que l'on le veut obliger à *capituler* avec une Faculté de théologie. (VII, 95.)

Le Parlement et le peuple, ne voyant point paroître le secours d'Espagne,... obligèrent les gens de guerre à *capituler*, ou pour mieux dire à faire une paix plutôt qu'une capitulation,... car le Roi n'entra point dans Bordeaux. (III, 70.)

CAPUCIN :

J'allai... chercher MM. de Brissac et de Retz, et je les menai aux *Capucins* du faubourg Saint-Jacques. (II, 577.)

Le duc d'Orléans est un lâche et un innocent, de prendre des scrupules qui ne conviendroient pas même à un *capucin*, si il étoit aussi engagé que l'est le duc d'Orléans. (IV, 108.)

CARABINS, soldats de cavalerie légère :

Arnauld... avoit été mestre de camp des *carabins*. (II, 508.)

CARACTÈRE d'écriture (au propre ou au figuré); d'où le sens de *signature, pouvoir* :

....Cette paperasse que l'on vient de lire,... et que l'on voit formée des mêmes *caractères* qui ont profané le sacré nom du Roi. (III, 240.)

L'empire romain mis à l'encan et celui des Ottomans exposé tous les jours au cordeau nous marquent, par des *caractères* bien sanglants, l'aveuglement de ceux qui ne font consister l'autorité que dans la force. (I, 279.)

Quoique j'eusse assez de répugnance à laisser aller à Bruxelles un homme qui avoit mon *caractère*, je me laissai aller à ses prières. (II, 362.)

Noirmoutier et... Laigue... avoient mon *caractère*. (II, 429.)

Voyez tome II, p. 362, note 1.

Caractère, signe caractéristique ou distinctif; apparence; disposition naturelle de l'âme; dignité :

Monsieur le cardinal de Richelieu mourut devant que Monsieur de Lisieux eût pu achever ce qu'il avoit commencé pour mon raccommodement, et je demeurai ainsi dans la foule de ceux qui avoient été notés par le ministère. Ce *caractère* ne fut pas favorable les premières semaines qui suivirent la mort de Monsieur le Cardinal. (I, 201.)

Il (*le Parlement*) a dans ce mouvement tout le *caractère* de l'autorité; il en perdra bientôt la substance. (II, 282.)

Je la conjurois de me laisser le *caractère* de son ennemi. (III, 316.)

Le sien (*son esprit*) étoit médiocre, et susceptible, par conséquent, des injustes défiances, qui est de tous les *caractères* celui qui est le plus opposé à un bon chef de parti. (I, 153.)

Le cardinal de Richelieu avoit de la naissance. Sa jeunesse jeta des étincelles de son mérite, *etc.* Le cardinal Mazarin étoit d'un *caractère* tout contraire. (I, 283.)

Jairzé,... fort attaché au cardinal Mazarin, se mit en tête d'accoutumer... les Parisiens à son nom; et il s'imagina qu'il y réussiroit admirablement en brillant, avec tous les autres jeunes gens de la cour qui avoient ce *caractère*, dans les Tuileries. (II, 513.)

Leurs prêtres auroient eu droit... de leur ôter (*à ces prélats*) par un détestable schisme l'usage de leur *caractère*. (V, 125.)

Je déclarai... que j'avois tant de respect pour le nom du Roi, que je souffrirois toutes choses sans exception de tous ceux qui auroient le moins du monde de son *caractère*. (V, 89.)

Il (*le Roi*) est si respecté en Italie... qu'il est impossible à ceux qui ont le moins du monde de son *caractère* de se défendre des honnêtetés que tous les princes leur font à l'envi. (VII, 435.)

CARAT :

L'on n'eût pas été choisir des cervelles de ce *carat* (*Retz écrit carrat*). (II, 59.)

La vérité jette, lorsqu'elle est à un certain *carat*, une manière d'éclat auquel l'on ne peut résister. (III, 49.)

Voyez la note 2 de la page indiquée.

CARDINAL :

Monsieur le Duc... haïssoit l'abbé de la Rivière, parce qu'il avoit eu l'insolence de trouver mauvais... que l'on lui eût préféré M. le prince de Conti pour la nomination au *cardinal*. (I, 262.)

Voyez la note 1 de la page indiquée.

CARESSANT, CARESSANTE :

Accompagnant ces choses d'une courtoisie et d'une douceur civile et *caressante* qui lui étoit naturelle, il gagna tellement les cœurs de ces pauvres gens.... (V, 555.)

CARESSE :

Ce dégoût, joint aux *caresses* que la Reine lui fit.... (II, 100.)

....Ceux qui nous recherchent aujourd'hui avec tant de *caresses* et de belles protestations. (V, 348.)

CARESSER :

Quoique le Roi en eût une joie incroyable (*de la mort de Richelieu*), il voulut conserver toutes les apparences,... il *caressa* tous ses proches, *etc.* (I, 201.)

Monsieur le Prince... vint tout courant chez moi; il y trouva soixante ou quatre-vingts gentilshommes; il crut qu'il y avoit quelque partie liée avec Monsieur le Duc.... Il jura, il menaça, il pria, il *caressa*, et dans ses emportements il lâcha des mots.... (I, 263.)

Je trouvai cette fourmilière de fripiers toute en armes. Je les flattai, je les *caressai*, je les injuriai, je les menaçai : enfin je les persuadai. (II, 28.)

Il me fallut jouer, en un quart d'heure, trente personnages tout différents. Je menaçai, je *caressai*, je commandai, je suppliai. (II, 403.)

CARME :

Celui à qui il a confié le soin de cette maison est un *carme* flamand. (VII, 115.)

Voyez I, 258; VII, 120.

CARME DÉCHAUSSÉ :

Le P. Dominique, *carme déchaussé* françois,... a été général ces années passées. (VII, 177.)

CARMÉLITE :

Je rapportai, il y a quelque temps, à la congrégation des Réguliers, une affaire qui regarde les religieuses *carmélites* de Nazareth, de Bretagne. (VII, 120.)

Elle mena Madame aux *Carmélites*... un jour de quelque solennité de leur ordre. (III, 475.)

Voyez II, 578; VIII, 404.

CARRIÈRE :

Dès que j'eus pris la résolution de me mettre à l'étude, j'y pris aussi celle de reprendre les errements de M. le cardinal de Richelieu; et quoique mes proches mêmes s'y opposassent,... je suivis mon dessein : j'entrepris la *carrière*, et je l'ouvris avec succès. (I, 111.)

COURIR UNE CARRIÈRE :

Une *carrière* plus belle et plus vaste que celle que MM. de Guise *avoient courue*. (II, 114.)

CARTE :

CARTE BLANCHE, DONNER LA CARTE BLANCHE, AVOIR LA CARTE BLANCHE, etc., au figuré :

La Fronde *avoit la carte blanche* et... il ne s'agissoit que de combattre d'honnêteté.... (III, 181.)

Il me *donna la carte blanche*, ce qu'il faisoit toujours avec facilité quand il se trouvoit embarrassé. (III, 373.)

Ses envoyés (*les envoyés de l'Archiduc*) nous apportoient *la carte blanche*, mais... nous devions aviser, avec bien de la circonspection, à ce dont nous la devions et nous la pouvions remplir. (II, 327.)

Voyez III, 403; IV, 99 et 109.

CHANGER LA CARTE, au figuré, dérouter :

Il ouvriroit l'avis de donner... commission au Procureur général pour informer contre moi, « ce qui, ajouta-t-il, sera d'une grande utilité, et en décréditant le Coadjuteur par une procédure qui le mettra *in reatu*, et en *changeant la carte* à l'égard de Monsieur le Cardinal ». (III, 238.)

Voyez la note 3 de la page indiquée.

Il y eut... deux malentendus qui faillirent à *changer la carte* et à la tourner contre moi. (III, 467.)

LE DESSOUS DES CARTES, SAVOIR LE DESSOUS DES CARTES, au figuré :

Le vieux président le Cogneux... ne douta point que je n'eusse vu *le dessous de* quelque *carte*. (II, 245.)

MM. de Beaufort, de la Mothe, de Brissac et de Bellièvre, que nous avions avertis et qui *savoient le dessous des cartes*.... (II, 316.)

Voyez III, 186, 199, 213 et 356; VII, 374.

CARTEL :

Le parti ayant pris sa forme, il n'y manquoit plus que l'établissement du *cartel*, qui se fit sans négociation. (II, 199.)

CAS :

EN CAS DE :

.... Ce qui m'obligea de revenir tout à coup dans le fond de la matière et d'insister positivement que Sa Sainteté résolût... ce qu'Elle voudroit faire *en cas de* la lettre, devant que je m'engageasse plus avant à la faire écrire. (VII, 129.)

CASAQUE :

.... Des trois cents livres que

vous avez fournies pour les *casaques* des gardes-bois. (VIII, 244.)

CASUELLES (Parties), droits et revenus éventuels, bureau où ils étaient perçus :

Le premier pas... étoit d'avoir de l'argent et d'en prendre dans les *parties casuelles* ce qui y étoit du droit annuel. (IV, 71.)

Voyez la note 8 de la page indiquée.

CATARRHE :

Ses yeux qui conduisent ses mouvements sont couverts de taies et de *catarrhes*. (IX, 165.)

Voyez la note 1 de la page indiquée.

CATÉCHISER :

M. de Beaufort... *avoit été* bien *catéchisé* par Mme de Montbazon, dont je remarquois de certaines expressions toutes copiées. (II, 433.)

CATHOLICON, ancien nom d'un purgatif, pris au figuré (*Catholicon d'Espagne*, c'est-à-dire l'influence espagnole) :

Quoique je sentisse dans moi-même beaucoup de peine à être le premier qui eût mis dans nos affaires le grain de *Catholicon* d'Espagne, je m'y résolus par la nécessité. (II, 117.)

Le *Catholicon* d'Espagne n'avoit pas été épargné dans les drogues qui se débitèrent dans cette conversation. (II, 432.)

CATHOLICON, nom abrégé de la *Satire Ménippée de la vertu du Catholicon d'Espagne* :

Ce pillage, qui étoit trouvé tout aussi mauvais au Parlement que celui des Tireurs de laine sur le Pont-Neuf, y donnoit tous les jours quelque scène qui n'auroit pas été indigne du *Catholicon*. (IV, 216.)

CATHOLIQUE, substantif :

Je ne dis ni ne fis assurément quoi que ce soit qui ne fût digne et d'un véritable *catholique* et d'un bon François. (III, 116.)

CAUSE :

Qui eût osé désormais... entreprendre une *cause* dans laquelle il se souviendroit qu'un si grand Archevêque auroit succombé ? (VI, 400.)

À CAUSE DE :

M. de Longueville, de qui il étoit parent proche *à cause de* sa femme, pouvoit l'avoir engagé. (II, 145.)

À CAUSE QUE :

Blancménil... faisoit en ce temps-là quelque sorte de figure, *à cause qu*'il avoit été des premiers à déclamer dans le Parlement contre le Cardinal. (III, 185.)

CAUSER, parler, tenir conversation :

Quoiqu'il *causât* comme une linotte en particulier, il étoit toujours muet comme un poisson en public. (II, 578.)

CAUSER SUR, fonder sur, donner pour cause à :

Celle (*la déclaration*) à laquelle l'on travaille, n'*est*... *causée* que *sur* les remontrances du Parlement. (III, 412.)

CAVALIER, dans le sens de l'espagnol *caballero* :

Je me raccommodai bientôt avec la damoiselle ; mais je fus assez idiot pour me raccommoder avec le *cavalier* (*avec Noirmoutier*). (II, 595.)

Ce M. de Roquepine... est, comme vous savez, un étrange *cavalier*. (VIII, 268.)

Si les intérêts de Mme de Meckelbourg et de M. le Maréchal d'Albret vous sont indifférents, Madame, je solliciterai pour le *cavalier*, parce que je l'aime quatre fois plus que la dame ; si vous voulez que je sollicite pour la dame, je le ferai de très-bon cœur, parce que je vous aime quatre millions de fois mieux que le *cavalier*. (VIII, 623.)

Je n'aurois pas seulement remarqué cette circonstance sans beaucoup d'avis que j'ai eus d'ailleurs de la conduite du personnage.... Comme le *cavalier* est tenu ici pour espion double et triple.... (VIII [supplément], 14*.)

Voyez le suivant.

CAVALLERO :

Je ne me suis point plaint comme ambassadeur....; mais j'ai cru que, comme *cavallero*, j'en avois eu beaucoup de sujet. (VII, 205.)

Voyez le précédent :

CE, CETTE, CES :

La Reine... s'écria : « ... Vous voudriez que je donnasse la liberté à Broussel ; je l'étranglerois plutôt avec *ces* deux mains. » (II, 23.)

Le chancelier et le maréchal de la Meilleraie... furent admis dans les quatre autres (*conférences*). *Ce* premier... eut de grandes prises avec le Premier Président. (II, 88.)

La Reine... me dit d'abord que Monsieur étoit dans une colère terrible, qu'elle en étoit très-fâchée, mais qu'enfin *c'étoit Monsieur, et qu'elle ne pouvoit n'être pas dans ses sentiments. (I, 259.)

CE, neutre ; cela :

Vous ne serez pas surprise de *ce* que l'on le fut de la prison de M. de Beaufort... ; mais vous le serez sans doute de *ce* que personne ne s'aperçut des suites. (I, 232 et 233.)

Ce lui était... un mérite que de n'avoir pas quitté les bords de Loire. (II, 192.)

M. de Bouillon n'avoit pas de peine à faire concevoir à l'envoyé l'avantage que *ce* lui seroit... de pouvoir mander.... (II, 242.)

Elle (*cette requête*) concluoit à ce que... le procureur général fût mandé pour déclarer s'il avoit quelque chose à proposer contre leur innocence, et que, faute de *ce* faire, il fût incessamment pourvu à leur liberté. (III, 200.)

Je voudrois bien qu'il me laissât lieu de le traiter dans *ce* comme les autres créanciers. (VIII, 577.)

CE, plus ou moins explétif :

Par un caprice, *ce* disoit-elle, de la fortune.... (II, 185.)

Je sais, *ce* dit-il, que ce n'est pas votre intention. (II, 360.)

Les rentiers... avoient créé douze syndics pour veiller, *ce* disoient-ils, sur les prévarications du prévôt des marchands. (II, 551.)

.... Cette verve, qui ne dureroit pas longtemps, *ce* nous disoit-il. (III, 53.)

M. Chevalier... me demande, *ce* dit-il, cette grâce avec une instance terrible. (VIII, 519.)

Il marqua que la providence de Dieu faisoit naître, *ce* lui sembloit, cette occasion pour.... (II, 231.)

Je vous disois, *ce* me semble.... (II, 281.)

.... Une fluxion que j'ai sur les pieds que j'apprends *ce* être goutte. (VIII, 244.)

Voyez III, 36; IV, 169, etc.

CÉDER, actif :

L'évêque de Varmie... prit en gré de vouloir faire la cérémonie du mariage (*de la reine de Pologne*) dans Notre-Dame. Vous remarquerez, s'il vous plaît, que les évêques et archevêques de Paris n'*ont* jamais *cédé* ces sortes de fonctions dans leur église qu'aux cardinaux de la maison royale. (I, 250.)

Il (*M. de la Rochefoucauld*) prit ensuite avec Flammarin toutes les mesures qui obligèrent depuis... M. le prince de Conti à *céder* sa nomination au cardinalat à la Rivière. (II, 293.)

Ce tyran ne se contente pas de ces marques d'honneur qui, depuis le commencement de la monarchie, n'*ont* jamais *été cédées* qu'à lui seul. (V, 298.)

Monsieur l'Archevêque pouvoit disposer comme il lui plairoit de la nef (*de Notre-Dame*); mais... comme le chœur étoit au chapitre, il ne le *céderoit* jamais qu'à son archevêque ou à son coadjuteur. (I, 255.)

CE JOURD'HUI :

Il avoit eu avis *ce jourd'hui* que.... (VIII, 38.)

CELA :

Monsieur le Cardinal dit à Monsieur de Lisieux... que j'étois ami de tous ses ennemis.... Monsieur de Lisieux me rendit sur *cela* tous les bons offices imaginables. (I, 200.)

Longueil... promit d'ouvrir l'avis modéré ; les autres ou m'en assurèrent ou me le firent espérer. Ce ne fut plus *cela* le lendemain au matin. (II, 83.)

Il est incroyable ce que ces vingt ou trente paroles... produisirent dans les esprits. Il n'y eût eu personne qui n'eût jugé que le traité alloit être rompu. Ce ne fut plus *cela* un moment après. (II, 314.)

Vous revîntes hier à mon sentiment, et je ne m'en départis pas, quoique je connusse très-bien que la proposition dont il s'agissoit avoit déjà perdu beaucoup de sa fleur ; mais je crus, comme je le crois encore, que nous l'eussions fait réussir si l'armée de M. de Turenne ne lui eût pas manqué.... Ce n'est plus *cela*. (II, 423.)

Ils souhaitèrent... que j'obtinsse une amnistie. J'en parlai à Monsieur le Cardinal, qui n'y fit aucune difficulté, et qui me dit en me montrant le cordon de son chapeau, qui étoit à la Fronde : « Je serai moi-même compris dans cette amnistie. » Au retour de ces voyages, ce ne fut plus *cela*. (III, 32.)

Voyez tome II, p. 548 et suivantes.

Il me paya d'abord d'une fausse monnoie, en me disant qu'il n'avoit pas dit *cela* et *cela* au maréchal de Gramont. (III, 189.)

CELER, cacher :

Je ne vous *celerai* aucune des démarches que j'ai faites en tous les temps de ma vie. (I, 80.)

Aussitôt que ce grand Prince connoîtra ce qu'on lui *cèle* maintenant.... (VI, 368.)

Voyez I, 145 et 197 ; II, 124 ; III, 150, 151 et 169 ; VIII, 295, etc.

CÉLESTIN :

Je vis, aux *Célestins*, M. le président le Cogneux. (IV, 185.)

Voyez la note 6 de la page indiquée.

CELUI, CELLE, CEUX :

Cette question, que l'on appeloit *celle* de la sûreté publique, fut presque la seule qui reçut beaucoup de contradiction. (II, 88.)

Le maréchal de Villeroi et *celui* de la Meilleraie.... (II, 24.)

Voilà ce que le maréchal de la Meilleraie vous mande. *Celui* de Villeroi n'en dit pas tant. (II, 36.)

.... Monsieur le Prince sortoit de cette assemblée, suivi d'une foule de *ceux* du peuple qui étoient à lui. (III, 509.)

Voyez encore III, 510.

Monsieur... étoit *celui* de tous *ceux* que j'aie jamais vus le plus capable de donner dans tous les panneaux. (IV, 213.)

Ceux, désignant les membres d'une corporation, les habitants d'une ville, etc. :

Un officier de ses gardes (*des gardes du duc d'Orléans*), ayant trouvé... mon drap de pied à ma place ordinaire,... l'ôta, et y mit celui de Monsieur.... Comme la moindre ombre de compétence avec un fils de France a un grand air de ridicule, je répondis même assez aigrement à *ceux* du chapitre qui m'y voulurent faire faire réflexion. (I, 258.)

Je savois que Monsieur avoit été aux Carmes à l'office du vendredi saint, et je n'ignorois pas que tous *ceux* du clergé vont à l'adoration (*de la croix*) tous les premiers. (I, 258.)

Ce qui acheva d'étouffer tous mes scrupules fut l'avantage que je m'imaginai à me distinguer de *ceux* de ma profession par un état de vie qui les confond toutes. (II, 38.)

Beaucoup de *ceux* de la Compagnie ayant représenté que les peuples croiroient qu'elle auroit été violentée si elle opinoit au Palais-Royal, l'on résolut de s'assembler l'après-dînée au Palais. (II, 50.)

Je courus toute la nuit... pour faire connoître à *ceux* du Parlement auxquels je n'osois m'ouvrir touchant M. le Prince de Conti.... (II, 149.)

Ceux de ce parlement.... (III, 127.)

Est-il possible qu'il y ait des gens assez scélérats, pour vous oser mander que le Coadjuteur ait eu commerce avec *ceux* de Bordeaux? (III, 137.)

Suivez tous l'Evêque, dit-il à *ceux* de Smyrne.... (VI, 384.)

CENDRÉE, petit vaisseau destiné à essayer et purifier l'or et l'argent :

L'épreuve de l'or et de l'argent se fait par la coupelle et par la *cendrée*. (IX, 191.)

Voyez la note 2 de la page indiquée.

CENSE, ferme :

On me fait des propositions pour rebâtir la *cense* de Launoy au lieu d'une forge. (VIII, 200.)

Le préalable est d'examiner ce qui sera le plus utile ou la forge, ou la *cense*. (VIII, 202.)

CENT ET CENT, signifiant : un grand nombre de :

M. le Tellier, M. Servien et Madame la Palatine, que j'ai mis depuis sur cette matière *cent et cent* fois.... (III, 353.)

La fortune peut jeter *cent et cent* incidents dans une affaire de cette nature. (II, 555.)

J'en ai *cent et cent* exemples. (III, 142.)

CENTRE :

Je prenois le chemin de Rome, le *centre* de la vérité. (VI, 68.)

CEPENDANT, pendant ce temps :

Nous verrons ses progrès, après que je vous aurai rendu compte de ce qui se passoit *cependant* à Paris. (IV, 96.)

Cependant que :

Cependant que l'on attendoit,... je pris le bonhomme Broussel à part. (II, 225.)

Cependant que toute cette pièce de l'envoyé d'Espagne se jouoit au Palais.... (II, 262.)

Il est nécessaire de parler... de ce qui se passa à Paris, *cependant que* Monsieur le Prince fut en Bourgogne. (II, 510.)

Voyez II, 262, 260 et 275; III, 30, etc.

CERCLE :

Il en fit une (*une plaisanterie*) de cette nature, en plein *cercle*, à Mme de Guémené. (I, 133.)

Je lui dis ces propres paroles : « Je serois bien honteux, Monsieur, de ce qui se vient de faire, si.... » Le mot plut à Monsieur, et il le redit le soir au *cercle*, comme une politesse. (I, 258.)

Monsieur le Prince, le trouvant (*trouvant Mazarin*) un jour au *cercle*, et voyant qu'il faisoit le fier plus qu'à l'ordinaire.... (II, 533.)

Pour le lui témoigner, le lendemain, au *cercle*, il lui parleroit.... (III, 317.)

CÉRÉMONIAL :

Trêve de *cérémonial*; il s'agit de

choses trop importantes pour observer les formalités. (VIII [supplément], 22*.)

CÉRÉMONIE :

J'accompagnai tout le monde jusques au carrosse, et j'acquis par ce moyen la réputation de civilité.... J'évitai, sans affectation, de me trouver en lieu de *cérémonie* avec les personnes d'une condition fort relevée, jusques à ce que je me fusse tout à fait confirmé dans cette réputation. (I, 218.)

Lieutenant des cérémonies :

Saintot, *lieutenant des cérémonies*, m'apporta... une lettre de cachet, qui m'ordonnoit de faire préparer l'église pour Monsieur l'évêque de Varmie (*pour marier la reine de Pologne*). (I, 250.)

Voyez I, 255.

CERNER :

Nous n'oubliâmes pas de *cerner*, autant que nous pûmes, le garde des sceaux par Mme de Rhodes. (III, 149.)

CERTAIN :

De certains, de certaines :

Il y a *de certains* temps où *de certaines* gens ont toujours raison. (II, 517.)

CERTAINEMENT, avec certitude :

Les particularités de son mal ont été tenues si secrètes, que l'on n'en peut découvrir *certainement* aucun détail. (VII, 53.)
.... Un fait que je sais *certainement* être faux. (VII, 313.)

CERVELLE :

Je m'aperçus que la petite *cervelle* de la demoiselle ne résisteroit pas longtemps au brillant de la faveur. (I, 135.)
.... Les affaires de la Guienne, pour le débrouillement desquelles le bon sens des Jeannins et des Villerois, infusé dans la *cervelle* du cardinal de Richelieu, n'eût pas été trop bon. (III, 44.)

CESSATION d'armes. Voyez Arme.

CESSION :

Monsieur de Lavaur me vint retrouver... pour me dire que Monsieur le Cardinal ne prétendoit point que M. l'abbé de la Mothe eût l'obligation du lieu à ma *cession*, mais à son mérite. (I, 120.)

CHACUN (Un) :

Ce raisonnement... conservoit à *un chacun* son droit et ses avantages. (V, 367.)

CHAIRE[1] :

Ma place ordinaire (*à Notre-Dame*)... étoit immédiatement au-dessous de la *chaire* de Monsieur l'Archevêque (*de Paris*). (I, 257.)
Comme je sortis de *chaire*, Mlle de Chevreuse dit : « Voilà un beau sermon. » (II, 594.)
Voilà la dernière fois que je me mêlerai de cette *chaire*. (VIII, 332.)
.... Un homme qui est assis dans la *chaire* de saint Pierre. (V, 76.)

Chaire, chaise :

Ce fut un assez plaisant spectacle de voir les femmes, à ce fameux siége (*au siége de la Bastille*), porter leurs *chaires* dans le jardin de l'Arsenal, où étoit la batterie, comme au sermon. (II, 190.)

Voyez la note 6 de la page indiquée.

CHAISE, Chaise roulante :

Je monte présentement en *chaise* pour aller au-devant de ces MM. les Evêques. (VIII, 554.)
Nous avons résolu... de nous embarquer sur la même galère, et, comme il fait porter une *chaise*

1. On verra par les exemples qui suivent que les orthographes *chaire* et *chaise* paraissent varier au hasard, qu'il s'agisse de ce que nous désignons aujourd'hui par l'un ou par l'autre de ces mots.

roulante, nous faisons état, si la mer nous refuse, de prendre la poste ensemble. (VII, 387.)

Voyez la note 4 à la page indiquée.

CHAISE, chaire :

Je prêchai... dans Saint-Germain de l'Auxerrois.... Je connus, au sortir de la *chaise*, par les bénédictions qui me furent données, que je ne m'étois pas trompé dans la pensée que j'avois eue que ce sermon feroit un bon effet. (II, 593.)

Voyez la note 1 de la page indiquée.

La république de Gênes... a ôté de sa place accoutumée la *chaise* de l'Archevêque. (VII, 57.)

Voyez la note 10 à la page indiquée.

J'ai promis la *chaise* de Saint-Denis pour cette année au P. Cauqui, cordelier. (VIII, 332.)

CHÂLIT, bois de lit :

Je vous prie que l'on leur rende par compte jusques au moindre *châlit*. (VIII, 159.)

CHALEUR, au figuré :

Toutes les humeurs de l'État étoient si émues par la *chaleur* de Paris, qui en est le chef, que je jugeois bien que l'ignorance du médecin ne préviendroit pas la fièvre, qui en étoit comme la suite nécessaire. (II, 5.)

Les vingt-trois autres propositions de la chambre de Saint-Louis passèrent avec plus de *chaleur* entre les particuliers que de contestation pour leur substance. (II, 88.)

Monsieur le Prince n'auroit pas conservé pour elle la tendresse qu'il y conserva toujours dans la *chaleur* même de l'affaire de Coligni. (II, 119.)

Je ne puis vous exprimer la *chaleur* et la fureur qui parut dans le corps et dans les particuliers à cette nouvelle. (II, 311.)

Voilà bien de la *chaleur* dans le parti; et vous croyez apparemment qu'il faudra au moins un peu de temps pour l'évaporer, devant que la paix se puisse faire. (II, 372.)

Ce procès-verbal et ces articles furent lus, ce qui ne se passa pas sans beaucoup de *chaleur*. (II, 405.)

L'on tiendroit les peuples... en défiance et en *chaleur*. (III, 376.)

Il y eut, dans cette séance, beaucoup de *chaleur* entre M. le prince de Conti et Monsieur le Premier Président. (III, 394.)

Les petites *chaleurs*, qu'il a témoignées depuis contre moi.... (VI, 38.)

M. de la Rochefoucauld, qui avoit plus de cœur que d'expérience, s'emporta de *chaleur*. (II, 262.)

M. de Beaufort... s'emporta de *chaleur*. Il tira d'abord la nappe, il renversa la table. (II, 516.)

DONNER CHALEUR À :

Ce pas... avança de quelques jours la proposition que Messieurs les généraux n'avoient résolu de faire contre la personne du Mazarin que dans les moments où ils jugeroient qu'elle leur pourroit servir pour *donner chaleur*... aux négociations qu'il avoit... avec chacun d'eux. (II, 459.)

Le Roi s'avança à Compiègne, pour *donner chaleur au* siége de Cambrai. (II, 507.)

.... Compiègne, où le Roi étoit allé dans le temps du siége de Guise, pour *donner chaleur à* son armée. (III, 62.)

CHAMADE (FAIRE UNE), sonner une chamade :

Le trompette qui apporta la lettre de l'Archiduc à Monsieur... *fit une chamade* à la Croix-du-Tirouer, et tint même des discours fort séditieux au peuple. (III, 92.)

Voyez la note 4 de la page indiquée.

CHAMBRE (GENTILHOMME DE LA) :

Argenteuil,... depuis la mort de

Monsieur le Comte, dont il avoit été premier *gentilhomme de la chambre*, s'étoit fort attaché à moi. (II, 35.)

.... Au chevalier de Rivière, *gentilhomme de la chambre* de Monsieur le Prince. (II, 86.)

CHAMBRE (MAÎTRE DE). Voyez MAÎTRE DE CHAMBRE.

CHAMP, au figuré :

Les choses cachées étant proprement le *champ* de l'imposture.... (V, 192.)

J'avois un *champ* assez ample et assez spacieux pour satisfaire cette vaste ambition. (VI, 296.)

AVOIR BEAU CHAMP DE :

Les factieux *auroient* un aussi *beau champ de* faire appréhender le contre-coup.... (III, 49.)

DONNER CHAMP DE :

.... Les correspondances de l'hôtel de Chevreuse avec la cour... *donnoient*, à la vérité, *un beau champ de* me calomnier. (IV, 227.)

OUVRIR UN CHAMP À :

Cet arrêt... *ouvrit un* grand *champ aux* réflexions. (III, 441.)

CHANSON, au figuré :

Cette parole (*donnée par les Espagnols*) n'est qu'une *chanson ;* mais cette *chanson* nous est bonne, parce qu'il ne sera pas difficile d'en faire quelque chose qui sera très-solide et très-bonne. (II, 338.)

Ce que je vous disois tantôt n'être qu'une *chanson* ne laissera pas d'obliger ses ministres (*les ministres du roi d'Espagne*) à garder des égards. (II, 341.)

Il me reprocha que j'avois contribué à l'obliger à souffrir que l'on insistât à la déclaration contre les cardinaux françois; qu'il savoit bien que je ne m'en souciois pas, parce que ce ne seroit qu'une *chanson*, même très-impertinente,... toutes les fois qu'il plairoit à la cour. (III, 275.)

C'est ma vieille *chanson :* tout avec le Parlement; rien sans lui. (II, 348.)

CHAOS :

Mme de Longueville, MM. de Bouillon... formoient un *chaos* inexplicable d'intentions et d'intrigues. (III, 461.)

CHAPEAU, CHAPEAU DE CARDINAL :

M. le cardinal Mazarin... s'appliqua... à gagner l'abbé de la Rivière, et il eut même l'imprudence de laisser voir à Monsieur le Prince qu'il lui faisoit espérer le *chapeau* destiné à M. le prince de Conti. (II, 504.)

Le Pape... attendroit à faire la promotion pour les couronnes quand il y auroit huit *chapeaux* vacants. (VII, 205.)

Je l'avois servi (*j'avois servi Monsieur le Prince*)... avec chaleur, dans le démêlé qu'il eut avec Monsieur, touchant le *chapeau de cardinal* prétendu par Monsieur son frère. (II, 76.)

CHAPELLE tenue par le Pape. (Le Pape *tient chapelle* lorsqu'il assiste à l'office divin, accompagné des cardinaux, dans une de ses chapelles ou dans une église) :

J'ai essayé, dans les dernières *chapelles*, de mettre les discours de Monsieur le Nonce dans leur jour. (VII, 108.)

J'avois demandé audience à Sa Sainteté. Elle me la donna à l'issue de la *chapelle* de dimanche dernier. (VII, 124.)

Voyez VII, 64 et 136.

CHAPITRE, partie d'un livre, d'un ouvrage; pris au figuré :

La présence du Cardinal à la conférence... étoit un *chapitre* si odieux au peuple, que.... (II, 321.)

Il y a des conjonctures où la prudence même ordonne de ne consulter que le *chapitre* des accidents. (II, 75.)

Nous nous trouvions en état d'attendre, avec sûreté et même avec dignité, ce que pourroit produire le *chapitre* des accidents. (II, 519.)

Je me résolus d'attendre ce que le *chapitre* des accidents produiroit. (III, 303 et 304.)

CHARGE :

Le Conseil... remit sur le tapis une déclaration... pour l'établissement de la chambre du domaine[1], qui étoit d'une *charge* terrible pour le peuple et d'une conséquence encore plus grande. (I, 299.)

CHARGE, fonction :

Le Parlement confirma la régence de la Reine...; tous ceux qui avoient perdu des *charges* y rentrèrent. (I, 230.)

Quoique le Roi en eût une joie incroyable (*de la mort de Richelieu*), il voulut conserver toutes les apparences : il ratifia les legs que ce ministre avoit faits des *charges* et des gouvernements, *etc.* (I, 201.)

M. d'Espernon étoit ravi d'être rentré dans son gouvernement (*de la Guyenne*) et dans sa *charge* (*de colonel général de l'infanterie*). (I, 237.)

Il y eut... quelque petit nuage... entre Monsieur le Duc et M. le cardinal Mazarin, pour la *charge* d'amiral, que le premier prétendit par la mort de M. le duc de Brézé, son beau-frère. (I, 239.)

Montrésor... le destina, dès cet instant, à la *charge* d'amant de Mme de Chevreuse. (II, 361.)

CHARGE, conduite, direction.

Il est nécessaire que ceux qui sont sous votre *charge* se puissent conformer au général de mes intentions. (VI, 427.)

1. Voyez tome I, page 299, note 5.

Ils sout bons matelots, sous la *charge* d'un bon pilote. (IX, 164.)

AVOIR CHARGE :

Thomas Assereto fut commandé pour se saisir de cette porte, en donnant le mot, qu'il pouvoit aisément savoir, parce qu'il *avoit charge* sous Jannetin Doria. (V, 571.)

DONNER CHARGE DE :

Son maître lui *avoit donné charge de* faire part à la Compagnie d'une négociation.... (II, 252.)

M. de Longueville lui *avoit donné charge de* dire à la Compagnie que.... (II, 370.)

J'*ai donné charge* à Malclerc *de* nous dire.... (VIII, 347.)

CHARGE, terme militaire; VENIR À LA CHARGE :

Nerlieu,... qui commandoit la cavalerie des Mazarins, *étant venu* avec beaucoup de vigueur *à la charge*, fut tué par les gardes de M. de Beaufort. (II, 217.)

CHARGER DE, accuser de, rendre responsable de :

Je connus que notre parti étoit assez formé pour n'*être* pas *chargé* en mon particulier *de* l'union avec les ennemis de l'État. (II, 233.)

Ce pas, auquel je fus forcé pour n'*être* pas *chargé*, dans le public, *de* la glissade de M. de Beaufort.... (II, 458.)

Il semble que vous prétendiez *charger* Monsieur le Coadjuteur *de* l'écrit donné au Parlement contre Monsieur le Prince. (V, 375.)

Gilles, Archevêque de Reims, ayant été arrêté prisonnier dans Metz, pour *avoir été chargé d*'une conspiration contre la vie du Roi Childebert.... (VI, 359.)

Le Tellier refusa d'en faire la proposition à la cour; Mme de Chevreuse le *chargeant des* conséquences, il y consentit. (III, 152.)

SE CHARGER DE, accepter, prendre à sa charge :

L'un (*le Coadjuteur*) ne veut pas *se charger* dans la postérité *de* la honte d'avoir mis Paris entre les mains du roi d'Espagne.... (II, 330.)

CHARNEL :

Il n'y a point de prétendu intérêt d'État, ni de raffinement d'une politique *charnelle*, qu'on puisse opposer à l'ordonnance de Jésus-Christ même. (VI, 352.)

CHARTREUX :

M. de Morangis me disant, dans la cellule du prieur des *Chartreux*, que.... (I, 244.)

Je le dis... à Plot, chanoine de Notre-Dame et présentement *chartreux*. (II, 15.)

Voyez II, 41, 184 et 561 ; IV, 185.

CHASSER :

M. de Vendôme étoit trop heureux de n'*avoir été* que *chassé* (*exilé par Mazarin dans sa terre d'Anet*). (I, 235.)

CHÂTELLENIE, seigneurie d'un châtelain :

Vous aurez vu par beaucoup de mes précédentes mon sentiment sur la *châtellenie*. (VIII, 140 et 141.)

CHATOUILLEMENT, au figuré :

.... Un certain *chatouillement* de gloire, qui fait toujours souhaiter avec passion de ne devoir qu'à soi-même les belles actions que l'on veut faire. (V, 521.)

CHATOUILLER, au figuré :

Je permis à mes sens de se laisser *chatouiller* par le titre de chef de parti. (II, 37.)

Je vis que la Compagnie *étoit chatouillée* du discours qu'il venoit de lui tenir. (II, 254.)

M. de Beaufort... *fut* d'ailleurs *chatouillé* du succès que cette démarche eut dans le peuple. (II, 526.)

Je n'*étois* pas assez *chatouillé* de la figure que je faisois contre Monsieur le Prince... pour ne pas concevoir... les précipices du poste où j'étois. (III, 520.)

La plaisanterie... amuse,... *chatouille*.... (V, 87.)

L'ambition *chatouille* incessamment les personnes de votre condition. (V, 532.)

CHAUSSES :

J'ai peine à me laisser ainsi tirer les *chausses* par une espèce de force. (VIII, 362.)

CHEF, tête :

Ce filoutage faisoit que le ministère... ne lui seyoit pas bien (*à Mazarin*), et que le mépris s'y glissa, qui est la maladie la plus dangereuse d'un État, et dont la contagion se répand le plus aisément... du *chef* dans les membres. (I, 287.)

Toutes les humeurs de l'État étoient... émues par la chaleur de Paris, qui en est le *chef*. (II, 5.)

CHEF, chapitre, article :

Quoique je sentisse dans moi-même beaucoup de peine à être le premier qui eût mis dans nos affaires le grain de catholicon d'Espagne, je m'y résolus par la nécessité, et je commençai à en dresser l'instruction, qui devoit contenir plusieurs *chefs*, et dont la conclusion fut remise, par cette raison, au lendemain matin. (II, 117.)

CHEF-D'ŒUVRE, œuvre qu'on était obligé d'accomplir pour être reçu maître dans son art :

Voici quatre lettres de maîtrise pour Saint-Denis... ; j'y ai trouvé une clause qui me paroît contre les bonnes mœurs, qui est une dispense du *chef-d'œuvre*. (VIII, 477.)

CHEF-D'ŒUVRE, au figuré :

Il n'y a rien dans le monde qui n'ai son moment décisif, et le *chef-d'œuvre* de la bonne conduite est de connoître et de prendre ce moment. (II, 94.)

CHEMIN, au figuré ; PRENDRE UN CHEMIN, FAIRE CHEMIN, etc. :

Il s'étoit laissé précéder partout par les moindres officiers de la couronne, et il ne donnoit pas la main, dans sa propre maison, aux gens de qualité qui avoient affaire à lui. Je *pris le chemin* tout contraire : je donnai la main chez moi à tout le monde, *etc.* (I, 218.)

Je trouvai Mlle de Chevreuse aimable ; je me liai intimement avec Mme de Rhodes... qui étoit bien avec elle ; je *fis chemin*, je ruinai dans son esprit le duc de Brunswic de Zell. (II, 490.)

Je *faisois chemin* dans son esprit. (III, 511.)

ALLER SON GRAND CHEMIN :

M. de Beaufort employa son lieu commun, qui étoit d'assurer qu'il *iroit* toujours *son grand chemin*. (II, 383.)

CHERCHER DE :

Il n'y a pas un homme à Rome... à qui il ne s'en soit ouvert et à qui même il *n'ait cherché de* s'en ouvrir. (VII, 188.)

SE CHERCHER :

.... Vous... qui *vous cherchiez* des grâces et des bienfaits de ce ministre. (V, 178.)

CHÈRE (FAIRE BONNE), faire bon accueil :

Martineau... dit... que l'on *feroit* fort *bonne chère* à l'envoyé d'Espagne. (II, 260.)

CHÈREMENT :

J'aime *chèrement* M. de Guitaud. (VIII, 313.)

Après les obligations que je vous ai et dont je conserve *chèrement* toutes les circonstances dans le fond de mon âme.... (VII, 413.)

Voyez encore I, 98.

CHERTÉ :

Il secourut les pauvres dans une *cherté* de vivres.... (V, 633.)

CHESNEAU, jeune chêne :

MM. les marquis de la Trousse et de Sévigné... m'ont prié en faveur d'un nommé Louis Broyard... de lui accorder quelques *chesneaux* pour le rétablissement de sa maison qui a été brûlée. (VIII, 351.)

CHEUX, chez (orthographe constante de Retz.) :

.... Les chanoines et les curés, que je trouvois très-naturellement *cheux* mon oncle. (I, 179.)

M. l'abbé Lenami... m'a tenu et traité dix ou douze jours *cheux* lui. (VII, 366.)

Mlle de Bron... demeure *cheux* Mme de Balincour. (VIII, 390.)

CHEVAL :

CHEVAUX, dans le sens de cavaliers :

Blancménil... me dit que le Roi marchoit au Palais avec huit mille *chevaux*. (II, 130.)

Le maréchal du Plessis... y étoit avec huit cents *chevaux*, composés de la gendarmerie. (II, 290.)

Voyez II, 143, 170, 214, 216, 217, 261, 262, 370, 424 et 450 ; III, 119, etc.

CHEVAU-LÉGER :

Il se mit à la tête des *chevau-légers* de la garde. (II, 29.)

CHEVALERIE, action chevaleresque ; ironiquement :

MM. de Beaufort et de Nemours... écrivirent à Monsieur qu'il y avoit dans la ville une faction très-puissante pour la cour, et que sa présence y étoit très-nécessaire.... Elle l'étoit encore beaucoup plus à Paris.... Mademoiselle s'offrit d'y aller : ce que Monsieur ne lui accorda qu'avec beaucoup de peine, par la raison de la bienséance.... Je me souviens qu'il me dit, le jour qu'elle prit congé de lui : « Cette *chevalerie* seroit bien ridicule, si le bon sens de Mmes de Fiesque et de Frontenac ne la soutenoit ». (IV, 164.)

CHICANER, actif :

Elle (*la répétition*) fut continuelle... sur ces matières, la cour *chicanant* toutes choses à son ordinaire. (III, 283.)

CHICANERIE :

Le ministre... précipita Monsieur le Comte dans la guerre civile, par des *chicaneries* que ceux qui sont favorisés à un certain point par la fortune ne manquent jamais de faire aux malheureux. (I, 154.)

Malgré cette *chicanerie* politique.... (VI, 204.)

.... Les *chicaneries* de la Serment. (VIII, 415.)

CHIEN, employé plaisamment, au figuré :

Bonsoir, *chien* de Normand. (VIII, 145.)

CHIFFRE, écriture chiffrée :

Le Cardinal lui avoit débauché le marquis de Noirmoutier, avec lequel il avoit un commerce de *chiffre* pour être averti de tout à son préjudice. (II, 76.)

Il espéroit que par une fort ample dépêche en *chiffre* il feroit comprendre au comte de Fuensaldagne.... (II, 242.)

Elle tira... de dessous son chevet (car elle étoit au lit) huit ou dix liasses de *chiffres*, de lettres, de blanc-signés. (III, 176.)

.... A moins que le *chiffre* ne donne quelque lumière contraire. (VII, 213.)

Voyez II, 334, 335, 349 et 425; III, 59, 306 et 323.

CHIFLER, siffler (orthographe non constante) :

Je ne l'ai jamais vu *chifler* avec plus d'indolence qu'il *chifla* une demi-heure en entretenant Guerchi. (II, 20.)

Voyez la note 1 de la page indiquée Voyez II, 34 et 226; III, 392; IV, 81.

CHIMÈRE :

.... La ridicule *chimère* de sa roturière principauté. (III, 42.)

CHIMÉRIQUE :

Ces railleries étoient si bien circonstanciées... que les négociations du maréchal n'en paroissoient plus que *chimériques*. (III, 189.)

CHIMIQUE :

Le cardinal de Richelieu la vint traiter (*la France*) comme un empirique, avec des remèdes violents, qui lui firent paroître de la force, mais une force d'agitation qui en épuisa le corps et les parties. Le cardinal Mazarin, comme un médecin très-inexpérimenté, ne connut point son abattement. Il ne le soutint point par les secrets *chimiques* de son prédécesseur; il continua de l'affoiblir par des saignées. (I, 289.)

CHIOURME :

Il les trouva (*les galères*) presque toutes désarmées et s'en rendit maître avec beaucoup de facilité; mais craignant que, dans cette confusion, la *chiourme* ne relevât la Capitaine, sur laquelle il entendoit beaucoup de bruit, il courut en diligence pour y donner ordre. (V, 577.)

CHIRURGIEN :

Je sortis de sa chambre (*de la chambre de mon oncle*)...; un *chirurgien* qu'il avoit me pria d'aller attendre de ses nouvelles aux Carmélites. (II, 578.)

Un *chirurgien* domestique que j'avois venant de sortir de chez moi, parce qu'il avoit tué un homme, je crus que je ne me pouvois mieux adresser qu'au marquis de Noirmoutier,... qui en avoit un très-bon et très-affidé. (II, 594.)

Voyez encore V, 93.

CHOIR :

C'est une goutte de rosée qui *chet* sur la terre avant le lever du soleil. (IX, 146.)

Ce sont des enfants qui *cheent* souvent et qui ne se blessent guère. (IX, 180.)

Comme une pierre qui *chet*.... (IX, 191.)

CHOQUER, au figuré :

Je vous promets que je ne *choquerai* point le tabouret de la maison de Rohan. (II, 542.)

Ce procédé... *choqua* les Enquêtes. (III, 81.)

Il est étrange que des esprits, qui ont quelque connoissance des choses du monde, *choquent* le vraisemblable aussi grossièrement. (VI, 67.)

Si la Faculté de théologie n'eût point eu dessein de *choquer* l'infaillibilité du Pape, elle n'eût fait aucune difficulté de s'en expliquer. (VII, 63.)

Cette explication ne *choque* pas le texte de la Bulle. (VII, 120.)

Urbain VIII⁰... étoit persuadé qu'on ne les lui avoit proposés (*ces cardinaux*) que pour *choquer* son inclination. (VII, 332.)

Se choquer de :

L'on fit monter six compagnies en garde. Monsieur *s'en choqua* et il envoya... commander à M. d'Épernon... de ne recevoir ordre que de lui. (III, 247.)

Voyez encore III, 119.

CHOSE :

Il me promit... de me servir de toute *chose* en cette occasion. (I, 99.)

Ce plan... contient les quatre premières années de la régence, dans lesquelles la rapidité du mouvement donné à l'autorité royale par M. le cardinal de Richelieu... maintint toutes les *choses* en l'état où vous les voyez. (I, 238.)

Je ferois toutes *choses* sans exception plutôt que de souffrir que la maison royale se brouillât à ma considération. (I, 263.)

Il n'y a personne de tué, le reste n'est pas grande *chose*. (IV, 204.)

État de chose :

Il ajouta qu'il n'avoit point vu le bref, et que je n'avois qu'à l'envoyer quérir pour m'éclaircir plus à fond de l'*état de chose*. (VII, 199.)

CHRÉTIENNEMENT :

A parler *chrétiennement*, ce raisonnement est juste. (V, 255.)

CHUTE :

Il n'a pas eu le temps de les prendre (*de prendre les grandes maximes*) par lui-même, parce qu'il a été prévenu, dès sa jeunesse, par la *chute* imprévue des grandes affaires. (II, 176.)

Chute, terme de rhétorique :

Vous voyez la *chute* du discours, qui tomba, incontinent après, sur le chapeau. (III, 152.)

CI :

Entre ci et..., Entre ci et là :

Nous espérons qu'*entre ci et* le premier (*ordinaire*) nous en pourrons pénétrer la vérité. (VII, 152.)

Voyez la note 2 à la page indiquée.

Entre ci et ce temps-là je prendrai mes dernières résolutions. (VIII, 82.)

Je prendrai ma résolution *entre ci et* jeudi. (VIII, 429.)

Entre ci et cinq ou six jours mes yeux qui commencent à être mieux se pourront fortifier. (VIII, 481.)

Je tirerai jusques au lendemain de la Notre-Dame,... et il n'est pas possible que l'on ne pénètre *entre ci et là* ce qui sera de la santé du Pape. (VII, 325.)

Je suis toujours bien foible de mon pied, mais je me fortifierai apparemment *entre ci et là*. (VIII, 479.)

CI-DEVANT :

Telles et telles déclarations, accordées *ci-devant*, seroient inviolablement observées. (II, 472.)

Les Vicaires Généraux commis *ci-devant* par nous satisferont à toutes les fonctions de leur charge. (VI, 229.)

CIMENTER, au figuré :

.... Un parti formé pour la défense de la religion, *cimenté* par le sang de MM. de Guise. (II, 280.)

Au lieu de couronner, ou plutôt de *cimenter* cet ouvrage dont tout le monde est convenu, l'on fait des propositions nouvelles. (III, 410.)

Est-il possible... que, sous le règne de Louis XIV, on renverse, sur les frontières de la France, les autels que ses glorieux prédécesseurs *ont cimentés* de leur propre sang dans la Palestine ? (V, 292.)

CINQUANTE, signifiant *un grand nombre de* :

Eux qui m'avoient, je crois, *cinquante* fois en leur vie, persécuté pour entreprendre, me firent à cet instant des leçons de modération. (II, 39.)

CIRCONLOCUTION :

La tendresse qu'il avoit pour le nom françois... ne lui avoit pas permis d'ouvrir seulement un petit billet qu'il avoit reçu d'un lieu suspect. Ce lieu ne fut nommé qu'après deux ou trois *circonlocutions* toutes pleines de scrupules et de mystères. (II, 235.)

CIRCONSTANCE :

M. le cardinal de Richelieu avoit donné une atteinte cruelle à la dignité et à la liberté du clergé dans l'assemblée de Mantes, et il avoit exilé, avec des *circonstances* atroces, six de ses prélats les plus considérables. (I, 245.)

L'abbé Charrier accompagna cet avis de toutes les *circonstances* que j'ai trouvées depuis répandues dans le monde. (III, 256.)

CIRCONSTANCIER :

.... Une relation... très-malicieusement *circonstanciée*. (III, 98.)

Ces railleries *étoient* si bien *circonstanciées*... que les négociations du Maréchal n'en paroissoient plus que chimériques. (III, 189.)

Cette nouvelle *est circonstanciée* par deux courriers venus pour expéditions au sieur Hache. (VII, 80.)

Sa lettre... *circonstancie* fort bien et fort exactement la perte des Anglois. (VII, 293.)

CIRCONVOISIN :

La peste se répandit en peu de jours dans tous les pays *circonvoisins*. (VI, 272.)

CIRCUIT :

Après de grands *circuits*, tout aboutit à lui exagérer la mortelle douleur qu'il avoit eue. (III, 65.)

M. le cardinal Pallavicin... affecta, avec un peu plus de *circuit* que M. le cardinal Albizzi, de me faire entrer dans le discours de la censure. (VII, 41.)

Nous avions jugé à propos... de lui proposer d'abord et sans *circuit* cette lettre. (VII, 126.)

CIRCULAIRE, adjectif :

Je me résolus de rendre compte aux provinces de tout le procédé. Comme j'étois sur le point de fermer la lettre *circulaire* que j'écrivois pour cet effet, Monsieur le Duc entra chez moi. (I, 269.)

CITOYEN, concitoyen :

Ce fut une imprudence extrême au sénat de souffrir que Jean-Louis obligeât ainsi tout le monde et s'acquit avec tant de soin les cœurs de ses *citoyens*. (V, 556.)

Voyez encore V, 358.

CIVIL :

Le maréchal de la Mothe... avoit assez de douceur et de facilité dans la vie *civile*. (II, 179.)

Cet air de honte et de timidité que vous lui voyez dans la vie *civile* s'étoit tourné, dans les affaires, en air d'apologie. (II, 181.)

CIVIL, poli, affable :

Il (*Mazarin*) parut encore plus modéré, plus *civil* et plus ouvert le lendemain de l'action (*de l'arrestation de Beaufort*). (I, 235.)

LIEUTENANT CIVIL :

Le *lieutenant civil* entra à ce moment dans le cabinet. (II, 23.)

La frayeur du *lieutenant civil* se glissa, je crois, par contagion, dans leur imagination. (II, 23.)

CIVILITÉ, politesse :

Monsieur le Comte... avoit donné beaucoup de jalousie au ministre par son courage, par sa *civilité*, par sa dépense. (I, 139.)

Je donnai la main chez moi à tout le monde ; j'accompagnai tout le monde jusques au carrosse ; et j'acquis par ce moyen la réputation de *civilité* à l'égard de beaucoup, et même d'humilité à l'égard des autres. (I, 218.)

FAIRE CIVILITÉ (OU CIVILITÉS) À :

Comme je le connoissois extrêmement, je *lui fis civilité*. (II, 222.)

Nous étions en conversation les uns avec les autres ; nous *nous faisions civilités*. (II, 597.)

Beaucoup de gens du même parti... m'ayant *fait civilité* lorsque je passai.... (III, 495.)

Faites, je vous prie,... *civilité* de ma part à l'abbé de la Malmaison sur la mort de son neveu. (VIII, 236.)

RENDRE DES CIVILITÉS À :

Il se contenta de *rendre à* M. de Lorraine, en présence de Monsieur et de Madame, *les civilités* que Leurs Altesses avoient désirées de lui. (V, 244.)

CLABAUDER :

.... L'on se contente de *clabauder* contre ses amis. (III, 363.)

Ceux du bas peuple, qui avoient accoutumé de *clabauder* dans la salle, s'éclipsèrent de frayeur. (III, 446.)

CLABAUDERIE :

Il convenoit assez à son service que l'on amusât les factieux... à des *clabauderies*. (III, 408.)

CLAIREMENT :

Le Cardinal... connoissoit *clairement* que M. de Bouillon ne vouloit négocier que quand M. de Turenne seroit à la portée de Paris. (II, 376.)

Je connus *clairement* que je courrois fortune d'être désavoué. (III, 263.)

CLAMEUR :

L'on poussa les voix jusques à la *clameur* contre la proposition du pauvre maréchal d'Estampes. (IV, 92.)

CLASSE (ESPRIT DE) :

Il s'échauffèrent les uns les autres devant que de s'asseoir. Ce maudit *esprit de classe* dont je vous ai déjà parlé les saisit. (II, 83.)

CLEF, au figuré :

.... Une personne du parti des Princes qui en eût la confiance et la *clef*. (III, 172.)

Tous ces efforts... n'ont point d'autre motif, que celui de donner la *clef* de la Flandre... à une nation, qui ne s'est pu consoler encore, depuis cent ans, d'avoir perdu en Calais celle de la France. (V, 304.)

CLERC :

Je me levai, aussi bien que tous les autres conseillers *clercs*, parce qu'il est défendu par les canons aux ecclésiastiques d'assister aux délibérations dans lesquelles il y a eu avis ouvert à la mort. (IV, 60.)

Les conciles de France... défendent à tout évêque d'ordonner des *clercs* et de consacrer des autels dans une Eglise à qui la mort a ravi son propre pasteur. (V, 130.)

PAS DE CLERC :

Il ne s'est jamais fait une faute si lourde...; et ce *pas de clerc*, que vous fîmes tous sans exception.... (IV, 44.)

CLIMAT, région :

En les mettant... en des places inaccessibles et des *climats* reculés.... (V, 363.)

CLIN D'ŒIL :

Ne voyons-nous pas, d'un *clin d'œil*...? (II, 437.)

CLINQUANT :

L'hypocrite a plus de *clinquants* et de broderies dans l'esprit, qu'il n'y en a sur les habits des princes. (IX, 182.)

COADJUTORERIE :

Le bon traitement que je recevois du Roi fit croire à mes proches que l'on pourroit peut-être trouver quelque ouverture pour moi à la *coadjutorerie* de Paris. (I, 205.)

Voyez I, 208, 210 et 223; II, 6 et 391; IV, 182; VIII, 299.

COCHE :

Je vous prie de donner à la ménagère... ce qui lui sera nécessaire pour la faire venir à Commercy par le *coche* de Bar. (VIII, 226.)

Voyez VIII, 308 et 559.

CŒUR, acceptions diverses figurées et morales :

La chose fut ainsi exécutée, quoique Monsieur le Cardinal et M. de la Rivière en enrageassent du meilleur de leur *cœur*. (I, 263.)

Il (*Mazarin*) avoit de l'esprit, de l'insinuation, de l'enjouement, des manières; mais le vilain *cœur* paroissoit toujours au travers. (I, 286.)

La frayeur du lieutenant civil se glissa, je crois, par contagion, dans leur imagination, dans leur esprit, dans leur *cœur*. (II, 23.)

M. de la Rochefoucauld, qui avoit plus de *cœur* que d'expérience, s'emporta de chaleur. (II, 262.)

Le *cœur* me disoit que le fils aîné feroit une alliance.... (III, 12.)

Il mit son *cœur* sur la table, c'étoit son terme. (III, 45.)

DANS LE CŒUR :

Le Tellier n'avoit jamais été, *dans le cœur*, d'un autre avis que de celui auquel il disoit seulement être revenu. (III, 83.)

SUR LE CŒUR :

Jugez... à quel point un homme qui ne se sent rien *sur le cœur* est surpris d'un éclat de cette espèce. (II, 499.)

PARLER DU CŒUR, parler sincèrement :

Elle étoit convaincue que je *parlois du cœur*. (III, 389.)

Je connus clairement qu'elle me *parloit du cœur*. (III, 440.)

Madame la Palatine étoit persuadée qu'elle *parloit du cœur*. (, 511 et 512.)

REPRENDRE OU REDONNER CŒUR :

Tout le monde *reprit cœur*. (III, 213.)

Ils *reprirent cœur* et retournèrent encore à la même porte. (V, 579.)

Par cette nouvelle, il *redonna cœur* aux ennemis, et jeta l'épouvante dans l'esprit des siens. (V, 587.)

COEXISTER à ou AVEC :

Les substances ne sont point divisées par le mouvement *auquel* elles *coexistent*. (IX, 302.)

Qui doute que Dieu et les anges ne *coexistent au* temps? (IX, 315.)

.... Les choses... *avec* qui elles (*les substances*) *coexistent*. (IX, 302.)

COHÉREMMENT :

Ceux qui l'ont (*ce défaut*) ne raisonnent jamais *cohéremment* des effets à leurs causes. (III, 433.)

COHUE :

La *cohue* du Parlement s'éleva à ce mot. (II, 249.)

J'ôtai mon bonnet pour parler; et le Premier Président m'en ayant voulu empêcher,... la sainte *cohue* des Enquêtes s'éleva et faillit à étouffer le Premier Président. (II, 584.)

COIFFE :

Mlle de Chevreuse... les brûloit (*ses hardes*), et ses filles avoient toutes les peines du monde à sauver une jupe, des *coiffes*, des gants, un point de Venise. (IV, 229.)

COÏONNERIE, bassesse :

Vous saurez bien vous ménager et vous faire prier de demeurer, et faire toutes les *coïonneries* nécessaires. (VIII, 102.)

Voyez la note 2 à la page indiquée.

COL, cou :

Nous avions eu besoin de tout notre savoir-faire pour faire que le Parlement ne se mît pas à lui-même la corde au *col*. (II, 266.)

Voyez encore VII, 364.

ROMPRE LE COL :

Nous *romprions le col* à Odescalchi, si nous voulions. (VII, 446.)

.... Après lui *avoir rompu le col*. (*Ibid.*)

Voyez VII, 451.

COLÈRE :

La Reine... répondit avec un ton de fureur plutôt que de *colère*. (II, 49.)

COLLATÉRAL, substantif :

Le Roi, son père, qui n'aimoit ni n'estimoit la Reine, sa femme, lui donna, en mourant, un conseil...; et il y nomma M. le cardinal Mazarin, Monsieur le Chancelier....

Si il eût plu à mon père d'entrer dans les affaires, ces *collatéraux* de la Régence auroient été infailliblement chassés avec honte. (I, 229.)

On s'étonna que la qualité qu'il avoit de *collatéral* de M. de Lionne lui élevât si fort le cœur. (V, 203.)

COLLATIONNER, contrôler une copie en la comparant avec l'original :

Voici la liste des papiers... dont je lui ai envoyé... des copies *collationnées*. (VIII, 266.)

COLLÉGE :

.... Les ressorts (*des événements*) qu'ils (*les historiens vulgaires*) montent et qu'ils relâchent presque toujours sur des cadrans de *collége*. (III, 343.)

.... Des injures et des outrages, qui regardent tout le *Collége* Sacerdotal comme parlent les Saints Pères. (VI, 322.)

.... Saint Pierre, qu'il (*Jésus-Christ*) a établi pour chef du *Collége* apostolique. (VI, 373.)

COLLÈGUE :

M. Talon, avocat général, entra avec ses *collègues*. (III, 392.)

COLLET :

Comme il me voyoit avec un petit *collet* uni et un habit noir tout simple, il me prit... pour un écolier. (I, 204.)

Le Cardinal avoit demandé à Bouqueval, député du grand conseil, si il ne croiroit pas être obligé d'obéir au Roi, en cas que le Roi lui commandât de ne point porter de glands à son *collet*. (II, 128.)

COLLETER (SE) :

Il eût eu infailliblement tout l'avantage, si son épée ne lui fût tombée de la main en *nous colletant*. (I, 88.)

COLLUSION :

Le président de Mesme n'avoit rien oublié pour jeter sur moi toute l'envie de la *collusion* avec les ennemis de l'État. (II, 253.)

Si cela arrivoit par quelque accident inopiné et étrange, comme par quelque *collusion* de M. le Prince avec le cardinal Mazarin.... (VIII, 41.)

COLONEL :

J'envoyai querir à l'heure même Miron, maître des comptes, *colonel* du quartier de Saint-Germain de l'Auxerrois. (II, 39.)

L'après-dînée, l'on tint la police générale, dans laquelle tous les corps de la Ville et tous les *colonels* et capitaines de quartiers jurèrent une union pour la défense commune. (II, 144.)

Les compagnies des colonelles de Ville... que l'on établit ces trois jours-là à la garde du Palais... étoient en apparence attachées à M. de Champlâtreux, fils de Monsieur le Premier Président, parce qu'il étoit leur *colonel*. (II, 409.)

Voyez II, 162; III, 208.

COLONELLE :

Ils seroient soutenus par un nombre considérable d'officiers des *colonelles* de Paris. (I, 163.)

Voyez la note 2 de la page indiquée.

M. d'Estampes devoit, à l'heure donnée, faire battre le tambour par toute sa *colonelle*. (I, 172.)

L'enseigne de la *colonelle* de Miron me vint avertir que le Chancelier marchoit... droit au Palais. (II, 43.)

Le bruit qu'il y eut dans le Palais, le 13, obligea le Parlement à faire garder les portes du Palais par les compagnies des *colonelles* de la Ville. (II, 409.)

M. de Montmorenci porta ordre de moi à l'Espinai de faire prendre les armes à sa *colonelle*. (III, 261.)

Voyez II, 130; III, 264 et 295.

COLORER, au figuré :

Cette déclaration... fut entamée et altérée sur des articles de rien, que le Cardinal devoit même observer avec ostentation, pour *colorer* les contraventions qu'il pouvoit être obligé de faire aux plus considérables. (II, 97.)

La Reine envoya... une lettre du Roi au Parlement, par laquelle il expliquoit les raisons de la détention de Monsieur le Prince, qui ne furent ni fortes ni bien *colorées*. (III, 22.)

Il m'étoit venu dans l'esprit un moyen... pour nous éclaircir de l'intention de Monsieur le Prince,... pour en rectifier ou *colorer* la suite. (III, 281.)

Qui peut donc souffrir que, pour *colorer* un violement si visible de la loi de Dieu, on allègue...? (VI, 352.)

Voyez III, 51; V, 137.

COLORIS, au figuré :

Voilà un crayon très-léger d'un portrait bien sombre.... Ce que vous allez voir est d'une peinture plus égayée, et les factions et les intrigues y donneront du *coloris*. (I, 327.)

COMBATTRE :

Ce seroit une loi, qui ne *combattroit* pas seulement les ordres du Christianisme, mais qui détruiroit même tous les sentiments de l'humanité. (VI, 354.)

COMBATTRE DE :

Il ne s'agissoit que de *combattre d'*honnêteté. (III, 181.)

COMBLE, substantif :

Il est bien étrange... que ce qui sembleroit devoir être le *comble* de la persécution de l'Église n'ait été que le commencement de la mienne. (VI, 329.)

COMÉDIE, théâtre, dans les divers sens du mot :

Je m'en pris à lui; je lui fis un

appel à la *comédie*. Nous nous battîmes le lendemain (I, 88.)

Un de mes estafiers eut, hier au soir, un démêlé avec un portier de la *comédie*, et fut pris prisonnier par les sbires. (VII, 162.)

Je n'ai jamais vu à la *comédie* italienne de pièce si naïvement et si ridiculement représentée que celle qu'il fit voir à la Reine. (II, 23.)

DONNER LA COMÉDIE À, au propre :

Mme de Choisy en proposa une (*une promenade*) à Saint-Cloud ; et elle dit en badinant à Mme de Vendôme qu'il y falloit *donner la comédie à* Monsieur de Lisieux. Le bon homme, qui admiroit les pièces de Corneille, répondit qu'il n'en feroit aucune difficulté. (I, 187.)

Voyez sept lignes plus bas et la note 4 de la page indiquée.

COMÉDIE, JOUER OU DONNER LA COMÉDIE, au figuré :

Cette prison (*de Beaufort*)... fut le commencement de l'établissement du ministre, que vous verrez dans toute la suite de cette histoire jouer le plus considérable rôle de la *comédie*. (I, 223.)

Tout ce qui étoit dans ce cabinet *jouoit la comédie*. (II, 19.)

Il nous *donna la comédie* en tous sens. (III, 173. Voyez *ibid.*, l. 15.)

.... Madame la Palatine... s'en *donnoit* toutes les nuits *la comédie* et à elle et à moi. (III, 183.)

COMMANDANT :

Le chevalier de Fruges... ne servoit dans notre parti que de double espion, sous le titre toutefois de *commandant* du régiment d'Elbeuf. (II, 352.)

Les gens de Monsieur le Prince,... malgré les efforts de leurs *commandants*, s'amusoient à piller un village. (IV, 174.)

COMMANDEMENT, ordre :

Elle (*la Reine*) ajouta à cela toutes les bontés possibles, et elle finit par un *commandement* qu'elle fit au doyen et aux députés de me mener chez Monsieur le Cardinal. (I, 254.)

J'insistois sur les pas que j'avois faits par son ordre dans Paris,... sur le secret confié à deux personnes par son *commandement*. (I, 169.)

Permettez, je vous supplie, à mon scrupule de vous supplier encore très-humblement de vous ressouvenir, en ce lieu, du *commandement* que vous me fîtes l'avant-veille de votre départ de Paris... de ne vous celer dans ce récit quoi que ce soit de tout ce qui m'est jamais arrivé. (I, 197.)

COMMANDER :

Quelque répugnance que je puisse avoir à vous donner l'histoire de ma vie,... néanmoins, comme vous me l'*avez commandé*, je vous obéis. (I, 80.)

La sincérité [est] une vertu dans laquelle il *est* permis et même *commandé* de s'égaler aux héros. (I, 81.)

Comme les esprits commencèrent à s'aigrir plus qu'à l'ordinaire, Monsieur le Comte me *commanda* de faire un voyage secret à Sedan. (I, 154.)

« Me manda », dans les manuscrits H et Ch et dans quelques éditions anciennes.

Lorsque Monsieur l'Archevêque de Paris me présenta au Roi, il me traita... avec une distinction qui surprit et qui étonna tout le monde.... Il me *commanda* de lui faire ma cour toutes les semaines. (I, 202.)

Il (*Mazarin*) ne voulut point écouter mes justifications, et il me déclara qu'il me *commandoit*, de la part du Roi, que je me rétractasse le lendemain en pleine assemblée (*du clergé*). (I, 248.)

Sa gouvernante... nous l'a *commandé* (*nous a commandé le secret*) pour vous comme pour les autres. (II, 285.)

Le Roi venoit de monter en carrosse pour y aller (*pour aller à Saint-Germain*); et... toute l'armée *étoit commandée* pour s'avancer. (II, 129.)

COMME, acceptions diverses :

M. de Morangis me disant... que je faisois trop de dépense, *comme* il n'étoit que trop vrai que je la faisois excessive, je lui répondis fort étourdiment.... (I, 244.)

Si le Cardinal en étoit averti, *comme* il étoit impossible qu'il ne le fût pas de tout ce qui se faisoit dans un parti aussi divisé.... (III, 180.)

Il (*Mazarin*) me dit qu'il m'avoit parlé *comme* mon ami, mais que je le forçois de me parler en ministre. (I, 260.)

Si vous voulez [vous] déclarer publiquement *comme* protecteur du public.... (II, 110.)

Je me laissois tous les jours *comme* traîner par ma tante dans des faubourgs et dans des greniers. (I, 166.)

Je crois qu'il est *comme* nécessaire de vous en parler. (I, 257.)

Je lui attachai Marigni, qui revenoit tout à propos de Suède, et qui s'étoit *comme* donné à moi. (II, 128.)

Le peu d'habitude que nous avions eue ensemble... étoit *comme* perdue. (III, 103.)

Il est *comme* impossible que.... (VII, 396.)

COMME, sens se rapprochant de celui de *lorsque* :

Comme j'eus quelque lumière que mon père n'était pas dans le dessein de me mener aux noces (*de Catherine de Gondi*),... je fis semblant de me radoucir à l'égard de ma profession. (I, 92.)

Je ne m'emportai... nullement; je ne sortis point du respect; et *comme* je vis que ma soumission ne gagnoit rien sur son esprit, je pris le parti d'aller trouver M. d'Arles. (I, 248.)

M. le maréchal d'Estrées... venoit pour m'exhorter de ne point rompre (*avec la cour*).... *Comme* il vit que je ne me rendois pas à son conseil, il s'expliqua nettement et il m'avoua qu'il avoit ordre de la Reine de m'obliger à aller chez elle. (I, 254.)

Comme il vit que je ne donnois pas dans le panneau, il voulut m'y pousser. (I, 260.)

La Reine témoigna être satisfaite des exemples qu'on lui apporta; mais *comme* elle vit que les délibérations alloient à mettre des modifications aux édits qui les rendaient presque infructueux, elle défendit, *etc.* (I, 306.)

COMME, lorsque, au moment où :

Cette audace m'attira un second éloge de la part de M. le cardinal de Richelieu; car, *comme* on lui eut dit que j'avois bien fait, il répondit.... (I, 115.)

Comme il insista et qu'il m'eut fait dire... de sortir du jeu, je me mis sur la défensive. (I, 126.)

Comme les esprits commencèrent à s'aigrir plus qu'à l'ordinaire, Monsieur le Comte me commanda de faire un voyage secret à Sedan. (I, 154.)

On me donna l'encens devant lui (*devant Monsieur*), et *comme* vêpres furent finies, je me moquai de moi-même avec lui. (I, 258.)

Comme il fut à la barrière des Sergents..., il y rencontra du murmure. (II, 50.)

Comme les barricades furent levées, j'allai chez Mme de Guémené. (II, 60.)

Comme elle (*la Cour des Aides*) eût été mandée... au Palais-Royal et qu'elle se fût relâchée... de ce premier arrêt,... le Parlement le trouva très-mauvais. (II, 97.)

Comme je fus retourné chez moi, j'y trouvai Varicarville. (II, 449.)

Comme il m'eut fait mille et mille serments,... je lui dis que les partis qu'il proposoit étoient pernicieux (II, 563.)

Voyez I, 314; II, 9, 37, 50, 157, 163, 167, 265, 305 et 575; III, 305, etc.

COMME, sens de *que* :

.... Un Clergé que j'aurai toujours aussi cher *comme* je l'ai expérimenté généreux. (VI, 6.)

Ce jour... ne leur montre pas tant où ils doivent aller *comme* il les y pousse. (IX, 179.)

Le mouvement à qui les pensées de l'âme sont liées est aussi intrinsèque à la pensée même, *comme* la couleur, comme genre, l'est au jaune et au rouge comme à ses espèces. (IX, 250.)

COMME, comment :

Monsieur le Comte... est tué au milieu des siens, sans qu'il y en ait jamais eu un seul qui ait pu dire *comme* sa mort est arrivée. (I, 175.)

Voilà *comme* tout le monde se trouva en un instant Mazarin (*partisan de Mazarin*). (I, 237.)

Il ne comprenoit pas *comme* il étoit possible de s'endormir. (II, 22.)

Je concevois bien qu'il amuseroit les envoyés de l'Archiduc...; mais je ne me figurois pas *comme* il amuseroit le Parlement. (II, 347.)

On ne sait point trop *comme* cela arriva. (II, 560.)

Elle ne concevoit pas *comme* je m'amusois à une vieille, qui étoit plus méchante que le diable. (II, 567.)

Il lui avoit demandé *comme* il se portoit. (II, 579.)

Voilà *comme* cette conversation s'entama. (III, 4.)

Elle ne concevoit pas *comme* l'on pouvoit souffrir un impertinent. (III, 169.)

Il prit occasion de me dire... que... Monsieur m'avoit aussi abandonné : ce qu'il coula pour découvrir *comme* j'étois avec lui. (III, 309.)

Il ne pouvoit concevoir *comme* l'on pouvoit concilier ce qui se passoit tous les jours au Parlement. (IV, 98.)

Je ne pouvois concevoir... *comme* il étoit possible qu'un malentendu.... (VII, 85.)

Je n'ai point encore appris *comme* on a reçu au Palais la manière si généreuse dont il a plu au Roi de traiter Monsieur le Nonce. (VII, 150.)

Comme est-il possible que Votre Altesse...? (II, 110.)

J'eusse pu aisément m'accommoder avec elle.... Mais *comme* accommoder cet accommodement avec mes autres engagements ? (II, 496.)

Comme se peut-il mettre dans la tête que l'on conquerre, à force d'armes, la première place dans les conseils du Roi ? (IV, 224.)

TENIR COMME, tenir pour :

Le second (*Senneterre*) le dit, dès le soir même, à mon père, et je me le *tins comme* dit à moi-même. (I, 114.)

COMMÉMORATION :

Le chevalier de Bois-David... lui fit... quelque *commémoration* de cornes, très-applicable au sujet. (V, 88.)

COMMENCER :

Cet arrêt (*du Parlement*)... eût *commencé* la guerre civile dès le lendemain, si Monsieur le Prince... n'eût pris le parti du monde le plus sain et le plus sage. (II, 84.)

Il s'opposeroit, comme il *avoit déjà commencé*, aux projets... d'attaquer Paris. (II, 85.)

COMMENDE, terme de droit canonique [1] :

De la manière que l'abbé de Saint-Mihiel m'écrit sur le prieuré de Mortagne, je crois mon droit bon contre M. de Rochefort, parce que l'ordinaire ne peut pas l'avoir pourvu en *commende*,... mais s'il y a un indultaire, c'est autre chose. (VIII, 380.)

1. « Commende, en France, est un vrai titre de Bénéfice, que le Pape donne à un séculier avec permission de disposer des fruits pendant sa vie. La

COMMERCE, au singulier et au pluriel :

Mme de Rhodes... étoit dans une grande liaison avec moi, par le *commerce* de Mlle de Chevreuse. (III, 138.)

Il affecta... de ralentir un peu le *commerce* que j'avois avec lui. (III, 156.)

Nous leur écrivîmes, ils nous firent réponse, et le *commerce* de Paris à Lyon n'a jamais été plus réglé. (III, 191.)

... Les *commerces* que les gens de la cour entretenoient avec lui. (III, 341.)

L'on continuoit d'avoir beaucoup de *commerces* avec le Mazarin. (III, 467.)

J'avois... un *commerce* avec la cour, dont je ne lui disois rien. (IV, 188.)

L'on va demain au Parlement contre le cardinal Mazarin, à cause des *commerces* que l'on prétend qu'il a dans le Royaume. (VIII, 65.)

La facilité qu'il y a eu jusques ici à faire des *commerces* sous mon nom n'a pas été si petite que l'on eût pu croire. (VIII, 570.)

Le mensonge... dissout toutes les liaisons de notre *commerce* et de nos polices. (IX, 173.)

PRENDRE COMMERCE AVEC :

.... Du pape Innocent, qui agréa qu'il *prît commerce avec* moi. (III, 144.)

COMMETTRE, préposer ; COMMETTRE POUR :

Les Vicaires Généraux *commis* ci-devant par nous satisferont à toutes les fonctions de leur charge. (VI, 229.)

commende finit par la mort du Titulaire, et le Bénéfice retourne en Règle. Un collateur *ordinaire* ne peut pas donner en *commende* un Bénéfice. Les Cardinaux et quelques Prélats, à qui le Pape a donné un *indult* particulier à cet effet, peuvent continuer la *commende*, conférer un bénéfice de *commende* en *commende*. » (Furetières.)

L'on voulut donner du temps à MM. Chanron et Dougeat, pour achever les informations *pour* lesquelles ils *avoient été commis*. (II, 571.)

COMMETTRE, exposer, compromettre :

Il est impossible de prendre assez d'assurance dans le secret d'une congrégation pour hasarder d'y *commettre*, devant que l'on soit tout à fait convenu du fond, ni directement ni indirectement le nom de Sa Majesté. (VII, 127.)

La cour, ravie de le *commettre* (*le Parlement*) avec le peuple, appuya le décret des régiments des gardes. (I, 300.)

Le Tellier n'appuya l'avis du garde des sceaux qu'autant qu'il fut nécessaire pour nous *commettre* encore davantage ensemble. (III, 100.)

On le calomnie (*saint Charles Borromée*) à Rome comme un imprudent qui *commet* et trop souvent et trop facilement l'autorité ecclésiastique. (IX, 97.)

SE COMMETTRE :

L'appréhension qu'il (*Monsieur le Prince*) avoit que Monsieur le Duc... ne *se commmît* par quelque combat avec M. de Beaufort. (I, 225.)

Monsieur le Prince se servit de cette parole pour faire croire au Cardinal qu'il ne *se* devoit pas *commettre*. (II, 85.)

COMMETTRE OU SE COMMETTRE À :

La violence... n'étoit pas honnête,... parce que nous étions trop forts, et... n'étoit pas sage, parce qu'elle *commettoit à* des querelles particulières. (II, 515.)

Vous ne voudriez pas que je me *commisse à* être refusé dans une occasion qui.... (VIII, 300.)

COMMETTRE OU SE COMMETTRE AVEC :

.... Il m'*avoit commis avec* le garde des sceaux. (III, 83.)

Monsieur... étoit très-aise de les voir *commis* les uns *avec* les autres. (III, 395.)

Il s'intéressa à ma conservation jusques au point de *s'être commis* lui-même *avec* le parti... le plus fort. (III, 499.)

COMMIS :

Je fis voir la lettre de cachet au doyen et aux chanoines,... et je leur dis en même temps que je ne doutois point que ce ne fût une méprise de quelque *commis* de secrétaire d'État. (I, 251.)

Du Tillet, greffier en chef,... ayant répondu qu'elle (*la feuille de l'arrêt*) étoit entre les mains du greffier *commis*, le Plessis Guénégaut et Carnavalet, lieutenant des gardes du corps, le mirent dans un carrosse et l'amenèrent au greffe pour la chercher. (I, 314.)

COMMISE, mise aux prises :

Je l'obligeai à changer de résolution,... en lui insinuant... le péril de la *commise* et du choc. (III, 480.)

COMMISE, action de commettre, de compromettre :

L'inconvénient de la *commise* du nom du Roi étoit levé par les devants que je venois de prendre.... (VII, 128.)

Voyez la note 9 à la page indiquée.

COMMISE, mise en délibération :

M. de Bouillon... savoit bien que son avis ne passeroit pas à la pluralité, et... ne m'avoit proposé de l'y mettre que parce qu'il croyoit que j'en appréhenderois la *commise*. (II, 439.)

COMMISE d'un fief, droit que le suzerain a de le réunir, faute de devoirs rendus par le vassal :

Cette obligation... n'est accompagnée d'aucune clause qui emporte la *commise* du fief ou autre peine de cette nature en cas de défaut. (VII, 250.)

COMMISSAIRE :

L'on n'y traita (*dans le Parlement*)... que de matières si légères et si frivoles, qu'elles eussent pu être terminées par deux *commissaires* en un quart d'heure à chaque matin. (II, 204.)

C'est pour les prier de solliciter ceux qu'elles connaîtront dans les *commissaires* du Domaine. (VIII, 596.)

COMMISSION, ce que l'on confie, ce que l'on donne à faire ; acte par lequel on donne un pouvoir, on pourvoit d'une charge :

Miron s'acquitta si sagement et si heureusement de cette *commission*, qu'il y eut plus de quatre cents gros bourgeois assemblés par pelotons. (II, 41.)

Nous résolûmes... de donner un autre amant à la mère.... Haqueville fut mis sur les rangs.... Il m'a dit plusieurs fois qu'il n'auroit pas accepté la *commission*. (III, 126.)

Nous lui donnâmes la *commission* de résider auprès de Monsieur l'Archiduc. (II, 362.)

Il fut arrêté que le prévôt des marchands et échevins donneroient des *commissions* pour lever quatre mille chevaux et dix mille hommes de pied. (II, 143.)

.... Le rétablissement de M. de Châteauneuf dans la *commission* de garde des sceaux. (III, 52.)

Je n'ai pu... destituer un officier qui avoit reçu de moi toute sa *commission*. (VI, 232.)

COMMODE :

Le maréchal de la Mothe... avoit assez de douceur et de facilité dans la vie civile. Il étoit très-utile dans un parti, parce qu'il y étoit très-*commode*. (II, 179.)

.... Ceux qui jouissent de beaucoup de biens, de qui la fortune est également *commode* et tranquille. (IX, 146.)

COMMODITÉ :

Mlle de Vendôme... étoit aimable à tout prendre et en tout sens. Je suivis ma pointe et je trouvois des *commodités* merveilleuses. Je m'attirois des éloges de tout le monde en ne bougeant de chez Monsieur de Lisieux, qui logeoit à l'hôtel de Vendôme. (I, 195.)

Jean-Louis auroit... la *commodité* entière de les perdre tous à la fois. (V, 561.)

Envoyez-en toujours... un peu (*de soie rouge*) par la poste, attendant une autre *commodité*. (VIII, 466.)

M. d'Elbeuf... a été le premier prince que la pauvreté ait avili.... La *commodité* ne le releva pas. (II, 179.)

COMMOTION :

La *commotion* où le Parlement avoit été, le 8,... lui avoit inspiré cette pensée. (II, 377.)

COMMUN, adjectif :

.... Édits... rejetés par le *commun* suffrage du Parlement. (I, 308.)

Il n'avoit pas, même dans le degré le plus *commun*, la hardiesse de l'esprit. (I, 152.)

La même générosité... m'oblige... à ressentir des mouvements non *communs* de compassion et de tendresse pour vos afflictions. (V, 117.)

Le bruit *commun* portant que la paix avoit été signée à Ruel.... (II, 393.)

Qu'est-ce que pouvoient faire... deux des plus simples et des plus *communes* têtes de tout le corps? (II, 58.)

COMMUN, substantif :

.... Une action que le *commun* ne peut... s'empêcher de croire lui être désavantageuse. (III, 119.)

.... Le *commun* du monde. (IV, 217.)

Je n'irai pas sitôt à Paris et je crois mon voyage retardé jusques à la fin d'octobre; mais il ne s'en faut encore expliquer ni pour ni contre au *commun*. (VIII, 443.)

Voyez la note 1 de la page indiquée. Voyez III, 175; IV, 225; VII, 74.

EN COMMUN :

Il (*Richelieu*) les mit (*Brézé et la Meilleraye*),... en *commun* et par indivis, dans la confidence de ses galanteries. (I, 108.)

La lettre étoit écrite de la main de Laigue, mais elle étoit en *commun* de Noirmoutier et de lui. (II, 426.)

COMMUNAUTÉ :

L'après-dînée, l'on tint la police générale par les députés du Parlement, de la Chambre des Comptes, de la Cour des Aides, M. de Montbazon, gouverneur de Paris, prévôt des marchands et échevins, et les *communautés* des six corps des marchands. (II, 142 et 143.)

Cette manière humble et modeste de répondre... effaça pour assez longtemps l'impression... que je prétendois de la gouverner (*de gouverner la Compagnie, c'est-à-dire le Parlement*) par mes cabales. Rien n'est si dangereux en toute sorte de *communautés*. (II, 257.)

COMMUNE :

Leurs conclusions... furent... à enjoindre aux *communes* de leur courre sus, à défendre aux maires et aux échevins des villes de leur donner passage. (IV, 69.)

L'on envoiroit deux conseillers... sur les rivières, avec ordre d'armer les *communes*. (IV, 71.)

Voyez II, 31; III, 255; IV, 75 et 80.

COMMUNÉMENT :

Mais enfin, *communément* parlant... (IX, 91.)

COMMUNION :

La *communion* de charité... a toujours été si recommandée entre les évêques.... (VI, 333.)

COMMUNIQUER à :

Je *communiquai à* Attichi, frère de la comtesse de Maure, et je le priai de se servir de moi la première fois qu'il tireroit l'épée. (I, 84.)

Communiquer de... avec :

Il falloit qu'un magistrat dît son avis sur les fleurs de lis sans *en avoir communiqué avec* personne. (II, 66.)

COMPAGNIE, réunion, gens que l'on reçoit :

J'allai... droit à l'hôtel de Guémené, où je trouvai toute la *compagnie* assemblée. (II, 543.)

M. de Hacqueville m'a envoyé l'état, qui me paraît très-net et très-clair, et que les *compagnies* que j'ai eues ici tous ces jours passés m'ont empêché de considérer à fond. (VIII, 317.)

Je suis aujourd'hui si accablé de *compagnie* que je n'ai qu'un moment pour vous dire que je suis tout à vous. (VIII, 253.)

Je ne vous écrirai que par l'ordinaire prochain, parce que je suis accablé de *compagnie*. (VIII, 462.)

Tenir compagnie :

Je viens *tenir compagnie* à Henriette. (II, 197.)

Compagnie, terme militaire ; Compagnie aux gardes :

Coutenan, capitaine de la petite *compagnie* des chevau-légers du Roi.... (I, 204.)

Deux *compagnies* des gardes suisses s'avançoient. (II, 43.)

Anctauville... commandoit la *compagnie* de gendarmes de M. de Longueville. (II, 329.)

Les bourgeois... se saisirent de la porte Saint-Honoré, et... je mandai à Brigalier d'occuper, avec sa *compagnie*, celle de la Conférence. (II, 131.)

Laigue... s'étoit fort lié avec moi depuis qu'il avoit vendu sa *compagnie aux gardes*. (II, 361.)

COMPAROIR, terme juridique :

.... Faisons et constituons les porteurs d'icelles présentes ou l'un d'iceux, nos procureurs, pour *comparoir* en notre nom devant notre Saint Père le Pape. (V, 3.)

.... Que le sieur de Navailles fût ajourné à *comparoir* en personne à ladite cour. (IV, 63.)

COMPÉTENCE, concurrence, prétention à l'égalité :

Un officier de ses gardes (*des gardes du duc d'Orléans*), ayant trouvé... mon drap de pied à ma place ordinaire,... l'ôta et y mit celui de Monsieur.... Comme la moindre ombre de *compétence* avec un fils de France a un grand air de ridicule, je répondis même assez aigrement à ceux du chapitre qui m'y voulurent faire faire réflexion (I, 257.)

Il y avoit si peu de *compétence* d'un gentilhomme à lui, que cinq cents hommes étoient moins à lui qu'un laquais à moi. (III, 505.)

COMPÉTENT :

Alors je subirai tel jugement réglé et *compétent* que l'on voudra. (VI, 362.)

COMPLIMENT :

Je ne vous fais point de *compliment* de toutes les peines que vous prenez pour moi. (VIII, 32.)

Toutes ces promesses qu'il m'avoit faites n'avoient été que des paroles de *compliment*. (VI, 38.)

Flammarin arriva à Paris pour faire un *compliment*, de la part de M. le duc d'Orléans, à la Reine d'Angleterre, sur la mort du Roi son mari. (II, 290.)

Je vous prie de faire *compliment* pour moi à M. de Maisons le fils sur la mort de M. son frère. (VIII, 228.)

Je vous prie... de faire mes *compliments* sur la mort de Mme la Procureuse générale. (VIII, 455.)

COMPOSITION :

Dites-lui-en pourtant assez pour essayer de tirer *composition* de lui. (VIII, 184.)

COMPRENDRE :

.... Une conduite qui attire toutes les bénédictions du Ciel sur une alliance, laquelle *comprend* ce qui est de plus auguste sur la terre. (VI, 423.)

COMPTE :

Mon avis fut... de ménager M. d'Elbeuf, et de lui faire voir qu'il pourroit trouver sa place et son *compte* en s'unissant avec M. le prince de Conti et M. de Longueville. (II, 154.)

Ce n'est ni notre honneur ni notre *compte* et cependant il nous seroit plus aisé d'exécuter et ce que fit Bussi le Clerc et ce que firent les Seize, que.... (II, 270.)

AVOIR SON COMPTE, FAIRE SON COMPTE DE, TROUVER SON COMPTE À OU DANS, FAIRE LE COMPTE DE :

Si ils exécutent fidèlement ce que le Parlement leur aura commandé,... nous *aurons notre compte*. (II, 343.)

Et vous *faisiez* pourtant *votre compte*... de soutenir la guerre avec nos troupes, avec celles de M. de Longueville, avec celles qui se font présentement pour nous dans toutes les provinces du Royaume. (II, 434.)

Notre Bernardin... *trouvoit* beaucoup *son compte à* cette entrée. (II, 243.)

Pour lui M. de Bouillon, il *y trouveroit* mieux *son compte* que moi. (II, 303.)

Chacun *trouvoit son compte* dans la déclaration, c'est-à-dire chacun l'*y eût trouvé* si chacun l'eût bien entendu. (II, 95.)

Si Monsieur concourt à l'exclusion des sous-ministres, il *fait* apparemment *le compte de* Monsieur le Prince.... Il ne fera pas le sien du côté de la cour.... Il ne le fera pas non plus du côté du public. (III, 408.)

PRENDRE SUR LE COMPTE DE :

Le Mazarin... *prit sur le compte de* l'autorité royale tout ce qu'un habile ministre eût pu imputer, sans aucun inconvénient et même avec l'avantage du Roi, aux deux parties. (III, 42.)

TOURNER À COMPTE À, tourner à l'avantage de :

Nous serons regardés de toutes les provinces comme les seuls sur qui l'espérance publique se pourra fonder. Toutes les fautes du ministère *nous tourneront à compte*. (II, 436.)

COMPTER :

Je *compte* beaucoup moins cent écus tous les ans, quand j'aurai payé mes dettes, que je n'en *compte* vingt avant que je ne sois quitte. (VIII, 562.)

La mort a un visage aimable; on la *compte* le remède quand elle est comparée aux incommodités de la vie. (IX, 148.)

Il eût été aussi judicieux, en ce temps-là, de fonder sur lui (sur le Parlement), qu'il l'est,... à cette heure, de n'y rien *compter*. (II, 434.)

Depuis ce qui s'étoit passé à l'hôtel de Chevreuse,... je n'y *comptois* plus rien. (IV, 226.)

M. le maréchal de Bassompierre est trop causeur; je ne *compte* rien sur M. le maréchal de Vitry que par vous; la fidélité du Coudray m'est un peu suspecte. (I, 160.)

Ne *comptant* rien, à l'égard de Paris, sur les autres généraux.... (II, 233 et 234.)

COMPTER POUR :

.... Ce qui avoit été... promis dans la prison, et que, sur ce titre, je ne *comptois* pas *pour* fort solide. (III, 281.)

COMPTANT :

La cour... en fut quitte à très-bon marché, et il ne lui en coûta, à proprement parler, presque rien de *comptant;* il n'y eut presque que des paroles, que M. le cardinal Mazarin comptoit pour rien. (II, 470.)

COMPTER, pour CONTER. (III, 170 et 305.)

CONCEPT :

Celui qui commence à philosopher n'est pas encore assez avancé pour connoître les choses qui peuvent servir à former le *concept* générique d'une chose pensante. (IX, 227.)

.... A moins que cette manière d'existence ne soit enfermée essentiellement dans le *concept* d'un tel être. (IX, 282.)

CONCEPTION (LA) :

Monsieur de Paris... m'ordonna... de prendre soin de son diocèse. Ma première fonction fut la visite des religieuses de *la Conception.* (I, 240.)

CONCERT, accord, entente ou complot :

Il vit que la parole qu'elle lui faisoit donner n'étoit ni précédée ni suivie d'aucun *concert* pour agir ensemble. (III, 392.)

Servien lui dit... que vous êtes en *concert* avec Monsieur le Prince. (III, 355; voyez *ibid., l.* 14.)

Je sais bien que vous n'êtes pas des *concerts* qui passent par le canal de Goulas et de Chavigni. (III, 378.)

M. le cardinal de Retz est, tous les jours, en *concert* et en cabale. (V, 244.)

DE CONCERT :

Je m'adressois à lui... afin qu'il agît *de concert* dans le Parlement. (II, 70.)

ÊTRE EN CONCERT DE :

M. d'Elbeuf... ne s'aperçut pas que je *fusse en concert de* sa visite avec M. de Bouillon. (II, 307.)

PRENDRE UN CONCERT :

La conclusion de la paix de Ruel... fut purement l'effet d'*un concert qui fut pris*, la nuit d'entre le 8 et le 9 de mars, entre le Cardinal et lui (*le président de Mesme*). (II, 376.)

CONCERTER, accorder, régler :

Cette commission... donnoit lieu à mes ennemis de me faire passer pour un homme tout à fait *concerté* avec Espagne. (II, 464.)

.... Je croyois qu'il seroit à propos qu'il *concertât* ce qu'il auroit à dire à la Compagnie avec Monsieur le garde des sceaux. (III, 74.)

Il croyoit ses ennemis beaucoup plus unis et beaucoup plus *concertés* qu'ils n'étoient. (III, 391.)

Ces mêmes hommes qui parloient si uniformément... qu'il sembloit... qu'ils *eussent été concertés*.... (III, 431.)

Il n'en manquoit pas (*de remèdes*), mais... il étoit bien aise de les *concerter* avec la Compagnie. (IV, 123.)

CONCEVOIR :

Je me trouvois très-souvent à l'heure du réveil, pour parler plus librement d'affaire. J'y *concevois* beaucoup d'avantage. (II, 124.)

L'utilité que la cour de Rome auroit pu *concevoir* à jeter de fausses lueurs pour ralentir les pas du clergé.... (VII, 158.)

CONCITOYEN :

Je sens encore en moi-même une honte secrète pour tous mes *concitoyens*, quand je pense.... (V, 220.)

Voyez V, 367, 510, 567, etc. Voyez aussi, plus haut, le mot *citoyen*, dans le même sens.

CONCLUSION, pour *contu-*

sion, dans le jargon attribué au duc de Beaufort :

Il vaut mieux demeurer dans la rue de Béthisy que de s'exposer... aux mousquetades, qui font quelquefois des *conclusions* dans la tête, dont on meurt. (V, 210.)

Voyez V, p. 207, note 1.

CONCOURIR, survenir, se présenter en même temps :

L'idée que je me formai sur cela et sur beaucoup d'autres circonstances qui *concoururent*, en ce temps-là, fut.... (IV, 46.)

CONCOURIR À, agir de concert avec :

La dépêche du Roi est, à proprement parler, une permission qu'il nous donne de *concourir à* Odescalchi. (VI, 444.)

CONCOURS :

Il fit, par le moyen de Pesche,... un *concours* de cent ou six-vingts gueux, sur le Pont-Neuf. (IV, 180.)
Mademoiselle... marcha, avec le *concours* et l'acclamation du peuple, droit à l'Hôtel de Ville. (IV, 165.)

CONDAMNER DE :

Ils ne sauroient éviter... que la conscience de tous les hommes ne les *condamne de* la plus horrible de toutes les injustices. (VI, 411.)
La vigueur qui paraît en ses yeux et en son marcher... m'empêchera toujours de *condamner d'*imprudence ceux qui croient que l'on peut compter encore sur quelques années de vie. (VII, 296.)

Voyez la note 217 à la page indiquée.

Les pyrrhoniens... *condamnent* cette opinion *de* témérité, quelque modeste qu'elle semble être, d'avoir osé définitivement juger de la mesure de nos esprits. (IX, 154.)

CONDAMNER DE, suivi d'un infinitif :

.... Un appelé Canto, qui *avoit été condamné d'*être pendu. (II, 582.)

CONDITION :

Quoiqu'il crût ses affaires en fort bon état, je jugeai, sans balancer, que les miennes seroient bientôt dans une meilleure *condition* que les siennes. (II, 159.)

A TOUTES CONDITIONS, à tout prix :

La Reine ne savoit où elle en étoit;... un moment elle vouloit, *à toutes conditions*, le retour de Monsieur le Prince,... l'autre elle remercioit Dieu de ce qu'il étoit sorti de Paris. (III, 391.)

CONDITIONNÉ :

J'ai reçu par le dernier ordinaire le paquet de Paris bien fermé et bien *conditionné*. (VIII, 286.)
J'ai reçu... vos deux paquets... très-bien *conditionnés*. (VIII, 286.)

CONDUIRE :

Si il *eût conduit* aussi prudemment qu'il l'eût pu la bonne intention qu'il avoit, certainement il... eût redressé l'État. (II, 113.)
Ni l'emportement ni la violence ne l'empêchèrent point de travailler à la paix : il y *conduisit* les esprits, il y disposa les corps. (VI, 164.)
Ils ne songent pas... à conduire tous leurs pas sur le plan qu'ils ont formé une fois. (V, 551.)

CONDUITE, action de conduire, au figuré :

L'on réduit... l'Église de Paris à un état monstrueux, puisqu'on la rend véritablement acéphale, en l'empêchant de recevoir la *conduite* de son véritable chef. (VI, 350.)
Comme il (*l'Évêque*) en est la tête, il doit donner la *conduite* et le mouvement à tout le corps. (VI, 382.)
.... Des sujets, qui s'engagent

ainsi plus volontiers dans la *conduite* de ceux qui les gouvernent. (VII, 8.)

J'ai cru que Dieu ne demandoit de moi... sinon... que j'adorasse avec un profond respect les ordres de sa *conduite* sur moi. (VI, 328.)

Conduite, la manière ou l'art de se conduire :

Quoique je fusse très-bien averti, par mon ami l'aumônier, que le coup me venoit de la cour, je le souffris avec bien plus de flegme qu'il n'appartenoit à ma vivacité. Je n'en témoignai quoi que ce soit, et je demeurai dans ma *conduite* ordinaire à l'égard de Monsieur le Cardinal. (I, 243.)

Si le Parlement eût pris la *conduite* dont on étoit demeuré d'accord.... (II, 102.)

M. de Bouillon se prenoit à moi de ce que des gens dont je l'avois toujours assuré prenoient une *conduite* aussi contraire à ce que je lui en avois dit mille fois. (II, 136.)

Notre division... jetteroit les choses dans une confusion où la *conduite* n'auroit plus de part, parce que l'on n'y pourroit prendre son parti qu'avec précipitation. (III, 45.)

Que pouvoit-il y avoir de plus innocent que de suivre une *conduite* de tant de Saints persécutés sous le nom des Princes? (VI, 343.)

Il n'y a rien dans le monde qui n'ait son moment décisif, et le chef-d'œuvre de la bonne *conduite* est de connoître et de prendre ce moment. (II, 94.)

Je croyois que la bonne *conduite* vouloit que le premier pas... de désobéissance vînt de ce corps (*du Parlement*). (II, 133.)

Voilà le malheur des guerres civiles : l'on y fait souvent des fautes par bonne *conduite*. (II, 364.)

Je me croyois obligé, par la bonne *conduite*, de m'opposer aux progrès que la faction de Monsieur le Prince faisoit... par la mauvaise *conduite* de ses propres ennemis. (III, 89.)

Voyez I, 242; II, 243, 412, 488 et 522.

CONFABULATION, entretien, pourparlers :

Pour ce qui étoit de M. de Bouillon et de M. de Turenne, la *confabulation* fut bien plus longue. Je dis *confabulation*, parce qu'il n'y avoit rien de si ridicule que de voir.... (IV, 26.)

CONFÉRER à :

.... Après en *avoir conféré à* la Reine. (III, 206.)

CONFESSER, déclarer, avouer :

.... L'injure que nous *confessons* publiquement nous avoir été faite. (VII, 7.)

Voyez la note 14 à la page indiquée.

Monsieur le Comte changea cinq fois de résolution; et Saint-Ibar me *confessa*... qu'il étoit difficile de rien espérer d'un homme de cette humeur. (I, 156 *et* 157.)

Je vous *confesse* que je trouve une satisfaction si sensible à vous soumettre uniquement et absolument le jugement de tout ce qui me regarde.... (II, 190.)

Je vous *confesse* que je fus bien aise quand j'eus tiré ce prince de la salle. (II, 157.)

Il faut *confesser* que tous ses vices (*les vices de Richelieu*) ont été de ceux que la grande fortune rend aisément illustres. (I, 283.)

Voyez I. 148, 191, 192, 207, 227 et 253; II, 11, 101, 113, 253, 312, 327 et 431; III, 171, etc.

Se confesser :

Il faut que je *me confesse* en cet endroit, et que je vous avoue que.... (IV, 206.)

.... De l'obliger à *se confesser*, pour ainsi dire, de son balancement. (III, 403.)

CONFESSION, aveu :

Je trouve une satisfaction... sensible à vous faire une *confession* de mes fautes. (II, 93.)

Voyez V, 403.

CONFIANCE :

Je sais bien qu'il n'y a pas trop de *confiance* dans la cour. (V, 346.)

Ce qui nous doit encore empêcher d'entrer si aveuglément dans les intérêts de ceux qui nous recherchent aujourd'hui avec tant de caresses et de belles protestations, c'est que nous n'y voyons pas la *confiance* entière. (V, 348.)

C'est... dans votre *confiance* que je dépose mes intérêts. (VI, 285.)

Avoir confiance à :

Les esprits de cette nature osent tout ce que ceux *à* qui ils *ont confiance* leur persuadent. (II, 7.)

L'on doit *avoir* plus de *confiance à* Monsieur le Coadjuteur. (V, 372.)

Confiance, confidence :

Madame la Palatine fit voir cette lettre, comme en grande *confiance*, à Viole, à Arnauld et à Croissi. (III, 189.)

Les *confiances* que je vous ai faites, jusqu'à ce jour, de toutes les dames que je vous ai nommées, ne me donnent aucun scrupule. (I, 186.)

Voyez encore huit lignes plus bas.

Il lui fit des *confiances* extraordinaires. (III, 65.)

Je vous priois... de faire *confiance* à M. Ferrand de la résolution que j'ai prise. (VIII, 515.)

A quoi j'ajoutai, comme en *confiance*, en abaissant la voix, que.... (VII, 128.)

Voyez Confidence.

CONFIDENCE :

La Rochepot... étoit domestique de feu M. le duc d'Orléans, et extrêmement dans sa *confidence*. (I, 137.)

Vous allez voir la sincérité de toutes ces *confidences*. (II, 11.)

M. Caumartin... avoit déjà quelque amité pour moi, mais nous n'étions en nulle *confidence*. (II, 572.)

Voyez Confiance.

CONFIDENT, adjectif :

Le cardinal Mazarin... a envoyé ses émissaires et ses plus *confidents*, les sieurs commandeurs de Souvré et de Jars,... pour cabaler dans Paris. (V, 353.)

Mgr Capobianco, évêque de Syracuse, et très-*confident* de dom Pedro d'Aragon.... (VII, 208.)

D. Mario dit... à un prélat de ses plus *confidents*.... (VII, 295.)

Le P. Bona même, qui est le plus *confident*, ne put entrer. (VII, 316.)

.... D'un homme très-*confident* du ministre. (VII, 399.)

CONFIDENTISSIME :

.... M. de Chavigny, secrétaire d'État et *confidentissime* du Cardinal. (I, 143 *et* 144.)

CONFINER :

Le cardinal de Richelieu *confina* M. le président Barillon à Amboise. (I, 278.)

CONFIRMATIF :

Il repartit incontinent après pour retourner vers le Cardinal, auquel il donna... des paroles plus précises de la part de Monsieur le Prince et *confirmatives* de ses premières. (V, 409.)

CONFIRMER :

Le Parlement *confirma* la régence de la Reine, mais sans limitation. (I, 230.)

Cette résistance du parlement de Bordeaux, que tout le monde presque a traitée de simulée, m'a *été confirmée* pour véritable et même pour sincère par M. de Bouillon. (III, 61.)

Sa santé... n'*est* pas encore tout à fait *confirmée*. (VII, 73.)

Ce qui me *confirme* cette opinion est que.... (VII, 349.)

SE CONFIRMER DANS :

Je *me confirme dans* ce que j'ai dit ci-devant. (III, 353.)

On appréhenda que les maximes *dans* lesquelles il *s'étoit confirmé*, ne le portassent à de nouvelles violences. (V, 227.)

CONFISQUER :

Qu'on y *confisque*, sans distinction, le corps et les biens de ceux qui ont si insolemment volé le Roi et le public. (V, 353.)

CONFONDRE :

Si le moindre laquais eût tiré l'épée en ce moment dans le Palais, Paris *étoit confondu*. (II, 601.)

CONFONDRE DANS :

Nous étions très-persuadés qu'il ne nous faisoit pas l'injustice de *nous confondre dans* les bruits qui couroient. (II, 565.)

MM. les cardinaux de Richelieu et Mazarin... *avoient confondu* le ministériat *dans* la pourpre. (IV, 184.)

CONFORMITÉ (EN) :

Le Pape me répartit qu'il lui commanderoit... de s'expliquer *en conformité* des dernières paroles qu'il me venoit de dire. (VII, 93.)

La précipitation de M. Prestic a été terrible, et même contre toutes les formes usitées en pareille rencontre. J'en écrirai *en conformité* à M. Le Moine. (VIII, 226 *et* 227.)

CONFUSION (EN) :

M. de Bouillon me dit tout cela *en confusion* et en moins de paroles que je ne vous le viens d'exprimer. (II, 441.)

Tout étoit *en confusion*. (IV, 51.)

CONGÉ :

Mme de Guémené... m'avoit donné mon *congé* dans toute la forme la plus authentique que l'ordre de la pénitence pouvoit demander. (I, 177.)

M. de Chavigny... déclara à Monsieur que Monsieur le Prince étoit en état de demeurer sur le pavé tant qu'il lui plairoit, sans être obligé d'en demander *congé* à personne. (IV, 108.)

CONGRÉGATION :

Il (*le Pape*) feroit au premier jour une *congrégation* de cardinaux... pour examiner.... (V, 78.)

Les fausses relations qui peuvent venir de Paris recevront au moins quelque contredit dans la première *congrégation*. (VII, 52.)

L'on tint hier une *congrégation*, touchant l'ordre de Citeaux. (VII, 194.)

CONGRU :

Je vous ai déjà dit qu'il n'étoit pas *congru* dans sa langue. (II, 188.)

Voyez encore II, 52.

CONJONCTURE :

J'avais besoin d'un homme que je pusse, dans les *conjonctures*, mettre devant moi. (II, 193.)

.... Toutes les fois que la *conjoncture* pourroit permettre de traiter de la paix, elle y apporteroit toutes les facilités imaginables. (III, 110.)

Si je lui donne ordre de le faire publier (*ce mandement*) au peuple dans la *conjoncture* du temps de Pâques.... (VI, 235.)

CONNESTABLERIE :

.... La renonciation à la prétention de la *connestablerie*. (III, 182.)

Voyez la note 1 de la page indiquée.

CONNIVER :

Je serois très-fâché que l'on pût prendre seulement le moindre soupçon que je *connivasse* à ces sortes d'enchères. (VIII, 167.)

CONNOISSANCE :

L'obscurité de la nuit jointe au bruit confus qui se faisoit de toutes parts ôtèrent aux siens la *connoissance* de cet accident. (V, 578.)

AVOIR CONNOISSANCE DE :

M. le Tellier.... avoit été procureur du Roi au Châtelet, et... par cette raison devoit *avoir connaissance de* la police. (II, 141.)

ENTRER EN CONNOISSANCE DE :

Je ne veux pas même *entrer en connoissance de* vos mesures et de vos moyens pour parvenir à la fin que vous vous êtes proposée. (VI, 285.)

PRENDRE CONNOISSANCE :

Pour ce qui étoit de Monsieur le Cardinal, elle le tiendroit dans ses conseils tant qu'elle le jugeroit utile au service du Roi, et... il n'appartenoit pas au Parlement de *prendre connoissance* de quels ministres elle se servoit. (III, 248.)

CONNOÎTRE, reconnaître, comprendre, savoir :

Le cardinal de Richelieu... alloit au bien... toutefois que son intérêt ne le portoit point au mal, qu'il *connoissoit* parfaitement quand il le faisoit. Il ne considéroit l'Etat que pour sa vie; mais jamais ministre n'a eu plus d'application à faire *connoître* qu'il en ménageoit l'avenir. (I, 282 et 283.)

Telle est la première rédaction du manuscrit, où *croire* remplace en marge l'infinitif *connoître*.

Celle (*la colère*) du Cardinal... ne fit que se déguiser. J'en *connus* l'art, et j'y remédiai. (II, 9.)

Il n'y a rien dans le monde qui n'ait son moment décisif, et le chef-d'œuvre de la bonne conduite est de *connoître* et de prendre ce moment. (II, 95.)

Je *connus* la main de M. et de Mme de Bouillon dans le caractère de Fuensaldagne. (II, 324.)

M. de Montrose repassa en France.... Monsieur le Cardinal ne le *connut* plus. (III, 38.)

L'histoire du sire de Joinville nous fait voir clairement que saint Louis l'*a connu* et estimé. (I, 272.)

Monsieur le Prince *connut* le mal dans toute son étendue : mais comme son courage étoit sa vertu la plus naturelle, il ne le craignit pas assez. (II, 96.)

Le peuple ne sent presque pas encore la sienne (*sa fatigue*) ; il est au moins très-certain qu'il ne la *connoît* pas. (II, 278.)

Nous employâmes deux ou trois jours à persuader Monsieur que le temps de dissimuler étoit passé. Il le *connoissoit* et il le sentoit comme nous. (III, 221.)

Je *connus* à cet instant que l'esprit dans les grandes affaires n'est rien sans le cœur. (II, 169.)

Nous *connûmes* visiblement qu'il croyoit déjà gouverner Fuensaldagne. (II, 362.)

Le président de Bellièvre... me dit : «... Quel plaisir y auroit-il à faire ce que nous faisons pour des gens qui seroient capables de le *connoître !* » Il avoit raison, et vous le *connoîtrez*, lorsque.... (III. 129.)

Je la *connoissois* (*cette faveur*) très-fragile et même périlleuse. (III, 35.)

Je *connoissois* la foiblesse de Monsieur incapable de régir une machine de cette étendue. (III, 279.)

Je ne vous en ai parlé un peu au long que pour vous faire *connoître*... que je n'ai eu aucun tort dans le premier démêlé que j'ai eu avec la cour. (I, 249.)

L'on *connoissoit* d'abord qu'il n'avoit pas assez d'esprit pour être fin. (II, 177.)

Voyez I, 98, 216, 241, 248, 252, 255, 263, 278, 289, 297, 307 et 317; II, 6, 10, 20, 24, 32, 49, 52, 66, 68, 76, 91, 149, 157, 188, 205, 225, 233, 234, 241, 256, 260, 267, 269, 274, 305, 352, 356, 376, 451, 497 et 593; III, 44, 82, 121, 167 et 435; IV, 22, etc.

CONNOÎTRE POUR :

Je *connoissois* le Parlement *pour* un corps qui pousseroit trop sans mesure. (II, 62.)

Je *connoissois* M. de Longueville *pour* un esprit qui ne se pouvoit empêcher de traitailler. (II, 451.)

SE CONNOÎTRE :

Suivez-vous sa conduite (*la conduite de Saint-Charles*), quand vous commencez à *vous connoître* et que vous vous trouvez engagés par le choix de vos pères au service des autels ? (IX, 87.)

CONSACRER, au figuré :

Il n'y a rien qui soit si sujet à l'illusion que la piété.... Elle *consacre* toutes sortes d'imaginations. (I, 91.)

Je trouvai... une manière qui eût rectifié et même *consacré* l'imprudence, pour peu qu'il eût plu à ceux qui l'avoient causée de ne la pas outrer. (II, 548.)

Vous me permettrez, Monsieur, de ne pas traiter de frivoles des motifs qui *ont été consacrés* par un arrêt. (II, 249.)

CONSCIENCE :

EN CONSCIENCE :

Le maréchal de Gramont et le premier Président furent joués... d'une manière qui, *en conscience*, me faisoit quelquefois pitié. (III, 190.)

FAIRE CONSCIENCE DE :

.... Des païens et des schismatiques, qui, n'ayant point ou de crainte pour Dieu ou de respect pour l'Église, ne *font* point de *conscience de* persécuter les ministres de Dieu et les prélats de l'Église. (V, 123.)

CONSEILLER DE VILLE, l'un de ceux qui, avec le prévôt des marchands et les échevins, règlent les affaires générales de la ville :

M. de Montbazon, assisté de Fournier, premier échevin, d'un autre échevin et de quatre *conseillers de Ville*, apportèrent la lettre au Parlement. (II, 144.)

CONSEILLER (SE) :

Il me dit que c'étoit à moi à *me conseiller*. (V, 101.)

CONSÉQUENCE :

Le théologal (*du chapitre de Notre-Dame*)... me fit voir la *conséquence* qu'il y avoit à séparer, pour quelque cause que ce pût être, le coadjuteur de l'archevêque. (I, 258.)

Il nous étoit d'une si grande *conséquence* de ne pas unir au Cardinal le garde des sceaux.... (III, 173.)

Dès que je la vis (*la forme de la machine*), j'en connus et j'en conçus la *conséquence*. (III, 238.)

TIRER EN CONSÉQUENCE :

.... Si le Roi trouvoit qu'il fût à propos de *tirer en conséquence* pour ses ambassadeurs ce qui s'est fait pour celui d'Espagne. (VII, 135.)

CONSERVER :

La République romaine ayant été anéantie par Jules César, la puissance dévolue par la force de ses armes à ses successeurs subsista autant de temps qu'ils purent eux-mêmes *conserver* l'autorité des lois. (I, 279.)

Il se rendit, mais après de grandes promesses de me *conserver* toute sa vie dans son cœur et de *conserver*, par le canal de Joui, un commerce secret. (III, 301.)

SE CONSERVER :

Il n'y a rien d'extraordinaire que les grandes chaleurs, qui l'obligent de *se conserver* avec soin et de s'abstenir des fonctions qui le pourroient incommoder. (VII, 286.)

CONSIDÉRABLE, remarquable, étonnant :

Voilà les marques infaillibles

d'une lassitude qui est d'autant plus *considérable*, qu'il n'y a pas encore six semaines que l'on a commencé à courir. (II, 278.)

Considérable, digne de considération, d'égards, de respect :

Monsieur le Comte auroit l'avantage d'avoir fait voir au Roi et au public qu'étant aussi *considérable* qu'il étoit, et par sa personne et par l'important poste de Sedan, il n'auroit sacrifié qu'au bien et au repos de l'État ses propres ressentiments. (I, 156.)

Considérable, important :

M. le cardinal de Richelieu avoit donné une atteinte cruelle à la dignité et à la liberté du clergé dans l'assemblée de Mantes, et il avoit exilé, avec des circonstances atroces, six de ses prélats les plus *considérables*. (I, 245.)

Nous exécutâmes notre projet en ne postant que des manteaux noirs sans armes, c'est-à-dire des bourgeois *considérables*. (II, 41.)

Cette déclaration... fut entamée et altérée sur des articles de rien, que le Cardinal devoit même observer avec ostentation, pour colorer les contraventions qu'il pouvoit être obligé de faire aux plus *considérables*. (II, 97.)

.... L'emploi de feld-maréchal, qui est très-*considérable*. (III, 37 et 38.)

Parmentier étoit capitaine du quartier de Saint-Eustache, qui regarde la rue des Prouvelles, *considérable* par le voisinage des Halles. (I, 165.)

Je voyois très-souvent chez elle (*chez ma tante*) des gens... qui venoient à l'aumône secrète. La bonne femme ne manquoit presque jamais de leur dire : « Priez bien Dieu pour mon neveu ; c'est lui de qui il lui a plu de se servir pour cette bonne œuvre. » Jugez de l'état où cela me mettoit parmi les gens qui sont, sans comparaison, plus *considérables* que tous les autres dans les émotions populaires. (I, 167.)

La mort de Monsieur le Comte me fixa dans ma profession, parce que je crus qu'il n'y avoit plus rien de *considérable* à faire, et que je me croyois trop âgé pour en sortir par quelque chose qui ne fût pas *considérable*. (I, 176.)

Une occasion *considérable*... donne à leur autorité (*à l'autorité des ministres*) un éclat... qui ne l'établit pas seulement, mais qui leur fait même tirer, dans les suites, du mérite de tout ce qu'ils ne font pas. (I, 233.)

.... Je payerai votre secret d'un autre, qui n'est pas peu *considérable*. (II, 286.)

Ces nouvelles, qui étoient *considérables* à cause de leurs suites, firent impression sur son esprit. (III, 50.)

Ce titre même (*de ministre*) me rendroit inutile à son service du côté de Monsieur et... de celui du peuple, qui étoient les deux endroits qui, dans la conjoncture présente, lui étoient les plus *considérables*. (III, 308.)

Je serois très-fâché que le paquet que M. de Caumartin a oublié de vous rendre fût perdu, car je suis fort trompé si il n'y avoit pas dedans des choses assez *considérables*. (VIII, 182.)

Le Premier Président, s'étant plaint de l'emprisonnement de M. de Chavigni, donna lieu à une contestation *considérable*. (II, 87.)

Les infirmités *considérables* qui me sont restées de ma prison.... (VI, 257.)

On ne peut ignorer combien j'avois de lieu... de former des plaintes très-*considérables* de toutes les violences que l'on avoit exercées... contre ma dignité. (VI, 296.)

CONSIDÉRATION, remarque, compte que l'on tient d'une personne ou d'une chose :

Je continuai cependant, par ma propre *considération*, la conduite que je n'avois prise jusque-là que par celle de la haine personnelle que Mme de Guémené avoit contre Monsieur le Cardinal. (I, 114.)

Grancei avoit assiégé Brie-Comte-Robert.... La place ne valoit rien; elle étoit inutile par deux ou trois *considérations*. (II, 294.)

L'on est souvent obligé, par la *considération* de leur propre service, de leur donner (*aux princes*) des conseils dont l'on ne leur peut dire la véritable raison. (III, 221.)

À LA CONSIDÉRATION DE :

Le respect que j'eus pour M. le cardinal Mazarin, *à la considération de* la Reine, alla jusques à la patience. (I, 249.)

Voyez I, 89 et 263.

CONSIDÉRATION, égards, respect (que l'on porte ou que l'on inspire) :

Quand je parle de la force,... j'entends celle que l'on tire de la *considération* où l'on demeure auprès de ceux.... (II, 269.)

M. de Bouillon,... ayant perdu sa principale *considération* dans la perte de l'armée de M. de Turenne, jugeoit bien que les vastes espérances qu'il avoit conçues d'être l'arbitre du parti n'étoient plus fondées. (II, 419.)

CONSIDÉRATION, importance :

Ce détail n'est pas de grande *considération*. (II, 592.)

Si il plaisoit à Votre Majesté de confier à l'un d'eux quelque place de *considération*.... (III, 10.)

L'on ne faisoit presque aucune réflexion sur ses démarches, dans les temps même où elles eussent dû être, au moins par sa qualité, de quelque *considération*. (III, 351.)

Ce qui se passa au Parlement le 16 et le 17 de janvier n'est d'aucune *considération*. (IV, 77.)

Il n'y a point de personne de grande ou de petite *considération* qui puisse les charger (*les Évêques*) de quoi que ce soit, tandis qu'ils sont privés de leurs Églises. (VI, 358.)

Ce qui s'est passé jusques ici dans mon voyage est de si peu de *considération* pour le service du Roi que.... (VII, 26.)

Voilà la dernière fois que je me mêlerai de cette chaire, pour laquelle il faudrait tenir des registres, comme si c'étoit pour quelque chose de *considération*. (VIII, 332.)

CONSIDÉRER, regarder :

Tous les étrangers *considéreront* avec nous Monsieur le Prince dans Paris marcher dans les rues, faire rencontre du Roi dans les lieux publics.... (V, 351.)

CONSIDÉRER, s'occuper, prendre soin, tenir compte de :

J'*aurois considéré* de très-bon cœur la personne que vous me recommandez, sans les engagements que j'ai à mes grands vicaires. (VIII, 584.)

Le cardinal de Richelieu... ne *considéroit* l'État que pour sa vie; mais jamais ministre n'a eu plus d'application à faire croire qu'il en ménageoit l'avenir. (I, 282.)

Le Pape a *considéré* beaucoup, en ce rencontre, les prières de l'ambassadrice d'Espagne. (VII, 199.)

CONSIDÉRER QUE, croire que :

Je *considérois que* l'armée victorieuse à Sens reviendroit infailliblement prendre ses quartiers d'hiver aux environs de Paris. (II, 62.)

La Rivière... *considéroit*... *que* le compte que l'on feroit avec M. le prince de Conti ne seroit jamais bien sûr pour les suites, si il n'étoit aussi arrêté par Monsieur le Prince. (II, 375.)

CONSISTER À, suivi d'un substantif :

La difficulté... ne *consistoit* qu'en

la forme et non pas *au* fond de l'affaire. (VIII, 237.)

CONSISTOIRE (Faire) :

Sa Sainteté étoit absolument résolue samedi à *faire consistoire*. (VII, 310.)

CONSISTORIALE (Congrégation) :

Celle (*l'investiture*) qui fut donnée par Clément VIIIe à Philippe IIIe... passa par cette voie, et même par celle de la *congrégation consistoriale*. (VIII, 251.)

Voyez VII, 252 et 258.

CONSOLATIF :

Les extrêmes sont toujours fâcheux.... Ce qu'ils ont de *consolatif*, est qu'ils ne sont jamais médiocres. (II, 69.)

CONSOLIDER :

.... Des parties, qui s'affoibliroient et se désuniroient en fort peu de temps si l'on ne travailloit avec application à les lier et à les *consolider* ensemble. (II, 269.)

Toutes ces indispositions jointes ensemble n'étoient pas des ingrédients bien propres à *consolider* une plaie qui étoit fraîchement fermée. (III, 38.)

CONSOMMER, terminer, accomplir :

.... De vouloir bien aller conférer avec la Reine du peu qui restoit pour *consommer* l'affaire de Messieurs les Princes. (III, 237.)

La délibération n'ayant pu se *consommer*,... l'assemblée fut remise au mercredi 13. (IV, 58.)

Consommer, épuiser, au figuré :

Ce n'étoit pas sur ce sujet, qui *étoit consommé*, qu'elle les avoit mandés, mais sur un autre.... (III, 235.)

Consommer, consumer :

Sitôt que ce brasier *sera consommé*.... (IX, 145.)

Ils *seront consommés* d'un feu qui n'est pas allumé. (IX, 183.)

Monsieur le Prince... aime trop son pays... pour nous *consommer* entièrement par une guerre civile. (V, 351.)

CONSPIRATION :

.... Afin de porter les fidèles de mon Diocèse à obtenir, par une *conspiration* de prières, la jouissance d'un si grand bien. (VI, 235.)

CONSPIRER à :

Comme nous *conspirions* tous sur ce point à une même fin,... nous faisions, de concert, les mêmes démarches. (II, 366.)

.... Celle (*la conduite*) à laquelle tout le Royaume *conspiroit* contre le cardinal Mazarin. (IV, 122.)

Conspirer de :

Ils *avoient* même *conspiré de* se saisir de sa personne. (II, 132.)

CONSTAMMENT, avec constance :

Job... souffre *constamment* la perte de ses richesses et de ses enfants. (IX, 150.)

CONSTANT, certain :

Il est *constant* que ce fut à lui à qui je dus le peu d'éclat que j'eus en ce temps-là. (I, 183.)

Je tiens pour *constant* que si nous exécutons ce que nous avions résolu.... (II, 424.)

Je ne sais si ce bruit étoit bien fondé.... Ce qui est *constant* est que Monsieur le Prince n'étoit pas content du Cardinal. (II, 531.)

Voyez I, 229; II, 52, 59, 80, 99, 217, 249 et 463; III, 50, 250, 333, 357 et 493.

CONSTELLATION pour *consternation*, dans le jargon attribué au duc de Beaufort :

Présentement... que je remarque

sur ce sujet quelque *constellation* dans l'esprit de mes amis.... (V, 209.)

Voyez tome V, p. 207, note 1.

CONSTER DE, être évident par :

Il *conste de* ce que nous venons de justifier par tant de raisons,... que.... (VII, 342.)

Voyez la note 60 à la page indiquée.

CONSTITUTION :

La manière dont nous devions agir avec les envoyés... n'étoit pas sans embarras dans un parti dont le Parlement faisoit le corps et dont la *constitution* présente étoit une conférence ouverte avec la cour. (II, 329.)

Ce moment étoit ce que nous avions justement... à craindre, parce que la *constitution* des choses nous faisoit... voir... que... nous ne demeurerions pas longtemps sans en rencontrer de plus favorables. (III, 282.)

Cette *constitution* des esprits auxquels Monsieur le Prince avoit affaire eût embarrassé Sertorius. (III, 363.)

.... En faisant réflexion sur la *constitution* des choses, « qui, dit-elle très-sensément, redresseront les hommes, au lieu que, pour l'ordinaire, ce sont les hommes qui redressent les choses. » (III, 400.)

La *constitution* où étoient les affaires n'aidoit pas à lui donner de la hardiesse. (IV, 78.)

CONSULTER, actif : étudier, examiner :

Nous *consultâmes* la manière dont nous devions agir avec les envoyés. (II, 328.)

Comme nous *consultions* ce qu'il y avoit à faire.... (II, 382.)

Le Pape n'avoit voulu *consulter* cette affaire qu'avec la congrégation de Jansénius. (VII, 131.)

Je ne sais que vous dire sur l'affaire de M. de Tesmes, mais ce qui m'en paroît est que nous la devons gagner au Parlement. *Consultez*-la bien, s'il vous plaît, et si elle se trouve bonne, il la faut soutenir. (VIII, 205.)

Consultez bien tout, je vous supplie, jusques aux moindres circonstances. (VIII, 375.)

Consultez, je vous prie, cette affaire incessamment, non pas seulement avec M. Florentin.... (VIII, 487.)

CONSULTEUR, théologien chargé d'examiner les propositions déférées au Saint-Office :

.... En cas qu'il (*ce secret*) soit demeuré entre les cardinaux du Saint-Office, et qu'il ne soit pas passé jusques aux *consulteurs* et aux qualificateurs. (VII, 187.)

Voyez la note 4 à la page indiquée.

Il n'y a aucun des *consulteurs* et des qualificateurs qui en aient connoissance. (VII, 190.)

Voyez VII, 76 (2 fois) et 112.

CONSUMER, au figuré :

Je vous la demande (*la paix*), Sire, au nom de tous vos peuples... *consumés* par les nécessités inséparables d'une si longue guerre. (IX, 122.)

CONTENIR (SE) :

Il ne se peut que le Parlement, en continuant à *se contenir* dans ses formes, ne tombe à rien. (IV, 119.)

CONTENTEMENT :

Je passois dans le monde pour avoir chassé le Mazarin, qui en avoit toujours été l'horreur.... C'étoit *contentement* et je le sentois. (III, 277.)

CONTENTER (SE) QUE :

M. le duc d'Orléans ayant dit aux députés que la Reine se relâchoit de la translation du Parlement, qu'elle *se contenteroit que*, lorsque l'on seroit d'accord de tous les articles, il allât tenir un lit de justice à Saint-Germain.... (II, 365.)

La Reine fut obligée de *se contenter que* je continuasse de jouer le personnage que je jouois dans Paris. (III, 345.)

.... Que... l'on *se contentât que* le Pape répondît.... (VII, 141.)

CONTENTION :

Le détachement que j'ai témoigné dans tous les temps de toute sorte de *contentions* et de partialités.... (VI, 395.)

CONTESTER :

Le Chancelier prétendit que la vérification (*d'un édit*) appartenoit à la cour des aides; le Premier Président la *contesta* pour le Parlement. (I, 297.)

Je n'ai jamais vu que lui qui ne *contestât* jamais ce qu'il ne croyoit pas pouvoir obtenir. (II, 241.)

Il n'osoit pas *contester* à M. de Bouillon une proposition de guerre. (II, 316.)

CONTINUER :

Elle ne me laissa pas reprendre la parole, et elle la *continua* en me commandant.... (III, 384.)

La Reine... demanda si je *continuois* dans cette résolution. (III, 326.)

CONTRACTER :

Elle (*Mme de Guémené*) en fut outrée, et moi plus qu'elle; car enfin il *s'étoit contracté* une certaine espèce de ménage entre elle et moi. (I, 133.)

La haine et l'envie que nous *contracterons*.... (II, 278.)

CONTRADICTOIRE, substantif :

M. du Maine, trouvant dans le Parlement cet esprit que vous lui voyez, qui va toujours à unir *les contradictoires*.... (II, 279.)

Voyez III, 140, 314, 421 et 452.

CONTRAIRE (Au), dans le sens contraire :

L'on ne voulut presque pas écouter ceux qui opinèrent *au contraire* (II, 226.)

Nous en apprîmes assez pour ne pas douter qu'il (*M. de Turenne*) ne fût déclaré; que son armée... ne se fût engagée avec lui, et que Erlac,... qui avoit fait tous ses efforts *au contraire*, n'eût été obligé de se retirer. (II, 335.)

Je vis bien que ses raisons... l'emporteroient.... sur tout ce que je leur pourrois dire *au contraire*. (II, 354.)

Il prit tout d'un coup le parti, quoi que je lui pusse dire *au contraire*, de justifier la marche de ces troupes étrangères. (IV, 84.)

AU CONTRAIRE DE :

Il n'y a rien de secret de tout ce qui se dit et de tout ce qui se fait *au contraire de* ces déclarations publiques. (III, 380.)

CONTRARIER :

Les généraux témoignèrent être embarrassés de cette proposition. Je fis semblant de la *contrarier*. (II, 296.)

Le maréchal de Gramont... l'avoit si bien déguisée à Monsieur (*cette réponse*), qu'il ne se pouvoit persuader qu'elle se pût seulement *contrarier*. (III, 227.)

CONTRARIÉTÉ :

Quelle foule de mouvements tous opposés! quelle *contrariété!* quelle confusion! (III, 430.)

Je me reprochais à moi-même la *contrariété* que je trouvois dans mon cœur à les entreprendre. (II, 6.)

Il ne trouva que de bons désirs, accompagnés de beaucoup de *contrariété* à tout ce qui étoit nécessaire pour les faire réussir. (V, 231.)

Si le contraire de ce que dit le menteur étoit toujours vrai, il y auroit moyen de se garantir de surprise, et on trouveroit la vérité de son intention dans la *contrariété* de ses paroles. (IX, 174.)

Il nous instruit par *contrariété* plutôt que par similitude, et il veut que, pour bien faire, nous prenions le contre-pied de ce qu'ils fesoient. (IX, 165.)

CONTRE :

On va rarement *contre* son propre génie : c'est comme l'eau qui ne remonte jamais *contre* sa source. (V, 341.)

CONTRE-ASSEMBLÉE :

Nous résolûmes une *contre-assemblée* de noblesse pour soutenir le tabouret de la maison de Rohan. (II, 542.)

CONTREDIT, substantif :

Les fausses relations qui peuvent venir de Paris recevront au moins quelque *contredit* dans la première congrégation. (VII, 52.)

CONTRE-FINESSE :

.... Des finesses et des *contre-finesses* qui se peuvent trouver ou imaginer dans ces apparences. (VII, 355.)

CONTRE-LETTRE :

Je vous envoie la copie d'une *contre-lettre* de M. de Caumartin que nous avons trouvée ici. (VIII, 198.)

Voyez VIII, 535.

CONTRE-PESER :

Il n'y avoit plus de péril que Monsieur s'ouvrît, ou du moins... le peu de péril qui y restoit ne pouvoit pas *contre-peser* la nécessité que nous trouvions à engager Monsieur lui-même. (III, 220.)

CONTRE-RUSE :

Cette *contre-ruse* a admirablement bien réussi au Cardinal. (V, 423.)

CONTRE-TEMPS :

Comme il étoit tout pétri de bile et de *contre-temps*, il se mit en colère. (II, 21.)

Les *contre-temps* du Parlement... commencèrent à le dégoûter (*Monsieur le Prince*). (II, 100.)

Ce qui nous convient... est d'empêcher que le Parlement ne nous mette dans la nécessité, par ses *contre-temps*, de faire ce qui n'est pas... de votre intérêt. (II, 331.)

Voici le dénouement de ce *contre-temps*, que la postérité aura peine à croire. (II, 373.)

... Les *contre-temps* du Parlement pouvoient faire une paix fourrée à tous les quarts d'heure. (II, 452.)

.... L'embarras où les *contre-temps* du Cardinal le jetoient, à tous les instants. (III, 166.)

Quel *contre-temps* de désespérer l'oncle du Roi ! (V, 198.)

Quel *contre-temps* de l'espérer dans un temps où la Reine avoit le cœur de tous les peuples ! (V, 198.)

Soit pour ses jugements, soit pour ses actions, on ne voit que des *contre-temps* en sa conduite. (V, 201.)

CONTRIBUER, actif :

Il me vint une pensée,... qui fut de *contribuer*, sous main, tout ce qui seroit en moi à la paix, pour sauver l'État, qui me paroissoit sur le penchant de sa ruine. (II, 429.)

Il étoit résolu... d'y *contribuer* (*à la liberté des Princes*) tout ce qui seroit en son pouvoir. (III, 229.)

Toute la France sait les soins si salutaires que j'*ai contribués*... pour rappeler le Roi dans sa capitale. (VI, 39.)

Voyez la note 29 à la page indiquée.

.... De *contribuer* ce que nous pourrons à faire cesser de si grands maux. (VI, 155.)

Je ne doutois point que... il ne *contribuât*, à leur égard, ce que M. de Bourlemont et moi y *contribuions* à l'égard des François. (VII, 71.)

Je vous supplie de *contribuer* ce

que vous pourrez au secret. (VII, 185.)

Le Pape ayant proposé... au cardinal de *contribuer* une somme assez modique pour une acquisition.... (VII, 218.)

Contribuez-y tout ce que vous pourrez. (VIII, 170.)

Contribuer, neutre :

Le cardinal de Richelieu avoit affecté d'abaisser les corps, mais il n'avoit pas oublié de ménager les particuliers.... Ce qu'il y eut de merveilleux fut que tout *contribua* à le tromper et à se tromper soi-même. (I, 288.)

CONTUSION :

Une note de cette nature se pouvoit appeler pour moi, à l'égard de la cour, une nouvelle *contusion*. (I, 117.)

Voyez la note 2 de la page indiquée.

CONVAINCRE :

Si M. Broussel n'eût ouvert l'avis auquel il avoit passé, je tombois... dans une grande imprudence... et dans un crime assez *convaincu* par l'approbation si solennelle que la Reine venoit de donner à la conduite contraire. (II, 256.)

La fausseté de ce discours *fut* suffisamment *convaincue* par la résistance que le Coadjuteur fit aux desseins.... (V, 222.)

.... L'exclusion du héraut, qu'elle (*la cour*) ne pouvoit pas ignorer... n'avoir pour fondement que le prétexte du monde le plus mince et le plus *convaincu* de frivole par tous les usages. (II, 267.)

Je le fis passer (*je fis passer Mazarin*), en huit jours, pour le Juif le plus *convaincu* qui fût en Europe. (II, 129.)

Convaincre, assurer :

Les ouvrages... du fameux Jean Juvénal des Ursins nous *convainquent* que Charles V... n'a jamais cru que sa puissance fût au-dessus des lois et de son devoir. (I, 272.)

Mazarin... fit refuser par la Reine audience aux gens du Roi; ils revinrent... *convaincus* que la cour vouloit pousser toutes choses à l'extrémité. (II, 140.)

CONVENABLE à :

Cette occupation ne m'empêchoit pas de faire toutes les réflexions *convenables* à l'embarras dans lequel je me trouvois. (II, 25.)

CONVENIR avec, être d'accord avec :

.... La haine du peuple, qu'il lui avoit montrée comme inévitable, si il paroissoit, le moins du monde, ne pas *convenir avec* Monsieur le Prince. (III, 458.)

Si Monsieur le Nonce parloit dans ce sens, et que l'on vît à Paris que les discours du ministre de Sa Sainteté *convinssent avec* les lettres qu'un cardinal national écriroit sur ce qu'il a ouï de la propre bouche du Pape.... (VII, 91.)

Convenir, absolument, se mettre d'accord :

Emery ayant proposé une conférence particulière,... elle fut proposée, le lendemain, dans les Chambres assemblées. Après une grande diversité d'avis, dont plusieurs alloient à la refuser comme inutile et même comme captieuse, elle fut accordée; mais vainement : l'on ne put *convenir*. (I, 298.)

L'on contesta quelque temps, avec beaucoup de chaleur, touchant les intérêts du Parlement de Normandie...; mais enfin l'on *convint*. (II, 472.)

CONVENT, couvent :

.... Saint Augustin et quelques autres *convents* de cette nature. (VII, 114.)

Voyez VI, 333; VII, 135, 156, 160, 161, 192 et 193.

CONVERTIBLE :

.... Du sens que la philosophie commune prétend donner aux négations non *convertibles*. (IX, 336.)

CONVULSION :

Monsieur le Comte, qui avoit témoigné une fermeté inébranlable trois mois durant, changea tout d'un coup de sentiment.... Je fus averti de cette *convulsion* par un courrier que Varicarville me dépêcha exprès. (I, 168.)

Voyez la note 3 de la page indiquée.

Le renversement des anciennes lois, l'anéantissement de ce milieu qu'elles ont posé entre les peuples et les rois, l'établissement de l'autorité purement et absolument despotique... ont jeté originairement la France dans les *convulsions* dans lesquelles nos pères l'ont vue. (I, 289.)

Le dernier point de l'illusion, en matière d'Etat, est une espèce de léthargie, qui n'arrive jamais qu'après de grands symptômes.... Le mal... n'est jamais à son période que quand ceux qui commandent ont perdu la honte, parce que c'est justement le moment dans lequel ceux qui obéissent perdent le respect; et c'est dans ce même moment où l'on revient de la léthargie, mais par des *convulsions*. (I, 291.)

COQUILLE :

Je fais état d'aller... en passer deux ou trois (*deux ou trois jours*) avec MM. de Châlons et de Caumartin, après quoi je me viendrai renfermer dans ma *coquille*. (VIII, 301.)

CORDE, au figuré :

Cette *corde* nous avoit paru à nous-même bien grosse à toucher. (II, 73.)

Nous tomberions, si quelqu'une de nos *cordes* manquoit, dans la nécessité de recourir au peuple.... M. de Bouillon m'interrompit à ce mot : « si quelqu'une de nos *cordes* manquoit », pour me demander ce que j'entendois par cette parole. (II, 347 et 348.)

J'eusse emporté de beaucoup la balance, si la considération de M. de Turenne, qui étoit dans ce moment la grosse *corde* du parti,... ne m'eût obligé de me faire honneur de ce qui n'étoit qu'un parti de nécessité. (II, 353.)

Prions Dieu que tout aille bien; car si une seule de nos *cordes* nous manque, nous sommes perdus. (II, 361.)

Je leur fis le fin des intentions de Monsieur, ce qui étoit la grosse *corde*, et qui, par toutes raisons, ne se devoit toucher que la dernière. (III, 186.)

Je lui fis voir que je me rendrois absolument inutile à son service, pour peu que l'on touchât cette *corde*. (III, 316.)

CORDEAU :

L'empire romaine mis à l'encan, et celui des Ottomans exposé tous les jours au *cordeau*, nous marquent, par des caractères bien sanglants, l'aveuglement de ceux qui ne font consister l'autorité que dans la force. (I, 279.)

Voyez la note 5 de la page indiquée.

Sortez-en, je vous prie, au meilleur marché que vous pourrez, et faites filer le cordeau (*lâchez de la corde, laissez aller doucement les choses*) le mieux qu'il vous sera possible jusques à Pâques. (VIII, 215.)

Voyez la note 2 à la page indiquée.

CORDELIER :

Je me ressouvins du prédicant de Genève qui soupçonna l'amiral de Coligni, chef du parti huguenot, de s'être confessé à un *cordelier* de Niort. (II, 66.)

Il s'en alloit aux *Cordeliers*, où l'assemblée se tenoit. (III, 274.)

Voyez encore VIII, 39.

CORNE :

Le chevalier de Bois-David... lui

fit... quelque commémoration de *cornes*, très-applicable au sujet. (V, 88.)

CORPORIFIER :

Ces modes sont corporels et deviennent de vraies parties de la substance qu'ils modifient et qu'ils *corporifient* tout ensemble. (IX, 305.)

CORPS, au figuré :

Le cardinal de Richelieu la vint traiter *(la France)* comme un empirique, avec des remèdes violents, qui lui firent paroître de la force, mais une force d'agitation qui en épuisa le *corps* et les parties. (I, 289.)

La déclaration de M. de Turenne... étoit la pièce importante et décisive en ce qu'elle donnoit au parti un *corps* indépendant des étrangers. (II, 303.)

.... Un parti dont le Parlement faisoit le *corps*. (II, 329.)

Ce que j'ai trouvé dans ces registres *(du Parlement et de l'Hôtel de Ville)* ne peut être tout au plus que le *corps*; il est au moins constant que l'on n'y sauroit reconnoître l'esprit des délibérations. (IV, 197.)

EN CORPS :

Ce parlement... fut assez fou, si l'on peut parler ainsi d'une compagnie *en corps*.... (III, 57.)

EN CORPS DE :

J'allai... chercher MM. de Brissac et de Retz, et je les menai aux Capucins du faubourg Saint-Jacques, où Monsieur de Paris avoit couché, pour le prier, *en corps de* famille, de ne point aller au Palais. (II, 578.)

CORRESPONDANCE :

MM. de Novion et de Bellièvre, qui étoient de notre *correspondance*, menèrent M. d'Elbeuf... dans la seconde *(dans la grande chambre)*. (II, 167.)

Monsieur vint au Palais, et il assura la Compagnie d'une *correspondance* parfaite pour travailler ensemble au bien de l'État. (III, 233.)

CORRESPONDANT :

Quelle honte... d'être le *correspondant* d'Espagne et d'Angleterre! (V, 204.)

CORROMPRE :

Servien *avoit corrompu* l'esprit du Cardinal à l'égard de la paix générale, à un point qui ne se peut imaginer. (III, 105.)

Vous croyez, sans doute, que Monsieur et Monsieur le Prince ne manquèrent pas cette occasion de profiter de l'imprudence de la cour. Nullement. Ils n'en manquèrent aucune de *corrompre*, pour ainsi parler, celle-là. (IV, 201.)

CÔTÉ :

DU CÔTÉ DE, au figuré :

Le cardinal de Richelieu... fit si bien que si le destin lui eût donné un successeur de son mérite, je ne sais si la qualité de premier ministre... n'auroit pas pu être... odieuse en France.... La providence de Dieu y pourvut au moins d'un sens, le cardinal Mazarin... n'ayant donné ni pu donner aucun ombrage à l'État *du côté de* l'usurpation. (I, 281.)

DE L'AUTRE CÔTÉ DE, en face de :

Il mériteroit d'être pendu *de l'autre côté du* Mazarin. (III, 234.)

COTER :

Je reçus un paquet... dans lequel je trouvai une seconde lettre de Viole, avec un brouillon du traité contenant les articles que je vous ai *cotés* ci-dessus. (II, 387.)

Les annales qui en *cotent* le nombre *(de ces traités)* remarquent.... (V, 326.)

Descartes a voulu dire quelque chose de plus que cela dans les lettres *cotées* quatrième et sixième du second tome. (IX, 302.)

COUCHER en joue :

M. de Bouillon... courut en cette journée plus de périls que personne, *ayant été couché en joue* par un misérable de la lie du peuple. (II, 404.)

COULANT, coulante :

L'huile est moins douce et moins *coulante* que leurs discours. (IX, 175.)

.... Que les esprits aient une essence et une existence *coulante* par la perte des parties de leur propre substance et par la production d'autres nouvelles parties. (IX, 301.)

COULER, emplois divers :

Une colonne n'est pas ébranlée par l'air qui *coule* à l'entour. (IX, 302.)

Si deux bateaux, dont le premier seroit attaché à une muraille, et dont le second *couleroit* bord à bord du premier sur un canal ouvert.... (IX, 350.)

.... Tous les Chrétiens, sur lesquels... les bénédictions que Dieu a attachées à l'ordre qu'il a établi dans l'Église, *coulent* incessamment du Saint-Siége. (VI, 325.)

En laissant ainsi *couler* le Cardinal plutôt que tomber, il se trouveroit maître du cabinet. (II, 79.)

COULER, neutre, en parlant du temps :

Les six ou sept semaines qui *coulèrent* depuis la publication de la déclaration.... (II, 95.)

Les années *coulent* imperceptiblement. (VI, 302.)

Nous avions jugé à propos... de laisser *couler* les fêtes sans faire aucun pas. (VII, 139.)

.... En les quatre siècles *coulés* depuis sa mort. (IX, 129.)

COULER le temps, passer le temps :

Il affecta... de *couler* le temps de la séance. (III, 368.)

Il n'y a rien de si aisé qu'à *couler* des matinées sur des procédures, où il ne faut qu'un mot pour faire parler cinquante hommes. (II, 602.)

COULER sur quelque chose, y passer légèrement, y donner peu d'attention ou en tenir peu de compte :

Je n'osois m'expliquer des raisons qui me faisoient juger qu'il étoit nécessaire de *couler* sur tout généralement, jusqu'à ce que.... (II, 299.)

Je *coule* le plus légèrement possible sur ce point. (III, 312.)

Je vous verrai cet automne et je vous donnerai le plaisir de leur faire toute la honte qui leur est due sur votre sujet, et si vous le désirez même, je la leur ferai dès à présent toute publique, quelque raison que j'aie de *couler* encore pour quelque temps.... (VIII, 295.)

Voyez encore III, 386.

COULER, glisser, insinuer, au propre et au figuré :

En finissant ce mot, il me *coula* dans la main un papier écrit de deux côtés. (I, 162.)

Un petit homme habillé de noir... me *coula* un billet en la main. (II, 524.)

Il me *coula* ces paroles dans l'oreille. (II, 62.)

Ce voyage... fit peine au Cardinal, et l'obligea à faire *couler* à Monsieur le Prince des propositions indirectes de rapprochement. (II, 508.)

.... Quelque formalité de justice, que Longueil prétendoit pouvoir *être coulée* dans la procédure. (II, 574.)

Il prit occasion de me dire... que Monsieur m'avoit aussi abandonné : ce qu'il *coula* pour découvrir comme j'étois avec lui. (III, 309.)

Il *coula*... dans son discours qu'il serviroit le Parlement avec beaucoup de joie. (II, 164.)

Il me *coula* qu'il pourroit rendre

de bons services au Roi. (VII, 100.)

Voyez II, 420; III, 256; VII, 111.

FAIRE OU LAISSER COULER :

Chamboi *avoit fait couler* dans Paris cinquante ou soixante de ses gendarmes. (III, 251.)

Verrina *fit couler* adroitement dans les compagnies de la ville quinze ou vingt soldats qui étoient sujets du Comte, et en gagna d'autres de la garnison. (V, 560.)

Il descendoit ses lettres, la nuit, par un filet qu'il *laissoit couler* vis-à-vis de l'une de mes fenêtres. (V, 83 et 84.)

Monsieur... *se laissa couler* par cette jonction... dans la pente où il ne tomboit déjà que trop naturellement. (IV, 80.)

Il y a beaucoup de gens... qui affectent de *laisser couler* du désordre dans la police. (II, 268.)

.... Des paroles de liberté, qu'il *laissoit couler* adroitement dans ses discours. (V, 556.)

Voyez III, 487; V, 557 et 562; VII, 127.

SE COULER DANS :

.... Quatre-vingts officiers de ses troupes qui *s'étoient coulés dans* Paris. (III, 86.)

Cette disposition... *se coule* si imperceptiblement *dans* les esprits de ceux qu'elle domine, qu'ils ne la sentent pas eux-mêmes. (V, 108.)

.... Cette lettre, *dans* les motifs de laquelle je n'appréhende pas que les mouvements de l'impatience, les sentiments de l'inquiétude, ni les pensées du ressentiment *se* puissent *couler*. (VI, 416.)

Ne flattez-vous pas votre paresse par des fausses maximes qui *se coulent* insensiblement *dans* quelques esprits qui font profession d'une piété mal entendue? (IX, 88.)

COULEUR, au figuré :

Il *donnoit* tous les matins à Mme de Chevreuse quelque nouvelle *couleur* de mon accommodement avec Messieurs les Princes. (III, 146.)

Ce qui a donné de la *couleur* à cette opinion est que la chose leur réussit. (III, 288.)

Comme j'avois intérêt à affoiblir le crédit de Monsieur le Prince dans le public, je n'oubliai, pour y réussir, aucune des *couleurs* que je trouvai sur ce sujet, assez abondamment, dans les manières de beaucoup de gens de son parti. (IV, 206.)

COUP, au figuré :

Je fis l'impossible toute la nuit pour rompre ce *coup*. (II, 82.)

Je ne le pouvois pas assurer du Parlement; mais je m'engageois, en cas que Paris fût attaqué et que le Parlement pliât, de me déclarer et de faire déclarer le peuple. Le premier *coup* étoit sûr; mais il eût été très-difficile à soutenir dans le Parlement. (II, 75.)

L'exclusion du Cardinal... seroit un préalable très-utile aux *coups* que Monsieur le Prince faisoit état de lui donner dans le cabinet. (II, 86.)

Il avoit fait son *coup*. Il m'avoit ôté, à ce qu'il pensoit, le chapeau. (III, 173.)

.... L'évasion du Mazarin étoit un grand *coup* de politique ménagé par Mme de Chevreuse. (III, 256.)

La cour... crut... qu'elle feroit un grand *coup* contre moi que de la dissiper (*de dissiper l'assemblée de la noblesse*). (III, 272.)

La grande estime que vos bonnes qualités vous ont donnée a déjà fait le *coup* le plus important de cette affaire. (V, 539.)

A CE COUP, POUR CE COUP :

.... C'étoit *à ce coup* que Messieurs ses cousins lui devoient leur liberté. (III, 265.)

Ils firent... une faute, qui rompit, au moins *pour ce coup*, leurs mesures. (I, 205.)

Le président de Mesme... dit au président de Bellièvre que, *pour ce coup*, j'étois la dupe. (II, 274.)

Après coup :

Voilà ce que me dit M. le cardinal Mazarin.... Je ne sais si il ne parloit point *après coup;* mais je sais bien que s'il eût plu à M. de Bouillon de me croire, nous n'eussions pas donné lieu, ni lui, ni moi, à cette pénétration. (II, 378.)

Donner le dernier coup :

La foiblesse du cardinal Mazarin... *donna le dernier coup* à l'affoiblissement de l'autorité royale. (I, 319.)

Ces raisons *donnèrent le dernier coup* dans l'esprit du Comte, parce qu'elles étoient conformes à l'inclination naturelle qu'il avoit toujours eue pour la gloire. (V, 550.)

Porter coup :

Servez-vous de ce moyen dans le temps que vous croirez qu'il pourra *porter coup*. (VIII, 53.)

Coup double, coup triple :

.... Les *coups doubles* étoient fort à craindre. (III, 177.)

Monsieur... avoit beau jeu pour faire *coup double*, et même *triple*. (III, 407.)

Voyez encore III, 153.

Coup d'État :

Qu'arriva-t-il de ce grand *coup d'État*, Sire? (V, 319.)

Voyez la note 3 de la page indiquée.

Coup d'œil, Coup de tête :

Le combat étant presque perdu, Monsieur le Prince le rétablit et le gagna par un seul *coup* de cet œil d'aigle,... qui voit tout dans la guerre et qui ne s'y éblouit jamais. (II, 4.)

Le bruit de ce grand *coup de tête* a été si universel, qu'il faut, à mon avis, qu'il ait été jeté pour plus d'une fin. (III, 257.)

COUPE, participation à la coupe, communion sous l'espèce du vin :

Elles (*les prétentions de l'électeur de Saxe*) sont, même sur ce chef de la *coupe*, beaucoup plus modérées que celles que les Bohémiens ont eues autrefois. (VII, 229.)

Le Pape, à la première proposition de la *coupe*, la rebuta avec hauteur. (VII, 238.)

Voyez la note 5 à la page indiquée.

COUPE-JARRETS :

Le Premier Président... s'étant écrié... que le coadjuteur n'auroit plus tant de crieurs à gages dans la salle du Palais, et le président de Mesme ayant ajouté : « ni tant de *coupe-jarrets* ».... (II, 319.)

COUPELLE, petit vaisseau destiné à essayer et purifier l'or et l'argent :

L'épreuve de l'or et de l'argent se fait par la *coupelle* et par la cendrée. (IX, 191.)

Voyez la note 2 de la page indiquée.

COUPER :

Le premier mouvement du peuple... n'avoit été que de fureur, à laquelle la peur ne succède jamais que par degrés; et je croyois avoir de quoi *couper*, devant qu'il fût nuit, ces degrés. (II, 130.)

COUR (Faire sa) à, et Faire sa cour, absolument :

Lorsque Monsieur l'archevêque de Paris me présenta au Roi, il me traita... avec une distinction qui surprit et qui étonna tout le monde.... Il me commanda de *lui faire ma cour* toutes les semaines. (I, 202.)

Le maréchal de Villeroi faisoit le gai pour *faire sa cour au* ministre. (II, 20.)

.... Pour *faire sa cour au* Cardinal. (III, 82.)

Je pris ce moment où elle (*la Reine*) rougissoit de colère pour *lui bien faire ma cour*, en lui répondant.... (III, 320.)

Je *faisois ma cour*, une fois la semaine, à la messe de la Reine. (I, 219.)

M. le prince de Conti et Mme de Longueville allèrent *faire leur cour* à Saint-Germain. (II, 481.)

Tous les officiers de la maison du Roi... étoient persuadés qu'ils *faisoient* très-bien *leur cour* d'accompagner réglement tous les jours Messieurs les Princes au Palais. (III, 17.)

Assuré que le Roi viendra à Châlons au mois de janvier, j'ai différé jusque-là à *faire ma cour*. (VIII, 454.)

Nous faisons état d'aller dimanche ensemble à Nancy et de *faire notre cour*. (VIII, 585.)

J'arrivai hier de Nancy où j'ai *fait ma cour* cinq ou six jours durant.... On croit que le Roi y fera du séjour. (VIII, 586.)

COURAGE, cœur, magnanimité, valeur :

Tous ces avantages... emportent presque toujours un jeune *courage*, quand il commence à les sentir. (IX, 87.)

Votre jeune *courage* auroit cédé à la pitié. (IX, 123.)

M. le duc d'Orléans avoit, à l'exception du *courage*, tout ce qui étoit nécessaire à un honnête homme. (II, 175.)

Il craignoit naturellement Monsieur le Prince... comme supérieur, sans proportion, en gloire, en *courage*, en génie. (III, 166.)

COURIR, au propre et au figuré :

J'étois allé courre le cerf à Fontainebleau.... Comme j'étois mieux monté que mon gouverneur et qu'un valet de chambre, qui *couroient* avec moi, j'arrivai le premier à Juvisy. (I, 204.)

Venons aux faits particuliers, qui vous feront voir à l'œil ce détail. Je n'en choisirai d'une infinité que deux.... Je ne toucherai les autres qu'en *courant*. (I, 295.)

J'*ai couru* jusques ici à perte d'haleine sur ces matières, quoique nécessaires à ce récit, pour me trouver plus tôt sur une autre. (I, 308.)

Je demeurai fixe et ferme. Il (*le Pape*) *courut*, il s'égaya, ce qui est toujours facile aux supérieurs. (V, 75.)

.... Une carrière plus belle et plus vaste que celle que MM. de Guise *avaient courue*. (II, 114.)

COURIR SUS À :

L'on donna tout d'une voix... ce fameux arrêt du 8 de janvier 1649, par lequel le cardinal Mazarin fut déclaré ennemi du Roi et de l'État, perturbateur du repos public, et enjoint à tous les sujets du Roi de *lui courir sus*. (II, 142.)

Le Parlement de Toulouse a enjoint aux communes de son ressort de *lui courir sus* comme à un traître. (VIII, 24.)

Voyez la note 4 à la page indiquée.
Voyez II, 368; III, 255.

COURIR FORTUNE, COURIR FORTUNE DE, COURIR LA FORTUNE DE quelqu'un :

Les efforts que j'avois faits la veille... m'avoient rendu si odieux parmi le peuple, que j'*avois* même *couru fortune* pour avoir voulu seulement m'y montrer un moment. (II, 46.)

La France, à mon opinion, *couroit fortune*. (II, 105.)

L'on nous recommanda à Dieu, parce qu'on ne doutoit point que nous ne dussions *courir* grande *fortune*. (II, 576.)

Monsieur le Prince ne *courroit* aucune *fortune* si il lui plaisoit de revenir à la cour. (III, 369.)

Monsieur le Prince m'a dit qu'il *courut* plus de *fortune* en cette occasion, qu'il n'en *auroit couru* dans une bataille. (IV, 157.)

Si l'on le manque (le *moment décisif*)... l'on *court fortune*... de ne le pas retrouver. (II, 95.)

Nous *courrions fortune* d'avoir une guerre civile. (III, 324.)

.... La manière dont j'avois agi pour leurs intérêts les déshonoreroit, si ils ne *couroient* aussi à leur tour *ma fortune*. (III, 149.)

Voyez II, 517; III, 264; VII, 404.

Voyez Courre.

COURONNE :

Il (*le comte de Fuensaldagne*) étoit fort satisfait de moi... parce que j'avois toujours insisté pour la paix des *couronnes*. (II, 497.)

M. le duc d'Orléans, lieutenant général de la *Couronne*.... (V, 364.)

Il (*l'archevêque de Paris*) s'étoit laissé précéder partout par les moindres officiers de la *couronne*, et il ne donnoit pas la main, dans sa propre maison, aux gens de qualité qui avoient affaire à lui. (I, 218.)

COURONNER, au figuré :

Au lieu de *couronner*... cet ouvrage, dont tout le monde est convenu, l'on fait des propositions nouvelles. (III, 410.)

COURRE, courir :

J'étois allé *courre* le cerf à Fontainebleau, avec la meute de M. de Souvrai. (I, 204.)

.... Pour empêcher ceux du parti des Princes de *courre* trop vite au Mazarin.... (III, 180.)

Elle ne devoit pas le *courre* (*cet honneur*), mais l'attendre. (III, 280.)

Nous prîmes le parti de *courre* les plus grands (*inconvénients*) pour éviter les plus petits. (IV, 17.)

Il n'y a rien de plus faux que le bruit que l'on a fait *courre*. (VII, 149.)

Les partisans de Monsier le Prince firent *courre* le bruit qu'il s'approchoit de la frontière. (VIII, 37.)

Il faut... passer par-dessus ces bagatelles plutôt que de *courre* le moindre risque d'embarrasser les grandes affaires. (VIII, 186.)

Voyez II, 67; V, 236; VII, 198, 216, 277 et 281; IX, 166 et 190.

Courre fortune :

Il eût pu *courre fortune* dans l'émotion qu'un spectacle comme celui-là eût pu produire. (IV, 68.)

Voyez encore II, 343.

Courre la lance, terme de tournoi, au figuré :

Voilà proprement ce qui me détermine à *courre la lance*. (III, 149.)

Voyez la note 6 de la page indiquée.

Courre sus à :

Leurs conclusions... furent... à enjoindre aux communes de *leur courre sus*. (IV, 69.)

Voyez IV, 80 et 138.

Fond de courre, terme de chasse à courre, au figuré :

J'étois assuré que je l'emporterois toujours sur elle dans le *fond de courre* (*au terme de la lutte*). (II, 353.)

Voyez la note 1 de la page indiquée.

Voyez Courir.

COURSE :

Mlle de Vendôme... étoit aimable à tout prendre et en tout sens. Je suivis ma pointe, et je trouvois des commodités merveilleuses.... Je n'allai pourtant pas à tout.... J'allai toutefois très-loin et longtemps, car je ne fus arrêté dans ma *course* que par son mariage. (I, 196.)

Aller en course :

Ils sont maîtres du port et des galères, ils ne manqueront pas de prétextes pour les remplir de soldats, sous ombre d'*aller en course*. (V, 622.)

COURT :

Le sien (*son bon sens*) étoit *court* et lourd. (II, 177.)

Demeurer court, Demeurer tout court :

Ne pourriez-vous point trouver

quelque fonds pour payer M. Laheur; je vous assure que nous ne *demeurerons* pas *court* à l'avenir. (VIII, 383.)

Il y avoit très-loin... du choix des moyens à l'application.... Il arrivoit... assez souvent qu'il *demeurait tout court* au milieu de l'application. (III, 190.)

Tourner court, Tourner tout court :

Ils (*les hommes foibles*) *tournent si court*, quand ils changent de sentiment, qu'ils ne mesurent plus leurs allures. (IV, 84.)

M. de Longueville, qui... revenoit de Rouen,... ayant appris la sortie du Roi à six lieues de Paris, *avoit tourné tout court* à Saint-Germain. (II, 136.)

M. de Bouillon... *tourna tout court*, et il me dit.... (II, 435.)

COUSIN, nom que se donne un évêque en parlant à d'autres :

.... Votre très-humble, très-obéissant et très-obligé serviteur et *cousin*, le Cardinal de Retz, Archevêque de Paris. (VI, 148.)

COUVERT, dissimulé, en parlant des personnes ou des choses :

J'avois affaire à Monsieur, qui étoit un des hommes... le plus défiant et le plus *couvert*. (III, 140.)

.... Fauteur *couvert* du Mazarin. (III, 479.)

Nous résolûmes... de nous tenir *couverts*... sur le fond de notre dessein. (III, 171.)

Il se tint *couvert* au dernier point, sur le particulier des trois sujets. (III, 420.)

La Reine... s'étoit tenue si *couverte* avec elle, qu'elle n'avoit pu y rien pénétrer. (III, 519.)

Le Pape n'est pas demeuré *couvert* également sur tout ce qui est de ce détail. (VII, 123.)

Il avoit l'esprit naturellement *couvert* et dissimulé. (V, 522.)

.... Une négociation *couverte*. (III, 527.)

Il lui fut nécessaire de tenir sa marche extrêmement *couverte*. (IV, 170.)

Voyez encore IV, 220.

Voyez Couvertement, Couverture, Couvrir.

COUVERTEMENT :

Il (*M. du Maine*) se servit, quoique *couvertement*, des Seize... pour abattre cette Compagnie. (II, 279.)

Une partie des gentilshommes... envioit *couvertement* la grandeur des autres. (V, 501.)

Il ne seroit pas mal à propos d'embarrasser un peu la scène, si on le pouvoit faire *couvertement* et naturellement. (VII, 268.)

Voyez Couvert, Couverture, Couvrir.

COUVERTURE :

Les crimes qu'on lui imputoit pouvoient bien ne servir que de prétexte et de *couverture* à des raisons moins solides et plus cachées. (VI, 161.)

L'Arrêté de l'Assemblée a pu servir pour un peu de temps de *couverture* à leur injustice. (VI, 370.)

Voyez Couvert, Couvertement, Couvrir.

COUVRIR, protéger, cacher, dissimuler; faire passer, rendre acceptable :

La fameuse victoire de Rocroy donna autant de sûreté au royaume qu'elle lui apporta de gloire; et ses lauriers *couvrirent* le Roi qui règne aujourd'hui, dans son berceau. (I, 228.)

Les peuples sont las quelque temps devant que de s'apercevoir qu'ils le sont. La haine contre le Mazarin soutient et *couvre* cette lassitude. (II, 277.)

Je ne vous puis exprimer la peine que toutes ces folies me donnèrent.... Je ne les pouvois *couvrir*, je ne les osois excuser, et elles retomboient nécessairement sur la Fronde. (II, 492.)

Il crut que ces raisons... n'étoient que des prétextes pour *couvrir* la véritable. (III, 398.)

Je suis informé de ce qui se passe... par une voix fort secrète et fort sûre, qu'il est important de conserver et de *couvrir*. (VII, 113.)

L'on se servoit, à Saint-Germain, de la crédulité de ces deux hommes... pour *couvrir* une entreprise que l'on y avoit formée sur Paris. (II, 220.)

Elle (*cette conduite*) *couvrit* si bien notre marche que l'on ne faisoit pas seulement de réflexion sur les avis qui venoient de toutes parts à la cour contre nous. (III, 199.)

Mme de Pommereux... ayant toute la jeunesse, non pas seulement chez elle, mais à ses oreilles, les apparentes affaires des autres *couvroient* la mienne. (I, 180.)

Je la trouvai très-belle,... du défaut à la taille, mais peu remarquable et qui *étoit* beaucoup *couvert* par la vue de quatre-vingt mille livres de rente. (I, 93.)

Je pris... le parti de faire le mal par dessein,... ce qui est sans doute le plus sage devant le monde,... parce qu'en le faisant ainsi, l'on y met toujours des préalables, qui en *couvrent* une partie. (I, 217.)

Je travaillai... à suppléer... les fausses démarches que l'ignorance du Mazarin... leur fit faire.... J'en *couvris* la plupart. (III, 38.)

M. le comte de Cramail... ne songea plus qu'à *couvrir* le passé. (I, 175.)

« Qu'à couvrir le secret, » dans les manuscrits H et Ch, et dans toutes les anciennes éditions.

Les temps avoient porté des raccommodements qui, à l'égard du public, *avoient couvert* le passé. (III, 309.)

Ce ridicule *est*... *couvert* dans les temps, à l'égard du Parlement, par la majesté d'un grand corps. (IV, 81.)

Voyez Couvert, Couvertement, Couverture.

Couvrir le jeu ou son jeu :

L'on fait retirer les gardes en disant que l'on ne les avoit posées que pour accompagner le Roi, qui devoit aller en cérémonie à Notre-Dame. Il y alla effectivement en grande pompe, dès le lendemain, pour *couvrir le jeu*. (I, 302.)

Je réponds à leurs honnêtetés... avec toutes les manières qui pouvoient *couvrir mon jeu*. (II, 148.)

M. le cardinal Mazarin joua et *couvrit* très-bien *son jeu* en cette occasion. (II, 382.)

Voyez II, 316; III, 129 et 198; IV, 56.

CRAINDRE (Se) :

Il (*Mazarin*) s'aimoit trop, ce qui est le naturel des âmes lâches; il *se craignoit* trop peu, ce qui est le caractère de ceux qui n'ont pas de soin de leur réputation. (I, 286.)

CRAINTE DE, locution adverbiale :

J'ai estimé n'être nécessaire... de faire faire dans les chaires des églises cette publication, *crainte de* diminuer l'estime.... (IX, 70.)

CRAVATTE, Croate :

Il força,... l'épée à la main, le quartier même des dragons, cependant que Tavannes traitoit de même celui des *Cravattes*. (IV, 174.)

Voyez la note 3 de la page indiquée.

CRAYON, dessin, esquisse, ébauche :

Voilà un *crayon* très-léger d'un portrait bien sombre et bien désagréable, qui vous a représenté, comme dans un nuage et comme en raccourci, les figures si différentes et les postures si bizarres des principaux corps de l'État. (I, 327.)

Saint Pierre... n'avoit vu qu'un *crayon* et essai de cette félicité future, et voilà qu'il ne sait ce qu'il dit. (IX, 192.)

Voyez III, 389 et 462; IV, 230.

CRÉANCE, confiance, crédit :

.... A moins qu'il ne se résolût à perdre toute *créance* dans le parti de Messieurs les Princes. (III, 223.)

Montrésor... avoit repris assez de *créance* auprès de Monsieur. (III, 274.)

Vous avez acquis cette *créance* dans le monde que l'on n'obtient d'ordinaire que dans un âge plus avancé. (V, 359.)

Ils ont... des personnes de *créance* à leur tête. (V, 575.)

Il parut touché des raisons de Baptiste Doria, auquel il avoit beaucoup de *créance*. (V, 601.)

Il aura toute *créance* en ce que vous lui direz. (VI, 247.)

Voyez II, 56; III, 529 et 543.

PORTER CRÉANCE :

Tant de différents écrits... pourroient *porter créance* dans les esprits, s'ils n'étoient réfutés. (V, 403.)

PRENDRE CRÉANCE À :

Prenez créance à tout ce qu'il vous dira de ma part sur ce sujet. (VIII, 146.)

Je supplie Monsieur le duc de Noirmoutier de *prendre* toute *créance à* ce que lui écrira de ma part M. l'abbé de Lamet. (VIII, 612.)

CRÉATURE, terme de mépris :

Il me semble que cette *créature* (*Mademoiselle Serment*) est bien âpre. (VIII, 362.)

CREUSET :

Il n'y a que les métaux de bas aloi qui se perdent dans le *creuset* et s'exhalent en fumée. (IX, 191.)

CREUX :

Ce parti, formé dans la cour par M. de Beaufort, n'étoit composé que de quatre ou cinq mélancoliques, qui avoient la mine de penser *creux*. (I, 223.)

CREVER :

Il me semble que ceux qui m'accusoient de paresse et de négligence devroient *crever* de honte. (VIII, 29.)

CRI (FAIRE UN) :

Tout le monde *fit* le même *cri*. (II, 28.)

CRIER, actif :

Nous nous trouvions entre un peuple qui *crioit* la guerre, un Parlement qui vouloit la paix, et les Espagnols.... (II, 298.)

Je la fis *crier* et débiter (*cette réponse*) dans Paris par cinquante colporteurs. (III, 329.)

CRIERIE :

Il ne s'étoit pas ému de leurs *crieries*. (II, 316.)

.... Si il ne venoit prendre sa part des *crieries* contre le Cardinal. (III, 464.)

Il faut que vous voyez tout ensemble les plaintes et les *crieries* de part et d'autre. (VIII, 549.)

CRIMINALISER :

L'emportement de deux ou trois écervelés fut capable de *criminaliser*... dans leurs esprits (*dans les esprits de mes concitoyens*) ceux qui venoient d'exposer si généreusement leur fortune et leur vie pour leur salut. (V, 221.)

Je ne croyois pas que celle (*la conduite*) que l'on a tenue sur l'affaire de Bordeaux et sur la paix générale pût être *criminalisée* ni dans le public, ni dans l'esprit de Leurs Majestés. (IX, 53.)

CROCHETEUR, portefaix :

L'on cria aux armes. Un *crocheteur* mit un sabre à la main. (II, 26.)

Il falloit à tout moment relire ces misérables informations, dans lesquelles il n'y avoit pas assez d'indice, je ne dis pas de preuve, pour faire donner le fouet à un *crocheteur*. (II, 602.)

CROCHU :

Si vous y allez (*à Rouen*) sans attendre ma réponse,... vous n'aurez point de réponse à ce que vous demandez pour la récompense du sel et autres telles parties d'apothicaire. Mais je crois que vous trouverez par avance cette réponse dans quelque repli de vos mains *crochues*. (VIII, 170.)

CROIRE :

L'on peut *croire* le diable et ne le craindre pas. (I, 192.)

Ils (*les pouvoirs populaires*) ne se font *croire* que quand ils se font sentir, et il est très-souvent de l'intérêt et même de l'honneur de ceux entre les mains de qui ils sont, de les faire moins sentir que *croire*. (II, 271.)

Je me sentis le cou pris entre les deux battants de la porte que M. de la Rochefoucauld avoit fermée sur moi, en criant à MM. de Coligni et de Ricousse de me tuer. Le premier se contenta de ne le pas *croire*.... (III, 494.)

Je n'avois jamais voulu être des amis de Monsieur le Grand ; et il est vrai que M. de Thou... m'en avoit pressé, et que je n'y donnai point, parce que je n'y *crus* d'abord rien de solide. (I, 201.)

Quoique j'eusse résolu de contrefaire le malade pour n'être point obligé d'aller à Ruel, où je ne *croyois* pas de sûreté pour moi.... (II, 76.)

Mme de Longueville... ne se trouva point à ce conseil, et je *crus* du mystère à son absence. (II, 351.)

L'on *croyoit* compter sûrement tous les mois sur la mort de mon oncle, qui étoit dans la vérité fort infirme. (I, 207.)

Il (*Mazarin*) me fit toutes les honnêtetés imaginables, mais il ne conclut rien, et il nous remit à un petit voyage qu'il *croyoit* faire au premier jour à Paris. (I, 255.)

SE CROIRE :

Comme nous en trouvâmes une occasion,... nous ne la manquâmes pas. Si je *me fusse cru* toutefois, nous ne l'eussions pas prise sitôt. (II, 546.)

Si je *me croyois*, je vous en témoignerois à tout moment ma reconnoissance. (VII, 427.)

CROISÉE :

Je m'aperçus... que le petit Courtin, qui étoit dans une *croisée*, pouvoit m'avoir entendu. (II, 172.)

Le Cardinal l'attirant dans une *croisée* du petit cabinet de la Reine, lui dit.... (III, 3.)

Je fis faire... une volière dans une *croisée*. (III, 304.)

CROTTES, au pluriel :

Vous y avez grappillé quelque chose, quand ce ne seroit que les *crottes* que vous gagnâtes en revenant chez vous, la nuit. (VIII, 157.)

CRU, substantif :

L'on voit bien que cela n'est pas de son *cru*. (III, 217.)

CRU, adjectif :

Je ne suis pas assez fou pour leur porter cette matière aussi *crue* et aussi peu digérée qu'elle l'est encore. Approfondissons-la, je vous supplie. (II, 439.)

CRUELLEMENT :

La crainte que l'on aura de vous... empoisonnera si *cruellement* et la haine que l'on aura pour vous et le mépris que l'on a déjà pour les autres.... (II, 107.)

Il faut... se défendre, si il se peut, de la tyrannie, et de la tyrannie que nous avons *cruellement* irritée. (II, 333.)

Ils étoient *cruellement* débauchés. (II, 491.)

.... Ce qui étoit *cruellement* et contre mon intérêt et contre ma réputation. (II, 92.)

Je suis... *cruellement* enrhumé. (VIII, 284.)

CUIRASSÉ :

Il (*Noirmoutier*) entra avec Matha, Laigue et la Boulaie, encore tous *cuirassés*, dans la chambre de Mme de Longueville, qui étoit toute pleine de dames. (II, 171.)

CUISINE (Écuyer de). Voyez Écuyer.

CUL (Sur) :

.... L'infanterie... arrêta *sur cul* ceux qui les suivoient. (IV, 176.)

CULTIVER :

Ces velléités fussent demeurées très-longtemps stériles,... si je ne les *eusse cultivées*. (III, 166.)

Je vous ordonne... de rétablir et de *cultiver*, avec toute l'application dont vous serez capables, cette sainte communication qui doit être entre vous. (VI, 427.)

CURIEUX :

.... Mon parti... fut d'éveiller par quelque passage court et *curieux* l'imagination des auditeurs. (III, 240.)

CURIOSITÉ :

La *curiosité* de la matière y attira beaucoup de dames. (III, 444.)

Avoir curiosité de, ou de la curiosité de :

Je remarquai ce mot, que je lui fis... expliquer, sans faire semblant toutefois *d'en avoir curiosité*. (II, 510.)

Je ne me souviens pas précisément de la manière dont cette affaire s'accommoda ; je crois de plus que vous n'*en avez* pas grande *curiosité*, et je ne vous en ai parlé un peu au long que pour.... (I, 249.)

Je suis assuré... que vous *avez de la curiosité de* savoir.... (II, 55.)

Vous *avez* sans doute *de la curiosité du* sujet qui put obliger M. de Beaufort à cette conduite. (III, 293.)

CUSTODI NOS, terme de jurisprudence canonique :

Monsieur le Comte... sentoit du scrupule de posséder, sous le nom de *Custodi nos*, plus de cent mille livres de rente en bénéfices. (I, 128.)

Voyez la note 1 de la page indiquée.

D

DAME du palais :

Il vint souper avec Mme de Bouillon, qu'il avoit fort connue autrefois, lorsqu'elle étoit *dame du palais* de l'infante. (II, 414.)

DAMNER :

Je les avois assuré que vous n'aviez aucune part avec M. d'Aubonne et qu'il vous *damnoit* pour le moins autant qu'eux. (VIII, 546.)

DANGEREUSEMENT :

La contagion se glisse dans les provinces ; et la Guienne et la Provence donnent déjà très-*dangereusement* l'exemple qu'elle ont reçu de Paris. (II, 106.)

DANGEREUX :

Il étoit d'autant plus *dangereux* pour conseiller les grandes choses, qu'il les avoit beaucoup plus dans l'esprit que dans le cœur. (II, 7.)

Longueil, conseiller à la grande chambre, homme d'un esprit noir, décisif et *dangereux*.... (II, 56.)

Dangereux à :

Ce qui n'est présentement qu'une plaie *dangereuse à* l'État lui deviendra peut-être mortelle. (II, 107.)

DANS :

Il s'en alla rêver *dans* une croisée. (III, 296.)

Je fis faire... une volière *dans* une croisée. (III, 304.)

M. de Vitri, étant sorti avec un

parti de cavalerie,... trouva dans la vallée de Fescan des Allemands du bois de Vincennes, qu'il poussa jusque *dans* les barrières du château. (II, 212.)

Nerlieu... fut tué par les gardes de M. de Beaufort *dans* la porte de Vitri. (II, 217.)

.... Que M. le cardinal Mazarin ne signât point *dans* le traité qui se feroit. (II, 401.)

Toutes ces différentes espèces, qui se brouilloient les unes *dans* les autres.... (III, 146.)

La sincérité [est] une vertu *dans* laquelle il est permis et même commandé de s'égaler aux héros. (I, 81.)

Ma tante de Maignelais:... la mit *dans* une religion, où elle mourut, huit ou dix ans après, en réputation de sainteté. (I, 203.)

La Reine... me dit d'abord que Monsieur étoit dans une colère terrible, qu'elle en étoit très-fâchée, mais qu'enfin c'étoit Monsieur, et qu'elle ne pouvoit n'être pas *dans* ses sentiments. (I, 259.)

Il ne les peut excuser *dans* cette injustice. (II, 35.)

Comme Miron nous dit que le frère de son cuisinier avoit ouï nommer plusieurs fois la porte de Nesle,... nous crûmes qu'il ne seroit pas mal à propos d'y prendre garde, *dans* la pensée que nous eûmes que l'on pensoit peut-être à enlever quelqu'un par cette porte. (II, 42.)

Le Premier Président... parloit presque toujours avec vigueur pour les intérêts de sa compagnie, mais... étoit dans le fond *dans* ceux de la cour. (II, 74.)

J'ai plus d'un sujet d'être persuadé que les intérêts de la reine de Suède se trouvent fort justement et fort naturellement, en cette occasion, *dans* ceux du Roi. (VII, 223.)

Il le servoit *dans* la passion qu'il avoit pour Madame sa sœur. (II, 124.)

Je priai Pelletier... de dire au bonhomme Broussel, de ma part, de proposer, *dans* le peu de bonne foi que l'on voyoit dans la conduite de la cour, de continuer les levées et de donner de nouvelles commissions. (II, 313.)

Voyez la note 1 de la page indiquée.

Comme j'avois promis de faire moi-même cette distribution, elle vouloit absolument que j'y fusse présent,... pour demeurer fidèlement *dans* ma parole. (I, 166.)

.... Pourvu que les Espagnols demeurent *dans* la parole qu'ils ont fait porter au Parlement, qu'ils s'en rapporteront à son arbitrage. (II, 338.)

Si l'Espagne nous manque *dans* la parole qu'elle nous aura donnée.... (II, 345.)

.... Si je ne demeure fidèlement *dans* cette parole. (II, 392.)

L'on demeureroit fidèlement *dans* les engagements qui avoient été pris. (III, 38.)

.... La Reine ne pouvoit pas s'empêcher de faire quelque chose pour moi qui fût d'éclat, *dans* le service considérable que j'étois sur le point de lui rendre. (III, 10.)

Je connus clairement qu'elle avoit plus que jamais le Cardinal *dans* l'esprit et *dans* le cœur. (III, 311.)

La Reine étoit, depuis midi, *dans* une fierté qui lui faisoit craindre (*à Chavigni*) qu'elle n'eût quelque négociation cachée. (III, 376.)

Satisfaites-vous *dans* le témoignage de votre conscience et *dans* celui des peuples. (V, 193.)

Dans, à :

Je montai, le lendemain, en chaire *dans* Saint-Jean, pour y commencer l'Avent, que j'y prêchai. (I, 212.)

Je commençai mes sermons de l'Avent *dans* Saint-Jean en Grève, le jour de la Toussaints. (I, 215.)

Je prêchai l'Ascension, la Pentecôte, la Fête-Dieu *dans* les Petites Carmélites. (I, 115.)

L'évêque de Varnie, l'un des

embassadeurs qui venoient querir la reine de Pologne, prit en gré de vouloir faire la cérémonie du mariage *dans* Notre-Dame. (I, 250.)

.... Un sermon que je projette de prêcher... *dans* Saint-Germain de l'Auxerrois. (II, 576.)

Je prêchai, le jour de Noël, *dans* Saint-Germain de l'Auxerrois. (II, 592.)

Il me semble que je n'ai été jusques ici que *dans* le parterre, ou tout au plus *dans* l'orchestre, à jouer et à badiner avec les violons. (I, 212.)

Les gouttes... le tenoient *dans* le lit. (II, 238.)

Il trouva le Roi *dans* le lit... et la Reine dans les pleurs. (III, 262.)

Mon père... étoit retiré depuis plus de vingt ans *dans* l'Oratoire. (II, 429.)

Il conservoit *dans* la cour et auprès du Roi une liberté que M. le cardinal de Richelieu... craignoit et révéroit. (I, 184.)

Ce qui s'en disoit *dans* la cour n'étoit pas véritable. (II, 119.)

Faites réflexion... sur ce que vous avez vu *dans* la cour sur ce sujet. Y a-t-il un ministre ni un courtisan qui...? (II, 281.)

.... La plupart de ceux qui ont passé pour être les plus fins *dans* la cour. (II, 449.)

.... M. de Longueville avoit autant de facilité à croire Anctauville *dans* la fin des affaires, qu'il en avoit à croire Varicarville *dans* les commencements. (II, 452.)

Il n'avoit pas, même *dans* le degré le plus commun, la hardiesse de l'esprit. (I, 152.)

Je viens d'apprendre la perte que vous avez faite, *dans* laquelle je vous supplie de croire que je prends une part très-sensible. (VIII, 617.)

Le plus dangereux ridicule qui se puisse rencontrer dans notre profession (*ecclésiastique*)... est celui de mêler à contre-temps le péché *dans* la dévotion. (I, 217.)

Il mêla *dans* ses réflexions des menaces indirectes. (I, 260.)

Ce qui n'est présentement qu'une plaie dangereuse à l'État lui deviendra peut-être mortelle, et pourra mêler *dans* la suite de la révolution le désespoir du retour, ce qui est toujours, en ces matières, le dernier et le plus dangereux symptôme de la maladie. (II, 107.)

L'aveuglement, en ces matières, des bien intentionnés, est suivi pour l'ordinaire, bientôt après, de la pénétration de ceux qui mêlent la passion et la faction *dans* les intérêts publics. (II, 60.)

Tout me vint *dans* l'esprit, mais rien n'y demeura. (II, 34.)

Cet expédient... ne m'étoit pas venu *dans* l'esprit. (II, 85.)

L'on ne voulut pas quitter les armes.... Le Parlement même ne donna point d'arrêt pour les faire poser, qu'il n'eût vu Broussel *dans* sa place. (II, 54.)

Les ennemis de ce ministre (*de Mazarin*) avoient un avantage contre lui très-rare, et que l'on n'a presque jamais contre les gens qui sont *dans* sa place. (II, 127.)

La plupart de messieurs du Parlement... demeuroient fort paisiblement *dans* leurs places. (III, 499.)

Quoique le Roi en eût une joie incroyable (*de la mort de Richelieu*), il voulut conserver toutes les apparences :... il maintint *dans* le ministère toutes ses créatures, *etc*. (I, 201.)

Nous ne saurions avoir la paix avec Saint-Germain, que nous ne consentions à voir le cardinal Mazarin *dans* le ministère. (II, 435.)

.... Croyant que Doria étoit encore *dans* le service du Roi. (V, 600.)

Vous remarquerez, s'il vous plaît, qu'il parloit à un homme qui étoit entièrement à Monsieur le Prince, et qu'il lui parloit de l'une des plus belles actions qui se soient jamais faites *dans* la guerre. (II, 4.)

DANS, chez :

Il répondoit, à ce que l'on lui avoit objecté de la retraite de Madame sa femme et de Madame sa sœur en Berri, que la seconde étoit *dans* les Carmélites de Bourges.... (III, 482.)

DANS, contre :

Un garçon apothicaire m'appuya le mousqueton *dans* la tête. (II, 28.)

Un garçon rôtisseur, s'avançant avec deux cents hommes et mettant la hallebarde *dans* le ventre du Premier Président, lui dit.... (II, 51.)

DANS, dans l'intervalle de :

Cette petite réflexion... vous marque... l'erreur de ceux qui prétendent qu'il ne faut point craindre de parti quand il n'y a point de chef. Ils naissent quelquefois *dans* une nuit. (II, 60.)

La Reine... lui envoya un ordre de sortir de Paris *dans* vingt-quatre heures. (II, 487.)

La Reine... me commandoit... de me rendre *dans* le jour à Saint-Germain. (II, 129.)

L'on donna l'arrêt, par lequel il fut dit que... le cardinal Mazarin sortiroit *dans* quinze jours du Royaume. (III, 255.)

M. le cardinal Ginetti me répondit que je verrois, *dans* cette semaine, que ces religieux auroient toute satisfaction. (VII, 115.)

Je fais état d'aller *dans* la semaine prochaine à Nancy. (VIII, 588.)

Cette nourriture... n'étoit pas d'une substance tout à fait solide. Il s'en lassa *dans* peu de jours. (III, 193.)

Je prie... MM. Cherriers de l'accepter (*cette assignation*) dès à présent, payable *dans* le terme auquel ils sont obligés. (VIII, 465.)

DANS, en :

Une loi qui... n'a jamais été pratiquée jusqu'ici *dans* la France. (V, 356.)

Je trouvois l'archevêché de Paris dégradé... et désolé.... Je prévoyois des oppositions infinies à son rétablissement; et je n'étois pas si aveuglé que je ne connusse que la plus grande et la plus insurmontable étoit *dans* moi-même. (I, 216.)

Il (*Mazarin*) me fit presser par la Reine de tourner l'affaire d'un biais qui m'auroit infailliblement déshonoré. Je n'oubliai rien pour le faire rentrer *dans* lui-même. (I, 269.)

Quoique je sentisse *dans* moi-même beaucoup de peine à.... (II, 117.)

Il ne trouvoit rien *dans* lui-même qui pût suppléer ni même soutenir sa foiblesse. (II, 175.)

Laigue ajouta toutes les raisons qu'il put trouver *dans* lui-même, pour me prouver.... (III, 116.)

Ne trouvez pas mauvais que des gens qui ne vous voient que *dans* ce jour ne mesurent pas toutes leurs démarches selon ce qui vous conviendroit. (II, 110.)

Mme de Chevreuse, qui étoit à Bruxelles, revint *dans* ce temps-là à Paris. (II, 484.)

DANS, entre :

Ils eurent le Cardinal *dans* leurs mains à Amiens, et ils ne lui firent rien. (I, 141.)

M. de Beaufort étoit *dans* mes mains. (II, 238.)

DANS, parmi :

C'est pour les prier de solliciter ceux qu'elles connoîtront *dans* les commissaires du domaine. (VIII, 596.)

DANS, pendant :

Je couvris très-bien mon jeu *dans* le commencement : j'avois fait l'ecclésiastique et le dévot *dans* tout le voyage; je continuai *dans* le séjour. (I, 93.)

Je demeurai encore deux jours

à Sedan, *dans* lesquels Monsieur le Comte changea cinq fois de résolution. (I, 156.)

Vaumorin et Ganseville, auxquels j'en ai parlé cent fois *dans* la Fronde, m'ont juré qu'il n'y avoit rien au monde de plus faux. (I, 226.)

Ce plan... contient les quatre premières années de la régence, *dans* lesquelles la rapidité du mouvement donné à l'autorité royale par M. le cardinal de Richelieu... maintint toutes les choses en l'état où vous les voyez. (I, 238.)

Il (*le Roi*) y porta (*au Parlement*) cinq ou six édits tous plus ruineux les uns que les autres, qui ne furent communiqués aux gens du Roi que *dans* l'audience. (I, 303.)

Votre Altesse trouveroit-elle plus de difficulté à ménager le parlement de Paris que M. du Maine n'y en a touvé *dans* le temps de la Ligue? (II, 108.)

.... Pour ne point agir *dans* l'absence de M. le prince de Conti. (II, 147.)

Je ne m'arrêterai pas à vous rendre compte du détail de ce qui se passa *dans* le siége de Paris. (II, 201.)

Dans le cours de ces trois mois de blocus.... (II, 204.)

L'on n'eut que de l'horreur et de la défiance pour ces fausses lueurs d'accommodement ; et l'on s'aigrit bien davantage, quelques jours après, *dans* lesquels on apprit le détail de l'entreprise. (II, 227.)

.... La conduite que Monsieur avoit tenue *dans* l'absence de la cour. (III, 153.)

.... Ceux qui l'avoient porté sur le bord de l'échafaud *dans* le règne de François II. (III, 468.)

Dans, sur :

Elle écrivit ces propres paroles *dans* une grande feuille de papier. (III, 260.)

On donnoit tout, ou ne refusoit rien ; et Mme de Beauvais, entre autres, eut permission de bâtir *dans* la place Royale. (I, 231.)

L'on forma de tous ces soldats trois bataillons, qui demeurèrent sur le Pont-Neuf et *dans* la place Dauphine. (II, 12.)

.... Pour faire brûler par la main d'un bourreau, *dans* la Grève, la signature du Mazarin. (II, 399.)

Sur l'émotion causée *dans* la place Maubert par ce coup de pistolet,... le Parlement s'étoit assemblé. (II, 557.)

La Boulaie... posa une espèce de corps de garde... *dans* la place Dauphine. (II, 560.)

Il est à observer et que les maires du palais et que les comtes de Paris se placèrent *dans* le trône des rois justement et également par la même voie par laquelle ils s'étoient insinués dans leur esprit. (I, 280.)

J'avois bravé le Mazarin *dans* son trône. (II, 526.)

J'avois trouvé tant de satisfaction à triompher du cardinal de Richelieu, *dans* un champ de bataille aussi beau que celui de l'Arsenal, que.... (I, 136.)

La surprise parut *dans* tous les visages. (III, 238.)

Dans, sur, auprès de, parmi :

.... Brigalier,... capitaine de son quartier et très-puissant *dans* le peuple. (I, 165.)

J'avois fort hasardé mon crédit *dans* le peuple, en lui donnant des espérances de la liberté de Broussel. (II, 32.)

J'agissois avec succès *dans* le peuple. (II, 70.)

Ce remède étoit de laisser agir le Parlement,... de commencer, dès cet instant, à le décréditer *dans* le peuple. (II, 275.)

Je ne puis rien *dans* le peuple, ils y peuvent tout. (II, 330.)

Pour ce qui est du crédit que M. de Beaufort et moi avons *dans* les peuples.... (II, 270.)

Le pouvoir que les particuliers prennent quelquefois *dans* les peuples n'y est jamais cru que par les effets. (II, 281.)

Voyez encore l'expression *dans* le

peuple ou *dans les peuples*, en ce sens, II, 41, 151, 160, 269 et 298; III, 405.

Elle (*la cour*) ne manqueroit pas cette occasion de me perdre absolument *dans* le public. (II, 32.)

Le Cardinal... eût souhaité avec passion de me perdre *dans* le public. (II, 90.)

Le Cardinal, ayant fait son effet, qui étoit de m'entamer *dans* le public sur l'intérêt particulier,... rompit l'affaire. (II, 93.)

Le concert... eût passé, *dans* ces sortes d'esprits, pour une cabale. (II, 59.)

Ce galimatias ne laissa pas de passer pour bon *dans* le Parlement. (II, 314.)

Le Premier Président et le président de Mesme sont absents, et nous ferons passer ce qu'il nous plaira *dans* la Compagnie, sans comparaison plus aisément que si ils y étoient présents. (II, 342.)

Je ne puis vous exprimer la chaleur et la fureur qui parut *dans* le corps et *dans* les particuliers à cette nouvelle. (II, 311.)

DANS LA VÉRITÉ, à la vérité, en vérité :

Ils ne s'avisèrent pas de la soupente, qui *dans la vérité* n'étoit pas reconnoissable, et ils sortirent très-peu satisfaits. (I, 117.)

La difficulté... n'étoit pas, *dans la vérité*, médiocre. (II, 237.)

Voyez I, 95, 142, 188, 189, 207, 219, 262 et 266; II, 85 et 141, etc.

DANSE (ENTRER EN) :

Le duc de Rohan qui, par la vente de la ville d'Angers, avoit mérité d'*entrer en danse* avec ces Messieurs, est jugé propre pour faire les premiers pas dans cette affaire. (V, 410.)

DATAIRE (CARDINAL), chef de l'office de la chancellerie romaine où l'on date les pièces :

Sa Sainteté donna hier au matin audience à Monsieur le *cardinal Dataire* et à M. Ugolini, son auditeur. (VII, 46.)

Voyez la note 2 à la page indiquée.

Vous trouverez ici la lettre pour M. le *cardinal dataire* que vous avez souhaitée. (VIII, 231.)

SOUS-DATAIRE :

.... Un discours, que le *sous-dataire* a fait à Hache.... (VII, 246.)

Voyez VII, 278 et 295; VIII, 231.

DATE, PRENDRE DES DATES, PRENDRE UNE DATE DE :

.... *Prenons des dates* pour faire pendre à notre témoignage, à la majorité du Roi, ces pestes de l'Etat, ces flatteurs infâmes. (II, 29.)

Vous verrez tantôt que j'ai raison de *prendre une date de* cette parole. (III, 127.)

DATER :

Je ne m'arrêterai pas à vous rendre compte du détail de ce qui se passa dans le siége de Paris,... et je me contenterai de vous en *dater* seulement les journées les plus considérables. (II, 201.)

Je n'en ai pas *daté* les jours. (III, 283.)

DATERIE (Voyez DATAIRE) :

Je le fis hier (*je pris audience du Pape*), sous prétexte d'une affaire de *daterie* (VII, 180.)

J'en ai donné l'avis à Monsieur l'Ambassadeur, aussi bien que d'une nouvelle tentative que la *Daterie* fit ici. (VII, 286.)

Voyez VII, 210 et 352; VIII, 623.

DAVANTAGE :

De toutes les passions, la peur est celle qui affoiblit *davantage* le jugement. (III, 374.)

DAVANTAGE QUE :

Je m'appliquai bien *davantage* à tirer du mérite de ce que je n'y faisois pas *que* de ce que je faisois. (I, 241.)

Un moment en fit éclore (*fit éclore des chefs*), et même beaucoup davantage qu'il n'eût été à souhaiter. (II, 60.)

Voyez I, 282; II, 327, 238, 239, 340 et 374, etc.

DE, préposition :

1° DE, construit après des substantifs, qu'il rattache à d'autres mots de la phrase :

Cette circonstance, jointe à la retraite de M. des Noyers (*secrétaire d'État*),.., réveilla mes espérances *de* la coadjutorerie de Paris. (I, 208.)

Il (*l'évêque de Lisieux*) me trouva dans les dispositions *de* m'attacher à ma profession. (I, 183.)

.... En disant à la Reine et au Cardinal la vérité *des* dispositions que je voyois dans Paris. (II, 8.)

Je n'avois rien oublié pour faire que le Parlement ne désespérât pas la cour, au moins jusques à ce que l'on eût pensé aux expédients *de* se défendre de ses insultes. (II, 69.)

M. de Bouillon ne fut pas si fort abattu de cette nouvelle, qu'il ne pensât, un demi-quart d'heure après l'avoir reçue, aux expédients *de* la réparer. (II, 418.)

Dix heures donnent un grand temps *de* s'assembler. (II. 589.)

2° DE, construit après un participe :

Le Parlement va trop vite.... Ces diables de bonnets carrés sont-ils enragés *de* m'engager ou à faire demain la guerre civile, ou à les étrangler eux-mêmes? (II, 84.)

3° DE, construit après un verbe ou une locution verbale :

Nous eûmes, sans exagération, à cause de la foule, peine *de* passer jusques à l'Hôtel de Ville. (II, 195.)

J'aurois peut-être de la peine *d'*empêcher que.... (VIII, 510.)

Nous avions intérêt *de* ne pas étouffer les libelles ni les vaudevilles qui se faisoient contre le Cardinal. (II, 510.)

J'avois trop d'intérêts *de* faire connoître à la Reine.... (III, 9.)

Jugez, je vous supplie, quel plaisir il y a *d'*avoir un négociateur de cette espèce. (II, 363.)

Vous voyez... le plaisir qu'il y a *d'*avoir à agir entre tous ces gens-là. (III, 369.)

Noirmoutier... confessoit qu'il y avoit de l'inconvénient *d'*y laisser Laigue (*à Bruxelles*); mais qu'il y auroit de la malhonnêteté à le révoquer. (II, 363.)

Il n'y a de salut que *de* faire le coadjuteur cardinal. (II, 376.)

La chose fut ainsi exécutée, quoique Monsieur le Cardinal et M. de la Rivière en enrageassent du meilleur de leur cœur. Mais Monsieur le Prince leur fit une telle frayeur *de* Monsieur le Duc qu'il fallut plier. (I, 263.)

J'insinuai... que l'on nous feroit plaisir *de* faire ouvrir la scène par M. d'Elbeuf. (II, 234.)

Vous me ferez plaisir *de* solliciter pour lui. (VIII, 245.)

Le roi d'Espagne nous prend pour arbitres de la paix générale : peut-être qu'il se moque de nous; mais il nous fait toujours honneur *de* nous le dire. (II, 258.)

.... Nonobstant les efforts que faisoient les créatures du cardinal Mazarin *de* troubler et *de* rompre cette alliance. (V, 187.)

Je crus qu'il ne lui falloit pas laisser trop de temps *de* se reconnoître. (II, 155.)

Celle (*la confiance*) que le Ministre (*Mazarin*) prit *de* l'état où il me voyoit à Paris, et qui l'avoit déjà porté à me faire les pièces que vous avez vues ci-dessus, l'obligea encore... à m'en faire une nouvelle trois moi après. (I, 266.)

4° DE, partitif :

Personne *du* monde ne parla. (I, 175.)

.... La parole qu'ils vous ont donnée... de ne laisser pénétrer à personne *du* monde... vos intentions. (II, 110.)

Personne *du* monde n'estime et ne chérit plus parfaitement que moi l'honneur de votre amitié. (VII, 435.)

Je me sentis plutôt *de* la tentation légère que de l'emportement. (II, 34.)

Je suis assuré... que vous avez *de* la curiosité de savoir.... (II, 55.)

Mme de Longueville... vouloit, en *des* moments, l'accommodement,... et désiroit, en *d'*autres, la rupture. (III, 363.)

Il aura, dans *des* moments, de la foiblesse pour l'un et pour l'autre. (III, 385.)

Broussel,... comme *des* plus anciens de la grande chambre, opinoit *des* premiers. (II, 225.)

Ma fille, n'ayez point *de* peur, vous êtes en la main de Dieu. (I, 189.)

Le Premier Président n'en a point fait encore *de* part à personne. (II, 386.)

M. de Longueville, n'étant point pair, n'avoit point *de* séance au Parlement. (II, 163.)

Ce que j'avois répondu... ne donnoit pas *de* lieu à la cour de croire que je fusse aisé à ébranler.... (II, 375.)

Cette députation n'eut point *de* lieu. (IV, 3.)

Ils ne firent pas seulement *de* réflexion..., ils ne firent pas, dis-je, seulement *réflexion* que ce général venoit d'...arriver. (II, 83.)

N'ai-je pas eu *de* raison de vous dire qu'il ne sioit (*seyoit*) pas bien à un honnête homme d'être mal à la cour en ce temps-là ? Et n'eus-je pas encore raison de conseiller à Nangis de ne s'y pas brouiller ? (I, 232.)

Ne revenant pas en France, ils avoient moins *de* lieu d'en appréhender le châtiment. (I, 175.)

Ils firent peur à Monsieur, et ils le ramenèrent à Paris, où il avoit encore plus *de* peur. (I, 144.)

Ce qui me donnoit le plus *de* lieu de croire.... (II, 64.)

Le respect que j'eus pour M. le cardinal Mazarin... alla jusques à la patience. J'en eus encore plus *de* besoin trois ou quatres mois après. (I, 249.)

Ce qu'il fit en cette occasion pour se rendre moins dépendant de cette couronne (*de la couronne d'Espagne*), fit qu'il en eut plus *de* besoin pour se soutenir contre le Parlement. (II, 279.)

Les mêmes personnes... avoient conclu... tout d'une voix,... de demander à l'Archiduc un plein pouvoir pour traiter avec lui, et... en avoient... plus *de* besoin que jamais. (II, 326.)

Le président le Cogneux... prit le billet, qui avoit... bien plus d'air d'un poulet que d'une lettre de négociation. (II, 236.)

Les officiers des quartiers... me firent tenir cinquante et plus *de* billets. (II, 161.)

Il n'y avoit plus *de* moyen de souffrir l'insolence et l'impertinence de ces bourgeois, qui en vouloient à l'autorité royale. (II, 101.)

Le premier étoit mon parent proche, et le second étoit assez *de* mes amis. (I, 222.)

Je crus qu'il ne lui falloit pas laisser trop *de* temps de se reconnoître. (II, 155.)

5° DE, par :

.... Ma vie, qui a été agitée *de* tant d'aventures différentes. (I, 80.)

Celui (*le dessein*) d'abattre le parti de la religion avoit été projeté par M. le cardinal de Retz, mon oncle ; celui d'attaquer la formidable maison d'Autriche n'avoit été imaginé *de* personne. (I, 228.)

La Reine donna même avec ardeur dans son sens ; mais ce sens ne fut appuyé *de* personne. (II, 21.)

Sa proposition... fut rejetée *de* toute la Compagnie. (II, 213.)

Il y avoit au parquet des huissiers un gentilhomme envoyé *de* M. l'Archiduc Léopold. (II, 229.)

Roland, bourgeois de Reims,... présenta requête au Parlement contre les officiers qui l'avoient déféré à la cour.... Il en fut loué de toute la Compagnie. (II, 372.)

Je n'étois peut-être pas si mal traité *de* Monsieur que l'on l'avoit cru. (III, 309.)

La vertu ressemble... aux vaisseaux agités *de* la tempête. (V, 540.)

Monsieur l'ambassadeur d'Espagne... n'a pas laissé d'être visité *de* presque tous les cardinaux. (VII, 135.)

6° DE, avec, par le moyen de, par suite de :

La cour promit de ne point presser la restitution de la Bastille, et elle s'engagea même *de* parole à la laisser entre les mains de Louvière. (II, 472.)

Je n'espérois pas que l'on y pensât pour moi (*à ce mariage*), connoissant le terrain comme je le connoissois, et je pris le parti de me pourvoir *de* moi-même. (I, 92.)

.... Le rapport... que les députés déguiseront au moins *de* quelques méchantes couleurs. (II, 387.)

Il passa, *de* quatre-vingt-deux voix contre quarante, que l'on manderoit, dès le jour même, aux députés d'insister. (II, 467.)

Le 14, l'arrêt fut donné, conformément à l'avis de Monsieur, qui passa *de* cent neuf voix contre soixante-deux. (III, 436.)

M. de Bouillon... étoit au lit *de* la goutte. (II, 214.)

Le marquis de la Boulaie, soit *de* sa propre folie, soit de concert avec le Cardinal..., se jeta comme un insensé... au milieu de la salle du Palais, suivi de quinze ou vingt coquins. (II, 556.)

De bonne fortune pour nous, celui contre qui nous agissions eut encore plus d'imprudence que celui pour lequel nous agissions n'eut de foiblesse. (III, 221.)

De bonne fortune pour moi, elle ne s'avisa de ce bel expédient que dans le temps que le Roi étoit à Paris. (III, 171.)

.... La main toute-puissante de Dieu... qui enfin, pour tout comprendre en un exemple, *d'*une bonté aussi particulière que celle *dont* il sépara autrefois les eaux de la mer Rouge pour sauver le peuple de Dieu, fit fendre, pour ainsi dire, les vagues de cette mer encore plus dangereuse pour préserver le grand Saint Charles. (IX, 90.)

Mme de Guémené, qui s'en étoit allée *d'*effroi... dès les premiers jours du siége de Paris, revint *de* colère à la première nouvelle qu'elle eut de mes visites à l'hôtel de Chevreuse. (II, 538.)

Il les en retira aussitôt (*il retira les cavaliers du bois*), pour obliger Monsieur le Prince à s'engager dans ce défilé, par l'opinion qu'il auroit que la retraite de ces cinquante maîtres eût été *d'*effroi. (IV, 175.)

M. de la Rochefoucauld, qui avoit plus de cœur que d'expérience, s'emporta *de* chaleur. (II, 262.)

M. d'Olonne écrit *d'*une grande véhémence. (VIII, 534.)

7° DE, à partir de, depuis :

Je ne vous puis exprimer la consternation qui parut dans Paris le premier quart d'heure *de* l'enlèvement de Broussel. (II, 15.)

Les assemblées des chambres cessèrent *de* ce jour. (III, 130.)

M. de Bouillon... nous en fit ensuite la proposition comme d'une chose qui ne lui étoit venue dans l'esprit que *du* matin. (II, 315.)

M. le cardinal Albizzi... n'a commencé à sortir que *d'*avant-hier. (VII, 155.)

Nous avons ici *de* mercredi il signor Zandedari. (VII, 212.)

Comme je suis *de* samedi hors

de Rome, je ne sais aucune autre nouvelle. (VII, 233.)

On a cru... qu'il (*ce bruit*) étoit absolument assoupi, et on recommence à dire, *d*'hier au matin, qu'il y paraît encore quelque étincelle. (VII, 255.)

M. d'Hacqueville est ici *d*'hier à midi. (VIII, 312.)

Il est à Saint-Mihiel *d*'avant-hier. (VIII, 395.)

8° De, de la part de, venant de :

Il me prêta douze cents écus.... J'en pris trois mille *du* président Barillon. (I, 99.)

Ce n'est pas toujours jeu sûr de refuser *de* plus grand que soi. (II, 415.)

Elle avoit un sérieux qui n'étoit pas *de* sens, mais *de* langueur, avec un petit grain de hauteur. (I, 194.)

Elle (*Mme de Longueville*) me parut enragée contre la cour. Je savois par le bruit public qu'elle l'étoit au dernier point contre Monsieur le Prince. Je joignis ce que l'on en disoit dans le monde à ce que j'en tirois *de* certains mots qu'elle laissoit échapper. (II. 118.)

9° De, d'après :

Comme, *de* l'humeur dont il étoit, il y avoit peu de choses qui ne le pussent fâcher, je m'appliquai bien davantage à tirer du mérite de ce que je n'y faisois pas que de ce que je faisois. (I, 241.)

De l'humeur dont il connoissoit le Mazarin,... il ne croyoit rien de plus opposé à ses intérêts.... (III, 540.)

Je gage qu'il y reviendra devant qu'il soit deux jours, *de* la manière que tout cela tourne. (III, 369.)

Elle (*la juridiction des forêts*) est très-pointilleuse, *de* la manière dont j'en ai toujours ouï parler. (VIII, 246.)

De la manière dont vous me parlez des îles et îlots, j'appréhende bien que l'on ne vous y donne à la fin quelque atteinte. (VIII, 247.)

10° De, parmi :

Venons aux faits particuliers, qui vous feront voir à l'œil ce détail. Je n'en choisirai *d*'une infinité que deux. (I, 295.)

11° De, au sujet de :

M. le cardinal Mazarin... vint lui-même dans l'assemblée (*du clergé*) porter parole *de* la restitution (*de l'évêché de Saint-Pol-de-Léon à René de Rieux*), et l'on se sépara sur celle qu'il donna publiquement de l'exécuter dans trois mois. (I, 268.)

.... En disant à la Reine et au Cardinal la vérité *des* dispositions que je voyois dans Paris. (II, 8.)

Il ne les peut assez admirer *du* mépris qu'ils ont toujours eu pour le tumulte. (II, 35.)

Laigue se mit sur les lamentations *de* ma conduite. (II, 37.)

Ces gens-là... discouraient *de* la manière dont il faudroit entrer chez Miron. (II, 40.)

Il me sembloit qu'il voulût faire une raillerie *de* Monsieur le Comte, qu'il haïssoit fort. (II, 151.)

Je suppliois Messieurs de me permettre de lui donner une marque de celui (*du respect*) que j'avois pour lui, en lui rendant un compte, qui peut-être le surprendroit, de mes pensées sur les deux arrêts *du* héraut et *de* l'envoyé. (II, 255.)

Lorsque l'on seroit d'accord *de* tous les articles.... (II, 365.)

J'avois insisté... qu'ils ne donnassent leurs mémoires qu'après que l'on seroit demeuré d'accord *des* articles dont le Parlement demandoit la réformation. (II, 454.)

Je ne fus pas longtemps dans le doute *de* la tentative. (III, 5.)

Le P. Dominique, carme déchaussé françois,... fait état de faire imprimer ici... un livre *de* l'infaillibilité du Pape et *de* sa supériorité sur le concile. (VII, 177.)

Je suis en repos *de* mes affaires, lorsqu'elles sont en vos mains. (VIII, 408.)

12° DE, pendant :

Cet embarras est... peut-être un des plus grands où je me sois trouvé *de* ma vie. (II, 410.)

13° DE, que, que de :

Les remèdes de la Reine durèrent huit ou dix jours de plus *de* ce qu'elle avoit cru. (III, 217.)

Quand mes ennemis auroient eu la même pensée *de* ces Empereurs.... (VI, 187.)

Je me réduis au même état *de* cet Évêque dont parle Saint Bernard. (VI, 213.)

Parles-en à M. de Chevincourt, au même sens *du (que du)* deuil. (VIII, 139.)

Il suffisoit... que cet être connût clairement ce que c'étoit *de* pensée en soi avant que de savoir si pensée particulière étoit autre chose que pensée générale. (IX, 245.)

14° DE et l'infinitif équivalent à *en* avec le participe présent :

Tous les officiers de la maison du Roi... étoient persuadés qu'ils faisoient très-bien leur cour *d*'accompagner réglément tous les jours Messieurs les Princes au Palais. (III, 17.)

15° DE, employé, contrairement à l'usage moderne, dans la désignation du quantième. Cet emploi est ordinaire, mais non constant (voyez le dernier exemple) :

La nouvelle de la victoire de Monsieur le Prince à Lens arriva à la cour le 24ᵉ *d*'août, en l'année 1648. (II, 3.)

Le 26 *d*'août *de* 1648.... (II, 12.)

Le 24 *d*'octobre 1648....(II, 89.)

Le 23 *de* janvier, et le 9 et 10 *de* mars.... (II, 202.)

.... Jusques au 3ᵉ *de* septembre. (III, 89.)

.... Le dernier *de* mai. (III, 336.)

Depuis le 29 décembre 1649... jusqu'au 18 *de* janvier 1650.... (II, 596.)

Ce bel exploit... s'exécuta l'onzième *décembre*. (II, 556.)

Voyez II, 3, 8, 98, 99, 137, 142, 144, 145, 170, 201, 203, 205, 213, 220, 262, 264, 289, 307, 311, 313 et 323; III, 283, etc.

16° DE, servant à former une sorte de superlatif, dans une tournure empruntée à l'Écriture :

Je viens de voir un billet d'Hocquincourt à Mme de Montbazon, où il n'y a que ces mots : « Péronne est à la belle *des* belles. » (II, 286.)

17° DE, emplois divers :

Aussitôt qu'elles (*les lois*) perdirent leur force, celle des empereurs s'évanouit; et elle s'évanouit par le moyen de ceux mêmes qui s'étant rendus maîtres et de leur sceau et de leurs armes, par la faveur qu'ils avoient auprès d'eux, convertirent en leur propre substance celle de leurs maîtres, qu'ils sucèrent, pour ainsi parler, *de* ces lois anéanties. (I, 279.)

Le président le Cogneux... pria en même temps M. le prince de Conti et M. de Longueville d'entrer dans la quatrième des enquêtes, dans laquelle l'on entre *de* la grande chambre. (II, 166.)

Ils ne doivent pas faire les choses *de* leur tête et sans concert. (VIII, 448.)

Il (*Mazarin*) me fit presser par la Reine de tourner l'affaire *d*'un biais qui m'auroit infailliblement déshonoré. (I, 269.)

Le cardinal de Richelieu... fit si bien que si le destin lui eût donné un successeur de son mérite, je ne sais si la qualité de premier ministre... n'auroit pas pu être... odieuse en France.... La providence de Dieu y pourvut au moins *d*'un sens, le cardinal Mazarin... n'ayant donné ni pu donner aucun ombrage à l'État du côté de l'usurpation. (I, 281.)

Le cardinal de Richelieu... aimoit la gloire beaucoup plus que la morale ne le permet; mais il faut avouer qu'il n'abusoit qu'à proportion de son mérite de la dispense qu'il avoit prise sur ce point *de* l'excès de son ambition. (I, 282.)

Monsieur le Comte... avoit surtout commis le crime capital de refuser le mariage *de* Mme d'Aiguillon. (I, 140.)

Je vis... une lance... qui étoit assurément de l'ancienne guerre *des* Anglois. (II, 45.)

Il passa jusques à la picoterie toute ouverte, en me disant que quand l'on affectoit de faire des actions *de* saint Ambroise, il en falloit faire la vie. (I, 260.)

Il fit la relation de son voyage *de* la cour, dans le Parlement, dont la substance fut.... (III, 89.)

Il me promit de nouveau de me servir *de* toute chose en cette occasion. (I, 99.)

Il étoit brave *de* sa personne. (II, 177.)

J'en trouvai suffisamment (*de l'argent*) en témoignant à mon père que l'économat de mes abbayes étant censé tenu *de* la plus grande rigueur des lois, je croyois être obligé... d'en prendre l'administration. (I, 96.)

18° DE, explétif :

Voici ce qui me la fit croire ostensive (*cette lettre*). Ce n'est pas *de* ce qu'elle n'étoit pas en chiffre,... mais elle finissoit ainsi.... (III, 306.)

Le garde du corps à qui il est véritablement, sous *d'*autre nom, me vint trouver. (VIII, 183.)

La conclusion de la paix de Ruel... fut purement l'effet d'un concert qui fut pris, la nuit *d'*entre le 8 et le 9 de mars, entre le Cardinal et lui (*le président de Mesme*). (II, 376.)

Quant à ce qui est dans votre postscrit, de la négociation *d'*entre M. Bouvier et M. Nerli.... (VIII, 38.)

Pour Monsieur, vous en voyez les témoignages, qui seront plus fréquents et plus positifs s'il en est *de* besoin. (VIII, 51.)

Je les envoirai, s'il est *de* besoin. (VIII, 557.)

J'envoyai quérir à l'heure même Miron,... colonel du quartier de Saint-Germain *de* l'Auxerrois. (II, 39.)

.... Un sermon que je professe de prêcher... dans Saint-Germain *de* l'Auxerrois. (II, 576.)

Je prêchai, le jour de Noël, dans Saint-Germain *de* l'Auxerrois. (II, 592.)

19° DE, explétif devant des adjectifs :

Ce qui est *d'*admirable est que ces leçons, qui n'étoient plus secrètes, ne me nuisirent point dans le monde. (I, 240.)

Ce qui est *de* vrai est que je ne pris d'abord cette conduite que par la pente de mon inclination. (I, 266.)

Ce qui étoit *d'*admirable étoit que.... (III, 59.)

Il n'y a peut-être jamais eu de bêtise plus complète; et ce qui y est *de* merveilleux est que je la fis sans réflexion. (II, 464.)

Ce qui est *de* certain est que.... (III, 61.)

Ce qui fut *d'*heureux et même *de* merveilleux est qu'il n'y en eut aucun (*aucun ressort*) qui manquât. (III, 172.)

Ce qui fut *d'*assez plaisant à l'égard de cette requête fut qu'elle fut concertée l'avant-veille.... (III, 200.)

Ce qui est *d'*admirable est.... (III, 338.)

Si le cardinal Mazarin eût été de génie propre à se faire honneur de la nécessité, qui est une des qualités *des* plus nécessaires à un ministre.... (II, 95.)

Varicarville... étoit un des hommes de France *des* plus fermes. (II, 453.)

Annère... étoit un des hommes

du monde *des* plus fermes et *des* plus fidèles. (II, 592.)

Ce défaut (*l'incertitude*) est une des sources *des* plus empoisonnées des fausses démarches des hommes. (III, 186.)

20° DE, omis :

Je me reculai *deux pas*. (I, 205.)

.... Pourvu qu'il plût à la Compagnie *permettre* à M. de La Trémouille de se saisir des deniers royaux. (II, 371.)

D'ABORD. Il a souvent le sens de *tout d'abord, dès l'abord, sur-le-champ* :

Je ne regardai l'aînée que comme ma sœur; je considérai *d'abord* Mlle de Scepeaux... comme ma maîtresse. (I, 93.)

Je n'avois jamais voulu être des amis de Monsieur le Grand, et il est vrai que M. de Thou... m'en avoit pressé, et que je n'y donnai point, parce que je n'y crus *d'abord* rien de solide, et l'événement a fait voir que je ne m'y étois pas trompé. (I, 201.)

Le grand secret de ceux qui entrent dans les emplois est de saisir *d'abord* l'imagination des hommes par une action que quelque circonstance leur rende particulière. (I, 216.)

Le respect que j'eus pour M. le cardinal Mazarin... alla jusques à la patience. J'en eus encore plus de besoin... dans une occasion que son ignorance lui fournit *d'abord*, mais que sa malice envenima. (I, 249.)

Je ne pris *d'abord* cette conduite que par la pente de mon inclination, et par la pure vue de mon devoir. La nécessité de me soutenir contre la cour m'obligea de la suivre, et même de la renforcer. (I, 266.)

L'affoiblissement et... le changement des lois de l'État... plaît toujours *d'abord* aux princes peu éclairés, parce qu'ils s'y imaginent l'agrandissement de leur autorité. (I, 280.)

Je m'aperçus *d'abord* du changement. (II, 101.)

L'on connoissait *d'abord* qu'il n'avoit pas assez d'esprit pour être fin. (II, 177.)

Mme de Chevreuse me trouva chez elle au retour du Palais-Royal, et je m'aperçus *d'abord* qu'elle avoit quelque chose à me dire. (III, 5.)

Je l'entendis *d'abord*, j'entrai dans sa pensée. (III, 264.)

Nous avions jugé à propos... de lui proposer *d'abord* et sans circuit cette lettre. (VII, 126.)

D'ABORD QUE, dès que :

Une des sources de l'abus que les hommes font presque toujours de leur dignité est qu'ils s'en éblouissent *d'abord qu'*ils en sont revêtus. (IV, 182.)

Monsieur prit la parole, *d'abord qu'*il fut entré. (IV, 189.)

Ce n'est pas que, *d'abord que* je lui eus parlé, il me dit.... (V, 101.)

D'abord que Grimaldi est entré dans le conclave, le bruit à couru que nous le faisions venir pour exclure par son moyen Odescalchi. (VII, 449.)

Voyez encore VI, 74, etc.

DE BOUCHE :

La véritable raison pour laquelle il m'avoit mandé étoit le désir qu'il avoit d'être éclairci, *de bouche* et plus en détail que l'on ne le peut être par une lettre, de l'état de Paris. (I, 154.)

DE DELÀ :

J'en fais chercher ici dans mes papiers l'éclaircissement, et en cas que je n'en trouve rien, je vous en enverrai l'expédition pour celui que vous m'avez nommé par le premier ordinaire, en vous priant toutefois que vous en éclaircissiez encore *de delà* vous-même. (VIII, 187.)

De... en :

M. de Beaufort,... depuis qu'il s'étoit sauvé du bois de Vincennes, s'étoit caché dans le Vendomois *de* maison *en* maison. (II, 191.)

De certains, de certaines. Voyez Certain.

De concert. Voyez Concert.

Voyez Exhorter de, etc, etc.

DÉBAUCHE (Faire) :

Comme elle étoit fort gaie dans le particulier, et que de plus le succès de cette journée lui avoit encore donné de la joie, elle nous dit qu'elle vouloit *faire débauche*. (II, 265.)

DÉBAUCHER :

Le cardinal lui *avoit débauché* le marquis de Noirmoutier, avec lequel il avoit un commerce de chiffre pour être averti de tout à son préjudice. (II, 76.)
Nous en apprîmes assez pour ne pas douter... que Erlac, gouverneur de Brisach,... n'eût été obligé de se retirer dans sa place avec mille ou douze cents hommes, qui étoit tout ce qu'il avoit pu *débaucher*. (II, 335.)
Huit cent mille livres, que la cour venoit d'envoyer à Erlac pour les *débaucher* (*pour débaucher les troupes*).... (II, 367.)
Il se jeta dans le Languedoc avec ... ce qu'il put *débaucher* de ses troupes. (IV, 8.)
.... Avec trois régiments qu'il *a débauchés* de l'armée. (VIII, 24.)

DÉBORDER :

Il soutint la conversation sans s'embarrasser, et il sortit d'affaire avec une audace qui ne *déborda* pas. (II, 568.)

Débordé :

.... Un curé de Paris, qu'on vouloit forcer de rompre les ordres du Diocèse en l'obligeant de recevoir à la communion les farceurs les plus infâmes et les plus *débordés*. (VI, 411.)

Se déborder :

Cette prodigieuse inondation de toute sorte de vices... qui *se débordent* sur toutes les conditions des hommes.... (VI, 155.)

DÉBOTTER :

Je fis *débotter* Saint-Ibar, qui faillit à en enrager. (II, 76.)

DÉBROUILLEMENT :

.... Les affaires de la Guienne, pour le *débrouillement* desquelles le bon sens des Jeannins et des Villerois... n'eût pas été trop bon. (III, 44.)

DÉBUT (En beau) :

M. de Rohan... arriva, tout échauffé, pour lui dire qu'il me venoit de laisser *en beau début* (*en belle passe*). (IV, 231.)

DEÇA (Au) de :

Ses pensées... l'emportent *au deçà de* nos mers. (V, 310.)
Le Pape la fit accompagner... jusques *au deçà du* Pont-Mole. (VII, 239.)

DÉCERNER :

Il étoit défendu à mes grands vicaires de *décerner* aucun mandement sans en avoir communiqué au conseil de Sa Majesté. (V, 114.)
Un arrêt du Conseil du Roi... défendoit à mes Grands Vicaires de *décerner* aucun mandement. (VI, 334.)

DÉCHAÎNER :

L'on *est* ici si *déchaîné* contre le coadjuteur, qu'il faut que j'en parle comme les autres. (II, 197.)

DÉCHARGER :

Je *déchargeai* à Mlle de Chevreuse mon cœur. (IV, 230.)

L'accommodement de M. d'Elbeuf avec Saint-Germain... les *déchargeroit* d'un homme qui leur coûteroit de l'argent et qui leur seroit fort inutile. (II, 446.)

DÉCHAUSSÉ (CARME). Voyez CARME.

DÉCHET :

Il n'y avoit pas lieu de douter que la cour... ne donnât... aux Espagnols un prétexte honnête pour se retirer sans *déchet* de leur réputation. (II, 464.)

Monsieur le Prince... crut qu'il feroit assez pour la maison de Foix si il renversoit les tabourets des autres maisons privilégiées. Celle de Rohan étoit la première de ce nombre ; et jugez, s'il vous plaît, de quel dégoût étoit un *déchet* de cette nature aux dames de ce nom. (II, 542.)

Voyez la note 1 de la page indiquée.

....Un grand *déchet* de réputation. (III, 409.)

Pour ce qui étoit des particuliers... qui ne rendroient point en ma personne ce qu'ils devoient à la pourpre, je ne pourrois pas avoir la même conduite, parce qu'elle tourneroit au *déchet* de sa dignité. (V, 90.)

Tous ceux (*tous les moments*) que l'on perd à l'exaltation d'Odescalchi tournent au *déchet* du mérite que l'on en peut tirer, en cas que l'on soit obligé d'y concourir. (VII, 445.)

DÉCHIRER, au propre et au figuré :

Il ne sera pas en votre pouvoir d'empêcher que le peuple ne *déchire*, à vos yeux, et le Premier Président et le président de Mesme. (II, 388.)

Si les généraux eussent reparti assez haut pour se faire entendre du peuple, le peuple *eût* infailliblement *déchiré*, malgré eux, le Parlement. (II, 411.)

J'avois peine à m'ouvrir tout à fait des raisons que j'ai d'agir comme je fais devant le président de Bellièvre ;... et vous avouerez que je n'ai pas tort, quand je vous aurai dit que ce bourgeois me *déchira* avant-hier, une heure durant, sur la déférence que j'ai pour les sentiments de ma femme. (II, 444.)

Monsieur le Prince... m'envoya le président Viole pour me dire que l'on le *déchiroit* dans Paris, comme un homme qui avoit manqué de parole aux Frondeurs. (II, 539.)

....Vous qui *déchirez* le nom du Mazarin après avoir toujours respecté sa personne. (V, 178.)

....D'*être* proscrit et *déchiré*, comme ont été ces grands hommes. (VI, 35.)

DÉCIMES, taxes payées au Roi par le clergé :

Mandez-moi... si les deux mille écus que le Roi m'a accordés viennent dans ma bourse ou s'ils servent seulement de quittance pour les *décimes*. (VIII, 382.)

DÉCISIF :

Longueil, conseiller à la grande chambre, homme d'un esprit noir, *décisif* et dangereux.... (II, 56.)

M. de Turenne... n'étoit pas... si *décisif* dans les affaires que dans la guerre. (III, 361.)

Il n'y a jamais eu d'esprit si *décisif* ni si violent. (II, 276.)

Le Ministre... se résolut à un expédient qu'il crut *décisif*, et qui lui réussit aussi peu que les autres. (I, 325.)

Les extrêmes sont toujours fâcheux.... Ce qu'ils ont de consolatif est qu'ils ne sont jamais médiocres et qu'ils sont *décisifs* quand ils sont bons. (II, 69.)

....Cette voie étoit encore plus *décisive*. (III, 337.)

Il (*ce parti*) n'est pas *décisif*. (IV, 117.)

Elle (*cette lettre*) doit être courte,

mais forte, *décisive* et pressante. (IV, 194.)

.... Un discours haut, sentencieux et *décisif*, fait à propos et dans des moments qui se trouvent quelquefois *décisifs* par eux-mêmes. (IV, 211.)

Voyez II, 94; III, 172; IV, 12, 21 et 121.

DÉCISIVEMENT :

Laissez-moi huit jours, je vous parlerai après plus *décisivement*. (I, 161.)

Le maréchal de la Mothe n'eut aucune peine à se rendre à mon sentiment; mais... il ne s'expliquoit pas tout à fait *décisivement*. (II, 433.)

J'attendrai qu'il soit ici... pour prendre ma résolution sur laquelle je vous écrirai après amplement et *décisivement*. (VIII, 355.)

Voyez II, 320 et 463; IV, 125.

DÉCLARER :

Quand... vous seriez général *déclaré* d'un parti dans lequel le Parlement seroit entré.... (II, 108.)

Déclaré :

L'union des généraux avec Espagne n'est pas assez publique pour jeter dans les esprits toute l'impression qui y seroit, d'un sens, nécessaire, et qui, de l'autre, si elle étoit plus *déclarée*, seroit pernicieuse. (II, 269.)

Les voies tout à fait *déclarées* seroient inutiles ;... les moyens sourds... sont bien plus propres et plus assurés. (V, 411.)

Se déclarer que :

Sa Sainteté ne *se déclareroit* point qu'Elle n'a pas prétendu condamner l'opinion contraire à son infaillibilité. (VII, 142.)

.... Un traité par lequel Monsieur *se déclaroit* qu'il pensoit à me faire cardinal. (III, 271.)

Voyez III, 188; IV, 18.

DÉCOUDRE, au figuré :

La difficulté qu'ils trouvent à *découdre* le tissu qu'ils ont commencé fait qu'ils se font des objections à eux-mêmes. (III, 404.)

DÉCOUVERT :

Tu vivrois misérable, *découvert* dans les forêts. (IX, 169.)

DÉCRÉDITEMENT :

Je n'oubliai rien de tout ce qui pouvoit servir au rétablissement de nos affaires, qui étoient dans un prodigieux *décréditement*. (II, 572.)

DÉCRÉDITER :

Cette union, qui prenoit pour son motif la réformation de l'État, pouvoit avoir fort naturellement celui de l'intérêt particulier des officiers, parce que l'un des édits dont il s'agissoit portoit un retranchement considérable de leurs gages ; et la cour, qui se trouva étonnée et embarrassée au dernier point de l'arrêt d'union, affecta de lui donner, autant qu'elle put, cette couleur, pour le *décréditer* dans l'esprit des peuples. (I, 311.)

L'exclusion du Cardinal *décréditeroit* au dernier point son ministère. (II, 86.)

Ce remède étoit de laisser agir le Parlement,... de commencer, dès cet instant, à le *décréditer* dans le peuple. (II, 275.)

Voyez la note 1 de la page indiquée.

Voyez II, 331, 468, 523 et 535; III, 93 et 238.

DÉCRIER :

C'est le plus irrémédiable de tous les inconvénients qui sont attachés à la faction ;... la licence, qui ne lui convient pas, lui est presque toujours funeste, en ce qu'elle la *décrie*. (II, 510.)

Ils ne se devoient pas abandonner à la conduite d'un homme aussi *décrié* sur le chapitre de la bonne foi. (II, 149.)

.... Mainardeau,... habile homme

mais *décrié* à cause du Mazarinisme. (III, 77.)

Ce Boislève étoit le plus *décrié* de tous les Mazarins. (IV, 201.)

DÉCRIRE :

L'on ne doit rechercher la cause de la révolution que je *décris* que dans le dérangement des lois. (II, 59.)

Décri r e, copier :

Si je ne savois que cet article a été mis dans la réponse de Monsieur le Prince contre le sentiment d'une personne d'érudition et de mérite, je croirois que ce seroit une augmentation de l'imprimeur ou de celui qui l'*auroit décrite*. (V, 354.)

Voyez la note 1 de la page indiquée.

DÉDALE :

Ils ont fait un *dédale* pour les autres, mais ils y seront [pris] eux-mêmes. (IX, 177.)

DEDANS, préposition :

.... *Dedans* et dehors le Royaume. (V, 396.)

L'âme... voit bien mieux devant elle que *dedans* elle. (IX, 136.)

C'est ce que Notre Seigneur défend aujourd'hui *dedans* son Évangile. (IX, 184.)

Le dedans :

Vous jugez assez, par ce que je viens de vous dire, de la brouillerie *du dedans* de la maison de M. le cardinal de Richelieu. (I, 108.)

Elle (*l'Espagne*) est si pressée, dans *le dedans*, par ses nécessités domestiques.... (II, 344.)

Je suis assuré qu'il y a déjà long-temps que vous me demandez le détail, ou plutôt *le dedans* de ce qui se passoit dans cette grande machine du parti de Monsieur le Prince. (III, 460.)

Voyez I, 231 et 291.

DÉDUIRE, exposer, raconter :

Ce détail seroit trop long à vous *déduire*. (I, 153.)

Il faudroit un volume pour *déduire* toutes les façons dont cette histoire fut ornée. (I, 129.)

Il y a même raison pour cela; mais il ne seroit pas juste d'interrompre, pour la *déduire*, le fil de l'histoire. (II, 73.)

Ce n'est pas notre compte, pour les raisons que je vous *ai déduites* ci-dessus. (II, 282.)

Je vas *déduire* nos sentiments sur tous les quatre (*partis*). (IV, 115.)

J'ai pris la liberté de proposer à Son Altesse Royale un remède à ces inconvénients, et je l'expliquerai encore en ce lieu, pour ne manquer à rien de ce qu'elle m'a commandé de lui *déduire*. (IV, 121.)

Je ne m'arrête pas à vous *déduire* l'affectation qu'a le Conseil du Roi à faire paroître.... (VI, 394.)

DÉFAIRE :

Comme il n'appartient qu'à moi seul de l'établir (*mon grand vicaire*), j'ai eu aussi tout seul le pouvoir de le *défaire*. (VI, 242.)

Ce n'est point un coup de foudre qui les tue (*les hommes*) ;... il ne faut point un éléphant, un crocodile, une baleine pour les *défaire*. (IX, 148.)

Se défaire de :

Si la Reine *se défaisoit* de la surintendance des mers, qu'elle avoit prise pour elle.... (II, 509.)

.... Aussitôt après que M. de la Meilleraie *se fut défait* de la surintendance des finances. (II, 519.)

Je me *défis* sur ce même fondement *de* toutes les autres propositions qu'il me fit.... (III, 9.)

Monsieur... *s'étoit défait de* la pensée d'ériger autel contre autel. (III, 165.)

DÉFAUT :

Je la trouvai très-belle, le teint du plus grand éclat du monde,...

du *défaut* à la taille, mais peu remarquable. (I, 93.)

Emery, surintendant des finances, et à mon sens l'esprit le plus corrompu de son siècle, ne cherchoit que des noms pour trouver des édits. Je ne vous puis mieux exprimer le fond de l'âme du personnage...; je ne vous puis mieux exprimer le *défaut* de son jugement. (I, 291.)

Son bon sens... devoit récompenser plus qu'il n'a fait le *défaut* de sa pénétration. (II, 181.)

Bertet,... s'étant aperçu du foible, en prit le *défaut* habilement. (IV, 52.)

DÉFECTIBLE :

.... Si sa pensée est que Dieu, en créant les substances, ait pu, s'il eût voulu, les créer *défectibles*, ou bien si Dieu a été contraint de les créer indéfectibles. (IX, 325.)

DÉFENDRE de, Se défendre de :

Sa retraite à Sedan le *défendoit des* bassesses auxquelles la cour avoit prétendu de l'obliger. (I, 155.)

Monsieur le Comte *se défendit*, toute cette année et toute la suivante, *des* instances des Espagnols et *des* importunités des siens.... Mais rien ne le put *défendre des* inquiétudes de M. le cardinal de Richelieu. (I, 153.)

Je *me défendis* longtemps *de* cette dernière clause. (III, 414.)

Voyez II, 24, 333, 382, 427 et 503; III, 173 et 395.

DÉFÉRER à :

.... Des entreprises et des attentats contre l'autorité épiscopale, *auxquels* des ecclésiastiques ne peuvent *déférer* sans trahir l'honneur et l'intérêt de l'Église. (V, 124.)

DÉFIANCE :

Elle me témoignoit quelque *défiance* que je ne fusse pas de ses amis. (II, 566.)

DÉFILER :

Il jeta cinquante chevaux dans un bois,... par lequel l'on ne pouvoit passer sans *défiler*. (IV, 175.)

DÉGARNIR :

Je me voyois... dans la nécessité... de m'ériger... en tribun du peuple, qui est le parti de tous le moins sûr et même le plus bas, toutes les fois qu'il n'est pas revêtu. La foiblesse de M. le prince de Conti,... celle de M. de Longueville... l'*avoient* fort *dégarni*, ce tribunat. L'imprudence du Mazarin le releva. (II, 140.)

Voyez la note 3 de la page indiquée.

DÉGÉNÉRER de :

Il n'y fit pas un pas qui ne fût digne d'un fils de France; il n'y dit pas une parole qui *en dégénérât*. (III, 159.)

DÉGOÛT :

Les contre-temps du Parlement... commencèrent à le dégoûter (*à dégoûter Monsieur le Prince*)...; et ce *dégoût*, joint aux caresses que la Reine lui fit,... affoiblirent avec assez de facilité, dans son esprit, les raisons que son grand cœur y avoit fait naître. (II, 100.)

Le *dégoût* que j'avois remarqué déjà dans son esprit étoit changé en colère. (II, 101.)

Monsieur le Prince... crut qu'il feroit assez pour la maison de Foix si il renverseroit les tabourets des autres maisons privilégiées. Celle de Rohan étoit la première de ce nombre; et jugez, s'il vous plaît, de quel *dégoût* étoit un déchet de cette nature aux dames de ce nom. (II, 542.)

J'aurois des *dégoûts* tant que je ne me serois pas érigé moi-même en favori. (III, 113.)

Le pas de donner du mouvement à ses troupes contre lui (*contre Mazarin*) n'ajoutoit pas tant à la mesure du *dégoût* qu'il avoit déjà donné à la cour qu'il le dût tant appréhender. (IV, 102.)

Quelques historiens accusent Verrina, Calcagno et Sacco d'avoir conseillé à Hiérôme une capitulation si peu honorable, à cause des *dégoûts* qu'ils avoient reçus en France, d'où ils étoient revenus pour se jeter dans la place. (V, 584.)

DÉGOÛTER :

Les contre-temps du Parlement... commencèrent à le *dégoûter* (*à dégoûter Monsieur le Prince*). (II, 100.)

Ils lui font (*au Parlement*) de ces sortes de peurs qui ne manquent jamais de *dégoûter* dans les commencements, et d'effaroucher dans les suites les compagnies. (IV, 203.)

DÉGRADATION :

Monsieur finit par un serment qu'il m'obligeroit d'aller à Notre-Dame... recevoir l'encens après lui.... La Reine... me dit d'abord que Monsieur étoit dans une colère terrible...; qu'elle vouloit absolument que je le satisfisse.... Monsieur le Cardinal... n'oublia rien pour me conduire à la *dégradation* que l'on prétendoit. (I, 260.)

M. le maréchal d'Estrées et M. de Senneterre vinrent chez moi... pour me persuader que la *dégradation* étoit honorable. (I, 261.)

.... Il falloit couronner ces beaux ouvrages par la *dégradation* du Chancelier. (III, 53.)

.... Une injure signalée qu'on faisoit à l'Église de Paris, en lui témoignant... qu'on la jugeoit capable de consentir... à une *dégradation* si scandaleuse de votre archevêque. (V, 119.)

.... Cette sacrilége *dégradation* d'un archevêque par un tribunal laïque. (V, 120.)

DÉGRADER :

Je trouvois l'archevêché de Paris *dégradé*, à l'égard du monde, par les bassesses de mon oncle, et désolé, à l'égard de Dieu, par sa négligence et par son incapacité. (I, 216.)

Je vous *dégraderai* de votre chien de pays, si vous ne faites ce qu'il faut pour la vaisselle de Lyon. (VIII, 148.)

DEGRÉ :

La Reine... avoit cru que les vacations pourroient diminuer quelque *degré* de la chaleur des esprits. (II, 67.)

DEGRÉ, grade :

Ayant été nourri dans la Sorbonne dès mon enfance, et y ayant pris tous les *degrés*.... (VII, 37.)

DEGRÉS, marches ; et au singulier, DEGRÉ, escalier ; au propre et au figuré :

L'on voyoit sur les *degrés* du trône, d'où l'âpre et redoutable Richelieu avoit foudroyé plutôt que gouverné les humains, un successeur doux, bénin, qui ne vouloit rien (*Mazarin*). (I, 232.)

Le chevalier de la Valette... avoit formé le dessein de nous tuer, M. de Beaufort et moi, sur les *degrés* du Palais. (II, 228.)

Messieurs les Princes sortirent du Palais-Royal, en se moquant publiquement, sur les *degrés*, de la guerre des pots de chambre. (III, 296.)

J'avois résolu de poster le gros de mes amis à la main gauche de la salle, en y entrant par les grands *degrés*. (III, 487.)

Il trouva, en descendant mon *degré*, un frère de son cuisinier. (II, 40.)

M. de Beaufort entra en même temps par le grand *degré*. (II, 307.)

MM. de Beaufort et de la Mothe nous rejoignirent, avec le président de Bellièvre, qu'ils avoient trouvé sur le *degré*. (II, 441.)

Il me mena au petit oratoire, par un *degré* dérobé. (III, 310.)

Maillart... fut attrapé sur le *degré* de la Sainte-Chapelle. (III, 447.)

Mlle de Chevreuse courut jusque sur le *degré* après moi. (IV, 37.)

Je n'accompagnai les maréchaux... que jusques au haut de mon *degré*. (IV, 184.)

Cette première persécution... n'a servi que de *degré* pour se porter ensuite à une plus grande. (V, 118.)

Voyez II, 49, 156, 222, 334 et 536; III, 117.

DÉGROSSER :

Nous *dégrossâmes* notre proposition, nous la revêtîmes de ce qui lui pouvoit donner et de la couleur et de la force. (II, 430.)

DÉGUISER :

Il étoit sorti de Paris, en habit *déguisé*. (III, 248.)

....Sous un habit *déguisé*. (VI, 344.)

Le cardinal de Richelieu... fit, pour ainsi parler, un fonds de toutes ces mauvaises intentions et de toutes ces ignorances des deux derniers siècles.... Il les *déguisa* en maximes utiles et nécessaires pour établir l'autorité royale. (I, 275.)

DEHORS DE :

La Reine répondit à tous ces corps qu'elle ne rentreroit jamais à Paris, ni le Roi ni elle, que le Parlement n'*en* fût *dehors*. (II, 144.)

DEHORS, préposition :

....Dedans et *dehors* le Royaume. (V, 396.)

Voyez encore V, 246.

DELÀ :

...Les provinces de *delà* (*la Loire*). (IV, 169.)

AU DELÀ DE :

Son désintéressement étoit *au delà de* celui des anachorètes. (I, 184.)

Notre amitié est *au delà de* toutes les paroles. (VIII, 33.)

La passion qu'il a de cette affaire est *au delà de* l'imagination. (VIII, 35.)

DÉLAI :

Le *délai*,... dans le commencement des grandes affaires, est toujours dangereux. (II, 147.)

DÉLICAT :

Il n'y avoit rien de plus *délicat* que le poste où nous nous trouvions. (II, 265.)

Vous ne doutez pas du parti que je pris. Le choix au moins n'en étoit pas embarrassant, quoique l'événement en fût bien *délicat*. (III, 261.)

.... Une des plus *délicates* aventures qui me soient jamais arrivées dans le cours de ma vie. (III, 447.)

.... A la Reine, à qui il tourna son absence du Parlement d'une manière si *délicate*, qu'il se la fit demander. (III, 206.)

DÉLICATESSE :

Madame... n'ignoroit pas la *délicatesse* ou plutôt la faiblesse qu'il avoit sur cet article. (III, 458.)

Je m'en défendis (*de la prendre dans mon carrosse*) en lui faisant la guerre de sa *délicatesse*. (IV, 37.)

Que nous servira d'examiner, avec tant de *délicatesse*, les exemples qu'on nous a proposés? (V, 542.)

Ce moment étoit ce que nous avions justement... à craindre.... Jugez... de la *délicatesse* de celui qui pouvoit unir contre nous l'autorité royale... et le parti de Monsieur le Prince. (III, 282.)

DÉLIÉ :

La politique la plus profonde, la plus *déliée* et la plus artificieuse.... (V, 301.)

DÉMANCHEMENT :

Le gros du peuple, qui est ferme, fait que l'on ne s'aperçoit pas encore de ce *démanchement*. (II, 269.)

DEMANDER de :

Il s'... étoit présenté un héraut... qui *demandoit de* parler à la Compagnie. (II, 221.)

Madame la Princesse douairière... présenta requête au Parlement par laquelle elle *demandoit d'*être mise en la sauvegarde de la compagnie. (III, 30.)

DÉMARCHE :

Quelque répugnance que je puisse avoir à vous donner l'histoire de ma vie,... je ne vous celerai aucunes des *démarches* que j'ai faites en tous les temps de ma vie. (I, 80.)

DÉMÊLER :

Vous jugez assez, par ce que je viens de vous dire, de la brouillerie du dedans de la maison de M. le cardinal de Richelieu, et de l'intérêt qu'il avoit à la *démêler*. (I, 108.)

Cet embarras est grand ; mais j'ose soutenir qu'il n'est pas insurmontable et qu'il n'est pas même difficile à *démêler*. (II, 107.)

Cette imprudence me jeta dans des embarras que j'eus bien de la peine à *démêler*. (II, 419.)

Ce seroit à Monsieur le Prince à *démêler* ses affaires comme il lui plairoit. (III, 459.)

Si il arrivoit que... Monsieur eût quelque chose à *démêler* avec Monsieur le Prince.... (III, 94.)

Démêler de, d'entre :

Je mêlai dans mon avis de certains traits qui servirent à me *démêler de* la multitude. (III, 423.)

Elles (*Mme et Mlle de Chevreuse*) furent *démêlées d'entre* toutes les autres par un certain Maillart. (III, 444.)

Se démêler de, d'avec :

Je fus accablé d'une foule de peuple.... Je *m'en démêlai* en leur disant.... (II, 16.)

Mme de Bouillon n'oublia rien pour me le persuader ; mais elle n'y réussit pas et je *m'en démêlai* avec beaucoup de respect, mais d'une manière qui.... (II, 415.)

Il *se démêla de* l'ambassade qu'il avoit à porter, comme un homme qui en étoit fort honteux. (III, 296.)

Il *se démêla*, par cette ruse innocente, *de* ce mauvais pas. (V, 136.)

Je *m'en démêlerai* assez aisément en parlant italien, qui est une langue où l'on a affecté de trouver des expressions qui ne peuvent servir à quoi que ce soit qu'à ne se point faire entendre. (VII, 175.)

Ils ont fait un dédale pour les autres, mais ils y seront [pris] eux-mêmes et ne pourront *s'en démêler*. (IX, 177.)

Ce mouvement (*du Premier Président*) fit une commotion et un trépignement dans la Grande Chambre, qui fut entendu dans la quatrième et qui fit que ceux des deux partis qui y étoient *se démêlèrent* avec précipitation les uns *d'avec* les autres pour se remettre ensemble. (II, 601.)

DEMEURE :

Sans doute qu'ils lui ont donné des espérances de pouvoir continuer sa *demeure* dans le royaume. (V, 416.)

En demeure, en retard :

Nous ne pouvons dire encore qu'elle (*la Bulle*) soit *en demeure*. (VII, 151.)

Voyez la note 1 à la page indiquée.

DEMEURER (En) à :

Il détacha M. de la Rochefoucauld... pour occuper un défilé.... M. de la Rochefoucauld... s'emporta de chaleur : il *n'en demeura pas à* son ordre, il sortit de son poste. (II, 262.)

DEMOISELLE, en parlant d'une femme mariée ou non :

Je m'aperçus que la petite cervelle de la *demoiselle* (*il s'agit de Mme de la Meilleraye*) ne résisteroit pas longtemps au brillant de la faveur. (I, 135.)

Nous avons ici une *demoiselle* Durand, veuve d'un receveur de cette terre.... Le gendre de cette *demoiselle* vous ira trouver. (VIII, 387.)

.... Vu la disposition de la *demoiselle* (*de Mlle de Chevreuse*). (III, 446.)

DÉMON :

Monsieur haïssoit Chavigni plus que les *démons*. (III, 534.)

Vous êtes un vrai *démon*. (III, 311.)

Ce *démon* d'ambition (*Cromwell*).... (V, 307.)

Le mauvais *démon* de la France venoit de susciter ce scélérat. (IV, 105.)

DÉMONIAQUE :

Le marquis de la Boulaie... se jeta comme un insensé et comme un *démoniaque* au milieu de la salle du Palais. (II, 557.)

Voyez la note 1 de la page indiquée.

DÉMONSTRATION :

Il fit vanité de donner au monde toutes les *démonstrations* d'un amant irrité. (I, 220.)

M. le cardinal Mazarin vint lui-même dans l'assemblée (*du clergé*) porter parole de la restitution.... Il donna dans la suite toute sorte de *démonstrations* qu'il tiendroit fidèlement sa parole. (I, 269.)

Toutes les *démonstrations* que le Cardinal donnoit depuis quelque temps de vouloir la liberté des Princes.... (III, 245.)

DÉMURER :

Elle obligea les bateliers... de *démurer* une petite poterne. (IV, 165.)

DÉNOMMER :

Comme Messieurs les sous-ministres n'y *étoient* pas *dénommés* (*dans cet arrêt*), il ouvrit un grand champ aux réflexions. (III, 441.)

DÉPARER :

Mes occupations ecclésiastiques étoient diversifiées et égayées par d'autres, qui étoient un peu plus agréables ; mais elles n'en *étoient* pas assurément *déparées*. La bienséance y étoit observée en tout. (I, 197.)

Celui-là (*ce jargon*), mêlé avec les expressions qu'il avoit tirées très-fidèlement de Mme de Vendôme, formoit une langue qui *eût déparé* le bon sens de Caton. (II, 177.)

Voyez III, 246 et 492 ; IV, 33.

DÉPARTIR DE :

Il y eut... quelques-uns de ces sujets du roi d'Espagne qui ne voulurent point *départir de* cette formalité. (VII, 301.)

DÉPÊCHER, neutre :

Tout le monde sortit content de la conférence.... M. le prince de Conti nous assura même que M. de Longueville, à qui l'on *dépêcha* à l'instant, l'agréeroit au dernier point. (II, 447.)

....En cas que les choses soient dans la disposition où elles étoient lorsque Votre Excellence *a dépêché*. (VII, 444.)

DÉPEINDRE :

Si l'on voyoit ce qui se passe aujourd'hui sur la frontière de votre royaume *dépeint* dans un tableau.... (V, 305.)

DÉPENDAMMENT :

Penser *dépendamment* du corps.... (IX, 249.)

DÉPENDANCE :

Monsieur... se figuroit qu'...il fronderoit le Mazarin sous *dépendance* de Monsieur le Prince. (IV, 80.)

Mes Grands Vicaires agissent, mais ce n'est point avec *dépendance* de mes ordres, comme les canons l'ordonnent. (VI, 391.)

DÉPENDANT :

La Rivière, de qui il (*Flammarin*) étoit intime et *dépendant*.... (II, 291.)

Le maréchal de la Mothe étoit si *dépendant* de M. de Longueville, que je ne m'en pouvois pas répondre. (II, 193.)

.... Deux hommes aussi *dépendants* du Cardinal. (III, 288.)

Il ne se pouvoit pas que cette importante ville ne fût très-*dépendante* de Monsieur. (IV, 163.)

DÉPENS (Payer les), au figuré :

L'on *paye* souvent *les dépens* de sa bonté. (III, 126.)

DÉPENSE :

Ces établissements devoient être d'une *dépense* immense ; mais l'on m'apportoit des sommes considérables de tous côtés. (I, 242.)

Monsieur le Comte... avoit donné beaucoup de jalousie au ministre par son courage, par sa civilité, par sa *dépense*. (I, 139.)

M. de Morangis me disant... que je faisois trop de *dépense*, comme il n'étoit que trop vrai que je la faisois excessive, je lui répondis fort étourdiment.... (I, 244.)

J'étois trop bien à Paris pour être longtemps bien à la cour. C'étoit là mon crime dans l'esprit d'un Italien (*Mazarin*) politique par livre ; et ce crime étoit d'autant plus dangereux que je n'oubliois rien pour l'aggraver par une *dépense* naturelle, non affectée, et à laquelle la négligence même donnoit du lustre. (I, 266.)

M. de Longueville avoit, avec le beau nom d'Orléans, de la vivacité, de l'agrément, de la *dépense*, de la libéralité.... (II, 176.)

.... Sa *dépense* splendide. (III, 53.)

DÉPORTER (Se), s'abstenir :

Comme je ne suis pas juge nécessaire en cette cause, je m'en suis absteuu, et j'ai témoigné au signor Ferdinando Raggi que, croyant ma conscience engagée si je m'y trouvois à parler contre l'intérêt de ses supérieurs, je *m'en déportois* à la considération de la bonne volonté dont je savois que le Roi les honoroit. (VII, 169.)

Voyez le *Dictionnaire de Littré*, 2°

DEPUIS, dans le sens de *il y a, il y avait :*

Il avoit encore reçu, *depuis* deux jours, des ordres très-exprès sur cela de Monsieur l'Archiduc. (II, 357.)

.... Une conversation que j'ai eue *depuis* quelques jours avec M. le cardinal Albizzi. (VII, 36.)

Mgr Aciaia a répondu, *depuis* quatre jours, à quelques prélats.... (VII, 349.)

Depuis, suivi d'un infinitif :

Ce n'est pas que, *depuis avoir donné* la direction de mon Diocèse à cet officier, je ne mettois.... (VI, 237.)

Je me suis ravisé, Monsieur, *depuis vous avoir écrit* la lettre que vous trouverez dans mon gros paquet. (VIII, 506.)

Du depuis :

Le Cardinal lui avoit témoigné une douleur sensible de l'injustice qu'il lui avoit faite, et qu'il avoit reconnu clairement *du depuis*. (II, 91.)

Le Bourdet,... qui avoit été capitaine aux gardes et qui *du depuis* s'étoit attaché à Monsieur le Prince.... (III, 86.)

M. du Saussay a, *du depuis*, reçu nos ordres. (VI, 178.)

Je n'en ai point ouï parler *du depuis*. (VII, 186.)

Voyez les *Lexiques de Malherbe, de Corneille* et *de la Rochefoucauld*.

DÉPUTÉ, délégué :

Aussitôt que les douze *députés* que l'on a voulu faire passer pour si criminels dans l'esprit de Votre

Sainteté ont vu... le moindre rayon d'espérance de se pouvoir justifier auprès d'Elle, ils n'ont point balancé à me faire connoître qu'ils ne souhaitent rien avec plus de passion que d'en trouver les expédients et les moyens. — Qui sont-ils, ces douze *députés?* me dit le Pape. (VII, 125.)

Voyez la note 2 à la page indiquée.

DÉPUTER, neutre :

La Cour des Aides *députa* vers la Chambre des Comptes, pour lui demander union avec elle pour la réformation de l'État. (I, 309.)

Il laissoit à leur choix de *députer* de leur corps en tel lieu qu'ils voudroient, sans en excepter même Paris. (II, 252.)

Le bruit commun portant que la paix avoit été signée à Ruel, il (*le prince de Conti*) avoit résolu d'y *députer*, pour ses intérêts et pour ceux de messieurs les généraux. (II, 393.)

Voyez II, 139, 143, 252, 315 et 393; III, 66, 203 et 204; IV, 58.

DÉRAISON :

Je ne pourrois pas vous dire encore, à l'heure qu'il est, les raisons, ou plutôt les *déraisons*, qui me purent obliger à une aussi méchante conduite. (II, 93.)

DÉRANGEMENT :

L'on ne doit rechercher la cause de la révolution que je décris que dans le *dérangement* des lois. (II, 59.)

DÉRÉGLEMENT :

Les seules roues de la machine, qui allèrent un peu plus vite qu'on ne l'avoit projeté, se remirent dans leur équilibre presque au moment de leur *déréglement*. (III, 172.)

DERNIER :

Les Jésuites font les *derniers* efforts... pour soutenir la supputation de Clavius. (VII, 167.)

DERRIÈRE, substantif, au singulier et au pluriel :

.... Un de mes pages, qui portoit le *derrière* de ma soutane. (II, 27.)

Le maréchal de la Mothe ne quitta pas les *derrières* du Palais-Royal. (III, 269.)

DÈS :

....Je m'en moquai *dès* l'heure même. (III, 256.)

DÈS À :

M. le cardinal Farnèse... n'oublia rien, *dès à* cette heure, pour empêcher le raccommodement du cardinal Chigi... et de D. Augustin. (VII, 220.)

DÈS LÀ :

Les questions que leurs explications (*les explications des lois*) firent naître, d'obscures qu'elles étoient et vénérables par leur obscurité, devinrent problématiques; et *dès là*, à l'égard de la moitié du monde, odieuses. (I, 294.)

DÉSAGRÉABLE (AVOIR) :

Sa Majesté n'a pas *désagréable* que je pense aux soulagements qui peuvent.... (VII, 235.)

DÉSAGRÉER QUE :

Monsieur l'Ambassadeur ne *désagréeroit* pas *que* lui et moi accommodassions cette affaire. (VII, 69.)

Quoique le respect très-particulier, que vous savez que j'ai pour votre compagnie, me pût donner lieu d'espérer que vous ne *désagréeriez* pas *que* je prisse la liberté de vous dire mes pensées... (VIII, 359.)

DÉSAVOUER QUE :

Je ne *désavoue* pas même *que* je l'aie (*cette pensée*). (II, 392.)

.... Une ville où l'on ne peut *désavouer que* tous les établissements ordinaires n'aient un enchaînement, même très-serré, les uns avec les autres. (IV, 66.)

Nous ne pouvons *désavouer que* Votre Majesté n'ait eu raison de.... (V, 303.)

On ne peut pas *désavouer* avec raison *que* Jean-Louis de Fiesque n'ait considéré très-mûrement... ce qu'il avoit envie d'entreprendre. (V, 521.)

DÉSAVOYER (Se), sortir du chemin :

Les esprits *se désavoyent* de ces préjugés malheureux qui ont embarrassé les consciences. (IX, 201.)

DESCENTE, descendance :

Il y a beaucoup de lieux en Italie où l'on ne prouve les *descentes* que par les registres publics. (VIII, 360.)

DÉSEMPARER :

L'on résolut... d'envoyer sur l'heure même les députés, mais de ne point *désemparer* et d'attendre en corps, dans la grande chambre, les députés. (III, 233.)

DÉSEMPLIR :

Sa maison ne *désemplissoit* point, c'étoit le rendez-vous des plus honnêtes gens de la ville. (V, 636.)

DÉSERT, adjectif :

.... Qu'un diocèse doive passer pour *désert* et abandonné. (V, 122.)

DÉSERTER, rendre désert :

Le cardinal de Retz a-t-il part à toutes ces cruautés... qui ont ravagé nos campagnes, qui *ont désertés* nos villes ? (V, 272.)

DÉSERTEUR :

Nous demeurerons avec le corps du Parlement, dont les autres seront les *déserteurs.* (II, 343.)

Il est nécessaire... que le Premier Président et le président de Mesme soient les *déserteurs* et non pas les exilés du Parlement. (II, 389.)

Tant de grands prélats... auroient dû demeurer tout ce temps-là sans autorité, comme *déserteurs* de leurs siéges. (V, 125.)

DÉSESPÉRÉ :

Dans les mauvais temps, je n'ai point abandonné la ville ; dans les bons, je n'ai point eu d'intérêts ; dans les *désespérés*, je n'ai rien craint. (III, 240.)

DÉSESPOIR :

M. le cardinal Mazarin trouvoit toutes les portes de la négociation, qu'il aimoit passionnément, ou fermées ou embarrassées.... Ce *désespoir*, pour ainsi parler, de négociation fut par l'événement plus utile à la cour que la négociation la plus fine ne la lui eût pu être. (II, 375.)

Cette vanité le mit au *désespoir* contre Jeannetin. (V, 613.)

DÉSHEURER (Se) :

J'ajoutai ce que je crus pouvoir adoucir cette commune ; et je n'y eus pas beaucoup de peine, parce que l'heure du souper approchoit. Cette circonstance vous paroîtra ridicule, mais elle est fondée ; et j'ai observé qu'à Paris, dans les émotions populaires, les plus échauffés ne veulent pas ce qu'ils appellent *se désheurer*. (II, 31.)

DÉSHONORER :

Je prie Monsieur le Coadjuteur, qui, ayant toujours protesté qu'il ne veut rien en son particulier, sera toujours un témoin fort irréprochable, de me *déshonorer* si je ne demeure fidèlement dans cette parole. (II, 392.)

DESIRER DE :

Vous *desiriez* simplement *d'*être éclairci.... (II, 438.)

Il *desira de* voir Malcler. (V, 137.)

Ils *desirent d'*être payés. (VIII, 196.)

DÉSISTER DE :

Il ne se laissa point porter... à *désister de* la poursuite de son droit. (VI, 401.)

Se désister de. (III, 281.)

DÉSOLER :

Je trouvais l'archevêché de Paris dégradé, à l'égard du monde, par les bassesses de mon oncle, et *désolé*, à l'égard de Dieu, par sa négligence et par son incapacité. (I, 216.)

.... Une Église *désolée*, sans chef, sans Père et sans Pasteur. (VI, 142.)

DESSEIN :

En dessein de :

Angerville.,. vint de Bordeaux, *en dessein d'*entreprendre sur moi. (IV, 231.)

Prendre le dessein de :

Je ne doutai point qu'elle n'*eût pris le dessein de* surprendre Paris. (II, 67.)

M. de Bouillon... étoit allé, ce jour-là même, reconnoître le poste où il *avoit pris le dessein de* former un camp. (II, 315.)

DESSOUS (Au-) de :

Ils m'insinuèrent que Monsieur pourroit bien venir aux voies de fait, et me faire enlever par ses gardes, pour me faire mettre à Notre-Dame, *au-dessous de* lui. (I, 261.)

DESSUS, ci-dessus :

La Reine avoit... plus d'aigreur que de hauteur, plus de hauteur que de grandeur, et plus d'incapacité que de tout ce que *dessus*. II, 175.)

Voyez la note 1 de la page indiquée.

Dessus-dit :

En déclarant par les *dessus-dits*... qu'ils veulent bien [être] compris dans le présent traité. (II, 380.)

Dessus, préposition :

Elle se leva, à ce mot, de *dessus* son lit. (II, 566.)

..... Des crimes que nous souhaiterions... de détourner de *dessus* les personnes qui ont l'honneur d'approcher le plus pieux des rois. (V, 316.)

Dieu est terrible *dessus* les rois. (IX, 116.)

Voyez la note 2 de la page indiquée.

Cette importante victoire remportée si fraîchement... *dessus* vos ennemis.... (IX, 122.)

Dessus, substantif :

Je vous envoie une lettre pour M. le président de Novion.... Mettez le *dessus* à cette lettre parce que nous ne savons pas comme il faut mettre. (VIII, 314.)

.... Après l'avoir lue (*cette lettre*), cachetée et mis le *dessus*. (VIII, 316.)

Au-dessus de :

La Grève étoit pleine de peuple jusques *au-dessus des* toits. (II, 168.)

Le Président de Mesme... fit une exclamation... éloquente et pathétique *au-dessus de* tout ce que j'ai lu en ce genre dans l'antiquité. (II, 246.)

Elle (*la Reine*) me témoigna toutes les bontés que la haine qu'elle avoit contre Monsieur le Prince lui pouvoit inspirer et que l'attachement qu'elle avoit pour M. le cardinal Mazarin lui pouvoit permettre. Le dernier me parut encore être *au-dessus de* l'autre. (III, 8.)

La dernière de leurs entreprises est *au-dessus de* toutes les plaintes que j'en pourrois former. (VI, 259.)

Le cardinal de Richelieu... n'avoit ni l'esprit ni le cœur *au-dessus des* périls; il n'avoit ni l'un ni l'autre au-dessous. (I, 282.)

Monsieur se crut *au-dessus de* l'exemple. (I, 235.)

Ces deux dernières (*années*) jointes ensemble nous mettent *au-dessus des* appréhensions que nous avons eues. (II, 341.)

Mme de Chevreuse ouvrit la tranchée, ce qu'elle étoit capable de faire *au-dessus de* tous les hommes que j'aie jamais connus. (III, 150.)

Je ne vous fais point de compliment. Je suis à vous *au-dessus de* toutes les paroles. (VI, 126.)

DESTINER pour :

Le remède que vous *destinez pour* la guérison d'un symptôme en aigrit quelquefois trois et quatre autres. (II, 395.)

Il fit couler... dans un corps de logis séparé du reste de son palais, les gens de guerre qui *étoient destinés pour* commencer 'exécution. (V, 562.)

Voyez II, 453 et 548; III, 130; VII, 274.

Destiner à. (I, 107.)

DESTITUABLE :

.... Que tous les Évêques et les Archevêques ne soient plus que de petits vicaires du Conseil d'État, *destituables* à la moindre volonté d'un favori. (II, 59.)

Il n'y a point de Grand Vicaire qui ne soit *destituable* par son Évêque. (VI, 243.)

DESTITUER de, priver de :

Aussitôt qu'une Église *est destituée* d'Évêque, elle doit soupirer pour en avoir. (VI, 381.)

.... Tant de Chrétiens mourants *destitués de* toute consolation. (IX, 71.)

DESTITUTION :

Nous résolûmes de donner un autre amant à la mère.... Je n'eus pas la force sur moi-même de solliciter la *destitution* de l'autre. (III, 126.)

DÉSUNIR de :

Tous deux s'accordoient, en ce temps-là, pour le *désunir de* la Fronde. (III, 294.)

DÉTACHEMENT (Faire un) :

Noirmoutier... *fit un détachement* de mille chevaux,... et il alla du côté d'Étampes. (II, 216.)

DÉTAIL :

Cette pièce ne se joua qu'après que l'on eut étalé un *détail* de prétentions. (II, 461.)

Il n'y a rien de si fâcheux que d'être le ministre d'un prince dont l'on n'est pas le favori, parce qu'il n'y a que la faveur qui donne le pouvoir sur le petit *détail* de sa maison. (III, 112.)

DÉTERMINÉ :

Le Bourdet, brave et *déterminé* soldat.... (III, 86.)

DÉTERMINÉMENT :

Je vous écrirai *déterminément* le jour où nous nous pourrons trouver à Sarry. (VIII, 329.)

DÉTERMINER :

Déterminé de :

L'on étoit *déterminé par avance de* ne pas obéir. (II, 138.)

Voyez encore II, 136.

Se déterminer, Se déterminer pour :

Les esprits irrésolus ne suivent presque jamais ni leur vue ni leur sentiment, tant qu'il leur reste une excuse pour ne *se* pas *déterminer* (III, 221.)

.... Les hommes qui sont irrésolus de leur naturel ne *se déterminent* que difficilement *pour* les moyens, quoiqu'ils le soient *pour* la fin. (III, 166.)

DÉTERRER, au figuré :

Il ne voudroit pas donner un si sensible déplaisir au Pape et à tout le Sacré Collége, que de *déterrer* les anciennes formes de faire le procès aux cardinaux. (VI, 173.)

DÉTRAPPE, débarras :

Il me semble que c'est une belle *détrappe* de se défaire de cet homme. (VIII, 282.)

Voyez la note 13 de la page indiquée.

DÉTROIT (LE), absolument le détroit de Gibraltar :

Sept frégates angloises... en attendent,... sur cette côte, quinze autres qui sont déjà... *au détroit*. (VII, 172.)

DÉTROMPER DE :

Ce que nous faisons tous les jours les pourroit, ce me semble, *détromper de* cette illusion. (II, 281.)

J'avois découvert que ce misérable (*le marquis de la Boulaie*) avoit des conférences secrètes avec Mme d'Empus,... espionne avérée du Mazarin. Il n'avoit pas tenu à moi d'*en détromper* M. de Beaufort. (II, 558.)

.... Le soin qu'ils prennent de m'ôter tout moyen de la *détromper* (*Sa Majesté*) des mauvaises impressions qu'ils tâchent sans cesse de lui inspirer contre moi. (VI, 33.)

SE DÉTROMPER DE :

Quand Madame la Palatine eut donné le temps à son parti de *se détromper des* fausses lueurs avec lesquelles la cour l'amusoit.... (III, 185.)

DÉTRUIRE :

.... Pour *détruire* cet infâme ministre. (V, 340.)

.... De leur fournir (*à mes ennemis*) des moyens de m'abattre et de me *détruire*. (VI, 273.)

DEUX :

Je donnai mes ordres en *deux* paroles, et ils furent exécutés en *deux* moments. (II, 43.)

DEVANT, dans le sens de *avant, auparavant*, adverbe :

Quand l'on vit que le Cardinal avoit arrêté celui (*Beaufort*) qui, cinq ou six semaines *devant*, avoit ramené le Roi à Paris avec un faste inconcevable, l'imagination de tous les hommes fut saisie d'un étonnement respectueux. (I, 233.)

Ces mêmes gens qui deux jours *devant* trembloient de frayeur... passèrent tout d'un coup... de la peur même bien fondée à l'aveugle fureur. (II, 83.)

Ces mêmes personnes qui avoient conclu,... quinze jours *devant*, de.... (II, 326.)

.... Ce qu'il avoit dit une heure *devant*. (II, 390.)

Ce même peuple qui, treize mois *devant*, avoit fait des feux de joie.... (III, 269.)

DEVANT, dans le sens de *avant*, préposition :

Le diable avoit apparu justement quinze jours *devant* cette aventure à Mme la princesse de Guémené. (I, 129 et 130.)

Avant, dans les manuscrits H, Ch, et dans toutes les éditions anciennes, qui remplacent presque partout *devant* par *avant*.

Monsieur... commanda que l'on ôtât son drap de pied, il fit remettre le mien. On me donna l'encens *devant* lui. (I, 258.)

Ces deux hommes... ne me laissoient pas un jour de repos, pour me faire voir, s'imaginoient-ils,... ce que, sans vanité, j'avois vu plus de six mois *devant* eux. (II, 8.)

Je serai, demain *devant* midi, maître de Paris. (II, 39.)

Le Cardinal... parut,... à son retour, beaucoup plus fier qu'il n'avoit paru *devant* son départ. (III, 27.)

Voyez I, 258, 204, 292 et 293; II, 268, 156, 271 et 292; III, 37 et 322.

DEVANT QUE, avant que :

Le Maréchal s'en étoit aperçu *devant* même *qu'*il partît pour l'armée. (I, 134.)

Vous me permettrez, s'il vous plaît, de faire ici une petite digression, *devant que* j'entre plus avant dans la suite de cette histoire. (I, 186.)

M. le cardinal de Richelieu mourut *devant que* Monsieur de Lisieux eût pu achever ce qu'il avoit commencé pour mon raccommodement. (I, 201.)

Quelques jours se passèrent *devant que* la délibération pût être achevée. (I, 317.)

Devant que l'envoyé fût entré, ou plutôt *devant que* l'on eût délibéré sur son entrée.... (II, 253.)

La nécessité que je crois qu'il y a de le laisser avancer *devant que* nous prenions un parti décisif.... (II, 392.)

Voyez I, 227 et 257; II, 24, 47, 59, 81, 94, 105, 128, 169, 197, 225, 243, 285, 309, 343, 355, 420, 421, 437 et 439; III, 33, 65, etc.

DEVANT QUE DE, avant que de :

Monsieur le Cardinal dit à Monsieur de Lisieux... que j'étois ami de tous ses ennemis, et Monsieur de Lisieux lui répondit : « .... J'ai observé que ceux dont vous entendez parler étoient tous ses amis *devant que* d'être vos ennemis. » (I, 200.)

Les raisons que je lui alléguois (*à Mazarin*) le touchoient, au point d'être certainement fâché d'avoir donné cet ordre *devant que* d'en savoir la conséquence. (I, 252.)

Blancménil, *devant que de* sortir, nous déclara.... (II, 66.)

M. de Bouillon... me l'avoua le lendemain *devant même que de* sortir du Palais. (II, 165.)

Voyez I, 206; II, 55, 83, 150, 166, 201, 239, 277, 303, 383, 388, 461, 485 et 500; III, 288; etc.

DEVANT, DEVANT DE, DEVANT QUE, suivi d'un infinitif :

Il n'avoit pas voulu s'expliquer si ouvertement... *devant* s'être mis en état de les pouvoir assurer du succès. (IV, 47.)

Voyez la note 5 de la page indiquée.

Risaucour aura voulu apparemment, *devant* d'écrire ici, faire savoir à Monsieur de Mayence.... (VII, 284.)

*Devant qu'*entrer plus avant en matière, invoquons le Saint-Esprit. (IX, 165.)

DEVANT, substantif :

Je sais qu'il y a longtemps que tous les *devants* sont pris, et que cette mesure étoit complète devant même que vous ayez eu la pensée d'y entrer. (VIII, 300.)

AU-DEVANT, AU-DEVANT DE :

Aussitôt qu'il apprenoit qu'un gentilhomme manquoit de quelque chose, il alloit *au-devant*, l'assistoit de son argent.... (V, 633.)

M. de Candale et M. de Boutteville... mirent l'épée à la main, et sans Caumesnil, qui se mit *au-devant* d'eux, ils eussent couru fortune dans la foule des gens qui l'avoient tous hors du fourreau. (II, 517.)

CI-DEVANT :

Vous avez vu *ci-devant* tout l'extérieur des quatre premières années de la régence, et je vous ai déjà même expliqué l'effet que la prison de M. de Beaufort fit d'abord dans les esprits. (I, 287.)

Voyez encore I, 289, etc.

DÉVELOPPER (SE) :

M. de Turenne... a toujours eu en tout, comme en son parler, de certaines obscurités qui ne *se sont développées* que dans les occasions, mais qui ne *s'y sont* jamais *développées* qu'à sa gloire. (II, 179.)

DEVERS (PAR). Voyez PAR DEVERS, à l'article PAR.

DEVIS :

Nous ne sommes pas seulement capables de faire le *devis* et le projet d'une vie heureuse. (IX, 193.)

Les œuvres de Dieu sont grandes; elles sont exactement faites selon le *devis*, le projet et le dessein qu'il s'en est formé. (IX, 140.)

DEVOIR, verbe :

J'ai cru la lui *devoir* (*lui devoir*

l'Altesse), puisque les ambassadeurs du Roi la lui donnent. (VII, 256.)

Ils viennent de donner un arrêt qui peut très-bien produire la guerre civile; et parce qu'ils n'y ont pas nommé le Cardinal,... ils croient que la Reine leur en *doit* de reste. (II, 74.)

Cela... eut des suites qui nous *ont dû* apprendre, aux uns et aux autres, qu'il n'y a point de petits pas dans les grandes affaires. (II, 503.)

Devoir, être obligé de :

Voilà le canevas sur lequel il broda mainte et mainte impertinences de cette nature, que *j'ai dû* toucher en passant pour vous faire connoître que.... (II, 66.)

Je vis bien que je *devois* me contenter, pour ce jour-là, de ramener M. le prince de Conti sain et sauf à l'hôtel de Longueville. (II, 158.)

Ces deux dernières (*armées*) jointes ensemble nous mettent au-dessus des appréhensions que nous avons eues et que nous *avons dû* avoir jusques ici des forces étrangères. (II, 341.)

DÉVORER :

Je croyois que... il étoit de la bonne conduite que cette escarmouche... s'attachât plutôt par M. de Beaufort que par moi. Il s'en défendit... par une infinité de méchantes raisons. Il n'oublia que la véritable, qui étoit que Mme de Montbazon l'*eût dévoré*. (II, 488.)

M. de Bellièvre... me paroissoit trop aise de ce que Monsieur le Prince ne m'*avoit* pas *dévoré*. (III, 520.)

DÉVOT, dévote, adjectif ou substantif :

.... Tous les corps se disposant à rendre à Votre Majesté toutes leurs *dévotes* soumissions et fidèles obéissances. (IX, 70.)

Je couvris très-bien mon jeu dans le commencement : j'avois fait l'ecclésiastique et le *dévot* dans tout le voyage; je continuai dans le séjour. (I, 93.)

M. des Noyers, secrétaire d'État,... étoit *dévot* de profession, et même jésuite secret, à ce que l'on a cru. (I, 206.)

Il est constant que l'on en espéroit (*de la Reine*) des merveilles; et Bautru disoit qu'elle faisoit déjà des miracles, parce que les plus *dévots* avoient même oublié ses coquetteries. (I, 230.)

DÉVOTION :

M. des Noyers... me fit proposer au Roi... pour l'évêché d'Agde.... Le Roi agréa la proposition.... Je vous confesse que je fus embarrassé au delà de tout ce que je vous puis exprimer. Ma *dévotion* ne me portoit nullement en Languedoc. (I, 207.)

Une confrérie de cette ville ayant dédié, ces jours passés, un sonnet de *dévotion* à M. le cardinal Sforze.... (VII, 351.)

Mme de Longueville m'a dit vingt fois, depuis sa *dévotion*, qu'elle n'avoit pas rompu son mariage. (III, 297.)

DIABLE :

Le *diable* monta à la tête de nos subalternes. (II, 553.)

Le Parlement va trop vite.... Ces *diables* de bonnets carrés sont-ils enragés? (II, 84.)

Dites à la Reine et à Monsieur que ce *diable* de Coadjuteur perd tout ici. (II, 159.)

Ce *diable* de Coadjuteur ne vouloit point de paix. (II, 292.)

Diable, exclamation :

Qui *diable* le peut savoir? (III, 392.)

Que *diable* direz-vous à la Reine? (III, 405.)

DIABLOTENSIS, terme plaisant de géographie, de l'invention de Retz :

Un *Diablotensis* ne manque jamais d'invention. (VIII, 145.)

Voyez la note 15 à la page indiquée.

DICTER, au figuré :

Le Chancelier... parla selon ce que lui *dictoit* ce qu'il avoit vu dans les rues. (II, 21.)

DIFFÉRER :

Ils lui conseillèrent de *différer* sa vengeance à un autre temps. (V, 613.)

DIFFICULTÉ (Faire) que :

J'ai considéré votre intercession comme un moyen si naturel et si efficace, que je n'*ai* point fait de *difficulté* qu'il ne pût suppléer à mon peu d'action. (VI, 293.)

DIGÉRER :

.... Un chagrin qu'ils *digèrent* malaisément. (VII, 13.)

Comme s'il (*l'esprit*) n'avoit pas assez affaire à *digérer* les maux présents, il rappelle les passés. (IX, 151.)

Je ne suis pas assez fou pour leur porter cette matière aussi crue et aussi peu *digérée* qu'elle l'est encore. Approfondissons-la, je vous supplie. (II, 439.)

DIGRESSION :

Vous me permettrez, s'il vous plaît, de faire ici une petite *digression*. (I, 186.)

Au manuscrit autographe (tome I, p. 326), le *g* du mot *digression* est surchargé, mais on lit plutôt, ce semble, *digression* que *disgression* sous la rature. Voyez DISGRESSION.

DILIGENCE :

Que si Sa Majesté refusoit... de recevoir mon serment, cette formalité cesseroit d'être nécessaire à mon égard.... Le devoir de l'Évêque est rempli, ayant fait toutes ses *diligences*. (VI, 202.)

DIMINUER :

Je ne savois point *diminuer* mes obligations par les circonstances. (II, 6.)

La petite vérole avoit laissé à Mme de Longueville... tout l'éclat de la beauté, quoiqu'elle lui *eût diminué* la beauté. (II, 168.)

DINÉE (Après-). Voyez Après-dinée.

DÎNER, verbe :

Comme il n'y a pas trouvé à *dîner*, il vient voir si il trouvera à souper à Paris. (II, 146.)

DIRE :

Dans le rang des qualités qui le composent (*le bon chef de parti*), la résolution marche du pair avec le jugement : je *dis* avec le jugement héroïque, dont le principal usage est de distinguer l'extraodinaire de l'impossible. (I, 152.)

Monsieur le Prince... faillit à transir de frayeur quand la Reine lui *dit* le discours de Monsieur son fils. (I, 262.)

Vous êtes l'homme de France qui *dites* et faites le mieux. (VI, 444.)

MONDIT, SADITE :

Sa Sainteté... se tourna vers Monseigneur... et lui demanda si tout ce qu'Elle disoit n'étoit pas véritable. *Mondit* Seigneur crut.... (VI, 77.)

.... La paix que M. d'Orléans tâche de leur procurer.... Aussi est-ce en cela seul que *Sadite* Altesse s'est toujours employée. (VIII, 46.)

Voyez encore VIII, 64.

DIRECTEMENT :

Il s'opposa *directement* au retour. (IV, 39.)

Je n'insistai pas *directement*, mais je fis la même chose en satisfaisant à ce qu'elle m'avoit commandé. (III, 384.)

DISCERNEMENT :

Je désire... qu'on punisse tous ceux qui se trouveront atteints de quelque mauvaise doctrine.... Mais... c'est une des plus grandes plaies qu'on puisse faire à l'Église, que de souffrir que des laïques usurpent ce *discernement*. (VI, 395.)

Voyez la note 183 à la page indiquée.

DISCONTINUER :

Le procureur général commença des poursuites ; mais il les *discontinua* à la prière de nos proches. (I, 87.)

Sans *discontinuer* ce que le poste où j'étois m'obligeoit de faire pour le service du Roi, je me servis dès mêmes avis que je donnois à la cour pour faire voir au Parlement que je n'oubliois rien pour éclairer le ministère et pour dissiper les nuages. (II, 9.)

L'on commença les commerces qui depuis n'*ont* point *été discontinués* par les amis de Monsieur le Prince. (V, 407.)

DISCOURS :

.... Un aveu dont je vous parlerai dans la seconde partie de ce *discours* (*de ces Mémoires*). (I, 176.)

Je ne m'en suis pas souvenu dans le commencement de ce *discours*. (I, 202.)

Je vous ai déjà dit, en quelque endroit de ce *discours*, que.... (I, 270.)

ENTRER EN DISCOURS :

.... L'affectation qu'il eut à *entrer en discours* sur la censure de la Faculté de théologie de Paris. (VII, 36.)

Je trouvai... M. le cardinal Albizzi si gai et si disposé à *entrer en discours* sur toutes matières.... (VII, 171.)

METTRE SUR LE DISCOURS DE :

M. le cardinal Pallavicin,... après avoir affecté de me *mettre* encore *sur le discours de* la Bulle,... me dit.... (VII, 47.)

OUVRIR LE DISCOURS DE :

Sa Sainteté ne me dit pas un mot de la Bulle, et M. de Bourlemont n'avoit pas jugé à propos que je lui *en ouvrisse le discours*. (VII, 182.)

DISCRÉDITER. (III, 55.)

Voyez DÉCRÉDITER.

DISCRÉTION :

Il n'y en a point (*de peuples*) qui voulussent venir au monde s'ils n'y étoient portés les yeux fermés, qui ne refusassent ce beau présent de la nature, si on le leur faisoit en l'âge de *discrétion*. (IX, 148.)

DISGRESSION :

Permettez-moi, je vous supplie, une petite *disgression*. (II, 335.)

Voyez la note 4 de la page indiquée.

Il revint tout d'un coup, après s'être beaucoup étendu, même jusques à la *disgression*, et il dit.... (II, 442.)

Voyez encore III, 112.

Voyez DIGRESSION.

DISPARATE, au masculin, de l'espagnol *disparate*, incartade, chose faite mal à propos :

Un *disparate* pareil ne pouvoit pas être un effet de la pure imprudence. (III, 93.)

Nous nous servîmes de ce *disparate* du Parlement. (III, 220.)

Vous convenez des *disparates* du Cardinal. (II, 103.)

Voyez la note 5 de la page indiquée.

DISPENSATION :

Je ne me puis empêcher de vous recommander... de faire voir au public, dans la *dispensation* de mon autorité,... qu'après la gloire de Dieu, je n'aurai rien qui me soit plus sensible que celle de Sa Majesté. (VI, 137.)

DISPOSER :

SE DISPOSER :

Il faut espérer... que les choses *se disposeront* en mieux. (III, 428.)

SE DISPOSER DE :

.... Dans les lieux où nous avions appris que l'on *se disposoit de* mettre des gens de guerre. (II, 41.)

DISPOSÉ :

Comme je vis l'esprit des peuples assez *disposé* et assez revenu de sa méfiance.... (II, 163.)

DISPOSÉ DE :

On me verra... *très-disposé d*'apporter... toutes les facilités possibles. (VI, 243.)

DISPOSITION :

M. de Bouillon... revint tout d'un coup à sa première *disposition* de porter les choses à l'extrémité. (II, 419.)

L'on ne peut être plus étonné ni plus affligé que le furent M. et Mme de Bouillon de ce que je venois de leur marquer de la *disposition* où étoient les affaires. (II, 273.)

Tout contribua à le tromper.... Il y eut toutefois des raisons naturelles de cette illusion; et vous en avez vu quelques-unes dans la *disposition* où je vous ai marqué ci-devant qu'il avoit trouvé les affaires. (I, 288.)

Monsieur de Lisieux... me dit le lendemain... que si M. le cardinal de Richelieu eût vécu, il m'eût infailliblement rétabli dans son esprit. Ce qui y mettoit le plus de *disposition* étoit que M. de Lisieux l'avoit assuré que... je n'avois jamais voulu être des amis de Monsieur le Grand. (I, 200.)

Toute la France sait les soins si salutaires que j'ai contribués... pour rappeler le Roi dans sa capitale.... Elle sait que... la parole que j'eus l'honneur de porter à Sa Majesté... a été une des plus grandes *dispositions* à son retour. (VI, 39.)

DISPOSITIONS, au pluriel :

Il (*l'évêque de Lisieux*) me trouva dans les *dispositions* de m'attacher à ma profession. (I, 183.)

DISPUTE, discussion :

La licence de Sorbonne expira.... J'eus la vanité de prétendre le premier lieu, et je ne crus pas le devoir céder à l'abbé de la Mothe Houdancourt,... sur lequel il est vrai que j'avois eu quelques avantages dans les *disputes*. (I, 119.)

Je trouvai par hasard Mestrezat, fameux ministre de Charenton, chez Mme d'Harambure.... Elle me mit aux mains avec lui par curiosité. La *dispute* s'engagea, et au point qu'elle eut neuf conférences de suite. (I, 181.)

DISSIPER, SE DISSIPER :

Je demeurai ferme à soutenir à Monsieur qu'il devoit *dissiper* l'assemblée de la noblesse. (III, 277.)

La cour... crut... qu'elle feroit un grand coup contre moi que de la *dissiper* (*l'assemblée*). (III, 272.)

M. de la Rochefoucauld,... sous prétexte des funérailles de Monsieur son père, avoit fait une grande assemblée de noblesse.... Cette noblesse *s'étant dissipée*.... (III, 39.)

L'amour passionné du prince de Conti pour elle donna à cette maison un certain air d'inceste, quoique très-injustement pour l'effet, que la raison au contraire que je viens de vous alléguer, quoique, à mon sens, décisive, ne put *dissiper* (II, 120.)

La divine Providence *dissipera* ces artifices. (VI, 264.)

DISSOUDRE :

Cette objection se pourroit aisément *dissoudre*. (V, 394.)

Le mensonge... *dissout* toutes les liaisons de notre commerce et de nos polices. (IX, 173.)

DISSUADER quelque chose (à quelqu'un) :

Il ne tint pas à moi... de le *dissuader* à Monsieur (*ce parti*). (III, 407.)

Il *avoit dissuadé* le rappel du ministre. (IV, 94.)

DISTILLATEUR, au figuré, ironique :

Je ne sais sur quoi je m'étois pu fonder en donnant le nom de *distillateur* à Dom Robert.... Il a rompu l'alambic plutôt qu'il ne s'en est servi. (IX, 223.)

DISTILLER, au figuré :

Rapaccioli... me dit... qu'...il *distilleroit* le discours du Pape pour voir ce qu'il pourroit tirer de bon sens d'une conversation de trois heures, dans laquelle il avoit toujours parlé tout seul. (V, 96.)

DISTINCTION :

J'avois témoigné tant de *distinction* à M. de Caumartin.... (V, 104.)

À LA DISTINCTION DE :

.... Du seul de tous les hommes qui ait intérêt véritable à la rompre (*la paix*). Nous disons véritable, Sire, *à la distinction de* quelque autre, qui n'y en a assurément que d'imaginaires. (V, 317.)

DISTINGUER QUE :

Monsieur... ne *distingua* pas *que* l'applaudissement de la Compagnie n'alloit qu'à ce point. (III, 467.)

DISTRACTION :

Je vous recommande... de prendre un soin très-particulier du procès contre Vacherot.... L'on m'a écrit que son principal moyen est la *distraction* qu'il prétend que je fasse de mes meubles. (VIII, 573.)

DIT, substantif :

J'étois accoutumé à ses *dits*. (II, 567.)

Je lui exposai le fait, ou plutôt le *dit* tout simplement. (III, 392.)

DITS ET REDITS :

Vous devez être... fatigué de tous ces *dits et redits* des conversations passées. (III, 414.)

Messieurs les présidents... crurent, et avec raison, que ces *dits et redits* étoient un commencement de querelle. (III, 500.)

DIVERTIR, détourner :

La réflexion n'*étoit* plus *divertie* par le mouvement. (III, 503.)

Il n'est pas juste de vous *divertir* tous les jours de vos affaires et des miennes pour ces sortes de sollicitations. (VIII, 282.)

.... Que je *divertis* pour mon plaisir les fonds destinés au payement de mes créanciers. (VIII, 451.)

DIVERTIR À :

Le seul intérêt solide et réel que le Roi a en cette occasion se réduisant à ce qui regarde l'infaillibilité, il ne seroit que mieux d'y porter tous nos efforts, de n'en pas *divertir* une partie *à* des instances que la cour de Rome éluderoit sans doute. (VII, 143.)

DIVERTISSEMENT, détournement :

On se plaignoit du *divertissement* des fonds destinés pour les rentes. (III, 130.)

.... Le *divertissement* des deniers du Roi. (IV, 120.)

L'on a détourné, par un arrêt du Conseil, les rentes de l'Hôtel de Ville, mais le Parlement a fait des défenses de l'exécuter et a rendu tous les ordonnateurs responsables de ce *divertissement*. (VIII, 89.)

DIVIN :

Je ne me servirai jamais... que des seules voies ecclésiastiques, toutes spirituelles et toutes *divines*. (VI, 70.)

L'on prétendit... lier les mains aux Officiers d'un Évêque et les priver des fonctions les plus spirituelles et les plus *divines*. (VI, 336.)

DIVISION :

.... Témoignant en toutes les rencontres... une amitié très-étroite à Jannetin, afin de faire connoître à tout le monde que ses *divisions* passées étoient assoupies. (V, 557.)

DOCTE, substantif :

Je lui répondis fort étourdiment : « J'ai bien supputé ; César, à mon âge, devoit six fois plus que moi. » Cette parole, très-imprudente en tout sens, fut rapportée par un malheureux *docte* qui se trouva là à M. de Servient. (I, 244.)

DOCTRINE :

Le théologal (*du chapitre de Notre-Dame*)... étoit homme de *doctrine* et de sens. (I, 258.)

Après avoir... pris l'avis des personnes éminentes en *doctrine* et en piété.... (VI, 113.)

Le Pape... me parla... de la conception de la Vierge, qu'il traita théologiquement et avec beaucoup de *doctrine*. (VII, 45.)

DOGMATISTE :

Et pour les *dogmatistes :* quoiqu'ils parlent toujours avec affirmation.... (IX, 154.)

DOIGT :

AU DOIGT ET À L'ŒIL :

Je lui fis voir *au doigt et à l'œil* qu'elle dissiperoit quand il lui plairoit... ces fumées. (III, 381.)

DOMESTIQUE, substantif, attaché à la maison :

La Rochepot, mon cousin germain et mon ami intime, étoit *domestique* de feu M. le duc d'Orléans. (I, 137.)

Il était son chambellan.

Nous entrâmes aisément dans les mêmes pensées, qui furent de nous servir de la foiblesse de Monsieur pour exécuter ce que la hardiesse de ses *domestiques* fut sur le point de lui faire faire à Corbie. (I, 138.)

Ceux qui étoient à lui (*à Monsieur*) dans sa maison, c'est-à-dire ceux de ses *domestiques* qui n'étoient pas gagnés par la cour.... (I, 144.)

L'on publia par tout le royaume qu'ils (*les Importants*) avoient fait une entreprise sur la vie de Monsieur le Cardinal.... L'on n'en a jamais vu ni déposition ni indice, quoique la plupart des *domestiques* de la maison de Vendôme aient été très-longtemps en prison. (I, 226.)

Mme de Longueville... avoit été reçue dans le château de Dieppe par Montigni, *domestique* de Monsieur son mari. (III, 26.)

L'on a ce pouvoir sur des choses bien plus considérables que les *domestiques*. (III, 112.)

Beloi, qui étoit à lui quoique *domestique* de Monsieur.... (III, 219.)

Elle ne prétendoit pas d'être gênée dans le choix des ministres du Roi son fils, ni dans celui de ses *domestiques*. (III, 393.)

La personne du maréchal d'Estampes, qui étoit *domestique*... de Monsieur.... (IV, 91.)

Mme de Pommereux m'écrivit un jour... que les amis des malheureux étoient un peu difficiles ; elle devoit ajouter : et les *domestiques*. (V, 108.)

Son oncle est *domestique* de la reine de Suède, et... il est mon ami fort particulier. (VII, 185.)

Voyez I, 151 ; III, 134.

DOMINANT :

Monsieur le prince n'étoit plus *dominant*, au moins uniquement, dans Paris. (III, 356.)

On iroit assurément fort vite, en cette cour, à suppléer tous les manquements,... et à faire tous les passe-droits imaginables, qui sont en la puissance du seigneur *dominant*. (VII, 265.)

DOMMAGEABLE :

Il n'y a que lui (*l'homme*) entre les animaux qui ait le goût de l'utile et du *dommageable*. (IX, 173.)

DONC :

Elle éleva sa voix, et elle me

dit que je ne lui avois *donc* demandé cette audience que pour lui déclarer la guerre en face. (III, 388.)

Doncques. (IX, 141.)

DONNER, emplois divers :

Monsieur... commanda que l'on ôtât son drap de pied, il fit remettre le mien. On me *donna* l'encens devant lui. (I, 258.)

Jusques à ce qu'il fût dompté,... il *donnoit* des saccades. (III, 112.)

Je vous *donne* le bonjour et suis tout à vous. (VIII, 603.)

Le palais d'Orléans et l'hôtel de Condé, étant unis ensemble par ces intérêts, tournèrent en moins de rien en ridicule la morgue qui *avoit donné* aux amis de M. de Beaufort le nom d'Importants. (I, 225.)

Je lui attachai Marigni, qui revenoit tout à propos de Suède, et qui s'*étoit* comme *donné* à moi. (II, 128.)

Vous aimez la Reine? Est-il possible que vous ne lui puissiez *donner* vos amis? (III, 4.)

Je considérois... que si Monsieur suivoit leurs conseils, il *donneroit*, en peu de semaines,... le parlement de Paris à Monsieur le Prince. (III, 82.)

Le Cardinal et ses adhérents nous accusoient d'avoir intelligence avec le parlement de Bordeaux, parce que nous soutenions que si l'on ne s'accommodoit avec lui, nous *donnerions* infailliblement celui de Paris à Monsieur le Prince. (III, 88.)

Il se pouvoit servir et de moi et de mon nom pour *donner* à la cour toutes les offres qui lui pourroient être bonnes. (II, 442.)

L'on chercha des expédients, et l'on trouva celui de *donner* deux députés de la part du Roi et deux de la part de l'assemblée, qui conféreroient... sur les propositions qui seroient faites de part et d'autre. (II, 322.)

Cette mine, ou fit peur à M. le cardinal Mazarin, ou lui donna lieu de feindre qu'il avoit peur.... Ce qui est certain est que la Rivière... essaya de la *donner* au ministre par toute sorte d'avis,... et que Monsieur le Prince n'oublia rien aussi pour la lui faire prendre. (I, 224.)

Il paroît un peu de sentiment,... et ce signe de vie, dans les commencements presque imperceptible, ne se *donne* point par Monsieur, il ne se *donne* point par Monsieur le Prince, il ne se *donne* point par les grands du royaume, il ne se *donne* point par les provinces : il se *donne* par le Parlement, qui jusques à notre siècle n'avoit jamais commencé de révolution. (I, 293.)

La Reine... avoit assuré... que pour peu que le Parlement *donnât* d'effet à ses assurances, elle lui donneroit toutes les marques de sa bonté. (II, 230.)

L'arrêt qui *avoit donné* l'entrée au député d'Espagne portoit que... (II, 257.)

Le mouvement des armées ne lui permettoit pas d'attendre plus longtemps que le 18 (vous remarquerez, s'il vous plaît, que dom Gabriel, qui *avoit donné* ce jour, n'étoit arrivé à Paris que le 12).... (III, 110.)

.... Empêcher que ceux qui veulent aujourd'hui passer pour nos protecteurs, ne nous *donnassent* au pillage et ne se gorgeassent de notre sang. (V, 358.)

La miséricorde de Dieu me pourra pardonner un silence que je n'*ai donné* purement qu'au bien du service de Sa Majesté. (VI, 425.)

Il y en eut... qui... me *donnèrent* à moi-même un coup de pierre au-dessous de l'oreille, qui me porta par terre. (II, 27.)

De la manière que vous me parlez des îles et ilots, j'appréhende bien que l'on ne nous y *donne* à la fin quelque atteinte. (VIII, 248.)

.... En lui rendant un compte, qui peut-être le surprendroit; de mes pensées sur les deux arrêts...

sur lesquels il m'*avoit donné* tant d'attaques. (II, 255.)

Messieurs des Enquêtes *donnèrent*... maintes bourrades à Messieurs les présidents. (II, 260.)

Tous les brocards qu'il plairoit au moindre de la compagnie de lui *donner*. (III, 236.)

Je fis une retraite à Saint-Lazare, où je *donnai* à l'extérieur toutes les apparences ordinaires. L'occupation de mon intérieur fut une grande et profonde réflexion sur la manière que je devois prendre pour ma conduite. (I, 216.)

Il (*Mazarin*) *donna* toutes les apparences nécessaires pour faire croire que l'on l'avoit forcé à cette résolution (*à l'arrestation de Beaufort*). (I, 235.)

Je me résolus d'attendre... en ne *donnant* plus aucune apparence d'intrigue du monde. (III, 304.)

Il fit vanité de *donner* au monde toutes les démonstrations d'un amant irrité. (I, 220.)

... Toutes les démonstrations que le Cardinal *donnoit* depuis quelque temps. (III, 245.)

Elle (*son irrésolution*) n'a pu venir en lui de la fécondité de son imagination qui n'est rien moins que vive. Je ne la puis *donner* à la stérilité de son jugement. (II, 181.)

Je n'excusois pas le procédé de Monsieur le Cardinal...; mais... j'étois persuadé toutefois qu'il n'avoit pas un si mauvais principe que celui qu'il lui *donnoit*. (III, 95.)

La charité nous oblige de ne pas *donner* entièrement ces imprudences à la mauvaise intention de M. le cardinal Mazarin. (V, 320.)

Voyez encore V, 322.

Vous me faites bien la justice d'être persuadé que je le suis trop de votre amitié pour croire que vous ayez la pensée qu'il vous *donne*. (VIII, 283.)

Je *donne*, si vous voulez, à vos sentiments que vous ayez heureusement exécuté toutes vos pensées. (V, 531.)

La Reine... se radoucit beaucoup et dit même qu'elle *donnoit* à Monsieur tout son ressentiment. (III, 161.)

Quand Monsieur le Prince auroit quelques sujets de défiance,... si Monsieur le Prince aime l'État, il doit *donner* ses soupçons et ses mécontentements particuliers à l'État. (V, 400.)

.... Les lettres que je me *donne* l'honneur de leur écrire. (VI, 142.)

Voyez VI, 102 et 184.

Il donnoit sa parole qu'... il ne *donneroit* aucun mouvement à ses armes. (II, 253.)

Elle (*l'Espagne*) s'engage de faire entrer incessamment son armée en France jusques à Pont-à-Vère, et de ne lui *donner* de mouvement... que celui qui sera concerté avec nous. (II, 334.)

Le mouvement que les troupes... *donnèrent* par l'ordre de Monsieur le Prince... ne fut guère plus considérable. (IV, 6.)

L'on opinoit... au Parlement. Il seroit infini et ennuyeux de vous rendre compte de toutes les scènes qui y *furent données* au public. (II, 89.)

Ce pillage... y *donnoit* (*au Parlement*) tous les jours quelque scène. (IV, 216.)

Monsieur le Comte *donna* la bataille, et il la gagna. (I, 174.)

M. de Turenne, qui avoit une petite épée à son côté, l'avoit aussi tirée, et... il se tourna vers moi de l'air dont il eût demandé son dîner et de l'air dont il *eût donné* une bataille, avec ces paroles : « Allons voir ces gens-là. » (I, 189.)

DONNER, suivi d'un substantif sans article :

Mme de Retz... en avertit... Monsieur son père, qui ne manqua pas d'en *donner part* au mien. (I, 97.)

Il y avoit à l'Hôtel de Ville une lettre du Roi par laquelle il *donnoit part* au prévôt des marchands... des raisons qui l'avoient obligé à sortir... de Paris. (II, 132.)

Lamboy avoit ordre... de *donner bataille* à M. le maréchal de Châtillon. (I, 171.)

Charles V... n'a jamais cru que sa puissance fût au-dessus des lois et de son devoir. Louis onzième, plus artificieux que prudent, *donna*, sur ce chef, aussi bien que sur tous les autres, *atteinte* à la bonne foi. (I, 273.)

DONNER À, se laisser aller à, consentir à :

La Reine *donna*, sans balancer, *à* cette lueur, qui lui plaisoit. (III, 434.)

Le Premier Président ne manqua pas de *donner à* ce que j'avois espéré. (III, 213.)

Elle souhaitoit avec une extrême passion que Monsieur le Cardinal en quittât la pensée (*quittât la pensée du raccommodement*), à laquelle il *donnoit*... par un excès de bonté comme un innocent. (III, 336.)

Brillac... et le président Aubri... firent des propositions de paix *auxquelles* le Parlement faillit à *donner* presque à l'aveugle. (II, 268.)

Monsieur... vit que je ne *donnois* pas *à* sa proposition. (III, 505.)

Nous tomberions dans un labyrinthe où nous ne verrions plus goutte... et où nous serions peut-être obligés de *donner à* une *sconciatura* (*à un avortement*). (VII, 453.)

Je n'avois jamais voulu être des amis de Monsieur le Grand ; et il est vrai que M. de Thou... m'en avoit pressé, et que je n'*y donnai* point, parce que je n'y crus d'abord rien de solide. (I, 201.)

L'unique moyen... étoit d'aller au-devant de la délibération par une sédition. M. de Beaufort... *y donnoit* à pleines voiles. (II, 300.)

Montrésor... faisoit ses éloges, et j'*y donnois* avec joie. (II, 485.)

Voyez II, 257, 316 et 464; III, 5, 51, 186, 227 et 424; IV, 45, 124 et 125.

DONNER À, suivi d'un infinitif :

Emery,... qui avoit été condamné à Lyon à être pendu, dans sa jeunesse, gouvernoit... le cardinal Mazarin.... Je choisis cette remarque entre douze ou quinze que je vous pourrois faire de même nature, pour vous *donner à* entendre l'extrémité du mal. (I, 291.)

DONNER DANS :

La Reine *donna* même avec ardeur *dans* son sens. (II, 21.)

Monsieur le Prince donneroit à la Reine toutes les marques de complaisance et d'attachement,... il feindroit, au commencement, de *donner* en tout *dans* son sens. (II, 78.)

Monsieur le Prince... ne *donna* pas *dans* la pensée que l'on avoit à la cour d'attaquer Paris. (II, 81.)

Ne comptant rien, à l'égard de Paris, sur les autres généraux, ils pourroient bien *donner dans* les offres immenses que le Cardinal leur faisoit faire. (II, 234.)

.... Une chose qui me convenoit fort, et *dans* laquelle je *donnerois* d'autant plus facilement, que.... (II, 92.)

DONNER SUR :

Les gendarmes de la Reine *donnèrent sur* la queue du convoi; mais ils furent repoussés. (II, 290.)

DONNER DE :

Je voulus raccourcir la mienne (*mon épée*) pour lui *en donner* dans les reins. (I, 88.)

Pesche... n'avoit qu'à faire un demi-tour à gauche pour me *donner du* poignard dans les reins. (III, 497.)

En disant cette dernière parole,... elle me *donna sur* le visage *de* l'un de ses gants, qu'elle tenoit à la main. (II, 500.)

Il tomba,... et comme il *donna de* la main, en se voulant soutenir, contre un morceau de bois un peu pointu, son épée s'en alla aussi de l'autre côté. (I, 204.)

DONNER LES MAINS À :

L'on convint que Monsieur donneroit les mains à la translation. (III, 123.)

Il avoit fait ses efforts pour empêcher la translation, et... il n'y avoit donné les mains à la fin que parce qu'il ne se croyoit pas lui-même en sûreté. (III, 159.)

SE DONNER :

Elle se donna à elle-même des idées plus douces... de ce qui s'étoit passé le matin. (III, 435.)

.... Que je me donnasse un peu de patience. (III, 300.)

Il s'étoit donné une grande créance dans l'esprit de Broussel. (II, 56.)

SE DONNER À, se livrer, s'adonner à :

Il se donna tout entier à cette pensée. (V, 552.)

Vous donnez-vous à l'étude ? (IX, 88.)

DONT :

Ce qui attire assez souvent je ne sais quoi d'odieux sur les actions des ministres, même les plus nécessaires, est que pour les faire ils sont presque toujours obligés de surmonter des obstacles dont la victoire ne manque jamais de porter avec elle de l'envie et de la haine. (I, 233.)

.... Pour y concerter la forme dont nous porterions la chose au Parlement. (II, 413.)

DONT, où nous mettrions aujourd'hui ce dont :

.... Ce que la hardiesse de ses domestiques fut sur le point de lui faire faire à Corbie, dont il faut, pour plus d'éclaircissement, vous entretenir un moment. (I, 138.)

M. de Beaufort... se mit à gouverner, dont il étoit moins capable que son valet de chambre. (I, 209.)

Supposé même qu'il fût aussi bien préparé que toute la défiance se le peut figurer, dont je doute fort.... (II, 57.)

Le marquis de la Boulaie, soit de sa propre folie, soit de concert avec le Cardinal, dont je suis persuadé,... se jeta.... (II, 556.)

Il me pressa d'en parler à Monsieur le Cardinal, dont je m'excusai. (III, 44.)

Le Pape se réserva in petto les quatre autres places (de cardinaux) vacantes, dont on a été ici assez surpris. (VII, 170.)

DONT, formant pléonasme :

Il y avoit dans ce monastère plus de quatre-vingts filles, dont il y en avoit plusieurs de belles et quelques-unes de coquettes. (I, 240.)

DOS :

M. de Bouillon... écrivit... ces quatre ou cinq mots sur le dos d'une carte. (II, 305.)

À DOS :

Les paysans en apportoient une fort grande quantité (de farine), à dos, dans la ville. (II, 290.)

DOUBLE :

Mlle de Chevreuse donna dans mon sens.... Laigue s'y opposa parce qu'il étoit lourd et que les gens de ce caractère ont toutes les peines du monde à comprendre ce qui est double. Bellièvre, Caumartin, Montrésor l'emportèrent à la fin, en lui expliquant ce double. (III, 282.)

Le chevalier de Fruges,... scélérat,... ne servoit dans notre parti que de double espion. (II, 352.)

Comme le cavalier est tenu ici pour espion double et triple.... (VIII (supplément), 14*.)

DOUBLE, pièce de monnaie valant deux deniers :

Anneri m'en amena quatre-vingts

(*m'amena quatre-vingts gentilshommes*) du Vexin, qui ne voulurent jamais prendre un *double* de moi, qui ne souffrirent pas que je payasse dans les hôtelleries. (II, 592.)

Voyez V, 103; VIII, 212.

Coup double. Voyez Coup.

DOUCEUR :

Cette circonstance... ne me marquoit pas que j'eusse lieu d'espérer qu'il pût y avoir, à l'avenir, beaucoup de *douceur* pour moi à la cour. (IV, 189.)

Tout cela ne fut que *douceur* au prix de ce qui arriva le soir. (II, 559.)

Monsieur... venoit de charger M. le Maréchal de Gramont de toutes les *douceurs* et de toutes les promesses possibles touchant la sûreté de Monsieur le Prince. (III, 371.)

DOUTE, *soupçon :*

Je n'avois pas le moindre *doute* que Palluau eût pu avoir rien vu. (I, 98.)

Si cela n'arrive pas, et même dans le *doute* que cela n'arrive pas,... agréez que je cherche à sauver ma maison. (II, 442.)

Celle (*la raison*) qui nous faisoit parler étoit le *doute*, ou plutôt la connoissance que nous avions de sa foiblesse. (III, 221.)

Je m'étois préparé... à répondre aux indifférents d'une manière qui les eût laissés en *doute* que nous eussions trouvé des exemples dans nos registres. (VII, 273.)

DOUTER :

Ce parti... n'étoit composé que de quatre ou cinq mélancoliques, qui avoient la mine de penser creux ; et cette mine, ou fit peur à M. le cardinal Mazarin, ou lui donna lieu de feindre qu'il avoit peur. Il y a eu des raisons de *douter* de part et d'autre. (I, 224.)

M. de Bourlemont... jugea à propos que je fisse l'étonné, si cela arrivoit, comme ne m'y attendant plus, et comme *doutant* que le Palais n'eût pris sa résolution un peu trop tard. (VII, 186.)

Voyez la note 1 à la page indiquée.

DOUX :

Le murmure s'éleva, et... si l'heure n'eût sonné, les choses se fussent encore plus aigries. Elles parurent le lendemain plus *douces*. (II, 99.)

DOUZE heures, midi :

.... Sur les *douze heures*. (VII, 70.)

Voyez la note 5 à la page indiquée.

DRAP de pied :

M. le duc d'Orléans vint... à vêpres, et un officier de ses gardes, ayant trouvé, devant qu'il y fût arrivé, mon *drap de pied* à ma place ordinaire,... l'ôta, et y mit celui de Monsieur. (I, 257.)

Voyez I, 258 ; II, 76.

DRESSER :

N'est-ce pas une règle tortue et une fausse équerre qui rend défectueuses les proportions qui s'en tirent, et tous les bâtiments qui se *dressent* à leur mesure ? (IX, 165.)

La même main qui avoit fait le soleil et les astres l'avoit *dressé* (*le paradis terrestre*). (IX, 139.)

Il (*Satan*) *dressa* ouvertement sa batterie contre la raison même. (IX, 143.)

.... Une déclaration conçue sous le nom du Roi, mais *dressée* et dictée par la Compagnie (*par le Parlement*). (II, 89.)

.... La réponse que le Tellier avoit *dressée*. (III, 102.)

Il me dit qu'il falloit... que je travaillasse de mon côté à faire un canevas de la lettre des députés, et qu'il travailleroit du sien à en *dresser* un de la réponse du Pape. (VII, 146.)

Vous n'avez qu'à m'envoyer la

lettre toute *dressée;* je la ferai copier. (VIII, 331.)

Voyez II, 117, 357 et 366; III, 228; V, 407.

DROGUE :

Il y avoit moins d'inconvénient, sans comparaison, à laisser croire un peu de concert, qu'à ne pas préparer, par un canal ordinaire, non odieux et favorable, les *drogues* que l'envoyé d'Espagne nous alloit débiter. (II, 248.)

Le Catholicon d'Espagne n'avoit pas été épargné dans les *drogues* qui se débitèrent dans cette conversation. (II, 432.)

Il se mit à siffler et à me dire : « Voilà une bonne *drogue!* » (III, 392.)

DROIT :

À DROIT :

Je sortis... en donnant des bénédictions à *droit* et à gauche. (II, 25.)

M. de Nemours entra,... sans aucune résistance, dans le Royaume, toutes les troupes du Roi étant divisées; et, quoique M. d'Elbeuf et MM. d'Aumont, Digbi et de Vaubecourt en eussent *à droit,* à gauche, il pénétra jusques à Mantes. (IV, 159.)

JOUER LE DROIT DU JEU :

Il dit à Mme de Bouillon que je *jouois le droit du jeu.* (II, 241.)

Il n'oublia rien pour persuader... au président de Bellièvre, qu'il *jouoit le droit du jeu* de ne pas entrer dans ma proposition. (II, 441.)

Ceux qui étoient dans ses intérêts *jouoient le droit du jeu.* (IV, 17.)

AVOIR DROIT, avoir raison :

C'est dom Robert qui a tort et M. Descartes qui a *droit.* (IX, 281.)

DE DROIT, dans le jargon attribué au duc de Beaufort :

Si les bons François ne m'aiment *de droit,* au moins ils m'aimeront de bricole. (V, 212.)

Voyez tome V, p. 207, note 1.

FAIRE DROIT :

.... En commençant à *faire droit* sur la saisie de mes revenus. (VI, 370.)

DUCAT (OR), or au titre du ducat :

D'autres... nous mettent à couvert du froid et du chaud sous des lambris d'*or ducat.* (IX, 172.)

Voyez la note 1 de la page indiquée.

DUCHÉ, féminin :

.... La *duché* de Milan. (IX, 85.)

DU DEPUIS. Voyez DEPUIS.

DUPE :

Je confesse que... je fus assez *dupe* pour croire.... (II, 312.)

DUPE, masculin :

La plupart des hommes du commun qui raisonnent sur les actions de ceux qui sont dans les grands postes sont tout au moins des *dupes* présomptueux. (IV, 225.)

DUPLICITÉ :

La Reine ne prit ce qu'il avoit fait que comme une *duplicité.* (III, 437.)

DURABLEMENT :

Celui qui a donné des lois à la terre, sans comparaison plus universellement et plus *durablement* respectées que n'ont été celles des Césars.... (IX, 29.)

DURÉE (DE) :

La guerre ne seroit pas *de durée.* (VII, 181.)

Il étoit impossible que les Anglois pussent soutenir une guerre *de durée* contre la France. (VII, 182.)

DURER À, suivi d'un substantif ou d'un verbe :

Ce n'est que foiblesse et misère

partout : entre les animaux, l'homme est celui qui *dure* plus *au* mal et moins *au* plaisir. (IX, 149.)

Je ne faisois pas le dévot, parce que je ne me pouvois assurer que je pusse *durer à* le contrefaire. (I, 179.)

E

EAU (BATTRE L'). Voyez BATTRE.

PRENDRE DES EAUX :

Mme de Longueville... *prenoit des eaux* à Noisi. (II, 125.)

ÉBAUBI, dans le jargon attribué au duc de Beaufort :

On fit des chansons qui me rendirent tout *ébaubi*. (V, 208.)

ÉBLOUIR (S'), S'ÉBLOUIR DE :

.... Cet œil d'aigle,... qui voit tout dans la guerre et qui ne *s'y éblouit* jamais. (II, 4.)

Je *m'éblouis* d'abord à la vue du bâton (*de gouverneur de Paris*), qui me parut devoir être d'une figure plus agréable, quand il seroit croisé avec la crosse. (II, 93.)

Une des sources de l'abus que les hommes font presque toujours de leur dignité est qu'ils *s'en éblouissent* d'abord qu'ils en sont revêtus. (IV, 182.)

ÉBLOUISSEMENT :

J'eus, le lendemain, un *éblouissement* qui, ayant été suivi d'un autre, le jour d'après, m'obligea de demeurer deux jours à Remiremont. (VII, 372.)

ÉBRANLER :

Monsieur arriva enfin, tard, et après que neuf heures furent sonnées, M. de Nemours ayant eu toutes les peines du monde à l'*ébranler*. (III, 265.)

.... Les Frondeurs *étoient ébranlés* pour servir Monsieur le Prince. (III, 177.)

S'ÉBRANLER :

Je vis que Monsieur *s'ébranloit*, et qu'il commençoit à dire qu'il feroit ce que le Parlement lui conseilleroit. (III, 243.)

Elle menaça.... Monsieur *s'ébranla*. (III, 458.)

Monsieur ne *s'ébranla* point, quoi que je lui pusse dire. (IV, 51.)

ECCLÉSIASTIQUE, adjectif :

.... Pour attacher à l'Église l'âme peut-être la moins *ecclésiastique* qui fût dans l'univers. (I, 90.)

Mes occupations *ecclésiastiques* étoient diversifiées et égayées par d'autres, qui étoient un peu plus agréables. (I, 197.)

J'envoyai... un trompette à Palluau... avec une lettre très-*ecclésiastique*, mais qui faisoit entendre les inconvénients.... (II, 200.)

.... Ces maximes si raisonnables et si *ecclésiastiques*. (VI, 212.)

Nous avions justement espéré que... vous... garderiez avec nous une correspondance innocente et *ecclésiastique*. (VI, 222.)

.... La lettre... d'un Archevêque... adressée à tous les Évêques de France sur le sujet le plus *ecclésiastique* et le plus épiscopal. (VI, 390.)

La pensée... est grande, honnête, *ecclésiastique*. (VII, 448.)

ECCLÉSIASTIQUE, substantif :

Je mandai à ceux des curés qui étoient le plus intimement à moi de jeter la défiance, par leurs *ecclésiastiques*, dans l'esprit des peuples. (II, 149.)

ECCLÉSIASTIQUEMENT :

.... Ceux qui jugent spirituellement et *ecclésiastiquement* des choses spirituelles et ecclésiastiques. (VI, 412.)

M. le cardinal Colonne reprit, sur ce point, son premier discours de la nature des conclaves, et il en parla bien honnêtement et même bien *ecclésiastiquement*. (VII, 440.)

ÉCHAPPER :

Le Cardinal... avoit enfin obligé M. de Brézé à lui mettre entre les mains les lettres écrites à M. de Montmorency,... et il les avoit données au Grand Maître, qui... en laissa *échapper* quelque chose à Mme de Guémené. (I, 110.)

L'histoire de la Conjuration de Jean-Louis de Fiesque... *ayant échappé*, en ce temps-là, des mains de Lauzières, à qui je l'avois confiée seulement pour la lire.... (I, 113.)

Je sentis,... en disant cette parole, qu'elle *échappoit* d'un mouvement de honte. (III, 490.)

ÉCHAPPER, actif :

Ce moment étoit ce que nous avions justement et uniquement à craindre, parce que la constitution des choses nous faisoit déjà voir... que si nous l'*échappions* d'abord, nous ne demeurerions pas longtemps sans en rencontrer de plus favorables. (III, 282.)

.... Ceux qui *ont échappé* le glaive. (V, 400.)

S'ÉCHAPPER, S'ÉCHAPPER DE :

Ils s'appliquèrent à donner à cet esprit altier et glorieux matière de *s'échapper*, pour avoir un moyen plus aisé de le ruiner dans l'esprit du Roi. (V, 504.)

Combien de piéges ce malin vieillard vous a-t-il tendus pour vous donner matière de *vous échapper* ou pour découvrir vos sentiments! (V, 625.)

Nous nous battîmes dans le bois de Boulogne, après avoir eu des peines incroyables à *nous échapper de* ceux qui nous vouloient arrêter. (I, 101.)

ÉCHAUFFER, au figuré :

Ne craignez-vous point que ceux qui sont maintenant les plus *échauffés* à votre service soient peut-être les premiers à travailler à votre perte? (V, 532.)

Il est toujours fort *échauffé* pour lui, et il défend sa conduite en toutes occasions. (VII, 237.)

Cette suspension de plumes ne se fit qu'après trois ou quatre mois de guerre bien *échauffée*. (III, 333.)

ÉCHOIR :

La majorité *échéoit* le 7. (III, 528.)

ÉCHOIR A, suivi d'un infinitif :

.... Ce qui *écherroit* à délibérer. (IV, 116.)

Ce qui *échoit* donc à examiner est ce que nous pouvons faire par le moyen de cette jonction. (VII, 444.)

ÉCHOUER :

Le président de Thou l'a fait (*a écrit sa vie*) avec succès dans le dernier siècle, et dans l'antiquité César n'y a pas *échoué*. (I, 81.)

ÉCLAIRCIR :

Elle s'en servit très-finement (*de ce contre-temps*)... pour brouiller les espèces, que l'impétuosité de Viole avoit un peu trop *éclaircies*. (III, 188.)

Les actions des hommes n'*étant* point *éclaircies*, ceux qui agissoient avec le plus de mollesse pouvoient accuser impunément ceux qui agissoient avec le plus de vigueur. (V, 233.)

Il étoit du service de Sa Majesté d'*éclaircir* d'abord ces petits nuages. (VII, 302.)

Nous crûmes *avoir* pleinement *éclairci* que notre conjecture n'étoit pas fondée. (III, 526.)

Voyez I, 98, 154 et 251; II, 118 et 438; III, 336; IV, 231; V, 378; VI, 161.

ÉCLAIRCISSEMENT :

Rien ne le put défendre des inquiétudes de M. le cardinal de Richelieu, qui lui faisoit tous les jours faire, sous le nom du Roi, des *éclaircissements* fâcheux. (I, 153.)

ÉCLAIRER, surveiller :

M. de la Vieuville ne fut pas fâché de n'*être* pas trop *éclairé*, dans les premiers jours, de la fonction de la surintendance. (IV, 14.)

ÉCLAIRÉ DANS :

.... Des esprits peu *éclairés dans* les affaires du Royaume. (VI, 67.)

ÉCLAT :

.... La Reine ne pouvoit pas s'empêcher de faire quelque chose pour moi qui fût d'*éclat*. (III, 10.)

.... Un abandonnement de cet *éclat*. (IV, 66.)

.... L'*éclat* qu'il y eut entre l'hôtel de Chevreuse et moi. (IV, 229.)

ÉCLATANT :

.... Des conditions qui étoient avantageuses pour ses intérêts et *éclatantes* pour sa réputation. (V, 503.)

Il menoit une façon de vie plus *éclatante* que celle d'un citoyen qui ne veut pas s'attirer de l'envie. (V, 512.)

Ce qui paroit... le plus *éclatant* et le plus honorable seroit que le Pape envoyât vers le Roi un de ses neveux... pour demander pardon à Sa Majesté. (VII, 12.)

ÉCLATER :

Je n'oubliai rien pour faire *éclater* ce combat (*ce duel*), jusqu'au point d'avoir aposté des témoins. (I, 101.)

Comme toutes les circonstances extraordinaires sont d'un merveilleux poids dans les révolutions populaires, je fis réflexion que celle-ci... feroit un effet admirable dans la ville, aussitôt qu'elle y *éclateroit*. (I, 163.)

Ils y trouvèrent d'abord beaucoup de difficulté dans l'esprit de mon oncle.... Ils le gagnèrent...; mais ils firent en même temps une faute... : ils firent *éclater*, contre mon sentiment, le consentement de Mousieur de Paris.... Cette conduite eut beaucoup d'éclat; mais elle en eut trop. (I, 206.)

Tous parloient sur ce ton, et il n'y avoit de différence que le plus haut et le plus bas. Ceux qui étoient dévoués à la cour *éclatoient;* ceux qui étoient bien intentionnés pour le parti ne prononçoient pas si fermement les dernières syllabes. (II, 224.)

On pourroit peut-être soupçonner que l'on se tient couvert pour *éclater* tout d'un coup sur ce sujet. (VII, 112.)

Ames impies et brutales, qui n'*éclatez* que par des blasphèmes, et qui toutefois *éclatez*.... (IX, 125.)

S'ÉCLATER :

Le bonhomme Broussel... *s'éclata* de rire. (II, 61.)

ÉCLIPSER (S') :

Ceux du bas peuple, qui avoient accoutumé de clabauder dans la salle, *s'éclipsèrent* de frayeur. (III, 446.)

ÉCLORE :

Si l'on ne l'eût tiré de Marcoussi, il s'en seroit immanquablement sauvé par une entreprise qui étoit sur le point d'*éclore*. (III, 157.)

.... Des moyens... qu'il falloit tenir de concert pour faire *éclore* les traités. (V, 414.)

ÉCLORE, actif :

Il faut aussi qu'il puisse *éclore* les pensées de son âme. (IX, 173.)

S'ÉCLORE :

C'est une fleur qui *s'éclôt* au matin et est toute fanée le soir. (IX, 146.)

ÉCOLE (ÊTRE EN) :

Quand je m'aperçus que M. le Tellier, qui *étoit* plus *en école*, parloit sur le même ton, je me modérai. (III, 74.)

Voyez, sur le sens probable, la note 8 de la page indiquée.

ÉCOLIER :

M. le cardinal de Richelieu... avoit été son *écolier* en théologie. (I, 184.)

ÉCRIRE DE :

Je vous *écrivis... du* dessein que je crois que l'on a ici. (VII, 135.)

ÉCRITOIRE, masculin :

Madame... me commanda de lui apporter un *écritoire*. (III, 260.)

Voyez encore III, 191.

ÉCRITURE :

Le pauvre Montandré s'étoit épuisé en injures, et il est constant que la partie n'étoit pas égale pour l'*écriture*. (III, 333.)

Les libelles recommencèrent; j'y répondis. La trêve de l'*écriture* se rompit. (IV, 217.)

ÉCU, monnaie :

Lozières, maître des requêtes,... m'apporta seize mille *écus* pour mes bulles (*de la coadjutorerie de Paris*). (I, 211.)

Ces montres à l'angloise ne sont guère plus épaisses qu'un *écu* blanc. (VIII, 327.)

Voyez II, 8, 90, 432 et 497.

ÉCUEIL :

L'assemblée du clergé se tint en 1645. J'y fus invité comme diocésain, et elle se peut dire le véritable *écueil* de ma médiocre faveur. (I, 245.)

ÉCUYER :

L'un étoit capitaine des gardes, et l'autre *écuyer* de M. de Beaufort. (I, 226.)

Mon avis seroit que comme nous saurions, le lendemain, Monsieur et Messieurs les Princes au Palais, M. de Beaufort y allât suivi de son *écuyer*. (II, 575.)

Monsieur de Beaufort en fut au désespoir.... Je sais que Brillet, qui étoit son *écuyer*, a dit le contraire.... (III, 294.)

ÉCUYER DE CUISINE :

Le milord Taf... lui servoit (*au roi d'Angleterre*) de grand chambellan, de valet de chambre, d'*écuyer de cuisine* et de chef du gobelet. (III, 111.)

EFFACER :

La beauté... de Mme de Bouillon, bien qu'un peu *effacée*, étoit toujours très-brillante. (II, 168.)

Mon sang *effacera* le soupçon que Ondedei vous donne de ma fidélité. (III, 346.)

EFFECTIF, qui produit des effets, ou qui existe en réalité :

Je sens, comme je dois, les marques si *effectives* que vous me donnez de votre amitié. (VIII, 369.)

Il arrêtoit les résolutions vigoureuses et *effectives* que l'on pouvoit prendre contre le cardinal Mazarin. (V, 226.)

Les âmes timides... tombent presque toujours dans des inconvénients très-*effectifs*, par la frayeur qu'elles prennent de ceux qui ne sont qu'imaginaires. (III, 371.)

N'y a-t-il pas des apparences à donner? N'y a-t-il pas même de l'*effectif*? (II, 111.)

Le pouvoir que les particuliers prennent quelquefois dans les peuples n'y est jamais cru que par les effets; parce que ceux qui l'y doivent avoir naturellement par leur caractère en conservent toujours le plus longtemps qu'ils peuvent l'imagination, après qu'ils en ont perdu l'*effectif*. (II, 281.)

On voyoit son armée composée de plus de dix mille hommes *effectifs*. (V, 235.)

Voyez I, 180; II, 47, 141 et 500; III, 272 et 442; VII, 78 et 396.

EFFECTIVEMENT, en effet, ou en réalité :

« Nous serons tous pendus, si vous n'agissez sous terre. » J'y agissois *effectivement*. (II, 74.)

Je ne doutai point qu'elle n'eût

pris le dessein de surprendre Paris, qui parut *effectivement* étonné de la sortie du Roi. (II, 67.)

Mme de la Meilleraye plut à Monsieur le Cardinal.... Elle m'avoit dit le détail des avances qu'il lui avoit faites, qui étoient *effectivement* ridicules. (I, 135.)

La Reine... demeura inflexible. Monsieur fit mine de se jeter à genoux devant elle; quatre ou cinq princesses, qui trembloient de peur, s'y jetèrent *effectivement*. (II, 52.)

Le maréchal d'Albret... se vantoit d'en être aimé (*de Mme de Montbazon*).... Vineuil... en étoit *effectivement* aimé. (II, 563.)

Voyez II, 9, 24, 140, 150, 236, 249, 282, 306, 322, 331, 340, 414, 452 et 478; III, 124, 238, 257, 288, 348, 370, 376 et 515, etc.

EFFECTUER :

Votre Majesté veut attendre des nouvelles de Monsieur le Cardinal, pour *effectuer* ce qu'elle me fait l'honneur de me promettre. (III, 320.)

EFFET :

Je revins à Paris, ayant fait tous les *effets* que j'avois souhaité. (II, 526.)

EN EFFET :

Il estimoit... sa capacité dans la guerre infiniment au-dessus de ce qu'elle méritoit, quoiqu'*en effet* elle ne fût pas méprisable. (I, 107.)

Je me séparai de la bande des zélés, à la tête desquels étoit Monsieur de Sens; je me joignis à Messieurs d'Arles et de Châlon, qui ne l'étoient pas moins *en effet*, mais qui étoient aussi plus sages. (I, 265.)

FAIRE EFFET :

Je trouvai effectivement que je *faisois effet* dans beaucoup d'esprits. (II, 150.)

FAIRE SON EFFET :

Le Cardinal *ayant fait son effet*, qui étoit de m'entamer dans le public.... (II, 93.)

EFFICACE, substantif :

Le zèle que vous avez pour les intérêts de l'Église avoit... agi avec tant de force et d'*efficace* pour la conservation de ses droits.... (VI, 145.)

.... De défendre avec plus de force et plus d'*efficace* une cause... qui est celle de tous les Évêques. (VI, 193.)

Je croirois avoir des pensées indignes de votre générosité,... si je doutois de l'utilité et de l'*efficace* de votre entremise. (VI, 286.)

Nous devons adorer plus particulièrement l'*efficace* de votre sainte grâce. (IX, 94.)

EFFIGIE (METTRE EN) :

.... Mme du Fargis, persécutée et *mise en effigie* (*elle eut la tête tranchée en effigie*) par ce ministre (*Richelieu*). (I, 137.)

Voyez la note 3 de la page indiquée.

EFFORT :

FAIRE UN EFFORT SUR :

Le président de Mesme... l'exhorta (*le Parlement*) à remonter et à *faire* encore *un effort sur* l'esprit de la Reine. (II, 50.)

FAIRE SES EFFORTS À :

La bonne conduite vouloit qu'il *fît ses efforts à* ce que le Parlement ne se déclarât pas contre ces troupes. (IV, 83.)

ÉGAL :

Il marcha, sans hésiter, d'un pas *égal* entre le cabinet et le public. (II, 84.)

D'ÉGAL :

La Reine trouvoit fort étrange que le Parlement ne se contentât pas de traiter comme *d'égal* avec son roi. (II, 320.)

ÉGALEMENT :

Il est à observer et que les maires

du palais et que les comtes de Paris se placèrent dans le trône des rois justement et *également* par la même voie par laquelle ils s'étoient insinués dans leur esprit. (I, 280.)

Ayant tout vu d'abord *également*, il ne sentit pas tout *également*. (II, 113.)

On ira... exécuter ton meuble pour la solde de l'armée; on te taxera au gré de ton ennemi ou selon une fausse apparence de bien que tu as entretenu *également* (*malgré tout*) et au delà de tes forces. (V, 432.)

ÉGALEMENT QUE :

Une occasion considérable... donne à leur autorité (*à l'autorité des ministres*) un éclat... qui leur fait même tirer, dans les suites, du mérite de tout ce qu'ils ne font pas, presque *également que* de tout ce qu'ils font. (I, 233.)

ÉGALER, rendre égal :

La haine *égale* les hommes de même que l'amitié. (V, 402.)

ÉGARD :

.... Les autres me décrioient comme factieux, dès que je ménageois les moindres *égards* pour conserver mon crédit dans le peuple. (III, 89.)

Il entra bonnement dans tous mes *égards*, dans tous mes intérêts. (IV, 223.)

Ce que je vous disois tantôt n'être qu'une chanson ne laissera pas d'obliger ses ministres (*les ministres du roi d'Espagne*) à garder des *égards*, qui ne peuvent être que très-avantageux à la France. (II, 341.)

À L'ÉGARD DE :

Je ne faisois pas le dévot, parce que je ne me pouvois assurer que je pusse durer à le contrefaire; mais j'estimois beaucoup les dévots; et *à leur égard*, c'est un des plus grands points de la piété. (I, 179.)

Les questions que leurs explications (*les explications des lois*) firent naître, d'obscures qu'elles étoient et vénérables par leur obscurité, devinrent problématiques; et dès là, *à l'égard de* la moitié du monde, odieuses. (I, 294.)

ÉGAYER :

Monsieur le Prince... *égayoit* de jour en jour le Parlement pour se rendre plus nécessaire et à la Reine et à Monsieur. (III, 284.)

Voyez la note 7 de la page indiquée.

Monsieur le Prince *égayoit* de temps en temps le Parlement, pour se rendre plus considérable à la cour. (III, 326.)

S'ÉGAYER :

Je demeurai fixe et ferme. Il (*le Pape*) courut, il *s'égaya*, ce qui est toujours facile aux supérieurs. (V, 75.)

Il *s'égaya* sur la non-résidence des évêques. (IV, 100.)

ÉLECTION, choix :

.... Le libre consentement, né de la propre *élection*, et non d'un mouvement involontaire et forcé, causé par la juste crainte d'une violence étrangère. (VI, 49.)

Vous y engagez-vous (*dans l'état ecclésiastique*)... par le dessein de plaire à Dieu...? ou bien votre *élection* est-elle un effet des complaisances humaines ou des intérêts de vos familles? (IX, 87.)

Le sage... n'obéit pas en esclave aux lois qu'elle (*la nature*) a faites sans lui; il s'y applique avec *élection*. (IX, 166.)

ÉLEVER :

J'appréhendai que le bon succès de cette matinée ne lui *élevât* le cœur. (II, 155.)

On s'étonna que la qualité qu'il avoit de collatéral de M. de Lionne lui *élevât* si fort le cœur. (V, 203.)

Les avantages remportés par les armes du Roi *auroient* bien plus adouci qu'*élevé* l'esprit de la cour. (II, 11.)

S'il leur est arrivé quelquefois de consacrer de méchants hommes, ce n'étoient pas des gens connus comme ceux que l'on nous *élève* tant aujourd'hui, qui ont pris les armes contre leur patrie. (V, 369.)

Élevé, en parlant du ton :

La Reine se mit en colère, en proférant, de son fausset aigre et *élevé*, ces propres mots.... (II, 18.)

S'élever :

Monsieur *s'éleva* avec chaleur à ce mot. (II, 87.)
Les deux Frondes *s'élevèrent* à ce discours. (III, 228.)
Voyez III, 395 ; IV, 100 ; VII, 255.

Éloge, ironiquement :

Cette audace m'attira un second *éloge* de la part de M. le cardinal de Richelieu; car, comme on lui eut dit que j'avois bien fait, il répondit : « Il ne faut pas juger des choses par l'événement; c'est un téméraire. » (I, 115.)

Voyez encore I, 120.

Éloges, au pluriel :

.... Une grande dépêche du Cardinal... qui faisoit mes *éloges* sur cette proposition. (III, 347.)

Éloignement :

Broussel, Charton... ouvrirent l'avis de demander en forme l'*éloignement* du cardinal Mazarin. (II, 139.)

Éloignement (En) :

Le nom du Roi n'y sera, en aucune façon du monde, engagé;... quoique celui de la Faculté ne se voie encore dans la négociation qu'*en éloignement*, il n'en sera que plus disculpé et plus déchargé de toutes les suites. (VII, 132.)

Éloigner d'auprès de :

Pour *être éloigné d'auprès* d'Elle (*de Votre Sainteté*).... (VI, 253.)

S'éloigner de :

Ils lui proposèrent... le mariage de son neveu... avec ma nièce. Il y donna de tout son cœur. Je *m'en éloignai* à proportion. (III, 51.)

Deslandes Païen... ajouta que si la Compagnie jugeoit à propos de joindre aux remontrances... une plainte en forme contre la conduite du cardinal Mazarin, il ne *s'en éloigneroit* pas. (III, 207.)

Le Roi... ne *s'éloigneroit* pas d'honorer de sa protection ceux d'entre eux qui pourroient penser au pontificat. (VII, 376.)

On m'a témoigné qu'il ne *s'éloigneroit* pas de quelque gratification pour me servir. (VIII, 53.)

Éloigné de :

Je n'avois pas assez de piété, mais... je n'étois pas trop *éloigné* du royaume de Dieu. (I, 180.)

Élu, substantif : fonctionnaire chargé de la répartition de divers impôts :

Il (*le Pape*) étoit vain... au point de se piquer de sa noblesse, comme un petit noble de la campagne à qui les *élus* la contesteroient. (V, 94.)

Voyez la note 7 de la page indiquée.

Éluder :

Monsieur *éluda*, avec beaucoup d'adresse, ce rencontre. (III, 129.)
Le Cardinal *eût éludé* pour très-longtemps la liberté de Messieurs les Princes. (III, 226.)
Il traita les instances que je faisois à la Reine... de proposition ridicule et faite à dessein pour *éluder* les autres entreprises. (III, 346.)

Éluder de :

M. Talon... *éluda* finement *de* s'expliquer sur les deux arrêts. (IV, 100.)

Emballer :

Il est très-difficile de le tirer (*l'abbé de Pont-Carré*) de Paris, à moins que l'on *emballe* avec lui le cloître de Saint-Méry. (VIII, 313.)

EMBONPOINT :

Ce médicament, en purgeant les mauvaises humeurs, n'a point altéré les bonnes, ne les a point affoiblies en les guérissant, leur a rendu leur force et leur *embonpoint*. (IX, 188.)

EMBOUCHER (S') :

Ce torrent divin... va *s'emboucher* dans le cœur des bienheureux et étanche leur soif. (IX, 192.)

EMBRASSER, au propre et au figuré :

Le maréchal de la Meilleraie,... transporté de la manière dont j'en avois usé à son égard, m'*embrassa* presque jusques à m'étouffer. (II, 29.)

Le Cardinal... ne fit que m'*embrasser* en passant dans le jardin. (II, 77.)

Il (*Mazarin*) supplia la Reine de lui permettre qu'il manquât au respect qu'il lui devoit pour m'*embrasser* devant elle. (III, 8.)

.... Un parti qui étoit déjà répandu dans toutes les provinces, et qui avoit déjà *embrassé* tout le Royaume. (II, 280.)

Cet avis... fut supérieur de beaucoup, ce jour-là, *ayant été embrassé* de plus de sept voix. (IV, 195.)

L'imagination d'un assassinat d'un prêtre, d'un cardinal, me vint à l'esprit.... J'eus honte de ma réflexion ; j'*embrassai* le crime qui me parut consacré par de grands exemples. (I, 146.)

Vous n'*embrassez* pas avec assez d'ardeur ses intérêts. (II, 111.)

L'on ne doutoit point que la Compagnie n'*embrassât*, même avec précipitation, l'offre que la cour lui faisoit de traiter. (II, 300.)

L'on ne se doit jamais jouer avec la faveur. L'on ne la peut trop *embrasser* quand elle est véritable. (III, 322.)

ÉMINENCE :

Léon IV veut... que les Évêques apprennent aux prêtres l'*éminence* qu'ils ont au-dessus d'eux par cette qualité de successeurs des Apôtres. (VI, 376.)

La parole qui nous donne tant d'*éminence* au-dessus des bêtes.... (IX, 176.)

Les négociateurs se trouvoient... avoir par *éminence*... toutes les qualités les plus propres à rompre l'accommodement du monde le plus facile. (III, 397.)

ÉMINENCE, titre des cardinaux :

Cette *Éminence* étoit prête d'employer tout ce grand crédit qu'elle a... auprès de Sa Sainteté.... (VI, 170.)

Voyez II, 514, 528 et 529 ; III, 379 ; VIII, 534, etc.

ÉMOLOGUER, homologuer :

Leur vertu n'*étoit* point acceptée, vérifiée et pour dire ainsi, *émologuée* de Dieu. (IX, 197.)

Voyez la note 1 de la page indiquée.

ÉMOLUMENT :

Les droits où il n'y a point d'utile ne seront pas moins soignés que les autres où ils trouvent de l'*émolument*. (VIII, 458.)

ÉMOTION :

Sa Sainteté... eut, au moins selon la pensée de l'un de ses médecins, de la fièvre, et, selon le sentiment des deux autres, de l'*émotion*. (VII, 299.)

Je me porte mieux, mais j'ai toujours une manière d'*émotion* qui approche de la fièvre lente. (VIII, 209.)

Je ne me porte pas encore trop bien, mais ce ne sera rien, et cette *émotion* ne mérite pas le nom de fièvre. (VIII, 214.)

ÉMOTION, bruit, trouble, tumulte :

Jugez de l'état où cela me mettoit parmi les gens qui sont, sans comparaison, plus considérables que tous les autres dans les *émotions* populaires. (I, 167.)

Il y eut plus de quatre cents gros bourgeois assemblés par pelotons, avec aussi peu de bruit et aussi peu d'*émotion* qu'il y en eût pu avoir si les novices des Chartreux y fussent venus pour y faire leur méditation. (II, 41.)

L'on me vint dire, comme je sortois de l'église, que l'*émotion* commençoit sur le quai des Orfèvres. (II, 478.)

Il commanda à Ornane... de faire faire une manière d'*émotion* par le Maillart, duquel je vous ai parlé. (IV, 56.)

Voyez I, 167; II, 20, 26, 31, 68, 281, et 301; III, 506; IV, 68, 69 et 206.

ÉMOULU (Frais) :

Vous êtes un rêveur de me demander des lettres, puisque vous avez des blancs-signés de quoi en faire de plus éloquentes que moi, vous qui êtes *frais émoulu*. (VIII, 54.)

ÉMOUVOIR :

Toutes les humeurs de l'État *étoient émues* par la chaleur de Paris, qui en est le chef. (II, 5.)

ÉMOUVOIR, exciter :

L'on étoit persuadé au Palais-Royal qu'il n'avoit pas tenu à vous d'*émouvoir* le peuple. (II, 33.)

Hiérôme... se jeta dans les rues, avec deux cents hommes, pour *émouvoir* la populace. (V, 578.)

Il (*le Premier Président*) étoit persuadé que M. de Beaufort et moi *avions ému* la sédition. (II, 400.)

Il lui revint (*à M. de Bouillon*)... quelque pensée de troubler la fête par une sédition, qu'il croyoit aisée à *émouvoir* dans la disposition où il voyoit le peuple. (II, 477.)

.... Une grande et difficile guerre, *émue* par quelques princes mécontents. (IX, 120.)

S'ÉMOUVOIR :

Le sang de saint Louis *s'est* assurément *ému* dans vos veines. (V, 301.)

EMPÊCHER, Empêcher quelque chose à quelqu'un :

Les grands fleuves ne font jamais de mal tant... que rien n'*empêche* leur cours. (V, 515.)

Vous *aviez empêché* l'entrée du Royaume *à* un de ses nonces. (VI, 77.)

EMPÊCHÉ À, suivi d'un infinitif :

Ils sont assez *empêchés* maintenant *à* se défendre, dans leur propre pays, des armées de l'Empire et de l'Espagne. (V, 527.)

La France est maintenant assez *empêchée à* se défendre contre les forces de l'Empire et de l'Espagne. (V, 547.)

S'EMPÊCHER DE, s'abstenir, se dispenser de ; éviter :

Le Parlement... *s'empêchera*-t-il *de* faire des pas vers la Cour...? (II, 271.)

Il nous seroit plus aisé d'exécuter et ce que fit Bussi le Clerc et ce que firent les Seize, que de faire que le Parlement connoisse ce que nous pourrions faire contre lui, assez distinctement pour *s'empêcher de* faire contre nous ce qu'il croira toujours facile. (II, 271.)

Je ne sais... si l'on *se* fût pu *empêcher de* faire... quelque tentative bizarre pour étouffer les criailleries impertinentes de ces ignorants. (II, 295.)

Il aimoit mieux *s'empêcher de* croire que Monsieur le Prince pût faire ce voyage.... (IV, 159.)

Vous ne paroîtrez alléguer vos raisons que pour *vous empêcher de* signer. (II, 355.)

Nous pressions toujours votre jugement, et l'on le différoit toujours tant qu'on pouvoit, parce que l'on ne *se* pouvoit *empêcher de* nous absoudre et de condamner les témoins à brevet. (II, 601.)

La Reine ne pouvoit pas *s'empêcher de* faire quelque chose pour moi qui fût d'éclat. (III, 10.)

Je n'avois pu ni dû *m'empêcher* d'opiner comme j'avois fait. (III, 432.)

Monsieur le Prince sortit... de Paris pour *s'empêcher d'*être arrêté. (III, 369.)

EMPLOI :

M. le maréchal de Vitry avoit peu de sens, mais... l'*emploi* qu'il avoit eu de tuer le maréchal d'Ancre lui avoit donné dans le monde... un certain air d'affaire et d'exécution. (I, 160.)

Monsieur le Prince, qui ne jugea pas l'entreprise praticable, ne s'en voulut pas charger. Il laissa cet *emploi* à M. le comte de Harcour, qui y échoua. (II, 507.)

Cet homme étoit vieilli dans les *emplois*. (III, 52.)

EMPLOYER :

.... Ma liberté, pour laquelle tous ses vœux *avoient été* incessamment *employés*. (VI, 56.)

EMPLOYER POUR :

L'argentier de la Reine... me commanda et me conjura, de sa part, d'*employer* mon crédit *pour* apaiser la sédition. (II, 46.)

EMPOISONNER :

La crainte que l'on aura de vous... *empoisonnera*... cruellement et la haine que l'on aura pour vous et le mépris que l'on a déjà pour les autres.... (II, 107.)

Ce défaut (*l'incertitude*) est une des sources les plus *empoisonnées* des fausses démarches des hommes. (III, 186.)

Les Furies qui agitent les parricides *empoisonnent*, tous les jours, l'âme ulcérée de ce tyran, par la crainte de votre indignation. (V, 309.)

EMPORTEMENT :

Ils (*mes moyens*) lui plurent jusques à l'*emportement*. (III, 316.)

EMPORTER, acceptions diverses, figurées :

Je vous marque cette circonstance pour avoir lieu de vous faire le plan de l'état où les choses se trouvèrent à la mort du feu Roi. C'est par où je devois commencer, mais le fil du discours m'*a emporté*. (I, 227.)

Les quatre premières années de la Régence *furent* comme *emportées* par ce mouvement de rapidité que M. le cardinal de Richelieu avoit donné à l'autorité royale. (I, 270.)

.... Des gens qui vouloient à toute force *emporter* le chapeau de cardinal. (IV, 59.)

Cette haine publique... flétrit bientôt après les lauriers qu'il (*Monsieur le Prince*) avoit *emportés* à Lens. (V, 226.)

Monsieur de Lavaur me vint retrouver... pour me dire que Monsieur le Cardinal ne prétendoit point que M. l'abbé de la Mothe eût l'obligation du lieu à ma cession.... La réponse m'outra.... Je suivis ma pointe, et j'*emportai* le premier lieu de quatre-vingt-quatre voix. (I, 120.)

Le Parlement *ayant* obtenu ou plutôt *emporté* sans exception tout ce qu'il demandoit.... (II, 89.)

Les sûretés que l'on demendoit pour Monsieur le Prince *emportoient* certainement... l'éloignement des sous-ministres. (III, 436.)

Saint-Ibar... le pressoit (*le comte de Soissons*)...; j'insistois.... Nous persuadâmes à la fin, ou plutôt nous *emportâmes*, après quatre jours de conflit. (I, 169.)

Tous les autres n'étoient que des flatteurs,... qui *avoient emporté* la Reine, malgré ses conseils et les miens. (II, 61.)

Ces raisons, jointes aux instances

de Longueil,... *emportèrent*, après de grandes contestations, le président Viole. (II, 70.)

Voyez II, 304, 328, 393, 433 et 535.

Je connus que Paris penchoit à la paix au point de nous y *emporter* nous-mêmes. (II, 451.)

Elle lui fit croire que la Reine ne pouvoit *être emportée* que par lui en une résolution de cette nature. (III, 16.)

Au cas que... Monsieur le Prince fît encore de nouvelles propositions, je n'y entrerois plus, quand même Monsieur s'y laisseroit *emporter*. (III, 414.)

Ce qui m'y *emporta* (*à cet avis*)... fut la confusion où nous allions tomber. (IV, 49.)

Il s'y étoit fait valoir (*à la Cour*) comme *ayant emporté* Monsieur contre les Frondeurs. (III, 123.)

Il parle plus hardiment que personne au Pape, et... il le contredit et *l'emporte* même assez souvent contre ses premières résolutions. (VII, 145.)

Il étoit de la bonne conduite de laisser quelqu'un dans le parti, qui... pût parer... aux inconvénients qu'une liaison avec les ennemis de l'Etat *emportoit* nécessairement avec soi. (II, 243.)

.... Elle *étoit* beaucoup plus *emportée* par sa fille que par elle-même à tout ce qui se passoit. (III, 325.)

Nous supplions très-humblement Votre Majesté, Sire, de ne point recevoir ce que nous avançons présentement comme une exagération trop *emportée*. (V, 306.)

S'EMPORTER :

Les grands fleuves ne font jamais de mal tant qu'ils demeurent dans leur lit naturel...; mais, au moindre obstacle qu'ils rencontrent, ils *s'emportent* avec violence. (V, 515.)

M. de la Rochefoucauld, qui avoit plus de cœur que d'expérience, *s'emporta* de chaleur. (II, 262.)

S'EMPORTER À :

Il y trouva un nombre extraordinaire de soldats... qui *s'emportèrent* même *à* quelques insolences. (V, 379.)

... De peur qu'on me blâmât de m'*emporter à* la véhémence de mon zèle. (VI, 193.)

S'EMPORTER DANS :

Ils étoient cruellement débauchés, et la licence publique leur donnant encore plus de liberté, ils *s'emportoient* tous les jours *dans* des excès qui alloient jusques au scandale. (II, 491.)

EMPRESSEMENT :

Après avoir soupiré trois ou quatre fois avec *empressement*.... (VI, 79.)

Voyez la note 25 à la page indiquée.

EMPRUNTER DE :

J'en *empruntai* quinze cents (*quinze cents pistoles*) *de* M. de Morangis. (III, 114.)

Monsieur n'a de considération... que celle qu'il *emprunte de* ce qu'il a fait contre... Monsieur le Cardinal. (III, 314.)

EN, préposition :

1° EN, à :

J'écrivis, *en* un petit endroit de la réponse qu'il avoit commencée.... (I, 151.)

Nous sortîmes ensemble de chez Prudhomme, pour aller voir M. le prince de Conti. Nous nous mîmes *en* même portière. (II, 194.)

M. de Beaufort... s'emporta de chaleur. Il tira d'abord la nappe, il renversa la table ; l'on coiffa d'un potage le pauvre Vineuil, qui n'en pouvoit mais, et qui se trouva de hasard *en* table avec eux. (II, 516.)

Un nommé Belot, syndic des rentes,... étoit prisonnier *en* la Conciergerie. (II, 600.)

Les rentiers... s'assemblèrent en grand nombre *en* l'Hôtel de Ville. (II, 549.)

Nous avions voulu enlever la personne du Roi et la mener *en* l'Hôtel de Ville. (II, 562.)

Celui (*l'édit*) du tarif... avoit été vérifié *en* la Cour des Aides. (I, 296.)

Saint-Germain... donna dans ce panneau ; et le président de Mesme... fit extrêmement valoir tout ce qu'il avoit dit *en* sa place à Messieurs les généraux, pour les obliger à prendre la campagne avec leurs troupes. (II, 318.)

Je mis Marigni *en* œuvre entre dix et onze, et il fit ce fameux couplet.... (II, 161.)

Voici l'expédient qui me vint *en* l'esprit.... (II, 515.)

M. votre fils... me fait voir qu'il a été *en* bonne école. (VIII, 405.)

Les châteaux et les villes de Dieppe et de Caen étoient *en* sa disposition. (II, 450.)

Bar, qui les garde (*qui garde Messieurs les Princes*), n'est-il pas *en* votre disposition? (III, 118.)

Falloit-il donc laisser plus longtemps mon autorité *en* la disposition de mes ennemis? (VI, 240.)

Je n'avois aucun intérêt *en* cette translation. (III, 120.)

La Reine n'avoit aucune part *en* ce qui s'étoit passé à Brisach. (III, 367.)

Il se fût fié *en* M. de Bouillon. (II, 238.)

Les dispositions de cette cour sont changées *en* un point qui nous a dû surprendre. (VII, 424.)

2° EN, dans :

Nous allâmes ensemble chez Monsieur, où nous trouvâmes la Rivière *en* la grande salle. (III, 21.)

Un petit homme habillé de noir... me coula un billet *en* la main. (II, 524.)

M. le prince de Conti étoit absolument *en* ses mains. (II, 118.)

Je ne vous celerai aucunes des démarches que j'ai faites *en* tous les temps de ma vie. (I, 80.)

M. le cardinal de Richelieu avoit donné une atteinte cruelle à la dignité et à la liberté du clergé dans l'assemblée de Mantes, et il avoit exilé... six de ses prélats les plus considérables. On résolut, *en* celle de 1645, de leur faire quelque sorte de réparation. (I, 246.)

Cette manière humble et modeste de répondre... effaça pour assez longtemps l'impression... que je prétendois de la gouverner (*de gouverner la Compagnie, c'est-à-dire le Parlement*) par mes cabales. Rien n'est si dangereux *en* toutes sortes de communautés. (II, 257.)

Je vous supplie... de ne pas être surprise de trouver si peu d'art, et au contraire tant de désordre *en* toute ma narration. (I, 81.)

Quelques éditions, plus ou moins modernes, portent : « dans ma narration ».

Cette dernière parole... étoit pourtant... fort dans l'ordre *en* la bouche d'un coadjuteur de Paris. (II, 18.)

Vous croyez aisément qu'elle (*l'union avec moi*) ne lui étoit pas désavantageuse *en* l'état où j'étois dans le parti. (II, 193.)

.... Le faire opiner (*le Parlement*) à notre mode, à quoi il ne manquera pas *en* l'état dans lequel il nous verra. (II, 341.)

La difficulté fut *en* la manière de le recevoir. (II, 237.)

Le Parlement résolut... de s'assembler pour pourvoir à l'exécution de la déclaration, que l'on prétendoit avoir été blessée *en* tous ses articles. (II, 100.)

L'acharnement que l'on avoit à ne se point départir des formes, *en* des affaires qui y étoient directement opposées.... (II, 205.)

Il n'y a rien où il faille plus de précautions qu'*en* tout ce qui regarde les peuples. (II, 156.)

.... Il y avoit de la sincérité *en* la colère de la Reine contre Monsieur le Prince. (III, 7.)

L'on envoya... cinq édits,... non pas *en* espérance de les faire recevoir, mais en vue d'obliger le Parlement à revenir à celui du tarif. (I, 298.)

Il offrit... huit mille hommes de pied et deux mille chevaux, qu'il prétendoit être en état de marcher *en* deux jours. (II, 371.)

3° En, de :
Il ne pouvoit lui-même être servi qu'*en* cette manière. (I, 145.)
M. de Bouillon... vouloit *en* toutes façons la rupture. (I, 154.)
Monsieur le Duc... ajouta qu'il ne souffriroit, *en* façon quelconque, que l'on usât d'aucune violence. (I, 262.)
Le Parlement, qui faisoit, d'un sens, notre principale force, faisoit, *en* deux ou trois manières, notre principale foiblesse. (II, 266.)
Voyez II, 93, 354, 437, 389 et 543; III, 298 et 368; VIII, 34.

4° En, pendant :
Un certain Rocquemont... avoit été lieutenant de la Boulaie *en* la guerre civile. (II, 600.)
.... Tous les hommes qui ont vécu *en* les quatre siècles.... (IX, 129.)

5° En, sur :
Le Roi séant *en* son trône.... (IX, 71.)
Ce grand monarque adressa ces paroles au roi son fils et son successeur *en* la terre,... et... il les adresse présentement à Votre Majesté... du ciel. (IX, 130.)
Il n'y avoit qu'une déclaration publique qui le pût retenir (*qui pût retenir le Parlement*) *en* la pente où il étoit. (II, 347.)

6° En, avec un participe présent :
M. le président Barillon... étoit prisonnier à Amboise.... Je pris la poste, le soir même, pour l'aller... tirer d'Amboise.... Il ne voulut pas seulement écouter la proposition que je lui en fis, et il demeura dans Amboise, *en* méprisant et les accusateurs et l'accusation. (I, 200.)
L'on examina (*la déclaration*) article par article, et l'arrêt donné par le Parlement, sur le troisième, désespéra la cour. Il portoit, *en* modifiant la déclaration, que toutes les levées d'argent... n'auroient point de lieu. (I, 326.)

7° En, sens divers :
Viole veut être secrétaire d'État, Chavigni veut demeurer *en* poste. (III, 382.)
M. le cardinal de Richelieu, qui faisoit l'honneur à cet abbé de le reconnoître pour son parent, envoya *en* Sorbonne le grand prieur de la Porte, son oncle, pour le recommander. (I, 119.)
Le cardinal de Richelieu avoit de la naissance. Sa jeunesse jeta des étincelles de son mérite. Il se distingua *en* Sorbonne. (I, 281.)
Il se mit ce jour-là *en* mauvaise humeur. (II, 134.)
Il (*l'Archiduc*) les envoyoit (*envoyoit ses pouvoirs*) *en* la forme du monde la plus honnête et la plus obligeante. (II, 326.)
Ils répondoient à leurs pensées plutôt qu'à ce que l'on leur disoit : ce qui ne manque presque jamais *en* ceux qui savent que l'on leur peut reprocher quelque chose avec justice. (II, 383.)
Richelieu... avoit au souverain degré le foible de ne point mépriser les petites choses. Il le témoigna *en* ma personne. (I, 112.)
De quoi y va-t-il, enfin, *en* ce plus et *en* ce moins (*de chaleur dans le Parlement*) ? (II, 110 et 111.)
L'évêque de Varmie, l'un des ambassadeurs qui venoient quérir la reine de Pologne, prit *en* gré de vouloir faire la cérémonie du mariage dans Notre-Dame. (I, 250.)
Il (*Miron*) sortit de chez moi *en* résolution de faire battre le tambour. (II, 40.)
Sedan... étoit, en ce temps-là, *en* souveraineté à M. de Bouillon. (I, 142.)
.... De laquelle il étoit encore plus amoureux que moi, mais *en* Dieu et purement spirituellement. (I, 130.)

.... Dans Rome, où il est certain que toutes les nations se distinguent et, pour ainsi parler, se cantonnent pour s'unir *en* elles-mêmes avec plus de force, avec plus d'application et avec plus de zèle que dans leur propre pays. (VII, 178.)

Je me suis épargné une apologie *en* explication de bienfaits, qui est toujours insupportable à un homme de bien. (II, 32.)

8° EN CE QUE :

Imaginez-vous... ces deux personnes sur le perron de l'Hôtel de Ville, plus belles *en ce qu*'elles paroissoient négligées.... (II, 168.)

EN CORPS. Voyez CORPS.

EN MOINS DE RIEN, EN MOINS D'UN RIEN. Voyez RIEN.

EN, pronom :

1° EN, de lui, d'elle, d'eux, de cela, de moi, etc. (ou : par lui, etc.) :

Il (*Mazarin*) s'érigea et l'on l'érigea en Richelieu; mais il n'*en* eut que l'impudence de l'imitation. (I, 286.)

Il m'*en* donna même une lettre (*il me donna une lettre du comte de Fuensaldagne*) pleine d'offres. (II, 63.)

Dom Gabriel de Tolède, qui avoit ordre... de s'ouvrir avec moi, s'*en* cacha au contraire avec soin dès qu'il me vit changé. (II, 419.)

Il s'*en* forma et... il s'*en* grossit une nuée (*de ces gens*). (III, 133.)

Comme j'avois fait serment sur l'Évangile de distribuer moi-même cette somme, je m'*en* trouvois extrêmement embarrassé, parce que je ne connaissois pas les gens, et... je la suppliois d'*en* vouloir bien prendre le soin. (I, 166.)

Je revins à Paris, où j'oubliai (*avec intention*) de dire à nos conjurés les irrésolutions de notre chef. Il y *en* eut encore depuis quelques nuages, mais légers. (I, 171.)

Le respect que j'eus pour M. le cardinal Mazarin... alla jusques à la patience. J'*en* eus encore plus de besoin trois ou quatre mois après. (I, 249.)

La première (*proposition*) sur laquelle le Parlement délibéra fut la révocation des intendants. La Cour... obligea M. le duc d'Orléans d'aller au Palais, pour *en* représenter à la Compagnie les conséquences. (I, 321.)

Je ne dis pas un mot... qui pût aigrir le peuple. J'*en* trouvai une foule innombrable qui m'attendoit. (II, 31.)

Je commençai à entrevoir quelque chose, et ce qui m'*en* parut fut une longue procession de fantômes noirs. (I, 189.)

Mes occupations ecclésiastiques étoient diversifiées et égayées par d'autres, qui étoient un peu plus agréables; mais elles n'*en* étoient pas assurément déparées. (I, 197.)

Ce dernier, qui étoit absolument entre les mains de Montrésor, l'échauffoit, comme il arrive toujours, après *en* avoir été persuadé. (II, 8.)

Chavigni... étoit enragé contre le Cardinal, parce qu'ayant été la principale cause de sa fortune auprès du cardinal de Richelieu, il *en* avoit été cruellement joué. (II, 57.)

J'ai eu peur,... mais... ma peur n'a pas tourné du côté des litanies. — Vous n'*en* avez point eu, me dit-elle. (I, 192.)

Mlle de Vendôme n'étoit pas ce que l'on appelle une grande beauté, mais elle *en* avoit pourtant beaucoup. (I, 193.)

2° EN, de cela; tenant la place d'une idée exprimée précédemment, plutôt que d'un mot :

M. le comte de Cramail... ne songea plus qu'à couvrir le passé, qui, du côté de Paris, n'étoit qu'entre six personnes.... Le manquement de secret étoit encore plus à craindre de celui de Sedan, où il y avoit des gens beaucoup moins intéressés à le garder, parce que, ne revenant pas en France, ils avoient moins de lieu d'*en* appréhender le châtiment. (I, 175.)

Elle dit en badinant à Mme de Vendôme qu'il y falloit donner la comédie à Monsieur de Lisieux. Le bon homme répondit qu'il n'*en* feroit aucune difficulté. (I, 187.)

Monsieur le Cardinal dit à Monsieur de Lisieux... que j'étois ami de tous ses ennemis, et Monsieur de Lisieux lui répondit : « .... J'ai observé que ceux dont vous entendez parler étoient tous ses amis devant que d'être vos ennemis. — Si cela est vrai, lui dit Monsieur le Cardinal, l'on a tort de me faire les contes que l'on m'*en* fait. » (I, 200.)

M. des Noyers... me fit proposer au Roi... pour l'évêché d'Agde.... Le Roi agréa la proposition avec joie, et il m'*en* envoya le brevet le jour même. (I, 207.)

L'on publia par tout le royaume qu'ils (*les Importants*) avoient fait une entreprise sur la vie de Monsieur le Cardinal. Ce qui a fait que je ne l'ai jamais cru est que l'on n'*en* a jamais vu ni déposition ni indice.... Vaumorin et Ganseville, auxquels j'*en* ai parlé cent fois dans la Fronde, m'ont juré qu'il n'y avoit rien au monde de plus faux. (I, 226.)

Quoique je fusse très-bien averti, par mon ami l'aumônier, que le coup me venoit de la Cour, je le souffris avec plus de flegme qu'il n'appartenoit à ma vivacité. Je n'*en* témoignai quoi que ce soit et je demeurai dans ma conduite ordinaire à l'égard de Monsieur le Cardinal. (I, 243.)

Il ne me fut pas difficile de la mettre (*la Reine*) en état de ne pouvoir que me dire sur mes raisons, et elle *en* sortit par le commandement qu'elle me fit de les aller faire connoître à Monsieur le Cardinal. (I, 248.)

Je ne me souviens pas précisément de la manière dont cette affaire s'accommoda ; je crois de plus que vous n'*en* avez pas grande curiosité, et je ne vous *en* ai parlé un peu au long que pour.... (I, 249.)

Comme je parlois au nom de Monsieur l'Archevêque et de toute l'Église de Paris, il éclata comme il eût pu faire si un particulier, de son autorité privée, l'eût voulu haranguer à la tête de cinquante séditieux. Je lui *en* voulus faire voir, avec respect, la différence. (I, 252.)

Le Cardinal... prit le parti de faire faire la cérémonie dans la chapelle du Palais-Royal.... Je fis voir à la reine de Pologne que si elle se marioit ainsi, je serois forcé... de déclarer son mariage nul ; mais qu'il y avoit un expédient, qui étoit qu'elle se mariât véritablement dans le Palais-Royal, mais que l'évêque de Varmie vînt chez moi *en* recevoir la permission par écrit. (I, 256.)

Le cardinal de Richelieu... eût... souhaité d'être aimé du public ; mais quoiqu'il eût la civilité, l'extérieur et beaucoup d'autres parties propres à cet effet, il n'*en* eut jamais le je ne sais quoi, qui est encore, en cette matière, plus requis qu'en toute autre. (I, 282.)

Celle (*la colère*) du Cardinal s'adoucit au bout de quelques jours ; mais ce ne fut qu'en apparence : elle ne fit que se déguiser. J'*en* connus l'art, et j'y remédiai. (II, 9.)

Le lendemain qu'elle (*cette déclaration*) fut publiée,... le Parlement prit ses vacances, et la Reine revint avec le Roi à Paris bientôt après. J'*en* rapporterai les suites, après que je vous aurai rendu compte de deux ou trois incidents. (II, 89.)

.... En lui disant... qu'il feroit mieux d'aller au Palais ;... qu'il le laissât faire, et qu'il *en* trouveroit un expédient qui seroit naturel. (II, 306.)

M. le prince de Conti ayant dit... au Parlement que M. de Longueville... partiroit de Rouen... le 15 du mois,... la Compagnie en témoigna une joie incroyable, et pria M. le prince de Conti d'*en* presser encore M. de Longueville. (II, 370.)

Vous voyez assez, par toutes ces circonstances, l'embarras où je me trouvois, et ce qui *en* étoit encore de plus fâcheux est que.... (II, 429.)

M. de Beaufort... forma une cabale de gens qui sont tous morts fous.... Ils obligèrent M. de Beaufort à me faire beaucoup d'avances. Je les reçus avec respect, mais je n'entrai à rien ; je m'*en* expliquai même à Montrésor. (I, 223.)

Le Tellier refusa d'en faire la proposition à la cour ; Mme de Chevreuse le chargeant des conséquences, il y consentit, à condition que Mme de Chevreuse *en* écrivît, de son côté. (III, 152.)

Voyez I, 201, 227 et 261 ; II, 85, 105, 166 et 244.

3° En, de cela, par suite de cela :

Mon père n'étoit pas dans le dessein de me mener aux noces (*de Catherine de Gondi*), peut-être en vue de ce qui *en* arriva. (I, 92.)

Ces mêmes gens l'amusoient continuellement par des négociations ; il les croyoit tromper à tous les instants par la même voie. Ce qui *en* arriva fut qu'il s'en forma et qu'il s'en grossit une nuée. (III, 133.)

Au même temps, Mme de la Meilleraye plût à Monsieur le Cardinal, et au point que le Maréchal s'en étoit aperçu devant même qu'il partît pour l'armée. Il *en* avoit fait la guerre à sa femme, et d'un air qui lui fit croire d'abord qu'il étoit encore plus jaloux qu'ambitieux. (I, 134.)

Voilà à peu près ce que je dis à Monsieur le Comte. Il en parut touché. M. de Bouillon s'*en* mit en colère. (I, 156.)

Monsieur le Cardinal dit à Monsieur de Lisieux... que j'étois ami de tous ses ennemis, et Monsieur de Lisieux lui répondit : « Il est vrai, et vous l'*en* devez estimer. » (I, 200.)

Mon crime... étoit d'autant plus dangereux que je n'oubliois rien pour l'aggraver... par de grandes aumônes, par des libéralités très-souvent sourdes, dont l'écho n'*en* étoit quelquefois que plus résonnant. (I, 266.)

Il n'y en avoit pas un de tous ceux qui opinèrent... qui eût la moindre vue, je ne dis pas seulement de ce qui s'ensuivit, mais de ce qui *en* pouvoit suivre. (II, 59.)

Comme cette pièce ne se joua qu'après que l'on eût étalé un détail de prétentions, trop chimériques d'une part et trop solide de l'autre pour n'être que des prétextes, Saint-Germain ne les *en* appréhenda point. (II, 461.)

Ces tentatives... nous étoient bonnes, à M. de Bouillon et à moi.... M. de Bouillon croyoit qu'il *en* avanceroit toutes les négociations. (II, 466.)

Je ne voyois plus que des chanoines et des curés. La raillerie *en* étoit forte au Palais-Royal. (III, 304.)

Tant que la niche de premier ministre sera vuide, Monsieur le Prince *en* pourra prendre une grande force. (III, 317.)

4° En, servant à former diverses locutions :

Il se mit le premier à rire ;... presque toute la Compagnie *en* fit de même. (III, 469.)

Je proposai à M. le prince de Conti... d'*en* demeurer simplement et précisément dans ces termes. (II, 156.)

Ils viennent de donner un arrêt qui peut très-bien procurer la guerre civile ; et parce qu'ils n'y ont pas nommé le Cardinal,... ils croient que la Reine leur *en* doit de reste. (II, 74.)

Il y avoit dans ce monastère plus de quatre-vingts filles, dont il y *en* avoit plusieurs de belles et quelques-unes de coquettes. (I, 240.)

ENCENS, Donner l'encens ou de l'encens, Recevoir l'encens, au propre et au figuré :

Monsieur... commanda que l'on ôtât son drap de pied, il fit remettre le mien. On me *donna l'encens* devant lui. (I, 258.)

Ceux qui condamnèrent sa mémoire après sa mort auroient été les premiers à lui *donner de l'encens* durant sa vie. (V, 588.)

Vous voyez l'air qui fut donné à la conversation. Les courtisans commencèrent par le ridicule et Monsieur finit par un serment qu'il m'obligeroit d'aller à Notre-Dame prendre ma place et *recevoir l'encens* après lui. (I, 259.)

ENCHAÎNEMENT :

Presque tout ce qui y est contenu (*dans cet ouvrage*) n'est qu'un *enchaînement* de l'attachement que la Reine avoit pour M. le cardinal Mazarin. (III, 516.)

ENCHÉRIR sur :

M. d'Elbeuf fut doux comme un agneau, et il me parût qu'il *eût enchéri*, s'il eût osé, *sur* l'avis de M. de Bouillon. (II, 352.)

ENCLOS :

Nous avons une armée dans Paris, qui, tant qu'elle sera dans l'*enclos* des murailles, n'y sera considérée que comme peuple. (II, 281.)

La perte de ces deux places étoit imputée par le public à l'opiniâtreté que nous avions de tenir nos troupes resserrées dans l'*enclos* de nos murailles. (II, 296.)

ENCLOUURE :

Une des *enclouures* de notre grande affaire est la défiance où l'on est du dessein que l'on prétend que mes amis ont de contester les transports. (VIII, 148.)

ENCORE :

Qu'est-ce que pouvoient faire dans une compagnie composée de plus de deux cents officiers, et agissante avec trois autres compagnies où il y en avoit *encore* presque une fois autant, qu'est-ce que pouvoient faire, dis-je, deux des plus simples et des plus communes têtes de tout le corps? (II, 58.)

Encore que, quoique. (VI, 226.)

Pour encore, pour l'instant :

Le Coadjuteur en serreroit les mesures (*de cette alliance*) plus brusquement... qu'il ne convient *pour encore* à Votre Majesté. (III, 352.)

Mon sentiment est que nous ne rebutions pas des offres touchant le forfait, mais que nous ne les recevions pas aussi *pour encore*, afin d'en tirer davantage, s'il se peut. (VIII, 206.)

ENCOURAGER de :

Il *encourageoit* nos soldats *de* combattre. (V, 358.)

ENDORMIR, au figuré :

Ces succès contribuèrent beaucoup à la perte de Monsieur; car ils l'*endormirent*. (IV, 128.)

On affectera... de ne rien avancer dans un moment sur lequel on voit bien que l'on *n'est pas endormi*. (VII, 115.)

Voyez la note 11 à la page indiquée.

S'endormir, au figuré :

Le vieux Guitaut... dit... qu'il ne comprenoit pas comme il étoit possible de *s'endormir* en l'état où étoient les choses. (II, 22.)

Comme je ne *m'endormis* pas du côté de Rome, Caumartin ne *s'en-*

dormit pas du côté de Paris. (III, 146.)

Monsieur le Prince ne *s'endormoit* pas du côté de Guienne. (IV, 8.)

Le Parlement ne s'éveillera que trop en paroles contre le Cardinal; mais il *s'endormira* trop en effet. (IV, 56.)

Ne *vous endormez* pas sur ce sujet. (VIII, 38.)

Voyez I, 235 et 290; III, 137, 285 et 323.

ENDROIT :

Je n'ai jamais osé entamer avec M. de Lionne cette matière, qui, comme vous voyez, n'a pas été le plus bel *endroit* de sa vie. (III, 343.)

Je reconnois de bonne foi que je manquai beaucoup, en cet *endroit*, de la présence d'esprit qui y étoit nécessaire. (II, 419.)

Je me souviens que Barillon vous racontoit un jour cet *endroit*. (III, 243.)

J'insistai, il demeura ferme, et je connus encore, en cet *endroit*, qu'un homme qui ne se fie pas à soi-même ne se fie véritablement à personne. (III, 402.)

Ils firent peur à Monsieur;... ceux qui étoient à lui... ne manquoient pas de le prendre par cet *endroit*, qui étoit son foible, pour l'obliger de penser à sa sûreté. (I, 144.)

Cette entreprise (*contre la vie de Richelieu*)... ne m'a jamais plu.... L'ancienne Rome l'auroit estimée; mais ce n'est pas par cet *endroit* que j'estime l'ancienne Rome. (I, 148.)

Il avoit pensé, dès les premiers mouvements du Parlement, à pousser et à animer son ami (*Broussel*) pour se rendre considérable par cet *endroit* auprès des ministres. (II, 56.)

.... Que ce titre... me rendroit inutile à son service du côté de Monsieur et encore davantage de celui du peuple, qui étoient les deux *endroits* qui... lui étoient les plus considérables. (III, 308.)

M. le duc d'Orléans vit tout le bien qu'il pouvoit faire et une partie du mal qu'il pouvoit empêcher; mais... l'*endroit* par lequel il fut touché de l'un et de l'autre ne fut pas celui de la peur. (II, 96.)

En son endroit, envers lui :

De peur d'être soupçonné d'ingratitude *en son endroit*.... (III, 124.)

ENFERMER :

Ces avis, qui arrivoient de moment à autre, faisoient perdre inutilement ceux dans lesquels on peut dire que le salut de l'État étoit *enfermé*. (II, 22.)

Voilà... une partie de ce qu'*enferme*... le gouvernement épiscopal. (VI, 386.)

Ma méthode... est de ne rien admettre que ce qui *est enfermé* clairement dans la notion des termes dont je me sers. (IX, 225.)

ENFIN :

Elle (*Mme de Guémené*) en fut outrée, et moi plus qu'elle; car *enfin* il s'étoit contracté une certaine espèce de ménage entre elle et moi. (I, 133.)

Je me soutenois par la Sorbonne, par des sermons, par la faveur des peuples; mais *enfin* cet appui n'a qu'un temps. (II, 38.)

Chapelain, qui *enfin* avoit de l'esprit, ne pouvoit se lasser d'admirer ce grand événement (*l'arrestation de Beaufort*). (I, 234.)

La Reine, dont *enfin* je tiens ma dignité, auroit-elle sujet d'être contente de moi ? (II, 33.)

.... Pour les empêcher de prendre aucune confiance aux Frondeurs, dont *enfin* la principale considération consistoit en Monsieur. (III, 188.)

ENFLAMMER :

.... Les gens du Roi même forment et *enflamment* les exhalaisons qui produisent un aussi grand tonnerre. (IV, 63.)

ENGAGEANT, ENGAGEANTE :

Quoique je visse clairement que les raisons que je lui alléguois (*à Mazarin*) le touchoient, au point d'être certainement fâché d'avoir donné cet ordre devant que d'en savoir la conséquence, il se remit après un peu de réflexion, et il l'opiniâtra (*la Reine*) de la manière du monde la plus *engageante* et la plus désobligeante. (I, 252.)

Monsieur ajouta encore deux ou trois conditions aussi *engageantes*. (III, 94.)

ENGAGER :

L'imagination d'un assassinat d'un prêtre, d'un cardinal me vint à l'esprit.... J'eus honte de ma réflexion : j'embrassai le crime qui me parut consacré par de grands exemples.... *J'engageai*, dès le soir, Lannoi.... La Rochepot s'assura de la Frète. (I, 147.)

Je devois, de mon côté, me mettre à la tête des compagnies de Parmentier et de Guérin,... avec vingt-cinq gentilshommes que *j'avois engagés* par différents prétextes. (I, 173.)

M. de Brissac... me dit en riant : « Nous sommes de même parti ; je viens servir le Parlement. » Je crus que M. de Longueville... pouvoit *l'avoir engagé*. (II, 145.)

La Rivière... lui tourna la tête (*à Monsieur*), et... lui fit croire que je lui avois fait un outrage public.... Monsieur le Cardinal... blâma l'abbé de la Rivière *d'avoir engagé* Monsieur. (I, 260.)

Plus de cent mille hommes... étoient sortis en armes au premier bruit qui avoit couru que M. de Beaufort *étoit engagé*. (II, 218.)

ENGAGER À OU DE, suivi d'un infinitif :

Ces diables de bonnets carrés sont-ils enragés de *m'engager* ou *à* faire demain la guerre civile, ou à les étrangler eux-mêmes ? (II, 84.)

.... Mes Grands Vicaires, que tout le Clergé de France s'est trouvé *engagé de* soutenir. (VI, 274.)

La paix glorieuse que vous avez donnée à l'Univers... vous *engage... de* ne pas refuser à l'Église, dans la tranquillité publique, ce que la grandeur de votre âme vous a fait accorder à l'État dans le bruit le plus éclatant de vos armes. (VI, 423.)

S'ENGAGER DE :

Je *m'engageois.... de* me déclarer et *de* faire déclarer le peuple. (II, 75.)

Ames pieuses qui *vous êtes engagées d*'imiter particulièrement la charité de Saint Charles.... (IX, 105.)

Voyez II, 125, 333, 523 et 540.

ENGAGER À, suivi d'un nom de personne ou de chose :

.... Je *lui engageois* ma foi et ma parole que nous ne recevrions aucune proposition de la cour. (III, 176.)

Comme d'ailleurs nous considérions que le Parlement *étoit si engagé à* la liberté de Messieurs les Princes, et que le Premier Président même s'étoit si hautement déclaré qu'il n'y avoit plus lieu de craindre qu'il pussent, ni l'un ni l'autre, faire le pas en arrière, nous crûmes qu'il n'y avoit plus de péril que Monsieur s'ouvrît, ou du moins que le peu de péril qui y restoit ne pouvoit pas contre-peser la nécessité que nous trouvions à *engager* Monsieur lui-même. (III, 220.)

S'ENGAGER À :

.... Que vous ne soyez pas dans la liste de ceux *à* qui je *m'engagerai*. (II, 438.)

Le Parlement... se sentoit trop *engagé à* l'exclusion du Mazarin pour en souffrir le rétablissement. (IV, 39.)

ENGAGER AVEC :

La mère (*de la jeune fille?*) s'en aperçut ; elle avertit mon père, et l'on me ramena à Paris assez brusquement. Il ne tint pas à moi de me consoler de son absence avec Mme du Châtelet ; mais comme elle *étoit engagée avec* le comte d'Harcourt, elle me traita d'écolier. (I, 87.)

Il y a beaucoup de gens de qualité qui *sont engagés avec* moi et qui serviront la Reine en cette occasion. (III, 10.)

S'ENGAGER AVEC :

Je pris le parti de faire voir par Saint-Ibar aux Espagnols, sans *m'engager* pourtant *avec* eux, que j'étois fort résolu à ne pas souffrir l'oppression de Paris. (II, 63.)

Les intentions de Fuensaldagne... étoient de *s'engager avec* nous, pourvu qu'il fût assuré, de son côté, que nous *nous engageassions avec* lui. (II, 237 et 238.)

Nous étions tout à fait résolus de *nous engager avec* eux (*avec les envoyés de l'Archiduc*) pour la paix générale, mais... nous croyions qu'il seroit beaucoup mieux d'y engager aussi le Parlement. (II, 346.)

ENGAGER DANS :

.... Qui est même contraint de refuser les effets de la charité qu'on pourroit avoir pour lui, pour ne pas *engager dans* la persécution ceux qui auroient la bonté de les lui rendre. (VI, 345.)

S'ENGAGER DANS :

.... N'y ayant pas un homme sage qui pût *s'engager dans* une cohue de cette nature. (II, 102.)

.... Des sujets, qui *s'engagent* ainsi plus volontiers *dans* la conduite de ceux qui les gouvernent. (VII, 8.)

ENLÈVEMENT :

Le Parlement... étoit aigri par l'*enlèvement* de Turcan et d'Argouges, conseillers au grand conseil, que la cour fit prendre la nuit. (I, 311.)

ENLEVER, acceptions diverses :

Ils m'insinuèrent que Monsieur pourroit bien venir aux voies de fait, et me faire *enlever* par ses gardes, pour me faire mettre à Notre-Dame au-dessous de lui. (I, 261.)

Comminges, lieutenant des gardes de la Reine, *enleva* dans un carrosse fermé le bonhomme Broussel, conseiller de la grande chambre, et il le mena à Saint-Germain. (II, 12.)

L'on pensoit peut-être à *enlever* quelqu'un par cette porte. (II, 42.)

Nous avions voulu *enlever* la personne du Roi et la mener en l'Hôtel de Ville. (II, 562.)

Aussitôt que Monsieur le Prince fut arrêté, M. de Boutteville... passa sur le pont Notre-Dame à toute bride, en criant au peuple que l'on venoit d'*enlever* M. de Beaufort. (III, 20.)

Des gens armés... l'*enlèvent* dans une Prison sans aucune forme. (VI, 259.)

J'obligerai... Monsieur le Prince de sortir de Paris devant qu'il soit huit jours, et je lui *enlèverai* Monsieur dès demain. (III, 315.)

Il (*Mazarin*) amusa nos généraux, cependant qu'il envoyoit huit cent mille livres, qui *enlevèrent* à M. de Turenne son armée. (II, 375.)

Quand vous serez à la guerre, vous n'*enlèverez* point de quartier, de peur d'y assassiner des gens endormis. (I, 146.)

Il *avoit enlevé*, à Brives, la compagnie de gendarmes de M. le prince Thomas. (III, 50.)

S'ENLEVER :

La raison demeurant en sa place et en son siége ne sauroit atteindre si haut ; il faut qu'elle le quitte, qu'elle *s'enlève*.... (IX, 150.)

ENQUERIR (S') si :

Je *me suis enquis* soigneusement de l'abbé de Cassagne *si* on ne lui avoit point auparavant envoyé quelque chiffre. (VII, 213.)

ENRAGER :

Elle ne s'en moqua plus, mais elle faillit à en *enrager*. (I, 110.)

Je fis débotter Saint-Ibar, qui faillit à en *enrager*. (II, 76.)

Enragé :

Le marquis de Nangis,... *enragé* contre la Reine et contre le Cardinal pour un sujet que je vous dirai incontinent, fut fort tenté d'entrer dans la cabale des Importants. (I, 227.)

Je sortis ainsi du Palais-Royal; et quoique je fusse ce que l'on appelle *enragé*, je ne dis pas un mot, de là jusques à mon logis, qui pût aigrir le peuple. (II, 31.)

Le Premier Président fit voir à la Reine toute l'horreur de Paris armé et *enragé*. (II, 50.)

Les peuples *enragés* ne pouvoient pas ne pas s'attacher au premier objet. (II, 147.)

Monsieur,... dans le fond du cœur, étoit *enragé* contre la cour. (III, 305.)

.... La rébellion la plus *enragée* qui ait jamais brisé couronne. (V, 294.)

ENRHUMER :

Je suis.... cruellement *enrhumé*. (VIII, 284.)

Je suis toujours assez *enrhumé*. (VIII, 286.)

ENRICHIR :

Je ne doute pas que vous n'*enrichissiez* fort cette affaire et que votre esprit et votre zèle ne vous fournissent mille autres belles raisons. (VIII, 88.)

ENSEIGNEMENT :

J'ai aujourd'hui donné la provision du prieuré à Gaultray; je vous prie de lui envoyer toutes les pièces nécessaires et tous les *enseignements* que vous en pouvez avoir. (VIII, 512.)

ENSEMBLE, en même temps :

Nous ferions nos affaires *ensemble* et celles du public. (II, 84.)

ENSEVELIR, au figuré :

Je demeurerois encore *enseveli* dans un respectueux silence. (VI, 440.)

On oublie ou plutôt on *ensevelit* criminellement l'usage de l'ancienne Église. (VI, 365.)

La Providence de Dieu a fait naître Saint Charles Borromée sur la fin de ces fameuses guerres dans lesquelles les deux plus puissants et plus ambitieux monarques de l'Europe *avoient enseveli* toute l'Italie. (IX, 85.)

Ils lui proposèrent (à Mazarin)... le mariage de son neveu... avec ma nièce. Il y donna de tout son cœur. Je m'en éloignai à proportion... parce que je ne me pouvois résoudre à *ensevelir* ma maison dans celle de Mazarin. (III, 51.)

La vérité... éclate même par les actions de ceux qui la veulent *ensevelir*. (V, 233.)

Voyez encore III, 501; V, 107 et 223.

ENSUITE DE :

Des séculiers... déclarent mon siége vacant, et vous ordonnent, *ensuite de* cette vacance prétendue, de nommer... des grands vicaires pour gouverner mon diocèse. (V, 119.)

ENSUIVRE (S') :

L'on ne voulut pas quitter les armes que l'effet ne *s'en fût ensuivi*. (II, 54.)

Il n'y en eut pas un... qui eût la moindre vue, je ne dis pas seulement de ce qui *s'en ensuivit* mais de ce qui en pouvoit suivre. (II, 59.)

Cela ne sera pas vrai, mais

comme l'effet s'en *ensuivra*, cela sera cru. (III, 120.)

ENTAMER :

Dès le lendemain que la déclaration fut publiée,... elle *fut entamée* et altérée. (II, 97.)

Je ne pouvois pas m'imaginer que Monsieur, qui m'avoit témoigné des appréhensions mortelles du manquement de secret, fût capable de s'y laisser *entamer* par l'homme du monde qu'il connoissoit pour en avoir le moins. (III, 187.)

Je m'éblouis d'abord à la vue du bâton, qui me parut devoir être d'une figure plus agréable, quand il seroit croisé avec la crosse ; et le Cardinal, ayant fait son effet, qui étoit de m'*entamer* dans le public sur l'intérêt particulier, sur lequel il n'avoit pu jusque-là prendre sur moi le moindre avantage, rompit l'affaire. (II, 93.)

ENTENDRE, comprendre ; connaître ; vouloir dire, etc. :

Les conférences pour M. de Turenne furent suivies de l'explication des Épîtres de saint Paul, que le bon homme (*l'évêque de Lisieux*) étoit ravi de me faire répéter en françois, sous le prétexte de les faire *entendre* à Mme de Vendôme et à ma tante de Maignelais. (I, 195.)

Notre affaire, en beaucoup de choses, avoit l'air de n'être pas publique, quoiqu'elle ne fût pas cachée. Cela paroît galimatias ; mais il est de ceux que la pratique fait connoître quelquefois et que la spéculation ne fait jamais *entendre*. (I, 241.)

Je lui représentai (*à Mazarin*) les raisons et les exemples. Je lui dis qu'étant son serviteur aussi particulier que je l'étois, j'espérois qu'il me feroit la grâce de les faire *entendre* à la Reine. (I, 252.)

La Reine rougit à ce mot, et elle s'écria : « Je vous *entends*, Monsieur le Coadjuteur ; vous voudriez que je donnasse la liberté à Broussel. » (II, 23.)

Longueil... étoit l'homme du monde qui *entendoit* le mieux le Parlement. (II, 574.)

La botte est belle, vous l'*entendez* mieux que nous. (III, 330.)

Il lui répéta cette demande trois ou quatre fois.... Elle comprit à la fin ce qu'il *entendoit* et elle lui dit : « Je vous *entends*. » (III, 124.)

Voyez I, 248, 252 et 256 ; II, 19, 56, 95, 200, 255, 259, 269, 330, 337, 348, 383, 390, 421, 435, 439 et 500 ; III, 250 et 367.

ENTENDRE, ENTENDRE DE, suivi d'un infinitif :

Monsieur le Cardinal dit à Monsieur de Lisieux... que j'étois ami de tous ses ennemis, et Monsieur de Lisieux lui répondit : « .... J'ai observé que ceux dont vous *entendez* parler étoient tous ses amis devant que d'être vos ennemis. » (I, 200.)

S'il ne prouve que ce qu'il *entend de* prouver.... (IX, 244.)

ENTENDRE À, suivi d'un substantif ou d'un infinitif :

Il s'éleva un cri, plutôt qu'une voix publique, qui ordonna au président de Bellièvre d'écrire expressément au Premier Président de n'*entendre à* aucune proposition nouvelle. (II, 368.)

Elle n'approuva pas celui (*le moyen*) que je lui proposai.... Elle n'y voulut jamais *entendre*. (III, 337.)

.... L'engagement public qu'il prenoit... de n'*entendre* jamais... à aucune négociation. (IV, 48.)

Monsieur n'a pas voulu *entendre* à ce parti. (IV, 126.)

Monsieur le Prince n'a jamais voulu *entendre* à lui rendre ses places. (V, 244.)

SE LAISSER ENTENDRE :

Encore ne fut-elle obtenue (*l'amnistie*) que sur ce que je *me* laissai *entendre* que, si l'on ne l'accordoit pas, je poursuivrais à toute rigueur la justice contre les témoins.... (III, 33.)

ENTÊTEMENT :

L'*entêtement* qu'il avoit sur ce point étoit inconcevable. (III, 252.)

Monsieur ne reçut ce que je lui dis... que comme un effet de l'*entêtement* qu'il croyoit que nous avions...contre Monsieur le Prince. (III, 402.)

Cet *entêtement* pour des bagatelles.... (II, 205.)

M. de Noirmoutier fit, pour justifier son ingratitude, ce que M. de Montrésor n'avoit fait que pour flatter l'*entêtement* qu'il avoit pour Mlle de Guise. (V, 140.)

ENTÊTER :

Bellegarde... fit peu de résistance au Roi, qui revint... tout couvert de lauriers. La senteur en *entêta* un peu trop le Cardinal. (III, 29.)

Le cardinal,... *entêté*... de sa capacité pour le gouvernement d'une armée,... sortit... assez brusquement de Paris. (III, 195.)

Voyez encore III, 48.

ENTOUR (À L') DE :

Je n'ai que des traîtres ou des poltrons *à l'entour* de moi.... (III, 381.)

ENTOXIQUER, dans le jargon attribué au duc de Beaufort :

Voici d'étranges incidents, et qui sont capables d'*entoxiquer* les gens. (V, 207.)

Voyez tome V, p. 207, note 1.

ENTRAILLES :

Je vous conjure, par les *entrailles* de la Charité épiscopale, de m'obtenir de Dieu une patience invincible. (VI, 413.)

ENTRE, parmi, au milieu de :

Qui eût dit, trois mois devant la petite pointe des troubles, qu'il en eût pu naître dans un État où la maison royale étoit parfaitement unie... eût passé pour insensé, je ne dis pas dans l'esprit du vulgaire, mais je dis *entre* les Estrées et les Senneterres. (I, 293.)

Le bon homme Broussel étoit vieilli *entre* les sacs. (II, 58.)

Le Pape, faisant des plaintes *entre* ses plus proches de la manière dont l'ambassadeur d'Espagne parle dans le monde.... (VII, 180.)

ENTRE AUTRES :

On donnoit tout, on ne refusoit rien ; et Mme de Beauvais, *entre autres*, eut permission de bâtir dans la place Royale. (I, 231.)

ENTREDONNER (S') :

Si le riche et le pauvre... ne marchoient de compagnie, s'ils ne *s'entredonnoient* la main, ils n'arriveroient jamais où ils veulent aller. (IX, 169.)

ENTRÉE, commencement :

.... Dès l'*entrée* de la Régence. (III, 518.)

FAIRE ENTRÉE À :

Je voyois le peuple de Paris aussi disposé à *faire entrée à* l'Archiduc qu'il l'eût pu être à recevoir M. le duc d'Orléans. (II, 428.)

ENTREFAITES (DANS CES) :

De Sourches exécuta, *dans ces entrefaites*, sa commission. (III, 262.)

ENTREMETTRE (S') DE, S'ENTREMETTRE POUR :

M. le duc d'Orléans (*seroit*) prié de *s'entremettre* de l'accommodement. (III, 509.)

.... En suppliant... Monsieur de *s'entremettre pour* l'accommodement. (III, 394.)

ENTREPARLER (S') :

Si nous ne savons pas la force

ni la signification des mots, quand nous *nous entreparlons*.... (IX, 174.)

ENTREPRENDRE, actif :

Quoique mes proches mêmes s'y opposassent,... je suivis mon dessein : *j'entrepris* la carrière, et je l'ouvris avec succès. (I, 111.)

Mon imagination me fournissoit toutes les idées du possible ; mon esprit ne les désavouoit pas, et je me reprochois à moi-même la contrariété que je trouvois dans mon cœur à les *entreprendre*. (II, 6.)

M. de Machaut-Fleury... voulut m'*entreprendre*, mais il fut hué comme il faut. (VIII, 71.)

ENTREPRENDRE, absolument :

Je crus pouvoir *entreprendre* avec honneur et sans être blâmé. (II, 37.)

Eux qui m'avoient, je crois, cinquante fois en leur vie, persécuté pour *entreprendre*, me firent à cet instant des leçons de modération. (II, 39.)

ENTREPRENDRE SUR :

Il (*le roi d'Espagne*) avoit fait avancer... dix-huit mille hommes sur la frontière,... avec ordre... de ne rien *entreprendre sur* les places du Roi Très-Chrétien. (II, 252.)

.... Pour l'empêcher (*pour empêcher Mazarin*) d'*entreprendre sur* la liberté de Monsieur. (III, 155.)

Angerville... vint de Bordeaux, en dessein d'*entreprendre sur* moi. (IV, 231.)

ENTREPRISE :

J'avois orné de mille belles couleurs une *entreprise* que le Cardinal avoit fait faire sur lui par du Hamel. (II, 192.)

Le 24, MM. de Beaufort et de la Mothe sortirent pour une *entreprise* qu'ils avoient formée sur Corbeil. Elle fut prévenue par Monsieur le Prince, qui y jeta des troupes. (II, 211.)

L'on se servoit, à Saint-Germain, de la crédulité de ces deux hommes... pour couvrir une *entreprise* que l'on y avoit formée sur Paris. (II, 220.)

ENTRER :

Nous lui fîmes voir notre plan et la facilité de l'exécution. Il la comprit, il y *entra*. (II, 162.)

Il s'atêta au président de Mesme et au Premier Président sur le sujet d'un certain la Raillière, partisan fameux qu'il faisoit *entrer* dans tous ses avis. (II, 250.)

Je trouvois si peu de sûreté, pour moi-même aussi bien que pour tout le reste du parti, en la conduite que l'on prenoit, que je ne me pouvois résoudre à y *entrer*. (II, 357.)

Ceux qui croient que les petits intérêts... furent l'unique cause de son changement ne se trompent guères moins. La vue d'être l'arbitre du cabinet y *entra* assurément, mais elle ne l'eût pas emporté sur les autres considérations. (II, 113.)

La cour ne manqua pas de se servir... de cette occasion pour *entrer* en traité. (II, 288.)

.... Les velléités que je lui voyois de temps en temps, d'*entrer* dans les ouvertures que je lui faisois. (III, 389.)

Elle ne se brouilloit point avec le garde des sceaux en contribuant à me brouiller avec la cour, non pas par aucune pièce qu'elle m'y fît,... mais en *entrant* dans les moyens de m'en éloigner. (III, 138.)

Nous *entrâmes* aisément dans les mêmes pensées. (I, 138.)

Il étoit de la bonne conduite de laisser quelqu'un dans le parti, qui... parût n'*entrer* en rien avec l'Espagne. (II, 243.)

M. de Beaufort... forma une cabale de gens qui sont tous morts fous.... Ils obligèrent M. de Beaufort à me faire beaucoup d'avances. Je les reçus avec respect, mais je m'*entrai* à rien. (I, 223.)

La Reine, qui ne pouvoit souffrir que l'on donnât la moindre atteinte à la conduite de M. le cardinal Mazarin, *entra* en raillerie, et de bonne foi, d'un mot que j'avois dit de lui. (III, 511.)

Novion *entra* en soupçon que je n'eusse moi-même du concert avec la cour. (II, 65.)

Si vous *entrez*, par complaisance, dans leurs pensées, vous *entrez* en part de la haine publique. (II, 107.)

Il *entra* bonnement avec moi sur les raisons qu'il avoit eues de ne pas pousser les affaires. (II, 540.)

Mandez-moi, je vous supplie, en quel temps le nouveau semestre du Grand Conseil doit *entrer* (*commencer*). (VIII, 425.)

ENTRE-TEMPS, substantif :

Il le prie de venir à Paris ;... et,... dans l'*entre-temps* de sa venue, lui et Longueil... se font envoyer de la cour un ordre de se rendre auprès du Roi pour y faire leurs charges. (V, 410.)

Dans ce petit *entretemps*, tout étoit dans le calme et dans le repos. (VI, 167.)

ENTRETÈNEMENT :

Les possessions et les terres de l'Église ont succédé à ces premières oblations des fidèles, et tiennent lieu de ce qu'ils donnoient pour l'*entretènement* de leurs Pasteurs. (VI, 351.)

ENTRETENIR :

Étant trop habile homme pour ne pas voir qu'un souverain dans Gênes ne pouvoit plaire au conseil d'Espagne, il vouloit seulement l'*entretenir* (*l'entretenir dans sa confiance*) par une modération apparente. (V, 511.)

Voyez la note 2 de la page indiquée.

S'ENTRETENIR :

Il se croira obligé... de s'*entretenir* avec soin dans le Parlement et parmi le peuple. (III, 385.)

ENVAHIR :

.... Ceux (*les évêques*) qui sont entrés sans vocation, et qui *ont envahi* leur dignité. (VI, 212.)

ENVELOPPER :

Le troisième fait est si honteux et si infâme, que je n'ose vous l'écrire, et je me suis contenté d'en rendre compte, en l'*enveloppant*, à Monsieur l'Ambassadeur. (VII, 307.)

S'ENVELOPPER :

Il s'en forma une nuée, dans laquelle les Frondeurs *s'enveloppèrent* eux-mêmes à la fin. (III, 133.)

Je m'*enveloppai* pour ainsi dire dans mon devoir. (II, 32.)

Voyez encore la même expression, III, 135.

Il n'y en avoit point d'autre (*de parti*) que de *nous envelopper* dans notre innocence. (II, 564.)

Je m'*enveloppai*,... pour ainsi dire, dans mes grandes dignités. (IV, 219.)

Nous *nous étions enveloppés* dans la meilleure et la plus juste affaire du monde. (II, 553.)

ENVENIMER, au figuré :

Le respect que j'eus pour M. le cardinal Mazarin... alla jusques à la patience. J'en eus encore plus de besoin,... dans une occasion que son ignorance lui fournit d'abord, mais que sa malice *envenima*. (I, 249.)

La calomnie... s'efforce tous les jours de faire passer les services que je rends à Votre Majesté pour des crimes, jusques là même qu'elle n'a pas eu honte d'*envenimer*... la vigueur avec laquelle j'ai soutenu les droits et l'honneur de votre couronne. (VI, 306.)

Monsieur le Prince... parut fort *envenimé* contre nous le lendemain. (II, 569.)

Voyez I, 295; III, 10, 143, 152 et 535.

ENVERS, adverbe :

.... Etant montés à cheval à cet effet, sur les sept heures du soir, et y ayant demeuré jusques à onze *envers*. (VIII, 60.)

ENVERS, préposition :

Je vous supplie, Messieurs, de m'accorder vos prières *envers* Dieu, afin que je me puisse acquitter de mes obligations. (VI, 303.)

ENVIE (latin *invidia*) :

Le président de Mesme n'avoit rien oublié pour jeter sur moi toute l'*envie* de la collusion avec les ennemis de l'État. (II, 253.)

Jamais homme n'a été plus éloigné... d'employer ces sortes de moyens ; il n'y en a jamais eu un seul sur qui il fût plus aisé d'en jeter l'*envie* et les apparences. (IV, 207.)

Les rois... ont rendu les parlements dépositaires de leurs ordonnances, particulièrement pour se décharger d'une partie de l'*envie* et de la haine que l'exécution des plus saintes et même des plus nécessaires produit quelquefois. (I, 278.)

Nous ordonnerons des taxes, nous lèverons de l'argent (*comme le Parlement*), et il n'y aura qu'une différence, qui sera la haine et l'*envie* que nous contracterons dans le tiers de Paris. (II, 278.)

ENVIER à :

Il supprime cet ouvrage de piété ; il *envie à* la dévotion du peuple cette exhortation paternelle. (VI, 236.)

ENVISAGER :

L'on n'*envisagea* plus le Roi hors de Paris que pour l'y ramener. (II, 73.)

ÉPAISSIR :

La faveur des peuples... ne lui paroîtra plus (*à cette compagnie, c'est-à-dire au Parlement*) une fumée, dès qu'elle la verra animée et comme *épaissie* par une armée qu'elle ne croira plus entre ses mains. (II, 284.)

S'ÉPAISSIR :

Ils laissèrent toujours, dans Paris, un air de parti contraire, qui ne manque jamais de *s'épaissir* quand il est agité par les vents qu'y jette l'autorité royale. (IV, 211.)

ÉPERON (COUP D'), au figuré :

Il n'étoit pas fâché que le Parlement lui donnât des *coups d'éperon*. (III, 206.)

ÉPINEUX :

L'union de ces deux qualités dans un même homme rend son commerce difficile et *épineux*. (III, 140.)

.... Cette occasion très-*épineuse* en elle-même. (III, 397.)

Dans les affaires les plus *épineuses* dans leurs plus pressantes afflictions.... (IX, 180.)

ÉPISCOPAL :

.... La lettre... d'un Archevêque... adressée à tous les Evêques de France, sur le sujet du monde le plus ecclésiastique et le plus *épiscopal*. (IV, 390.)

Voyez V, 76, 119 et 624 ; VI, 61 et 349.

ÉPOUSE :

Un de nos confrères (*un évêque*)... a été séparé de son *Épouse* (*de son église*) avec des formes absolument contraires aux droits et aux libertés de l'Eglise Gallicane. (IX, 30.)

ÉPROUVER :

Il voulut que j'*éprouvasse* l'aventure, qu'il tenoit fort incertaine. (III, 225.)

ÉQUIVOQUE, adjectif :

La question est *équivoque*, parce que la solution en dépend purement de ce que chacun a dans l'esprit. (IX, 224.)

Voyez III, 199; V, 100; VII, 29.

Équivoque, masculin :

Les questions dont il s'agissoit ne consistoient qu'en de purs *équivoques*. (III, 118.)

Les disciples de Descartes ont si nettement éclairci l'*équivoque* qui paroissoit dans le commencement de cette contestation, que je me rends sans balancer à leur sentiment. (IX, 243.)

Dom Robert tombe dans un second *équivoque*. (IX, 247.)

Voyez VII, 84, 85, 86, 104 et 205.

Prendre l'équivoque :

L'arrêt du Parlement n'étant fondé que sur ces trois suppositions qui sont toutes fausses, l'on ne pouvoit douter que cette Compagnie n'*eût pris l'équivoque* et n'eût agi sur de faux principes. (VII, 55.)

Voyez la note 3 à la page indiquée.

Il me paroissoit... beaucoup plus juste de croire que Rome *avoit pris l'équivoque*,... qu'il ne me sembloit raisonnable de dire que la France *eût pris* elle-même *cet équivoque* en croyant que.... (VII, 56.)

Voyez encore VII, 85.

ERTE (À L'), alerte, sur ses gardes :

Miron, que j'avois prié d'être à *l'erte*.... (II, 395.)

Soyez *à l'erte*; je gage que l'on se voudra bientôt servir de Mlle de Chevreuse pour nous brouiller. (III, 66.)

Voyez la note 1 de la page indiquée.

Il étoit nécessaire d'être fort à *l'erte*. (III, 177.)

A l'erte! cet homme nous peut échapper à tous les moments. (III, 96.)

Ès, en les :

J'ai mandé à Chevincourt de remettre *ès* mains de M. de Lorraine les titres qu'il a. (VIII, 186.)

.... Ordonné que les Présentes seront... publiées *ès* prônes des Paroisses de cette Ville. (IX, 49.)

Bien que... les députés d'icelle (*de cette province*) ayent eu rang, séance et voix délibérative *ès* dites assemblées.... (IX, 47.)

ESCADRON volant :

Il faudroit que les Espagnols eussent gagné une bataille pour venir à Vincennes; et quand ils l'auroient gagnée, il faudroit qu'ils eussent des *escadrons volants* pour l'investir, devant que l'on eût eu le temps d'en tirer Messieurs les Princes. (III, 117.)

L'escadron volant, ou simplement l'escadron, nom donné à un groupe de cardinaux :

Celle d'Espagne (*la couronne d'Espagne*)... fut celle aussi qui éclata le plus contre cette indépendance de *l'escadron volant* : c'est le nom que l'on donna à ces dix cardinaux que je viens de vous nommer. (V, 18.)

Voyez la note 1 de la page indiquée.

Ce qu'il vous a plu m'écrire, que vous jugiez à propos que je me ménageasse avec *l'escadron*, a fait que j'ai nommé le cardinal Imperiale. (VII, 18.)

Voyez la note 3 à la page indiquée.

Les cardinaux de *l'escadron* n'avoient pas rendu à Madame sa femme les mêmes civilités que l'ambassadrice d'Espagne en avoit reçues. (VII, 302.)

ESCARMOUCHE :

Comme je vis que la Compagnie s'échauffoit et s'ameutoit contre le président de Mesme, je sortis, sous je ne sais quel prétexte, et je dis à Quatresous... d'entretenir l'*escarmouche*. (II, 249.)

Voyez II, 216; III, 333 et 398.

Attacher l'escarmouche, ou

UNE ESCARMOUCHE, engager une bataille, au figuré :

Il eût bien voulu... n'*avoir* point *attaché* cette *escarmouche*. (II, 358.)

Voyez la note 2 de la page indiquée.

Je croyois que... il étoit de la bonne conduite que cette *escarmouche... s'attachât* plutôt par M. de Beaufort que par moi. (II, 488.)

ESCARMOUCHER (S') :

Aucun des partis ne se pouvoit attaquer, parce qu'aucun ne se vouloit exposer à l'autre.... L'on se regarda et l'on *s'escarmoucha* tout le jour. (II, 216.)

ESCARMOUCHEUR :

Noirmoutier... sortit avec cinq cents chevaux... pour pousser des *escarmoucheurs* des troupes que nous appelions du Mazarin, qui venoient faire le coup de pistolet dans les faubourgs. (II, 170.)

ESCOPETTERIE, décharge d'escopettes, au figuré :

Monsieur, qui n'avoit plus de peur, parce qu'il avoit reçu plus d'acclamations... qu'il n'en avoit jamais eu, et à qui Coulon avoit dit à l'oreille que l'*escopetterie* des Enquêtes ne seroit pas moins forte.... (III, 266.)

ESPÈCE :

Vous avez de la curiosité de savoir... quelle a été la machine qui... a entretenu et maintenu ce mouvement dans une *espèce* d'équilibre. (II, 55.)

L'on demeureroit... dans une *espèce* de repos. (II, 64.)

C'étoit au moins une *espèce* de bonheur que la nouvelle de la désertion des troupes de M. de Turenne fût arrivée devant que l'on eût exécuté ce que l'on avoit résolu de proposer au Parlement. (II, 420.)

Cet homme venoit de rencontrer, par hasard,... deux *espèces* d'officiers qui parloient ensemble. (II, 40.)

Ce ne fut plus (*Monsieur le Prince ne fut plus*) celui qui venoit de défaire les troupes du Roi, ce fut celui qui venoit à Paris pour s'opposer au retour du Mazarin. Ces *espèces* se confondirent même dans l'imagination de ceux qui eussent juré qu'elles ne s'y confondoient pas. (IV, 200.)

ESPÈCE, masculin :

Cet *espèce* de silence religieux et sacré.... (II, 105.)

C'est évidemment l'idée de *silence*, mot masculin, qui a entraîné le genre du pronom.

BROUILLER LES ESPÈCES, embrouiller les choses, empêcher d'y voir clair :

Elle s'en servit très-finement, cinq ou six jours durant, pour *brouiller les espèces*, que l'impétuosité de Viole avoit un peu trop éclaircies. (III, 188.)

Voyez le Dictionnaire de Littré et la note 3 de la page indiquée.

La multitude d'intérêts différents qui en agitoient... le corps (*du parti*),... en *brouilloit* si fort... toutes *les espèces*, que je n'y connoissois presque rien.... (III, 461.)

Les affaires *brouillent les espèces*. (II, 38.)

Mais l'on peut tout concilier, dit M. de Bouillon, qui fut bien aise de *brouiller les espèces* et de prévenir la conclusion de ce que j'avois commencé. (II, 389.)

ESPÉRER à :

J'ai reçu votre lettre du 25 de ce mois qui m'a trouvé encore avec un peu de foiblesse ; il faut *espérer au* beau temps. (VIII, 552.)

ESPÉRER DE :

J'étois fort résolu... d'attendre le retour de Monsieur le Prince,... auquel j'*espérois de* pouvoir faire connoître et la grandeur du mal et la nécessité du remède. (II, 64.)

M. de Beaufort *espéroit de* tirer du Vendômois et du Blaizois soixante gentilshommes. (II, 592.)

On ne parla... que des facilités que l'on *espéroit d*'y trouver. (V, 137.)

Voyez III, 86; VI, 274 et 399; VII, 182; VIII, 447. Comme exemple d'*espérer* suivi d'un infinitif sans *de*, voyez VII, 93.

ESPIONNE :

Ce misérable avoit des conférences secrètes avec Mme d'Empus,... *espionne* avérée du Mazarin. (II, 558.)

ESPRIT :

Quand nous nous serons mis en la place du Parlement, quand nous aurons ruiné son autorité dans les *esprits* de la populace.... (II, 278.)

Cet homme (*le président le Coigneux*), qui étoit fou, mais qui avoit beaucoup d'*esprit*,... me répondit.... (II, 66.)

Il (*M. de Beaufort*) se croyoit habile, et c'est qui le faisoit paroître artificieux, parce que l'on connoissoit d'abord qu'il n'avoit pas assez d'*esprit* pour être fin. (II, 177.)

M. le cardinal Mazarin, qui avoit beaucoup d'*esprit*, mais qui n'avoit point d'âme.... (II, 503.)

La frayeur du lieutenant civil se glissa, je crois, par contagion, dans leur imagination, dans leur *esprit*, dans leur cœur. (II, 23.)

Le fond de l'*esprit* du Parlement est la paix. (II, 385.)

Il (*Mazarin*) plut... à Richelieu, qui le fit cardinal, par le même *esprit*, à ce que l'on a cru, qui obligea Auguste à laisser à Tibère la succession de l'Empire. (I, 285.)

Voyez la note 4 de la page indiquée.

Tout se disoit et tout se faisoit dans l'*esprit* des procès. (II, 59.)

Esprit de classe, Esprit de négociation :

Ce maudit *esprit de classe* dont je vous ai déjà parlé les saisit. (II, 83.)

Il y a eu des moments où M. de Bouillon a manqué des coups décisifs, par lui-même et par le pur *esprit de négociation*. (II, 477 *et* 378.)

ESSAYER à :

.... Pour *essayer* à accorder avec la foi l'opinion du positif dans le péché. (IX, 341.)

Ailleurs, *essayer de* (I, 260, etc.)

ESSENTIEL :

J'ai sujet d'espérer... que vous la regarderez (*ma démarche*) comme la marque la plus *essentielle* que je vous puis donner de mon respect. (VI, 286.)

.... Jusqu'à ce que j'aie trouvé les occasions de lui donner des preuves *essentielles* de cette vérité. (VI, 441.)

La force que les membres doivent tirer du chef est... *essentielle*. (VI, 425.)

.... Un prince dont les deux qualités *essentielles* étoient d'avoir toujours peur et de ne se fier jamais à personne. (III, 135.)

Le privilége de s'assembler étoit *essentiel* au Parlement. (II, 365.)

ESSOR (Prendre l') :

Donnez, Madame, à Monsieur le Prince toutes les déclarations d'innocence qu'il voudra ; tout est bon pourvu que vous l'amusiez et que vous l'empêchiez de *prendre l'essor*. (III, 525.)

Ton Roi... use d'une bonté de maître, au lieu qu'ils *ont pris l'essor* des tyrans. (V, 431.)

ESSUYER, supporter :

Je vous supplie... d'avoir la bonté d'*essuyer* encore deux ou trois historiettes de même nature, après lesquelles je fais état d'entrer dans des matières et plus importantes et plus agréables. (I, 257.)

Cette manière humble et modeste de répondre à cent mots aigres et piquants que j'avois essuyés... et du Premier Président et du président de Mesme.... (II, 256.)

Faites réflexion... ce que c'étoit pour moi que d'*essuyer* l'envie et de soutenir la haine d'un nom aussi odieux que l'étoit celui du Mazarin. (III, 135.)

ESTAFETTE, masculin :
L'*estafette* que j'avois dépêché, le même jour, à Florence.... (VII, 362.)

ESTAFIER, domestique armé, portant la livrée et un manteau :

Un de mes *estafiers*... eut, hier au soir, un démêlé avec un portier de la comédie, et fut pris prisonnier par les sbires. (VII, 162.)

Voyez la note 20 à la page indiquée.

.... Que... je donnasse congé à mon *estafier*. (VII, 163.)

ESTEUF, balle du jeu de longue paume :

COURIR APRÈS SON ESTEUF, au figuré, ne pas lâcher les sûretés qu'on a entre les mains :

Monsieur le Premier Président... ne douta, non plus que moi, que le cardinal Mazarin, selon sa bonne coutume, ne *courût après son esteuf*. (III, 80.)

Voyez la note 2 de la page indiquée.

ESTIMER, penser :
Si il me faisoit l'honneur de m'en demander mon sentiment, je n'*estimerois* pas parler contre ma conscience en lui parlant ainsi. (III, 117.)

ESTOCADE, au figuré :
Il est assez à propos que vous avertissiez M. de la Houssaye que j'ai quelque soupçon que Mme d'Aulnoy, qui est à Paris avec peu d'argent, a dessein de lui tirer quelque *estocade;* ce seroit autant de perdu. (VIII, 390.)

ET :

Il (*M. de Beaufort*) étoit brave de sa personne, *et* plus qu'il n'appartenoit à un fanfaron. (II, 177.)

Il parla, *et* si obscurément que personne n'y entendit rien. (II, 383.)

Je ne doutois point... que nous le revissions bientôt; *et* d'autant plus que.... (II, 131.)

Le sien (*son bon sens*) étoit court et lourd, *et* d'autant plus qu'il étoit obscurci par la présomption. (II, 177.)

Je vis le piége; mais je ne m'en pus défendre, *et* d'autant moins que le maréchal de la Meilleraie, qui n'avait point de vue, y donna même avec impétuosité. (II, 24.)

Ma conduite me réussit, *et* au point qu'en vérité je fus fort à la mode parmi les gens de ma profession. (I, 180.)

Toute la Compagnie étoit fort consternée, *et* au point que.... (II, 139.)

Je haïssois ma profession *et* plus que jamais. (I, 157.)

Son bon sens, *et* très-bon dans la spéculation,... devoit récompenser plus qu'il n'a fait le défaut de sa pénétration. (II, 180.)

M. de Bouillon... me fit toutes les honnêtetés imaginables, *et* telles qu'elles furent le commencement de notre amitié. (I, 156.)

Monsieur de Lisieux me rendit sur cela tous les bons offices imaginables, *et* tels qu'il me dit le lendemain... que si M. le cardinal de Richelieu eût vécu, il m'eût infailliblement rétabli dans son esprit. (I, 200.)

Ces mêmes gens... passèrent tout d'un coup... de la peur même bien fondée à l'aveugle fureur *et* telle qu'ils ne firent pas seulement de réflexion que.... (II, 83.)

Ce coup, porté par un abbé tout modeste à un ambassadeur qui marchoit toujours avec cent mousquetaires à cheval, fit un très-grand éclat à Rome, *et* si grand que

Rozé... dit que feu M. le cardinal Mazarin en eut, dès ce jour, l'imagination saisie, et qu'il lui en a parlé depuis plusieurs fois. (I, 126.)

Cet inconvénient... jeta un grand air de ridicule sur tout le parti, *et* si grand que M. de Bouillon, qui savoit qu'il en étoit la véritable cause, en eut une véritable honte. (II, 456.)

Je trouvai, en arrivant à l'hôtel de Longueville, Quincerot, capitaine de Navarre, *et* qui avoit été nourri page du marquis de Ragni. (II, 159.)

Je trouvai, au bout de la rue Neuve-Notre-Dame, du Buisson, marchand de bois, *et* qui avoit beaucoup de crédit sur les ports. (II, 133.)

La postérité aura peine à croire qu'une fille d'Angleterre, *et* petite-fille de Henri le Grand, ait manqué d'un fagot pour se lever au mois de janvier dans le Louvre. (II, 198.)

Il (*Mazarin*) parut d'abord l'original de Trivelino Principe. La fortune l'ayant ébloui *et* tous les autres, il s'érigea et l'on l'érigea en Richelieu. (I, 286.)

Je demeurai fort froid à ce mot de mes amis, *et* plus que je ne le devois. (II, 502.)

Je leur dis... que je partirois, dès le lendemain, pour Fontainebleau, où étoit la cour, *et* pour éclaircir moi-même ce malentendu. (I, 251.)

Qui peut donc écrire la vérité, que ceux qui l'ont sentie? *Et* le président de Thou a eu raison de dire qu'il n'y a de véritables histoires.... (I, 191.)

L'on les interdisoit de leurs fonctions (*les prêtres incapables*); l'on les mettoit dans des maisons distinctes, *et* l'on instruisoit les uns *et* l'on se contentoit d'apprendre purement aux autres les règles de la piété. (I, 242.)

Je ne doutai point que, comme le fond des cœurs étoit pour moi, je ne les ramenasse, avec un peu de temps, où il me plairoit; mais il falloit ce peu de temps, *et* c'est pourqui mon avis fut, *et* il n'y en avoit point d'autre, de ménager M. d'Elbeuf. (II, 153.)

.... Vingt *et* cinq mille écus. (VIII, 18.)

Je proposai à M. le prince de Conti de venir au Parlement l'après-dînée, de s'offrir à la compagnie, et d'en demeurer simplement et précisément dans ces termes, qui se pourroient expliquer plus *et* moins fortement, selon qu'il trouveroit l'air du bureau dans la grande chambre. (II, 156.)

Le remède que vous destinez pour la guérison d'un symptôme en aigrit quelquefois trois *et* quatre autres. (II, 395.)

Et, pour ni :

La déclaration... n'eut pas plus de succès dans la Chambre des Comptes *et* dans la Cour des Aides. (I, 326.)

Et, où nous mettrions *Eh!*

« *Et* quoi? me dit-il, vous ne savez pas?...» (III, 308.)

Et.... et; Et.... et.... et :

Si il (*M. de la Rochefoucauld*) fût revenu de Poitou deux mois devant le siége de Paris, il eût assurément empêché Mme de Longueville d'entrer dans cette misérable affaire; mais... je m'étois servi de son absence pour l'y embarquer, *et* elle *et* M. le prince de Conti. (II, 292.)

Il est à observer *et* que les maires du palais *et* que les comtes de Paris se placèrent dans le trône des rois justement et également par la même voie par laquelle ils s'étoient insinués dans leur esprit. (I, 280.)

Il leur répondit qu'il ne pouvoit aller au Palais-Royal *et* que Messieurs les Princes ne fussent en liberté *et* que Monsieur le Cardinal ne fût encore plus éloigné de la cour. (III, 253.)

M. de Longueville n'y étoit pas

venu (*n'étoit pas venu au Palais*) la veille, *et* parce que je croyois qu'en cas d'émotion l'on auroit plus de respect *et* pour la tendre jeunesse *et* pour la qualité de prince du sang de M. le prince de Conti que. pour la personne de M. de Longueville, qui étoit proprement la bête de M. d'Elbeuf, *et* parce que M. de Longueville, n'étant point pair, n'avoit point de séance au Parlement. (II, 163.)

Venons aux faits particuliers, qui vous feront voir à l'œil ce détail. Je n'en choisirai d'une infinité que deux, *et* pour ne vous pas ennuyer, *et* parce que l'un est le premier qui a ouvert la plaie, *et* que l'autre l'a beaucoup envenimée. (I, 295.)

L'opiniâtreté avec laquelle, *et* le 8, *et* le 9, *et* le 10, le premier Président et le président de Mesme défendirent quelques articles.... (II, 378.)

Voyez encore ce tour, fréquent dans Retz, I, 90, 97, 109, 137, 145, 157, 166, 200, 217, 239, 241, 279 et 296; II, 4, 6, 8, 20, 21, 51, 60, 61, 64, 76, 79, 84, 86, 96, 97, 113, 116, 122, 127, 136, 164, 192, 216, 226, 231, 243, 246, 248, 256, 271, 276; III, 346, etc.

ÉTABLIR :

Il n'y a que Dieu qui puisse subsister par lui seul. Les monarchies les plus *établies* et les monarques les plus autorisés ne se soutiennent que par l'assemblage des armes et des lois. (I, 279.)

.... Ceux qui *sont établis* dans le même sacerdoce. (VI, 197.)

Les sous-ministres eurent des frayeurs mortelles que l'habitude et la nécessité n'*établissent*, à la fin, dans l'esprit de la Reine,... M. de Châteauneuf. (IV, 15.)

.... Un Archevêque contre lequel ils n'ont encore osé *établir* une accusation précise. (VI, 211.)

Les compagnies des colonelles de la Ville... que l'on *établit* ces trois jours-là à la garde du Palais.... (II, 409.)

ÉTABLISSEMENT :

Je lui avois communiqué... la pensée que j'avois d'enlever Mlle de Retz, et il l'avoit fort approuvée,... parce qu'il étoit persuadé que la double alliance étoit nécessaire pour assurer l'*établissement* de la maison. (I, 99.)

M. de Beaufort fut arrêté. Cette prison fit beaucoup d'éclat,... et comme elle fut le commencement de l'*établissement* du ministre (*de Mazarin*).... (I, 23.)

Il (*M. de Bouillon*) y trouveroit mieux son compte que moi, par sa capacité dans la guerre et par les *établissements* que l'Espagne lui pourroit donner. (II, 303.)

Celle (*la gloire*) que nous tirerons de la paix est des plus légères, si nous ne la soutenons par des *établissements* qui joignent à la réputation de la bonne intention celle de la sagesse. (II, 345.)

Monsieur le Prince devoit avoir, par ce traité, toutes ses troupes entretenues dans ces provinces, à la réserve de celles qui seroient en garnison dans les places que l'on lui avoit déjà rendues. Il avoit mis Meille dans Clermont, Martin dans Stenai, Boutteville dans Bellegarde.... Jugez quel *établissement*. (III, 287.)

Ils est extrêmement dificile de ne s'attirer pas la première (*l'envie des courtisans*) quand on a de grands *établissements*. (V, 540.)

Le parti ayant pris sa forme, il n'y manquoit plus que l'*établissement* du cartel, qui se fit sans négociation. (II, 199.)

ÉTAGE :

Elle ne nous fut pas... d'un médiocre usage auprès de Monsieur, dans la foiblesse duquel il y avoit bien des *étages*. Il y avoit très-loin de la velléité à la volonté, de la volonté à la résolution, de la résolution au choix des moyens, du choix des moyens à l'application. (III, 190.)

Gens du bas étage :

…. *Gens* du peuple ou *du bas étage.* (III, 498.)

Les *gens du bas étage,*… ne sachant pas le dessous des cartes, croient presque toujours qu'il est de leur intérêt de rendre de mauvais offices à ceux qui n'ont pas été, dans tous les temps, agréables à la cour. (VII, 374.)

ÉTAT :

Je vas… vous instruire… des plus petites particularités (*de ma vie*), depuis le moment que j'ai commencé à connoître mon *état.* (I, 80.)

Je voyois très-souvent chez elle (*chez ma tante*) des gens… qui venoient à l'aumône secrète. La bonne femme ne manquoit presque jamais de leur dire : « Priez bien Dieu pour mon neveu; c'est lui de qui il lui a plu de se servir pour cette bonne œuvre. » Jugez de l'*état* où cela me mettoit parmi les gens qui sont, sans comparaison, plus considérables que tous les autres dans les émotions populaires (I, 167.)

Voilà l'*état* où j'étois à la cour. (II, 10.)

Elle (*notre union*) ne lui étoit pas désavantageuse en l'*état* où j'étois dans le parti. (II, 193.)

Il (*le comte de Fuensaldagne*) m'envoya dom Antonio Pimentel pour m'offrir tout ce qui étoit au pouvoir du Roi son maître, et pour me dire que sachant l'*état* où j'étois avec le Ministre, il ne pouvoit pas douter que je n'eusse besoin d'assistance. (II, 497.)

…. Les autres circonstances que l'on remarque ici de l'*état* où l'Espagne est avec le Pape. (VII, 237.)

Si Monsieur le Prince revenoit à Paris… accompagné et armé, j'y marcherois en même *état.* (III, 453.)

En état :

Je promis, dès le précédent ordinaire, le prieuré du Grand-Puis à M. l'Advocat et je le lui écrivis; vous voyez par là que la chose n'*est* plus *en état.* (VIII, 584.)

En état de :

La Reine… me dit… qu'elle n'eût jamais cru que j'eusse été capable de lui manquer…. Il ne me fut pas difficile de la mettre *en état de* ne pouvoir que me dire sur mes raisons. (I, 248.)

Je marchai *en état de* n'être pas surpris. (IV, 31.)

Comme je vis les affaires en pourparler, et la salle du Palais *en état de* n'en rien appréhender (*dans un état tel qu'on n'en devait rien appréhender*)…. (II, 167.)

En état que :

…. A mettre les choses *en état que* Sa Majesté… pût prendre… le parti qu'Elle jugeroit le meilleur. (VII, 375.)

Faire état que :

Je ne *faisois* pas *état que* celui qui iroit de nous deux y vît le cardinal Mazarin. (II, 520.)

Faire état sur :

Je prétends commencer cette manière de vie le premier jour d'octobre et vous pouvez *faire état sur* cela. (VIII, 344.)

ÉTAU, étal :

Les femmes du Marché-Neuf firent d'un *étau* une machine sur laquelle elles me rapportèrent, pleurantes et hurlantes, à mon logis. (II, 134.)

ÉTEINDRE, au figuré :

Les lueurs d'accommodement entre le Palais-Royal et Saint-Maur n'étoient pas tout à fait *éteintes.* (III, 390.)

Voyez II, 212; III, 30 et 39.

ÉTENDARD :

La vue des *étendards* et des drapeaux réjouit les boutiques. (II, 277.)

L'on avoit pris vingt drapeaux et quatre-vingt-quatre *étendards*. (III, 209.)

ÉTENDRE :

Ce canevas... *fut* mis et *étendu* sur le métier par Caumartin. (III, 325.)

ÉTENDUE, au figuré :

Je connoissois la foiblesse de Monsieur incapable de régir une machine de cette *étendue* (*les états généraux*). (III, 279.)

ENTHOUSIASME :

Je lui repartis, sans balancer,... comme par un *enthousiasme*... (IV, 50.)

ÉTINCELLE, au figuré :

Le cardinal de Richelieu avoit de la naissance. Sa jeunesse jeta des *étincelles* de son mérite : il se distingua en Sorbonne. (I, 281.)

Il paroît un peu de sentiment, une lueur, ou plutôt une *étincelle* de vie. (I, 293.)

L'on vit dans les marchés une petite *étincelle* d'émotion. (II, 202.)

Pour ce qui étoit du cardinalat,... je lui allois découvrir... quels étoient mes mouvements sur cette dignité ;... je m'étois mis follement dans la tête qu'il seroit plus glorieux de l'abattre que de le posséder ;... il n'ignoroit pas que j'avois fait paroître quelque *étincelle* de cette vision dans les occasions. (III, 46.)

On a cru... qu'il (*ce bruit*) étoit absolument assoupi, et on recommence à dire, d'hier au matin, qu'il y paroît encore quelque *étincelle*. (VIII, 255.)

ÉTIQUETTE :

Canto... a été condamné à la corde à Pau ; Pichon a été condamné à la roue au Mans ; Sociando est encore sur vos registres criminels.... Jugez, s'il vous plaît, de leur témoignage par leurs *étiquettes* et par leur profession, qui est de filous avérés. (II, 585.)

ÉTOFFE :

Il n'y eût rien eu de si odieux que de mettre des gens... du bas étage dans ces sortes de lieux, où l'on ne laisse entrer... que des personnes de condition. Si l'on les eût vus occupés par des gens de moindre *étoffe*.... (III, 498.)

ÉTONNEMENT, stupéfaction mêlée de crainte :

Quand l'on vit que le Cardinal avoit arrêté celui (*Beaufort*) qui, cinq ou six semaines devant, avoit ramené le Roi à Paris avec un faste inconcevable, l'imagination de tous les hommes fut saisie d'un *étonnement* respectueux. (I, 234.)

ÉTONNER, soit dans le sens, qu'il a aujourd'hui, de *surprendre*, soit dans le sens plus fort de *stupéfier*, ou de *remplir de crainte* :

La Reine... répondit aux députés qui étoient allés faire les remontrances qu'elle en *étoit* fort surprise et fort *étonnée*. (II, 80.)

Je fus bien surpris quand je vis qu'au lieu de répondre à mes honnêtetés, il me dit d'un ton fier : « Je ne crains rien ; je sers mon Roi. » Je *fus* moins *étonné* de sa manière d'agir quand l'on me fit voir ces placards, qui ne se fussent pas en effet accordés avec des compliments. (II, 223.)

Lorsque Monsieur l'archevêque de Paris me présenta au Roi, il me traita, je ne dis pas seulement honnêtement, mais avec une distinction qui surprit et qui *étonna* tout le monde. (I, 202.)

L'on ne peut *être* plus *étonné* ni plus affligé que le furent M. et Mme de Bouillon de ce que je venois de leur marquer de la disposition où étoient les affaires, et je n'en avois pas été moins surpris qu'eux. (II, 273.)

Quoique les affections qui nous ont exercé depuis plusieurs années eussent été capables d'*étonner* la plus forte patience.... (VI, 117.)

S'ÉTONNER, être surpris, ou s'effrayer :

Le Chancelier prétendit que la vérification (*d'un édit*) appartenoit à la Cour des Aides; le Premier Président le contesta pour le Parlement. Le cardinal Mazarin... dit qu'il *s'étonnoit* qu'un corps aussi considérable s'amusât à des bagatelles. (I, 297.)

Tout le monde revint de cette illusion en *s'étonnant* de soi-même. (III, 228.)

La Reine... ajouta que Servien soutenoit qu'il falloit que j'eusse un concert secret avec Monsieur le Prince. « Mais je ne *m'étonne* pas de celui-ci, reprit-elle ; c'est un traître qui s'entend avec lui et qui est au désespoir de ce que vous lui faites tête. » (III, 335.)

Les ennemis plièrent, leur infanterie même *s'étonna*. (II, 217.)

Le feu monta au visage de tout le monde; il parut encore plus dans les exclamations que dans les yeux. Le Premier Président, qui ne *s'étonnoit* pas du bruit, prit sa longue barbe avec la main, qui étoit son geste ordinaire quand il se mettoit en colère. (II, 587.)

Le maréchal de Brezé... *s'étoit étonné* à la première déclaration qui fut enregistrée au Parlement. (III, 39.)

Quelques-uns des plus échauffés même du parti de Fiesque commencèrent à *s'étonner*. (V, 581.)

ÉTOUFFER :

Le président de Mesme voulut repartir à ce que j'avois dit ; mais il *fut* presque *étouffé* par la clameur qui s'éleva dans les Enquêtes. (II, 257.)

Afin d'avoir plus de lieu de pouvoir *étouffer* tout d'un coup ce que je dirois,... l'on fit suivre de fort près les députés par M. le comte de Brienne. (III, 236.)

Le soin qu'ils ont pris d'*étouffer* auprès de Votre Majesté toutes les preuves de la passion et du respect que j'ai pour elle.... (VI, 7.)

J'ai cru que je devois... à une innocence qui *s'étouffe*, pour ainsi parler, elle-même pour le service du public, un éclaircissement que je rends depuis longtemps, dans le fond de mon âme, au pur amour de la vérité. (V, 217.)

ÉTRANGLER :

Je voyois que toutes ces dispositions nous conduisoient naturellement et infailliblement à une sédition populaire qui *étrangleroit* le Parlement. (II, 428.)

Le Parlement va trop vite.... Ces diables de bonnets carrés sont-ils enragés de m'engager ou à faire demain la guerre civile, ou à les *étrangler* eux-mêmes? (II, 84.)

ÊTRE, servant à lier le sujet à l'attribut (exprimé ou sous-entendu) ou aux mots qui en tiennent la place :

Il ne se servoit des avis que je lui donnois que pour faire croire dans le monde que j'*étois* assez intimement avec lui pour lui rapporter ce que je découvrois. (II, 9.)

Le Chancelier insista fort... sur l'inconvénient qu'il y auroit à faire le procès,... parce qu'il seroit impossible que les partisans ne se trouvassent engagés dans ces procédures, ce qui *seroit* ruiner les affaires du Roi. (I, 323.)

Le cardinal Mazarin... fut capitaine d'infanterie en Valteline ; et Bagni, qui étoit son général, m'a dit qu'il ne passa dans sa guerre, qui ne *fut* que de trois mois, que pour un escroc. (I, 284.)

Elle avoit un sérieux qui n'*étoit* pas de sens, mais de langueur, avec un petit grain de hauteur. (I, 194.)

Nous n'en sommes pas encore à ce détail; et ce que j'en marque en ce lieu n'*est* que pour vous faire voir que la cour prit de l'ombrage de moi. (I, 266.)

Elle (*sa présence d'esprit*) *fut* au point que.... (II, 400.)

Lorsque la frayeur *est* jusqu'à un certain point, elle produit les même effets que la témérité. (II, 574.)

Être, vivre, avoir lieu, etc. :

M. le comte de Cramail... ne songea plus qu'à couvrir le passé, qui, du côté de Paris, n'*étoit* qu'entre six personnes. (I, 175.)

.... Les quatre cent mille (*écus*) d'Innocent X°,... dont le pape qui *est* aujourd'hui s'est servi. (VII, 225.)

Ces prêts qui se faisoient au Roi, par exemple sur les tailles, n'*étoient* jamais qu'avec des usures immenses. (II, 128.)

Ma conférence avec M. de Chavigni *fut* le 30 décembre. (II, 604.)

.... Devant le départ du Roi, qui *fut* dans les premiers jours de juillet. (III, 84.)

.... Ce qui, joint au changement de lune qui *sera* ce soir.... (VII, 387.)

Le Pape... donna... hier audience à Monsieur le cardinal Dataire et à son auditeur, ce qui n'*avoit été* jusques ici. (VII, 58.)

Être, impersonnel, où nous mettrions plutôt *il y a, il y avait*, etc. :

Ce qui *est* d'admirable est que ces leçons, qui n'étoient plus secrètes, ne me nuisirent point dans le monde. (I, 240.)

Vous voyez assez... l'embarras où je me trouvois, et ce qui en *étoit* encore de plus fâcheux est que.... (II, 429.)

Je ne touche cette petite circonstance que comme un échantillon qui vous peut faire connoître l'embarras où sont les gens sur le compte desquels l'on ne manque jamais de mettre tout ce qui se fait contre les lois; et ce qui y *est* encore de plus fâcheux est.... (II, 512.)

Voyez l'article DE.

Pour délibérer de ce qui *étoit* à faire. (I, 316.)

Il tailla en pièces tout ce qui *étoit* de cavalerie de Maignas. (IV, 173.)

Être, se trouver à tel ou tel endroit, au propre ou au figuré :

.... Pour s'assurer de tout ce qui *étoit* depuis le Pont-Neuf jusques au Palais-Royal. (II, 40.)

L'on ne sait où l'on *est* avec tous ces gens-là. (III, 397.)

Voyez la note 2 de la page indiquée.

Être, dans le sens d'*aller :*

La Reine manda le Parlement; il *fut* par députés au Palais-Royal. (I, 297.)

Si il y eût eu de la cabale dans la Compagnie, l'on n'*eût* pas *été* choisir des cervelles de ce carat. (II, 59.)

Monsieur le Prince n'étoit pas content du refus que l'on lui avoit fait de la surintendance des mers, qui *avoit été* à Monsieur son beau-frère. (II, 530.)

Être à, appartenir à, en parlant des personnes ou des choses :

Ceux qui *étoient* à lui (*à Monsieur*) dans sa maison, c'est-à-dire ceux de ses domestiques qui n'étoient pas gagnés par la cour.... (I, 144.)

Il fut résolu qu'un gentilhomme qui *étoit* à Noirmoutier tireroit un coup de pistolet dans le carrosse de Joli, que vous avez vu depuis à moi, et qui étoit un des syndics. (II, 556.)

M. le duc d'Orléans fit quelque mine de disputer la régence, et la Frette, qui *étoit à* lui, donna de l'ombrage, parce qu'il arriva... à

Saint-Germain, avec deux cents gentilshommes. (I, 230.)

J'étois averti... par les officiers des colonelles, qui *étoient à* moi. (II, 130.)

Le roi mourut. M. de Beaufort, qui *étoit* de tout temps *à* la Reine, et qui en faisoit même le galant, se mit en tête de gouverner. (I, 209.)

Ne dit-on pas tous les jours à la Reine que le gros bourgeois *est à* elle, et qu'il n'y a dans Paris que la canaille achetée à prix d'argent qui *soit au* Parlement? (II, 282.)

Ceux qui *étoient à* la cour dans la Compagnie(*dans le Parlement*).... (I, 307.)

Des variantes donnent : *pour la cour*, et : *pour l'intérêt de la cour.*

L'on ne se peut imaginer la joie qui parut dans le Parlement de la sortie de l'armée, ceux qui étoient bien intentionnés pour le parti, se persuadant qu'elle alloit agir avec beaucoup plus de vigueur, et ceux qui *étoient à* la cour se figurants que le peuple... en seroit bien plus souple et plus adouci. (II, 318.)

Il parloit à un homme qui *étoit* entièrement *à* Monsieur le Prince. (II, 4.)

Il *étoit* absolument *à* moi; mais il se mit ce jour-là en mauvaise humeur. (II, 134.)

Il n'y a jamais eu de moment dans ma vie, dans lequel je n'*aie été* également *à* Votre Majesté. (III, 7.)

Je mandai à ceux des curés qui *étoient* le plus intimement *à* moi de jeter la défiance, par leurs ecclésiastiques, dans l'esprit des peuples. (II, 149.)

.... Dans un moment où tout ce qu'il y a de gens qui *sont* le plus *à* un prince croient qu'ils ne lui témoigneroient pas leur zèle si ils ne lui exagéroient son péril. (II, 562.)

Votre Éminence sait qu'elle est la personne du monde *à* qui je *suis* le plus et à qui j'ai le plus d'obligation et de confiance. (VI, 248.)

Etant à la Reine au point qu'elle *y étoit*.... (III, 151.)

La Rochepot, voyant que notre coup étoit manqué, se retira à Commercy, qui *étoit à* lui, pour sept ou huit mois. (I, 149.)

Monsieur l'Archevêque pouvoit disposer comme il lui plairoit de la nef (*de Notre-Dame*); mais... comme le chœur *étoit au* chapitre, il ne le céderoit jamais qu'à son archevêque ou à son coadjuteur. (I, 255.)

Voyez I, 141; II, 4 et 151; III, 37, 419 et 298.

ÊTRE À, sens divers :

La mémoire m'en *a été à* consolation et *à* douceur. (VI, 444.)

Je *suis* encore *à* deviner son motif. (II, 336.)

Ils souhaitèrent... que j'obtinsse une amnistie. J'en parlai à Monsieur le Cardinal, qui n'y fit aucune difficulté, et qui me dit même,... en me montrant le cordon de son chapeau, qui *étoit à* la Fronde : « Je serai moi-même compris dans cette amnistie. » (III, 32.)

Voyez II, p. 548 et suivantes.

Ce *lui étoit* même un mérite que de n'avoir pas quitté les bords de Loire dans un temps où il est vrai qu'il falloit et de l'adresse et de la fermeté pour les tenir. (II, 192.)

Ce que je craignois... pouvoit très-naturellement arriver devant que M. de Turenne pût *être à* nous. (II, 355.)

ÊTRE DANS :

Il y avoit six semaines qu'il *étoit dans* la guerre civile, quand je lui donnai l'avis dont je vous ai parlé. (II, 452.)

Mme de Rhodes... *étoit dans* une grande liaison avec moi. (III, 138.)

ÊTRE DE :

Le premier (*parti*) ne *seroit* ni *de* la piété ni *de* la prudence de la Reine. (II, 22 et 23.)

Il prit le prétexte de Monsieur,

sans lequel il n'*étoit* pas *du* respect d'opiner, ni même *de* la possibilité. (III, 81.)

Il *est de* la sagesse de cacher son aversion.... (III, 359.)

Cela *est de* devoir, cela *est de* précepte, cela *est d*'obligation des plus indispensables. (IX, 99.)

Monsieur le Prince se servit très-habilement de cette parole pour faire croire au Cardinal... qu'il *étoit de* sa prudence de se faire honneur de la nécessité. (II, 86.)

Comme il *étoit de* sa bonté d'obvier à tout ce qui pourroit arriver de plus violent.... (III, 291.)

Je lui témoignai ce qui *étoit de* la vérité. (II, 539.)

Comment est-ce que son oncle lui peut souffrir des démarches de cette nature qui m'obligent à ne lui faire de ma vie aucune grâce? Cela *est d*'exemple. (VIII, 571.)

Si elle (*la Compagnie*) vouloit faire une députation à Saint-Germain, elle y seroit très-bien reçue et pourroit *être d*'un grand acheminement à la paix. (II, 231.)

Il (*Mestrezat, ministre protestant*) m'épargna les endroits qui eussent pu m'obliger à m'expliquer d'une manière qui eût choqué le Nonce.... Cette délicatesse n'*est* pas, comme vous voyez, *d*'un pédant de Genève. (I, 182.)

Comme je ne me pouvois pas reprocher de n'avoir pas parlé à Monsieur le Comte dans ses véritables intérêts,... je crus que j'avois toute la liberté de songer à ce qui *étoit des* miens. (I, 157.)

La violence... commettoit à des querelles particulières, qui n'*étoient* pas *de* notre compte. (II, 515.)

L'ouverture pleine et entière *étoit* encore plus *de* son service... que *de* l'intérêt de Monsieur le Prince. (III, 377.)

J'ai estimé qu'il seroit bon de réduire en ce petit endroit tout ce qui *est de* ces combats et de cette trêve. (III, 334.)

Cette entreprise... ne m'a jamais plu.... Je voudrois... de tout mon cœur n'*en avoir* jamais *été*. (I, 148.)

Je ne voulois pas signer un traité dont il n'*étoit* point. (II, 359.)

Le président de Bellièvre... *étoit de* ce qui avoit été résolu chez M. de Bouillon. (II, 398.)

M. de Longueville... *avoit* déjà *été de* quatre ou cinq guerres civiles. (II, 454.)

.... Cinquante officiers écossois, qui *avoient été des* troupes de Montrose. (III, 303.)

Quoique je n'eusse aucun dessein d'*être d*'Église.... (I, 123.)

ÊTRE EN :

J'étois si résolu à ne point souffrir, au moins en ce qui *seroit en* moi, de perfidie, que je m'engageois publiquement à ne pas laisser accabler ni surprendre les Espagnols. (II, 359.)

ÊTRE POUR :

Tant qu'il avoit cru qu'ils n'eussent en butte que le Mazarin, il *avoit été pour* eux. (II, 101.)

ÊTRE BIEN OU ÊTRE MAL À, AVEC, etc. :

M. de Schomberg avoit toute sa vie été inséparable de ce qui *étoit bien à* la cour. (I, 237.)

La mode, qui a du pouvoir en toutes choses, ne l'a si sensible en aucune qu'à *être* ou *bien* ou *mal à* la cour. (I, 227.)

Il ne sioit (*seyoit*) pas bien à un honnête homme d'*être mal à* la cour en ce temps-là. (I, 232.)

J'étois trop *bien à* Paris pour *être* longtemps *bien à* la cour. C'étoit là mon crime dans l'esprit d'un Italien (*Mazarin*) politique par livre. (I, 266.)

Ils *étoient* l'un et l'autre très-*mal avec* M. le cardinal de Richelieu. (I, 138 et 139.)

Monsieur le Comte... *étoit* intimement *bien avec* Monsieur. (I, 139.)

Je ne pouvois ignorer que je ne

fusse très-mal dans l'esprit du Cardinal. (II, 6.)

Nous ne *sommes* pas si *mal* que vous vous le persuadez, Messieurs, et je serai, demain devant midi, maître de Paris. (II, 39.)

En être :

M. de Beaufort n'*en étoit* pas jusques à l'idée des grandes affaires : il n'en avoit que l'intention. (II, 177.)

Être, substantif :

.... Ces choses... qui ne s'entendent point, parce qu'il est impossible d'expliquer... ce qui leur peut avoir donné l'*être*. (III, 540.)

ÉTROITEMENT :

N'est-ce pas ce qui rend les Évêques si *étroitement* obligés de résider dans leurs Églises? (VI, 388.)

ÉTUDE, masculin :

Un *étude* continuel.... (V, 554.)

ÉTUDIER (S') de :

Nous *nous sommes étudiés de* graver dans notre conduite... cette sainte ardeur.... (VI, 156.)

ÉVAPORER :

Voilà bien de la chaleur dans le parti; et vous croyez apparemment qu'il faudra au moins un peu de temps pour l'*évaporer*, devant que la paix se puisse faire. (II, 373.)

S'ÉVAPORER :

Tout ce parti *s'est évaporé*. (V, 266.)

ÉVASION, fuite :

L'on raisonna beaucoup sur l'*évasion* du Cardinal. Je suis persuadé que la frayeur en fut l'unique cause. (III, 252.)

ÉVASION MENTALE :

Si des termes de courtoisie qui nous promettent qu'on fera notre affaire et qu'on accorde notre demande, ont un sens réservé, et je ne sais quelle *évasion mentale* toute contraire.... (IX, 174.)

ÉVEILLER, au figuré :

Il étoit résolu de faire agir le peuple pour *éveiller* le Parlement; et je lui dis ces propres paroles : « Le Parlement, Monsieur, ne s'*éveillera* que trop en paroles contre le Cardinal. » (IV, 56.)

Le Parlement... a peine à retenir les peuples qu'il *a éveillés*. (II, 106.)

S'ÉVEILLER :

Les provinces... demeuroient abattues et assoupies.... Si cette indolence générale eût été ménagée, l'assoupissement eût peut-être duré plus longtemps; mais comme le médecin (*Mazarin*) ne le prenoit que pour un doux sommeil, il n'y fit aucun remède. Le mal s'aigrit; la tête *s'éveilla* : Paris se sentit, il poussa des soupirs. (I, 290.)

Au lieu de *m'éveiller* sur les états généraux, sur l'assemblée de la noblesse,... je me confirmai dans la pensée de me reposer, pour ainsi dire, dans mes dernières actions. (III, 280.)

Je ne vois pas que l'on *se soit* si fort *éveillé* sur la maladie du Pape, cette année, que l'on avoit fait la dernière. (VII, 311.)

ÉVEILLÉ :

Noirmoutier... étoit *éveillé* mais étourdi, et Laigue... étoit lourd mais présomptueux. (II, 547.)

ÉVITABLE :

Cet embarras n'étoit *évitable* que par des inconvénients qui étoient encore plus grands que l'embarras. (IV, 220.)

ÉVITER quelque chose à quelqu'un :

Il s'étoit exposé, en parlant comme il avoit fait, à cet inconvénient, qui n'étoit pas médiocre, et Monsieur le Premier Président... le *lui évita* très-habilement en donnant le change à Machaut. (III. 368.)

EXACTEMENT :

M. le Maréchal de la Meilleraye... ne m'auroit pas gardé dans le château de Nantes aussi *exactement*, avec tant de sentinelles.... (VI, 37.)

.... Le secret que le Pape a gardé fort *exactement* touchant l'écrit dont il fut parlé à Castel. (VII, 122.)

Les âmes... sont les temples vivants de la Divinité. Votre Majesté est obligée d'en empêcher la ruine encore plus *exactement* que celle des temples matériels. (IX, 36.)

EXACTITUDE :

La raison, à mon égard, a beaucoup moins de part que le plaisir dans la religion et l'*exactitude* que j'ai pour la vérité. (I, 191.)

EXAGÉRER, développer, amplifier :

Si vous voyez ces choses... plus clairement que moi, je n'ai que faire de les *exagérer* davantage. (V, 542.)

Il y avoit six mois que le Cardinal n'avoit fait payer la Reine de sa pension.... J'*exagérai* la honte de cet abandonnement, et le Parlement envoya quarante mille livres à la Reine d'Angleterre. (II, 197.)

EXCITER :

Il s'*excite* un tourbillon afin qu'Élie soit emporté dans le Ciel. (VI, 399.)

EXCLAMATION :

Il s'emporta jusques à l'*exclamation* en s'adressant au Roi. (III, 222.)

EXCUSE, raison, prétexte :

Où est celui (*le mérite*) de Mlle de Roche, hors sa beauté ? Est-ce une *excuse* suffisante pour un abbé dont la première prétention est l'archevêché de Paris ? (I, 103.)

Les esprits irrésolus ne suivent presque jamais ni leur vue ni leur sentiment, tant qu'il leur reste une *excuse* pour ne se pas déterminer. (III, 221.)

EXCUSER :

Il prit tous les soins imaginables de faire valoir dans le monde le peu de qualités qu'il pouvoit *excuser* en moi. (I, 183.)

Dans les manuscrits H et Ch et dans quelques éditions : « qu'il pouvoit trouver en moi »; dans le manuscrit autographe, avant *excuser*, le commencement du mot *apercevoir*, biffé.

EXCUSER quelque chose à quelqu'un :

Je *lui excusai* même la conduite de Monsieur. (III, 432.)

EXCUSER DE :

Il n'y peut avoir... aucune raison, qui puisse *excuser de* sacrilége le traitement qu'on m'a fait depuis sept ans. (VI, 352.)

S'EXCUSER DE :

Il me pressa d'en parler à Monsieur le Cardinal, *dont* je *m'excusai*. (III, 44.)

Elle offrit de venir seule au palais d'Orléans : il *s'en excusa* avec respect, mais il *s'en excusa*. (III, 232.)

Monsieur accepta la seconde proposition : il *s'excusa de* la première en termes fort respectueux. (III, 254.)

EXÉCUTER, saisir :

On ira, l'épée à la main, *exécuter* ton meuble pour la solde de l'armée. (V, 432.)

EXÉCUTION :

M. le maréchal de Vitry avoit peu de sens, mais... l'emploi qu'il avoit eu de tuer le maréchal d'Ancre lui avoit donné dans le monde, quoique fort injustement à mon avis, un certain air d'affaire et d'*exécution*. (I, 160.)

Cette chambre de justice, dont

les officiers et l'*exécution* seroit toujours à la disposition des ministres.... (I, 323.)

EXEMPLAIRE, adjectif :

Ces Prélats si *exemplaires*.... (VI, 205.)

EXEMPLAIRE, modèle :

Nous sommes obligés de considérer leurs actions... comme les *exemplaires* de notre conduite. (IX, 105.)

EXEMPLE :

Votre Altesse trouveroit-elle plus de difficulté à ménager le Parlement de Paris que M. du Maine n'y en a trouvé dans le temps de la Ligue ?... Votre naissance et votre mérite vous élèvent autant au-dessus de ce dernier *exemple* que la cause dont il s'agit est au-dessus de celle de la Ligue. (II, 109.)

L'élévation extraordinaire de cette maison... donna... un *exemple* mémorable à tous les États de ne souffrir jamais dans leur corps une personne si éminente, que son autorité puisse faire naître le dessein de l'abaisser. (V, 512.)

Monsieur se crut au-dessus de l'*exemple*. (I, 235.)

FAIRE EXEMPLE DE :

Je vous recommande... de prendre un soin très-particulier du procès contre Vacherot *de* qui il faut *faire exemple*. (VIII, 572.)

Il faut... *faire exemple de* Vacherot. (VIII, 574.)

TIRER EXEMPLE :

Si il fait seulement un pas contre moi,... il n'y aura jamais de retour, comme il dit vrai, et je vous assure que l'on *tire exemple* en toute manière. (VIII, 577.)

EXERCER :

Quoique les afflictions qui nous *ont exercé* depuis quelques années eussent été capables d'étonner la plus forte patience.... (VI, 117.)

.... Une peinture voilée, que nous ne faisons qu'entrevoir, et qui a plusieurs faux jours propres à *exercer* nos conjectures. (IX, 155.)

EXERCICE, au singulier et au pluriel :

Je fis... trois tribunaux,... qui devoient réduire tous les prêtres en trois classes, dont la première étoit des capables, que l'on laissoit dans l'*exercice* de leurs fonctions. (I, 242.)

Je me sentirois obligé de rentrer purement dans les *exercices* de ma profession. (III, 299.)

ENTRER EN EXERCICE DE :

Laigue n'*entreroit* jamais *en exercice de* la charge de capitaine des gardes de Monsieur. (V, 134 et 135.)

EXHALAISON :

Il s'en forma... une nuée, dans laquelle les Frondeurs s'enveloppèrent eux-mêmes à la fin ; mais ils y enflammèrent les *exhalaisons* et ils y forgèrent même des foudres. (III, 133.)

Vous croyez sans doute que le cardinal Mazarin est foudroyé par le Parlement, en voyant que les gens du Roi même forment et enflamment les *exhalaisons* qui produisent un aussi grand tonnerre ? (IV, 63.)

EXHORTER DE :

M. le maréchal d'Estrées... venoit pour m'*exhorter de* ne point rompre (*avec la cour*), et pour me dire que les choses se pourroient accommoder. (I, 254.)

Il l'*avoit exhorté*... *de* se lever. (II, 579.)

Ailleurs *exhorter à*. (I, 326, etc.)

EXPÉDIENT :

Émery ayant proposé une conférence particulière pour aviser aux *expédients* d'accommoder l'affaire (*entre la Cour des Aides et le Parlement*), elle fut proposée, le lendemain, dans les chambres assemblées. (I, 298.)

Je n'avois rien oublié pour que le Parlement ne désespérât pas la cour, au moins jusqu'à ce que l'on eût pensé aux *expédients* de se défendre de ses insultes. (II, 69.)

Ils ne souhaitent rien avec plus de passion que d'en trouver les *expédients* et les moyens. (VII, 125.)

Croissy... avoit un esprit d'*expédients*. (II, 355.)

EXPÉRIENCE :

L'on avoit plusieurs *expériences* qu'il ne pouvoit lui-même être servi qu'en cette manière. (I, 145.)

EXPÉRIMENTER :

.... Un clergé que j'aurai toujours aussi cher comme je l'*ai expérimenté* généreux. (VI, 6.)

EXPIRER :

La licence de Sorbonne *expira* (*le moment vint de la soutenir*). (I, 117.)

EXPIRER, avec l'auxiliaire *être* :

Comme tous ces sujets étoient extrêmement odieux au public,... ils furent sifflés par tous les laquais... aussitôt que le Roi *fut expiré*. (I, 229.)

EXPLIQUER (S') :

Cette délibération, assez informe comme vous voyez, ne *s'expliqua* pas pour ce jour-là plus distinctement. (II, 401.)

S'EXPLIQUER DE :

Nous lui dîmes mille bonnes raisons pour l'en détourner (*pour le détourner de cette pensée*) ; nous ne *nous expliquâmes* pas *des* plus fortes. (II, 363.)

Voyez encore III, 377.

S'EXPLIQUER QUE :

Le Roi même *s'est expliqué* publiquement *qu'*il n'y pensoit point. (VIII, 315.)

S'EXPLIQUER SI :

Il proposa que l'on suppliât très-humblement la Reine de *s'expliquer si* cet éloignement étoit pour toujours et sans retour. (III, 253.)

EXPOSER :

Ces projets qui se sont évanouis dans les Indes à sa confusion, tournent ses imaginations... d'un côté plus proche et plus *exposé* à ses espérances. (V, 310.)

Il faut qu'il (*l'Évêque*) *soit exposé* à quiconque le veut consulter. (VI, 385.)

Voyez la note 166 à la page indiquée.

S'EXPOSER :

Aucun des partis ne se pouvoit attaquer, parce qu'aucun ne *se vouloit exposer* à l'autre, à la descente du vallon. (II, 216.)

EXPRESSION :

Je lui répondis... que je croyois que lui pensoit être le cardinal de Lorraine qui parloit au suffragant de Metz. Cette *expression*, que la chaleur me mit à la bouche, réjouit les assistants. (I, 253 *et* 254.)

EXTASE :

M. de Bouillon... étoit dans un étonnement qui me parut presque... aller jusques à l'*extase*. (II, 326.)

EXTRAORDINAIRE, pris substantivement :

Je ne ferai réponse que mardi, cet *extraordinaire* étant sur le point de partir. (VII, 101.)

Je ne me suis pas trompé en ce que je vous ai écrit, par l'*extraordinaire* du 24e de ce mois. (VII, 102.)

EXTRAORDINAIREMENT :

Les envoyés s'y trouvèrent,... et je pris garde qu'ils m'observèrent *extraordinairement*. (II, 357.)

Il faut *extraordinairement* prendre garde au secret. (VII, 13.)

EXTÉRIEUR, substantif :

Vous avez vu ci-devant tout l'*extérieur* des quatre premières années de la régence, et je vous ai déjà même expliqué l'effet que la prison de M. de Beaufort fit d'abord dans les esprits. (I, 287.)

EXTERMINER, chasser, bannir, faire disparaître :

Le parti du Roi *étoit exterminé* ce jour-là de Paris pour longtemps. (IV, 381.)

Les athées, impies, libertins et sacriléges, *seront* punis exemplairement et *exterminés* incessamment. (V, 439.)

On s'est donné autant d'inquiétude pour le bannir du Royaume, et on a autant d'empressement pour l'*exterminer* que si la tranquillité publique eût dépendu de sa ruine. (VI, 191.)

EXTRÊME :

Cette imagination, quoique non digérée, tomba d'abord dans l'esprit de mon père, qui étoit naturellement fort modéré, ce qui commença à me faire croire qu'elle n'étoit pas si *extrême* qu'elle me l'avoit paru d'abord. (II, 430.)

Je ferois une faute *extrême*. (VI, 84.)

Extrême, substantif :

N'est-ce pas là l'*extrême* des ignorances ? (IX, 157.)

EXTRÊMEMENT :

Il étoit *extrêmement* bijoutier. (III, 173.)

J'arrivai au Palais un quart d'heure auparavant monsieur le Prince, qui y vint *extrêmement* accompagné. (III, 489.)

Je n'avois voulu prendre aucune part dans la cabale que l'on appeloit des Importants, quoiqu'il y en eût d'entre eux qui fussent *extrêmement* de mes amis. (I, 219.)

Le président de Mesme... fit *extrêmement* valoir tout ce qu'il avoit dit. (II, 318.)

La Reine avoit *extrêmement* agréé les raisons pour lesquelles la Compagnie avoit refusé l'entrée au hérault. (II, 230.)

Comme je le connoissois *extrêmement*, je lui fis civilité. (II, 222.)

J'ai tant de respect pour les sentiments de l'Assemblée et pour les vôtres particuliers, qu'aussitôt que je les ai appris, je n'ai pas voulu tarder un moment à lui faire connoître et à vous aussi, la passion que j'ai eue toute ma vie de m'y conformer *extrêmement*. (VI, 141.)

EXTRÉMITÉ :

Je n'appréhendai plus d'...être arrêté,... parce que Châtillon m'avoit assuré qu'il (*Monsieur le Prince*) étoit fort éloigné de toutes les pensées d'*extrémité*. (II, 76.)

Croissi... étoit suspendu entre l'*extrémité* à laquelle son inclination le portoit, et la modération.... (III, 362.)

Je me sentois assez de crédit dans le peuple pour le pouvoir entreprendre judicieusement ; mais il faut avouer que l'*extrémité* étoit grande. (II, 151.)

Je souffrirois encore davantage, s'il pouvoit y avoir quelque chose de plus dans l'*extrémité* de ma persécution. (VI, 426.)

Les quatre jours de l'*extrémité* du Pape, qui n'est mort qu'aujourd'hui à six heures du soir.... (VII, 395.)

.... Quand il a reçu la nouvelle de l'*extrémité* de la maladie de son père. (VIII, 175.)

Voyez I, 291 ; II, 30, 578 et 594 ; III, 198.

EXTRINSÈQUE :

Ces deux manières de considérer une chose nous donnent lieu de reconnoître deux sortes de vérités, l'une qu'on peut appeler vérité intrinsèque, l'autre qu'on peut appeler vérité *extrinsèque*. (IX, 253.)

Voyez encore IX, 302.

EXTRINSÈQUEMENT :

Dieu n'a pas voulu les créer (*créer les substances*) indéfectibles *extrinsèquement* comme elle le sont intrinsèquement. (IX, 327.)

EXULTATION :

Je ne vous puis exprimer l'*exultation* des Enquêtes. (II, 586.)

F

FACE, aspect :

Vous voyez, Messieurs, quelle est aujourd'hui la *face* de mon Église. C'est au commun des fidèles à déplorer de si grands désordres. (VI, 60.)

FÂCHEUX :

J'en ai eu (*des jours*) depuis de plus *fâcheux*. (II, 140.)

L'on a transféré Messieurs les Princes d'une prison très-rude, dans une autre encore plus *fâcheuse*. (IX, 52.)

FÂCHEUX À :

Ce rencontre m'étoit très-*fâcheux*. (II, 410.)

Il m'est certes *fâcheux* de ne pouvoir vous témoigner ma reconnoissance... sans vous avertir.... (VI, 268.)

FACILE À, bien disposé à ou pour :

Jamais homme n'a paru si désintéressé, ni plus *facile à* sauver même ses ennemis. (V, 371.)

La cour de Rome se rendroit... plus *facile* qu'elle n'est *aux* affaires de France, si.... (VII, 241.)

Il n'est pas juste de vous divertir tous les jours de vos affaires et des miennes pour ces sortes de sollicitations. Je suis résolu de ne m'y pas rendre si *facile* dorénavant. (VIII, 282.)

FAÇON, sens divers :

Sachant que tout ce qui a *façon* de mystère est bien reçu dans les peuples.... (II, 160.)

Il n'y a rien de plus dangereux dans une faction que d'y mêler, sans nécessité, ce qui en a la *façon*. (III, 246.)

Envoyez-moi... tout cela... avec le petit service *façon* de porcelaine. (III, 356.)

Il menoit une *façon* de vie plus éclatante que celle d'un citoyen qui ne veut pas s'attirer de l'envie. (V, 512.)

Le président le Cogneux... tourna en ridicule toutes les *façons* qui venoient d'être faites; il alla au-devant de celles qui s'alloient faire; et l'on conclut, d'une commune voix, à ne pas rejeter le secours d'Espagne. (II, 236.)

EN FAÇON DU MONDE, EN FAÇON QUELCONQUE :

Il devoit être informé que je ne l'avois recherché *en façon du monde*. (III, 48.)

.... Du public, dont Monsieur ne vouloit, *en façon du monde* perdre l'amour. (III, 166.)

Le Premier Président vouloit la liberté de Monsieur le Prince...; mais... il ne la vouloit *en façon du monde* par la guerre. (III, 179.)

Voyez II, 97 et 987; III, 281 et 376.

Monsieur le Duc... ajouta qu'il ne souffriroit, *en façon quelconque*, que l'on usât d'aucune violence. (I, 262.)

FAÇONNER, faire des façons :

Il me parla sans *façonner* de la part de la Reine. (III, 285.)

FACTEUR, agent :

.... De demeurer... à Paris *facteur* de Monsieur le Prince, qui alloit prendre les armes et former un parti. (V, 203.)

FACTION, souvent dans le sens abstrait de *révolte, conspiration* :

L'aveuglement, en ces matières, des bien intentionnés, est suivi pour l'ordinaire, bientôt après, de la pénétration de ceux qui mêlent la passion et la *faction* dans les intérêts publics. (II, 60.)

Ayant toutes celles (*toutes les qualités*) de Henri du même nom (*de Guise*), il n'a pas poussé la *faction* où il le pouvoit. (II, 176.)

.... La dame du Royaume la plus convaincue de *faction* et d'intrigue. (II, 488.)

.... Un homme encore tout chaud et tout fumant, pour ainsi parler, de la *faction*. (III, 308.)

.... Les temps où il y a de la *faction* et du trouble. (IV, 206.)

Je l'ai vue (*j'ai vu Mme la Palatine*) dans la *faction*, je l'ai vue dans le cabinet, et je lui ai trouvé partout également de la sincérité. (II, 187.)

.... Le parti de Monsieur le Prince, purgé de la *faction*. (III, 283.)

Le premier de ces deux hommes... avoit été nourri dans les *factions* de Monsieur. (II, 7.)

FACTIONNAIRE, celui qui fait partie d'une faction :

Il est visible en cette cour que les *factionnaires* d'Espagne y aigrissent les choses. (VII, 64.)

Voyez la note 11 à la page indiquée.

Vous savez que, selon le cérémonial, les cardinaux ne doivent point visiter les ambassadrices que les ambassadeurs ne les aient visitées eux-mêmes. Comme les nationaux et les *factionnaires* ne gardent pas ces mesures, la plupart des vieux qui prétendent au pontificat s'en sont aussi dispensés. (VII, 301.)

Voyez encore VII, 302.

FAILLIR à, manquer de :

Je *faillis à* tomber de mon haut. (I, 163.)

Monsieur le Prince... *faillit à* transir de frayeur quand la Reine lui dit le discours de Monsieur son fils. (I, 262.)

Je fis debotter Saint-Ibar, qui *faillit à* en enrager. (II, 76.)

J'avois été assez innocent pour *avoir failli à* donner dans le panneau. (II, 255.)

Elle (*la cour*) *faillit à* se faire deux des préjudices les plus réels.... (III, 272.)

Ainsi finit cette matinée qui *faillit à* abîmer Paris. (III, 501.)

Voyez I, 110 et 136; II, 268, 307, 310, 468, 510, 584 et 600; III, 31, 48 et 467.

FAILLIR DE, même sens :

Mme de Guémené *faillit d'*être la victime de cette paix fourrée. (I, 109.)

Un mouvement aussi général que celui qui *avoit failli d'*arriver.... (III, 505.)

FAIRE :

1° FAIRE, avec des régimes directs (ou des sujets lorsqu'il est au passif) déterminés ou non par un article ou un autre mot :

Les exemples sont rangés d'après l'ordre alphabétique de ces régimes.

Il passa jusques à la picoterie toute ouverte, en me disant que quand l'on affectoit de *faire* des actions de saint Ambroise, il en falloit *faire* la vie. (I, 260.)

Les sentiments que j'avois fait paroître pour la défense de la liberté publique... avoient donné à Cromwell le désir de *faire* une amitié étroite avec moi. (III, 115.)

Le P. Hilarion,... avec lequel *j'avois fait* une étroite amitié.... (V, 80.)

Je *fis* une assemblée fameuse de curés, de chanoines, de docteurs, de religieux. (II, 129.)

Mlle de Vendôme... étoit aimable à tout prendre et en tout sens. Je suivis ma pointe, et je trouvois des commodités merveilleuses.... L'on fit deux voyages à Anet,... et dans le dernier voyage, j'allai plus loin qu'à Anet. Je n'allai pourtant pas à tout, et je n'y ai jamais été : l'on s'*étoit fait* des bornes, desquelles l'on ne voulut jamais sortir. (I, 196.)

Comme sa commission lui est venue par deux courriers qui ont été dépêchés de Madrid en diligence,... on se veut figurer, en cette cour, qu'elle ne *fait* pas la seule cause de leur voyage. (VII, 281.)

Comme elle (*l'abbaye*) est de sept mille livres, charges *faites*, et par conséquent de plus de neuf mille en tout.... (VII, 414.)

Il falloit... commander à Monsieur le Président d'aller *faire* sa charge de garde des sceaux à la cour. (IV, 66.)

Lui et Longueil... se font envoyer de la cour un ordre de se rendre auprès du Roi pour y *faire* leurs charges. (V, 410.)

On a voulu faire croire qu'il n'y auroit point de sûreté pour l'État tandis qu'il *feroit* sa charge. (VI, 191.)

.... M. de Longueil, auquel la Reine a commandé par une lettre de sa main d'aller *faire* sa charge de chancelier. (VIII, 82.)

Le Sieur des Chiens étoit Procureur général de la Chambre du Domaine. Mandez-moi, je vous prie, qui *fait* présentement cette charge. (VIII, 203.)

Le peuple *fit* de grandes clameurs. (II, 403.)

Je m'abstins d'aller aux comédies que la Reine de Suède fait *faire* chez elle. (VII, 182.)

Elle (*la Reine*) en sortit par le commandement qu'elle me *fit* de les aller faire connoître (*mes raisons*) à Monsieur le Cardinal. (I, 248.)

Elle (*la Reine*) ajouta à cela toutes les bontés possibles, et elle finit par un commandement qu'elle *fit* au doyen et aux députés de me mener chez Monsieur le Cardinal. (I, 254.)

Ce mouvement (*du Premier Président*) *fit* une commotion et un trépignement dans la Grande Chambre. (II, 601.)

Il *fit*, par le moyen de Pesche,... un concours de cent ou six-vingts gueux, sur le Pont-Neuf. (IV, 180.)

.... Par la considération que nous venions encore de *faire*, M. de Bourlemont et moi, de l'avantage considérable que ces usurpations de l'Espagne... donneront infailliblement... aux ambassadeurs de France. (VII, 70.)

Cette déclaration... fut entamée et altérée sur des articles de rien, que le Cardinal devoit même observer avec ostentation, pour colorer les contraventions qu'il pouvoit être obligé de *faire* aux plus considérables. (II, 97.)

Vous ne serez pas surprise de ce que l'on le fut de la prison de M. de Beaufort.... Ce coup de rigueur, *fait* dans un temps où l'autorité étoit si douce qu'elle étoit comme imperceptible, *fit* un très-grand effet. (I, 233.)

.... Des escarmoucheurs... qui venoient *faire* le coup de pistolet dans les faubourgs. (II, 170.)

Je *faisois* ma cour, une fois la semaine, à la messe de la Reine. (I, 219.)

Le maréchal de Villeroi faisoit le gai pour *faire* sa cour au ministre. (II, 20.)

La malignité des âmes vulgaires n'est pas toujours assez forte pour empêcher le crédit que l'on doit *faire*... aux extraordinaires. (II, 337.)

Tout le monde *fit* le même cri. (II, 28.)

L'habitude... nous a endurcis à des choses que nos pères ont appréhendées.... Nous ne sentons plus la servitude, qu'ils ont détestée...; et le cardinal de Richelieu *a fait* des crimes de ce qui *faisoit*, dans le siècle passé, les vertus des Mirons, des Harlays, *etc*. (I, 276.)

Le Parlement étoit sur le point de *faire* défenses de l'exécuter (*l'édit du tarif*). (I, 297.)

M. de Morangis me disant... que je *faisois* trop de dépense, comme il n'étoit que trop vrai que je la *faisois* excessive, je lui répondis fort étourdiment.... (I, 244.)

Si elle (*la Compagnie*) vouloit *faire* une députation à Saint-Germain, elle y seroit très-bien reçue. (II, 231.)

Ils nous *firent* une députation solennelle, que nous reçûmes comme vous pouvez l'imaginer. (II, 551.)

L'armée... *faisoit* des désordres incroyables, faute de paiement. (IV, 96.)

C'est ce qui m'a obligé de vous *faire* le détail et la suite de cette conversation. (VII, 232.)

J'ai découvert deux faussetés dans les détails qu'il me *fait*. (VIII, 624.)

Ils revenoient un jour d'un dîner qu'ils *avoient fait* chez Coulon. (II, 491.)

Les Importants furent chassés et dispersés, et l'on publia par tout le royaume qu'ils *avoient fait* une entreprise sur la vie de Monsieur le Cardinal. (I, 226.)

Le président de Mesme... *fit* une exclamation au seul nom de l'envoyé de l'Archiduc. (II, 246.)

Je serois le premier sur qui l'on voudroit *faire* un grand exemple. (II, 36.)

Je ne sais si l'on n'a point *fait* quelque faveur à son mérite, en le croyant capable de toutes les grandes choses qu'il n'a point faites. (II, 179.)

Jean-Louis auroit le prétexte de *faire* un festin à tous les parents de cette maison. (V, 561.)

Il étoit persuadé... que son maître *feroit* autant de foiblesses qu'il demeureroit de moments dans un parti qu'il n'avoit pas la force de soutenir. (II, 453.)

La Compagnie... *fit*, ce même matin-là, le fonds nécessaire pour la levée des troupes. (II, 144.)

Le Parlement, qui *faisoit*, d'un sens, notre principale force, *faisoit*, en deux ou trois manières, notre principale foiblesse. (II, 266.)

Je m'amusai à vouloir *faire* galanterie à la signora Vandramina. (I, 123.)

« Faire la galanterie, » dans les éditions de 1718 C et E.

Je ne me pouvois passer de galanterie, mais je la *fis* avec Mme de Pommereux. (I, 179.)

Nous entrâmes au Palais,... et nous y vînmes ensemble, M. de Beaufort et moi, avec un corps de noblesse qui pouvoit *faire* trois cents gentilshommes. (II, 397.)

Il (*Mazarin*) me *fit* toutes les honnêtetés imaginables. (I, 255.)

Le pur hasard *fit* un incident, dans cette séance.... (IV, 91.)

Le Premier Président parla à la Reine.... Il lui représenta au naturel le jeu que l'on *avoit fait*... de la parole royale. (II, 48.)

Vous me *faites* bien la justice d'être persuadée que Madame d'Angleterre ne demeura pas, le lendemain, au lit, faute d'un fagot. (II, 197.)

Je vous *fais* cette lettre pour vous servir de procuration. (VI, 290.)

On dit qu'il (*le Pape*) va à Castel au premier jour, et que Mgr Nini y alla hier *faire* les logements. (VII, 64.)

La plupart des hommes ne *font* les grands maux que par les scrupules qu'ils ont pour les moindres. (III, 252.)

M. le duc d'Orléans *fit* quelque mine de disputer la régence. (I, 230.)

Je *fis* bonne mine avec tous les autres; je leur fis valoir les moindres circonstances.... (II, 273.)

Ce qui n'étoit que pour modérer le mouvement veut le *faire*, et je conviens qu'il le *fait* mal, parce qu'il n'est pas lui-même fait pour cela. (II, 103.)

Flammarin crut ne pouvoir rendre un service plus considérable à son ami que de *faire* une négociation qui.... (II, 292.)

Je rendis compte de tout à M. le maréchal de Vitry, qui *fit* l'ordre de l'entreprise, qui l'écrivit de sa main.... Voici la substance de cet ordre.... (I, 172.)

Messieurs Cohon, ancien évêque de Dol, et Claude Auvry, évêque de Coutance, *ont fait* les Ordres dans notre Église. (VI, 118.)

.... A ne se point accommoder avec la cour, jusques à ce que le Pape *fût fait*. (V, 135.)

Quelque perfidie que la Rivière *eût faite* au Cardinal, celui-ci n'étoit pas en reste. (III, 15.)

Il arriveroit peut-être que celui qui voudroit s'engager dans cette entreprise difficile, seroit contraint dans la suite d'y *faire* de différents personnages. (VI, 299.)

Celle (*la confiance*) que le Ministre (*Mazarin*) prit de l'état où il me voyoit à Paris, et qui l'avoit déjà porté à me *faire* les pièces que vous avez vues ci-dessus, l'obligea encore... à m'en *faire* une nouvelle trois mois après. (I, 266 et 267.)

Il *fit* de grandes plaintes de ce que Monsieur le Cardinal s'étoit voulu rendre maître de Brisach. (III, 366.)

Vous espérez de pouvoir prévenir ses chicanes; je vous conjure encore d'y *faire* tout votre pouvoir. (VIII, 447.)

Je ne continuerai pas, par la date des journées, la suite de la procédure qui *fut faite* au Parlement contre nous. (II, 596.)

La mort de Monsieur le Comte me fixa dans ma profession.... Je me résolus donc, non pas seulement à suivre, mais encore à *faire* ma profession. (I, 176.)

Lorsque Monsieur l'archevêque de Paris me présenta au Roi, il me traita... avec une distinction qui surprit et qui étonna tout le monde;... il me *fit* même des railleries douces et obligeantes. (I, 202.)

.... L'honneur de servir la Reine *faisoit* la récompense la plus signalée que je dusse jamais espérer. (III, 9.)

Les provinces... demeuroient abattues et assoupies sous la pesanteur de leurs maux.... Si cette indolence générale eût été ménagée, l'assoupissement eût peut-être duré plus longtemps; mais comme le médecin (*Mazarin*) ne le prenoit que pour un doux sommeil, il n'y *fit* aucun remède. (I, 290.)

Je lui fis agréer... que... je fisse ce qui seroit en moi pour le persuader d'aller... pour quelques jours à Limours, sous le prétexte d'y *faire* quelques remèdes. (III, 455.)

L'on ne se ressouvint pas seulement de la résolution que l'on *avoit faite* la veille. (II, 227.)

J'avois *fait* la résolution de demeurer tout le plus qu'il me seroit possible dans l'inaction. (IV, 219.)

Cette apparition d'un député d'Espagne dans le parlement de Paris *fait* une scène qui n'est pas fort ordinaire dans notre histoire. (II, 232.)

Ils ne *font* point de scrupule de dire dans cet écrit que.... (VI, 41.)

Un secret de cette nature, *fait* à M. de Beaufort, dans une occasion où nos intérêts étoient si unis.... (III, 11.)

Il les continua (*ses avances*) jusques au point de lui faire *faire* des séjours... à Ruel, où il *faisoit* le sien ordinaire. (I, 135.)

J'ai *fait* les troubles, parce que je les ai prédits. (III, 120.)

L'on donna... un arrêt sanglant contre Courcelles, Lavardin et Amilly, qui *faisoient* des troupes pour le Roi dans le pays du Maine. L'on permit aux communes de s'assembler au son du tocsin, et de courir sus à tous ceux qui en *feroient* sans ordre du Parlement. (II, 367 et 368.)

Et vous faisiez pourtant votre compte... de soutenir la guerre avec vos troupes, avec celles de M. de Longueville, avec celles qui se *font* présentement pour nous dans toutes les provinces du Royaume. (II, 434.)

M. de Turenne *avoit fait* quelques troupes avec l'argent que les Espagnols lui avoient accordé. (III, 40.)

Le Cardinal *faisoit* des troupes pour entrer en France. (IV, 47.)

Je me fis... connoître à cette sorte de gens (*aux pauvres*).... Le voile de Mme de Maignelais, qui n'*avoit* jamais *fait* d'autre vie (*que la charité*), couvroit toute chose. (I, 167.)

2° FAIRE, rendre, faire devenir, faire passer pour :

Il n'y a rien de pareil pour *faire* les gens sages dans la suite. (I, 149.)

Nous serions perdus,... parce que nous nous *serions* convaincus nous-mêmes de trois crimes capitaux. (II, 574.)

Je ne rapporterois pas cette circonstance, si les libelles qui ont depuis été faits contre moi, et qui en ont parlé comme d'un prétendu présage de l'agitation dont ils ont voulu me *faire* l'auteur, ne me donnoient lieu de craindre qu'il n'y eût de l'affectation à l'omettre. (I, 83.)

3° FAIRE LE OU LA, se conduire en, se donner les apparences de :

Je *faisois* l'innocent, et je ne l'étois pas...; le Cardinal *faisoit* l'assuré, et il ne l'étoit pas si fort qu'il le paroissoit...; M. le duc d'Orléans *faisoit* l'empressé et *le* passionné en parlant à la Reine, et je ne l'ai jamais vu siffler avec plus d'indolence qu'il siffla une demi-heure en entretenant Guerchi...; le maréchal de Villeroi *faisoit le* gai pour faire sa cour au ministre, et il m'avouoit en particulier, les larmes aux yeux, que l'État étoit sur le bord du précipice. (II, 19 et 20.)

J'*avois fait* l'ecclésiastique et *le* dévot dans tout le voyage. (I, 93.)

Le Roi mourut, M. de Beaufort, qui étoit de tout temps à la Reine, et qui en *faisoit* même *le* galant, se mit en tête de gouverner. (I, 209.)

Le président de Mesme... dit au président de Bellièvre que, pour ce coup, j'étois la dupe.... Le président de Bellièvre, à qui je m'étois ouvert, m'eût pu justifier si il l'eût jugé à propos; mais il *fit* lui-même *la* dupe, et il railla le président de Mesme, comme un homme qui prenoit plaisir à se flatter soi-même. (II, 274.)

Messieurs les généraux... furent charmés d'un parti qui leur feroit *faire*, tous les matins, *les* braves au Parlement. (II, 447.)

M. le prince de Conti, qui étoit malade ou qui *le faisoit*.... (II, 464.)

Il *faisoit le* fier plus qu'à l'ordinaire. (II, 533.)

Monsieur en fut et en parut étonné (*de ces raisons*). Il en *fit l'*affligé. (III, 358.)

Monsieur de Bourlemont... jugea à propos que je *fisse l'*étonné. (VII, 186.)

4° FAIRE, agir, absolument ou avec un adverbe :

Je sais... que ce n'est pas votre intention; mais je suis persuadé que vous *faites* contre votre intention sans le croire. (II, 360.)

Je prêchai l'Ascension, la Pentecôte, la Fête-Dieu dans les petites Carmélites...; comme on lui eut dit (*à Richelieu*) que j'*avois* bien *fait*, il répondit : « Il ne faut pas juger des choses par l'événement. » (I, 115.)

La licence de Sorbonne expira; il fut question de donner les lieux, c'est-à-dire déclarer publiquement... lesquels *ont* le mieux *fait* dans leurs actes. (I, 118.)

Il (*M. d'Elbeuf*) m'a juré plus de dix fois, depuis le pont de Neuilli, où je l'ai rencontré, jusques à la Croix-du-Tiroir, où je l'ai laissé, qu'il *feroit* bien mieux que son cousin M. du Maine ne *fit* à la Ligue. (II, 146.)

Il emporta après un grand combat le faubourg de Saint-Surin, où Saint-Mesgrain et Roquelaure, qui étoient lieutenants généraux dans l'armée du Roi, *firent* très-bien. (III, 70.)

Vous êtes l'homme de France qui dites et *faites* le mieux. (VI, 444.)

5° FAIRE, finir, en finir :

Il *a fait* avec moi pour le reste de sa vie, et quand même mes affaires seroient en meilleur état qu'elles ne sont, j'assisterois ses enfants et non pas lui. (VIII, 275.)

Vous avez très-bien fait de ne pas recevoir les Chastelains à compter. On n'*auroit* jamais *fait* avec ces sortes de gens. (VIII, 324.)

6° FAIRE, tenant lieu d'un verbe précédent dont on veut éviter la répétition :

.... L'appréhension qu'il avoit que Monsieur le Duc... ne se commît par quelque combat avec M. de Beaufort, comme il avoit été sur le point de *faire* dans le démêlé de Mmes de Longueville et de Montbazon. (I, 225.)

Comme je parlois au nom et de Monsieur l'Archevêque et de toute l'Église de Paris, il (*Mazarin*) éclata comme il eût pu *faire* si un particulier, de son autorité privée, l'eût voulu ; haranguer à la tête de cinquante séditieux. (I, 252.)

Je demeurai ferme dans ma résolution; mais... je n'ignorois pas que son innocence et sa droiture me brouilleroient dans les suites presque autant avec la cour qu'auroit pu *faire* la contraire. (II, 8.)

Son bon sens... devoit récompenser plus qu'il n'*a fait* le défaut de sa pénétration. (II, 181.)

Agissant comme il *faisoit*, il prenoit le chemin de le renverser (*de renverser l'État*). (II, 102.)

C'est ce qui avoit obligé la dernière (*Mme de Bouillon*) à s'ouvrir encore davantage avec moi, sur ce détail, qu'elle n'*avoit fait* jusque-là. (II, 239.)

Si nous eussions engagé le Parlement, comme vous le vouliez dernièrement, et que l'armée d'Allemagne nous eût manqué comme elle *a fait* et comme cet engagement du Parlement ne l'en eût pas empêchée.... (II, 433.)

J'avois peine à m'ouvrir tout à fait des raisons que j'ai d'agir comme je *fais*. (II, 444.)

Aussitôt que M. de Turenne fut déclaré, la cour travailla à gagner les généraux, avec beaucoup plus d'application qu'elle n'*avoit fait* jusque-là. (II, 373.)

M. de la Mothe étoit fort amoureux de Mlle de Touci, et l'on croyoit même en ce temps-là qu'il l'épouseroit encore plus tôt qu'il ne *fît*. (II, 439.)

Le connoissant comme je *faisois*, je ne devois pas être surpris de son peu de vue. (II, 535.)

Monsieur le Cardinal est à Brusle, et son nom fait autant de mal à Votre Majesté et à l'État, que pourroit *faire* sa personne si elle étoit encore dans le Palais-Royal. (III, 380.)

Je leur parlai comme j'*avois fait* aux autres. (II, 479.)

Je prie M. de Hacqueville, comme je *fais* vous aussi, d'informer.... (VIII, 547.)

7° FAIRE, entrant dans diverses locutions :

Les bourgeois... se contentèrent de *faire ferme* dans le carrefour. (II, 27.)

Je *ne fais que d*'ouvrir votre lettre du 6 sur laquelle je n'ai que le loisir de vous dire.... (VIII, 420.)

Toutes les troupes lui avoient manqué, à la réserve de deux ou trois régiments ;... M. de Turenne *avoit fait beaucoup que de* n'être pas arrêté. (II, 417.)

Les corps poussent toujours avec trop de vigueur les fautes des ministres quand ils *ont tant fait que de s'y acharner*. (II, 105.)

SE FAIRE :

Le Premier Président... fit déclarer général M. d'Elbeuf, dans la vue, à ce que m'a depuis avoué le président de Mesme, qui *se faisoit* l'auteur de ce conseil, de faire une division dans le parti. (II, 154.)

FAIRE LES ALLÉES ET VENUES, etc., voyez ALLÉES ET VENUES, etc.

FAIT, substantif :

Le cardinal de Richelieu... anéantissoit par son pouvoir et par son faste royal la Majesté personnelle du Roi, mais il remplissoit avec tant de dignité les fonctions de la royauté, qu'il falloit n'être pas du vulgaire pour ne pas confondre le bien et le mal en ce *fait*. (I, 282.)

Nous convînmes, en un quart d'heure, de tous nos *faits*. (II, 443.)

AU FAIT DE :

.... M. le duc de Beaufort, dont l'incapacité *au fait de* la guerre est connue de toute l'Europe. (V, 234.)

FALOT, FALOTE, plaisant, drôle, grotesque :

L'autre aventure fut encore plus rare que celle-là et à proprement parler beaucoup plus *falote*. (III, 169.)

Voyez la note 8 de la page indiquée.

FAMEUX :

Je fis une assemblée *fameuse* de curés, de chanoines, de docteurs, de religieux. (II, 129.)

FANATIQUE, substantif :

Il étoit secrétaire de cette assemblée ; mais il en étoit encore beaucoup plus le *fanatique*. (III, 247.)

FANTAISIE :

Il se mit dans la *fantaisie* d'aller... à Bruxelles. (II, 363.)

Je ne puis imaginer... que le Coadjuteur soit assez fou pour se mettre cette vision dans la *fantaisie*. (III, 514.)

.... De certaines *fantaisies* particulières auxquelles il étoit sujet. (III, 109.)

FANTASTIQUE :

J'aurois eu peine à croire ce qu'il m'assuroit,... vu la foiblesse et le ridicule de cette *fantastique* faction. (III, 544.)

.... La prééminence qu'il (*Cromwell*) veut donner à son gouvernement *fantastique* sur l'auguste couronne des lis. (V, 297.)

L'on ne peut... lui déguiser, par des illusions *fantastiques* et imaginaires, la vérité de ce qui se passe. (VII, 52.)

FANTÔME :

MM. de Brissac, de Retz, de Vitri... demeurèrent unis avec nous; et nous fîmes un espèce de corps qui, avec la faveur du peuple, n'étoit pas un *fantôme*. (II, 484.)

Monsieur le Prince ne songeoit qu'à animer son *fantôme* (*le fantôme de Mazarin*) pour affranchir les peuples. (III, 376.)

On le considère comme un prince qui vouloit établir sa tyrannie sous le *fantôme* du cardinal Mazarin. (V, 226.)

Ces *fantômes* d'infamie que l'opinion publique a formés pour épouvanter les âmes du vulgaire.... (V, 543.)

FARCEUR :

.... Un Curé de Paris, qu'on vouloit forcer de rompre les ordres du Diocèse en l'obligeant de recevoir à la Communion les *farceurs* les plus infâmes et les plus débordés. (VI, 411.)

FARIBOLE :

Les mémoires que vous demandez... contiennent plus de *faribodes* que d'autres choses. (VIII, 162.)

FAT, sot :

Sur quoi je ne puis m'empêcher

de vous dire que vous ne soyez pas si *fat* qu'à l'ordinaire et que, sans raillerie, vous me désobligerez sensiblement si vous ne vous servez de ce qui est à moi comme du vôtre propre. (VIII, 53.)

FATALITÉ :

Ces deux cours... commencèrent à tenir bride en main dès qu'il (*le comte de Soissons*) fut résolu, par une *fatalité* que le flegme naturel au climat d'Espagne attache, sous le titre de prudence, à la politique de la maison d'Autriche. (I, 168.)

FAUCET, fausset :

Elle s'écria de son *faucet* et du plus aigre.... (III, 458.)

FAUSSEMENT :

Il (*M. de Beaufort*) étoit brave de sa personne ;... il l'étoit en tout sans exception ; en rien plus *faussement* qu'en galanterie. (II, 178.)

FAUSSETÉ :

J'ai découvert deux *faussetés* dans les détails qu'il me fait. (VIII, 624.)

.... Sociando, contre lequel il y avoit preuve de *fausseté* à la Tournelle. (II, 582.)

FAVEUR :

Je ne sais si l'on n'a point fait quelque *faveur* à son mérite, en le croyant capable de toutes les grandes choses qu'il n'a point faites. (II, 179.)

FAVORABLE :

Dans les matières qui ne sont pas *favorables* par elles-mêmes, tout changement qui n'est pas nécessaire est pernicieux. (III, 117.)

FEINDRE, suivi d'un infinitif :

.... Des bruits sourds de mécontentement qu'ils *feignent avoir* de ceux qu'ils veulent abandonner. (V, 139.)

FEINDRE QUE :

Cette mine, ou fit peur à M. le cardinal Mazarin, ou lui donna lieu de *feindre qu*'il avoit peur. (I, 224.)

Je *feignis que* je prenois pour bon tout ce qu'il lui plut de me dire. (II, 18.)

Quoique j'eusse été très-fâché qu'il l'eût été (*qu'il eût été persuadé*) de mon impuissance, je ne laissai pas de *feindre que* je la lui voulois toujours persuader. (II, 47.)

FEINTISE :

Elle s'abaissa, mais sans *feintise* et du bon du cœur, jusques à me faire des excuses. (III, 474.)

FELOUQUE, sorte de petit navire :

On jugea à propos... que Scipion Borgognino... se jetât dans la Darsène avec des *felouques* armées. (V, 572.)

M. le marquis Justinian... nous est venu voir en *felouque*. (VII, 389.)

FERME :

Monsieur s'éleva avec chaleur à ce mot.... Viole le soutint avec vigueur ; les députés, tous d'une voix, y demeurèrent *fermes*. (II, 88.)

FERME À :

Le maréchal de la Meilleraie... étoit demeuré très-*ferme* avec moi à représenter la conséquence du tumulte. (II, 21.)

Je demeurai *ferme à* soutenir à Monsieur qu'il devoit dissiper l'assemblée de la noblesse. (III, 277.)

Monsieur demeura très-longtemps *ferme à* laisser aller la chose dans son cours. (IV, 83.)

FAIRE FERME :

Les bourgeois... se contentèrent de *faire ferme* dans le carrefour. (II, 27.)

M. de Beaufort, *ayant fait ferme* avec les gardes de Monsieur et nos gens, repoussa le Bourdet. (III, 87.)

Ottobon et Hiérôme... ne trouvèrent pas tant de facilité à celle (*à la porte*) de Saint-Thomas, par la résistance de Sébastien Lercaro, capitaine, et de son frère, qui *firent ferme* assez longtemps. (V, 575.)

FERMER :

Je suppliai M. le prince de Conti de considérer qu'il lui appartenoit, par toute sorte de raisons, d'ouvrir et de *fermer* la scène. (II, 383.)

SE FERMER :

La voie des montagnes est beaucoup plus courte;... mais, comme nous sommes justement dans le temps où le mont Saint-Godard *se ferme* quelquefois deux ou trois fois, et assez souvent pour huit, dix jours, j'ai cru qu'il seroit plus à propos que je prisse la mer. (VII, 420.)

SE FERMER À :

L'autre issue... étoit plus grande, plus noble;... et ce fut celle aussi à laquelle je *me fermai* sans balancer. (IV, 46.)

FESANDERIE :

Si il (*le fesandier*) n'est ici dans la fin de ce mois ou au plus tard dans le commencement de mai, c'est une année perdue pour la *fesanderie*. (VIII, 602.)

FESANDIER :

Je vous prie... de savoir si le *fesandier*... viendra... assez à temps pour faire encore couver les poules ce printemps. (VIII, 602.)

Voyez la note 1 à la page indiquée.

FÊTES (LES BONNES), les fêtes de Noël et de la semaine suivante :

Vous savez le terme *des bonnes fêtes*, selon le style de ce pays, et vous ne vous étonnerez pas sans doute que l'on ne se soit pas encore expliqué sur ce qui regarde la Bulle. (VII, 147.)

Voyez VII, p. 136, lignes 19 et 20, où l'expression est en italien : *delle buone feste.*

FÉTU :

Quelle gloire aurez-vous... d'employer votre puissance contre une feuille sèche et un *fétu* dont les vents se jouent ? (IX, 157.)

FEU, au propre et au figuré :

Comme... le président de Bellièvre m'eut reproché devant le *feu* de la Grande Chambre que je manquois aux intérêts de l'Église.... (III, 279.)

Je pris ma place après avoir fait une profonde révérence à Monsieur le Prince, que je trouvai devant le *feu* de la Grande Chambre. (III, 330.)

J'ai eu le plaisir de lui faire aujourd'hui essayer des étoffes rouges qu'on m'a apportées d'Italie, et de les approcher de son visage, pour voir ce qui y revenoit le mieux, ou de la couleur du *feu* ou du nacarat. (III, 15.)

Le premier *feu* que ce nouvel éclat de Monsieur le Prince avoit jeté.... (III, 365.)

Je ne vous assure pas que cette nouvelle soit bien fondée...: elle est pourtant si publique en cette cour qu'il faut, à mon opinion, qu'il y ait eu du *feu* ou de la fumée. (VII, 354.)

Ces *feux* (*ces séditions*) ne se rallumoient plus quand ils s'étoient éteints aussi subitement que celui-là. (II, 36.)

Le lendemain, qui fut le 3 de mars, le *feu* continua. L'on s'appliqua avec ardeur pour faire payer les taxes. (II, 313.)

.... J'étois averti qu'il y auroit bien du *feu* à l'apparition de ce député. (III, 74.)

Je puis dire... qu'il n'y a jamais eu plus de *feu* en lieu du monde qu'il y en eut dans tous les esprits à cet instant. (III, 232.)

Les ordres de Brusle... enflammèrent aisément la bile de la Reine, qui étoit assez naturellement susceptible d'un grand *feu*. (III, 341.)

Le *feu* s'exhala en paroles. (IV, 90.)

Cet ouvrage... donnera peut-être occasion à un nouveau *feu* par les propositions délicates qui se coulent naturellement dans ces sortes de livres. (VII, 178.)

J'étois dans les premiers *feux* du plaisir, qui, dans la jeunesse, se prennent aisément pour les premiers *feux* de l'amour. (I, 136.)

À FEU ET À SANG :

Je mérite... d'être proscrit et poursuivi *à feu et à sang*, à cause, dit-on, de l'ingratitude que j'ai témoignée des grâces qu'on me vouloit faire. (VI, 36.)

Voyez la note 24 à la page indiquée.

DONNER LE FEU, PRENDRE FEU, au figuré :

Il s'imagina... que la Compagnie n'*ayant* pas *pris le feu* que nous lui avions voulu *donner*, il n'avoit qu'à nous pousser. (II, 466.)

Le discours de M. de Bouillon les trouva dans une disposition assez propre à *prendre feu*. (II, 413.)

Mme de Montbazon... *prit feu* à cette première ouverture, et... crut qu'il n'y auroit plus de péril en ce voyage. (II, 522.)

FEUILLE :

La cour... s'avisa de l'expédient du monde le plus bas et le plus ridicule, qui fut d'avoir la *feuille* de l'arrêt. (I, 314.)

Le Premier Président fit tous les efforts imaginables pour faire insérer dans l'arrêt que la *feuille* même, c'est-à-dire l'original du registre du Parlement, seroit envoyée à la Reine. (II, 258.)

Il faut que nous envoyions la *feuille* de l'arrêté. (II, 259.)

Si nous portons la *feuille*, les Espagnols croiront que nous soumettons au caprice du Mazarin les propositions qu'ils nous font. (II, 259.)

Voyez encore I, 315.

FEUILLET (TOURNER LE), au figuré :

Si nous le soulevons (*le peuple*), et si nous ôtons l'autorité au Parlement, en quel abîme jetons-nous Paris dans les suites ? *Tournons le feuillet*. Si nous ne le soulevons pas.... (II, 271.)

FIDÉLITÉ :

M. de Beaufort, à qui l'on ne se pouvoit ouvrir d'aucun secret important, à cause de Mme de Montbazon, qui n'avoit point de *fidélité*.... (II, 299.)

FIEFFÉ :

.... Lacomette, Marcassez, Gorgibus, filous *fieffés*. (II, 582.)

C'est un menteur *fieffé*. (IV, 223.)

FIER (SE), absolument :

Je la trouvai d'une capacité étonnante, ce qui me parut particulièrement en ce qu'elle savoit *se fier*. (III, 175.)

SE FIER EN :

Henri IV, qui ne se défioit pas des lois, parce qu'il *se fioit en* lui-même, marqua combien il les estimoit par la considération qu'il eut pour les remontrances très-hardies de Miron, prévôt des marchands, touchant les rentes de l'Hôtel de Ville. (I, 274.)

FIERTÉ :

La Reine étoit, depuis midi, dans une *fierté* qui lui faisoit craindre qu'elle n'eût quelque négociation cachée. (III, 376.)

FIGURE, sens divers :

M. de Brissac me fit remarquer un hausse-cou, de vermeil doré, sur lequel la *figure* du jacobin qui tua Henri III étoit gravée. (II, 45.)

Je m'éblouis d'abord à la vue du bâton (*de gouverneur de Paris*), qui me parut devoir être d'une *figure* plus agréable quand il seroit croisé avec la crosse. (II, 93.)

Le Roi mourut.... Monsieur l'évêque de Beauvais, plus idiot que tous les idiots de votre connoissance, prit la *figure* de premier ministre. (I, 209.)

Je n'étois pas assez chatouillé de la *figure* que je faisois contre Monsieur le Prince... pour ne pas concevoir... les précipices du poste où j'étois. (III, 520.)

Vous n'avez vu que les peintures légères des préalables de la guerre civile. Voici la galerie où les *figures* vous paroîtront dans leur étendue. (II, 173.)

Tout l'honneur de l'accommodement, où Monsieur à son ordinaire ne serviroit que de *figure*, lui reviendroit (*reviendroit à Monsieur le Prince*). (II, 86.)

Je ne me pouvois figurer que la jalousie d'un Italien lui pût permettre de mettre en place une *figure* aussi bien faite pour un ministre. (III, 54.)

Aussitôt que nous aurions reçu la nouvelle du gain de la bataille, nous le devions publier dans Paris avec toutes les *figures*. (I, 172.)

Voyez la note 2 de la page indiquée.

Je n'ai jamais vu homme qui entendît cette *figure*, approchant de M. de Bouillon. Il m'avoit souvent dit que le comte Maurice avoit accoutumé de reprocher à Barnevelt... qu'il renverseroit la Hollande en donnant toujours le change aux États par la supposition certaine de ce qui faisoit la question. J'en fis ressouvenir, en riant, M. de Bouillon, au moment dont il s'agit. (II, 421.)

Voyez la note 1 de la page indiquée.

FIGURER :

L'on se vouloit imaginer qu'elle (*la Reine*) avoit eu de la patience, qui *est* très-souvent *figurée* par l'indolence. (I, 229.)

L'importance des gouvernements de Guienne et de Provence fut exagérée ; le voisinage d'Espagne et d'Italie *fut figuré*. (III, 323.)

FIL :

Mon bon oncle du Fargis est un bon et brave homme, mais il a le crâne étroit. — A qui vous fiez-vous dans Paris ? me dit d'un même *fil* M. le comte de Cramail. — A personne. (I, 160.)

FILE :

Ma première vue, quand je connus que le Parlement se disposoit à donner entrée au héraut, fut de faire prendre les armes à toutes les troupes, de le faire passer dans les *files* en grande cérémonie.... (II, 225.)

En file :

Monsieur le Prince... ayant *en file* dans la rue sa compagnie de gardes et un fort grand nombre d'officiers, M. de Rohan y arriva. (IV, 231.)

FILER :

Il (*Noirmoutier*) fit *filer* les charrettes du côté de Villeneuve-Saint-Georges. (II, 263.)

Il demandoit cinquante pistoles. Nous en sortirons peut-être à moins, en faisan*t filer* les choses peu à peu. (VIII, 214.)

Faire filer le cordeau. Voyez Cordeau.

FILET, fil :

Il descendoit ses lettres, la nuit, par un *filet* qu'il laissoit couler vis-à-vis de l'une de mes fenêtres. (V, 84.)

FILIÈRE, terme de fauconnerie, au figuré :

Il renonce à sa liberté, et consent à s'attacher lui-même à la *filière*. (IX, 171.)

Voyez la note 1 de la page indiquée.

FILLE :

Ma première fonction fut la visite des religieuses de la Conception.... Il y avoit dans ce monastère plus de quatre-vingts *filles*. (I, 240.)

Ce sera une belle chose qu'une *fille* arrête un gagneur de batailles. (III, 295.)

FILLE DE JOIE :

La Boulaie... posa une espèce de corps de garde de sept ou huit cavaliers dans la place Dauphine, cependant que lui, à ce qu'on a assuré depuis, étoit chez une *fille de joie* du voisinage. (II, 560.)

FILOU :

Il aposta un *filou* appelé Grandmaisons pour m'assassiner. Le *filou*, au lieu de l'exécuter, m'en donna avis. (III, 169.)

Voyez II, 582 et 585.

FILOUTAGE :

Il (*Mazarin*) avoit de l'esprit, de l'insinuation, de l'enjouement, des manières ; mais le vilain cœur paroissoit toujours au travers, et au point que ces qualités eurent, dans l'adversité, tout l'air du ridicule, et ne perdirent pas, dans la plus grande prospérité, celui de fourberie. Il porta le *filoutage* dans le ministère. (I, 287.)

Voyez encore deux lignes plus bas, à la page indiquée.

FILS DE FRANCE :

.... Une conférence personnelle d'un *fils de France* avec un prince de la maison d'Autriche. (III, 103.)

Voyez I, 257 et 261.

FIN, substantif :

À TOUTES FINS :

Elle ne laissoit pas de se ménager soigneusement, *à toutes fins*, avec la cour. (III, 167.)

Monsieur... feignoit, *à toutes fins*, un grand empressement. (III, 539.)

FIN, adjectif :

.... L'action la plus sage et la plus *fine* qui eût été faite de notre siècle. (III, 365.)

FIN, pris substantivement :

Mme de Longueville a naturellement bien du fonds d'esprit, mais elle en a encore plus le *fin* et le tour. (II, 182.)

FAIRE LE FIN DE :

Je leur *fis le fin des* intentions de Monsieur, ce qui étoit la grosse corde, et qui, par toutes raisons, ne se devoit toucher que la dernière, et... eux pareillement me *faisoient* aussi *les fins de* ce qu'ils en savoient d'ailleurs. (III, 186.)

.... Il croyoit lui-même ne m'*en avoir* pas [*fait*] *le fin* la veille. (III, 406.)

FINANCE :

Je trouve très-bon que Mosnier se défasse de sa charge, mais sans *finance* et après que l'on aura examiné avec vous les qualités de celui que je mettrai en sa place. (VIII, 283.)

FINESSE :

La peur qui est flattée par la *finesse* est insurmontable. (III, 400.)

Je ne vous ferai point une méchante *finesse*... : tout ce que vous voyez est préparé contre les Doria. (V, 643.)

FINITO, arrêté d'un compte :

Nous avons ici une demoiselle Durand,... qui est créancière par le *finito* de son compte sur Commercy. (VIII, 386.)

FIXE :

Je vis que cette manière de galimatias pourroit bien empêcher que l'on ne prît la résolution *fixe* de faire l'émotion. (II, 301.)

La parole de M. Forcadel..., comme vous savez, n'est pas la chose du monde la plus *fixe*. (VIII, 224.)

FIXEMENT :

J'étois le seul *fixement* résolu à ne me point accommoder avec la cour. (II, 468.)

FIXER :

La mort de Monsieur le Comte me *fixa* dans ma profession. (I, 176.)

Il demeura *fixé* dans sa première résolution. (II, 148.)

L'union très-parfaite de la maison royale *fixoit* le repos du dedans. (I, 231.)

Je me persuadois... que... l'on demeureroit de part et d'autre (*à la cour et dans le Parlement*) dans une espèce de repos, qui... pourroit *fixer* celui du public. (II, 64.)

Le Parlement... a peine à retenir les peuples qu'il a éveillés;... la contagion se glisse dans les provinces.... Tout branle, et Votre Altesse seule est capable de *fixer* ce mouvement. (II, 107.)

L'une des raisons qui me donnoit autant d'aversion à la prétention du chapeau étoit la difficulté de *fixer* la nomination parce qu'elle peut toujours être révoquée. (III, 144.)

Y avoit-il rien de plus nécessaire à Monsieur et à Monsieur le Prince que de *fixer*, pour ainsi dire, le moment heureux dans lequel l'imprudence du Cardinal venoit de livrer à leur disposition le premier parlement du Royaume? (IV, 203.)

SE FIXER :

Il faut avouer que celui (*le peuple*) de Paris *se fixe* plus aisément qu'aucun autre. (III, 113.)

Je n'ignorois pas que tant que la délibération ne *se fixeroit* pas, elle pourroit toujours retomber sur ce qui ne me convenoit pas. (III, 239.)

SE FIXER à, suivi d'un substantif ou d'un verbe :

La Compagnie... devoit... *se fixer*, pour une bonne fois, *aux* moyens efficaces de chasser le Mazarin. (IV, 123.)

Je *me suis fixé*... à ne m'arrêter proprement que sur ce que j'ai connu par moi-même. (IV, 11.)

Le remède... est de *se fixer*, dès à présent, *à* ne se relâcher jamais. (VII, 453.)

FLAMBEAU :

Il falloit que Chavigny quittât sa solitude pour porter le *flambeau* de division dans la maison royale. (V, 202.)

FLANC (EN) :

Argenteuil... chargea les Suisses *en flanc*, en tua vingt ou trente. (II, 43.)

FLATTER :

Le remède qu'un véritable bon cœur veut apporter à ces inconvénients aigrit le mal au lieu de le guérir, parce qu'il le *flatte*. (V, 110.)

Le mal n'est plus en état d'*être flatté*. (VII, 7.)

Voyez la note 14 à la page indiquée.

FLATTER DE :

Tout ce qui est interlocutoire paroît sage aux esprits irrésolus, parce que leur inclination les portant à ne point prendre de résolution finale, ils *flattent d*'un beau titre leur propre sentiment. (III, 147.)

FLEUR, au figuré :

Les propositions n'y ont qu'une *fleur* (*dans les compagnies*), et... telle qui y plaît merveilleusement aujourd'hui y déplaît demain à proportion. (II, 422.)

Vous revîntes hier à mon sentiment, et je ne m'en départis pas, quoique je connuse très-bien que la proportion dont il s'agissoit avoit déjà beaucoup perdu de sa *fleur*. (II, 423.)

Comme c'est lui qui a fait le premier la proposition de se défaire de ces restes du Mazarinisme, il en a la *fleur* de la gloire. (III, 409.)

FLEUR DE LIS, emblème de la France :

Est-il possible... qu'un prince du sang de France propose de donner séance sur les *fleurs de lis* à un député du plus cruel ennemi des *fleurs de lis*? (II, 247.)

Il s'étonnoit de voir sur (*assis sur*) les *fleurs de lis* un prince qui, après avoir tant de fois triomphé des ennemis de l'État, venoit de s'unir avec eux. (IV, 200.)

Il falloit qu'un magistrat dît son avis sur les *fleurs de lis* sans en avoir communiqué avec personne. (II, 66.)

Si toute l'Europe conjurée à la ruine des *fleurs de lis* nous forçoit de mendier le secours de la Grand-Bretagne.... (V, 303.)

FLEURISSANT, FLEURISSANTE :

Où est cette *fleurissante* noblesse ? (IX, 128.)

FLEXIBILITÉ :

.... L'opiniâtreté, directement opposée à la *flexibilité*, qui de toutes les qualités est la plus nécessaire pour le maniement des grandes affaires. (II, 59.)

FLEXIBLE À :

Il rendra le Cardinal *flexible à* ses demandes. (V, 421.)

FLUER :

Notre pensée... se sert de l'idée qu'elle a du mouvement pour mesurer l'existence des substances en les comparant avec les choses qui coulent et avec qui elles coexistent et en s'imaginant qu'elles *fluent* comme elles. (IX, 302.)

FLÛTE, sorte de navire de charge :

J'étois sur le point de m'assurer d'une de ces *flûtes* hollandaises qui sont toujours à la rade de Retz. (I, 96.)

FLUXION :

La *fluxion* qui m'empêcha de m'acquitter moi-même de ce devoir est assez diminuée par deux saignées que l'on a été obligé de me faire.... (VII, 288.)

J'avois toujours espéré que la fin des chaleurs pourroit donner quelque soulagement à une *fluxion* assez fâcheuse que j'ai sur les yeux. (VII, 78.)

.... Une *fluxion* que j'ai sur les yeux et qui est devenue continuelle. (VII, 235.)

.... Une *fluxion* sur le col dont j'ai commencé effectivement de me sentir à Lucques. (VII, 364.)

.... Une *fluxion* que j'ai sur la main, qui pourroit bien être de la goutte. (VIII, 455.)

Je suis au lit depuis trois jours d'une *fluxion* sur le pied qui pourroit bien devenir goutte avec le temps. (VIII, 440.)

Une *fluxion* sur la joue.... (VIII, 599.)

Hors la *fluxion* de goutte,... il n'y a rien eu d'extraordinaire dans sa santé. (VII, 295.)

FOI :

Emery, surintendant des finances,... disoit en plein conseil... que la *foi* n'étoit que pour les marchands, et que les maîtres des requêtes qui l'alléguoient pour raison dans les affaires qui regardoient le Roi méritoient d'être punis. (I, 291.)

FOIBLE :

Vous ne croyez pas que je [me] mette en chemin devant que d'être bien fortifié de ma goutte. J'en suis encore effectivement *foible*. (VIII, 543.)

FOIBLE, pris substantivement :

Ils firent peur à Monsieur...; ceux qui étoient à lui... ne manquoient pas de le prendre par cet endroit, qui étoit son *foible*, pour l'obliger de penser à sa sûreté. (I, 144.)

Bertet,... s'étant aperçu du *foible*, en prit le défaut habilement. (IV, 52.)

M. de la Rochefoucauld... a

voulu se mêler d'intrigue, dès son enfance, et dans un temps où il ne sentoit pas les petits intérêts, qui n'ont jamais été son *foible;* et où il ne connoissoit pas les grands, qui, d'un autre sens, n'ont pas été son fort. (II, 180.)

FOIS :

À DEUX FOIS :

Ils (*les envoyés de l'Archiduc*) vouloient toujours un engagement pour la paix générale, mais ils le vouloient à la mode de M. de Bouillon, c'est-à-dire *à deux fois* (*renouvelé deux fois*). (II, 354.)

Voyez la note 1 de la page indiquée.

POUR UNE BONNE FOIS :

Je lui dis que je le suppliois de me permettre de m'expliquer *pour une bonne fois* avec lui. (III, 46.)

Votre Majesté... n'a qu'à renvoyer, *pour une bonne fois,* Monsieur le Cardinal en Italie. (III, 383.)

FOL, fou :

S'il étoit assez *fol* pour le vouloir entreprendre.... (VIII, 41.)

Vous êtes tous deux *fols.* (VIII, 54.)

Le cardinal Mazarin ne sera pas si *fol* que de revenir.... (VIII, 55.)

Je n'ai jamais vu de *fols* pareils à tous ces gens-là. (VIII, 347.)

Ce sont des *fols.* (VIII, 535.)

Le factum du bailli est très-*fol*. (VIII, 535.)

Pour l'orthographe *fou,* voyez VIII, 536, etc.

FONCTION :

Si le corps étoit tout yeux, que deviendroit l'ouïe et les autres *fonctions* de notre âme ? (IX, 169.)

Monsieur de Paris...m'ordonna... de prendre soin de son diocèse. Ma première *fonction* fut la visite des religieuses de la Conception. (I, 240.)

Dans ses mandements et dans toute sa *fonction,* on ne sauroit remarquer aucune entreprise. (VI, 191.)

Il me déclara qu'il ne défendroit jamais à un cardinal d'assister aux *fonctions* du sacré collége. (V, 101.)

Je les reçus (*ces nouvelles*) à l'entrée du consistoire qui se fit jeudi passé pour donner le chapeau à M. le cardinal Litta, et je les répandis sans affectation dans l'assemblée. J'aurois continué dimanche si une petite incommodité, qui m'a obligé de garder la chambre ces derniers jours, ne m'avoit pas empêché d'assister à la *fonction* de celui-là. (VII, 211.)

M. le cardinal Maculano... n'assiste plus, à cause de sa vieillesse et de ses incommodités, à aucune *fonction.* (VII, 53.)

FOND, au figuré :

Si la proposition... venoit d'un *fond* dont l'on fût moins assuré que de celui de Monsieur le Prince, elle seroit très-suspecte. (III, 410.)

Cette circonstance... me fit voir à l'œil le *fond* de l'abattement du peuple. (III, 211.)

Voyez FONDS.

À FOND :

Monsieur de Mayence lui avoit parlé *à fond* de cette affaire. (VII, 283.)

FOND DE COURRE, locution empruntée à la chasse à courre :

J'étois assuré que je l'emporterois toujours sur elle dans le *fond de courre* (*c'est-à-dire au terme de la lutte*). (II, 353.)

Voyez la note 1 de la page indiquée.

FONDATION :

.... Une chapelle de Sainte-Pétronille, qui est située dans l'église de Saint-Pierre, et qui est de la *fondation* de nos rois. (VII, 297.)

FONDEMENT :

Je vous le vas expliquer (*mon avis*) en peu de paroles, et je commencerai par ses *fondements.* (II, 435.)

PRENDRE FONDEMENT DE :

.... La guerre de Paris, sur laquelle je pouvois *avoir pris* quelque *fondement de* parler et d'agir ainsi. (III, 140.)

SUR LE FONDEMENT QUE :

Les barricades... les ont-elles empêchés d'assiéger Paris *sur le fondement que* le caprice du peuple, qui l'avoit porté à l'émotion, ne le pourroit pas pousser jusques à la guerre? (II, 281.)

FONDER :

Il étoit persuadé que la double alliance étoit nécessaire pour assurer l'établissement de la maison. L'événement qui porte aujourd'hui notre nom dans une famille étrangère marque qu'il *étoit* assez bien *fondé*. (I, 99.)

J'ajoutai tout ce que je crus pouvoir adoucir cette commune; et je n'y eus pas beaucoup de peine, parce que l'heure du souper approchoit. Cette circonstance vous paroîtra ridicule, mais elle *est fondée*. (II, 31.)

Nous sommes présentement en état de *fonder* de nouveau la proposition. (II, 420.)

FONDER DANS :

Si leurs prétentions *eussent été fondées dans* quelque ombre de justice.... (VI, 369.)

FONDER SUR :

Le peu d'ouverture que je lui avois donné jusque-là à négocier avec moi, faisoit qu'il ne *fondoit* guère davantage *sur* ma conduite que *sur* celle du Parlement. (II, 238.)

Le parlement de Paris,... qui ne s'engagera pas sans M. de Turenne, tiendroit fort bien sans M. de Turenne si il avoit une fois été engagé, et il eût été aussi judicieux, en ce temps-là, de *fonder sur* lui, qu'il l'est à mon avis, à cette heure, de n'y rien compter. (II, 434.)

FONDRE :

L'expression... étoit assez propre pour grossir la nuée que l'on vouloit faire *fondre* sur moi. (III, 236.)

Ainsi notre vie passera, et on n'en verra pas seulement les traces, non plus que d'une nuée *fondue*. (IX, 145.)

FONDS :

Le cardinal de Richelieu... fit, pour ainsi parler, un *fonds* de toutes ces mauvaises intentions et de toutes ces ignorances des deux derniers siècles, pour s'en servir selon son intérêt. (I, 275.)

Il étoit nécessaire,... et pour lui (*M. de Bouillon*) et pour moi, de faire un *fonds* certain au dedans du Royaume, devant que de songer à se détacher du Parlement. (II, 303.)

Mme de Longueville a naturellement bien du *fonds* d'esprit. (II, 182.)

Si je contribuois à le perdre (*le Parlement*), sans avoir de quoi le suppléer par un parti dont le *fonds* fût françois et non odieux.... (II, 302.)

Monsieur le Prince... décida nettement en faveur de celle (*de la satisfaction*) que j'avois toujours offerte, qui étoit d'aller lui dire (*à Monsieur*)... que je n'avois jamais prétendu manquer au respect que je lui devois.... Ainsi finit l'histoire, dont le *fonds* étoit très-bon, mais qu'il ne tint pas à moi de gâter par mes manières. (I, 264.)

FAIRE FONDS SUR :

Comme *j'ai fait fonds sur* le payement entier du quartier, je serois très-incommodé s'il ne venoit pas. (VIII, 314.)

Voyez FOND.

FORCE :

Admirez, s'il vous plaît, la *force* de l'imagination. (III, 216.)

Rien ne le pouvoit obliger à parler ainsi que la *force* de son devoir. (III, 507.)

La circonstance qui y est marquée (*dans votre lettre*) que l'Empereur ne descend pas de Charles-Quint me paroît tout à fait considérable, et il ne me semble pas même que sa *force* soit diminuée par la raison.... (VII, 195.)

La Reine eût-elle entrepris un coup de cette *force*, de son chef? (V, 388.)

À FORCE DE :

Est-il possible... que je connoisse si peu la fermeté de Votre Majesté, que je puisse croire que je conquerrai sa faveur *à force d'armes*? (III, 382.)

.... Un ministre foible et timide, qui vous obligeoit de la souffrir (*l'autorité royale*) *à force des* bienfaits dont il contentoit votre avarice. (V, 179.)

FORCER À :

J'aurois souhaité que l'on n'eût pas obligé les gens à s'expliquer, parce qu'il y a des matières sur lesquelles il est sage de ne parler qu'à demi; mais puisque l'on y *force*, je dirai.... (II, 259.)

FORGER, au figuré :

Il s'en forma... une nuée, dans laquelle les Frondeurs s'enveloppèrent eux-mêmes à la fin ; mais ils y enflammèrent les exhalaisons et ils y *forgèrent* même des foudres. (III, 133.)

Ces misérables gazetiers de ce temps-là *ont forgé*, sur ce fond, des contes de Peaux d'ânes. (III, 256.)

Quelques impostures que l'on puisse *forger* sur ce sujet.... (V, 192.)

Que direz-vous encore, Messieurs, de ceux qui ne craignent pas de me *forger* des crimes d'État, dans le temps même où je gémissois sous les fers d'une prison? (VI, 41.)

FORMALITÉ :

L'abattement qui paroissoit encore dans le peuple faisoit craindre que la cour ne se servît de cet instant pour nous faire arrêter, sous quelque *formalité* de justice, que Longueil prétendoit pouvoir être coulée dans la procédure. (II, 574.)

FORME :

La peur... donne du corps à toutes leurs imaginations : elles (*les âmes timides*) prennent pour *forme* tout ce qu'elles se figurent dans la pensée de leurs ennemis. (III, 371.)

Le parti ayant pris sa *forme*, il n'y manquoit plus que l'établissement du cartel, qui se fit sans négociation. (II, 199.)

L'on peut considérer la Grand-Bretagne sous un roi comme un pays très-considérable dans l'Europe, mais... il la faut regarder sous un sénat qui auroit pris sa *forme*, comme un État formidable à toute la terre. (VI, 213.)

L'action externe n'est que le marc et le plus grossier, qui reçoit son esprit, sa *forme* et son âme de l'intention et de l'objet. (IX, 197.)

Ce n'étoit plus un secret; et dès qu'une chose de cette nature n'a plus de *forme* de secret, elle est irrémédiable. Remarquez... qu'il y a beaucoup de différence entre le secret et la *forme* du secret. (III, 136.)

FORME, façon, manière :

M. le cardinal de Richelieu avoit dépossédé Monsieur l'évêque de Léon, de la maison de Rieux, avec des *formes* tout à fait injurieuses à la dignité et à la liberté de l'Eglise de France. L'assemblée (*du clergé*) de 1645 entreprit de le rétablir. La contestation fut grande. (I, 267.)

Nous priâmes tous M. d'Elbeuf de faire trouver bon au Bernardin de conférer avec nous sur la *forme* seulement dont il auroit à se conduire. (II, 245.)

Il ne voudroit pas donner un si sensible déplaisir au Pape que de déterrer les anciennes *formes* de faire le procès aux Cardinaux. (VI, 173.)

En forme :

Le Premier Président montra au peuple les copies qu'il avoit prises *en forme* de l'un et de l'autre. (II, 54.)

Madame la Palatine me presse beaucoup de recevoir *en forme* la parole de Messieurs les Princes. (III, 183.)

Par forme de :

Quoique je ne disse toutes ces choses que *par forme de* récit.... (II, 358.)

FORMER :

Je n'avois point de maison *formée* à Nantes, et tous mes gens mangeoient à l'auberge. (VIII, 503.)

Je *formai* mon avis en ces termes. (III, 240 ; voyez *ibidem*, l. 12.)

Voici les propres paroles dans lesquelles je *formai* mon avis. (III, 425.)

Je m'en servis (*de ce raisonnement*) pour *former* la conduite que j'eusse souhaité que Monsieur eût voulu prendre. (III, 408.)

Le 24, MM. de Beaufort et de la Mothe sortirent pour une entreprise qu'ils *avoient formée* sur Corbeil. Elle fut prévenue par Monsieur le Prince, qui y jeta des troupes. (II, 211.)

L'on se servoit, à Saint-Germain, de la crédulité de ces deux hommes... pour couvrir une entreprise que l'on y *avoit formée* sur Paris. (II, 220.)

.... Une entreprise que Saint-Germain-d'Achon *avoit formée* sur Lagni, où il avoit quelque intelligence. (II, 382.)

Se former :

Vous avez senti dans vous-même un combat qui *s'y est formé* entre la joie... et le regret. (III, 403.)

FORMULAIRE, formule de foi :

Monsieur le Nonce a reçu un bref de Sa Sainteté portant interdiction à ceux de Messieurs les évêques de France qui ont expliqué le *formulaire* du Pape. (VII, 187.)

Voyez la note 3 à la page indiquée.
Voyez encore VII, 190.

FORT, adjectif :

La déclaration... n'eut pas plus de succès dans la Chambre des Comptes et dans la Cour des Aides, dont les premiers président firent des harangues très-*fortes* à Monsieur et à M. le prince de Conti. (I, 326.)

Elle (*cette lettre*) étoit courte, mais *forte*, décisive et pressante. (IV, 194.)

L'on se contenta d'ordonner, après des contestations très-*fortes*.... (III, 85.)

.... Du moins la guerre n'a-t-elle pas été bien *forte* sur le pavé de Paris. (V, 416.)

Je ne voyois plus que des chanoines et des curés. La raillerie en étoit *forte* au Palais-Royal. (III, 304.)

L'accord de ces contraires est la production la plus *forte* du christianisme. (IX, 116.)

Je me trouve dans l'impuissance d'achever ce tableau de Saint-Charles ; les traits en sont trop *forts*. (IX, 95.)

Je me trouve dans l'impuissance d'achever le tableau de ce grand monarque, les traits en sont trop *forts*. (IX, 125.)

Se faire fort de :

Monsieur le Prince, tant en son nom que comme *se faisant fort de* Monsieur d'Orléans, promettra de mettre les armes bas. (V, 412.)

Fort, pris substantivement :

M. de la Rochefoucauld... a voulu se mêler d'intrigue, dès son enfance, et dans un temps où il ne sentoit pas les petits intérêts, qui n'ont jamais été son foible ; et où il ne connoissoit pas les grands, qui, d'un autre sens, n'ont pas été son *fort*. (II, 180.)

Le *fort* de M. le cardinal Mazarin étoit proprement de ravauder. (IV, 213.)

Ils iront à tâtons en plein midi, comme si c'étoit au *fort* de la nuit. (IX, 176.)

FORT, adverbe :

J'avois *fort* assuré Monsieur le Prince que le Parlement ne pouvoit qu'agréer extrêmement l'honneur que Monsieur d'Orléans et lui lui feroient de lui écrire. (II, 85.)

Rachecour... y fut *fort* blessé. (II, 263.)

Cette dernière parole... étoit pourtant très-innocente, et même *fort* dans l'ordre. (II, 18.)

.... Un *fort* homme de bien. (IV, 199.)

FORTEMENT, avec force :

Le président de Bellièvre parla *fortement* au garde des sceaux et il lui déclara, en termes formels, que.... (II, 126.)

Mme de Chevreuse... obligea le Tellier d'en écrire à la cour. Elle en écrivit elle-même très-*fortement*. (III, 106.)

Il sera à propos que je lui écrive un peu *fortement*. (VIII, 567.)

.... Du clergé de France, qui, ayant agi *fortement* pour vous, étoit demeuré muet pour un de leurs confrères. (VI, 78.)

FORTIFIER :

Mme de Longueville ne douta point que... M. le prince de Conti ne fût infailliblement arrêté.... Elle n'avoit eu, de tout le jour, aucune nouvelle de M. de la Rochefoucauld, qui étoit toutefois parti, deux heures après le Roi, pour *fortifier* et pour ramener M. le prince de Conti. (II, 136.)

FORTIFIER DE :

Vous ne croyez pas que je [me] mette en chemin devant que d'*être* bien *fortifié de* ma goutte. (VIII, 543.)

FORTUNE, sort, destinée :

.... Ceux qui jouissent paisiblement de beaucoup de biens, de qui la *fortune* est également commode et tranquille. (IX, 146.)

DE BONNE FORTUNE, par un heureux hasard :

Dieu... sauva le chancelier... en empêchant que cette canaille, qui s'amusa, *de bonne fortune* pour lui, à piller, ne s'avisât pas de forcer une petite chambre dans laquelle il s'étoit caché. (II, 44.)

De bonne fortune pour moi, elle ne s'avisa de ce bel expédient que dans le temps que le Roi étoit à Paris. (III, 171.)

COURIR FORTUNE, COURRE FORTUNE, voyez COURIR, COURRE :

FOUDRE, masculin; au propre et au figuré :

Il tomba, comme un *foudre*, au milieu de tous ces quartiers. (IV, 173.)

Il s'en forma... une nuée, dans laquelle les Frondeurs s'enveloppèrent eux-mêmes à la fin ; mais ils y enflammèrent les exhalaisons et ils y forgèrent même des *foudres*. (III, 133.)

On se met en état de recevoir des marques de sa juste indignation (*de l'indignation du Saint-Siège*) sur une matière toute propre à former des *foudres*. (V, 314.)

FOULE, sens abstrait :

Nous allâmes dîner... chez moi, où nous eûmes peine à aborder, à cause de la *foule* du peuple. (II, 589.)

FOURMILIÈRE, au figuré :

J'affectai... de marcher du côté des halles. Tout le monde me suivit, et j'en eus besoin, car je trouvai cette *fourmilière* de fripiers toute en armes. (II, 28.)

.... Devant que les généraux et les subalternes eussent fait éclore cette *fourmilière* de prétentions. (II, 461.)

FOURNIR, neutre :

Le vrai étoit qu'il y avoit six mois que le Cardinal n'avoit fait payer la Reine de sa pension; que les marchands ne vouloient plus *fournir*, et qu'il n'y avoit pas un morceau de bois dans la maison. (II, 197.)

FOURNIR DE :

.... *Fournir de* matière aux abeilles pour composer leur miel. (IX, 138.)

FOURRÉ, FOURRÉE; ACCOMMODEMENT FOURRÉ, PAIX FOURRÉE :

Voilà ce que me dit M. le Cardinal Mazarin, dans l'intervalle de l'un de ces *raccommodements fourrés* que nous faisions quelquefois ensemble. (II, 378.)

Ces deux confidents... avoient fait entre eux une *paix fourrée*...; Mme de Guémené faillit d'être la victime de cette *paix fourrée*. (I, 109.)

Voyez I, 242 ; II, 452.

FRACAS :

Il y eut deux gardes de Monsieur de tués en ce petit *fracas*. (III, 87.)

Si il arrivoit là quelque *fracas* entre M. le cardinal d'Est et moi, où il y eût le moins du monde de sang répandu.... (V, 100.)

FRAGILE :

Je la connoissois (*cette faveur*) très-*fragile*. (V, 35.)

FRAÎCHEMENT, récemment :

.... La Vénus de Médicis, que je venois de voir tout *fraîchement* à Rome. (I, 129.)

Les parlements, qui avoient tout *fraîchement* gémi sous sa tyrannie (*sous la tyrannie de Richelieu*), étoient comme insensibles aux misères présentes (*du temps de Mazarin*). (I, 289.)

Il falloit que la Reine eût été encore *fraîchement* échauffée. (III, 340.)

Ce prince, à qui la France devoit tout *fraîchement* l'éloignement du cardinal Mazarin.... (V, 202.)

O grand Saint,... glorieux ornement du dernier siècle, qui venez *fraîchement* d'éclairer l'univers par le plus grand éclat de toutes les vertus.... (IX, 83.)

Cette importante victoire remportée si *fraîchement* et si glorieusement.... (IX, 122.)

Voyez II, 358 ; III, 38 ; IV, 217.

FRAIS, récent :

La Reine, dont l'animosité la plus *fraîche* étoit contre Monsieur le Prince, me faisoit parler dans le même temps.... (III, 285.)

FRANCE (FILS DE), voyez FILS DE FRANCE.

FRANCHISE :

Cette haine de M. le cardinal de Richelieu avoit passé jusqu'au point d'avoir voulu obliger, pour se venger, M. le maréchal de Brézé... à rendre publiques les lettres de Mme de Guémené qui avoient été trouvées dans la cassette de M. de Montmorency...; mais le maréchal de Brézé eut ou l'honnêteté ou la *franchise* de les rendre à Mme de Guémené. (I, 106.)

FRANCHISE, liberté :

Soulagez votre peuple, conservez sa *franchise*. (IX, 130.)

LA FRANCHISE, pris comme sobriquet :

Tout beau, notre ami *la Franchise* (nous lui avions donné ce quolibet dans notre parti), vous êtes un poltron. (III, 500.)

FRAPPER :

La Compagnie (*le Parlement*)... avoit besoin d'être éveillée dans une conjoncture où il sembloit que la sortie du Roi *eût* un peu trop *frappé* et endormi ses sens. (II, 70.)

FRÉQUENTATION :

Un valet de pied [de] la Reine... venoit très-souvent chez moi... parce qu'il étoit parent d'un de mes gens. Je ne sais par quel hasard elle (*Mlle de Chevreuse*) sut cette *fréquentation*. (IV, 188.)

FRIPONNE, terme de familiarité :

Friponne, tu me fais autant de bien que tu m'as fait de mal. (III, 326.)

FRIPONNERIE :

L'on y apporta (*à Paris*)... plus de blé qu'il n'en eût fallu pour le maintenir six semaines. La police y manquoit, par la *friponnerie* des boulangers et par le peu de soin des officiers. (II, 297.)

FRONDE, la guerre civile qui porte ce nom :

L'affront que l'on leur vouloit faire n'étoit qu'une vengeance qu'on vouloit prendre de la *Fronde*. (II, 542.)

Cette circonstance,... jointe à tout ce qui me parut l'après-dînée dans la vieille et dans la nouvelle *Fronde* (celle-ci étoit le parti des Princes), me fit prendre la résolution de me déclarer, dès le lendemain, pour relever les courages. (III, 211.)

Les deux *Frondes* s'élevèrent à ce discours. (III, 228.)

Ils souhaitèrent... que j'obtinsse une amnistie. J'en parlai à Monsieur le Cardinal, qui n'y fit aucune difficulté, et qui me dit même,... en me montrant le cordon de son chapeau, qui étoit à la *Fronde* :

« Je serai moi-même compris dans cette amnistie. » (III, 32.)

Voyez tome II, p. 548 et suivantes.

Nous tînmes, après dîner, un grand conseil de *Fronde* chez Longueil. (II, 574.)

Voyez I, 226 ; II, 492, 501, 547 et 553.

FRONDER, au propre et au figuré :

Bachaumont s'avisa de dire un jour, en badinant, que le Parlement faisoit comme les écoliers qui *frondent* dans les fossés de Paris, qui se séparent dès qu'ils voient le lieutenant civil et qui se rassemblent dès qu'il ne paroît plus. (II, 493.)

Monsieur... se figuroit qu'en demeurant uni avec le Parlement, il *fronderoit* le Mazarin sans dépendance de Monsieur le Prince. (IV, 80.)

Le Parlement... en *frondant* le Cardinal.... (IV, 113.)

FRONDEUR, FRONDEUSE :

Ce même homme avoit toujours été *Frondeur* de profession. (II, 559.)

Le peuple, qui est naturellement *frondeur*.... (III, 119.)

Elle affecta de faire la *Frondeuse*. (III, 351.)

Je n'avois auprès de moi que la noblesse *frondeuse*. (III, 490.)

LES FRONDEURS, les partisans de la Fronde :

J'avois effacé le soupçon que les *Frondeurs* fussent contraires au retour du Roi. (II, 526.)

Monsieur le Prince... affecta... de se radoucir beaucoup à l'égard des *Frondeurs*. (II, 531.)

Ils se vantèrent à Saint-Germain que les *Frondeurs* ne leur faisoient pas quitter le haut des allées dans les Tuileries. (II, 514.)

Voyez II, 520, 529, 535 et 603.

FROTTADE :

Il n'y en avoit pas un qui ne prît avantage sur le Ministre des *frottades* que nous lui donnions, c'étoit le mot du président de Bellièvre. (II, 530.)

FUMÉE :

Cette chaleur revint avec la Saint-Martin. Il sembla que tous les esprits étoient surpris et enivrés de la *fumée* des vendanges. (II, 94.)

FUMÉE, au figuré :

Je ne vous assure pas que cette nouvelle soit bien fondée... : elle est pourtant si publique en cette cour qu'il faut, à mon opinion, qu'il y ait eu du feu ou de la *fumée*. (VII, 354.)

FUMER :

Théodose *fumant* encore du sang des citoyens de Thessalonique.... (IX, 115.)

.... Un homme encore tout chaud et tout *fumant*, pour ainsi parler, de la faction. (III, 308.)

FUNESTE :

Leur brûlure est d'autant plus cuisante qu'elle est plus cachée et en des parties plus *funestes* et plus douloureuses. (IX, 183.)

FUNESTEMENT :

Ton Roi... a suspendu un juste ressentiment, parce qu'il ne pouvoit éclater que *funestement*. (V, 431.)

FUREUR :

Ils crurent que la force de leurs raisons l'avoit emporté sur la *fureur* de mes conseils. (III, 98.)

FUTUR, pris substantivement :

L'aveuglement, en ces matières, des bien intentionnés, est suivi pour l'ordinaire, bientôt après, de la pénétration de ceux qui... voient le *futur* et le possible. (II, 60.)

G

GAGER :

GAGÉ QUE :

Vous ne connoissez pas nos gens, vous en verrez bien d'autres ! *Gagé que* cet innocent... croit avoir été au sabbat, parce qu'il s'est trouvé ici à onze heures du soir. (II, 66.)

Voyez la note 3 de la page indiquée.

GAGES :

Cette union (*de la Cour des Aides, de la Chambre des Comptes et du Grand Conseil au Parlement*), qui prenoit pour son motif la réformation de l'État, pouvoit avoir fort naturellement celui de l'intérêt particulier des officiers, parce que l'un des édits... portoit un retranchement considérable de leurs *gages*. (I, 311.)

GAGNE, profit :

Si vous pouviez trouver de l'argent à Rome et tirer *gagne*, on fera partir mercredi prochain un autre courrier avec pareille somme. (VIII, 15.)

Voyez la note 3 à la page indiquée.

GAGNER :

Le combat étant presque perdu, Monsieur le Prince le rétablit et le *gagna*. (II, 4.)

Vous y avez grappillé quelque chose, quand ce ne seroit que les crottes que vous *gagnâtes* en revenant chez vous, la nuit. (VIII, 157.)

GAGNER DE LA MAIN, gagner de vitesse :

Si la Reine l'*avoit gagné de la main* une fois, il le lui sauroit bien rendre. (III, 398.)

Voyez la note 5 de la page indiquée.

Comme il le dit lui-même, Monsieur le Prince l'*a gagné de la main*. (III, 408.)

GAGNEUR :

Ce sera une belle chose qu'une fille arrête un *gagneur* de batailles. (III, 295.)

GAI :

Il finit sa réponse en me disant que je lui avois parlé la veille fort insolemment.... Je me tournai aux députés, en leur disant : « Messieurs, le mot est *gai*. » (I, 253.)

GALAMMENT :

Le président Viole... venoit déclarer la rupture du mariage. Mme de Chevreuse lui répondit *galamment*. (III, 296.)

GALANT :

Dom Francisco Pizarro, second envoyé de l'Archiduc, arriva à Paris... avec un billet pour moi, très-*galant*, mais très-substantiel, du comte de Fuensaldagne. (II, 324.)

Galant, substantif :

Le Roi mourut. M. de Beaufort, qui étoit de tout temps à la Reine, et qui en faisoit même le *galant*, se mit en tête de gouverner. (I, 209.)

Je crois que si elle eût pu mettre au feu ses *galants*, quand elle s'en lassoit, elle l'eût fait du meilleur de son cœur. (IV, 229.)

GALANTERIE :

Il en est des ecclésiastiques comme des femmes, qui ne peuvent jamais conserver de dignité dans la *galanterie* que par le mérite de leurs amants. (I, 102.)

Sa capacité (*la capacité de Mme de Longueville*) n'est pas allée jusques aux affaires, dans lesquelles la haine contre Monsieur le Prince l'a portée, et dans lesquelles la *galanterie* l'a maintenue.... Elle eût eu peu de défauts, si la *galanterie* ne lui en eût donné beaucoup. (II, 182.)

Mme de Montbazon... eut peu de foi dans la *galanterie*, nulle dans les affaires. (II, 187.)

Madame la Palatine estimoit autant la *galanterie* qu'elle en aimoit le solide. (II, 186.)

Il (*Richelieu*) les mit (*Brézé et la Meilleraye*)... dans la confidence de ses *galanteries*. (I, 108.)

.... Une *galanterie* que Jairzé avoit voulu faire croire à tout le monde avoir avec elle. (III, 7.)

Doria ne peut soupçonner qu'un homme qui a des *galanteries*, qui aime la chasse et la campagne, songe à autre chose qu'à se divertir. (V, 631.)

Je ne me pouvois passer de *galanterie*, mais je la fis avec Mme de Pommereux. (I, 179.)

Je m'amusai à vouloir faire *galanterie* à la signora Vandramina. (I, 123.)

Mme de Bouillon... ne faisoit, ou plutôt... ne disoit jamais de *galanterie* que de concert avec son mari. (II, 241.)

On vous envoie aussi, par ce courrier, sept montres ; mandez si il vous en faut davantage et d'autres *galanteries*.... (VIII, 15.)

Voyez la note 4 à la page indiquée.

GALÉRIEN, celui qui fait partie de l'équipage d'une galère :

Les autres (*passoient*) comme aventuriers qui demandoient à prendre parti pour servir de mariniers ou de *galériens*. (V, 637.)

GALLICANE (L'ÉGLISE) :

Les mêmes chaînes qui me retenoient en prison, tenoient enchaînée la liberté de *l'Église Gallicane*. (VI, 26.)

Son conseil (*le conseil du Roi*) se pourroit rendre chef de *l'Église Gallicane* avec un pouvoir plus absolu que le Pape même. (VI, 50.)

C'est une des raisons, Messieurs, qui m'ont obligé d'écrire plutôt à tous les Évêques de l'Église Catholique qu'aux seuls évêques de *l'Église Gallicane.* (VI, 323.)

La... doctrine... de *l'Église gallicane...* n'est autre... que celle de l'Église romaine, quand l'une et l'autre sont bien entendues et bien expliquées. (VII, 224.)

Voyez encore IX, 30.

GANTS (Avoir les) de :

M. de Bouillon eut le temps de me dire que je ne devois pas *avoir...* tout seul *les gants de* ma proposition. (II, 440.)

GARÇON :

.... Un *garçon* de Paris appelé Noblet, qui m'étoit affectionné. (III, 494.)

Montreuil... étoit un des plus jolis *garçons* que j'aie jamais connu. (III, 131.)

Ce *garçon,* dans le fond, veut le bien de l'État. (III, 50.)

Garçon, Garçon de boutique :

Un *garçon* rôtisseur, s'avançant avec deux cents hommes, et mettant la hallebarde dans le ventre du Premier Président, lui dit.... (II, 51.)

Un *garçon* d'apothicaire.... (II, 27.)

Toucheprés... avoit jeté quelque argent parmi les *garçons de boutique* de la rue Saint-Antoine. (II, 305.)

GARDE :

Garde-bois :

.... Des trois cents livres que vous avez fournies pour les casaques des *gardes-bois.* (VIII, 244.)

Il demande aussi des casaques pour des *gardes-bois.* (VIII, 388.)

Garde de chasse :

.... Le reste du payement des casaques de *gardes de chasse.* (VIII, 274.)

Garde-robe :

Ornane, maître de la *garde-robe* de Monsieur.... (III, 99.)

.... Une vieille armoire de *garde-robe.* (III, 186.)

Compagnie aux gardes :

Laigue... s'étoit fort lié avec moi depuis qu'il avoit vendu sa *compagnie aux gardes.* (II, 361.)

Monter en garde :

Cette assemblée... donna une grande terreur au Palais-Royal, où l'on fit *monter* six compagnies *en garde.* (III, 247.)

Prendre garde à, faire attention à, s'apercevoir de :

La Reine se mit à sourire.... J'*y pris garde,* mais je n'en fis pas semblant. (II, 29.)

Prendre garde que, avoir soin que, ou s'apercevoir que :

J'écrivis un mot à Fournier, premier échevin,... qu'il *prît garde que* l'Hôtel de Ville renvoyât M. d'Elbeuf au Parlement. (II, 148.)

En se regardant dans un miroir qui étoit dans la ruelle, elle montra tout ce que la morbidezza des Italiens a de plus tendre.... Mais par malheur elle ne *prit pas garde que* Palluau... étoit au point de vue du miroir. (I, 97.)

Le vieux président le Cogneux, qui avoit l'esprit plus vif et qui *prit garde que* je parlois de temps en temps d'une lettre de l'Archiduc, de laquelle il ne s'étoit rien dit, revint tout d'un coup à mon avis. (II, 244.)

Il *prit garde que* ce qu'il me venoit d'apprendre... m'avoit touché. (II, 287.)

Je *pris garde qu'*ils m'observèrent extraordinairement. (II, 357.)

GARNIR :

Il n'y avoit personne qui n'eût un poignard dans la poche;... il n'y avoit pas vingt hommes dans le Palais qui n'en *fussent garnis*. (II, 598.)

Vous vous étonnerez sans doute de ce que... je n'*avois* par *garni* de mes amis... le parquet des huissiers. (III, 497.)

GAUCHE (Recevoir la main) :

Sa retraite à Sedan le défendoit des bassesses auxquelles la cour avoit prétendu de l'obliger, par exemple, à celle de *recevoir la main gauche* dans la maison même du Cardinal. (I, 155.)

GAZETIER :

Ces misérables *gazetiers* de ce temps-là ont forgé, sur ce fond, des contes de Peaux d'ânes plus ridicules que ceux que l'on fait aux enfants. (III, 256.)

J'ai admiré, mille fois en ma vie, le peu de sens de ces malheureux *gazetiers* qui ont écrit l'histoire de ce temps-là. (IV, 75.)

GAZETTE :

J'ai reçu votre paquet du 23 qui contenoit des *Gazettes* de Hollande. (VIII, 541.)

Voyez IV, 224; VIII, 548.

GENDARME :

Les *gendarmes* de la Reine donnèrent sur la queue du convoi; mais ils furent repoussés. (II, 290.)

Miossens... étoit à la tête des *gendarmes* du Roi. (II, 544.)

Voyez encore II, 329.
Voyez Gensdarmes.

GENDARMERIE :

Le maréchal du Plessis... y étoit avec huit cents chevaux, composés de la *gendarmerie*. (II, 290.)

GÊNER :

Elle ne prétendoit pas *être gênée* dans le choix des ministres du Roi son fils. (III, 393.)

GÉNÉRAL, adjectif :

Le Pape avoit témoigné, en paroles *générales*, à l'embassadeur qu'un sage ministre ne devoit jamais se plaindre d'un prince à qui il est envoyé sur des matières.... (VII, 179.)

Général, pris substantivement :

.... Le Premier Président se vouloit servir contre moi en particulier de la chaleur que le corps avoit contre le *général* (contre les cardinaux en général). (III, 272.)

Il est nécessaire que ceux qui sont sous votre charge se puissent conformer au *général* de mes intentions. (IV, 427.)

Général, substantif :

Quand... vous seriez *général* déclaré d'un parti dans lequel le Parlement seroit entré.... (II, 108.)

Général des galères :

En même temps que ce grand personnage fut engagé dans le service du Roi en qualité de *général de ses galères*.... (V, 503.)

Général, ou Père général, supérieur général d'un ordre religieux :

Le P. Dominique, carme déchaussé françois,... a été *général* ces années passées. (VII, 177.)

Ayant fait l'honneur au *général* des Carmes de lui donner sa protection.... (VII, 120.)

Assurez, s'il vous plaît, le *P. général* de mes services très-passionnés. (VIII, 304.)

GÉNÉRALEMENT :

Nous allâmes au Palais.... Messieurs les princes avoient assurément plus de mille gentilshommes avec eux, et on peut dire que toute la cour *généralement* y étoit. (II, 580.)

GÉNÉRALISSIME :

Je fis semblant de me rendre à ses raisons et à l'autorité de M. le prince de Conti, notre *généralissime*. (II, 356.)

Voyez encore II, 169.

GÉNÉRALITÉ, Généralité des galères :

Il (*André Doria*)... se déclare pour l'Empereur et accepte la *généralité* de ses mers. (V, 506.)

M. de Retz... ne m'a pas encore pardonné de ce que je n'entrepris pas de lui faire rendre la *généralité des galères*. (II, 457.)

GÉNÉRIQUE :

Celui qui commence à philosopher n'est pas encore assez avancé pour connoître des choses qui peuvent servir à former le concept *générique* d'une chose pensante. (IX, 227.)

GÉNÉROSITÉ :

Le bien temporel de l'Église n'a jamais été mis par les évêques au rang des choses purement humaines et temporelles ; et de grands Saints se sont armés de toute leur *générosité* pour le conserver. (VI, 205.)

GÉNIE, sens abstraits de nuances diverses :

Je vous rends compte de ces minuties parce qu'elles vous font mieux connoître l'état et le *génie* de cette compagnie que des circonstances plus importantes. (II, 74.)

Il (*Molé*) n'eut pas le *génie* assez élevé pour connoître d'assez bonne heure celui (*le bien*) qu'il eût pu faire. (II, 188.)

.... Deux petits contes... qui ne laisseront pas de contribuer à vous faire connoître le *génie* des gens avec lesquels j'avois à agir. (III, 123.)

Monsieur signa son traité, mais d'une manière qui vous marquera mieux son *génie* que tout ce que je vous en ai dit. (III, 191.)

.... Monsieur le Prince, avec lequel il ne pouvoit s'unir sans se soumettre,... vu l'inégalité des *génies*. (IV, 82.)

M. de Bourlemont a cru qu'il étoit à propos de ne pas contraindre le *génie* du pays. (VII, 137.)

Son intention (*l'intention de la cour de Rome*) n'a été... que de *dar' tempo al tempo*, ce qui est assez du *génie* du pays. (VII, 158.)

Si le cardinal Mazarin eût été de *génie* propre à se faire honneur de la nécessité.... (II, 95.)

Nous résolûmes que M. de Bouillon... feroit, dès le soir même, la proposition à M. le prince de Conti, en présence de tous les généraux, à l'exception de M. d'Elbeuf,... auquel M. de Bellièvre se chargea de faire agréer ce que nous ferions, au moins en cette matière, qui étoit tout à fait de son *génie*. (II, 444.)

.... M. de Candale, dont le *génie* étoit au-dessous du médiocre. (III, 43.)

Il craignoit naturellement Monsieur le Prince... comme supérieur, sans proportion, en gloire, en courage, en *génie*. (III, 166.)

Mme la princesse de Rossane,... quoique très-spirituelle, n'approchoit pas du *génie* de la signora. (IV, 133.)

Le troisième (*parti*) étoit... impraticable... de la part de Monsieur, parce qu'il étoit au-dessus de son *génie*. (IV, 19.)

Je m'ouvris à feu M. d'Estampes... et à M. l'Escuyer.... Ces deux *génies*, très-médiocres, même dans leur profession, étoient d'ailleurs peut-être les plus pacifiques qui fussent dans le royaume. (I, 164.)

Les Hollandois se croyoient subjugués par le duc d'Albe quand le prince d'Orange, par le sort réservé aux grands *génies*, qui voient devant tous les autres le point de la possibilité, conçut et enfanta leur liberté. (I, 292.)

GENS :

Cette proposition... fut agitée chez Viole, où le Cogneux et beaucoup d'autres *gens* du Parlement se trouvèrent. (II, 127.)

La Reine les mande, les appelle de belles *gens* pour s'opposer aux volontés du Roi. (I, 304.)

Gens du roi, terme juridique; ceux qui étaient chargés du ministère public :

La Reine... défendit, par la bouche des *gens du Roi*, au Parlement de continuer à prendre connoissance des édits. (I, 307.)

La Sourdière, lieutenant des gardes du corps, entra dans le parquet des *gens du Roi*. (II, 137.)

Voyez la note 3 de la page indiquée.

Voyez I, 303; II, 81, 138, 140, 141, 226, 230, 250, 267, 273, 279, 309, 312, 314 et 591; III, 242 et 247.

Gens-d'armes. Voyez le suivant.

GENSDARMES ou Gens-d'armes :

Ces gens-là... discouroient... des postes où il seroit bon de mettre les gardes, les Suisses, les *gens-d'armes*, les chevau-légers. (II, 40.)

Anctauville, qui commandoit sa compagnie de *gensdarmes*, étoit son négociateur en titre d'office. (II, 451.)

Chamboi,... qui commandoit la compagnie de *gensdarmes* de M. de Longueville,... avoit fait couler dans Paris cinquante ou soixante de ses *gensdarmes*. (III, 251.)

Voyez Gendarme.

GÉSIR :

Voilà où *gît* le défaut de notre machine. (II, 103.)

GIRASOL, tournesol :

Le maréchal de la Ferté-Imbault, qui étoit une manière de *girasol*, commençoit à fuir ceux qui étoient marqués... pour être de mes amis. (III, 298.)

Voyez la note 5 de la page indiquée.

GIROUETTE, au figuré :

Il n'y avoit aucune sûreté en tout ce qu'ils négocieroient avec M. le prince de Conti, qui n'étoit qu'une *girouette*. (II, 446.)

..., Longueil, cette *girouette* infâme de tous les partis. (V, 240.)

GIROUETTERIE :

L'aversion mortelle que j'avois à tout ce qui avoit la moindre apparence de *girouetterie*.... (III, 135.)

GÎT. Voyez Gésir.

GÎTE :

L'action d'Anaxarchus... étoit un transport et une manie ;... c'étoit une saillie d'une [âme] élancée hors de son *gîte*. (IX, 149.)

GLADIATEUR, nom donné, par mépris, à ceux qui se battent en duel :

Ces hommes sanguinaires... renoncent à leur naissance et... se dégradent eux-mêmes dans les duels, pour prendre la qualité infâme de *gladiateurs*. (IX, 35.)

Et vous, *gladiateurs*, qui même avec faste vous sacrifiez vous-mêmes tous les jours au démon, dérobez vos têtes au supplice et vos âmes aux enfers. (IX, 125.)

GLISSADE, au figuré :

Ce pas, auquel je fus forcé pour n'être pas chargé, dans le public, de la *glissade* de M. de Beaufort.... (II, 458.)

GLOIRE, souvent dans le sens de vanité, amour-propre, amour de la gloire :

Ils (*mes services*) ont éclairci avec assez de *gloire* tout ce que mes ennemis avoient voulu faire paroître de douteux en ma conduite passée. (VI, 306.)

La fausse *gloire* et la fausse modestie sont les deux écueils que la plupart de ceux qui ont écrit leur propre vie n'ont pu éviter. (I, 81.)

Tous les obstacles et de conscience et de *gloire* que j'opposerois au dérèglement (*des mœurs*) ne seroient que des digues fort mal assurées. (I, 217.)

Je la pris avec joie (*la vue de me faire chef de parti*), et j'abandonnai mon destin à tous les mouvements de la *gloire*. (II, 38.)

Mon inclination... me portoit avec tant de rapidité aux plaisirs et à la *gloire*, que le ministériat, qui trouble beaucoup ceux-là et qui rend toujours celle-ci odieuse, étoit encore moins à mon goût qu'à ma portée. (VI, 224.)

Il est difficile de distinguer la *gloire* de l'ambition : elles ont souvent les mêmes effets, elles viennent presque toujours de même cause, elles ne se rencontrent presque jamais que dans les esprits de même trempe. (V, 256.)

FAIRE GLOIRE DE :

L'Église... est le Royaume de Jésus Christ, dont ils *font gloire* d'être les sujets. (VI, 367.)

GLORIEUX, altier, orgueilleux :

Monsieur l'archevêque de Paris, qui étoit le plus foible de tous les hommes, étoit, par une suite assez commune, le plus *glorieux*.... Il ne donnoit pas la main, dans sa propre maison, aux gens de qualité qui avoient affaire à lui. (I, 218.)

.... Cet esprit altier et *glorieux*. (V, 504.)

On s'aperçut de l'orgueil d'Antisthènes au travers des trous de son manteau, et je ne sais qui étoit le plus *glorieux* ou de Diogène ou d'Alexandre. (IX, 182.)

GOBELET, lieu où, selon l'Académie (1694), « l'on fournit le pain, le vin et le fruit pour la bouche du Roi » :

Le milord Taf... lui servoit (*servoit au roi d'Angleterre*) de grand chambellan, de valet de chambre, d'écuyer de cuisine et de chef du *gobelet*. (III, 111.)

Voyez la note 8 de la page indiquée.

GOBER, au figuré :

Les gens de ce caractère ne manquent jamais de *gober* avec avidité toutes les apparences qui les confirment dans la première impression qu'ils ont prise. (III, 211.)

GONIN (MAÎTRE), sobriquet du président le Cogneux :

Le président le Cogneux... prononça d'un air froid et majestueux, qui n'étoit pas ordinaire à *maître Gonin* (l'on lui avoit donné ce sobriquet), ces paroles pleines de bon sens. (II, 258.)

Voyez la note 7 de la page indiquée.

Comme le président commençoit à proposer que le Parlement renvoyât les députés,... l'on entendit un fort grand bruit dans la salle du Palais, qui fit peur à *maître Gonin*, et qui l'obligea de se taire. (II, 398.)

GOUJAT :

Nous voyons les restes d'une armée de quarante mille hommes voltiger encore sur les dunes de Flandres pour le service de deux ou trois mille *goujats*. (V, 305.)

GOURMER, quereller :

Buckingham me disoit... qu'il avoit aimé trois reines, qu'il avoit été obligé de *gourmer* toutes trois. (III, 519.)

SE GOURMER :

Il n'est pas honnête de *se gourmer*. (I, 89.)

GOÛT, au figuré, faculté de reconnaître :

Il n'y a que lui (*l'homme*) entre

les animaux qui ait le *goût* de l'utile et du dommageable. (IX, 173.)

Donner du goût à :

La petite finesse qui infectoit toujours la politique... de M. le cardinal Mazarin, lui *donnoit du goût à* laisser devant nos yeux... des gens avec lesquels il se pût raccommoder contre nous-mêmes. (III, 133.)

Prendre goût à :

Elle *prenoit* particulièrement *goût à* ce que je lui représentois du rétablissement de son autorité. (III, 382.)

GOUTTE :

Ne voir goutte :

Ils *ne verront goutte*. (IX, 176.)

Gouttes, nom de la maladie, qui se met aujourd'hui au singulier :

Les *gouttes*... le tenoient dans le lit et... l'empêchoient d'agir. (II, 238.)

GOUVERNAIL, au figuré :

.... Il y auroit au moins un fils de France au *gouvernail*. (IV, 126.)

GOUVERNER (Se) :

La première (*chose à observer*) est de *s'y gouverner* (*en cette affaire*) comme si les Espagnols étoient nos véritables parties. (VII, 12.)

GRÂCE, sens divers :

Je devois la coadjutorerie de Paris à la Reine, et... la *grâce* étoit assez considérable pour m'empêcher de prendre aucune liaison qui pût ne lui être pas agréable. (I, 223.)

Lozières... m'apporta seize mille écus pour mes bulles. Je les envoyai à Rome par un courrier, avec ordre de ne point demander de *grâce*, pour ne point différer l'expédition et pour ne laisser aucun temps au ministre de la traverser. (I, 211.)

L'on chercha longtemps mon passage, qui en latin a toute une autre *grâce*... qu'en françois. (III, 241.)

GRADE :

Il y auroit de la malhonnêteté... à lui envoyer (*à envoyer à Laigue*) un collègue qui ne fût pas et son ami particulier et d'un *grade* tout à fait supérieur au sien. (II, 363.)

GRAIN :

.... Voilà deux ou trois *grains* qui altéreroient la composition du monde la plus naturelle. (III, 301.)

Le diable monta à la tête de nos subalternes : ils crurent que cette occasion tomberoit si nous ne la relevions par un *grain* qui fût de plus haut goût que les formes du Palais. (II, 553.)

Jusques à la nuit qui a précédé les barricades il n'y a pas eu un *grain* de ce qui s'appelle manége d'État dans les affaires publiques. (II, 56.)

Ne me plaignez-vous pas... de me voir dans la nécessité où vous me voyez de ne pouvoir prendre l'unique parti où il y ait de la réputation pour l'avenir et de la sûreté pour le présent? Je conviens que c'est celui que vous avez choisi; et si il étoit en mon pouvoir de le suivre, je crois, sans vanité, que j'y mettrois un *grain* qui ajouterait un peu au poids. (II, 444.)

Voyez la note 4 de la page indiquée.

GRAND, adjectif :

Je n'avois pas assez de *grand* jour dans ce vestibule. (II, 173.)

Il... fut blessé d'un fort *grand* coup de pistolet dans la gorge. (II, 263.)

Fuensaldagne... me renvoya dom Antonio Pimentel... avec une *grande* lettre pleine d'honnêtetés. (II, 498.)

Vous n'aurez pas *grand* lettres (*beaucoup de lettres*) de moi. (VIII, 184.)

Je résolus de me signaler dans ma profession et de toutes les manières. Je commençai par une très-*grande* retraite, j'étudiois presque tout le jour, je ne voyois que fort peu de monde, je n'avois presque plus d'habitudes avec toutes les femmes, hors Mme de Guémené. (I, 128.)

Mlle de Vendôme n'étoit pas ce que l'on appelle une *grande* beauté, mais elle en avoit pourtant beaucoup. (I, 193.)

La moindre ombre de compétence avec un fils de France a un *grand* air de ridicule. (I, 257.)

Saint-Ibar... me pressa de prendre des mesures avec Espagne, avec laquelle il avoit de *grandes* habitudes. (II, 63.)

Avec la *grande* qualité et les *grands* desseins, l'on n'est jamais compté pour rien. (II, 177.)

M. de Turenne a eu, dès sa jeunesse, toutes les bonnes qualités, et il a acquis les *grandes* d'assez bonne heure. (II, 179.)

Mme de Bouillon, qui m'avoit trouvé jusque-là trop modéré à son gré, fut surprise au dernier point de cette proposition; et elle lui parut bonne parce qu'elle lui parut *grande*. (II, 343.)

Les conditions paroissoient bien hautes. Il en falloit de *grandes* pour les deux frères, qui, au poste où ils se trouvoient, n'étoient pas d'humeur à se contenter de peu de chose. (II, 374.)

Si Monsieur se fût mis, ce jour-là, entre les mains de la Reine, il y a *grand* lieu de croire qu'elle fût sortie de Paris et qu'elle l'eût emmené. (III, 255.)

Je connoissois le maréchal du Plessis pour un *grand* Mazarin. (III, 285.)

Je vous la demande (*je vous demande justice*) par ce *grand* mariage qui donne à Votre Majesté ce que la fortune, la nature et la vertu ont de plus précieux. (VI, 423.)

GRAND, pris substantivement :

Un prince qui n'avoit rien du *grand* de ses prédécesseurs.... (II, 147.)

MONSIEUR LE GRAND :

Quoique j'eusse lieu de me croire perdu à la cour, je n'avois jamais voulu être des amis de *Monsieur le Grand* (*de Cinq-Mars, grand écuyer de la petite écurie*). (I, 200.)

LA GRANDE MADEMOISELLE, la duchesse de Montpensier. (III, 350.)

Voyez la note 10 de la page indiquée.

GRAND CONSEIL, cour suprême du Parlement :

M. le président Briçonnet presse l'affaire de Mortagne au *Grand Conseil*. (VIII, 424.)

GRAND MAÎTRE :

....M. de la Meilleraye, qui étoit *grand maître* de l'artillerie en ce temps-là. (I, 106.)

M. de la Meilleraye, que l'on appeloit le *Grand Maître*, étoit devenu amoureux d'elle. (I, 109.)

Monsieur le Cardinal...avoit enfin obligé M. de Brézé à lui mettre entre les mains les lettres écrites à M. de Montmorency,... et il les avoit données au *Grand Maître*. (I, 110.)

Voyez I, 111 et 112.

GRAND VICARIAT :

....Une clause expresse de n'exercer le *Grand Vicariat* qu'après la prestation de ce serment. (VI, 198.)

GRAND HOMME :

M. du Maine, l'un des plus *grands hommes* de son siècle.... (II, 279.)

M. le duc d'Orléans avoit, à l'exception du courage, tout ce qui étoit nécessaire à un honnête homme; mais... il n'avoit rien, sans exception, de tout ce qui peut distinguer un *grand homme*. (II, 175.)

Il est... d'un plus *grand homme* de savoir avouer sa faute que de savoir ne la pas faire. (II, 382.)

GRAND PRÉVÔT. Voyez PRÉVÔT.

ALLER SON GRAND CHEMIN. Voyez CHEMIN.

GRANDEUR :

Il avoit soutenu le parti du roi d'Angleterre... avec une *grandeur* qui n'a point eu de pareille de ce siècle. (III, 37.)

La *grandeur* de la proposition étonna Monsieur. (III, 295.)

GRANDISSIME :

Les préjugés... sont... pour M. le cardinal de Retz, ce qui est d'un *grandissime* poids dans un siècle aussi mystérieux que celui-ci. (V, 228.)

GRAPPILLER :

Vous êtes un brave homme d'avoir achevé l'affaire du boulanger. Brosseau dit que vous y *avez grappillé* quelque chose. (VIII, 157.)

GRAVER, au figuré :

Nous nous sommes étudiés de *graver* dans notre conduite, comme avec autant de caractères éclatants, cette sainte ardeur que nous avons pour la paix. (VI, 156.)

GRENADE :

Les armoires de la buvette... étoient pleines de *grenades*. (III, 488.)

GRIMACE :

L'on voulut croire à la cour que tout ce que faisoit ce parlement n'étoit que *grimace*. (III, 61.)

GRISETTE, jeune femme ou jeune fille de basse condition :

Je lui faisois la guerre d'une petite *grisette* qu'il aimoit de tout son cœur. (III, 108.)

Voyez la note 4 de la page indiquée.

GRONDER, neutre :

Je courus tout le reste de la nuit pour avertir que l'on *grondât*, au commencement de la séance, contre la réponse de la Reine. (III, 226.)

GRONDER, réprimander :

Il avoit peine à garder les mesures nécessaires,... et... un jour que je l'en *grondois*.... (III, 137.)

Monsieur me *gronda* toutefois beaucoup de ce que je n'avois pas accepté le ministère. (III, 321.)

GROS :

Le Pape, dans une audience de quatre *grosses* heures, ne me parla que de ce qui s'est passé autrefois à Munster. (VII, 242.)

Vous êtes une *grosse* dupe ou je suis une *grosse* bête. (III, 368.)

Cette corde nous avoit paru à nous-mêmes bien *grosse* à toucher. (II, 73.)

Je ne répéterai point ici les raisons qui marquent... si clairement les règles de notre devoir en cette conjoncture. La lettre y est *grosse*; pour M. de Beaufort et pour moi il ne m'appartient pas d'y vouloir lire ce qui vous touche. (II, 332.)

Je déchargeai à Mlle de Chevreuse mon cœur, qui en vérité n'étoit pas fort *gros*. (IV, 230.)

Il y eut plus de quatre cents *gros* bourgeois assemblés par pelotons. (II, 41.)

La haine et l'envie que nous contracterons dans le tiers de Paris, c'est-à-dire dans le plus *gros* bourgeois.... (II, 279.)

Ne dit-on pas tous les jours à la Reine que le *gros* bourgeois est à elle? (II, 282.)

.... Plus de quatre cents gentilshommes du *gros* bourgeois. (III, 446.)

Je me trouvai, dès le lendemain,... au Palais, avec bon nombre de noblesse et de *gros* bourgeois. (III, 456.)

GROSSE, enceinte :

La Reine... lui avoit commandé... de demander à M. de Buckingham si il étoit bien assuré qu'elle ne fût pas en danger d'être *grosse*. (III, 518.)

GROS, pris substantivement :

Il n'est pas aisé de décider s'il n'eût point été plus avantageux et plus sûr de ne faire qu'un *gros* de toutes ces troupes. (V, 572.)

Argenteuil... jugea qu'au lieu de revenir à son *gros* et de tirer l'épée,... il feroit mieux d'observer et d'amuser Vesche. (III, 497.)

Il (*le vicomte de Lamet*) marchoit avec deux mille chevaux droit à nous, et... M. de Turenne le devoit joindre... avec le *gros*. (II, 335.)

J'avois résolu de porter le *gros* de mes amis à la main gauche de la salle. (III, 487.)

Il crut que le *gros* (*de la Compagnie*) approuvoit ce qu'il avoit avancé. (III, 467.)

.... Ce même esprit portoit le *gros* de la compagnie à l'enregistrement. (VI, 55.)

Nous avions Monsieur, nous avions le Parlement, nous avions l'Hôtel de Ville. Ce composé paroissoit faire le *gros* de l'Etat. (III, 246.)

Il me fut aisé de juger que le *gros* du peuple n'étoit pas guéri de la défiance. (II, 157.)

Le Cardinal... se joignit au *gros* de la cour. (II, 52.)

Le *gros* du corps... étoit toujours très-bien intentionné pour moi. (III, 276.)

.... Des intrigues nouvelles et... des subdivisions de parti, qui... m'éloignoient toujours du *gros* de l'arbre. (III, 276.)

La proposition d'aller ainsi de branche en branche... seroit très-suspecte, parce que le *gros* de l'arbre n'est pas encore déraciné. (III, 410.)

Vous revenez présentement au *gros* de la question. (II, 438.)

Je me charge du *gros* de l'affaire. (V, 631.)

.... Le *gros* des affaires. (IV, 222.)

.... Voilà le *gros* des conclusions. (IV, 63.)

GROSSIR, actif :

.... D'autres (*troupes*)... que Villequier et Hocquincourt *avoient maintenues* et même *grossies* tout l'été. (III, 197.)

M. de Turenne avoit fait quelques troupes avec l'argent que les Espagnols lui avoient accordé;... il les *avoit grossies* du débris de celles qui avoient été dans Bellegarde. (III, 40.)

SE GROSSIR :

Le maréchal de la Meilleraie,... bien qu'il n'eût encore en tête que quelques enfants qui disoient des injures et qui jetoient des pierres aux soldats, ne laissoit pas d'être fort embarrassé, parce qu'il voyoit que les nuages commençoient à *se grossir* de tous côtés. (II, 16.)

Les objets qui les lui donnent (*ces vues*) *se grossiront* à tous instants. (IV, 121.)

GRUERIE, juridiction du Roi sur les bois des particuliers :

MM. les marquis de la Trousse et de Sévigné... m'ont prié en faveur d'un nommé Louis Broyard, lieutenant de la *gruerie* de Chaours.... (VIII, 351.)

Voyez la note 4 à la page indiquée. Voyez aussi l'article suivant.

GRUYER, officier qui jugeait en première instance les délits qui se commettaient dans les forêts :

Le *Gruyer* de Chaours est ici. (VIII, 388.)

Voyez la note 3 à la page indiquée. Voyez aussi l'article précédent.

GUÉ, au figuré :

MM. cardinal Mazarin, des

Noyers et de Chavigny en prirent sujet de me traverser... : de sorte que M. le maréchal de Schomberg, qui avoit épousé en premières noces ma cousine germaine, ayant voulu sonder le *gué*, n'y trouva aucun jour. (I, 206.)

GUÈRES :

Cette voie... ne convient jamais *guères* a un homme de qualité. (II, 300.)

GUÉRIR :

Ce que nous faisons tous les jours, les pourroit, ce me semble, détromper de cette illusion : en sont-ils *guéris ?* (II, 281.)

GUERRE :

FAIRE LA GUERRE DE :

Mme de la Meilleraye plut à Monsieur le Cardinal, et au point que le Maréchal s'en étoit aperçu.... Il *en avoit fait la guerre* à sa femme. (I, 134.)

Je lui *faisois la guerre* d'une petite grisette qu'il aimoit de tout son cœur. (III, 108.)

Je m'en défendis (*de la prendre dans mon carrosse*) en lui *faisant la guerre de* sa délicatesse. (IV, 37.)

Vous ne me *ferez* pas dorénavant *la guerre* d'être paresseux. (VIII, 43.)

GUERRIER, GUERRIÈRE :

Il (*M. de la Rochefoucauld*) n'a jamais été *guerrier*, quoiqu'il fût très-soldat. (II, 181.)

....Son inclination toute *guerrière*. (IV, 202.)

GUEUSERIE :

Si il (*M. d'Elbeuf*) fût parvenu jusques à la richesse, l'on l'eût envié comme un partisan, tant la *gueuserie* lui paroissoit propre et faite pour lui. (II, 179.)

GUEUX :

Elles furent reçues dans la salle avec une huée de vingt ou trente *gueux*. (III, 444.)

Voyez IV, 57 et 180.

H

HA ! interjection :

Ha ! mon bon seigneur, dites le bon mot. (II, 402.)

HABILITATION :

Monsieur de Saxe demande au Pape... l'*habi[li]tation* des ministres convertis pour annoncer la parole de Dieu. (VII, 283.)

HABIT :

Comme il me voyoit avec un petit collet uni et un *habit* noir tout simple, il me prit... pour un écolier. (I, 204.)

L'on iroit en corps et en *habit* au Palais-Royal. (II, 48.)

HABITS, au pluriel

Je fus modeste au dernier point dans mes *habits*. (I, 124.)

HABITUDE :

M. de Hacqueville... trouvera quelque *habitude* avec lui. (VIII, 422.)

M. le comte de Limoges... a un grand procès en ce parlement de Dijon. Voici la liste de ses juges : voyez, je vous supplie, si par le moyen de vos amis et des miens, vous n'y pourriez pas trouver quelque *habitude*. (VIII, 497.)

Je ne me suis trouvé aucune *habitude* dans cette Chambre. (VIII, 508.)

Il avoit été fort attaché à M. le cardinal de Richelieu, dans la maison duquel j'avois été bien éloigné d'avoir aucune *habitude*. (III, 249.)

J'ai l'honneur d'être du corps du Parlement,... j'y ai eu autrefois quelque *habitude*. (VII, 51.)

Monsieur.... me gronda.... en me disant que la Reine étoit une femme d'*habitude*, dans l'esprit de laquelle je me serois peut-être insinué. (III, 321.)

AVOIR HABITUDE OU DES HABITUDES AVEC OU ENSEMBLE :

Ce que j'... admirai le plus fut la facilité que ces Messieurs eussent trouvé à l'exécution. Il falloit bien que la connoissance que j'avois du dedans de la Bastille, par l'*habitude* que j'avois *avec* eux, me l'eût fait croire possible. (I, 163.)

M. de Thou, *avec* lequel j'*avois habitude* et amitié particulière.... (I, 201.)

M. de Brissac, qui avoit épousé ma cousine, mais *avec* qui j'*avois* fort peu d'*habitude*.... (II, 145.)

La Rivière, de qui il (*Flammarin*) étoit intime et dépendant, se mit dans l'esprit de lier un commerce, par son moyen, avec M. de Larochefoucauld, *avec* lequel Flammarin *avoit* aussi beaucoup d'*habitude*. (II, 291.)

.... J'*avois habitude avec* les buvetiers. (III, 487.)

M. de Hacqueville... *a habitude avec* lui. (VIII, 246.)

Il trouva feu M. le cardinal de Bérulle,... *avec* lequel il n'*avoit* aucune *habitude*. (VIII, 616.)

Je n'*avois* presque plus d'*habitudes avec* toutes les femmes, hors Mme de Guémené. (I, 128.)

« D'habitude, » au singulier, dans plusieurs éditions.

Saint-Ibar... me pressa de prendre des mesures avec Espagne, *avec* laquelle il *avoit* de grandes *habitudes*. (II, 63.)

Le peu d'*habitude* que nous *avions eue ensemble*... étoit comme perdue. (III, 103.)

PRENDRE, DONNER, CONSERVER HABITUDE AVEC :

Je *pris habitude* avec soin *avec* tout ce qu'il y avoit de gens de science et de piété. (I, 178.)

MM. les maréchaux de Vitry et de Bassompierre, M. le comte de Cramail et MM. du Fargis et du Coudray Montpensier étoient, en ce temps-là, prisonniers à la Bastille.... L'occasion de M. du Fargis, qui avoit épousé une sœur de ma mère, m'*avoit donné habitude avec* les autres. (I, 160.)

.... Mme de Chevreuse, qui revoyoit la Reine depuis le retour du Roi à Paris, et qui *avoit conservé*... une espèce d'*habitude* incompréhensible avec elle.... (III, 3.)

Mme de Rhodes... *conservoit* toujours beaucoup d'*habitude* avec le garde des sceaux. (III, 172.)

HAINE :

Je revins à Paris, ayant fait tous les effets que j'avois souhaité. J'avois effacé le soupçon que les Frondeurs fussent contraires au retour du Roi ; j'avois jeté sur le Cardinal toute la *haine* du délai. (II, 526.)

HALLEBARDE :

Il y en eut vingt ou trente qui sortirent avec des *hallebardes* et des mousquetons de la rue des Prouvelles. (II, 27.)

Un garçon rôtisseur, s'avançant avec deux cents hommes, et mettant la *hallebarde* dans le ventre du Premier Président, lui dit.... (II, 51.)

.... Les spéculations des philosophes, qui... y sont toujours comptés pour rien (*dans ces temps*), parce qu'ils ne mettent jamais à la main la *hallebarde*. (IV, 200.)

HAQUENÉE :

.... La cérémonie de la *haquenée* qui doit être présentée par le duc de Carpinette, fils de M. le prince Pamphile. (VII, 245.)

Voyez tome VII, p. 117, note 3.
Voyez encore VII, 251.

HARANGUER, actif et neutre :

Il *harangua* à sa manière la populace. (II, 398.)

Il *harangua* et avec éloquence. (III, 76.)

M. Talon *harangua*... contre le Cardinal. (IV, 90.)

MM. de la Rochefoucauld, de Marsillac et de Montespan *haranguèrent* dans l'Hôtel de Ville. (IV, 157.)

Voyez I, 252; IV, 201.

HARDES :

Elle s'indisposoit contre ses amants, comme contre ses *hardes*. (IV, 229.)

Les meubles de bois... ne pourront-ils pas venir par eau, à peu de frais, quand on apportera les autres *hardes* plus considérables? (VIII, 162.)

HARNOIS :

Le cardinal Mazarin... force cette nation redoutable et guerrière (*l'Allemagne*) à reprendre le *harnois*. (V, 319.)

HASARD :

Il faut qu'au *hasard* de nos vies nous sauvions la leur. (II, 412.)

Le coup étoit si nécessaire que je crus en devoir prendre le *hasard*. (III, 213.)

Voyez la note 3 de la page indiquée.

Qui pourroit s'imaginer que je fusse si ennemi de moi-même,... que mes ennemis, n'ayant pu jusques ici trouver en moi de crimes pour m'accuser, je me misse au *hasard* de leur fournir moi-même des moyens de m'abattre et de me détruire? (VI, 273.)

DE HASARD :

M. de Beaufort... s'emporta de chaleur. Il tira d'abord la nappe, il renversa la table; l'on coiffa d'un potage le pauvre Vineuil, qui n'en pouvoit mais, et qui se trouva *de hasard* en table avec eux. (II, 516.)

HASARDER :

Cette distinction... me fit naître la pensée d'*hasarder* quelque douceur. (I, 192.)

J'*avois* fort *hasardé* mon crédit dans le peuple. (II, 32.)

Le Parlement.... est très-capable de l'enflammer (*d'enflammer ce feu*) à un point qui l'embrasera et qui le consumera lui-même, mais qui *hasardera*, dans les intervalles, plus d'une fois l'État.... (II, 104.)

Le maréchal de la Mothe crut... que Monsieur le Prince ne *hasarderoit* pas cette attaque à la vue de nos troupes. (II, 215.)

L'on la peut *hasarder* (*cette proposition*) plus légèrement. (II, 423.)

Je m'y veux opposer (*à la paix*), mais de ma voix simplement et de celle des gens qui voudront bien *hasarder* la même chose. (II, 435.)

.... Les négociations qu'il ne manquoit jamais de *hasarder*, de huit jours en huit jours. (II, 520.)

Il étoit vrai que nous *hasardions* notre vie. (II, 566.)

L'avis des autres... étoit de *hasarder* un soulèvement. (II, 574.)

Je ne l'*aurois* pas *hasardé* (*ce voyage*) avec le cardinal de Richelieu. (III, 156.)

Je sais bien que je *hasarde* et que vous pouvez abuser de ma confiance; mais je sais bien qu'il faut *hasarder* pour servir Monsieur le Prince, et je sais même de plus que l'on ne le peut servir, dans la conjoncture présente, sans *hasarder* précisément ce que je *hasarde*. (III, 178.)

Son imprudence à *avoir hasardé* tout le Royaume, dans la dernière bataille,... fut relevée de toutes les couleurs que l'on put croire capables de ternir celles de sa victoire. (III, 214.)

.... Elle *hasarde* l'État. (III, 381.)

J'en concevois tout l'inconvénient (*de cette aventure*), mais je le *hasardois*. (III, 447.)

Il m'est impossible d'aller à Châlons, si le Roi y est le 8, comme on le dit, et M. Alliot qui est ici auprès de moi, dit que je *hasarderois* ma vue. (VIII, 481.)

HASARDER DE :

Il (*Noirmoutier*) marcha avec ses troupes en bon ordre par le grand chemin du côté de Gros-Bois, à la vue de Grancei, qui ne crut pas devoir *hasarder de* passer le pont Iblon devant lui. (II, 263.)

Il *hasarda* néanmoins, à la vue de l'armée ennemie, *de* vouloir gagner le poste de Charenton. (V, 418.)

Voulez-vous... que Monsieur le Coadjuteur *hasarde* pour nos intérêts *de* devenir l'aumônier de Fuensaldagne! (II, 304.)

Il est si beau,... à des gens qui font une entreprise de cette nature, *d'hasarder de* la manquer.... (IV, 33.)

HASARDEUX :

Ce qui est nécessaire n'est jamais *hasardeux*. (II, 524.)

Voyez II, 430.

HÂTE (Avoir) :

Le second (*M. le prince de Conti*) n'*avoit* jamais *hâte*. (II, 155.)

HÂTER (Se) à :

Je ne *me hâterai* pas, de ma part, à lui montrer.... (VII, 146.)

HAUSSE-COU :

M. de Brissac me fit remarquer un *hausse-cou*, de vermeil doré.... (II, 45.)

HAUSSE-PIED :

Nous résolûmes de donner au Mazarin ce que M. de Bouillon appeloit un *hausse-pied*, c'est-à-dire de l'attaquer... personnellement. (II, 466.)

.... J'eusse été bien aise de pouvoir pénétrer si cette proposition n'étoit point le *hausse-pied* de quelque négociation souterraine. (III, 386.)

Voyez la note 8 de la page indiquée.

HAUSSER :

Tu ne *hausserois* pas la tête pour regarder s'il y auroit quelque chose au-dessus de toi. (IX, 170.)

HAUSSER DE :

Le propre jour de la réponse,... il *haussa de* ton. (III, 222.)

HAUT, adjectif :

.... Un discours *haut*, sentencieux et décisif. (IV, 211.)

Ces paroles sont belles, *hautes*, sages, grandes. (IV, 232.)

Il (*Jean-Louis de Fiesque*) étoit parfaitement bien fait; il avoit la mine *haute*. (V, 609.)

Tout ce qui est *haut* et audacieux est toujours justifié et même consacré par le succès. (IV, 137.)

J'en ai encore honte quand j'y pense; mais ce qui m'en faisoit dans le fond du cœur... paroissoit grand au vulgaire, parce qu'il étoit *haut*. (III, 194.)

Il m'étoit venu dans l'esprit un moyen, qui me paroissoit *haut* et digne de sa naissance. (III, 281.)

Son fils... fit,... en cette occasion, tout ce que la générosité la plus *haute* peut produire. (III, 499.)

.... La gloire qu'une conduite aussi belle, aussi *haute* et aussi grande que celle-là donnera à Sa Majesté. (VII, 102.)

Les conditions paroissoient bien *hautes*. Il en falloit de grandes pour les deux frères, qui, au poste où ils se trouvoient, n'étoient point d'humeur à se contenter de peu de chose. (II, 374.)

HAUT, substantif :

Ils se vantèrent à Saint-Germain que les Frondeurs ne leur faisoient pas quitter le *haut* des allées dans les Tuileries. (II, 514.)

TOMBER DE SON HAUT :

Je faillis *tomber de mon haut* d'un compliment de cette nature, que je ne m'étois nullement attiré. (III, 55.)

HAUTEMENT :

Au lieu de répondre à mes honnêtetés, il me dit d'un ton fier : « Je ne crains rien ; je sers mon Roi. »... Il continua à me parler *hautement*. (II, 223.)

Il ne laisseroit pas... de prendre *hautement* notre protection. (II, 537.)

.... Un lieutenant général de l'Etat, aussi vivement et aussi *hautement* offensé qu'il l'étoit. (III, 290.)

.... Qu'on m'ait rendu si *hautement* le mal pour le bien? (VI, 41.)

HAUTEUR :

Je considérai sa sécurité comme une *hauteur* d'un ministre accoutumé au temps du cardinal de Richelieu. (III, 74.)

MM. les cardinaux de Richelieu et Mazarin, qui avoient confondu le ministériat dans la pourpre, avoient attaché à celle-ci de certaines *hauteurs* qui ne conviennent à l'autre que quand elles sont jointes ensemble. (IV, 184.)

HAVRE :

Dieu veuille que ces ports ne soient pas les retraites des vaisseaux qui ferment nos *havres!* (V, 307.)

HAVRE-DE-GRÂCE (LE) :

Broussel seroit mené *au Havre-de-Grâce*. (II, 36.)

La Reine fit arrêter Chavigni, et elle l'envoya *au Havre-de-Grâce*. (II, 70.)

HÉMISPHÈRE, pour *émissaire*, dans le jargon attribué au duc de Beaufort :

Les *hémisphères* du Cardinal ont publié que je n'étois pas dans Étampes. (V, 209.)

Voyez tome V, p. 207, note 1.

HERMITE :

Deux misérables *hermites* et faux-monnoyeurs... avoient eu quelque communication secrète avec M. de Vendôme. (I, 199.)

Voyez encore III, 302.

HÉROÏQUE :

Dans le rang des qualités qui le composent (*le bon chef de parti*), la résolution marche du pair avec le jugement : je dis avec le jugement *héroïque*, dont le principal usage est de distinguer l'extraordinaire de l'impossible. (I, 152.)

HÉTÉROCLITE :

Il tomba dans une conduite *hétéroclite*. (IV, 79.)

HEURE :

André Doria,... le plus grand homme de mer qui fût à cette *heure*-là dans l'Europe, suivoit avec ardeur le parti de la France. (V, 502.)

HEURE, exprimé par exception dans des locutions telles que les suivantes :

Il étoit plus de cinq *heures* du soir quand elle (*cette délibération*) fut achevée, quoique l'on fût au Palais dès les sept *heures* du matin. (II, 401.)

HEURES, livres d'heures :

Envoyez-moi, je vous prie,... une paire d'*heures* pour femme, de maroquin du levant. (VIII, 525.)

J'ai reçu votre lettre... avec le sac de velours et les *heures*, dont je vous remercie. (VIII, 532.)

À CETTE HEURE, tout à l'heure, il y a un instant :

Cette proposition ne lui auroit pas plu, comme je vous le disois *à cette heure*. (II, 154.)

Voyez la note 1 de la page indiquée.

À LA BONNE HEURE :

Vous voulez Sedan, et vous avez raison. M. de Beaufort veut l'amirauté, et il n'a pas tort. M. de Longueville a d'autres prétentions, *à la bonne heure*. M. le prince de Conti et Mme de Longueville ne veulent plus dépendre de Monsieur le Prince; ils n'en dépendront plus. (II, 340.)

HEUREUX :

Vous ne serez pas surprise de ce que l'on le fut de la prison de M. de Beaufort.... Il n'y avoit rien de si facile que ce coup par toutes les circonstances que vous avez vues; mais il paroissoit grand, et tout ce qui est de cette nature est *heureux*, parce qu'il a de la dignité et n'a rien d'odieux. (I, 233.)

HISTOIRE :

Il n'en falloit pas davantage dans le monde pour faire faire des commentaires fâcheux sur une *histoire* de laquelle l'on ne voyoit pas les motifs. (II, 119.)

Monsieur le Prince... décida nettement en faveur de celle (*de la satisfaction*) que j'avois toujours offerte, qui étoit d'aller lui dire (*à Monsieur*)... que je n'avois jamais prétendu manquer au respect que je lui devois, et que ce qui m'avoit obligé de faire ce que j'avois fait à Notre-Dame étoit l'ordre de l'Église.... Il trouva mes raisons admirables; il me mena voir ses médailles, et ainsi finit l'*histoire*. (I, 263.)

Le peuple fit de grandes clameurs; nous entendîmes même quelques voix qui crioient : « République! » Mais l'on n'attenta rien, et ainsi finit l'*histoire*. (II, 403.)

Monsieur le Prince ne vouloit pas hier revenir à Paris; il y est aujourd'hui, et il faut, pour la beauté de l'*histoire*, que j'agisse avec lui comme si il y étoit venu de concert avec moi. (III, 451.)

Il n'y a pas quinze jours que ce même homme m'écrivit une longue *histoire* sur cette affaire. (VIII, 624.)

HISTORIETTE :

.... Après que je vous aurai fait le récit d'une *historiette* qui arriva au Palais. (III, 444.)

Voyez encore I, 257.

HOLOCAUSTE :

Le président de Nesmond... regarda ce billet que M. d'Elbeuf avoit jeté sur la table, très-proprement recacheté, comme l'*holocauste* du sabbat (*c'est-à-dire comme une chose interdite à ceux que n'oblige pas un devoir particulier*). (II, 235.)

Voyez la note 6 de la page indiquée.

HOMME :

Quand l'on vit que le Cardinal avoit arrêté celui (*Beaufort*) qui, cinq ou six semaines devant, avoit ramené le Roi à Paris avec un faste inconcevable, l'imagination de tous les *hommes* fut saisie d'un étonnement respecteux. (I, 234.)

L'air de courtisan... ne se sût pas bien accordé avec l'*homme* du public dont je tenois le poste. (III, 113.)

Il faut que la tête lui eût tout à fait tourné.... Le Mazarin, durant ces douze ou quinze derniers jours, n'étoit plus un *homme*. (II, 231.)

HOMME DU MONDE :

Le Coadjuteur est *homme du monde*; il a de l'esprit. (II, 19.)

BON HOMME. Voyez BONHOMME.

GRAND HOMME. Voyez GRAND.

HONNÊTE, de bon ton, poli, obligeant, convenable :

Il n'est pas *honnête* de se gourmer. (I, 89.)

Nous convînmes... de le tenir secret (*notre duel*).... Ce n'étoit pas mon compte; mais quel moyen *honnête* de le refuser? (I, 89.)

La Reine... me commandoit, en des termes fort *honnêtes*, de me rendre dans le jour à Saint-Germain. (II, 129.)

Le peuple éclatoit de toutes parts, criant : « Vive Son Altesse! Vive Elbeuf! » et comme on crioit en même temps : « Vive le Coadjuteur! » je l'abordai avec un visage riant et je lui dis : « Voici un écho, Monsieur, qui m'est bien glorieux. — Vous êtes trop honnête », me répondit-il. (II, 157.)

Voyez encore II, 159.

.... La raillerie la plus douce et la plus *honnête* qui me fut possible. (II, 241.)

La réponse douce et *honnête* que la Reine fit aux gens du Roi.... (II, 273.)

Il (*l'Archiduc*) les envoyoit (*envoyoit ses pouvoirs*) en la forme du monde la plus *honnête* et la plus obligeante. (II, 326.)

Ceux (*les articles*) qui auront été arrêtés ne seront ni *honnêtes* ni sûrs. (II, 385.)

Il n'y avoit pas lieu de douter que la Cour... ne donnât... aux Espagnols un prétexte *honnête* pour se retirer sans déchet de leur réputation. (II, 464.)

La violence... n'étoit pas *honnête*,... parce que nous étions trop forts. (II, 515.)

Je trouvai peu de gens assez *honnêtes* pour me rendre le salut. (II, 580.)

Apportez-moi... une montre à l'angloise, si toutes fois ces montres à l'angloise sont faites d'une manière que la couverture en puisse être ouvragée et jolie.... Quand je vous dirai pourquoi j'en ai besoin, vous conviendrez qu'il faut qu'elle soit *honnête*. (VIII, 336.)

HONNÊTE HOMME, homme poli, de bonne compagnie :

La Reine... étoit trop fière et trop aigre pour avoir de la honte de ce qu'elle m'avoit dit la veille; et le cardinal n'étoit pas assez *honnête homme* pour en avoir de la bonne. (II, 16.)

Je trouvai Équilli,... que j'ose assurer avoir été le plus *honnête homme* de son siècle. (I, 98.)

La mode, qui a du pouvoir en toutes choses, ne l'a si sensible en aucune qu'à être ou bien ou mal à la cour.... Il y a des temps où il ne sied pas bien à un *honnête homme* d'être disgracié. (I, 227.)

Il ne sioit (*seyoit*) pas bien à un *honnête homme* d'être mal à la cour en ce temps-là. (I, 232.)

Mme de Longueville est aussi belle que Galatée, mais Marcillac... n'est pas si *honnête homme* que Lindamor. (II, 172.)

M. le duc d'Orléans avoit, à l'exception du courage, tout ce qui étoit nécessaire à un *honnête homme*; mais il n'avoit rien, sans exception, de tout ce qui peut distinguer un grand homme. (II, 175.)

Le marquis de la Boulaie... se jeta comme un insensé et comme un démoniaque au milieu de la salle du Palais, suivi de quinze ou vingt coquins, dont le plus *honnête homme* étoit un misérable savetier. (II, 557.)

M. le cardinal de Richelieu... étoit aussi pédant en amour qu'il étoit *honnête homme* pour les autres choses. (III, 317.)

HONNÊTEMENT, poliment, raisonnablement :

Lorsque Monsieur l'archevêque de Paris me présenta au Roi, il me traita, je ne dis pas seulement *honnêtement*, mais avec une distinction qui surprit et qui étonna tout le monde. (I, 201.)

Il en seroit quitte pour expliquer ce que j'aurois dit de sa part, c'est-à-dire pour me désavouer un peu *honnêtement*. (III, 226.)

La lettre fut *honnêtement* folle, pour être écrite sur un sujet aussi sérieux. (III, 108.)

VIVRE HONNÊTEMENT AVEC :

M. de Bouillon... écrivit sur l'heure à M. d'Elbeuf, *avec lequel il avoit* toujours *vécu* assez *honnêtement*. (II, 305.)

HONNÊTETÉ, politesse, savoir vivre :

Comme la longueur adoucit toujours les prisons, ils y étoient traités (*à la Bastille*) avec beaucoup d'*honnêteté* et même avec beaucoup de liberté. (I, 159.)

Il étoit de l'*honnêteté* de vivre civilement avec des gens de qualité. (II, 514.)

Il ne s'agissoit que de combattre d'*honnêteté*. (III, 181.)

Je ne laissai pas de lui représenter, par le seul principe d'*honnêteté*, que l'expression de Monsieur le prince pouvoit avoir un autre sens et plus innocent. (III, 530.)

Je suis, Monsieur, si accoutumé à recevoir des marques de votre *honnêteté*.... (VIII, 630.)

Il n'y eut que l'*honnêteté* et le bon sens de M. de Bouillon qui lui conservât la qualité de général. (II, 169.)

Vous savez mieux que moi ce qu'il faut pour nourrir raisonnablement à Buzay M. de Gondi et son valet. Il est bon de régler cela dans l'*honnêteté*, à la vérité, mais aussi selon le bon marché du pays. (VIII, 215.)

Cette haine de M. le cardinal de Richelieu avoit passé jusqu'au point d'avoir voulu obliger pour se venger M. le maréchal de Brézé, son beau-frère et capitaine des gardes du corps, à rendre publiques les lettres de Mme de Guéméné, qui avoient été trouvées dans la cassette de M. de Montmorency ;... mais le maréchal de Brézé eut ou l'*honnêteté* ou la franchise de les rendre à Mme de Guéméné. (I, 106.)

Honnêteté, marque de politesse, parole ou manière d'agir obligeante :

Cet événement (*la conversion d'un protestant*),... entre autres effets,... en produisit un qui n'avoit guère de rapport à sa cause. Je vous le raconterai, après que j'aurai rendu la justice que je dois à une *honnêteté* que je reçus de Mestrezat, dans une de ses conférences. (I, 182.)

Vous ne doutez pas que je ne reçusse avec un profond respect cette *honnêteté*. (II, 497.)

Il (*Mazarin*) me fit toutes les *honnêtetés* imaginables. (I, 255.)

La Reine... me fit des *honnêtetés*, et j'y répondis par un profond respect. (II, 19.)

Il m'en donna même une lettre pleine d'offres, que je ne reçus pas. J'y répondis par de simples *honnêtetés*. (II, 63.)

Le Cardinal me fit des *honnêtetés* extraordinaires. (II, 77.)

Il me fit ensuite beaucoup d'*honnêtetés* personnelles. Il m'offrit de me raccommoder avec la cour. (II, 116.)

Je répondis à leurs *honnêtetés* avec beaucoup de respect. (II, 148.)

Au lieu de répondre à mes *honnêtetés*, il me dit d'un ton fier.... (II, 223.)

Ils me firent toutes les *honnêtetés* et toutes les offres imaginables. (II, 447 *et* 448.)

Fuensaldagne... me renvoya dom Antonio Pimentel sur-le-champ même, avec une grande lettre pleine d'*honnêtetés*. (II, 498.)

Ce fond (*du discours*) fut orné de toutes les *honnêtetés*... que vous pouvez imaginer. (III, 116.)

Dès qu'elle vit que je répondois à sa franchise, non plus seulement par des *honnêtetés* sur les faits, mais encore par des ouvertures sur les motifs, elle quitta la plume. (III, 179.)

La Reine... me fit mille *honnêtetés*. (III, 346.)

Monsieur... me fit mille *honnêtetés*. (IV, 129.)

HONNEUR :

Les confiances que je vous ai faites, jusqu'à ce jour, de toutes les dames que je vous ai nommées, ne me donnent aucun scrupule, parce qu'il n'y en a pas une que je croie ne vous avoir pu faire avec *honneur*; la discrétion a ses bornes. (I, 186.)

J'avois tout sujet de prendre

confiance en l'*honneur* de son amitié. (II, 76.)

Ce n'est ni notre *honneur* ni notre compte, et cependant il nous seroit plus aisé d'exécuter et ce que fit Bussi le Clerc et ce que firent les Seize, que.... (II, 270.)

M. le cardinal de Richelieu avoit donné une atteinte cruelle à la dignité et à la liberté du clergé dans l'assemblée de Mantes, et il avoit exilé... six de ses prélats les plus considérables. On résolut, en celle de 1645, de leur faire quelque sorte de réparation, ou plutôt de donner quelque récompense d'*honneur* à leur fermeté. (I, 246.)

Tenir en honneur :

J'avois intérêt à *tenir* en haleine et *en honneur* la vieille Fronde. (III, 285.)

HONORER :

J'embrassai le crime qui me parut consacré par de grands exemples, justifié et *honoré* par le grand péril. (I, 147.)

Je permis à mes sens de se laisser chatouiller par le titre de chef de parti, que j'*avois* toujours *honoré* dans les *Vies* de Plutarque. (II, 37.)

Honorer de :

Ces ombres fameuses des Guillaumes, des Maurices et des Frédérics... vous conjurent... de ne point concourir à la perte de l'auguste maison qui les vient d'*honorer d*'une princesse aussi grande par ses vertus que par sa naissance. (V, 313.)

HOQUETON, nom de certain vêtement, et par suite de ceux qui le portaient (gardes et archers) :

L'on voyoit aller et venir des *hoquetons*. (II, 42.)

Voyez, sur le sens du mot, la note 6 de la page indiquée.

HORREUR :

Le Mazarin... étoit l'objet de son *horreur*. (III, 362.)

Les médiocres (*les dangers médiocres*) n'ont que des *horreurs* quand la perte de la réputation est attachée à la mauvaise fortune. (II, 68.)

HORRIBLE :

Ajoutez même,... par manière de raillerie, que l'arrêt est *horrible* contre le parlement de Metz. (VIII, 553.)

HORS :

Donné *hors* la porte de Rome appelée Flaminia, le deuxième janvier mil six cent cinquante-six. (VI, 136.)

Ma conduite... est *hors* la portée... des soupçons de mes ennemis. (VI, 301.)

Hors de. (II, 283 ; III, 36.)

Hors d'œuvre :

Il avoit soixante et douze ans ; mais sa santé forte et vigoureuse, sa dépense splendide... suppléoient à son âge et faisoient que l'on ne le regardoit pas encore comme un homme *hors d'œuvre*. (III, 53.)

HÔTEL :

Le palais d'Orléans et l'*hôtel* de Condé, étant unis ensemble par ces intérêts, tournèrent en moins de rien en ridicule la morgue qui avoit donné aux amis de M. de Beaufort le nom d'Importants. (I, 225.)

La maison de Vendôme s'étoit trouvée, en deux ou trois rencontres, tout à fait opposée aux intérêts de l'*hôtel* de Condé. (II, 504.)

HUISSIER de la chaîne, huissier du conseil du Roi, portant au cou la médaille d'or du Roi suspendue par une chaîne :

J'apprends... que deux *huissiers de la chaîne*... déclarèrent qu'ils vous signifioient cet arrêt par exprès commandement. (V, 119.)

Voyez la note 2 de la page indiquée.

HUITAINE :

À HUITAINE OU À LA HUITAINE :
Les gens du Roi ayant demandé audience pour les remontrances, la Reine les remit *à huitaine*. (III, 217.)

Je pars demain pour Châteauvillain et je serai de retour ici précisément *à la huitaine*. (VIII, 459.)

Je vous envoyerai *à la huitaine* une réponse que je dois aux Ursulines de Dijon. (VIII, 487.)

HUMAIN, adjectif :

Il y a des fautes qui ne sont pas tout à fait *humaines*. (IV, 201.)

LE GENRE HUMAIN :
Elle se laissa fléchir plutôt aux larmes qu'aux raisons *du genre humain*. (III, 506.)

HUMEUR, au propre et au figuré :

.... Ces visages bouffis, sur lesquels beaucoup d'embonpoint cache beaucoup de mauvaises *humeurs*. (V, 500.)

Ce médicament, en purgeant les mauvaises *humeurs*, n'a point altéré les bonnes. (IX, 188.)

Toutes les *humeurs* de l'État étoient si émues par la chaleur de Paris, qui en est le chef, que je jugeois bien que l'ignorance du médecin ne préviendroit pas la fièvre, qui en étoit comme la suite nécessaire. (II, 5.)

Ce procédé... eût plu dans un temps où les *humeurs* n'eussent pas été échauffées par les assemblées de chambre. (III, 81.)

M. le cardinal de Richelieu aimoit la raillerie, mais il ne la pouvoit souffrir; et toutes les personnes de cette *humeur* ne l'ont jamais (*la raillerie*) que fort aigre. Il en fit une de cette nature, *etc*. (I, 133.)

HUMEUR, masculin :
Il étoit difficile de rien espérer d'un homme de cet *humeur*. (I, 157.)

Voyez la note 1 de la page indiquée.

ÊTRE D'HUMEUR DE :
Je ne pense pas... qu'il y ait aucun d'entre vous qui *soit d'humeur* d'obéir à des maîtres qui se devroient contenter d'être vos égaux. (V, 565.)

HUMIDE RADICAL, humeur qui est le principe de la vie :

Quel prodige, pour ne rien dire de tout le reste, de voir (*dans le paradis terrestre*) un arbre qui eût la vertu de conserver la chaleur naturelle sans aucune altération, et de réparer l'*humide radical* dans sa pureté première ! (IX, 141.)

Voyez la note 2 de la page indiquée.

HUMILIÉS (LES) :

Il (*saint Charles Borromée*) se croit obligé de réformer l'ordre *des Humiliés*. (IX, 96.)

Voyez la note 3 de la page indiquée.

HURLUPÉ, hérissé, et par suite levant la tête, fier ; dans le jargon attribué au duc de Beaufort :

Je retournois chez moi tout aussi *hurlupé* que si j'eusse abattu tous les mazarins. (V, 209.)

Voyez tome V, p. 207, note 1.

I

ICELUI, ICELLE, ICEUX :

La connoissance que nous avons de votre expérience et capacité à la conduite des âmes nous a obligé de jeter les yeux sur votre personne pour le gouvernement de notre diocèse et vous établir en *icelui* notre vicaire général. (VI, 135.)

En adhérant aux protestations par nous secrètement faites, tant devant qu'après ladite démission, comme aussi à la révocation d'*icelle*.... (VI, 3.)

Icelle démission.... (*Ibid.*)

.... Faisons et constituons les porteurs d'*icelles* présentes ou l'un d'*iceux*, nos procureurs, pour comparoir en notre nom devant notre Saint-Père le Pape. (*Ibid.*)

Voyez IX, 45, 46, 47, 48, etc.

ICI, après un substantif, pour *ci* :

N'admirez-vous pas ces gens *ici*? (II, 74.)

Cet homme *ici*.... (II, 426.)

.... Toutes ces affaires *ici*. (VIII, 79.)

.... En ce temps *ici*. (VIII, 543.)

Voyez II, 116 et 166; III, 392.

IDÉE, image, ressemblance; idéal :

Le cardinal de Richelieu avoit affecté d'abaisser les corps; mais il n'avoit pas oublié de ménager les particuliers. Cette *idée* suffit pour vous faire concevoir tout le reste. (I, 288.)

.... Tous ces désordres épouvantables que saint Cyrille appelle les profanations des temps, et dont nous ne voyons peut-être à ce jour que des *idées* trop achevées. (IX, 205.)

Mon imagination me fournissait toutes les *idées* du possible. (II, 6.)

Je vous présenterai les tableaux des personnages que vous verrez plus avant dans l'action. Vous jugerez, par les traits particuliers que vous pourrez remarquer dans la suite, si j'en ai bien pris l'*idée*. (II, 173.)

La gloire du restaurateur du public fut sa première *idée*. (II, 113.)

IDIOT :

L'autre (*M. de Beaufort*) seroit encore beaucoup plus *idiot* qu'il n'est... si il se pouvoit résoudre à se naturaliser Espagnol. (II, 330.)

Je me raccommodai bientôt avec la damoiselle; mais je fus assez *idiot* pour me raccommoder avec le cavalier. (II, 595.)

IDOLE, masculin :

L'*idole* le plus fragile....(V, 297.)

IGNORANTISSIME :

Le cardinal Mazarin, *ignorantissime* en toutes ces matières.... (I, 297.)

IGNORER :

Je reviens à mon ancien avis, qui est de songer uniquement à la paix générale, de signer, dès cette nuit, un traité sur ce chef avec les envoyés de l'Archiduc, de le porter demain au Parlement, d'y *ignorer* tout ce qui s'est passé aujourd'hui à la Conférence.... (II, 386.)

IL, ILS, LE, LA, LUI :

1° Se rapportant à un nom exprimé d'une manière indéterminée :

Cette mine, ou fit peur à M. le cardinal Mazarin, ou lui donna lieu de feindre qu'il avoit peur.... Ce qui est certain est que la Rivière... essaya de *la* donner au ministre par toute sorte d'avis,... et que Monsieur le Prince n'oublia rien aussi pour *la* lui faire prendre. (I, 224.)

Notre affaire, en beaucoup de choses, avoit l'air de n'être pas publique, quoiqu'elle ne fût pas cachée. Cela paroît galimatias; mais *il* (*ce galimatias*) est de ceux que la pratique fait connoître quelquefois et que la spéculation ne fait jamais entendre. J'en ai remarqué de cette sorte en tout genre d'affaires. (I, 241.)

2° Dans un sens neutre, dans le sens de *cela*, ou se rapportant à la pensée plutôt qu'aux mots :

Nous convînmes... de le tenir

secret (*notre duel*).... Ce n'étoit pas mon compte; mais quel moyen honnête de *le refuser*? (I, 89.)

Vous ne serez pas surprise de ce que l'on le fut de la prison de M. de Beaufort.... Il n'y avoit rien de si facile que ce coup par toutes les circonstances que vous avez vues; mais il paroissoit grand, et tout ce qui est de cette nature est heureux, parce qu'*il* a de la dignité et n'a rien d'odieux. (I, 233.)

Tout se disoit et tout se faisoit dans l'esprit des procès; et comme *il* avoit l'air de la chicane, *il* en avoit la pédanterie. (II, 59.)

Il (*Monsieur le Prince*) ajouta... qu'en s'accommodant, il nous accommoderoit aussi avec la cour, si nous le voulions; que si nous ne croyions pas qu'*il* fût de nos intérêts, il ne laisseroit pas, si la cour nous vouloit attaquer, de prendre hautement notre protection. (II, 537.)

Madame... fit des efforts incroyables pour le persuader. *Il* ne fut pas en son pouvoir. (III, 225.)

Il n'y a rien de plus beau que ce que vous proposez; je conviens même qu'*il* est possible; mais je soutiens qu'*il* est pernicieux pour tous les particuliers. (II, 344.)

Monsieur... avoit répondu à Monsieur le Prince, qui le pressoit de se trouver au Palais, qu'*il* lui étoit impossible. (III, 455.)

L'on ne voulut presque pas écouter ceux qui opinèrent au contraire, et *il* passa à refuser l'entrée de la ville au héraut. (II, 226.)

....Si Sa Majesté ne trouvoit pas qu'*il* fût (*que cela fût*) de son service. (VII, 135.)

Monsieur le Cardinal dit à Monsieur de Lisieux... que j'étois ami de tous ses ennemis, et Monsieur de Lisieux lui répondit: « *Il* est vrai, et vous l'en devez estimer. » (I, 200.)

M. de Morangis me disant... que je faisois trop de dépense, comme *il* n'étoit que trop vrai que je la faisois excessive, je lui répondis fort étourdiment.... (I, 244.)

Il (*Mazarin*) me fit un million d'excuses du terme *insolemment* (*qu'il avoit employé*). Il me dit, et *il* pouvoit être vrai, qu'il avoit cru qu'il signifiât *insolito*. (I, 254.)

Voyez encore, pour l'expression *il est vrai, il étoit vrai*, dans le même sens: I, 154 et 255; II, 37, 188, 268 et 444.

3° ILS, dans le sens indéterminé de *on*:

Ces filles (*les Carmélites*) pourront implorer, dans la suite, l'autorité du Roi, pour l'exécution du bref qu'*ils* ont obtenu. (VII, 120.)

Voyez la note 5 de la page indiquée.

4° Emplois de LUI, sujet ou régime:

Je lui répondis que je savois fort bien que j'étois le coadjuteur de Paris qui parloit à M. le cardinal Mazarin; mais que je croyois que *lui* pensoit être le cardinal de Lorraine qui parloit au suffragant de Metz. (I, 253.)

Je lui fis voir (*à Viole*) qu'il étoit perdu lui-même, que Chavigni ne l'étoit que parce que l'on s'étoit imaginé qu'il avoit poussé *lui* Viole à ce qu'il avoit fait. (II, 70.)

ILE (L'), l'Ile-de-France:

Le prévôt de *l'Ile* s'avança. (I, 116.)

ILLUSION:

Il n'y a rien qui soit si sujet à l'*illusion* que la piété. (I, 91.)

Le Premier Président parla à la Reine.... Il lui représenta... les *illusions* honteuses et même puériles par lesquelles on avoit éludé mille et mille fois les résolutions les plus utiles. (II, 48.)

Il prit... le parti... de justifier la marche de ces troupes étrangères... par des *illusions* qui ne trompent personne. (IV, 84.)

Voilà un génie tout propre à se servir des *illusions* que l'autorité royale a toujours abondamment en main pour engager à des négociations. (IV, 213.)

J'aurois... beaucoup de scrupule d'avoir souffert si longtemps que mon nom fût employé ou plutôt sacrifié à la plus monstrueuse *illusion* qui ait peut-être jamais été faite à la hiérarchie. (VI, 425.)

Voyez la note 3 à la page indiquée.

L'on ne peut... lui déguiser, par des *illusions* fantastiques et imaginaires, la vérité de ce qui se passe. (VII, 52.)

ILLUSTRER :

Ils ont traité si à fond la matière qu'il y auroit, ce me semble, de la témérité à prétendre de la pouvoir *illustrer* par de nouvelles lumières. (IX, 243.)

ILLUSTRISSIME :

JEAN-FRANÇOIS-PAUL DE GONDY,... Coadjuteur et Vicaire général au spirituel et temporel d'*Illustrissime* et Révérendissime Père en Dieu, Messire JEAN-FRANÇOIS DE GONDY, Archevêque de Paris.... (IX, 45.)

IMAGINATION, la faculté ou le fait de se figurer quelque chose ; l'image même de la chose que l'on se figure :

La frayeur du lieutenant civil se glissa, je crois, par contagion, dans leur *imagination*, dans leur esprit, dans leur cœur. (II, 23.)

Admirez, s'il vous plaît, la force de l'*imagination*. (III, 216.)

Monsieur revint chez lui triomphant dans son *imagination*. (III, 448.)

Le pouvoir que les particuliers prennent quelquefois dans les peuples n'y est jamais cru que par les effets, parce que ceux qui l'y doivent avoir naturellement par leur caractère en conservent toujours le plus longtemps qu'ils peuvent l'*imagination*, après qu'ils en ont perdu l'effectif. (II, 281.)

Les défiances du Cardinal... étoient... particulièrement aigries par l'*imagination* qu'il avoit prise que Monsieur le Prince favorisât le mouvement de Bordeaux. (II, 532.)

Un des plus grands malheurs que l'autorité despotique des ministres du dernier siècle ait produit dans l'État, est la pratique que l'*imagination* de leur intérêt particulier mal entendu y a introduite, de soutenir toujours le supérieur contre l'inférieur. (III, 42.)

Rien ne le toucha plus sensiblement que l'*imagination* de voir une armée avec son écharpe. (IV, 23.)

Ces projets qui se sont évanouis dans les Indes à sa confusion, tournent ses *imaginations* inquiètes et avides d'un côté plus proche et plus exposé à ses espérances. (V, 310.)

Aussitôt que je me vis... sur le point de l'exécution,... je sentis je ne sais quoi qui pouvoit être une peur. Je le pris pour un scrupule. Je ne sais si je me trompai ; mais enfin l'*imagination* d'un assassinat d'un prêtre, d'un cardinal me vint à l'esprit. (I, 146.)

Cette *imagination*, quoique non digérée, tomba d'abord dans l'esprit de mon père. (II, 430.)

Je ne m'étois pas trompé dans la pensée que j'avois eue que ce sermon feroit un bon effet : il fut incroyable, et il passa de bien loin mon *imagination*. (II, 593.)

M. de Senneterre... en fut étonné au delà de l'*imagination*. (III, 49.)

IMMANQUABLE :

Si j'avois été de l'entreprise d'Amiens, je n'aurois pas fait... comme ceux qui ont manqué leur coup. Je suis de celle de Paris, elle est *immanquable*. (I, 162.)

IMMANQUABLEMENT :

Si l'on ne l'eût tiré de Marcoussi, il s'en seroit *immanquablement* sauvé. (III, 157.)

.... Ce mieux se fût terminé... à

être *immanquablement* désavoué par la Reine. (III, 504.)

IMMOBILE :

C'est ce que je vous supplie de prier Celui de qui nous avons l'honneur de tenir la place dans le gouvernement de son Église, de me faire la grâce d'exécuter avec une persévérance *immobile*. (VI, 71.)

IMPÉRIALE :

J'en trouvai une foule (*une foule de peuple*) innombrable qui m'attendoit, et qui me força de monter sur l'*impériale* de mon carrosse, pour lui rendre compte de ce que j'avois fait au Palais-Royal. (II, 31.)

IMPERTINENCE, sottise, maladresse, chose déplacée :

Monsieur le Cardinal (*Mazarin*)... ne nous dit que des *impertinences*; et comme il ne savoit encore que très-médiocrement la force des mots françois, il finit sa réponse en me disant que je lui avois parlé la veille fort insolemment. (I, 253.)

Blancménil... me dit que le Roi marchoit au Palais avec huit mille chevaux.... Voilà la moindre des *impertinences* qui me furent dites. (II, 130.)

La mienne (*ma légèreté*) ne fut pas moindre de lui confier (*de confier à Noirmoutier*) après un tour pareil à celui-là une place aussi considérable que le Mont-Olympe. Vous verrez... dans la suite... comme il fit justice à mon *impertinence*, car il m'abandonna et me trompa pour la seconde fois. (II, 596.)

Voyez la note 1 de la page indiquée.

Il me répondit... que les Gascons étoient toujours fous, avec lesquels il n'y avois jamais que des *impertinences* à faire. (III, 137.)

L'on fait souvent grâce à l'*impertinence* en faveur de l'extravagance. (III, 169.)

Voyez l'article suivant.

IMPERTINENT, sans sujet, qui n'est pas ou ne se tient pas à sa place, extravagant :

Je n'avois pas toute l'activité requise, par un reste de scrupule assez *impertinent*. (III, 148.)

Voyez la note 5 de la page indiquée.

Cette raison, aussi *impertinente* que vous la voyez,... satisfit la plupart des vieillards. (IV, 100.)

Noirmoutier, qui étoit son ami intime (*l'ami de Laigue*), avoua que sa lettre étoit fort *impertinente*; mais il ne s'avisa pas qu'elle le rendoit lui-même fort *impertinent*. (II, 363.)

.... La vanité ridicule de ces auteurs *impertinents* qui, étant nés dans la basse-cour et n'ayant jamais passé l'antichambre, se piquent de ne rien ignorer de tout ce qui s'est passé dans le cabinet. (III, 353.)

Est-il possible... que l'on me croie assez *impertinent* pour m'imaginer que l'on puisse devenir ministre par la faction? (III, 382.)

Voyez l'article précédent.

IMPÉTRABLE :

Un juge laïque... ose déclarer ses bénéfices vacants et *impétrables*. (VI, 337.)

Voyez la note 43 à la page indiquée.

IMPORTANCE :

Il y a des feux qui embrasent tout : l'*importance* est d'en connoître et d'en prendre le moment. (I, 164.)

IMPORTANT :

Important à :

Une affaire... qui, quoique... *importante* à la sûreté, ne laissoit pas d'être délicate. (II, 488.)

Les Importants, nom donné à une cabale :

Le palais d'Orléans et l'hôtel de Condé, étant unis ensemble par ces intérêts, tournèrent en moins de rien en ridicule la morgue qui avoit donné aux amis de M. de Beaufort le nom d'*Importants*. (I, 225.)

Voyez I, 219, 226 et 227; II, 125 et 177.

IMPORTUNITÉ :

Je n'ignorois pas qu'il étoit accablé d'instances et d'*importunité* sur mon sujet. (III, 299.)

IMPOSER :

...., En un lieu où il ne se trouvoit que pour demander à se justifier des crimes que l'on lui *imposoit*. (III, 507.)

Pour me défendre des calomnies que l'on m'*impose*, je n'aurois qu'à répondre.... (IX, 61.)

IMPRESSION :

Le coup le plus dangereux que je portai à M. d'Elbeuf... fut l'*impression* que je donnai.... au peuple, qu'il avoit intelligence avec les troupes du Roi. (II, 162.)

IMPRIMER, au figuré :

Je vous ai déjà... expliqué l'effet que la prison de M. de Beaufort fit d'abord dans les esprits. Il est certain qu'elle y *imprima* du respect pour un homme (*Mazarin*) pour qui l'éclat de la pourpre n'en avoit pu donner aux particuliers. (I, 287.)

Cette pensée, que je m'*étois imprimée* dans l'esprit.... (III, 135.)

IMPRIMÉ, substantif :

Vous verrez, par la lecture de l'*imprimé* ci-joint.... (VIII, 46.)

INABORDABLE :

Il (*le Parlement*) n'étoit pas si *inabordable* pour eux (*pour les Espagnols*) qu'ils se l'étoient figuré. (II, 266.)

INACTION :

Je leur fis voir les inconvénients de l'*inaction* sur ce qui se passoit dans les Tuileries. (II, 515.)

INAPPLICATION :

La Reine avoit... plus d'*inapplication* à l'argent que de libéralité. (II, 174.)

Il n'y a eu d'autre mystère au délai que l'*inapplication* ordinaire en cette cour. (VII, 308.)

INCAMÉRATION, union d'une terre au domaine de la chambre ecclésiastique :

On me dit vendredi que les cinq cardinaux nouveaux qui sont à Rome avoient juré la bulle de l'*incamération* de Castro (*du duché de Castro*) comme étant insérée, avec toutes les autres, dans le serment que l'on fait le jour que l'on prend le chapeau. (VII, 176.)

Voyez tome VII, p. 9 et note 21.

INCAPABLE DE, suivi d'un substantif :

Je répondis... que j'étois très-*incapable du* ministère pour toute sorte de raisons. (III, 307.)

.... Le seul mâle qui reste de la maison d'Autriche, qui est l'empereur, étant *incapable de* cette succession. (VII, 265.)

INCERTAINEMENT :

.... Des bruits vagues et répandus *incertainement* dans le public. (VI, 295.)

INCIDENTER, faire naître des *incidents* dans un procès :

Nous pressions toujours notre jugement, et l'on le différoit toujours tant qu'on pouvoit.... Tantôt l'on *incidentoit* sur la manière de nous juger.... (II, 602.)

Il y en a qui disent que le Pape est bien aise d'*incidenter*. (VII, 251.)

Voyez la note 9 à la page indiquée. Voyez IV, 54; VIII, 145.

INCLUSION :

.... Ce qui, joint à l'exclusion

du cardinal Pallavicin, à l'*inclusion* du cardinal Chigi, qui ne se trouve presque jamais en ces sortes d'assemblées.... (VII, 131.)

Voyez la note 13 à la page indiquée.

INCOMMODE :

Ce parti... n'est pas moins *incommode* au négociateur, parce qu'il a toujours un air de fourberie. (III, 407.)

INCOMMODER :

L'on passa toute la nuit en bataille devant Saint-Denis, pour empêcher le maréchal du Plessis, qui y étoit avec huit cents chevaux,... d'*incommoder* notre convoi. (II, 290.)

Il le trouva au lit, très-*incommodé* de sa blessure. (II, 292.)

INCOMMODITÉ :

Il n'y eut jamais ombre de mouvement dans la Ville.... L'on peut dire même que l'on n'y reçut presque aucune *incommodité*. (II, 202.)

L'une des plus grandes *incommodités* des guerres civiles est qu'il faut encore plus d'application à ce que l'on ne doit pas dire à ses amis qu'à ce que l'on doit faire contre ses ennemis. (II, 301.)

Je me suis résolu de souffrir... les *incommodités* et les fatigues d'un exil laborieux. (VI, 327.)

Je ne puis marcher et c'est une grande *incommodité* pour moi. (VIII, 540.)

La mort a un visage aimable; on la compte le remède quand elle est comparée aux *incommodités* de la vie. (IX, 148.)

Il étoit... encore plus vieux par ses *incommodités* que par son âge. (I, 135.)

M. le cardinal Maculano... n'assiste plus, à cause de sa vieillesse et de ses *incommodités*, à aucune fonction. (VII, 53.)

Mme de Brissac... avoit une petite *incommodité* que Monsieur son mari lui avoit communiquée à dessein, à ce qu'elle m'a dit depuis, et par la haine qu'il avoit pour elle. (II, 594.)

.... Un voyage que je fis aux eaux de Saint-Cassien... pour essayer de me remettre d'une nouvelle *incommodité* qui m'étoit survenue à l'épaule par ma faute. (V, 93.)

L'*incommodité* de M. le cardinal Albizzi, qui a eu de la fièvre.... (VII, 151.)

Le cardinal de Retz est forcé par l'*incommodité* qu'il a aux yeux de s'éloigner de l'air de Rome. (VII, 334.)

INCOMMUNICABLE :

L'indépendance est un attribut si propre à Dieu et si *incommunicable*.... (IX, 167.)

INCOMPATIBLE :

Il passa pour un esprit intéressé, insolent et *incompatible*. (V, 304.)

Voyez la note 3 de la page indiquée.

On le fait passer (*Saint Charles Borromée*) à Milan pour un esprit fâcheux et *incompatible*. (IX, 97.)

INCONCEVABLE :

J'entrepris d'examiner la capacité de tous les prêtres du diocèse, ce qui étoit, dans la vérité, d'une utilité *inconcevable*. (I, 242.)

INCONVÉNIENT :

Croyez-vous... qu'un attachement à une fille de cette sorte puisse vous empêcher de tomber dans un *inconvénient* où Monsieur de Paris, votre oncle, est tombé... par le dérèglement de ses mœurs? (I, 102.)

La Reine... me dit que si elle m'avoit cru, elle ne seroit pas tombée dans l'*inconvénient* où elle étoit. (II, 61.)

J'ai toujours attribué, en mon particulier, à son irrésolution naturelle ce délai, que je confesse avoir pu et dû même produire de grands *inconvénients*. (III, 18.)

Vous direz bien, Madame,...

que je marque beaucoup d'*inconvénients*, mais que je marque peu de remèdes. (II, 271.)

Mme de Bouillon dira encore que je prône toujours les *inconvénients* sans en marquer les remèdes. (II, 280.)

INCORPORER (S') AVEC :

Cette distribution (*d'argent*) qu'il (*Emery*) fit sagement et sans éclat dans les commencements de son rétablissement, nous obligea à songer... à *nous incorporer*, pour ainsi dire, *avec* le public. (II, 546.)

INCORRIGIBILITÉ :

L'*incorrigibilité*, si j'ose ainsi parler, de Monsieur m'avoit rebuté. (IV, 186.)

INCROYABLE :

Mme de Bouillon me fit une pitié *incroyable* ce soir-là. (II, 477.)

INDÉFECTIBILITÉ :

Cette prétendue *indéfectibilité* convient à l'âme comme substance et non pas comme spirituelle. (IX, 250.)

.... L'opinion qui suppose l'*indéfectibilité* des substances. (IX, 306.)

Voyez encore IX, 324 et 325.

INDÉFECTIBLE :

L'âme est une substance et... en cette qualité elle est *indéfectible*. (IX, 250.)

.... Si sa pensée est que Dieu, en créant les substances, ait pu, s'il eût voulu, les créer défectibles, ou bien si Dieu a été contraint de les créer *indéfectibles*. (IX, 325.)

INDÉFECTIBLEMENT :

S'il (*Dieu*) leur a voulu donner (*a voulu donner aux substances*) l'être *indéfectiblement*, il ne voudra jamais le leur ôter. (IX, 327.)

INDÉFINI :

L'on vous écrivit hier... que l'on vous envoyoit une lettre de crédit de vingt-cinq mille écus, quoique la lettre soit *indéfinie* et non limitée. (VIII, 18.)

INDÉVOTION :

Du premier mouvement viennent toutes les *indévotions*.... (IX, 203.)

INDIFFÉRENT :

On ne put jamais l'obliger de rendre à Compiègne, où il fut saluer Leurs Majestés, une visite *indifférente* au Cardinal (*Mazarin*). (V, 340.)

INDIQUER :

Le bonhomme Broussel même oublia que l'assemblée *avoit été* résolue et *indiquée* pour y traiter de l'affaire de Messieurs les Princes, et il ne parla qu'en général contre les désordres de l'État. (III, 239.)

INDISCIPLINABLE :

Il (*Saint Charles Borromée*) aima mieux servir avec peine le peuple de Milan, presque *indisciplinable* par la longue absence de ses prédécesseurs. (IX, 94.)

INDISPENSABLE :

Je fus donc obligé, par une nécessité *indispensable*, de destituer ce Grand Vicaire. (VI, 340.)

.... La nécessité *indispensable* qui m'oblige de m'y opposer. (VI, 351.)

INDISPENSABLEMENT :

Cette paix... m'oblige *indispensablement* de tirer la cause de l'Église de l'oubli où j'ai souffert qu'elle fût ensevelie pendant tout ce temps. (VI, 326.)

Je n'aurai jamais d'autre engagement que celui qui m'attache *indispensablement* aux intérêts de sa couronne. (VI, 438.)

Voyez encore VII, 136.

INDISPOSER (S') :

Elle *s'indisposoit* contre ses

amants, comme contre ses hardes. (IV, 229.)

INDISPOSITION :

Nous commencions à entrevoir de grandes *indispositions* de Monsieur le Prince pour le Cardinal, et du Cardinal pour Monsieur le Prince. (II, 519.)

.... Tous ceux du corps qui avoient de l'*indisposition* contre la Fronde. (III, 199.)

Voyez II, 506 ; III, 38 et 418 ; IV, 66.

INDIVIS (Par) :

Il (*Richelieu*) les mit (*Brézé et la Meilleraye*),... en commun et *par indivis*, dans la confidence de ses galanteries. (I, 108.)

INDULT, grâce accordée par une bulle du pape contrairement à la disposition du droit commun :

L'arrêt du conseil touchant les *indults*.... (VIII, 483.)

Voyez l'article suivant.

INDULTAIRE, celui qui a droit à un bénéfice en vertu d'un indult :

Il est constant que je n'ai point été prévenu à Rome pour le prieuré de Mortagne ; mais je crains les *indultaires* plus que le nommé par l'ordinaire. (VIII, 382.)

Voyez la note 1 à la page indiquée. Voyez encore VIII, 380, 383 et 437.

INEXPLICABLE :

.... Un chaos *inexplicable* d'intentions et d'intrigues. (III, 461.)

INFAILLIBILITÉ :

Je ne doutai presque plus de l'*infaillibilité* du rétablissement du Cardinal. (IV, 44.)

Infaillibilité du Pape :

Ses véritables sentiments... n'avoient jamais été de condamner l'opinion qui soutient l'*infaillibilité* du Pape. (VII, 37.)

La cour de Rome... n'a jamais prétendu jusqu'ici faire passer pour un article de foi son opinion de l'*infaillibilité* du Pape. (VII, 38.)

La Faculté de théologie n'a point prétendu censurer la doctrine de l'*infaillibilité*. (VII, 94.)

La Sorbonne ne prétendoit point d'avoir censuré la doctrine de l'*infaillibilité* du Pape. (VII, 105.)

.... Bellarmin et les autres auteurs qui ont traité l'opinion contraire à l'*infaillibilité* de téméraire et même de fort approchante d'hérésie. (VII, 137.)

La Faculté de théologie... n'a jamais eu la pensée de toucher, par sa censure, à la doctrine qui soutient son infaillibilité (*infaillibilité du Pape*). (VII, 140.)

INFAILLIBLE :

.... Par une conséquence *infaillible*. (III, 49.)

L'une des ressources de l'État, et même la plus assurée et la plus *infaillible*, étoit la conservation des membres de la maison royale. (III, 212.)

.... Sa liberté, qu'il tenoit *infaillible* de toutes les façons. (III, 237.)

Sa foiblesse naturelle lui faisoit toujours voir ce qu'il appréhendoit comme *infaillible* et même comme proche. (III, 397.)

La révolution d'Espagne, qu'ils considèrent comme *infaillible* et comme prochaine.... (VII, 74.)

Infaillible à :

M. de Bouillon... se joignit à moi pour faire connoître à sa femme... que si nos préalables... ne réussissoient pas, nous aurions joie... de n'avoir pas causé une confusion où la honte et la ruine... m'étoient *infaillibles*. (II, 305.)

INFATIGABLEMENT. (VI, 156.)

INFECTER :

.... Aucuns des *infectés* de cette vieille cour. (V, 367.)

INFÉRER :

L'on peut *inférer* de ces deux articles quels seront les autres. (II, 385.)

De là j'*infère* que si je pense, je ne suis pas un corps, et que je puis penser sans savoir même qu'il y a des corps. (IX, 225.)

Il est aisé d'*inférer* de toutes ces dispositions... le peu de facilité... que l'entremise d'un cardinal françois trouveroit.... (VII, 238.)

Ces considérations... ne me convainquirent point, parce que la conduite que M. de Bouillon en *inferoit* me paroissoit impraticable. (II, 347.)

Voyez VII, 165, 259 et 323; IX, 243 et 297.

INFINI :

Je trouvois l'archevêché de Paris dégradé... et désolé.... Je prévoyois des oppositions *infinies* à son rétablissement. (I, 216.)

Des défiances qui sont naturelles et *infinies* dans les commencements des affaires. (III, 364.)

Il seroit *infini* et ennuyeux de vous rendre compte de toutes les scènes. (II, 89.)

INFINITÉ, très grand nombre :

On vit Naples devenir déserte par la mort d'une *infinité* de ses habitants. (VI, 272.)

Voyez I, 295; II, 38, 151, 405, 495 et 505; IV, 112 et 183; V, 168; VIII, 631.

INFLEXIBILITÉ :

Une branche aura de l'*inflexibilité* parce qu'un enfant ne la pourra plier. (IX, 332.)

INFORMER :

Louis treizième n'étoit jaloux de son autorité qu'à force de ne la pas connoître. Le maréchal d'Ancre et M. de Luines n'étoient que des ignorants, qui n'étoient pas capables de l'en *informer*. (I, 275.)

INFRACTEUR :

Ceux qui étoient obligés à la conservation des priviléges de l'Église n'ont point craint d'en être eux-mêmes les *infracteurs* d'une manière dont le Saint-Siége leur peut demander compte un jour. (VI, 330.)

INFUSER :

.... Les affaires de la Guienne, pour le débrouillement desquelles le bon sens des Jeannins et des Villerois, *infusé* dans la cervelle du cardinal de Richelieu, n'eût pas été trop bon. (III, 44.)

INGÉNÉRABLE :

Ils (*les païens*) ont tous avoué que la matière est *ingénérable* et incorruptible. (IX, 325.)

INGÉRER (S') DE :

Il n'est jamais permis à personne de *s'ingérer du* gouvernement de l'État. (I, 311.)

Le Parlement *s'étant ingéré* de faire votre procès et ayant mis votre tête à prix.... (VI, 77.)

INGRÉDIENT :

Toutes ces indispositions jointes ensemble n'étoient pas des *ingrédients* bien propres à consolider une plaie qui étoit fraîchement fermée. (III, 38.)

INHIBITION :

Cette *inhibition* paroissoit dans la Bulle si générale et si contraire aux maximes de France que j'appréhendois qu'elle n'eût de mauvaises suites. (VII, 39.)

Voyez VII, 42; IX, 48 et 49.

INHUMANITÉ :

Le cardinal de Retz a-t-il part... à toutes ces *inhumanités* effroyables ? (V, 271.)

INIMAGINABLE :

Les esprits... étoient dans une défiance *inimaginable*. (II, 153.)

INONDATION, au figuré :

Cette prodigieuse *inondation* de toute sorte de vices.... (VI, 155.)

Voyez la note 3 à la page indiquée.

INONDER, noyer, au figuré :

La méchanceté faisoit en lui (*prince de Conti*) ce que la foiblesse faisoit en M. le duc d'Orléans. Elle *inondoit* toutes les autres qualités. (II, 180.)

IN PETTO :

Le bruit court ici que l'on y remplira au premier jour les quatre places (*de cardinal*) qui sont demeurées *in petto*. (VII, 191.)

INQUIÉTUDE :

Monsieur le Comte se défendit... des instances des Espagnols et des importunités des siens.... Mais rien ne le put défendre des *inquiétudes* de M. le cardinal de Richelieu, qui lui faisoit tous les jours faire, sous le nom du Roi, des éclaircissements fâcheux. (I, 153.)

Il n'est jamais sage de faire, dans les factions où l'on n'est que sur la défensive, ce qui n'est pas pressé ; mais l'*inquiétude* des subalternes est la chose du monde la plus incommode. (II, 546.)

INSENSIBLEMENT :

Elle lui marqua, comme *insensiblement* et sans affectation, l'effroyable péril.... (III, 17.)

INSÉPARABLEMENT :

Je passerai *inséparablement* le reste de mes jours avec un Clergé que j'aurai toujours aussi cher comme je l'ai expérimenté généreux. (VI, 6.)

INSINUATION :

Il (*Mazarin*) avoit de l'esprit, de l'*insinuation*, de l'enjouement, des manières ; mais le vilain cœur paroissoit toujours au travers. (I, 286.)

Son bon sens,... joint à sa douceur, à son *insinuation*,... devoit récompenser plus qu'il n'a fait le défaut de sa pénétration. (II, 180.)

INSINUER :

.... Ces sortes d'esprits persuadent peu, mais... ils *insinuent* bien ; et le talent d'*insinuer* est plus d'usage que celui de persuader, parce que l'on peut *insinuer* à tout le monde et que l'on ne persuade presque jamais personne. Dom Gabriel n'*insinua* ni ne persuada Fuensaldagne. (III, 109.)

Il *insinuoit*, tous les soirs, à Monsieur le peu de sûreté qu'il y avoit avec la cour. (III, 146.)

INSISTER à :

Il me reprocha que j'avois contribué à l'obliger à souffrir que l'on *insistât* à la déclaration contre les cardinaux françois. (III, 275.)

Il n'avoit rien oublié pour lui persuader de ne pas *insister* à son instance contre les ministres. (III, 419.)

J'*insistois* avec une vigueur respectueuse, selon l'ordre que j'en avois reçu de l'Assemblée générale du Clergé, *au* rétablissement de M. l'Évêque de Léon, déposé contre les formes de l'Église Gallicane. (VI, 410.)

INSISTER QUE :

J'*insistai* que l'on n'innovât rien. (II, 301.)

J'avois *insisté*... qu'ils ne donnassent leurs mémoires qu'après que.... (II, 454.)

INSOLENCE :

Ne doit-on pas admirer, après cela, l'*insolence* des historiens vulgaires, qui croiroient se faire tort si ils laissoient un seul événement dans leurs ouvrages, dont ils ne démêlassent pas tous les ressorts, qu'ils montent et qu'ils relâchent presque toujours sur des cadrans de collége ? (III, 343.)

INSOLENT :

Je me remis en honneur... parmi les emportés du Parlement, en prônant fortement contre le comte de Grancei, qui avoit été assez *insolent* pour piller une maison de M. Coulon. (II, 469.)

INSOLVABILITÉ :

Je ne vous puis exprimer la surprise où je suis de l'*insolvabilité* du sieur Chrestien. (VIII, 326.)

INSOUTENABLE :

Je n'excusois pas le procédé de Monsieur le Cardinal, qui étoit *insoutenable*. (III, 95.)

Le conseil de son ministre sur ce point est *insoutenable*. (V, 301.)

Voyez II, 81; VI, 201.

INSPIRER, au figuré :

Comme ce président fut un des premiers qui témoigna de la chaleur dans son corps, l'on soupçonna qu'elle ne lui *fût inspirée* par Chavigni. (II, 57.)

Vineuil, qui en étoit... aimé (*de Mme de Montbazon*), lui *inspiroit* tout ce que Monsieur le Prince lui vouloit faire croire. (II, 563.)

Je me résolus de prendre ce parti et de l'*inspirer*, si il étoit possible, dès l'après-dînée, à MM. de Bouillon, de Beaufort et de la Mothe-Houdancourt. (II, 431.)

Voyez encore II, 176 et 398.

INSPIRER DANS :

Je ne puis croire... que le Saint-Esprit... n'*ait* déjà *inspiré dans* le cœur de notre grand monarque dès sentiments très-favorables pour le rétablissement de celle (*de l'Église*) de Paris. (V, 131.)

INSPIRER QUE :

Il faisoit *inspirer*... à Monsieur, par Beloi,... *que* je faisois de grandes avances vers lui. (III, 134.)

INSTANCE :

Le Premier Président... se plaignit hautement de la cassation de l'arrêt d'union, et il conclut, par une *instance* très-ferme et très-vigoureuse, à ce que les contraires, donnés par le conseil d'en haut, fussent supprimés. (I, 319.)

Il n'avoit rien oublié pour lui persuader de ne pas insister à son *instance* contre les ministres. (III, 419.)

Voyez encore III, 347.

FAIRE INSTANCE, absolument :

Les députés du Parlement retourneront à Saint-Germain pour *faire instance* et obtenir la réformation de quelques articles. (II, 406.)

FAIRE INSTANCE À... DE :

Quand elle (*la Reine*) fut tombée sur ce qui regardoit le Cardinal, et qu'elle eut vu que, quoiqu'elle *me fît* beaucoup d'*instance de* le voir, je persistois à lui répondre que cette visite me rendroit inutile à son service.... (II, 525.)

C'étoit Monsieur le Cardinal qui *lui avoit fait instance de* me donner la nomination. (III, 321.)

Il traita les *instances* que je *faisois* à la Reine, *de* permettre que Monsieur arrêtât Monsieur le Prince chez lui, de proposition ridicule. (III, 346.)

INSTANT :

Monsieur le Prince... lâcha des mots qui me firent connoître que Monsieur le Duc prenoit... part à mes intérêts.... Je ne balançai pas à me rendre à cet *instant*. (I, 263.)

Voyez encore cinq et six lignes plus bas à la page indiquée.

Je me servis de cet *instant* (*l'arrestation de Chavigni*) pour animer Viole, son ami intime, par sa propre timidité, qui étoit grande. (II, 70.)

Il y a des points inexplicables dans les affaires et inexplicables même dans leurs *instants*. (III, 342.)

INSTRUCTION :

J'avois travaillé toute la nuit avec Saint-Ibar à une *instruction* avec laquelle je faisois état de l'envoyer à Bruxelles pour traiter avec le comte de Fuensaldagne. (II, 74.)

Quoique je sentisse dans moi-même beaucoup de peine à être le premier qui eût mis dans nos affaires le grain de catholicon d'Espagne, je m'y résolus par la nécessité, et je commençai à en dresser l'*instruction*, qui devoit contenir plusieurs chefs, et dont la conclusion fut remise, par cette raison, au lendemain matin. (II, 117.)

Saint-Ibar... se ressouvenoit qu'il avoit autrefois écrit sous moi une *instruction* par laquelle je proposois cet engagement positif. (II, 239.)

INSULTE, attaque :

La précaution que nous avions prise avoit été utile pour prévenir l'*insulte* que l'on pouvoit avoir projetée contre les particuliers. (II, 42.)

Je n'avois rien oublié pour faire que le Parlement ne désespérât pas la cour, au moins jusques à ce que l'on eût pensé aux expédients de se défendre de ses *insultes*. (II, 69.)

Il n'y a pas de moyen plus efficace... pour cela, que de tirer notre armée de Paris, de la poster en quelque lieu où elle puisse être hors de l'*insulte* des ennemis.... (II, 283.)

Voyez le suivant.

INSULTER, attaquer :

La Reine n'étoit sortie de Paris que pour se donner lieu d'attendre, avec plus de liberté, le retour des troupes avec lesquelles elle avoit dessein d'*insulter* ou d'affamer la ville. (II, 80.)

Voyez le précédent.

INSUPPORTABLE :

.... Des attentats si *insupportables* contre l'Église. (V, 120.)

INTELLECT :

La bouche de Dieu, c'est son *intellect*. (IX, 140.)

Voyez encore IX, 139.

INTELLECTION :

Une *intellection* étant prise dans un sujet, est un corps qui donne une pensée à l'âme. (IX, 251.)

INTELLIGENCE :

Cette vaste étendue de mers qui nous séparent ne nous empêche pas... d'avoir ensemble de l'*intelligence* par l'entremise des truchements. (IX, 174.)

ÊTRE DE L'INTELLIGENCE :

Celui-ci ayant été tué et l'autre pris, quelques-uns même de leurs soldats qui *étoient de l'intelligence* ayant tourné leurs armes en faveur des Fiesques.... (V, 576.)

INTENTION :

La Reine avoit... plus d'*intention* de piété que de piété. (II, 174.)

Cet ombrage amortit, dès sa jeunesse, en lui les couleurs même les plus vives et les plus gaies, qui devaient briller naturellement dans un esprit beau et éclairé, dans un enjouement aimable, dans une *intention* très-bonne. (II, 175.)

INTENTIONNÉ :

Tous les peuples étoient... si bien *intentionnés* pour la défense de Paris.... (II, 426.)

Il m'a toujours paru... très-bien *intentionné* et fort zélé. (VII, 110.)

Monsieur le Comte étoit le mieux *intentionné* du monde. (I, 168.)

Voyez I, 272; II, 83, 166, 224, 278, 318, 402 et 466; III, 108, 197, 209, 276, 343, 367, 410 et 467; IV, 110 et 179; VIII, 531.

INTERDIRE :

L'on avoit résolu d'envoyer, à la pointe du jour, le Chancelier au Palais, pour *interdire* le Parlement et pour lui commander de se retirer à Montargis. (II, 36.)

INTERDIRE DE :

L'on les *interdisoit* (*les prêtres incapables*) de leurs fonctions. (I, 242.)

La Reine... les *interdit des conseils*. (I, 304.)

INTÉRESSER :

S'INTÉRESSER DANS :

Les jeunes conseillers de l'un et de l'autre parti *s'intéressèrent dans* ce commencement de contestation. (III, 492.)

S'INTÉRESSER EN :

Personne ne *se peut* jamais *intéresser* plus que je fais *en* tout ce qui la touche (*Votre Altesse*). (VIII (*supplément*), 10*.)

S'INTÉRESSER POUR :

Comme je vis l'esprit des peuples assez... revenu de sa méfiance pour ne pas *s'intéresser pour* M. d'Elbeuf.... (II, 163.)

INTÉRÊT, sens divers :

Cette nomination des syndics fut inspirée à ces bourgeois par cinq ou six personnes... qui avoient... quelque *intérêt* dans les rentes. (II, 551.)

Il y avoit eu beaucoup de particuliers qui avoient fait du bruit dans les assemblées de l'Hôtel de Ville, à cause de l'*intérêt* qu'ils avoient dans les rentes. (III, 32.)

La Reine avoit... plus d'inapplication à l'argent que de libéralité, plus de libéralité que d'*intérêt*, plus d'*intérêt* que de désintéressement. (II, 174.)

Dans les mauvais temps, je n'ai point abandonné la ville ; dans les bons, je n'ai point eu d'*intérêts*. (III, 240.)

On fit la paix. Tout le monde eut des *intérêts* ; on sait les traités infâmes du mois de février ; le duc de Beaufort même... n'oublia pas ceux de sa maison. (V, 219.)

AVOIR INTÉRÊT DE :

Le Roi de France... *aura intérêt de* nous soutenir. (V, 631.)

Les Espagnols... *ont intérêt de* le tenir ici. (VII, 208.)

Voyez encore V, 420.

PRENDRE DE L'INTÉRÊT POUR :

Qui pourroit croire que... les Parlements ne *prissent* point *d'intérêt pour* la défense des principales lois ecclésiastiques ? (VI, 302.)

INTÉRIEUR, pris substantivement :

Je fis une retraite à Saint-Lazare, où je donnai à l'extérieur toutes les apparences ordinaires. L'occupation de mon *intérieur* fut une grande et profonde réflexion sur la manière que je devois prendre pour ma conduite. (I, 216.)

Il eût lui-même juré dans le plus *intérieur* de son cœur que.... (I, 91.)

Je me sentis de la rage dans le plus *intérieur* de mon âme. (I, 136.)

Voyez VI, 436 ; VIII, 188.

INTERMETTRE :

Je me croirois prévaricateur de mon caractère, si j'étois capable d'*intermettre* un seul moment ce qui est si précisément de mon devoir. (VI, 142.)

Voyez la note 6 à la page indiquée, et le *Lexique de Malherbe*.

INTERMISSION :

Elle (*la répétition*) fut continuelle et sans *intermission* aucune dans le Parlement. (III, 283.)

INTERNONCE, nonce par intérim :

L'*internonce* de Bruxelles avoit écrit ici. (VIII, 292.)

INTERRÈGNE :

....Ce scandaleux *interrègne* de la puissance épiscopale. (V, 130.)

INTERROGER SI :

Deslandes Païen,... *ayant été interrogé* par le Premier Président *si* il n'avoit rien à ajouter à son avis qu'il avoit porté dès le 14.... (III, 106.)

INTIMATION d'un consistoire :

Je ne vous dis rien... des diverses pensées que l'on avoit eues sur l'*intimation* de ce consistoire. (VII, 45.)

Voyez INTIMER.

INTIME DE :

La Rivière, *de* qui il (*Flammarin*) étoit *intime* et dépendant.... (II, 291.)

Chavigni, qui étoit *intime de* Monsieur le Prince,... avoit été mandé par la Reine. (III, 289.)

INTIMEMENT :

Ceux des curés qui étoient le plus *intimement* à moi.... (II, 149.)

Monsieur le Comte... étoit *intimement* bien avec Monsieur. (I, 139.)

Il ne pouvoit douter... que le garde des sceaux et moi nous ne fussions *intimement* mal. (III, 174.)

ÊTRE INTIMEMENT AVEC :

Il ne se servoit des avis que je lui donnois que pour faire croire... que j'*étois* assez *intimement avec* lui pour lui rapporter ce que je découvrois.... (II, 9.)

Il *étoit intimement avec* Fuensaldagne. (III, 109.)

INTIMER :

J'appris jeudi, au consistoire qui *fut intimé* pour donner le chapeau aux nouveaux cardinaux, que le Pape.... (VII, 174.)

Quelle contumace à des cardinaux de s'absenter d'un consistoire qui *est intimé* sur un sujet si ordinaire ! (VII, 262.)

Voyez INTIMATION.

Elles (*les bulles*) portent assez clairement l'obligation de prêter le serment dans les six mois pour laisser lieu de dire que l'on se peut plaindre de ce que les Espagnols n'y ont pas satisfait dans le temps, mais que cette obligation n'y est pourtant pas conçue en termes sur lesquels on les puisse pousser en effet, au moins devant que de les *avoir intimés*. (VII, 250.)

Voyez la note 6 à la page indiquée.

INTIMISSIME :

Bluet, avocat du Conseil et *intimissime* d'Ondedei.... (III, 348.)

Le président Viole étoit ami *intimissime* de Chavigni. (II, 57.)

INTRIGUE :

Il me paroît homme sincère et sans *intrigue*. (VII, 214.)

S'INTRIGUER DANS :

Croissi étoit un conseiller du parlement de Paris, qui *s'étoit* beaucoup *intrigué* dans les affaires du temps. (V, 82.)

INTRINSÈQUE :

Ces deux manières de considérer une chose nous donnent lieu de reconnoître deux sortes de vérités, l'une qu'on peut appeler vérité *intrinsèque*, l'autre qu'on peut appeler vérité extrinsèque. (IX, 253.)

INTRINSÈQUE À :

Le mouvement à qui les pensées de l'âme sont liées est aussi *intrinsèque à* sa pensée même.... (IX, 250.)

INTRINSÈQUEMENT :

L'âme voit... que les mouvements qui sont dans sa pensée y sont *intrinsèquement*. (IX, 247.)

Dom Robert veut que M. Descartes donne à nos pensées, *intrinsèquement* et par essence, tous les modes corporels. (IX, 301.)

Voyez encore IX, 327.

INTRODUIRE :

Si mes ennemis *introduisent* contre moi une excommunication politique.... (VI, 236.)

INTRODUIRE À :

J'eus une seconde conférence

avec la Reine et avec lui, au même lieu et à la même heure, à laquelle je *fus introduit* par M. de Lionne. (III, 12.)

INVALIDE :

Si l'on trouve à propos d'inquiéter le Pape du côté d'Avignon, dont l'aliénation est *invalide* et insoutenable.... (VII, 8.)

INVALIDER :

.... Une investiture qui, étant postérieure à la renonciation prétendue de la Reine, contribue encore à l'*invalider*. (VII, 263.)

INVIOLABLE :

.... Parole... *inviolable*. (III, 411.)
.... La fidélité *inviolable* que je conserverai éternellement pour son service. (VI, 146.)

INVIOLABLEMENT :

Telles et telles déclarations, accordées ci-devant, seroient *inviolablement* observées. (II, 472.)
Je demeurerai *inviolablement* dans cette conduite jusqu'au dernier soupir de ma vie. (VI, 87.)
Si les bienfaits de la cour y devoient *inviolablement* attacher les hommes, Monsieur le Prince n'en devroit jamais être séparé. (V, 374.)

Voyez VII, 30 et 165; IX, 131.

INVITER DE :

Le Nain, conseiller de la Grande Chambre, fut d'avis d'*inviter* M. le duc d'Orléans *de* venir prendre sa place. (III, 205.)
Nous avons fait aujourd'hui la fête de Saint Louis, à laquelle tout le Sacré Collège s'est trouvé, excepté.... M. le cardinal Azzolin, qui *n'en a pas été invité*. (VII, 52.)

Voyez III, 129 et 479.

INVOLUTION :

Les faits... se trouvent dans une si grande *involution* de circonstances obscures,... que je me ressouviens que l'on s'y perdoit.... (III, 336.)

Voyez la note 3 de la page indiquée.

IRE, colère :

Votre Royaume... ressent encore ces fléaux de l'*ire* de Dieu. (IX, 69.)

IRRÉCONCILIABLE À :

.... Au desir qu'il avoit de rendre... Monsieur le Prince encore plus *irréconciliable à* la cour.... (IV, 13.)

Irréconciliable avec. (IV, 220.)

IRRÉCONCILIABLEMENT :

.... De persécuter *irréconciliablement* son propre Archevêque. (VI, 411.)
Les ressentiments... éclateront sans doute après sa mort, et à mon avis *irréconciliablement*. (VII, 220.)

IRRÉCONCILIATION :

Cette protestation est une *irréconciliation* jurée avec la cour. (V, 354.)

IRRÉGULIER :

Nous crûmes... que nous le pourrions précipiter dans nos pensées. L'expression est bien *irrégulière*, mais je n'en trouve point qui marque plus naturellement le caractère d'un esprit comme le sien. (I, 144.)

IRRÉMÉDIABLE :

Je pris ce temps pour mettre l'abomination dans le ridicule, ce qui fait le plus dangereux et le plus *irrémédiable* de tous les composés. (II, 128.)

IRRÉMISSIBLEMENT :

Ma déclaration pour la Reine m'eût perdu *irrémédiablement* dans le Parlement. (IV, 20.)

ISABELLE, adjectif, désignant une couleur :

Je prendrai l'écharpe *isabelle*. (IV, 26.)

Il y avoit dans sa chambre plus de cinquante écharpes rouges, sans les *isabelles*. (IV, 162.)

IVROGNER, s'enivrer :

Si ils étoient aussi bons Frondeurs que le cardinal de Rais, ils seroient à leur poste, et ils ne s'amuseroient pas à *ivrogner* dans les cabarets de Paris. (IV, 163.)

J

JACOBIN, nom donné aux religieux de l'ordre de Saint Dominique :

J'attendis Gabouri devant les *Jacobins*. (III, 344.)

Le Pape, à qui je ne croyois dire qu'un mot pour une affaire particulière d'un *Jacobin*, me donna une audience de près d'une heure. (VII, 45.)

Voici encore une lettre pour M. le cardinal de Bonsi; sachez, je vous prie, si le *Jacobin* lui aura rendu l'autre. (VIII, 504.)

Voyez II, 45 ; VII, 374.

JAMAIS, sans négation :

Permettez... à mon scrupule de vous supplier encore... de vous ressouvenir, en ce lieu, du commandement que vous me fîtes... de ne vous celer dans ce récit quoi que ce soit de tout ce qui m'est *jamais* arrivé. (I, 197.)

Je m'abandonnai à toutes mes pensées. Je rappelai tout ce que mon imagination m'avoit *jamais* fourni de plus éclatant. (II, 37.)

JAMAIS, avec une négation :

La Reine me demanda ensuite ma parole de ne me point ouvrir avec M. de Beaufort du dessein d'arrêter Monsieur le Prince, jusqu'au jour de l'exécution, parce que Mme de Montbazon, à qui il le découvriroit assurément, ne manqueroit *jamais* de le dire à Vineuil. (III, 11.)

À JAMAIS :

.... L'exclusion *à jamais* de Monsieur le cardinal Mazarin. (III, 410.)

JAQUETTE :

Il avoit toujours une *jaquette* fort courte et un fort petit chapeau. (III, 234.)

JARGON :

Sa morgue et son *jargon* eussent suppléé, dans un temps calme, à son peu d'esprit. (II, 187.)

JAUNIR, au figuré (le jaune étant couleur d'infamie) :

Quelque perfidie que la Rivière eût faite au Cardinal, celui-ci n'étoit pas en reste. Le propre jour qu'il l'eut fait nommer par le Roi, il écrivit au cardinal Sachetti une lettre, bien plus capable de *jaunir* son chapeau que de le rougir. (III, 16.)

Voyez la note 1 de la page indiquée.

JE NE SAIS QUOI, locution prise substantivement :

Il y a toujours eu du *je ne sais quoi* en tout M. de La Rochefoucauld. (II, 180.)

JÉSUITE :

M. des Noyers, secrétaire d'État,... étoit dévot de profession, et même *jésuite* secret, à ce que l'on a cru. (I, 206.)

Voyez IV, 132 ; VII, 313 et 399, etc.

JETER :

Jeudi passé,... il se ressentit en effet de sa gravelle, et... il *jeta* beaucoup de sable, avec une fort petite pierre. (VII, 295.)

Il (*André Doria*)... *jeta* des vivres dans Naples. (V, 599.)

Il pressa fort Charles V de *jeter* une grosse garnison dans Gênes. (V, 606.)

Le 24, MM. de Beaufort et de

la Mothe sortirent pour une entreprise qu'ils avoient formée sur Corbeil. Elle fut prévenue par Monsieur le Prince, qui y *jeta* des troupes. (II, 211.)

Il *jeta* cinquante chevaux dans un bois. (IV, 175.)

Cette nomination des syndics fut inspirée à ces bourgeois par cinq ou six personnes... que j'*avois jetées* dans l'assemblée pour la diriger, aussitôt que je la vis formée. (II, 551.)

Toucheprès, capitaine des gardes de M. d'Elbeuf, avoit *jeté* quelque argent parmi les garçons de boutique de la rue Saint-Antoine, pour aller crier, le lendemain, contre la paix dans la salle du Palais. (II, 305.)

L'abbé Foucquet cabaloit contre moi dans le menu peuple,... il y *jetoit* de l'argent et tous les bruits qui m'y pouvoient rendre suspect. (III, 34.)

Quelle apparence qu'il n'ait pas été payé dans une occasion de cette nature, et où je me ressouviens fort bien que je *jetois* l'argent! (VIII, 290.)

Le témoignage de notre conscience... nous a fait *jeter* les yeux vers le ciel. (VI, 117.)

.... Un air de parti contraire, qui ne manque jamais de s'épaissir quand il est agité par les vents qu'y *jette* l'autorité royale. (IV, 211.)

Monsieur... ne manqueroit pas de *jeter* et d'arrêter toute sa réflexion... sur le peu d'éclaircissement que je lui rapportois du véritable dessein de la Reine. (III, 390.)

Jamais homme n'a été plus éloigné... d'employer ces sortes de moyens; il n'y en a jamais eu un seul sur qui il fût plus aisé d'en *jeter* l'envie et les apparences. (IV, 207.)

Ce bel exploit... s'exécuta l'onzième décembre, et la fortune ne manqua pas d'y *jeter* le plus cruel de tous les incidents que l'on se fût pu imaginer. (II, 556.)

Le bruit de ce grand coup de tête a été si universel, qu'il faut, à mon avis, qu'il *ait été jeté* pour plus d'une fin. (III, 257.)

Les cardinaux du Saint-Office *jettent* tous, différemment les uns des autres, des paroles ambiguës sur ce particulier. (VII, 190.)

Mon bon droit... étoit, dans la vérité, fort clair, et justifié pleinement par un petit écrit que j'*avois jeté* dans le monde. (I, 262.)

Je me repentis d'*avoir jeté* dans le monde... et les plus odieux des articles et la circonstance de la signature du cardinal Mazarin. (II, 395.)

Les conditions de cet accommodement de Monsieur le Prince avec le Cardinal n'ont jamais été publiques, parce qu'il ne s'en est su que ce qu'il plut au Cardinal, en ce temps-là, d'en *jeter* dans le monde. (II, 538.)

J'ai commencé à *jeter* dans le monde ce que le Roi m'a fait l'honneur de me faire savoir. (VII, 192.)

Il falloit pourtant... quelqu'un... qui *jetât* dans une compagnie où les premières impressions ont un merveilleux pouvoir les premières idées de la paix particulière et générale que cet envoyé venoit annoncer. (II, 248.)

L'union des généraux avec Espagne n'est pas assez publique pour *jeter* dans les esprits toute l'impression... nécessaire. (II, 269.)

Nous résolûmes... de *jeter* des apparences d'intention non droite et non sincère pour la liberté de Monsieur le Prince. (III, 172.)

Rien ne *jette* plus de défiance dans les réconciliations nouvelles, que l'aversion que l'on témoigne à être obligé à ceux avec lesquels on se réconcilie. (III, 8.)

.... De faire croire qu'il y avoit de l'art à ce qui n'*avoit été*, dans la vérité, *jeté* qu'à l'aventure. (IV, 91.)

Monsieur le Cardinal... manda à la Reine de lui donner toutes les lueurs possibles de cette alliance, mais de se garder sur toutes choses de les faire *jeter* par moi. (III, 352.)

Je revins à Paris, ayant fait tous les effets que j'avois souhaité. J'avois effacé le soupçon que les Frondeurs fussent contraires au retour du Roi ; *j'avois jeté* sur le Cardinal toute la haine du délai. (II, 526.)

Il (*le Pape*) *jetoit* la délibération du Collége sur la procuration. (VII, 250.)

Il pensoit tout et il ne vouloit rien ; et quand par hasard il vouloit quelque chose, il falloit le pousser en même temps, ou plutôt le *jeter*, pour le lui faire exécuter. (I, 144.)

JETER FEU ET FLAMME, au figuré :

Elle y fut confirmée (*dans son inclination*) par une dépêche de Brusle, laquelle *jetoit feu et flamme*. (III, 473.)

SE JETER :

Elle (*la Reine*) ne voulut rien écouter, et elle *se jeta* de colère dans la petite galerie. (II, 50.)

Cinq présidents au mortier et plus de vingt conseillers *se jetèrent* dans la foule pour s'échapper. (II, 51.)

Monsieur le Comte... partit de Paris, la nuit, pour *s'aller jeter* dans Sedan, dans la crainte qu'il eut d'être arrêté. (I, 116.)

M. de Retz... partit la nuit en poste de Paris, et il *se jeta* dans Belle-Isle. (I, 143.)

Le prince de Harcourt... *se jeta* dans Montreuil, dont il étoit gouverneur, et prit le parti du Parlement. (II, 203.)

M. de Guise, qui *s'étoit jeté* avec Monsieur le Comte, et qui avoit fort souhaité la rupture, alla à Liége donner ordre à des levées. (I, 170.)

« Qui *s'étoit joint*, » dans plusieurs éditions.

Il *se jeta* dès lors dans les intérêts de la cour. (V, 190.)

JEU :

Montrésor, qui avoit la mine de Caton, mais qui n'en avoit pas le *jeu*.... (I, 222.)

Voyez la note 4 de la page indiquée.

Le Premier Président parla à la Reine.... Il lui représenta... le *jeu* que l'on avoit fait... de la parole royale. (II, 48.)

AVOIR BEAU JEU :

Monsieur... *avoit beau jeu* pour faire coup double. (III, 407.)

JOUER LE DROIT DU JEU. Voyez DROIT.

JOIE :

Si M. de Beaufort eût eu le sens commun,... la mémoire du cardinal de Richelieu auroit été sûrement condamnée par le Parlement avec une *joie* publique. (I, 229.)

AVOIR JOIE, TÉMOIGNER JOIE :

Je fus dupe. Je le crus ; j'en *eus joie*. (II, 11.)

....Que si ils (*nos préalables*) ne réussissoient pas, *nous aurions joie*... de n'avoir pas causé une confusion où... l'avantage de la maison de Bouillon étoit fort problématique. (II, 305.)

Je lui *témoignai joie* de ce que Monsieur de Paris m'avoit tiré d'embarras. (I, 255.)

Voyez la note 2 de la page indiquée.

JOINDRE à, rapprocher de, au figuré :

Elle (*Mme de Longueville*) me parut enragée contre la cour. Je savois par le bruit public qu'elle l'étoit au dernier point contre Monsieur le Prince. Je *joignis* ce que l'on en disoit dans le monde à ce que j'en tirois de certains mots qu'elle laissoit échapper. (II, 118.)

Je *joignois* cela à quelques circonstances particulières, et je trouvois que la chose venoit apparemment de M. le prince de Conti. (II, 496.)

SE JOINDRE :

Toute ma famille s'épouvanta. Mon père et ma tante de Magnelai, qui *se joignoient* ensemble,... souhaitoient avec passion de m'éloigner. (I, 121.)

JOINT QUE :

Je suis bien aise d'en garder l'original (*de cette lettre*), et je n'ai pas le temps de la faire transcrire aujourd'hui, *joint que* vous en jugerez assez par la copie de la réponse que je lui fais et que je vous envoie. (VIII, 294.)

JOINTURE, souplesse :

Monsieur le Premier Président... étoit tout d'une pièce.... Le président de Mesme... avoit plus de vue et plus de *jointure*. (II, 166.)

Voyez la note 1 de la page indiquée.

JOLI :

Vous êtes un *joli* garçon ; je vous estime. (I, 89.)

Montreuil... étoit un des plus *jolis* garçons que j'aie jamais connu. (III, 131.)

JONCTION, union, alliance :

La Ligue fit une guerre où le chef du parti commença sa déclaration par une *jonction* ouverte et publique avec Espagne. (II, 109.)

On lui a fait appréhender (*à Votre Majesté*) la *jonction* du Protecteur avec les forces d'Espagne. (V, 302.)

Le Roi avoit offert sa *jonction* à la reine d'Espagne pour témoigner au Pape que ni l'une ni l'autre cour n'étoient satisfaites de son procédé. (VII, 232.)

Il exagéra... l'injure que l'on faisoit au Parlement de le croire capable d'une *jonction* qui produiroit infailliblement la guerre civile. (IV, 92.)

Leur union ne serviroit qu'à perdre le royaume par la *jonction* de tous les gens de bien contre eux avec les Parlements et les peuples. (VIII, 32.)

L'une et l'autre (*la Cour des Aides et la Chambre des Comptes*) s'assurèrent du grand conseil, et les trois ensemble demandèrent la *jonction* au Parlement. (I, 309.)

Le parlement de Rennes avoit reçu... la lettre et l'arrêt de celui de Paris, et... il n'attendoit que M. de la Trémouille pour donner celui de *jonction* contre l'ennemi commun. (II, 370.)

Voyez IV, 80 ; VIII, 260.

JOUE (COUCHER EN) :

M. de Bouillon... courut en cette journée plus de périls que personne, *ayant été couché en joue* par un misérable de la lie du peuple. (II, 404.)

JOUER, neutre et actif :

Il faut avouer que M. le cardinal Mazarin *joua* et couvrit très-bien son jeu en cette occasion. (II, 382.)

.... Cette proposition étoit un jeu *joué*. (III, 105.)

Sa joie (*la joie de Mazarin*) avoit éclaté jusques au ridicule quand on lui eut mandé de Paris que les Frondeurs étoient au désespoir de cette translation, car nous la *jouâmes* très-bien, nous l'ornâmes de toutes les couleurs. (III, 158.)

Nous concertâmes le détail, et nous le *jouâmes* juste comme nous l'avions concerté. (III, 512.)

Mme du Châtelet... me traita d'écolier, et elle me *joua* même assez publiquement sous ce titre, en présence de M. le comte d'Harcourt. (I, 88.)

Si Monsieur le Prince avoit su *jouer* la balle qu'il lui avoit servie le matin, il avoit quinze sur la partie contre moi. (III, 470.)

Voyez, sur ces expressions empruntées au jeu de paume, la note 3 de la page indiquée.

SE JOUER :

Monsieur, qui étoit l'homme du

monde qui aimoit le mieux à *se jouer*, prit un plaisir sensible à la description des états de la Ligue. (III, 375.)

SE JOUER DE :

.... Le caprice d'un peintre qui *se joueroit de* ses imaginations. (V, 305.)

SE JOUER À :

Il ne *se* faut pas *jouer à* tout le monde par ces sortes de diversions. (III, 435.)
Ne témoignez pas... que vous sachiez ce que Cherrière m'a écrit sur votre sujet. Je suis persuadé que ces gens ne reviendront pas de longtemps *s'y jouer*. (VIII, 294.)

SE JOUER AVEC :

Il ne *se* faut point *jouer avec* ceux qui ont en main l'autorité royale. (II, 505 et 506.)
L'on ne *se* doit jamais *jouer avec* la faveur. (III, 322.)

JOUR, exprimé où nous le sous-entendons d'ordinaire aujourd'hui :

.... Le premier *jour* d'octobre 1639. (III, 130.)
Le mercredi premier *jour* de février.... (III, 228.)
Cette scène se passa au palais d'Orléans, le second *jour* de février. (III, 231.)
Le mercredi second *jour* d'août.... (III, 464.)

JOUR, emplois figurés :

Dès que j'eus ouvert à Mme de Longueville le moindre *jour* du poste qu'elle pourroit tenir.... (II, 121.)
Sachant... que les Espagnols avoient une très-grande confiance en lui, je ne doutois point qu'il ne donnât à leurs envoyés toutes les lueurs et les *jours* qu'il lui plairoit. (II, 349.)
Je suis persuadé que ainsi il se pourra trouver quelque *jour* à mes affaires et que au moins mes créanciers connoîtront que je n'oublie rien pour les satisfaire. (VIII, 343.)

AU PREMIER JOUR :

Sennetaire... dit au Premier Président et au président de Mesme qu'ils avoient été pris pour dupes, et qu'ils s'en apercevroient *au premier jour*. (II, 318.)
On dit qu'il (*le Pape*) va à Castel *au premier jour*. (VII, 64.)

Voyez I, 255; II, 240.

DE JOUR EN JOUR, DE JOUR À JOUR, DE JOUR À AUTRE :

M. de Bouillon croyoit *de jour en jour* que l'on lui rendroit Sedan (*sa principauté de Sedan*). (I, 236.)
Il fallut se réduire au parti de brousser à l'aveugle, *de jour à jour*. (IV, 51.)
Il remettoit *de jour à autre*. (II, 462.)

EN HUIT JOURS (dans huit jours) :

Je serai de retour de jeudi *en huit jours*. (VIII, 459.)

ALLER AU JOUR LA JOURNÉE :

Nous ne saurions plus prendre de bon parti, il faut *aller au jour la journée*. (IV, 44.)

ÊTRE JOUR ET NUIT, métaphoriquement :

Voyez ce que c'est de n'*être pas jour et nuit* en ce pays-ci. Le Coadjuteur est homme du monde; il a de l'esprit : il prend pour bon ce que la Reine lui vient de dire. (II, 19.)

DONNER DU JOUR À :

Comme ses frayeurs ne se guérissoient, pour l'ordinaire, que par la négociation,... il *donna* plus *de jour à* celle que Monsieur le Prince avoit entamée pour M. de Bouillon. (II, 466.)

Mettre dans son jour, Mettre dans tel ou tel jour :

J'avois effacé le soupçon que les Frondeurs fussent contraires au retour du Roi; j'avois jeté sur le Cardinal toute la haine du délai; je m'étois assuré l'honneur principal du retour; j'avois bravé le Mazarin dans son trône. Il y eut, dès le lendemain, un libelle qui *mit* tous ces avantages *dans leur jour*. (II, 526.)

J'appuyai le témoignage que je rendois à la vérité de toutes les vraisemblances qui la pouvoient *mettre dans son jour*. (VII, 62.)

Dans quelque *jour* que nous puissions *mettre* les uns et les autres (*les intérêts et les passions de Cromwell*), nous les voyons dans une très-parfaite intelligence contre votre grandeur. (V, 308.)

Trouver jour, Trouver jour à, Voir jour à :

Mme de Chevreuse se chargea de le sonder. Il avoit naturellement inclination pour elle. Elle *trouva jour*, elle s'en servit fort habilement. (III, 16.)

Messieurs cardinal Mazarin, des Noyers et de Chavigny en prirent sujet de me traverser... : de sorte que M. le maréchal de Schomberg, qui avoit épousé en premières noces ma cousine germaine, ayant voulu sonder le gué, n'*y trouva* aucun *jour*. (I, 206.)

Ce qui cause l'assoupissement dans les États qui souffrent est la durée du mal.... Aussitôt qu'ils *trouvent jour à* en sortir,... bien loin de considérer les révolutions comme impossibles, ils les croient faciles. (I, 292.)

J'*y avois trouvé jour* (*à l'exécution de cette chose*). (III, 337.)

Il y manqua (*à exécuter cet ordre*)... par le peu de *jour* qu'il *trouvoit* en son peu d'expérience et dans son irrésolution naturelle à exécuter ce qui lui étoit commandé. (V, 234.)

Je n'eusse pas au moins fait voir que j'eusse eu pente à en recevoir l'ouverture, que je n'y eusse *vu* moi-même plus de *jour*. (II, 93.)

Il *voyoit jour à* ce changement. (III, 54.)

Il perdoit... ces velléités, dès qu'il *voyoit* le moindre *jour à* se pouvoir tirer... de l'embarras.... (III, 166.)

JOURNÉE :

Faire tant (ou si bien) par ses journées que, faire si bien que (*journées* dans le sens de *travail, soins*) :

Elle (*la cour*) *fit tant par ses journées* qu'elle fit écrire le parlement de Paris à tous les parlements du Royaume. (III, 284.)

Voyez la note 1 de la page indiquée.

Je lui représentai plusieurs fois qu'il *feroit tant par ses journées* qu'il obligeroit Monsieur le Prince de venir à Paris. (IV, 158.)

C'est tout vous dire, qu'ils *firent si bien par leurs journées*, que la Reine... s'impatienta et emmena le Roi à Ruel. (II, 67.)

Elle *fit si bien par ses journées*, que la Reine eut vent que je l'avois traitée de Suissesse. (IV, 188.)

JUGEMENT (Entrer en) avec :

Je ne suis que trop criminel, puisque Votre Majesté m'a cru coupable. Je n'*entre* point *en jugement avec* Elle. (VI, 440.)

JUGER :

Son premier soin (*le premier soin de la cour*) eût été d'en exclure Monsieur.... Il le *jugeoit* très-bien, et il me l'avoit dit cent fois lui-même. (III, 187.)

JUNCTION, jonction. (I, 309.) Voyez Jonction.

JUPE :

La passion lui donnoit de l'esprit et même du sérieux et de

l'agréable, uniquement pour celui qu'elle aimoit; mais elle le traitoit bientôt comme ses *jupes :* elle les mettoit dans son lit quand elles lui plaisoient; elle les brûloit, par une pure aversion, deux jours après. (II, 186.)

Martineau ne s'étant pas trouvé à son logis, sa femme... se jeta en *jupe* dans la rue, fit battre le tambour.... (III, 261.)

JURAT, titre d'office municipal dans certaines villes du midi :

La populace ayant entrepris de le faire opiner de force pour l'union avec les Princes, il (*le parlement de Bordeaux*) arma les *jurats*, qui la firent retirer du palais à coups de mousquet. (III, 60.)

Voyez encore IV, 157.

JURER :

Je *jure* au Roi le très-saint et sacré nom de Dieu, et promets à Sa Majesté que je procurerai son service et le bien de son État de tout mon pouvoir. (VI, 179.)

Les cinq cardinaux nouveaux... *avoient juré* la bulle de l'incamération de Castro. (VII, 176.)

Le Pape auroit peut-être prétendu qu'il pouvoit faire encore *jurer* cette bulle. (*Ibid.*)

JURISDICTION, juridiction, (orthographe non constante). (III, 129 *et* 218; V, 114 *et* 120.)

JUSPATRONAT, *jus patronatus :*

L'éloignement de la promotion pour les couronnes n'est causé que par le dessein de réduire toutes les forces du Conclave à la seule faction des Chigi, et de faire, en faveur d'une seule famille, une espèce de *juspatronat* du vicariat de Jésus-Christ. (VII, 336.)

Voyez la note 47 à la page indiquée.

JUSQU'À, par exception (ordinairement *jusques à*). (I, 101; II, 62 *et* 515.)

JUSQUES À. (I, 135, 160, 167, 174, 183, 218, 219, 249, 289, 292, 293, 307 *et* 326; II, 8, 12, 15, 21, 23, 24, 26, 29, 40, 56, 68, 88, 95, 119, 130, 131, 146, 149, 151, 166, 168, 177, 182, 186, 195, 201, 226, 246, 261, 271, 274 et 276; III, 67, etc. etc.)

JUSQU'ICI. (I, 308; II, 173 *et* 341.)

JUSQUE-LÀ. (II, 343.)

JUSQUES LÀ. (VI, 306.)

JUSTE, adjectif, sens divers :

Il y a même raison pour cela; mais il ne seroit pas *juste* d'interrompre, pour la déduire, le fil de l'histoire. (II, 73.)

.... Un corps fort considérable de troupes, qui, joint à celles qu'il avoit ramassées,... formoit une *juste* et belle armée. (III, 196.)

Il étoit de la bonne conduite de laisser quelqu'un dans le parti, qui... pût parer... aux inconvénients qu'une liaison avec les ennemis de l'État emportoit nécessairement avec soi, dans un parti où la considération du Parlement faisoit qu'il falloit garder des mesures sans comparaison plus *justes* sur ce point que sur tout autre. (II, 243.)

Le compte que je vas vous rendre... est plus de mon fait, et j'espère que je serai assez *juste.* (IV, 198.)

JUSTE À :

Il n'y a point de qualité qui dépare tant celles d'un grand homme, que de n'être pas *juste* à prendre le moment décisif de sa réputation. (II, 350.)

JUSTE, adverbe :

Le courrier dépêché à la cour,

pour savoir les intentions de la Reine, arriva *juste*, et il sembloit que le ciel étoit sur le point de bénir ce grand ouvrage.... (III, 104.)

JUSTEMENT, exactement, précisément :

Justement au pied (*de la descente*) le carrosse arrêta tout court. (I, 188.)

Le ministère étoit en exécration, mais... je ne voyois pourtant pas encore que l'exécration fût au période qu'il est nécessaire de prendre bien *justement* pour les grandes révolutions. (I, 155.)

Le mal... n'est jamais à son période que quand ceux qui commandent ont perdu la honte, parce que c'est *justement* le moment dans lequel ceux qui obéissent perdent le respect. (I, 291.)

Je suivis fort *justement* cette règle en ce rencontre. (II, 254.)

Voyez I, 129 et 280; III, 184; VII, 66.

JUSTESSE :

Toutes les pièces eurent, avec *justesse*, le mouvement auquel on les avoit destinées. (III, 172.)

La postérité aura peine à croire la *justesse* avec laquelle toutes ces mesures se gardèrent. (III, 183.)

Il faut une grande *justesse* pour accorder l'heure des attaques et bien du bonheur pour qu'elles réussissent également. (V, 573.)

JUSTICE :

FAIRE JUSTICE À :

Je ne puis m'empêcher... de rendre honneur à la vérité, et de *faire justice à* mon imprudence, qui faillit à me faire perdre le chapeau. (IV, 136.)

FAIRE LA JUSTICE DE :

.... Que le Saint Siége oublie de *faire la justice de* tant de véritables outrages qu'ils ont faits à l'Église. (VI, 372.)

LIT DE JUSTICE, voyez LIT.

JUSTIFIER :

Tous les exilés furent rappelés, tous les prisonniers furent mis en liberté, tous les criminels furent *justifiés*. (I, 230.)

Mon bon droit... *étoit*, dans la vérité, fort clair, et *justifié* pleinement par un petit écrit que j'avois jeté dans le monde. (I, 262.)

Il n'y a rien qui *ait* plus *justifié* mon inocence que ma prison. (VI, 416.)

JUSTIFIER À, JUSTIFIER QUE :

Je lui fis écrire sous moi un mémoire qui *lui justifioit* clairement *que* je ne manquois en rien... à tout ce que je lui avois promis. (IV, 87.)

J'*avois*... avancé et *justifié que* le crédit que M. de Beaufort et moi avions dans le peuple étoit... propre à faire un mal qu'il n'étoit pas de notre intérêt de faire. (II, 327.)

Le détachement que j'ai témoigné dans tous les temps de toute sorte de contentions et de partialités, *justifie* plus que suffisamment, *qu*'il n'y a que le seul intérêt de la justice qui me donne ces sentiments. (VI, 395.)

L

LA, voyez LE.

LÀ :

Ce combat fit assez de bruit : mais il ne produisit pas l'effet que j'attendois. Le procureur général commença des poursuites; mais il les discontinua à la prière de nos proches; et ainsi je demeurai *là* avec ma soutane et un duel. (I, 87.)

Il n'y eut point de procédures, et je demeurai encore *là* avec ma soutane et deux duels. (I, 89.)

Cet homme venoit de rencon-

trer... deux espèces d'officiers....
Il ouït que ces *gens-là*... discouroient de la manière dont il faudroit entrer chez Miron pour le surprendre. (II, 40.)

Dès là :

Les questions que leurs explications (*les explications des lois*) firent naître, d'obscures qu'elles étoient et vénérables par leur obscurité, devinrent problématiques; et *dès là*, à l'égard de la moitié du monde, odieuses. (I, 294.)

LABORIEUX :

Je me suis résolu de souffrir... les incommodités et les fatigues d'un exil *laborieux*. (VI, 327.)

LACHER :

Monsieur... me vouloit toujours tenir en lesse pour me *lâcher* en cas de besoin. (IV, 221.)

Lâcher la main à :

Il avoit, le premier, *lâché la main à* cette conduite. (II, 462.)

Se lâcher :

Elle (*la Reine*) *se lâcha* jusques à me dire.... (III, 453.)

LAISSER :

Mes attachements me retinrent à Paris, mais si serré et si modéré, que j'étudiois tout le jour, et que le peu que je paroissois *laissoit* toutes les apparences d'un bon ecclésiastique. (I, 150.)

L'Evêque, disent-ils, ne doit pas redemander au Roi d'Angleterre, avec tant d'instance, les biens qui lui appartiennent, que pour cela il *laisse* la paix et renonce à la réconciliation pour de l'argent qu'il a perdu. (VI, 206.)

Se laisser aller à, suivi d'un nom de personne :

Comme il étoit foible,... il *se laissoit aller* quelquefois à M. le maréchal de Gramont. (III, 187.)

Se laisser entendre :

Du moment que l'on sut que Messieurs les généraux avoient pris la résolution de *se laisser entendre* sur leur intérêt, il n'y eut pas un officier dans l'armée qui ne crût être en droit de s'adresser au Premier Président pour ses prétentions. (II, 455.)

LANDGRAVE, au féminin :

M. de Turenne... s'étoit retiré... chez Madame la *Landgrave* de Hesse, sa parente et son amie. (II, 418.)

LANSQUENET :

Morette... refuse d'attendre six jours que Montejan lui avoit demandés pour le secourir avec les *lansquenets* et les Suisses que le comte de Saint-Paul y envoyoit. (V, 602.)

LANTERNE, sorte de petit cabinet d'où l'on peut écouter sans être vu :

Nous avions des gens dans les *lanternes*, qui ne manquoient pas de jeter des bruits de ce qui se passoit dans la salle (*du Parlement*). (II, 588.)

Voyez la note 6 de la page indiquée.

La salle du Palais, instruite par ceux qui étoient dans les *lanternes*, rentra dans sa première humeur. (III, 214.)

La curiosité de la matière y attira (*au Palais*) beaucoup de dames, qui voyoient la séance des *lanternes* et qui en entendoient aussi les opinions. (III, 444.)

Mme et Mlle de Chevreuse... ne sortirent des *lanternes* qu'après que Monsieur et tout le monde fut retiré. (III, 444.)

Les dames se trouvèrent dans les *lanternes*, le lendemain 14, qui fut le jour de l'arrêt. (III, 446.)

LANTERNER :

... Le Cardinal *lanterna*... les

cinq ou six derniers jours qui précédèrent cette exécution. (III, 17.)

LAVER LA TÊTE À, au figuré :
Il ne m'en a rien dit, et il a bien fait, car, assurément, je *lui aurois lavé la tête*. (VIII, 288.)

SE LAVER, au figuré :
Il se brouilla... avec le cardinal Mazarin pour *se laver*, en quelque manière, des mauvaises suites qu'avoient produites ses mauvais conseils. (V, 200.)

LE, LA, LES, article :
1° Dans le sens de l'adjectif démonstratif :

Comme je savois qu'elle avoit une sœur, qui possédoit plus de quatre-vingt mille livres de rente, je songeai au même moment à *la* double alliance. (I, 92.)

Je lui avois communiqué, avant mon départ, la pensée que j'avois d'enlever Mlle de Retz, et il l'avoit fort approuvée, non-seulement parce qu'il la trouvoit fort avantageuse pour moi, mais encore parce qu'il étoit persuadé que *la* double alliance étoit nécessaire pour assurer l'établissement de la maison. (I, 99.)

J'embrassai le crime qui me parut consacré par de grands exemples, justifié et honoré par *le* grand péril. (I, 147.)

« Par de grands périls, » dans les manuscrits H et Ch et dans toutes les éditions anciennes.

Je devois la coadjutorerie de Paris à la Reine et... *la* grâce étoit assez considérable pour m'empêcher de prendre aucune liaison qui pût ne lui être pas agréable. (I, 223.)

Voyez encore cinq lignes plus bas, à la page indiquée.

....Un homme... qui ne manqueroit pas de donner toutes les couleurs qui pourroient jeter dans l'esprit des peuples la défiance, assez aisée à prendre dans *les* circonstances d'un frère et d'un beau-frère de Monsieur le Prince. (II, 148.)

Cet écrit... n'étoit pas signé, ce qui, dans *les* circonstances, n'étoit d'aucune conséquence. (III, 394.)

Une confusion, telle qu'elle eût été dans *la* conjoncture, fût retombée... sur ses auteurs. (II, 302.)

2° Dans le sens de l'adjectif possessif :

Ces galanteries ne l'empêchèrent pas (*mon père*) de faire tous ses efforts pour [m']attacher à l'Eglise... : *la* prédilection pour son aîné et la vue de l'archevêché de Paris, qui étoit dans sa maison, produisirent cet effet. (I, 90.)

Il (*Mazarin*) parut encore plus modéré, plus civil et plus ouvert le lendemain de l'action (*de l'arrestation de Beaufort*). L'accès étoit tout à fait libre, *les* audiences étoient aisées. (I, 235.)

Le gros du peuple n'étoit pas guéri de *la* défiance. (II, 157.)

Un garçon rôtisseur, s'avançant avec deux cents hommes, et mettant *la* hallebarde dans le ventre du Premier Président, lui dit.... (II, 51.)

3° Dans le sens de l'article indéfini :

Ce qui est constant est que... *le* murmure s'éleva, et que si l'heure n'eût sonné, les choses se fussent encore plus aigries. (II, 99.)

Le murmure s'éleva sur ce commencement de contestation. (II, 164.)

4° Devant un nom propre :
Le Mazarin ne sait ce qu'il fait. (II, 84, et *passim.*)

5° Employé là où nous l'omettrions aujourd'hui :

.... Ayant quatre armées en

campagne, dont *les* trois étoient à nous et indépendantes de l'Espagne. (II, 391.)

Nous demeurions ainsi sans nous pouvoir faire *du* mal. (I, 89.)

Si le Parlement n'est pas assez sage pour craindre ce qui ne lui peut faire *du* mal.... (II, 331.)

Il la retira *du* Port-Royal. (I, 131.)

....Sa maison *du* Port-Royal. (I, 176.)

La Tournelle condamna à *la* mort deux imprimeurs. (II, 512.)

La résolution marche *du* pair avec le jugement. (I, 152.)

Le sien (*son esprit*) étoit médiocre, et susceptible, par conséquent, *des* injustes défiances. (I, 153.)

6° Devant un adjectif, avec omission d'un nom précédemment exprimé :

Vous allez voir des scènes au prix desquelles *les passées* n'ont été que des verdures et des pastourelles. (II, 94.)

Quelle apparence de prendre cet engagement (*celui de ne poser les armes qu'en traitant la paix générale*), dans une conjoncture où nous ne nous pouvions pas assurer que le Parlement ne fît *la particulière* d'un moment à l'autre ? (II, 329.)

Que ferons-nous ? Je vous le demande, et je vous le demande d'autant plus instamment que cette résolution est *la préalable* de celle qu'il faut prendre dans ce moment. (II, 332.)

7° Emplois divers :

Rozé,... qui étoit ce jour-là dans le jeu *du* ballon, dit.... (I, 126.)

Cinq présidents *au* mortier.... (II, 51.)

Voilà la moindre des impertinences qui me furent dites depuis *les* cinq heures du matin jusques à dix. (II, 130.)

L'on ne fut en bataille... qu'à sept heures du matin, quoique l'on eût commencé à défiler dès *les* onze heures du soir. (II, 215.)

L'évêque de Varmie, l'un des ambassadeurs qui venoient quérir la reine de Pologne, prit en gré de vouloir faire la cérémonie du mariage dans Notre-Dame.... Les évêques et archevêques de Paris n'ont jamais cédé ces sortes de fonctions.... J'allai descendre chez Monsieur le Cardinal. Je lui représentai *les* raisons et *les* exemples. (I, 252.)

Le Chancelier insista fort sur la nécessité de conserver les intendants dans les provinces et sur l'inconvénient qu'il y auroit à faire *le* procès... à ceux d'entre eux qui auroient malversé. (I, 322.)

La Reine commanda sur l'heure que l'on lui tranchât la tête. Le grand prévôt, qui ne douta point de *la* conséquence,... m'en avertit. (II, 200.)

LE, LA, LES, article, omis :

Voyez, à l'*Introduction grammaticale*, le chapitre de l'ARTICLE.

LE, LA, LES, pronom. Voyez IL.

LECTEUR, titre de l'un des ordres mineurs :

Il (*saint Cyprien*) ordonnoit des *lecteurs*, des sous-diacres et des prêtres, qu'il envoyoit à son clergé. (V, 126.)

LÉGATION :

Je commençai ma *légation* vers la Reine par ce préambule. (III, 376.)

Je leur rendis compte de ma *légation*. (III, 455.)

M. le cardinal Chigi est... obligé de passer sur le Mantouan en allant à sa *légation*. (VII, 238.)

LÉGER, LÉGÈRE :

Le Cardinal... confondoit journellement [les affaires] les plus importantes avec les plus *légères*. (II, 97.)

M. d'Emeri... n'oublioit rien de tout ce qui pouvoit altérer les rentiers, même sur des articles si *légers* et où le Roi trouvoit si peu de profit, que.... (III, 34.)

Ces remarques, trop *légères* par elles-mêmes, ne sont dignes de l'histoire que parce qu'elles marquent très-naturellement l'extravagance de ces sortes de temps. (II, 469.)

LÉGION :

Si les armes de l'Empire et d'Espagne triomphoient dans les provinces de votre royaume, si nos campagnes étoient couvertes de leurs *légions*.... (V, 303.)

LENDEMAIN :

LE LENDEMAIN QUE :

*Le lendemain qu'*elle (*cette déclaration*) fut publiée et enregistrée,... le Parlement prit ses vacances. (II, 89.)

Dès *le lendemain que* la déclaration fut publiée, cette déclaration, qui passoit, dans cette chaleur des esprits, pour une loi fondamentale de l'État, dès *le lendemain,* dis-je, *qu'*elle fut publiée, elle fut entamée, *etc.* (II, 97.)

LEQUEL, LAQUELLE, où nous mettrions plutôt *qui* ou *que* (DUQUEL, DE LAQUELLE, où nous mettrions *dont, de qui*) :

Je n'aurois pas seulement écouté une proposition de cette nature, *laquelle* m'eût jeté, si elle eût réussi, dans la nécessité... de.... (II, 92.)

C'est une science particulière, et *laquelle* bien ménagée fait... de bons effets dans un peuple. (II, 545.)

Pourrez-vous prendre de la confiance dans les bizarreries d'un peuple *lequel,* dès l'heure même qu'il vous aura mis la couronne sur la tête,... concevra peut-être de l'horreur pour vous? (V, 531.)

.... Une conduite qui attire toutes les bénédictions du Ciel sur une alliance, *laquelle* comprend ce qui est de plus auguste sur la terre. (VI, 423.)

Vous vous contentez de dire... qu'il est infecté d'une hérésie *laquelle* il a généreusement détruite. (V, 368.)

.... L'ordre de l'Église, *duquel* je lui venois rendre compte. (I, 263.)

L'on me chargea de la harangue qui se fait toujours à la fin de l'assemblée (*du clergé*), et *de laquelle* je ne vous dis point le détail, parce qu'elle est imprimée. (I, 265.)

Le soir il y eut une scène à l'Hôtel de Ville, *de laquelle* il est à propos de vous rendre compte. (II, 170.)

LESSE, laisse. (IV, 221.)

Voyez, sur l'orthographe du mot *lesse,* la note 7 de la page indiquée.

LESTE :

Cette modestie qui paroissoit dans ma personne étoit relevée par une très-grande dépense, par de belles livrées, par un équipage fort *leste*.... (I, 124.)

Metternich... s'avançoit avec une armée fort *leste* et presque toute composée de vieilles troupes. (I, 171.)

LETTRE, sens divers :

.... Une instruction de quatorze pages de petite *lettre*. (II, 324.)

Voyez la note 4 de la page indiquée.

Chez moi..., je trouvai un valet de chambre de Laigue... avec une dépêche de dix-sept pages en chiffre. Il n'y avoit que deux ou trois lignes en *lettre* ordinaire. (II, 425.)

Je ne répéterai point ici les raisons qui marquent... si clairement les règles de notre devoir en cette conjoncture. La *lettre* y est grosse pour M. de Beaufort et pour moi; il ne m'appartient pas d'y vouloir lire ce qui vous touche. (II, 332.)

Je travaillai... à une réponse... dont la *lettre* paroissoit être contre le Mazarin, et dont le sens étoit proprement contre ceux qui se servoient de son nom. (III, 329.)

M. de Noirmoutier... auroit aussi des *lettres* de duc. (III, 13.)

LETTRE DE CACHET :

Saintot, lieutenant des cérémonies, m'apporta... une *lettre de cachet*, qui m'ordonnoit de faire préparer l'église pour Monsieur l'évêque de Varmie (*pour marier la reine de Pologne*). (I, 250.)

Voyez I, 255; II, 53, 137, 139, 380, 488 et 570; III, 233 et 252.

LETTRES D'ÉTAT, lettres « que le Roy donne aux ambassadeurs, aux officiers de guerre, et à tous ceux qui sont absents pour le service de l'Estat. Elles portent surséances de toutes les poursuites qu'on pourroit faire en justice contre eux » (*Dictionnaire de Furetière*) :

Je vous prie de faire tout ce qui est nécessaire pour obtenir des *lettres d'état* pour M. le baron de Vanne contre tous ses créanciers et sur toutes ses affaires. (VIII, 558.)

Je vous recommande... d'obtenir les *lettres d'état* en la meilleure manière qu'il se pourra. (*Ibid.*)

Voyez encore VIII, 564 et 580.

À LA LETTRE, AU PIED DE LA LETTRE :

Monsieur le Prince,... *à la lettre*, l'avoit tiré de la potence. (II, 503.)

MM. de Retz, de Vitry et de Bassompierre se croyoient, *au pied de la lettre*, en faveur, parce qu'ils n'étoient plus ni prisonniers ni exilés. (I, 237.)

LEVAIN, au figuré :

Cette paix, que le Cardinal se vantoit d'avoir achetée, à fort bon marché, ne lui valut pas aussi tout ce qu'il en espéroit. Il me laissa un *levain* de mécontents qu'il m'eût pu ôter avec assez de facilité, et je me trouvai très-bien de son reste. (II, 481.)

Son activité... conserva toujours dans Paris un *levain* de parti. (III, 132.)

LEVANT, Orient :

La sienne (*sa galère*)... devoit la même nuit faire voile en *Levant*. (V, 563.)

Saint Louis... se résolut de passer au *Levant*, et d'ouvrir la guerre sainte contre les infidèles. (IX, 127.)

LEVER, enlever, supprimer, faire disparaître :

Comme les barricades *furent levées*, j'allai chez Mme de Guémené. (II, 60.)

Il leur dit qu'il alloit faire une action qui *lèveroit* la défiance qu'ils témoignoient avoir de lui. (III, 230.)

Pour lui *lever* tout le scrupule de la difficulté que je faisois de signer.... (II, 359.)

Il m'eût été bien aisé de lui *lever* ce scrupule. (VII, 144.)

.... Pour nous *lever* tout le scrupule que nous eussions pu avoir. (VII, 436.)

Il (*le Parlement*) n'avoit... qu'à prendre toutes les précautions qu'il croirait nécessaires pour *lever* les ombrages que l'on peut toujours prendre... de la conduite des étrangers. (II, 253.)

Comme je vis... que la préoccupation, dont le propre est de s'armer particulièrement contre les faits, tiroit même ombrages de ceux qui lui devoient être les plus clairs, je crus que l'unique moyen de les lui *lever* seroit d'éclairer le passé par l'avenir. (III, 433.)

Aujourd'hui... tous les charmes *sont levés*. (V, 386.)

Il a désabusé Sa Majesté et lui *a levé* de l'esprit ce qui lui pouvoit rester des fausses impressions que les créatures du Cardinal lui avoient inspirées. (V, 393.)

LEVER OU SE LEVER, en parlant d'une assemblée qui lève sa séance :

L'on nous vint dire que le Parlement *étoit levé*. (II, 155.)
Le Parlement *se leva* après avoir donné arrêt par lequel.... (II, 158.)

Voyez le suivant.

LEVER, substantif :

Si j'eusse relevé cette parole,... il n'eût pas été en mon pouvoir de sauver peut-être un seul homme du Parlement. M. de Bouillon, à qui je la dis au *lever* de l'assemblée, en fit honte... au Premier Président. (II, 481.)

Voyez les deux derniers exemples du mot précédent.

LIAISON :

Une *liaison* avec les ennemis de l'État.... (II, 243.)
Le mensonge... dissout toutes les *liaisons* de notre commerce et de nos polices. (IX, 173.)

PRENDRE LIAISON, PRENDRE LIAISON AVEC :

M. de Beaufort... forma une cabale de gens qui sont tous morts fous.... Ils obligèrent M. de Beaufort à me faire beaucoup d'avances.... Je devois la coadjutorerie de Paris à la Reine, et... la grâce étoit assez considérable pour m'empêcher de *prendre* aucune *liaison* qui pût ne lui être pas agréable. (I, 223.)
Je ne laissai pas de *prendre* une grande *liaison* d'affaire *avec* Mme de Longueville.... (II, 124.)
Il m'avoit fait assurer par Montrésor qu'il seroit bien aise de *prendre liaison avec* moi. (II, 192.)

LIBERTIN, adjectif :

Il (*Mazarin*) plut à Chavigni par ses contes *libertins* d'Italie. (I, 285.)

Voyez le suivant.

LIBERTINAGE, humeur libre et aventureuse, manque de soumission, en particulier en matière de foi :

Cette sujétion contraignoit mon *libertinage*. (III, 36.)
Les enregistrements des traités faits entre les couronnes et les vérifications des édits pour les levées d'argent sont des images presque effacées de ce sage milieu que nos pères avoient trouvé entre la licence des rois et le *libertinage* des peuples. (I, 272.)

Voyez la note 1 de la page indiquée.

.... Comme si l'on pouvoit rendre impossible par des paroles de *libertinage* ce que les oracles sacrés ont jugé nécessaire : *Sequimini sanctimoniam sine qua nemo Deum videbit.* (IX, 82.)

LICENCE :

Ils laissèrent... non-seulement la liberté, mais encore la *licence* des suffrages à tous les particuliers. (IV, 211.)

SE DONNER LA LICENCE DE :

La Reine trouvoit fort étrange que le Parlement... voulût... borner son autorité (*l'autorité du Roi*) jusques à *se donner la licence d'*exclure même ses députés.... (II, 320.)

LICENCIER (SE), prendre congé :

Le Pape... lui demanda s'il n'avoit rien à lui dire devant que de *se licencier*. (VII, 205.)

Voyez la note 15 à la page indiquée.

LIENS, captivité :

Sa généreuse constance... n'a pas moins donné d'ornement au Sénat Apostolique, que la dignité en avoit été avilie par ses *liens*. (VI, 168.)

LIER, au figuré :

Je me résolus de ne *lier* aucun commerce avec Espagne. (II, 122.)
.... Une négociation que le car-

dinal Mazarin avoit essayé de *lier* avec lui. (II, 252.)

La cour ne craignoit rien tant au monde que la rupture entre Monsieur et Monsieur le Duc; Monsieur le Prince l'appréhendoit encore davantage.... Il vint tout courant chez moi : il y trouva soixante ou quatre-vingts gentilshommes; il crut qu'il y avoit quelque partie *liée* avec Monsieur le Duc. (I, 262.)

SE LIER AVEC :

M. le prince de Conti et Mme de Longueville... vouloient *se lier* presque sans restriction *avec* Espagne. (II, 325.)

LIEU :

La licence de Sorbonne expira: il fut question de donner les *lieux*, c'est-à-dire déclarer publiquement, au nom de tout le corps, lesquels ont le mieux fait dans leurs actes.... J'eus la vanité de prétendre le premier *lieu*. (I, 118.)

Voyez encore I, 120.

AVOIR LIEU, N'AVOIR POINT OU PLUS DE LIEU :

Il combattoit l'opiniâtreté que j'avois de ne vouloir pas songer à la pourpre, et il m'avoit représenté, plusieurs fois, que la déclaration que j'avois faite sur ce sujet avoit été plus que suffisamment remplie et soutenue, par le désintéressement que j'avois témoigné;... qu'elle ne devoit et ne pouvoit *avoir lieu*, tout au plus, que pour le temps de la guerre de Paris. (III, 140.)

L'arrêt donné par le Parlement... portoit... que toutes les levées d'argent ordonnées par déclarations non vérifiées *n'auroient point de lieu*. (I, 326.)

Comme il (*Molé*) avoit été nourri dans les formes du Palais, tout ce qui étoit extraordinaire lui étoit suspect. Il n'y a guère de disposition plus dangereuse en ceux qui se rencontrent dans les affaires où les règles ordinaires *n'ont plus de lieu*. (II, 189.)

AVOIR LIEU DE, AVOIR BEAUCOUP, PLUS OU MOINS DE LIEU DE, etc. :

Elle fut ravie *d'avoir lieu de* se pouvoir fier à moi.... Elle chercha ce *lieu* avec plus d'application qu'elle n'avoit fait. (III, 475.)

Il *avoit beaucoup de lieu de* s'étonner. (II, 397.)

La providence de Dieu faisoit naître... cette occasion, pour *avoir plus de lieu de* témoigner encore davantage au Roi la fidélité du Parlement. (II, 231.)

.... Pour se donner... *plus de lieu de* trouver à redire aux articles en détail. (II, 393.)

Ne revenant pas en France, ils *avoient moins de lieu d'*en appréhender le châtiment. (I, 175.)

DONNER LIEU À, suivi d'un verbe :

Les gouttes, qui le tenoient dans le lit et qui l'empêchoient d'agir, *avoient donné lieu* aux gens de la cour à jeter des soupçons contre lui. (II, 238.)

LAISSER LIEU DE :

L'impétuosité du Maréchal... ne me *laissa pas lieu de* mesurer mes expressions. (II, 26.)

TROUVER LIEU À :

.... De me plaindre du peu de *lieu que j'ai trouvé à* vous... faire des confiances qui vous pussent être de tout point particulières. (I, 186.)

HAUTS-LIEUX, terme biblique; allusion aux sacrifices idolâtriques offerts par les Israélites infidèles sur les *hauts lieux*[1] :

Notre modération se changeroit en prévarication et en impiété si nos langues ne suivoient les mou-

---

1. Voyez *Nombres*, XXII, 41, etc., etc.

vements de nos cœurs à l'aspect des *hauts lieux*, c'est-à-dire, de ces idoles abominables qui offusquent presque la vue de nos églises. (V, 294.)

LIEUTENANCE DE ROI :

Servien et Lionne... lui promettoient... la *lieutenance de Roi* de Guienne et le gouvernement de Blaie pour M. de la Rochefoucauld. (III, 286.)

Voyez LIEUTENANT DE ROI.

LIEUTENANT DE ROI OU DU ROI, premier officier de guerre après le gouverneur. (II, 373 et 544; III, 28; V, 135; VIII, 572.)

LIGUES, au pluriel :

Les Suisses paroissoient, pour ainsi parler, si étouffés sous la pesanteur de leurs chaînes, qu'ils ne respiroient plus, quand la révolte de trois de leurs paysans forma les *Ligues*. (I, 292.)

Voyez la note 1 de la page indiquée et la note 3 de la page 291.

LIS (FLEURS DE). Voyez FLEUR DE LIS.

LIVRE, masculin :

J'étois trop bien à Paris pour être longtemps bien à la cour. C'étoit là mon crime dans l'esprit d'un Italien (*Mazarin*) politique par *livre*. (I, 266.)

Voyez la note 1 de la page indiquée.

LIVRE, féminin, ancienne monnaie :

Mme de Chevreuse... n'étoit pas encore tout à fait payée des quatre-vingts mille *livres* que la Reine lui avoit données. (III, 116.)

.... Une abbaye qui ne vaut que dix mille *livres* de rente; qui est chargée de quatre mille *livres* de pension. (VIII, 631.)

Voyez II, 197, 367 et 375; III, 14.

LIVRÉE, souvent dans le sens collectif de *gens de livrée* :

.... Se persuadant facilement que la tristesse est la *livrée* de la dévotion et de la probité. (IX, 184.)

.... Un grand et magnifique carrosse... suivi d'une très-grande quantité de *livrées*. (II, 163.)

Ils maltraitèrent... un valet de pied du Roi, en marquant même fort peu de respect pour les *livrées*. (II, 491.)

M. le prince de Conti se mit dans mon carrosse, sans aucune suite que la mienne de *livrée*. (II, 156.)

Monsieur le Prince... avoit enrichi et augmenté de beaucoup sa *livrée*. (III, 460.)

Chavigni lui représenta Monsieur le Prince tenant le pavé avec une superbe *livrée*. (III, 463.)

LOCALEMENT :

Le corps est essentiellement mobile *localement*. (IX, 313.)

LODS ET VENTES, nom d'un droit qui était dû au seigneur par celui qui acquérait un bien dans sa censive :

.... Si il est vrai... que je lui aie donné les *lods et ventes*. (VIII, 386.)

Si je lui ai donné les droits de *lodz et ventes* de Maisoncelles.... (VIII, 387.)

LOGIS :

Faites-les signifier au procureur au *logis* duquel ses parties ont élu domicile. (VIII, 558.)

LOIN :

L'EMPORTER DE LOIN SUR :

Je vis bien que ses raisons... *l'emporteroient de bien loin sur* tout ce que je leur pourrois dire au contraire. (II, 354.)

LOINTAIN :

Les vastes et *lointains* desseins de MM. de Guise ne leur permirent pas, sous François second, de penser à y donner des bornes (à *l'autorité royale*). (I, 273.)

L'ON. Voyez On.

LONG (Au) :

Je ne me souviens pas précisément de la manière dont cette affaire s'accommoda; je crois de plus que vous n'en avez pas grande curiosité, et je ne vous en ai parlé un peu *au long* que pour.... (I, 249.)

Je ne vous en mande rien aujourd'hui; je vous en écrirai *au long* lundi. (VIII, 522.)

LONGUE (Tirer de). Voyez Tirer de longue.

LONGUEUR :

La *longueur* adoucit toujours les prisons. (I, 159.)

Tenir dans la longueur :

On veut des commissaires pour me *tenir dans la longueur*. (VI, 302.)

Tirer en longueur :

Je suis persuadé que la promotion ne *tirera pas en longueur*. (VII, 192.)

LORS, alors :

Monsieur le Coadjuteur n'étoit point encore *lors* pour le cardinal Mazarin. (V, 392.)

LOUER (Se) de :

Tout ce qu'il y eut de savant dans le clergé se déclara pour moi.... Je forçai même la cour, quelque temps après, à *se louer de* moi. (I, 264.)

L'on me chargea de la harangue qui se fait toujours à la fin de l'assemblée (*du clergé*).... Le clergé en fut content, la cour *s'en loua*. (I, 265.)

LOURD :

Le sien (*son bon sens*) étoit court et *lourd*. (II, 177.)

Noirmoutier... étoit éveillé mais étourdi, et Laigue... étoit *lourd* mais présomptueux. (II, 547.)

M. de Brissac m'en fit prendre un (*un poignard*), presque par force.... M. de Beaufort, qui étoit fort *lourd*, voyant la garde du stylet, dont le bout paroissoit un peu hors de ma poche, le montra à Arnault, à la Moussaie,... en leur disant : « Voilà le bréviaire de Monsieur le Coadjuteur. » (II, 598.)

Mlle de Chevreuse donna dans mon sens.... Laigue s'y opposa, parce qu'il étoit *lourd*. (III, 282.)

LOURDEMENT :

Il s'aperçut, au bout de quatre jours, qu'il s'étoit trompé *lourdement*. (II, 529.)

Ce n'est pas donc de merveille si la philosophie a bronché si *lourdement* en cette matière. (IX, 154.)

LUEUR, au figuré : apparence, soupçon, espoir :

.... Il vit que je m'étois refermé après avoir jeté cette petite *lueur*. (III, 309.)

Le fort de M. le cardinal Mazarin étoit proprement... de jeter des *lueurs*, de les retirer. (IV, 213.)

Il donna des *lueurs* au maréchal de la Mothe, de lui faire trouver des accommodements touchant le duché de Cardonne. (II, 432.)

Nous résolûmes de donner des *lueurs* de division entre nous. (III, 172.)

Quand Madame la Palatine eut donné le temps à son parti de se détromper des fausses *lueurs* avec lesquelles la cour l'amusoit.... (III, 185.)

Qui eût dit, trois mois devant la petite pointe des troubles, qu'il en eût pu naître dans un Etat où la maison royale étoit parfaitement unie... eût passé pour insensé.... Il paroît un peu de sentiment, une *lueur*, ou plutôt une étincelle de vie, et ce signe de vie... ne se donne point par Monsieur... : il se donne par le Parlement. (I, 293.)

Il (*M. de Bouillon*) seroit au désespoir que leurs envoyés eussent seulement la moindre *lueur* du balancement de MM. de Beaufort et de la Mothe. (II, 328.)

Le parti de Monsieur le Prince... ne manqueroit pas de se réveiller à cette *lueur*. (III, 151.)

La Reine donna, sans balancer, à cette *lueur*, qui lui plaisoit. (III, 434.)

Monsieur le Cardinal... manda à la Reine de lui donner toutes les *lueurs* possibles de cette alliance. (III, 352.)

Ayant des *lueurs* que les dispositions de Monsieur le Prince pour la Fronde n'étoient pas si favorables.... (III, 281.)

Voyez II, 227 et 349; III, 106, 180 et 389; IV, 213.

LUI. Voyez IL.

LUMIÈRE, au figuré, sens divers :

Sa *lumière* naturelle lui faisoit toujours prendre avec avidité ce qui étoit bon. (III, 282.)

Si la Reine eût été capable et de *lumière* et de raison.... (III, 435.)

Le cardinal de Richelieu... s'impatientoit trop facilement dans les petites choses qui étoient préalables des grandes; mais ce défaut, qui vient de la sublimité de l'esprit, est toujours joint à des *lumières* qui le suppléent. (I, 282.)

Descartes n'a pu voir qu'il eût un esprit, sans voir tout d'un coup, d'une *lumière* aussi claire et aussi vive, que cet esprit étoit uni à son corps. (IX, 243.)

Depuis cette aventure, elle... n'avoit eu aucune *lumière* d'aucune galanterie de la Reine. (III, 518.)

.... L'indisposition du Pape, dont j'avois non-seulement des indices, mais des *lumières* certaines. (V, 79.)

Comme j'eus quelque *lumière* que mon père n'étoit pas dans le dessein de me mener aux noces (*de Catherine de Gondi*),... je fis semblant de me radoucir à l'égard de ma profession. (I, 92.)

Il ne pouvoit pas croire que ces bruits-là vinssent de moi...; il avoit des *lumières* que M. de Beaufort et Mme de Montbazon y contribuoient beaucoup. (II, 539.)

Quand je n'aurois pas eu... la *lumière* que j'avois des pas qu'il avoit faits vers Monsieur le Prince, j'aurois lu dans ses yeux qu'il avoit reçu quelque nouvelle sur son sujet. (III, 405.)

Je n'ai encore aucune *lumière* que les Espagnols soient dans la pensée de me nuire. (VIII, 36.)

LUMINEUX :

Mme de Longueville... avoit une langueur... même dans l'esprit, qui avoit ses charmes, parce qu'elle avoit des réveils *lumineux* et surprenants. (II, 182.)

M. le cardinal de Bouillon nous fit une ouverture qui me parut fort belle et même fort *lumineuse*. (VII, 448.)

LUSTRE :

.... Pour faire éclater avec plus de *lustre* l'impuissance de l'injustice désarmée depuis quatre ans par le seul aspect de mon innocence. (VI, 294.)

LUTTER (SE) :

Elle entendit du bruit comme de deux personnes qui *se luttoient*. (III, 518.)

LUXEMBOURG, sans article :

Je le vis donc la nuit chez le comte d'Autel, qui avoit sa chambre à *Luxembourg*. (III, 285.)

Il m'en parla un jour en se promenant dans le jardin de *Luxembourg*. (III, 44.)

Voyez encore III, 258.

M

MACHINE, au propre et au figuré :

Les femmes du Marché-Neuf firent d'un étau une *machine* sur laquelle elles me rapportèrent, pleurantes et hurlantes, à mon logis. (II, 134.)

Je connoissois la foiblesse de Monsieur incapable de régir une *machine* de cette étendue (*les états généraux*). (III, 279.)

.... Ce qui se passoit dans cette grande *machine* du parti de Monsieur le Prince. (III, 460.)

MADAME :

J'allai chez la reine d'Angleterre, que je trouvai dans la chambre de *Madame* sa fille, qui a été depuis *Madame* d'Orléans. Elle me dit d'abord : « Vous voyez, je viens tenir compagnie à Henriette. La pauvre enfant n'a pas pu se lever aujourd'hui faute de feu.... » Vous me faites bien la justice d'être persuadée que *Madame* d'Angleterre ne demeura pas, le lendemain, au lit, faute d'un fagot. (II, 197.)

MADEMOISELLE :

Il (*M. de Longueville*) la supplia (*supplia la compagnie*) de trouver bon que, pour sûreté de son engagement, il fît loger à l'Hôtel de Ville Madame sa femme, Monsieur son fils et *Mademoiselle* sa fille. (II, 164.)

MAGGIORDOME :

L'ambassadeur d'Espagne leur envoya... son *maggiordome* pour leur dire.... (VII, 68.)

Voyez la même page et les suivantes, *passim;* voyez encore VII, 170, etc.

MAGNIFIQUE :

Sa maison et sa table étoient ouvertes à tous venants, et il étoit *magnifique* en toutes choses jusqu'à la profusion. (V, 552.)

MAIN, sens divers, au propre et au figuré :

M. de la Fons a l'administration pleine et entière de mon bien; il a ma procuration, il a ma parole et ma *main* (*il peut parler et écrire en ma place*). (VIII, 303.)

Equilli manda de Provence le pilote de sa galère, qui étoit homme de *main* et de sens. (I, 100.)

Je leur donnerois, par des expédients que j'avois en *main*, tout le temps et tout le loisir nécessaire pour retirer leurs troupes. (II, 359.)

Ils eurent le Cardinal dans leurs *mains* à Amiens, et ils ne lui firent rien. (I, 141.)

Je n'ignorois pas que M. le prince de Conti étoit absolument en ses *mains*. (II, 118.)

Il savoit que M. de Beaufort étoit dans mes *mains*. (II, 238.)

Elle (*l'autorité des rois de France*) a été seulement tempérée par des coutumes reçues et comme mises en dépôt, au commencement dans les *mains* des états généraux, et depuis dans celles des parlements. (I, 272.)

La proposition de cette chambre de justice... ne tendoit qu'à tirer les voleurs (*les intendants*) de la *main* du Parlement. (I, 323.)

À LA MAIN GAUCHE, à gauche :

J'avois résolu de poster le gros de mes amis *à la main gauche* de la table. (III, 487.)

.... Le grand escalier qui est *à la main gauche* en sortant de la salle. (III, 501.)

DONNER LA MAIN, au figuré :

Je faisois état de me saisir du Pont-Neuf, de *donner la main* par les quais à ceux qui marchoient au Palais. (I, 174.)

DONNER LES MAINS À, DONNER LES MAINS QUE :

Ces considérations, jointes à

l'ordre que les envoyés avoient de se rapporter en tout aux sentiments de M. de Bouillon, les obligèrent de *donner les mains à* tout ce qu'il lui plut. (II, 447.)

Le comte de Fuensaldagne leur avoit donné des raisons si pressantes et si solides de cette marche, qu'ils ne s'étoient pas pu défendre d'*y donner les mains* et même de l'approuver. (II, 427.)

.... Ceux qui avoient empêché que la Reine ne *donnât les mains à* la proposition que je lui avois faite. (III, 347.)

Quand même... il *donneroit les mains que* Sa Sainteté prît connoissance de l'affaire.... (VI, 171.)

Être aux mains avec, Mettre aux mains avec, etc. :

Les gens du carrosse... croyoient que nous *étions aux mains avec* tous les diables. (I, 189.)

Je trouvai par hasard Mestrezat, fameux ministre de Charenton, chez Mme d'Harambure, huguenote précieuse et savante. Elle me *mit aux mains avec* lui par curiosité. (I, 181.)

J'y trouvai le maréchal de la Meilleraie *aux mains avec* une grosse troupe de bourgeois. (II, 27.)

Lâcher la main à :

Il *avoit*, le premier, *lâché la main à* cette conduite. (II, 462.)

Mettre la main sur :

Le dernier... *avoit* tellement *mis la main sur* Noirmoutier et sur Laigue, qu'il les avoit comme enchantés. (II, 428.)

Recevoir la main gauche. Voyez Gauche.

Tenir bride en main. Voyez Bride.

MAINTENIR :

L'on y apporta (*à Paris*), dans ces deux derniers jours, plus de blé qu'il n'en eût fallu pour le *maintenir* six semaines. (II, 297.)

Se maintenir avec :

Il me vint une pensée,... qui fut de contribuer, sous main, tout ce qui seroit en moi à la paix,... et de m'y opposer en apparence pour *me maintenir avec* le peuple, et pour demeurer toujours à la tête d'un parti non armé. (II, 430.)

MAIS :

Voilà celui, Madame, à qui je dois la vie, *mais* à qui Votre Majesté doit le salut de sa garde. (II, 29.)

Il (*M. de la Rochefoucauld*) a toujours eu une irrésolution habituelle ; *mais* je ne sais même à quoi attribuer cette irrésolution. (II, 181.)

MAISON, famille :

M. le cardinal de Richelieu avoit dépossédé Monsieur l'évêque de Léon, de la *maison* de Rieux, avec des formes tout à fait injurieuses à la dignité et à la liberté de l'Église de France. (I, 267.)

La *maison* de Vendôme... s'étoit trouvée, en deux ou trois rencontres, tout à fait opposée aux intérêts de l'hôtel de Condé. (II, 503.)

Je sors d'une *maison* illustre en France. (I, 81.)

Il vint trouver mon père, dès le lendemain, et le surprit très-agréablement en lui disant qu'il étoit résolu de la donner (*sa fille*) à son cousin, pour réunir la *maison*. (I, 92.)

L'amour passionné du prince de Conti pour elle donna à cette *maison* un certain air d'inceste. (II, 120.)

La déclaration de mon frère peut faire croire que j'ai de grandes vues, et pour lui et pour moi, et pour toute ma *maison*. (II, 392.)

La surintendance des mers... avoit été promise à cette *maison*. (III, 11.)

MAÎTRE, cavalier enrôlé :

Il les en retira (*il retira les cavaliers du bois*),... pour obliger Monsieur le Prince à s'engager dans ce défilé, par l'opinion qu'il auroit que la retraite de ces cinquante *maîtres* eût été d'effroi. (IV, 175.)

Voyez la note 7 de la page indiquée.
Voyez encore IV, 231.

MAÎTRE DE CHAMBRE :

Je fis les éloges de Sa Sainteté à *Monsignor il maestro di camera*.... Ce *maître de chambre*... étoit Monsignor Bandinelli. (V, 92.)

La Bussière... est présentement *maître de chambre* des ambassadeurs à Rome. (V, 101.)

M. l'abbé de Lamet, mon *maître de chambre*,... n'a jamais voulu toucher un sol de moi. (V, 112.)

Voyez VII, 163 et 299.

MAÎTRE DE LA GARDE-ROBE :

Ornane, *maître de la garde-robe* de Monsieur.... (III, 99.)

MAÎTRE DE MÉTIER :

.... Du droit que j'avois d'établir des *maîtres de métiers* à Saint-Denis. (VIII, 289.)

GRAND MAÎTRE :

.... M. de la Meilleraye, qui étoit *grand maître* de l'artillerie en ce temps-là. (I, 106.)

M. de la Meilleraye, que l'on appeloit le *Grand Maître*, étoit devenu amoureux d'elle. (I, 109.)

Monsieur le Cardinal... avoit enfin obligé M. de Brézé à lui mettre entre les mains les lettres à M. de Montmorency,... et il les avoit données au *Grand Maître*. (I, 110.)

Voyez I, 111 et 112.

MAÎTRESSE, sens divers :

Elle (*la Reine*) ajouta à cela toutes les bontés possibles, et elle finit par un commandement qu'elle fit au doyen... de me mener chez Monsieur le Cardinal (*Mazarin*).... Nous trouvâmes le ministre encore plus doux que la *maîtresse*. (I, 254.)

Je vous supplie de dire à la Reine... qu'il n'y a aucun homme dans le Royaume qui soit plus fâché que moi que les choses y soient dans un état qui fasse qu'un sujet puisse et doive même parler ainsi à sa *maîtresse*. (IV, 110.)

Je ne regardai l'aînée que comme ma sœur; je considérai d'abord Mlle de Scepeaux... comme ma *maîtresse*. (I, 93.)

Il exerce publiquement, dans la *maîtresse* de toutes les Églises (*celle de Rome*), les fonctions sacrées de sa dignité de cardinal. (V, 127.)

MAL, adverbe :

ÊTRE MAL :

Il ne pouvoit douter... que le garde des sceaux et moi nous ne *fussions* intimement *mal*. (III, 174.)

M. de Bouillon... étoit assez *mal* de la goutte. (II, 265.)

ÊTRE MAL À, AVEC, DANS :

La mode, qui a du pouvoir en toutes choses, ne l'a si sensible en aucune qu'à *être* ou bien ou *mal* à la cour. (I, 227.)

Il ne sioit (*seyoit*) pas bien à un honnête homme d'*être mal* à la cour en ce temps-là. (I, 232.)

Saint-Ibar... n'estimoit les hommes que selon qu'ils *étoient mal* à la cour. (II, 63.)

Il n'est pas difficile de faire valoir, dans le commencement d'une guerre civile, celui (*le mérite*) de tous ceux qui *sont mal* à la cour. (II, 192.)

Ils *étoient* l'un et l'autre très-*mal avec* M. le cardinal de Richelieu. (I, 138 et 139.)

Quoique le Roi en eût une joie incroyable (*de la mort de Richelieu*), il voulut conserver toutes les apparences... : il affecta de recevoir assez *mal* tous ceux qui *avoient été mal avec* lui. (I, 201.)

Je ne pouvois ignorer que je ne *fusse* très-*mal dans* l'esprit du Cardinal. (II, 6.)

SE TROUVER MAL, être malade :

Champlâtreux, fils du Premier Président, apporta au Parlement, de la part de son père, qui *s'étoit trouvé* un peu *mal*, une lettre.... (II, 311.)

Mlle de Chevreuse... me dit que Madame sa mère, qui *se trouvoit mal*, l'avoit envoyée à Monsieur, pour lui faire savoir que.... (III, 258.)

Il *se trouvoit* si *mal* qu'il étoit obligé d'aller prendre l'air, pour quelques jours, à Limours. (III, 455.)

EN MAL :

La Reine... avoit remarqué, et remarqué *en mal*, cette dernière parole. (II, 18.)

MALENTENDU :

Je fus obligé de sortir un moment, pour apaiser un tumulte qui étoit arrivé, par le *malentendu* de deux officiers du quartier, dans la rue Neuve-Notre-Dame. (II, 45.)

MALGRÉ QUE :

Il faut que la philosophie, *malgré qu*'elle en ait, rende les armes à la goutte et à la gravelle. (IX, 149.)

MALHEUREUX :

L'on veut que Monsieur le Coadjuteur soit mazarin, qu'il travaille au rétablissement de ce *malheureux* et perfide ministre. (V, 341.)

MALHONNÊTEMENT :

Vous voyez que l'on ne peut sortir d'affaire, je ne dis pas seulement plus *malhonnêtement*, mais encore plus grossièrement, que les Espagnols en sortirent en cette occasion. (III, 110.)

MALHONNÊTETÉ :

Il y avoit de l'inconvénient d'y laisser Laigue (*à Bruxelles*); mais... il y auroit de la *malhonnêteté* à le révoquer. (II, 363.)

J'ai reçu une lettre de M. Daurat la plus obligeante du monde sur la *malhonnêteté* de son frère. (VIII, 543.)

Voyez HONNÊTETÉ.

MALICE :

Ce à quoi il ne faut pas manquer, à mon sens, est de prendre ses précautions auprès des trésoriers de France, car vous jugez bien que l'on nous pourroit faire quelque *malice* de ce côté-là. (VIII, 217.)

MALIGNEMENT :

Le Cardinal sourit *malignement*. (II, 18.)

Je reviens à la conférence de Saint-Germain. Vous avez vu ci-dessus que les députés la commencèrent *malignement* par les prétentions particulières. (II, 470.)

MALIN, MALIGNE :

Job... se vit couvert d'une ulcère *maligne* par tout le corps. (IX, 150.)

MALIN, méchant :

M. d'Elbeuf, qui étoit *malin*, et qui étoit en colère.... (II, 359.)

M. le prince de Conti... étoit naturellement très-*malin*, et... d'ailleurs me haïssoit. (II, 496.)

MALINTENTIONNÉ :

Le Premier Président étoit.. plus fâcheux que ceux qui étoient les plus *malintentionnés*. (III, 443.)

Voyez INTENTIONNÉ.

MALSAIN, mal portant :

.... Par la mort d'un enfant de quatre ans et *malsain*. (VII, 263.)

MANDER, appeler, faire venir, convoquer :

La Reine *manda* le Parlement; il fut par députés au Palais-Royal. (I, 297.)

Ils se sont servis de ce prétexte pour faire *mander* en cour mes deux grands vicaires. (V, 118.)

Voyez I, 157, 243 et 252; II, 61, 74, 82 et 97; III, 80 et 242, etc.

MANDER, faire savoir, ou commander :

L'expérience que nous... fîmes...

nous obligea de prier M. le prince de Conti de *mander* au Parlement qu'il n'y pourroit pas aller. (II, 298.)

Les curés de Saint-Eustache, de Saint-Roch, de Saint-Méri et de Saint-Jean me *mandèrent*... que la confiance que M. le prince de Conti avoit témoignée au peuple... avoit fait un effet merveilleux. (II, 160.)

Varicarville... me *manda* que je devois connoître le terrain, qui n'étoit jamais ferme, mais que je serois informé à point nommé lorsqu'il s'amolliroit davantage. (II, 451.)

Nous leur *mandâmes* de ne se point rendre. (II, 320.)

Nous l'éveillâmes comme il nous *l'avoit mandé*. (II, 536.)

Voyez II, 36, 131, 148, 215, 242 et 312.

MANGER :

Trois milles hommes *ont mangé*, à ta vue, tout un quartier de campagne. (V, 431.)

Il *mangea* la moitié de ce qu'il avoit à dire. (III, 296.)

MANIE :

L'action d'Anaxarchus... étoit un transport et une *manie*. (IX, 149.)

Il (*le Parlement*) a... tout le caractère de l'autorité; il en perdra bientôt la substance. Il le devroit prévoir, et par les murmures qui commencent à s'élever contre lui et par le redoublement de la *manie* du peuple pour M. de Beaufort et pour moi. (II, 282.)

Il faut que je rappelle dans ma mémoire la *manie* qui lui monta un jour à la tête contre feu Buckingham. (III, 514.)

MANIÈRE, au singulier et au pluriel :

Cette routine, jointe à la *manière* que vous connoissez de M. Turenne,... fit que je pris le tout pour bon. (I, 185.)

L'occupation de mon intérieur fut une grande et profonde réflexion sur la *manière* que je devois prendre pour ma conduite. (I, 216.)

Il s'étoit réduit à la supplier de vouloir bien mettre la main sur la garde de son épée;... elle avoit trouvé cette *manière* si sotte qu'elle n'en avoit jamais pu revenir. (III, 517.)

.... Une personne qui, par les lumières de son esprit et par la *manière* de sa vie retirée des foiblesses du monde, est au-dessus des erreurs vulgaires. (VI, 86.)

.... Une longue procession de fantômes noirs, qui me donna d'abord plus d'émotion qu'elle n'en avoit donné à M. de Turenne, mais qui... me fit faire un mouvement plus vif que ses *manières* ne lui permettoient de faire. (I, 189.)

Il (*Mazarin*) avoit de l'esprit, de l'insinuation, de l'enjouement, des *manières*; mais le vilain cœur paroissoit toujours au travers. (I, 286.)

Je n'ignore pas les justes raisons qu'a Votre Altesse d'appréhender les *manières* d'un corps composé de plus de deux cents têtes. (II, 107.)

.... Un prince qui n'avoit rien du grand de ses prédécesseurs que les *manières* de l'affabilité. (II, 147.)

Votre naissance et votre mérite vous élèvent autant au-dessus de ce dernier exemple que la cause dont il s'agit est au-dessus de celle de la Ligue; et les *manières* n'en sont pas moins différentes. (II, 109.)

Je répondis à leurs honnêtetés avec beaucoup de respect et avec toutes les *manières* qui pouvoient couvrir mon jeu. (II, 148.)

La Reine avoit... plus de hauteur que de grandeur, plus de *manières* que de fond. (II, 174.)

Mme de Longueville... avoit une langueur dans les *manières*, qui touchoit plus que le brillant de celles mêmes qui étoient plus belles. (II, 182.)

M. de Beaufort fit assez connoître, par ses *manières*, que Mme de Montbazon avoit essayé de modérer ses emportements. (II, 352.)

Vous jugez bien que nous ne fûmes pas surpris de la chose, mais je vous avoue que je le suis encore de la *manière*. (III, 296.)

Il n'y a que *manière* en la plupart des choses du monde. (IV, 184.)

Je suppliai très-humblement Sa Sainteté de ne considérer... ni la *manière* de mon emprisonnement.... (VI, 298.)

Manière, sorte, espèce :

Il y a des temps où la disgrâce (*de la cour*) est une *manière* de feu qui purifie toutes les mauvaises qualités et qui illumine toutes les bonnes. (I, 227.)

Mazerolles... étoit une *manière* de négociateur de Monsieur le Prince. (II, 508.)

M. de Bellièvre... étoit une *manière* de fils adoptif de M. de Châteauneuf. (III, 54.)

Il commanda à Ornane... de faire faire une *manière* d'émotion par le Maillart, duquel je vous ai parlé. (IV, 56.)

Voyez II, 153, 301, 490, 500, 528, 541 et 573; III, 49 et 170.

En toute manière, de toute façon, dans tous les cas :

Les Espagnols la veulent (*veulent la paix*) *en toute manière*, et même à des conditions si peu avantageuses pour eux, que vous en seriez étonné. (II, 344.)

Son sentiment étoit qu'elle s'accommodât, *en toute manière*, avec Monsieur le Prince. (III, 398.)

En manière du monde, en aucune manière, en quelque manière que ce soit :

Nous ne voulons *en manière du monde* penser à l'accommodement. (VII, 10.)

Manœuvre, masculin :

La première cause de l'ombrage qu'il (*Mazarin*) prit de mon pouvoir à Paris fut l'observation qu'il fit de ce *manœuvre*, qui étoit pourtant, à son égard, très-innocent. (I, 242.)

Voyez la note 1 de la page indiquée.

Longueil... entendoit mieux le détail du *manœuvre* du Parlement que tout le reste du corps ensemble. (II, 56.)

MANQUEMENT :

Il raccommoderoit tout le mal que le *manquement* de secret de M. de Beaufort avoit causé. (II, 521.)

Le siége dura dix-huit jours, et le *manquement* de vivres obligea l'Archiduc à le lever. (III, 40.)

Voyez I, 175; II, 202; III, 11, 149 et 187.

Manquement, faute :

Qui, dans les grandes affaires, donne lieu aux *manquements* des autres, est très-souvent plus coupable qu'eux. (II, 462.)

La source la plus ordinaire des *manquements* des hommes est qu'ils s'affectent trop du présent et qu'ils ne s'affectent pas assez de l'avenir. (IV, 18.)

MANQUER, faire une faute :

Le secret est d'en savoir discerner et prendre les instants. Monsieur *manqua* en ce point. (III, 425.)

Justinian n'a pas cru *manquer* contre la politique, quand il a reconnu.... (IX, 29.)

Manquer à, suivi d'un nom de personne ou de chose :

La manière dont il (*Turenne*) se conduisit... est aussi surprenante. Je n'en ai jamais rien pu tirer de clair, ni de lui, ni de ceux qui le servirent, ni de ceux qui *lui manquèrent*. (II, 337.)

Si l'Espagne *nous manque* dans la parole qu'elle nous aura donnée.... (II, 345.)

« L'armée a abandonné M. de Turenne. » Le courrier entra au

même instant, qui nous conta succinctement l'histoire, qui étoit que... toutes les troupes *lui avoient manqué*. (II, 416.)

Loudun, dont il avoit fait dessein de se rendre maître, *lui ayant manqué*,... du Mont rendit la place à Comminges, à qui la Reine en avoit donné le gouvernement. (III, 39.)

Comme... le président de Bellièvre m'eut reproché... que je *manquois aux* intérêts de l'Église.... (III, 279.)

L'on ne pouvoit exclure le cardinal Odescalchi sans *manquer aux* ordres du Roi. (VII, 452.)

Puisque M. de Beaufort *m'avoit manqué au* secret sur un point qui me pouvoit perdre, je pouvois bien lui en faire un, de mon côté, sur un point qui le pouvoit sauver lui-même. (II, 521.)

MANQUER À, suivi d'un infinitif :

Le crédit, parmi les peuples, cultivé et nourri de longue main, ne *manque* jamais *à* étouffer... ces fleurs minces et naissantes de la bienveillance publique, que le pur hasard fait quelquefois pousser. (II, 159.)

IL MANQUE À, il reste à :

Les choses étant ainsi disposées, *il* ne *manquoit qu'à* choisir le jour pour les exécuter. (V, 560.)

MANQUER DE, NE PAS MANQUER DE :

Nous *avons manqué* aujourd'hui *d'*engager le Parlement, moyennant quoi tout étoit sûr, tout étoit bon. Prions Dieu que tout aille bien. (II, 361.)

On nous peut tuer au Parlement; mais si on *manque de* nous tuer, demain nous sommes les maîtres du pavé. (II, 576.)

Je lui répondis simplement que je *ne manquerois pas d'*obéir. (II, 130.)

MANTEAU :

Nous exécutâmes notre projet en ne postant que des *manteaux* noirs sans armes, c'est-à-dire des bourgeois considérables. (II, 41.)

MANUTENTION :

Il se croyoit obligé de dire à la Compagnie qu'il étoit de sa justice de se joindre à lui, dans une occasion où il ne s'agissoit... que de la *manutention* de ses arrêts. (IV, 47.)

MARC, au figuré :

L'action externe n'est que le *marc* et le plus grossier, n'est que la matière et le corps qui reçoit son esprit, sa forme et son âme de l'intention et de l'objet. (IX, 197.)

MARCHE, au propre et au figuré :

....A Châlons, où je fais état d'aller avec eux pour y attendre des nouvelles de mon procès, selon lesquelles je pourrai marcher à Paris.... Je crois qu'il est toujours bon d'amuser Chevincourt de cette *marche* de Châlons; il continue à me persécuter pour la Serment, et il n'est pas mauvais qu'il croie que je puis aller bientôt à Paris. (VIII, 430.)

Elle (*cette conduite*) couvrit si bien notre *marche* que l'on ne faisoit pas seulement de réflexion sur les avis qui venoient de toutes parts à la cour contre nous. (III, 199.)

MARCHER, au propre et au figuré :

Le bruit couroit que l'on vouloit assiéger Paris, que l'on faisoit *marcher* des troupes. (II, 72.)

[Le cardinal Mazarin] *marchoit* dans les rues avec deux petits laquais derrière son carrosse. (I, 232.)

Mon avis l'emporta, qui fut que M. de Beaufort *marchât* seul dans les rues, avec un page seul derrière son carrosse, et que j'y mar-

chasse de même manière, de mon côté, avec un aumônier. (II, 565.)

Il *marcha*, sans hésiter, d'un pas égal entre le cabinet et le public. (II, 84.)

MARCHER À, aller à, venir à :

Leurs Majestés *marchèrent à* Bourges. (IV, 5.)

.... Des nouvelles de mon procès, selon lesquelles je pourrai *marcher à* Paris. (VIII, 430.)

L'enseigne de la colonelle de Miron me vint avertir que le Chancelier *marchoit*... droit *au* Palais. (II, 43.)

Il *marchoit* avec deux mille chevaux droit *à* nous. (II, 335.)

Je faisois état de l'envoyer à Bruxelles pour traiter avec le comte de Fuensaldagne, et pour l'obliger à *marcher à* notre secours. (II, 74.)

Voyez I, 230; II, 115; III, 460.

MARCHER DU PAIR AVEC. Voyez PAIR.

MARCHER DE BON PIED. Voyez le second et le troisième exemples de l'article PIED.

MARIAGE :

Monsieur le Comte... avoit surtout commis le crime capital de refuser le *mariage* de Mme d'Aiguillon (*de refuser d'épouser Mme d'Aiguillon*). (I, 140.)

MARIER :

Mon oncle avoit été blâmé au dernier point par tout son clergé, parce qu'il avoit souffert que M. le cardinal de la Rochefoucauld *mariât* la reine d'Angleterre. (I, 250.)

MARINE, bord de la mer :

L'air de la *marine* n'est bon pour le mal des yeux qu'au mois de mai. (VII, 201.)

MARQUE :

M. de Bouillon... me conjuroit d'aller prendre ma place au Parlement, parce qu'il craignoit que le peuple, ne m'y voyant pas, n'en prît sujet de se soulever, en disant que c'étoit *marque* que je n'approuvois pas la paix. (II, 478.)

MARQUER, montrer, indiquer, désigner :

Rien ne *marque* tant le jugement solide d'un homme, que de savoir choisir entre les grands inconvénients. (II, 248.)

Il parleroit peu pour ne pas trop *marquer* de concert avec Espagne. (II, 254.)

Ils maltraitèrent... un valet de pied du Roi, en *marquant* même fort peu de respect pour les livrées. (II, 491.)

Le Parlement affecta de *marquer* qu'il ne songeoit qu'au public. (I, 318.)

Ses *Maximes* (*les* Maximes *de Larochefoucauld*) ne *marquent* pas assez de foi en la vertu. (II, 181.)

Il *marqua*... au Premier Président qu'il en savoit plus que lui. (III, 266.)

Cette circonstance... ne me *marquoit* pas que j'eusse lieu d'espérer qu'il pût y avoir, à l'avenir, beaucoup de douceur pour moi à la cour. (IV, 189.)

Henri IV, qui ne se défioit pas des lois, parce qu'il se fioit en lui-même, *marqua* combien il les estimoit par la considération qu'il eut pour les remontrances très-hardies de Miron, prévôt des marchands, touchant les rentes de l'Hôtel de Ville. (I, 274.)

Le maréchal de la Ferté-Imbault... commençoit à fuir ceux qui *étoient marqués* dans la maison pour être de mes amis. (III, 298.)

M. de Guise étoit celui qu'il *marquoit*. (III, 468.)

.... Monsieur le Cardinal..., que j'étois... bien aise de *marquer*,... et dans le Parlement et dans le peuple, pour mon ennnemi. (IV, 222.)

Voyez I, 144 et 279; II, 42, 60, 224, 466 et 470.

MARQUER, mentionner, raconter, dire :

Nous n'en sommes pas encore à ce détail ; et ce que j'en *marque* en ce lieu n'est que pour vous faire voir que la cour prit de l'ombrage de moi. (I, 266.)

Je vous *marque* cette circonstance... pour vous faire voir que je pouvois judicieusement aller à la cour. (II, 76.)

L'après-dînée du jour que je vous viens de *marquer*.... (II, 145.)

Vous direz bien, Madame,... que je *marque* beaucoup d'inconvénients, mais que je *marque* peu de remèdes. (II, 271.)

Je vous *ai marqué* ci-dessus qu'il s'étoit retiré à Sedan. (I, 150.)

Il fit effectivement, quelque temps après, un voyage secret à Saint-Germain, que je vous *ai marqué* ci-dessus. (II, 452.)

Monsieur Le Chevalier parla comme je vous *ai marqué*. (III, 460.)

Je n'en ai pas le même scrupule que des deux fautes que je vous *ai marqué* ci-dessus avoir commises. (I, 148.)

Talon... en prit sujet pour fortifier son opinion. Il *marqua* que la providence de Dieu faisoit naître, ce lui sembloit, cette occasion. (II, 231.)

Voyez I, 137, 153, 227, 238, 254, 263 et 289; II, 83, 89, 91, 106, 113 et 239; III, 18, 93 et 166.

MARQUER, neutre :

J'ai eu ces jours passés un mal assez bizarre qui est une manière de migraine qui a eu ses accès, depuis neuf jours, aussi réglés qu'une fièvre. Celui d'hier n'a fait que *marquer*, de sorte que m'en voilà quitte. (VIII, 261.)

MATHURIN :

Il y eut vendredi congrégation des Réguliers, dans laquelle M. le cardinal de Sainte-Croix, rapporteur des *Mathurins* françois de cette ville, fit voir clairement que le convent de Saint-Denis, où ils sont, est purement de la province de France. (VII, 114.)

Voyez la note 8 à la page indiquée.
Voyez encore VII, 198.

MATURITÉ, au figuré :

La chose étant dans sa *maturité*, nous le tromperions,... si nous ne lui disions qu'il n'y avoit plus de temps à perdre. (III, 223.)

MAUVAIS :

Le petit Foucquet... étoit bien aise de faire jouer au mari un *mauvais* personnage. (V, 85.)

Si ces gens-là continuent à faire les *mauvais*, il ne sera pas difficile de les mettre à la raison. (VIII, 331.)

MAXIME :

M. de Bouillon... revint tout d'un coup à mon avis, par une *maxime* qui devroit être très-commune et qui est pourtant très-rare. Je n'ai jamais vu que lui qui ne contestât jamais ce qu'il ne croyoit pas pouvoir obtenir. (II, 241.)

Après avoir traité dans les formes, quelle *maxime* à ce même Sénat de violer la foi publique ! (V, 586.)

L'on ne lui a pas inspiré d'assez bonne heure les grandes et générales *maximes*. (II, 176.)

MAZARIN (LE). Voyez LE, LA, LES.

MAZARIN, adjectif (pris parfois substantivement), partisan de Mazarin :

Voilà comme tout le monde se trouva en un instant *Mazarin*. (I, 237.)

Cette diminution (*d'amitié*) ne regarde que quelques membres de ce corps qui sont *Mazarins*. (II, 277.)

Les compagnies des colonelles de la Ville... étoient encore plus animées contre la paix *Mazarine* (c'est ainsi qu'ils l'appeloient) que la canaille. (II, 409.)

Je connoissois le maréchal du Plessis pour un grand *Mazarin*. (III, 285.)

Nerlieu,... qui commandoit la cavalerie des *Mazarins*.... (II, 217.)

Voyez la note 3 de la page indiquée.

Voyez II, 468; III, 86 et 89.

MAZARINADA, en italien :

Il ajouta : *Non so come chiamare questo se non una Mazarinada*. (VI, 76.)

MAZARINISME, attache au parti de Mazarin, ou l'ensemble du parti :

....Mainardeau,...habile homme, mais décrié à cause du *Mazarinisme*. (III, 77.)

Le Parlement et le peuple étoient... échauffés contre tout ce qui avoit la moindre teinture de *Mazarinisme*. (III, 398.)

....Quelque apparence de *Mazarinisme*. (III, 490.)

....L'autorité royale, purgée du *Mazarinisme*. (III, 283.)

....Ceux qui... se sont effrayés du *Mazarinisme*. (V, 341.)

Voyez III, 409; V, 367.

MÉCHANT, sens divers; employé très souvent dans les cas où nous mettrions aujourd'hui *mauvais* :

L'impression que fit,... dans les esprits, un *méchant* mot de la princesse de Guémené est incroyable. (II, 546.)

M. d'Elbeuf s'y opposa par les plus *méchantes* raisons du monde. (II, 316.)

Au lieu de répondre à ses avances,... je ne les payai toutes que de très-*méchantes* excuses. (I, 112.)

« Que de très-mauvaises excuses, » dans quelques éditions plus ou moins modernes.

.... Le rapport... que les députés déguiseront au moins de quelques *méchantes* couleurs. (II, 387.)

Il ne lui voulut pas faire la confidence de cette *méchante* finesse. (III, 533.)

Je ne pourrois pas vous dire... les raisons... qui me purent obliger à une aussi *méchante* conduite. (II, 93.)

Car de demeurer exposé à tous les outrages qu'ils vous veulent faire, c'est le plus *méchant* parti que l'on puisse prendre. (V, 625.)

Sans ce secours son père et lui sont en très-*méchant* état. (VIII, 407.)

M. de Beaufort... étoit encore un plus *méchant* orateur que moi. (II, 577.)

.... Un certain du Boisle, *méchant* avocat et si peu connu que je ne l'avois jamais ouï nommer. (II, 399.)

Un certain Montandré, *méchant* écrivain.... (III, 327.)

Voyez III, 21, 189 et 416.

MÉCONNOISSANCE, le contraire de *reconnoissance*, ingratitude :

Comme... l'on étoit sur le point de délibérer sur le don que l'on a accoutumé de faire au Roi, je fus bien aise de témoigner à la Reine... que la résistance à laquelle ma dignité m'avoit obligé... ne venoit d'aucun principe de *méconnoissance*. (I, 264.)

Une infinité de circonstances... marquèrent à Monsieur le Prince et la *méconnoissance* et la méfiance du Cardinal. (II, 505.)

Il n'est jamais sage, dans leur nouveauté, d'en presser la *méconnoissance* (*des bienfaits*). (III, 274.)

Voyez l'article suivant.

MÉCONNOISSANT, le contraire de *reconnoissant* :

Je n'oubliai rien pour la servir en cette occasion; et Mme de Nemours, sa fille, avoua que je n'étois pas *méconnoissant*. (II, 90.)

.... Chavigny, homme de néant de la lie du peuple, si *méconnoissant* des biens immenses qu'il a reçus par la bonté du feu Roi. (V, 240.)

On le déchira (*saint Charles Borromée*) en Espagne comme un factieux et *méconnoissant* des obligations que la maison de Borromée avoit au roi Philippe. (IX, 97.)

Voyez l'article précédent.

MÉDECINE (PRENDRE) :

Monsieur... faisoit semblant d'*avoir pris médecine*. (III, 416.)

MÉDITATION :

Vous voyez, par le peu d'arrangement de ce discours, qu'il fut fait sans *méditation* et sur-le-champ. (II, 112.)

MEILLEUR (LE), pris substantivement :

La chose fut ainsi exécutée, quoique Monsieur le Cardinal et M. de la Rivière en enrageassent *du meilleur* de leur cœur. (I, 263.)

.... Je suis persuadé qu'il eût donné sa vie *du meilleur* de son cœur. (III, 104.)

Je suis tout à vous, et je vous assure que c'est *du meilleur* et du plus intérieur de mon cœur. (VIII, 188.)

Voyez IV, 229; VIII, 174.

MÉLANCOLIQUE :

Ce parti, formé dans la cour par M. de Beaufort, n'étoit composé que de quatre ou cinq *mélancoliques*, qui avoient la mine de penser creux. (I, 223.)

Voyez la note 6 de la page indiquée.

MÊLER :

Après les avoir balancés (*ces inconvénients*) avec la nécessité que nous trouvâmes à *mêler*, de quelque façon que ce pût être, l'envoyé et le Parlement.... (II, 268.)

MÊLER DANS :

Le plus dangereux ridicule qui se puisse rencontrer dans notre profession (*ecclésiastique*)... est celui de *mêler* à contre-temps le péché *dans* la dévotion. (I, 217.)

Il *mêla dans* ses réflexions des menaces indirectes. (I, 260.)

MÊLER DE :

La dame eût été bien fâchée que l'on ne les eût pas sues (*nos relations galantes*); mais elle les *mêloit*, et à ma prière et parce qu'elle-même y étoit assez portée, *de* tant de diverses apparences, où il n'y avoit pourtant rien de réel, que notre affaire, en beaucoup de choses, avoit l'air de n'être pas publique, quoiqu'elle ne fût pas cachée. (I, 241.)

Celle (*l'action*) que je fis, à la paix de Paris, *étoit mêlée de* l'intérêt que je trouvois à ne pas devenir le subalterne de Fuensaldague. (III, 277.)

SE MÊLER :

L'ignorance de celui qui gouverne aujourd'hui ne lui laisse ni assez de vue ni assez de force pour régler les poids de cette horloge. Les ressorts *s'en sont mêlés*. (II, 103.)

SE MÊLER DANS :

Voilà... bien des matières pour la guerre civile, qui, *se mêlant dans* une étrangère,... peut porter l'État sur le penchant de sa ruine. (III, 385.)

SE MÊLER DE, suivi d'un substantif ou d'un infinitif :

Le secret n'est pas si rare que l'on le croit entre les gens qui ont accoutumé de *se mêler de* grandes affaires. (I, 176.)

Il faut que ce dernier *se soit mêlé d'*un étrange métier. (IV, 207.)

Le premier qui *se mêla de* porter des paroles de Monsieur le Prince à la Cour de Cologne, fut le nommé Gourville. (V, 407.)

MÊME, adjectif :

Comme je savois qu'elle avoit une sœur, qui possédoit plus de quatre-vingt mille livres de rente, je songeai au *même* moment à la double alliance. (I, 92.)

De concert avec Monsieur son mari et avec elle, je fis le pas dont je viens de vous rendre compte, et j'insinuai, du *même* concert, que l'on nous feroit plaisir de faire ouvrir la scène par M. d'Elbeuf. (II, 234.)

J'ai examiné comme vous les discours de MM. Cherrière,... et je suis tombé de moi-même dans vos *mêmes* sentiments. (VIII, 289.)

Sur-le-champ même :

Fuensaldagne... me renvoya dom Antonio Pimentel *sur-le-champ même*. (II, 498.)

Même, adverbe :

La première (*la vaillance*) est ordinaire et même vulgaire; la seconde (*la résolution*) est *même* plus rare que l'on ne se le peut imaginer. (I, 152.)

Il est constant que l'on en espéroit (*de la Reine*) des merveilles; et Bautru disoit qu'elle faisoit déjà des miracles, parce que les plus dévots avoient *même* oublié ses coquetteries. (I, 230.)

Une occasion considérable... donne à leur autorité (*à l'autorité des ministres*) un éclat... qui leur fait *même* tirer, dans les suites, du mérite de tout ce qu'ils ne font pas. (I, 233.)

Je m'appliquai bien davantage à tirer du mérite de ce que je n'y faisois pas (*dans le diocèse*) que de ce que je faisois; et ainsi je trouvai le moyen de prendre *même* des avantages de la jalousie de Monsieur de Paris. (I, 242.)

Un officier de ses gardes (*des gardes du duc d'Orléans*), ayant trouvé... mon drap de pied à ma place ordinaire,... l'ôta, et y mit celui de Monsieur.... Comme la moindre ombre de compétence avec un fils de France a un grand air de ridicule, je répondis *même* assez aigrement à ceux du chapitre qui m'y voulurent faire faire réflexion. (I, 257.)

Emery, surintendant des finances,... gouvernoit, *même* avec empire, le cardinal Mazarin, en tout ce qui regardoit le dedans du royaume. (I, 291.)

Le Plessis Guénégaut, secrétaire d'État, entra dans le parquet, et mit entre les mains des gens du Roi un arrêt du conseil d'en haut qui portoit, en termes *même* injurieux, cassation de celui d'union des quatre compagnies. (I, 313.)

Je vis le piége; mais je ne m'en pus défendre, et d'autant moins que le maréchal de la Meilleraie, qui n'avoit point de vue, y donna *même* avec impétuosité. (II, 24.)

Les efforts que j'avois faits la veille... m'avoient rendu si odieux parmi le peuple, que j'avois *même* couru fortune pour avoir voulu seulement m'y montrer un moment. (II, 46.)

Le Parlement donna, *même* avec gaieté, arrêt par lequel il étoit ordonné que très-humbles remontrances seroient faites à la Reine. (II, 73.)

Ces mêmes gens... passèrent tout d'un coup... de la peur *même* bien fondée à l'aveugle fureur. (II, 83.)

Cet arrêt... obligea la Reine de faire sortir de Paris Monsieur d'Anjou, tout rouge encore de sa petite vérole, et Mme la duchesse d'Orléans *même* malade. (II, 84.)

Cette déclaration... fut entamée et altérée sur des articles de rien, que le Cardinal devoit *même* observer avec ostentation, pour colorer les contraventions qu'il pouvoit être obligé de faire aux plus considérables. (II, 97.)

Il n'y avoit que la vigueur...

où l'on pût trouver *même* apparence de sûreté. (II, 139.)

Pourvu qu'ils le tirassent d'affaire (*le Parlement*), ils auroient *même* de la joie à nous y laisser. (II, 267.)

Nous leur mandâmes... de faire voir, *même* comme en confidence, au président de Mesme et à Mainardeau... un bout de lettre de moi à Longueil. (II, 320.)

L'autre considération qui m'obligea à faire ce pas fut que j'étois bien aise de faire *même* voir à nos généraux que.... (II, 359.)

TOUT DE MÊME QUE :

M. le cardinal Chigi... me répondit *tout de même que* si le Pape eût été en parfaite santé. (VII, 300.)

MÉMOIRE, masculin :

Je ne parle point ici de ce détail... parce qu'il n'y a point de *mémoire* de ce temps-là où vous ne le trouviez imprimé. (I, 239.)

M. de Bouillon... fit résoudre que M. le prince de Conti... diroit, dès le lendemain, au Parlement qu'il n'avoit donné, ni lui ni les autres généraux, les *mémoires* de leurs prétentions, que par la nécessité où ils s'étoient trouvés.... (II, 459.)

Voyez III, 179 et 180.

MÉMORIAL :

Ce fut lui qui écrivit... ce beau *mémorial* qui fut envoyé à votre honneur... au Parlement. (III, 308.)

Je prends la liberté de vous adresser un *mémorial* qui m'a été donné par le Signor Benedetto Millino. (VII, 185.)

MÉNAGE :

(*Mme de Guémené*) fut outrée, et moi plus qu'elle ; car enfin il s'étoit contracté une certaine espèce de *ménage* entre elle et moi, qui avoit souvent du mauvais *ménage*, mais dont toutefois les intérêts n'étoient pas séparés. (I, 133.)

.... Tantôt elle s'emportoit publiquement avec des injures atroces... contre moi. Quelquefois le *ménage* se rétablissoit pour quelques jours. (III, 170.)

MÉNAGEMENT :

Si il eût plu à la cour de se ménager, le parti de Monsieur le Prince eût eu... beaucoup de peine à se relever ; mais il n'y a rien... de plus difficile aux ministres que ce *ménagement*, dans le calme qui suit immédiatement les grandes tempêtes. (III, 39.)

Voyez II, 280 ; III, 213.

MÉNAGER, verbe :

Les provinces... demeuroient abattues et assoupies.... Les parlements... étoient comme insensibles aux misères présentes.... Les grands s'endormoient paresseusement dans leurs lits.... Si cette indolence générale *eût été ménagée*, l'assoupissement eût peut-être duré plus longtemps. (I, 290.)

Je *ménageai* avec soin ces dispositions. (II, 121.)

Les corps poussent toujours avec trop de vigueur les fautes des ministres,... et ils ne *ménagent* presque jamais leurs imprudences. (II, 105.)

Le cardinal... lui proposa (*à Monsieur le Prince*) que le Roi lui achèteroit le comté de Montbéliar,... et il donna charge à Herballe de *ménager* cette affaire avec le propriétaire, qui est un des cadets de la maison de Wirtemberg. (II, 530.)

Cet homme... (*Émery*), qui connoissoit Paris,... y jeta de l'argent, et... il l'y jeta même assez à propos. C'est une science particulière, et laquelle bien *ménagée* fait... de bons effets dans un peuple. (II, 545.)

Il... conjuroit les uns et les autres de lui permettre de *ménager*, pour les premiers jours, les esprits de dom Joseph de Illescas, et de dom Francisco Pizarro. (II, 328.)

Je commençai à *ménager*, sans affectation, les chanoines et les curés. (I, 179.)

Je pris en même temps celle (*la résolution*) de me précautionner contre les mauvaises intentions du ministre : et du côté de la cour même, en y agissant avec autant de sincérité et de zèle que de liberté ; et du côté de la ville, en y *ménageant* avec soin tous mes amis. (II, 8.)

Les autres me décrioient comme factieux, dès que je *ménageois* les moindres égards pour conserver mon crédit dans le peuple. (III, 89.)

Se ménager avec :

Elle ne laissoit pas de *se ménager* soigneusement, à toutes fins, *avec* la cour. (III, 167.)

MÉNAGÈRE, femme qui soigne les animaux d'une ménagerie :

Ne faites point encore de réponse à D. Lopin sur la *ménagère*. (VIII, 213.)

Voyez encore VIII, 226.

MENER :

Je l'y trouvai dans un carrosse de louage, que le chevalier de la Vieuville *menoit*. (III, 454.)

Mener battant. Voyez Battant.

MERVEILLEUX, merveilleuse :

Il alla annoncer le mien (*mon retour*) à Compiègne avec une joie *merveilleuse;* mais elle ne fut pas si grande parmi mes amis, quand je leur eus communiqué ma pensée ; j'y trouvai une opposition *merveilleuse*. (II, 524.)

Il témoigna des amitiés *merveilleuses* à Mme de Montbazon. (III, 65.)

MESSIRE :

A *Messire* André du Saussay, nommé à l'Évêché de Toul, Salut. (VI, 222.)

.... *Messire* Jean François de Gondy, Archevêque de Paris. (IX, 45.)

MESURE :

Après ce que le Parlement a fait aujourd'hui, il n'y a plus de *mesure*, et peut-être qu'il nous révoquera demain. (II, 377.)

Les Espagnols, qui savoient qu'il n'y avoit que moi à Paris qui fût proprement maître du peuple, et qui voyoient que je ne leur faisois point parler, commençoient à s'imaginer que je pouvois avoir quelque *mesure* à la cour qui m'en empêchoit. (II, 233.)

Je connus par tout ce que me dit Châtillon que Monsieur le Prince n'avoit nulles *mesures* particulières avec la cour. (II, 76.)

Saint-Ibar... me pressa de prendre des *mesures* avec Espagne. (II, 63.)

Ce même Broussel, avec lequel il avoit pris lui-même des *mesures*, fut celui qui ouvrit l'avis de l'arrêt. (II, 85.)

.... Aussitôt après qu'il eut pris des *mesures* avec Broussel et avec Longueil. (II, 100.)

MÉTROPOLITAIN, pris substantivement : l'archevêque dont dépendent les évêques :

Si un évêque... est pris par des païens,... ce n'est pas le *métropolitain*, mais le chapitre, qui doit administrer le diocèse. (V, 122.)

Voyez encore IX, 48.

Métropolitaine, métropole :

Le chapitre de notre *Métropolitaine*.... (VI, 114, 118.)

METTRE, sens divers :

Mme de Rhodes, qui avoit ce soir-là un carrosse de deuil tout neuf, voyant qu'il pleuvoit, me pria de la *mettre* dans le mien. (IV, 37.)

Clanleu, que nous *avions mis* dans Charenton avec trois mille hommes, eut avis que Monsieur d'Orléans et Monsieur le Prince marchoient à lui avec sept mille hommes de pied et quatre mille chevaux et du canon. (II, 213 et 214.)

On ne parla que peu de cette affaire, et encore fut-ce par l'indiscrétion de Noirmoutier, qui l'ayant apprise du marquis de Boisy, la *mit* un peu dans le monde. (I, 89.)

Il y avoit déjà quelque temps qu'il m'avoit fait assurer par Montrésor qu'il seroit très-aise de prendre liaison avec moi, et... je prévoyois bien l'usage auquel je le pourrois *mettre*. (II, 192.)

Le Pape m'*a mis* des trois congrégations *de' Vescovi e Regolari, dell' Immunità ecclesiastica, e della Signatura di gratia*. (VII, 33.)

Il espéroit qu'il se distingueroit beaucoup par cet emploi, qui le *mettroit* dans la négociation sans le tirer de la guerre. (II, 363.)

M. le Tellier, M. Servien,... que j'*ai mis* depuis sur cette matière cent et cent fois.... (III, 353.)

Il ne m'en parla en façon du monde, et il affecta même de me *mettre* sur des matières tout à fait indifférentes. (VII, 187.)

Monsieur de Lisieux... me dit le lendemain... que si M. le cardinal de Richelieu eût vécu, il m'eût infailliblement rétabli dans son esprit. Ce qui y *mettoit* le plus de disposition étoit que Monsieur de Lisieux l'avoit assuré que... je n'avois jamais voulu être des amis de Monsieur le Grand. (I, 200.)

Montrésor, qui l'informoit (*qui informoit M. de Beaufort*) avec exactitude des obligations qu'il m'avoit, *avoit mis* toutes les dispositions nécessaires pour une grande union entre nous. (II, 193.)

Toutes les dispositions dont je vous viens de parler *étant mises*, Mme de Chevreuse ouvrit la tranchée. (III, 150.)

Voyez la note 3 de la page indiquée.

Cette distinction qu'elle *mit* entre M. de Turenne et moi me plut. (I, 192.)

.... La distinction qu'il *mettoit* entre le gouvernement et la conduite d'une armée. (III, 196.)

METTRE, entrant dans différentes locutions :

Un crocheteur *mit un sabre à la main*. (II, 26.)

M. de Bouillon... me pria... de lui *mettre par écrit* tout ce que j'avois encore à lui dire. (II, 272.)

.... Des gens qui *mettoient leur intérêt à me ruiner*. (III, 135.)

Il perdoit, ou du moins... il *mettoit à part* ces velléités.... (III, 166.)

Ces deux dernières (*années*) jointes ensemble nous *mettent au-dessus des* appréhensions que nous avons eues. (II, 341.)

METTRE EN EFFIGIE, METTRE AUX MAINS, METTRE EN PERSPECTIVE; etc. Voyez EFFIGIE, MAINS, PERSPECTIVE, etc.

SE METTRE :

Le Parlement ordonna que Madame la Princesse *se mît* chez M. de la Grange. (III, 30.)

Mlle de Vendôme... étoit aimable à tout prendre et en tout sens. Je suivis ma pointe, et je trouvois des commodités merveilleuses.... Je n'allai pourtant pas à tout.... J'allai toutefois très-loin et longtemps, car je ne fus arrêté dans ma course que par son mariage.... Elle *se mit* dans la dévotion ; elle me prêcha; je lui rendis des portraits, des lettres et des cheveux. (I, 196.)

Ce n'est pas que, depuis avoir donné la direction de mon diocèse à cet Officier, je ne *me sois mis* encore en toutes sortes de devoirs, et n'aie tenté par moi-même et par mes amis toutes les voies imaginables de soumission et de respect. (VI, 237.)

SE METTRE SUR :

Laigue *se mit sur* les lamentations de ma conduite. (II, 37.)

SE METTRE À LA RAISON. Voyez RAISON.

MEUBLE, sens collectif :

On ira, l'épée à la main, exécuter (*saisir*) ton *meuble* pour la solde de l'armée. (V, 432.)

MÉVENDRE, vendre à perte :

Chevincourt me mandoit... que je ne courois aucune fortune par le désordre des affaires de Mme Couturier, non pas même quand Villepreux se *mévendroit* de beaucoup. (VIII, 270.)

MIDI (LE), l'heure de midi :

Longueil... l'avoit été voir sur *le midi*. (II, 275.)
Mme de Chevreuse nous envoya querir sur *le midi*. (III, 64.)

MIGNARDER :

Posidonius (Tu as beau faire, ô douleur, disoit-il, je n'avouerai jamais que tu sois mal) étoit un affronteur, et celui qui entreprenoit de se faire *mignarder* aux plus poignantes douleurs, avoit sans doute plus de vanité que de constance. (XI, 149.)

MILIEU :

Le Parlement... sera toujour *le milieu* par lequel nous tiendrons le peuple. (II, 341.)

MILORD :

Il y arriva avec le *milord* Taf. (III, 111.)
Je les portai (*les quinze cents pistoles*) au *milord* Taf, pour le roi son maître. (III, 114.)
Milord Germain lui en donna une (*une chemise*). (III, 111.)

MINE :

.... Un homme qui étoit vraiment son cousin germain, mais qui n'avoit apporté dans son alliance qu'une roture fort connue, la plus petite *mine* du monde et un mérite... fort commun. (I, 107.)
Il (*Jean-Louis de Fiesque*) étoit parfaitement bien fait; il avoit la *mine* haute.... (V, 609.)
Les dogmatistes... n'ont pourtant rien fait qu'emprunter le visage de l'assurance pour en avoir meilleure *mine*. (IX, 154.)
Ce parti, formé dans la cour par M. de Beaufort, n'étoit composé que de quatre ou cinq mélancoliques, qui avoient la *mine* de penser creux; et cette *mine* fit peur à M. le cardinal Mazarin. (I, 223 et 224.)
Je m'en vais à Saint-Mihiel passer la fête, et comme je n'en reviendrai que lundi, j'ai toute la *mine* de ne point écrire ce jour-là. (VIII, 552.)

FAIRE LA MINE DE :

Mosnier n'est pas si résolu de quitter sa charge qu'il *en a fait la mine*. (VIII, 288.)

MINIMES (LES) :

.... Le même discours que je fis en votre présence dans *les Minimes*. (VIII, 511.)

MINISTÈRE :

Quoique le Roi en eût une joie incroyable (*de la mort de Richelieu*), il voulut conserver toutes les apparences ;... il maintint dans le *ministère* toutes ses créatures, *etc*. (I, 201.)
Il (*Mazarin*) porta le filoutage dans le *ministère*;... et ce filoutage faisoit que le *ministère*, même heureux et absolu, ne lui seyoit pas bien. (I, 287.)

MINISTÉRIAT :

MM. les cardinaux de Richelieu et Mazarin... avoient confondu le *ministériat* dans la pourpre. (IV, 184.)
Le *ministériat*... étoit encore moins à mon goût qu'à ma portée. (IV, 224.)

Voyez encore IV, 223.

MINISTRE, sens divers :

Cet homme (*le président le Coigneux*),... ayant été en Flandre *ministre* de Monsieur, avoit plus de connoissance du monde que les autres. (II, 66.)

Le *ministre* qui, en l'absence de l'ambassadeur, résidoit à Paris pour la république de Venise.... (III, 109.)

Monsieur le Chancelier le mande;... au lieu de trouver un asile dans la Maison du premier *Ministre* de la Justice.... (VI, 259.)

.... La confirmation des Néophytes et l'ordination des *Ministres* ecclésiastiques. (VI, 373.)

Sous-ministre :

Nous le mènerions (*nous mènerions Monsieur*) de ce pas sur nos relais à Sedan, dans un intervalle où l'abattement des *sous-ministres*, joint à la joie que le Roi auroit d'être délivré de son tyran (*Richelieu*), auroit laissé la cour en état de songer plutôt à le rechercher qu'à le poursuivre. (I, 146.)

J'eus ordre de faire agréer à la Reine que Monsieur se déclarât dans le Parlement contre les trois *sous-ministres*. (III, 407.)

Voyez encore III, 408.

MINISTREAU, sous-ministre :

Elle (*la Reine*) voudra que je lui promette que je ne concourrai pas à pousser les *ministreaux*. (III, 405.)

MINUIT (Le), l'heure de minuit :

M. de Bouillon et moi... fûmes dépêcher... un courrier à Bruxelles, qui partit sur *le minuit*. (II, 265.)

Voyez la note 1 de la page indiquée.
Voyez encore III, 21.

MINUTES (Par les) :

Je voyois un prince... prêt... à être déclaré... général des troupes, qui n'en avoient point, et qui en avoient un besoin pressant *par les minutes*. (II, 146.)

Voyez la note 4 de la page indiquée.

MISÉRABLE :

Ces *misérables* gazetiers de ce temps-là ont forgé sur ce fond des contes de Peaux d'ânes. (III, 256.)

.... Les *misérables* gazettes de ce temps-là. (IV, 224.)

MITIGER (Se) :

Monsieur... crut qu'il pouvoit, avec sûreté,... *se mitiger* un peu (III, 430.)

MITONNER. Voyez Mittoner.

MITOYEN, mitoyenne :

Lorsque l'on se trouve en cet état, que l'on peut appeler *mitoyen*, l'on prend les occasions, mais l'on ne les cherche pas. (III, 142.)

Caumartin... se servit... de ces lumières pour lui proposer ma promotion comme une voie *mitoyenne* entre l'abandonnement au Cardinal et le renouvellement de la faction. (III, 166.)

MITRE d'archevêque :

Il n'y avoit que le chapeau de cardinal qui pût m'égaler à l'un et à l'autre par la dignité, et... la *mitre* de Paris ne pouvoit, avec tous ses brillants, faire cet effet. (III, 141.)

Tout le monde fut ravi de se raccommoder avec moi, dans un moment où la *mitre* de Paris recevoit un aussi grand éclat de la splendeur du bonnet. (IV, 186.)

MITRÉ :

Si Monsieur de Beauvais n'eût pas été une bête *mitrée*.... (I, 229.)

MITTONER, mitonner, actif, au figuré :

Ainsi nous *mittonerions* les choses, ce fut son mot (*le mot de M. de Bouillon*). (II, 393.)

MODALEMENT :

Saint Bonaventure veut que ces durées soient réelles, et réellement ou au moins *modalement* distinctes des choses qui durent. (IX, 312.)

MODE, féminin :

ÊTRE À LA MODE :

Ma conduite me réussit, et au point qu'en vérité, je *fus* fort *à la mode* parmi les gens de ma profession. (I, 180.)
Nous résolûmes... de prendre des cordons de chapeaux qui eussent quelque forme de fronde. Un marchand affidé nous en fit une quantité.... L'effet que cette bagatelle fit est incroyable. Tout *fut à la mode*, le pain, les chapeaux, les canons, les gants, les manchons, les éventails, les garnitures; et nous *fûmes* nous-mêmes *à la mode* encore plus par cette sottise que par l'essentiel. (II, 495.)

À LA MODE DE, À MA MODE, À SA MODE, etc. :

Ils (*les envoyés de l'Archiduc*) vouloient toujours un engagement pour la paix générale; mais ils le vouloient *à la mode de* M. de Bouillon. (II, 354.)
Il voulut le bien, mais il ne le voulut qu'*à sa mode*. (II, 96.)
.... Le faire opiner (*faire opiner le Parlement*) *à notre mode*, à quoi il ne manquera pas. (II, 340.)
Les uns vouloient la sûreté et l'honneur du parti,... comme M. de Montrésor, M. de Vitri,... M. de Brissac, *à sa mode* paresseuse. (III, 139.)
Je ne trouvai pas qu'elle me répondît *à ma mode*. (III, 169.)

Voyez II, 127, 275, 313, 470 et 515; III, 252; V, 302.

MODÉRER À :

La Reine... *modéroit* aussi les trois années de défenses de s'assembler, *à deux*. (II, 365.)

MŒURS, masculin :

Je n'ignorois pas de quelle nécessité est la règle des *mœurs* à un évêque. Je sentois que le désordre scandaleux de *ceux* de mon oncle me l'imposoit encore plus étroite... qu'aux autres. (I, 216.)

Voyez la note 4 de la page indiquée.

MOINS :

PEU MOINS QUE :

.... Charton, président aux requêtes, *peu moins que* fou. (II, 58.)
La proposition... fut *peu moins que* sifflée. (II, 244.)

RIEN MOINS, RIEN MOINS QUE :

Vous croyez sans doute l'affaire bien avancée. *Rien moins*. (I, 175.)
Cette irrésolution... n'a pu venir en lui de la fécondité de son imagination, qui n'est *rien moins que* vive. (II, 181.)

DU MOINS :

M. de Vendôme envoya en forme sa malédiction à son fils, si il n'obtenoit *du moins* la surintendance des mers. (II, 456.)

MOLET, petite frange dont on garnit les meubles :

M. des Armoises, qui se connoît assez en meubles, soutient que la plus grande partie du *molet* d'or, qui est aux sièges de velours vert, est fausse. (VIII, 367.)

MOLLIR :

Le maréchal de la Mothe... se laissa toucher à l'honnêteté que Monsieur le Prince lui fit de le tirer de pair, et si il ne nous abandonna pas, il *mollit* beaucoup. (II, 572.)
Je m'aperçus que l'on se servoit de mon absence pour faire croire que je *mollissois* à l'égard du Mazarin. (III, 327.)

Voyez II, 70 et 140; III, 300 et 370.

MOMENT :

Monsieur le Comte est tué dans le *moment* de sa victoire. (I, 175.)
Il y a des feux qui embrasent

tout : l'importance est d'en connoître et d'en prendre le *moment*. (I, 164.)

Le conseil d'Espagne ne manquera pas d'épier assidûment dans la suite tous les *moments* de cette affaire pour en convertir tout ce qui lui sera possible à ses avantages particuliers. (VII, 3.)

La Reine... se mit entre les mains de M. le cardinal Mazarin. Vous pouvez juger qu'il ne me fut pas difficile de trouver ma place dans ces *moments*. (I, 210.)

DE MOMENT À AUTRE, de moment en moment :

Je savois, *de moment à autre*, tout ce qui se passoit entre eux. (II, 291.)

Ces contestations, jointes... aux chicanes qui recommençoient *de moment à autre*.... (II, 365.)

Voyez encore II, 413.

DU MOMENT QUE :

Comme il sut que Monsieur d'Orléans les avoit faites (*ces propositions*) aux députés de Bordeaux, comme il est vrai qu'il les leur fit *du moment que* je lui eus rapporté les sentiments du Premier Président.... (III, 80.)

MOMERIE :

Le Roi mourut. M. de Beaufort... se mit en tête de gouverner.... Monsieur l'évêque de Beauvais... prit la figure de premier ministre.... La Reine eut honte de cette *momerie* de ministère. (I, 209.)

MONDE :

Il fit vanité de donner au *monde* toutes les démonstrations d'un amant irrité. (I, 220.)

L'apparition d'un héraut, qui paroissoit comme sorti d'une machine, à point nommé, ne marquoit que trop visiblement un dessein formé. Tout le Parlement le voyoit comme tout le reste du *monde*. (II, 224.)

MONDE, entrant dans certaines locutions :

Le cardinal de Richelieu... distinguoit plus judicieusement qu'*homme du monde* entre le mal et le pis, entre le bien et le mieux. (I, 282.)

Je ne me flattai *en façon du monde* de cette espérance. (II, 355.)

HOMME DU MONDE :

Le Coadjuteur est *homme du monde*; il a de l'esprit. (II, 19.)

M. de Brissac... étoit bien plus *homme du monde* que de négociation. (II, 475.)

MONITION, avertissement précédant l'excommunication :

On a encore employé les mains du bourreau pour brûler les deux *Monitions* paternelles de ce Grand Vicaire. (VI, 190.)

Voyez encore VI, 337.

MONITOIRE, citation, juridique ou autre, faite sous peine d'excommunication :

Les gens du Roi... conclurent à ce que... l'on publieroit *monitoire*, pour être informé de la vérité de ces commerces. (IV, 63.)

MONOMACHIE, combat singulier, duel, dans le jargon attribué au duc de Beaufort :

Un bonhomme de la Grand'-Chambre... me loua de ce que je n'étois pas adonné à la *monomachie*. (V, 208.)

Voyez tome V, p. 207, note 1.

MONSEIGNEUR :

.... De demander à *Monseigneur* l'Archevêque une procession générale. (III, 205.)

MONSIEUR, MESSIEURS, emplois divers :

Il (*M. de Longueville*) la supplia (*supplia la Compagnie*) de trouver bon que, pour sûreté de son engagement, il fit loger à l'Hôtel de Ville Madame sa femme, *Monsieur* son fils et Mademoiselle sa fille. (II, 164.)

Auriez-vous, Monsieur, plus de peine à soutenir ce poids que *Messieurs* votre aïeul et bisaïeul n'en ont eu à s'accommoder aux caprices des ministres de la Rochelle? (II, 108.)

Voici en propres paroles ce que je lui répondis (*à Monsieur le Prince*) : « Je conviens, *Monsieur*, de toutes les maximes générales. » (II, 102.)

Votre Altesse (*s'adresse à Monsieur le Prince*) me disoit dernièrement, *Monsieur*, que cette disposition du peuple n'étoit qu'une fumée. (II, 104.)

MONSIEUR, en parlant des archevêques et des évêques :

Je lui témoignai joie de ce que *Monsieur* de Paris (*l'archevêque de Paris*) m'avoit tiré d'embarras. (I, 255.)

Monsieur le Cardinal dit à *Monsieur* de Lisieux (à *l'évêque de Lisieux*)... que j'étois ami de tous ses ennemis, et *Monsieur* de Lisieux lui répondit.... (I, 200.)

.... *Monsieur* de Sens (*l'archevêque de Sens*).... *Messieurs* d'Arles et de Châlon (*l'archevêque d'Arles et l'évêque de Châlons-sur-Marne*). (I, 264.)

Voyez I, 102, 183, 205, 208, 210, 229, 239, 242, 243 et 248; II, 38, 577 et 579, etc.

Je parlois au nom et de *Monsieur* l'Archevêque et de toute l'Église de Paris. (I, 252.)

Ma place ordinaire (*à Notre-Dame*)... étoit immédiatement au-dessous de la chaire de *Monsieur* l'Archevêque (*de Paris*). (I, 257.)

Je supplie *M*. l'Évêque de Toul de croire.... (VI, 149.)

.... La recommandation de *M*. l'évêque de Lavaur. (VIII, 395.)

Voyez I, 255; II, 8; VI, 215; VIII, 398, 463 et 464.

MONSIEUR, en parlant du général d'un ordre ou d'un curé :

.... La lettre que j'écrivis, il y a huit jours, à *Monsieur* de Prémontré (*au P. Colbert, général de Prémontré*). (VII, 246.)

.... Laissant dans la même charge M. de Saint-Séverin (*le curé de Saint-Séverin*). (VI, 278.)

MONSIEUR, titre donné à différents seigneurs ou princes ; MONSIEUR LE DUC, MONSIEUR LE PRINCE, absolument :

Le marquis de Gatinare, envoyé de *Monsieur* de Savoie vers Sa Sainteté.... (VII, 255.)

Clanleu..., eut avis que *Monsieur* d'Orléans (*le duc d'Orléans*) et *Monsieur le Prince* marchoient à lui avec sept mille hommes de pied et quatre mille chevaux et du canon. (II, 214.)

Cet arrêt... obligea la Reine de faire sortir de Paris *Monsieur* d'Anjou. (II, 84.)

Voyez I, 323 et 324; II, 85 et 100.

La cour ne craignoit rien tant au monde que la rupture entre Monsieur et *Monsieur le Duc*; Monsieur le Prince l'appréhendoit encore davantage. (I, 262.)

Monsieur le Duc, qui est Monsieur le Prince d'aujourd'hui.... (I, 225.)

Monsieur le Prince, qui étoit Monsieur le Duc en ce temps-là.... (I, 228.)

Voyez encore (pour *Monsieur le Duc*) I, 235, 238, 239, 261, 262 et 269; et (pour *Monsieur le Prince*) I, 121, 224, 225, 230, 235; II, 76, 77, 78, 81, 83, 84, 85, 87, 96; et *passim*.

MESSIEURS (DU PARLEMENT, etc.):

Le Roi Catholique... avoit commandé à Monsieur l'Archiduc d'assurer *Messieurs du Parlement*... qu'il les reconnoissoit de très-bon cœur et avec joie pour arbitres de la paix. (II, 252.)

Je suppliois *Messieurs* de me

permettre de lui donner une marque de celui (*du respect*) que j'avois pour lui. (II, 255.)

Il a proposé au Parlement de surseoir la vérification pendant quinzaine, dans laquelle il promet d'accommoder les affaires, et vouloit qu'on délibérât sur sa proposition, séparément et avant toutes choses. *Messieurs* ne se sont pas tous trouvés de cet avis. (VIII, 48.)

Messieurs des Enquêtes.... (II, 260.)
Messieurs du Conseil.... (I, 297.)
Voyez II, 49 et 52; III, 501.

Monsieur le Grand :

Quoique j'eusse lieu de me croire perdu à la cour, je n'avois jamais voulu être des amis de *Monsieur le Grand* (*de Cinq-Mars, grand écuyer de la petite écurie*). (I, 200.)

MONSIGNOR :

.... *Monsignor* Chigi, secrétaire d'État, qui a été depuis le pape Alexandre VII. (IV, 134.)

MONSTRE :

L'action d'Anaxarchus est un *monstre* en morale. (IX, 149.)

MONTRE, action de montrer :

La reine d'Espagne... n'avoit commandé à son ambassadeur de faire la *montre* de ce paquet que pour sonder l'intention du Pape. (VII, 243.)

MONTRER de :

Jean-Louis... *montra* plus que personne *de* prendre part à sa guérison. (V, 637.)

Montrer le nez. Voyez Nez.

MORALE :

Il n'y a de véritables histoires que celles qui ont été écrites par les hommes qui on été assez sincères pour parler véritablement d'eux-mêmes. Ma *morale* ne tire aucun mérite de cette sincérité; car je trouve une satisfaction si sensible à vous rendre compte de tous les replis de mon âme,... que la raison, à mon égard, a beaucoup moins de part que le plaisir dans la religion et l'exactitude que j'ai pour la vérité. (I, 191.)

MORCEAU :

.... Monsieur avoit mangé un *morceau* à la buvette. (III, 238.)

Le Cardinal se pourroit fort facilement tromper dans ses mesures, et.... Paris seroit un *morceau* de dure digestion. (II, 115.)

MORDRE à, au figuré :

M. d'Orléans fit entendre à la compagnie qu'il seroit à propos de prendre garde que ceux qui étoient saisis des deniers publics ne les emportassent à la Cour, mais ces Messieurs n'y voulurent pas *mordre*. (VIII, 73.)

MORTEL, adjectif :

.... Que... nous tomberions, si l'une de nos cordes manquoit, dans la nécessité de recourir au peuple, ce que je tenois le plus *mortel* de tous les inconvénients. (II, 348.)

MORTIER (Président au) :

Cinq *présidents au mortier* et plus de vingt conseillers se jetèrent dans la foule pour s'échapper. (II, 51.)

MOT :

Dire le bon mot :

Comme je le priois (*le Premier Président*) de ne se point exposer au moins que je n'eusse fait mes efforts pour adoucir le peuple, il se tourna vers moi d'un air moqueur, et il me dit cette mémorable parole, que je vous ai racontée plus d'une fois : « Ha! mon bon seigneur, *dites le bon mot.* » Je vous confesse que, quoiqu'il me témoignât assez par là qu'il me croyoit l'auteur de la sédition.... (II, 402.)

MOURIR :

Mlle de Retz... avoit les plus beaux yeux du monde; mais ils n'étoient jamais si beaux que quand ils *mouroient*. (I, 96.)

MOUSQUETADE :

Il vaut mieux demeurer dans la rue de Béthisy que de s'exposer... aux *mousquetades*. (V, 210.)

MOUVEMENT, au propre et au figuré :

Je pris la liberté de lui représenter qu'un prince du sang doit plutôt faire la guerre civile que de remettre rien ou de sa réputation ou de sa dignité; mais qu'aussi il n'y avoit que ces deux considérations qui l'y puissent judicieusement obliger, parce qu'il hasarde l'une et l'autre par le *mouvement*, toutes les fois que l'une ou l'autre ne le rend pas nécessaire. (I, 154.)

L'on craignoit que Mme de Longueville, qui avoit été reçue dans le château de Dieppe par Montigni, domestique de Monsieur son mari, et Chamboi, qui commandoit pour lui dans le Pont-de-l'Arche, ne fissent quelque *mouvement*. (III, 26.)

Comme rien n'anime et n'appuie plus un *mouvement* que le ridicule de ceux contre lesquels on le fait, je conçus qu'il nous seroit aisé d'y tourner de tout point la conduite d'un ministre, etc. (I, 163.)

J'abandonnai mon destin à tous les *mouvements* de la gloire. (II, 38.)

Madame sa femme... n'agissoit en quoi que ce soit que par les *mouvements* d'Espagne. (II, 121.)

C'est par le *mouvement* de cette même passion qu'on fit sortir mes Grands Vicaires de Paris, qu'on les bannit.... (VI, 335.)

Il l'avoit soutenu,... contre le *mouvement* de sa conscience, par la seule considération de la Reine. (IV, 104.)

Le *mouvement* de ma conscience m'obligeoit à ne pas perdre l'occasion présente de m'expliquer. (VII, 84.)

L'avarice insatiable du connétable de Montmorenci lui donna bien plus de *mouvement* à étendre l'autorité de François premier qu'à la régler. (I, 273.)

J'avois reconnu, dans la conversation de quelques-uns d'entre eux, des *mouvements* qui m'obligèrent à y faire réflexion. (I, 160.)

Ce *mouvement* de conserver la Rivière fut inspiré au Cardinal par M. le Tellier. (III, 21.)

Pour ce qui étoit du cardinalat,... je lui allois découvrir avec sincérité... quels étoient mes *mouvements* sur cette dignité. (III, 46.)

M. de Nemours, amoureux de Mme de Châtillon, trouvoit dans la crainte de s'en éloigner des obstacles aux *mouvements* que la vivacité de son âge... lui pouvoit donner pour l'action. (III, 362.)

Ceux qui en sont possédés (*de la peur*) aiment et retiennent les expressions qu'elle leur inspire, même dans les temps où ils se défendent, ou plutôt où l'on les défend des *mouvements* qu'elle leur donne. (III, 374.)

Le pape Paul IIIe... lui avoit inspiré les plus forts *mouvements* du dessein d'entreprendre sur Gênes. (V, 518.)

Je ne doute pas que vous ne sentiez dans vous-même que votre *mouvement*, qui a été empêché par les défenses qu'on vous a faites d'avoir aucun commerce avec moi, n'est ni assez naturel ni assez libre pour une fonction à laquelle la force que les membres doivent tirer du chef est aussi essentielle que le titre. (VI, 425.)

La Reine se mit en colère.... Elle fut plus d'un demi-quart d'heure dans de grands *mouvements*. (III, 315.)

Pardonnez à l'importance du

sujet qui nous ouvre la bouche, ces pathétiques *mouvements* d'une douleur amère. (V, 294.)

MOYEN :

Aussitôt qu'elles (*les lois*) perdirent leur force, celle des empereurs s'évanouit, et elle s'évanouit par le *moyen* de ceux mêmes qui... convertirent en leur propre substance celle de leurs maîtres. (I, 279.)

MOYENNER :

Monsieur le Prince... protégeoit le Tellier, Servien et de Lionne, comme étant ceux qui lui *moyennoient* cette belle province maritime (*la Provence*), qui étoit le prix dont on lui payoit le retour du Cardinal. (V, 390.)

J'ai bien de la joie du traité que M. l'abbé de Saint-Mihiel *a moyenné*. (VIII, 416.)

MUID, nom de mesure :

On accorda de laisser passer cent *muids* de blé par jour pour la Ville. (II, 314.)

Voyez encore II, 364.

MÛRIR, actif :

Il *avoit* un peu *mûri* son humeur précipitée. (V, 201.)

MURMURATEUR :

Je suis obligé de tirer de ce nombre de *murmurateurs* domestiques Malcler.... (V, 111.)

MUTATION, changement :

Sur ce que la Reine lui avoit reproché qu'il l'avoit comme forcée au changement du Conseil qui avoit paru aussitôt après sa liberté, il répondoit qu'il n'avoit eu aucune part à cette *mutation*. (III, 483.)

MUTUS, sorte d'interjection pour recommander le silence (c'est sans doute le mot latin *mutus*, muet) :

Si l'on vous interroge sur M. de Montmorency, *mutus*, hors pour M. de la Houssaye. (VIII, 144.)

Voyez la note 11 à la page indiquée.

N.

NAISSANCE :

Le cardinal de Richelieu avoit de la *naissance*. Sa jeunesse jeta des étincelles de son mérite. (I, 281.)

Voyez encore I, 283.

NAÎTRE :

.... L'occasion toute naturelle et toute *née* que j'avois d'aller faire ma cour (*au Pape*) à Castel. (VII, 82.)

NARRÉ, substantif, narration :

Monsieur... fit un petit *narré* de ce qui s'étoit passé la nuit. (III, 266.)

NATIONAL, en parlant des *cardinaux nationaux*, c'est à dire choisis dans les diverses nations de la chrétienté :

Quoique François et cardinal *national*.... (VII, 71.)

Ayant désiré que je me plaignisse, comme cardinal *national*, à Mgr Ugolino, auditeur du Pape.... (VIII, 277.)

Martin V° a fait dix cardinaux *nationaux*.... Adrian VI°, un seul, qui étoit *national*. (VII, 329 *et* 330.)

Sixte V°... trouva beaucoup de *nationaux* encore vivants lorsqu'il fut élevé au pontificat. (VII, 330.)

L'on observe religieusement de mettre dans la Rote, qui n'est qu'un tribunal de matières légales, quatre auditeurs *nationaux*. (VII, 335.)

.... Que, de tout un Collége que l'on peut appeler le sénat chrétien, il n'y eût que la dix-huitième partie qui fût *nationale*. (VII, 335.)

NATURALISER (Se) :

.... Si il se pouvoit résoudre à *se naturaliser* Espagnol, portant comme il le porte le nom de Bourbon. (II, 330.)

NATURALITÉ :

Je vous recommande les lettres de *naturalité* du seigneur Carlo. (VIII, 311.)

NATUREL, substantif :

Je conserverai toujours pour ma Maison tout le bon *naturel* que je lui dois. (VI, 87.)

NE :

Je ne pouvois ignorer que je *ne* fusse très-mal dans l'esprit du Cardinal. (II, 6.)

Je connoissois le Cardinal pour un esprit qui n'eût pas pu s'empêcher de croire qu'il *n*'y eût une arrière-boutique partout où il y avoit de la place pour la bâtir. (III, 211.)

Ce que les Espagnols ont dit... me feroit soupçonner que le premier bruit qu'il y a eu de leurs instances sur ce sujet auprès du Pape *ne* fût véritable. (VII, 134.)

NE... QUE :

La Reine... me dit... qu'elle n'eût jamais cru que j'eusse été capable de lui manquer.... Il ne me fut pas difficile de la mettre en état de *ne* pouvoir *que* me dire sur mes raisons. (I, 248.)

NÉANT :

HOMME DE NÉANT, GENS DE NÉANT :

.... Chavigny, *homme de néant* de la lie du peuple. (V, 240.)

On fut bien empêché de trouver les raisons qui purent obliger un grand prince de quitter le chapeau de cardinal à un *homme de néant*. (V, 371.)

J'admire... l'insolence de ces *gens de néant* en tout sens, qui... n'ont laissé aucun événement dont ils n'aient prétendu avoir développé l'origine. (III, 354.)

NÉCESSITÉ :

Il proposeroit à la Reine que M. le duc d'Orléans et lui écrivissent au Parlement, et le priassent d'envoyer des députés pour conférer et pour essayer de remédier aux *nécessités* de l'État. (II, 85.)

Elle (*l'Espagne*) est si pressée, dans le dedans, par ses *nécessités* domestiques.... (II, 344.)

DE NÉCESSITÉ :

Il avoit été *de nécessité* de convenir, au préalable.... (II, 163.)

Il ne pouvoit plus y avoir de secret dans le traité, qui, *de nécessité*, devoit être en commun. (II, 240.)

Voyez II, 248; III, 94 et 274; VII, 10.

NÉCESSITER :

Je me trouvai *nécessité* à ne la pas même observer (*cette inaction*) pleinement et entièrement par les criailleries des partisans de Monsieur le Prince. (IV, 220.)

NÈFLE, dans le jargon attribué au duc de Beaufort :

J'ai souffert tout cela pour me conserver au public, comme si c'eût été des *nèfles*. (V, 208.)

Voyez la note 3 de la page indiquée.

NET :

Le procédé et si *net* et si habile de la Palatine.... (III, 178.)

.... Une conduite aussi *nette* que celle de Monsieur le Coadjuteur. (V, 177.)

M. de Fuensaldagne étoit un homme *net*, de qui... il n'y avoit rien à craindre. (II, 427.)

NET DE :

Monsieur le Coadjuteur est aussi *net du* Mazarin qu'il le fut jamais. (V, 393.)

NETTEMENT :

J'étois doublement pressé par

ces considérations de sortir *nettement* de cet engagement. (II, 462.)

NETTETÉ :

.... La *netteté* de mon procédé. (III, 137.)

Voyez encore III, 510.

NEZ (Montrer le), au figuré :

Le Parlement se plaignoit... de ce que les généraux ni les troupes n'osoient *montrer le nez* hors des portes. (II, 316.)

NI :

Y a-t-il un ministre *ni* un courtisan qui... n'ait tourné en ridicule...? (II, 281.)

Il s'éleva un cri... qui ordonna au président de Bellièvre d'écrire expressément au Premier Président de n'entendre à aucune proposition... *ni* même de ne résoudre quoi que ce soit. (II, 368.)

Je crois... peu que la postérité puisse souffrir, *ni* même ajouter foi à.... (II, 584.)

J'étois résolu de sortir... de tout ce qui s'appelle intrigue, devant que de faire *ni* souffrir un pas qui.... (III, 47.)

.... Si il se trouve que nous ayons, *ni* directement *ni* indirectement, contribué à ce qui a été du dernier mouvement. (II, 586.)

NICHE, au figuré :

Il faut quelqu'un pour remplir la *niche*. (III, 308.)

Tant que la *niche* de premier ministre sera vuide.... (III, 317.)

NOIR, au propre et au figuré :

.... Les vastes campagnes de Dunkerque toutes *noires* de bataillons. (V, 305.)

Longueil, homme d'un esprit *noir*, décisif et dangereux.... (II, 56.)

Le chevalier de la Valette, esprit *noir*, mais déterminé.... (II, 227.)

.... Ces âmes *noires* qui remplissent de poison les actions les plus innocentes. (V, 230.)

.... L'assassinat du monde le plus *noir* et le plus horrible. (IV, 73.)

Cette imposture est si *noire* et si grossière.... (VII, 106.)

NOIRCIR :

.... Le président de Maisons, *noirci* par tant de voleries. (V, 181.)

Les auteurs qui *l'ont noirci* de tant de calomnies.... (V, 588.)

Voyez III, 479; IV, 138.

NOISE :

Si il eût eu cette pensée, il lui eût été très-facile de la faire réussir en apostant deux hommes qui eussent commencé la *noise*. (III, 17.)

NOM :

M. d'Elbeuf, qui étoit grand saltimbanque de son naturel, commença la comédie par la tendresse qu'il avoit pour le *nom* françois. (II, 235.)

NOMBRE :

Nous allâmes ensemble au Palais-Royal, suivis d'un *nombre* infini de peuple. (II, 16.)

Ce *nombre* de séditieux, qui criailloit contre moi.... (III, 505.)

NOMMÉMENT :

L'amnistie fut accordée dans les termes que l'on demanda, et, pour plus grande sûreté, l'on y comprit *nommément* MM. le prince de Conti, de Longueville, de Beaufort.... (II, 473.)

.... Un cadet de Witemberg, qui étoit *nommément* à la solde du Roi Catholique. (IV, 85.)

.... La résolution qui avoit été prise de censurer *nommément* Guiménius. (VII, 97.)

Voyez encore VI, 226.

NOMMER :

Il n'étoit plus le même homme

si il arrivoit que l'on *nommât* par hasard le nom de Monsieur le Cardinal. (III, 514.)

Nommer pour :

M. le cardinal de Richelieu avoit dépossédé Monsieur l'évêque de Léon.... M. le cardinal Mazarin... vint lui-même dans l'assemblée (*du clergé*) porter parole de la restitution.... Je *fus nommé*, en sa présence, *pour* solliciteur de l'expédition, comme celui de qui le séjour étoit le plus assuré à Paris. (I, 269.)

NON, entrant dans diverses locutions :

Non pas :

Il est bien plus juste... que le Roi décide... que *non pas* Monsieur le Prince. (V, 394.)

Non pas seulement :

Non pas seulement j'opinai sur ce sujet, dans le Parlement,... mais j'obligeai même tous mes amis à opiner comme moi. (III, 278.)

NONAIN :

.... Les raisons qui m'ont empêché d'aller, en cette occasion, pêle-mêle contre les Mazarins, aussi librement que Madame ma mère parmi les *nonains* de Montmartre. (V, 209.)

NON-ÊTRE :

J'ai pouvoir sur le *non-être* comme sur l'être. (IX, 141.)

NOTE :

Monsieur le Comte... partit de Paris la nuit.... Il me confia Vanbroc.... Je mis Vanbroc dans une soupente.... Un matin, à six heures, je vis toute ma chambre pleine de gens armés.... Ils ne s'avisèrent pas de la soupente.... Vous pouvez croire qu'une *note* de cette nature se pouvoit appeler pour moi, à l'égard de la cour, une nouvelle contusion. (I, 117.)

D. Pedro d'Aragon... enjoint à tous les évêques du royaume de Naples de donner la *note* du revenu de leurs églises. (VII, 254.)

NOTER :

Deux misérables hermites et faux-monnoyeurs... l'accusèrent très-faussement (*Vendôme*) de leur avoir proposé de tuer Monsieur le Cardinal ; et pour donner plus de créance à leur déposition, ils nommèrent tous ceux qu'ils croyoient *être notés* en ce pays-là (*à Amboise*). (I, 199.)

Le président de Mesme, qui eût été ravi de me pouvoir *noter*, affecta de dire... qu'il ne concevoit pas pourquoi l'on ne me nommoit pas... dans cette amnistie. (II, 475.)

.... Une manière... qui ne laissât pas de *noter*, en quelque façon, sa conduite. (III, 425.)

Voyez I, 201 ; III, 32 et 467.

NOTRE-DAME (La), le jour de la nativité de la Sainte Vierge :

.... Jusques au lendemain de la *Notre-Dame*. (VII, 325.)

Je faisois état de partir jeudi, mais je remets à samedi, à cause de la *Notre-Dame*. (VIII, 598.)

NOURRIR, élever :

M. le cardinal Mazarin,... né et *nourri* dans un pays où celle (*l'autorité*) du Pape n'a point de bornes, crut que ce mouvement de rapidité étoit le naturel. (I, 271.)

Quincerot,... qui *avoit été nourri* page du Marquis de Ragni.... (II, 159.)

Comme il (*Molé*) *avoit été nourri* dans les formes du Palais, tout ce qui étoit extraordinaire lui étoit suspect. (II, 188.)

.... Monsieur le Duc, que le Cardinal avoit laissé entre les mains de Madame sa mère, au lieu de le faire *nourrir* auprès du Roi. (III, 56.)

M. de Chavigni... *avoit été*, dès

son enfance, *nourri* dans le cabinet. (IV, 212.)

Ayant été nourri dans la Sorbonne dès mon enfance.... (VII, 37.)

NOURRIR, au figuré :

Je charmois, par ce doux accord, le chagrin que ma profession ne laissoit pas de *nourrir* toujours dans le fond de mon âme. (I, 133.)

Montrésor... *avoit été* toute sa vie *nourri* dans les factions de Monsieur. (II, 7.)

SE NOURRIR :

Je rejetai... toutes ces pensées, quoique... je *m'y fusse nourri* dès mon enfance. (II, 35.)

NOURRITURE, éducation :

M. le cardinal Mazarin... n'a pas eu d'assez bonne heure la *nourriture* nécessaire à un politique. (V, 317.)

Le cardinal de Richelieu a été malheureux dans ses *nourritures*. (V, 203.)

NOURRITURE, au figuré :

M. le cardinal Mazarin, qui avoit pris goût... aux acclamations du peuple,... éprouva... bientôt... que cette *nourriture*, quoiqu'assaisonnée avec beaucoup de soin par la flatterie des courtisans, n'étoit pas d'une substance tout à fait solide. (III, 193.)

NOUVEAU (TOUT DE) :

Il avoit fait, *tout de nouveau*, une je ne sais quelle liaison avec la Rivière. (II, 570.)

Voyez V, 510 et 288.

NOUVELLAN ou NOVELLAN, nouvelliste :

Malgré tous vos *nouvellans* de Rome, les affaires de M. le Prince sont fort décousues. (VIII, 55.)

Les cardinaux... se sont tenus plus couverts qu'il n'auroit été à propos pour la satisfaction de ces *novellans*. (VII, 312.)

Voyez la note 7 à la page indiquée.

NUAGE, au figuré :

Je revins à Paris, où j'oubliai (*avec intention*) de dire à nos conjurés les irrésolutions de notre chef. Il y en eut encore depuis quelques *nuages*, mais légers. (I, 171.)

NUEMENT :

Je vas... vous instruire *nuement* et sans détour des plus petites particularités. (I, 80.)

NUIRE À, suivi d'un infinitif :

Cette déclaration ne *nuisit* pas à faire recevoir... l'avis de M. de Bouillon. (II, 392.)

NULLEMENT :

Vous vous attendez sans doute à un éclaircissement : *nullement*. (III, 124.)

NYMPHE, au figuré :

Avouez le vrai, ce n'est pas ce qui vous tient; vous ne sauriez quitter vos *nymphes* (*Mme de Guémené et Mlle de Chevreuse*). (II, 566.)

Voyez la note 2 de la page indiquée.

O

OBÉISSANCE :

Il n'y a rien qui puisse être plus glorieux à Louis quatorzième,... ni plus avantageux à tous les peuples de son *obéissance*. (VI, 156.)

OBÉISSANCES, au pluriel :

Je l'assurai de mes *obéissances* et de mon zèle. (II, 116.)

Voyez II, 484; VI, 436.

OBJECTIF, substantif; terme de philosophie :

Il faut juger de l'existence et de la durée des choses par leur être réel et non pas par leur *objectif* (IX, 306.)

L'idée des choses ne prouve que l'existence de leur *objectif*, et non pas l'existence de celui que les philosophes appellent *extra causas*. (IX, 282.)

OBJET :

Le Parlement, à qui l'on présente, tous les matins, cet *objet* (*le retour de Mazarin*), ne remet rien de sa chaleur. (III, 380.)

OBLAT, « moine lay que le Roy mettoit ci-devant en chaque Abbaye ou Prieuré dépendant de sa nomination, auquel les Religieux estoient obligez de donner une portion monachale, à la charge qu'il sonneroit les cloches, qu'il balayeroit l'Église et la cour. Ces places estoient destinées à des soldats estropiez et invalides. Cette prestation s'est convertie en argent.... Depuis on a transféré tous ces *oblats* avec leurs pensions à l'Hostel des Invalides à Paris. » (Dictionnaire de Furetière.)

Il est venu ici un garde du corps appelé Beaulieu qui dit que l'on lui doit une année et demie ou deux ans de sa pension d'*Oblat* sur la Chaume. Il prétend qu'elle lui est due jusques au jour que le Roi a révoqué les *Oblats*. (VIII, 362 et 363.)

Voyez la note 2 à la page 362.

OBLATION, offrande :

Les possessions et les terres de l'Église ont succédé à ces premières *oblations* des fidèles, et tiennent lieu de ce qu'ils donnoient pour l'entretènement de leurs Pasteurs. (VI, 351.)

OBLIGATION :

Avoir obligation ou l'obligation de quelque chose à :

.... Un prince à qui l'on peut dire qu'il *avoit obligation de* tout son honneur. (V, 506.)

Le Chancelier se réduisit à demander que les intendants ne fussent point révoqués par arrêt du Parlement, mais par une déclaration du Roi, afin que les peuples eussent au moins *l'obligation de* leur soulagement *à* Sa Majesté. (I, 323.)

Monsieur le Cardinal ne prétendoit point que M. l'abbé de la Mothe *eut l'obligation du* lieu *à* ma cession, mais *à* son mérite, auquel on ne pouvoit le refuser. (I, 120.)

OBLIGEANT :

Il seroit plus *obligeant* pour le Parlement qu'il s'adressât, le lendemain, directement aux chambres assemblées. (II, 148.)

Il étoit civil avec tout le monde, mais avec des distinctions *obligeantes* selon le mérite et la qualité. (V, 552.)

OBSCUR, au figuré :

L'on attaque Monsieur le Coadjuteur par des voies *obscures* qui ne se justifient point. (V, 192.)

OBSCURCIR, au figuré :

Le sien (*son bon sens*) étoit court et lourd, et d'autant plus qu'il étoit *obscurci* par la présomption. (II, 177.)

Sa servitude naturelle... *obscurcissoit* la grande capacité qu'il avoit pour son métier. (III, 53.)

OBSERVATION :

Le maréchal de Rais... disoit que l'une des plus nécessaires *observations* de la vie civile étoit celle de cacher, autant qu'il se peut, les refus que l'on est quelquefois obligé de faire. (III, 164.)

OBSERVER :

Je n'ai pas cru qu'il fût à propos de faire une visite exprès à M. le cardinal Chigi, parce qu'elle auroit été trop *observée*. (VII, 130.)

Il n'y a que l'expérience qui puisse faire concevoir les égards qu'il faut *observer* avec les gens de ce caractère. (II, 429.)

J'ai su... que l'on *observeroit* ici, au départ de la reine de Suède, beaucoup plus de cérémonies que l'on n'avoit fait les autres fois qu'elle est sortie de Rome. (VII, 239.)

OBVIER À :

D'un mot il peut *obvier à* ces discours et à ces ombrages. (VIII, 451.)

Voyez III, 88 et 291.

OCCASION :

Comme le péril, en ces sortes d'affaires, dure même après l'*occasion*, l'on est prudent et circonspect dans les moments qui la suivent. (I, 149.)

La Reine... me dit... qu'elle n'eût jamais cru que j'eusse été capable de lui manquer,... dans une *occasion* qui blessoit la mémoire du feu Roi son seigneur. (I, 248.)

M. de Vitri, étant sorti avec un parti de cavalerie,... trouva dans la vallée de Fescan des Allemands du bois de Vincennes, qu'il poussa jusque dans les barrières du château. Tancrède, le prétendu fils de M. de Rohan,... fut tué malheureusement en cette petite *occasion*. (II, 212.)

Le second (*Varicarville*)... l'engageoit, le plus facilement du monde, dans les *occasions* qui pouvoient flatter un cœur où tout étoit bon. (II, 452.)

Il se sentoit... poltron pour toutes les *occasions* de tumulte populaire et de sédition. (III, 292.)

MM. les maréchaux de Vitry et de Bassompierre, M. le comte de Cramail et MM. du Fargis et du Coudray Montpensier étoient, en ce temps-là, prisonniers à la Bastille.... L'*occasion* de M. du Fargis, qui avoit épousé une sœur de ma mère, m'avoit donné habitude avec les autres. (I, 159.)

D'OCCASION :

Ce mérite toutefois ne fut que *d'occasion*. (II, 184.)

ODIEUX, au sens juridique :

Les clauses restrictives étant *odieuses* (*défavorables à celui qui en est l'objet*) ne se doivent prendre qu'à la lettre précisément. (VII, 120.)

OEIL :

À L'OEIL :

Venons aux faits particuliers, qui vous feront voir *à l'œil* ce détail. (I, 294.)

Cette circonstance... me fit voir *à l'œil* le fond de l'abattement du peuple. (III, 211.)

FAIRE LA GUERRE À L'OEIL, observer avec soin les démarches de l'ennemi; au figuré :

Son sentiment est que nous *fassions la guerre à l'œil*, et que nous avancions plus ou moins selon le plus ou moins d'ouverture que nous y trouverons. (VII, 253.)

Voyez la note 11 à la page indiquée, et le Dictionnaire de Littré.

Sur le tout il faut *faire la guerre à l'œil*, et voir auparavant quelle suite aura cet édit. (VIII, 317.)

Voyez encore VII, 325.

OEUVRE :

HORS D'OEUVRE :

Mme de Chevreuse, se voyant assez *hors d'œuvre* à Paris, prit le parti d'en sortir. (IV, 230.)

METTRE EN OEUVRE :

Je *mis* Marigni *en œuvre*,... et il fit ce fameux couplet. (II, 161.)

OFFENSER, au sens matériel :

Une chaise qui se renversa sous moi me porta avec violence sus le quarre d'un piédestal de table et m'a fait un trou à la tête.... L'os n'*est* point *offensé*. (VII, 371.)

OFFICE, Bon ou Mauvais office, Rendre office, Faire office, etc. :

Au lieu des *offices* qu'elle avoit résolu... de me *rendre* auprès du Roi.... (VI, 370.)

Monsieur le Cardinal dit à Monsieur de Lisieux... que j'étois ami de tous ses ennemis.... Monsieur de Lisieux me *rendit* sur cela tous les *bons offices* imaginables. (I, 200.)

Ils étoient... persuadés... que je *rendois* de *mauvais offices* sur son sujet à Mme de Longueville auprès de Monsieur son mari. (II, 502.)

Vous me connoissez assez pour être persuadé que ce n'est pas sans peine que je *rends* ce *mauvais office* à ce religieux. (VII, 241.)

.... Tous les autres qui m'*ont rendu office* à Rome. (VIII, 94.)

Cette lettre... ayant été présentée à l'Assemblée,... et, deux jours après, l'Assemblée en ayant délibéré, la résolution fut prise de *faire office* pour moi envers le Roi. (VI, 347.)

La plupart de ceux, qui remirent de six mois les *offices* que l'Assemblée avoit résolu de *faire* pour moi auprès de Sa Majesté.... (VI, 347.)

Ce qui les mettoit en peine n'étoit pas simplement que le Clergé *fît* des *offices* pour moi envers Sa Majesté.... (VI, 369.)

Voyez la note 119 à la page indiquée.

.... La résolution si juste, que l'Assemblée avoit déjà prise, de me *rendre ses offices* auprès du Roi. (VI, 406.)

M. le cardinal Sforze a renouvelé auprès de Sa Sainteté, de la part de la reine d'Espagne, les *offices* que le feu roi son mari *avoit* déjà *faits*, il y a deux ou trois ans, en cette cour, en faveur de M. le prince Léopold de Toscane, contre M. le prince Mathias son frère. Cet *office* renouvelé est fort secret. (VII, 236.)

En titre d'office :

J'arrivai à Sedan une heure après Anctoville, négociateur *en titre d'office*, que M. de Longueville... y avoit envoyé. (I, 169.)

Ce misérable avoit des conférences secrètes avec Mme d'Empus, concubine *en titre d'office* d'Ondedei. (II, 558.)

Voyez II, 329 et 451; IV, 222.

OFFICIER, dans un sens très général ; tout homme pourvu d'un *office*, dans l'Église, dans l'armée ou ailleurs :

On veut empêcher qu'il (*l'évêque*) ne le gouverne (*son diocèse*) par lui-même ou par ses *officiers*. (V, 125.)

.... Qu'ils feroient au plus tôt de très-humbles supplications au Roi pour mon retour et pour celui de mes Grands Vicaires. Car voyant qu'on se servoit de mon absence et de celle de mes *Officiers*, pour.... (VI, 58.)

.... Un titre que les *Officiers* de l'Église ne portent jamais que dans le deuil de la mort de leurs Évêques. (VI, 235.)

Il n'y eut pas un *officier* dans l'armée qui ne crût être en droit de s'adresser au Premier Président pour ses prétentions. (II, 455.)

Cet homme venoit de rencontrer... deux espèces d'*officiers*... (nous sûmes depuis que c'étoit Vennes, lieutenant-colonel des gardes, et Rubentel, lieutenant au même régiment). (II, 40.)

Cette union (*de la Cour des Aides, de la Chambre des Comptes et du Grand Conseil au Parlement*), qui prenoit pour son motif la réformation de l'État, pouvoit avoir fort naturellement celui de l'intérêt particulier des *officiers*, parce que l'un des édits... portoit un retranchement considérable de leurs gages. (I, 311.)

.... Remontrances pour la décharge du quart entier des tailles, et du prêt à tous les *officiers* subalternes. (II, 65.)

Tous les *officiers* de la maison du Roi, de celle de la Reine et de celle de Monsieur étoient persuadés qu'ils faisoient très-bien leur cour d'accompagner réglément tous les jours Messieurs les Princes au Palais. (III, 17.)

Il (*l'archevêque de Paris*) s'étoit laissé précéder partout par les moindres *officiers* de la couronne, et il ne donnoit pas la main, dans sa propre maison, aux gens de qualité qui avoient affaire à lui. (I, 218.)

.... Prier M. le duc d'Orléans et les *officiers* de la couronne de se trouver au Parlement, pour y délibérer sur l'arrêt donné en 1617. (II, 72.)

Roland, bourgeois de Reims,... présenta requête au Parlement contre les *officiers* qui l'avoient déféré à la cour. (II, 372.)

Un *officier* de chancellerie me fit avertir que.... (II, 573.)

Les *officiers* de l'Hôtel de Ville.... (II, 549.)

Cette chambre de justice, dont les *officiers* et l'exécution seroit toujours à la disposition des ministres.... (I, 323.)

Qu'est-ce que pouvoient faire dans une compagnie composée de plus de deux cents *officiers*... deux des plus simples et des plus communes têtes de tout le corps? (II, 57.)

Le Parlement sortit au nombre de cent soixante *officiers*. (II, 48.)

.... Cinq ou six *officiers* du Parlement, qui avoient été syndics. (III, 33.)

Quelques *officiers* de son parlement avoient intelligence avec les ennemis de l'État. (II, 132.)

J'ai vu avec mes *officiers* qu'elle (*cette vaisselle*) m'est de toute nécessité. (VIII, 147.)

L'on y apporta (*à Paris*)... plus de blé qu'il n'en eût fallu pour le maintenir six semaines. La police y manquoit, par la friponnerie des boulangers et par le peu de soin des *officiers*. (II, 297.)

Vous la devez (*la justice*) également aux pauvres et aux princes, et par vous et par vos *officiers*. (IX, 130.)

Nul n'a plus d'intérêt au maintien de l'autorité royale que les *officiers*. (II, 102.)

OFFICIER GÉNÉRAL :

Est-ce lui qui a obligé... la plupart des *officiers généraux* de l'armée de Monsieur le Prince de quitter son service? (V, 268.)

OFFRE, masculin :

La lettre de Monsieur le Prince au Parlement n'étoit qu'un *offre* qu'il faisoit à la Compagnie de sa personne et de ses armes. (IV, 76.)

OMBRAGE, ombre, au figuré :

Cet *ombrage* (*la foiblesse de son caractère*) amortit, dès sa jeunesse, en lui les couleurs même les plus vives et les plus gaies. (II, 175.)

OMBRE, sens divers, au figuré :

Monsieur... se donne l'honneur, dans le public, de le pousser (*de pousser Mazarin*) personnellement, et solidement; il l'ôte à Monsieur le Prince en faisant voir qu'il affecte de n'attaquer que son *ombre*. (III, 412.)

Il ne quittera jamais l'*ombre* du public, tant que ce public fera un corps. (III, 386.)

Je n'ignorois pas que l'*ombre* d'un cabinet, dont l'on ne peut pas empêcher les foiblesses, n'est jamais bonne à un homme dont la principale force consiste dans la réputation publique. (III, 35.)

Une faction, quelle qu'elle soit à Rome, ne doit faire qu'une *ombre* très-légère au Roi. Mais je suis persuadé qu'il seroit toujours plus avantageux que cette *ombre* disparût. (VII, 450.)

Sous ombre de, sous prétexte de :

Ils se sont servis de ce prétexte pour faire mander en cour mes deux grands vicaires,... *sous ombre de* leur faire rendre compte de leurs actions, mais, dans la vérité, pour les exposer au mépris. (V, 118.)

Ils sont maîtres du port et des galères, ils ne manqueront pas de prétextes pour les remplir de soldats, *sous ombre* d'aller en course. (V, 623.)

ON (L'), à la place d'un pronom personnel, en parlant d'une personne déterminée :

Il trouva fort mauvais que *l'on* ne l'aimât pas. Il s'en plaignit, *l'on* n'en fut point touchée; il menaça, *l'on* s'en moqua. (I, 110.)

Mlle de Vendôme... étoit aimable à tout prendre et en tout sens. Je suivis ma pointe, et je trouvois des commodités merveilleuses.... L'on fit deux voyages à Anet,... et dans le dernier voyage, j'allai plus loin qu'à Anet. Je n'allai pourtant pas à tout, et je n'y ai jamais été: *l'on* s'étoit fait des bornes, desquelles *l'on* ne voulut jamais sortir. (I, 196.)

ONCE, dans le jargon attribué au duc de Beaufort :

Tout le monde verroit que je n'aurois pas une *once* de cerveau, si je ne disois.... (V, 209.)

ONCTION :

Senneterre ne voulut pas laisser partir la cour sans mettre un peu d'*onction* (c'étoit son mot) à ce qui n'étoit, ce disoit-il, qu'un pur malentendu. (III, 63.)

OPINER; Opiner à, de, que, etc. :

Broussel,... comme des plus anciens de la grande chambre, *opinoit* des premiers. (II, 225.)

Je me résolus... d'*opiner*, le lendemain, fortement contre les désordres de l'État. (III, 212.)

La Compagnie *opina* avec une chaleur inconcevable. (II, 82.)

L'on ne voulut presque pas écouter ceux qui *opinèrent* au contraire. (II, 226.)

Longueil... *opina* à investir le Palais-Royal. (II, 575.)

Monsieur le Coadjuteur... est accusé, il est de l'ordre qu'il sorte; mais puisqu'il en fait difficulté, il *en* faut *opiner*. (II, 588.)

Je ne balançai pas à *opiner* qu'il falloit que l'envoyé présentât la lettre de Monsieur l'Archiduc au Parlement. (II, 244.)

Voyez I, 316; II, 50, 59, 89, 250, 308, 340, 385, 467 et 552; III, 30, 76, 207, 209, 241, 387, 414, 422, 423 et 432; etc.

Opiner du bonnet. Voyez Bonnet.

OPINIÂTRER quelqu'un :

Quoique je visse clairement que les raisons que je lui alléguois (à *Mazarin*) le touchoient, au point d'être certainement fâché d'avoir donné cet ordre devant que d'en savoir la conséquence, il se remit après un peu de réflexion, et il l'*opiniâtra* (*la Reine*) de la manière du monde la plus engageante et la plus désobligeante. (I, 252.)

Monsieur eut de la peine à le souffrir dans le Conseil : il se rendit pourtant à ma raison; il n'*opiniâtra* que le garde des sceaux. (III, 302.)

Opiniâtrer quelque chose :

Les députés n'*opiniâtrèrent* pas le premier (*la première condition*); ils ne se rendirent pas sur le second. (II, 365.)

Le Premier Président et le président de Mesme *opiniâtrèrent* le contraire. (II, 407.)

.... La parole qu'elle lui avoit donnée de ne pas *opiniâtrer* la conservation des sous-ministres. (III, 439.)

Nous nous trouvons assez souvent... avec des ennemis de notre foi, contre lesquels nous *opiniâtrons* peu de combats pour sa défense. (IX, 128.)

L'Archiduc... s'étoit rendu maître de Mouzon, après un siége assez *opiniâtré*. (III, 196.)

OPINIÂTRER QUE :

M. de Nemours... *opiniâtra* longtemps *qu*'il seroit mieux d'aller passer la rivière de Loire à Blois. (IV, 168.)

S'OPINIÂTRER À, suivi d'un substantif ou d'un verbe, S'OPINIÂTRER CONTRE :

Ce qui obligea le Cardinal... à ne pas *s'opiniâtrer* à une réduction plus pleine et plus entière de Bordeaux.... (III, 73.)

Le Parlement... éclata... contre celui (*l'édit*) du tarif.... Comme il avoit été vérifié en la Cour des Aides,... Messieurs du Conseil *s'opiniâtrèrent* beaucoup à le soutenir. (I, 297.)

Si la cour *s'opiniâtre* à rebuter notre proposition.... (II, 343.)

Le Cardinal *s'opiniâtra* à ne le pas faire. (II, 534.)

La Reine... n'osa *s'opiniâtrer contre* l'avis de Monsieur. (III, 539.)

OPINION (À mon) :

Vous ne doutez pas, *à mon opinion*, ni de la confusion ni de la terreur qui saisit presque tous les assistants. (II, 51.)

OPPOSITION :

Il a tiré jusques ici la plus grande partie de son éclat de *l'opposition* qu'il a eue avec ce ministre. (V, 257.)

OPPOSITION, répugnance :

Je me reprochois à moi-même la contrariété que je trouvois dans mon cœur à les entreprendre. Je m'en remerciai, après en avoir examiné à fond l'intérieur, et je connus que cette *opposition* ne venoit que d'un bon principe. (II, 6.)

Ainsi la pensée de se rendre maîtres du Parlement étoit devenue impraticable par *l'opposition* que j'y avois. (II, 447.)

OPPRESSER, opprimer :

Inclinez pour l'ordinaire du côté du moins riche, parce qu'il y a apparence qu'il est le plus *oppressé*. (IX, 130.)

OPPRIMER :

Il crut qu'il étoit... à propos d'*opprimer* d'abord M. de Rohan, qui... s'étoit déclaré... pour les Princes. (IV, 95.)

.... Celles (*les troupes*) avec lesquelles il *opprime* Monsieur le Prince. (IV, 110.)

OPULENT :

.... La distribution assez *opulente* qu'il a faite de bénéfices. (VII, 200.)

OR :

J'aurois compté... mes dettes par plus de millions d'*or* (*de pièces d'or*) que je ne les ai comptées par des millions de livres. (V, 102.)

Voyez la note 7 de la page indiquée.

LE SIÈCLE D'OR :

Le Parlement, délivré du cardinal de Richelieu, qui l'avoit tenu fort bas, s'imaginoit que *le siècle d'or* seroit celui d'un ministre qui leur disoit tous les jours que la Reine ne se vouloit conduire que par leurs conseils. (I, 237.)

ORACLE :

L'Église... ne s'explique jamais aux hommes que par des *oracles*. (IX, 25.)

.... Les *oracles* sacrés, c'est-à-dire les vérités ecclésiastiques. (IX, 25.)

ORAISON, discours :

Les *oraisons* du maréchal de la Mothe n'étoient jamais que d'une demi-période. (II, 384.)

Il lui déclara... que... le Roi... ne me tiendroit jamais pour archevêque de Paris. Voilà une des plus douces phrases de l'*oraison*. (V, 77.)

ORATOIRE (L') :

Mon père... étoit retiré depuis plus de vingt ans dans *l'Oratoire*. (II, 429.)

J'allai entendre complies aux Pères de *l'Oratoire*. (III, 269.)

Voyez encore VII, 193.

ORDINAIRE :

L'on dînoit avec lui (avec *Mazarin*) comme avec un particulier ; il relâcha même beaucoup de la morgue des cardinaux les plus *ordinaires*. (I, 235.)

ORDINAIRE, substantif : le courrier ordinaire, qui arrive à des jours réglés :

L'*ordinaire* de Paris arriva ; l'on feignit d'avoir reçu des lettres bien pressantes. (I, 97.)

Voyez VII, 77, 116, 152 et 155.

ORDINAIRE, gentilhomme ordinaire :

Je n'étois presque pas endormi, quand un *ordinaire* de Monsieur tira le rideau de mon lit. (III, 257.)

ORDINAIRE, terme de droit canonique :

De la manière que l'abbé de Saint-Mihiel m'écrit sur le prieuré de Mortagne, je crois mon droit bon contre M. de Rochefort parce que l'*ordinaire* ne peut pas l'avoir pourvu en commende,... mais s'il y a un indultaire, c'est autre chose. (VIII, 380.)

Voyez la note 1 à la page indiquée.

Il est constant que je n'ai point été prévenu à Rome pour le prieuré de Mortagne ; mais je crains les indultaires plus que le nommé par l'*ordinaire*. (VIII, 382.)

Voyez ci-dessus, p. 78, au mot COMMENDE.

À L'ORDINAIRE, comme d'habitude :

Le Roi... s'étoit couché *à l'ordinaire*,... il venoit de se relever. (III, 258.)

Voyant... que toutes choses vont extérieurement *à l'ordinaire*, ils croient qu'il n'y a point de changement. (VI, 392.)

À SON ORDINAIRE, CONTRE SON ORDINAIRE :

La Reine... me renvoya, *à son ordinaire*, à Monsieur le Cardinal. (I, 260.)

Contre son ordinaire, il (*Mazarin*) ne se fia pas à sa négociation. (II, 375.)

Voyez II, 22, 86, 260, 559, et 570.

FAIRE UN ORDINAIRE DE, faire une habitude de :

Il n'y a pas même de bienséance de *faire un ordinaire* d'envoyer tous les jours des provisions en blanc pour des offices qui... sont considérables. (VIII, 266.)

ORDINATEUR :

Que chaque prêtre fasse tellement son office particulier que l'Évêque soit néanmoins l'*ordinateur* général de toutes choses. (VI, 382.)

ORDRE, sens divers :

Mme de Guémené... m'avoit donné mon congé dans toute la forme la plus authentique que l'*ordre* de la pénitence pouvoit demander. (I, 177.)

.... Une Église désolée, sans chef, sans Père et sans Pasteur, hors de l'*ordre* où chaque Eglise doit être selon l'institution de Jésus-Christ. (VI, 412.)

Je rendis compte de tout à M. le maréchal de Vitry, qui fit l'*ordre* de l'entreprise, qui l'écrivit de sa main.... Voici la substance de cet *ordre*.... (I, 172.)

Dès qu'il eut achevé de parler à ces gentilshommes et qu'il les eut informés de l'*ordre* de son entreprise.... (V, 569.)

La seule chose qui a empêché l'effet de leur générosité est l'*ordre* qui se garde dans .ces Assemblées d'opiner par provinces et non par personnes. (VI, 349.)

Le peuple... ne pouvoit souffrir la domination de la noblesse que comme une tyrannie nouvelle, établie contre les *ordres* anciens. (V, 501.)

Le prince d'Orange... lui écrivit... qu'il ne manquât pas... de faire mettre sur leurs manteaux de petits bissacs en broderie, en forme d'*ordre*. (II, 495.)

D'ORDRE, avec ordre :

Patience, Messieurs! allons *d'ordre*. (II, 587.)

PAR ORDRE DE :

Je me contenterai de vous en marquer les principales délibérations, que je mêlerai, *par ordre des jours*, dans la suite de celles du Parlement. (II, 323.)

FAIRE LES ORDRES, faire une ordination :

Messieurs Cohon, ancien évêque de Dol, et Claude Auvry, Évêque de Coutance, *ont fait les Ordres* dans notre Eglise. (VI, 118.)

Voyez encore VI, 340.

PRENDRE LES ORDRES, être ordonné, entrer dans les ordres :

Trente ou quarante de ceux qui étoient admis pour *prendre les Ordres* ne les voulurent point recevoir. (VI, 340.)

Comme j'étois obligé de *prendre les ordres*, je fis une retraite à Saint-Lazare. (I, 216.)

CHEF D'ORDRE :

Il (*le Pape*) feroit discuter la matière par la congrégation des *chefs d'Ordre*. (VII, 249.)

Voyez VII, 252 et 250.

OREILLES :

Mme de Pommereux... ayant toute la jeunesse, non pas seulement chez elle, mais à ses *oreilles*, les apparentes affaires des autres couvroient la mienne. (I, 180.)

ORIGINAIREMENT :

Le renseignement des anciennes lois, l'anéantissement de ce milieu qu'elles ont posé entre les peuples et les rois, l'établissement de l'autorité purement et absolument despotique... ont jeté *originairement* la France dans les convulsions dans lesquelles nos pères l'ont vue. (I, 289.)

ORIGINAL, substantif :

L'on vit deux jours après une stampe sur le Pont-Neuf et dans les boutiques des graveurs, qui représentoit M. le comte de Harcourt armé de toutes pièces, menant en triomphe Monsieur le Prince.... Cette stampe, dont l'*original* n'étoit que trop vrai pour l'honneur du comte de Harcourt.... (III, 159.)

OSTENSIF, OSTENSIVE, fait pour être montré :

.... Voici ce qui me la fit croire *ostensive* (*cette lettre*). (III, 306.)

J'écrivis une lettre *ostensive* à l'abbé Charrier. (IV, 137.)

OU, conjonction :

Ou.... ou :

La mode, qui a du pouvoir en toutes choses, ne l'a si sensible en aucune, qu'à être *ou* bien *ou* mal à la cour. (I, 227.)

Je ne sais si le peu de commotion qu'elle (*cette relation*) causa dans les esprits... se doit attribuer *ou* aux couleurs dont nous la déguisâmes... *ou* à des influences bénignes et douces.... (III, 128.)

OÙ, adverbe :

Où, où nous mettrions plutôt que :

Ils firent peur à Monsieur.... Ce

fut de ce penchant *où* nous crûmes... que nous le pourrions précipiter dans nos pensées. (I, 144.)

C'est justement le moment dans lequel ceux qui obéissent perdent le respect; et c'est dans ce même moment *où* l'on revient de la léthargie, mais par des convulsions. (I, 291.)

Il s'atêta au président de Mesme et au Premier Président sur le sujet d'un certain la Raillière... qu'il faisoit entrer dans tous ses avis sur *quelque* matière *où* il pût opiner. (II, 249.)

Ce fut dans ce moment *où* Mme de Bouillon me découvrit.... (II, 519.)

C'étoit là *où* se terminoient ses plus ambitieux désirs. (IX, 139.)

Voyez I, 252; IV, 78; V, 74; IX, 95 et 125.

Où, là où :

Mais pourquoi chercher des exemples étrangers *où* nous en avons tant de domestiques? (I, 280.)

Le cardinal de Richelieu... étoit homme de parole *où* un grand intérêt ne l'obligeoit pas au contraire. (I, 281.)

.... Il se détachoit des Frondeurs, *où* il s'agissoit de l'autorité royale. (III, 82.)

Où, sens et constructions divers :

Elle est à Paris et vous pouvez le savoir de M. l'abbé de Lamet *où* elle loge. (VIII, 397.)

Je vous marque cette circonstance pour avoir lieu de vous faire le plan de l'état *où* les choses se trouvèrent à la mort du feu Roi, c'est par *où* je devois commencer; mais le fil du discours m'a emporté. (I, 227.)

Je me trouvai tout d'un coup dans la cruelle nécessité de jouer le plus méchant personnage *où* peut-être jamais particulier se soit rencontré. (II, 24.)

Il n'a pas poussé la faction *où* il le pouvoit. (II, 176.)

Je confesse que je ne me doutai point de son dessein et que je ne m'en aperçus que le soir, *où* je trouvai M. de Beaufort très-persuadé que nous n'avions plus rien à faire qu'à fermer les portes de Paris aux députés de Ruel. (II, 431.)

OUAILLE :

Monsieur le Coadjuteur n'est pas... criminel, pour l'assistance qu'il a rendue au peuple de Paris, laquelle il lui devoit, comme pasteur à ses *ouailles*. (V, 398.)

O mon Dieu, quand vous frappez les *ouailles* de ce fléau si funeste (*la peste*), quelle consolation un pasteur... peut-il prendre...? (IX, 99.)

OUBLIER :

Je revins à Paris, où j'*oubliai* (*avec intention*) de dire à nos conjurés les irrésolutions de notre chef. (I, 171.)

OUBLIER À :

J'*oubliois à* mettre dans la vaisselle d'argent présente, deux aiguières couvertes. (VIII, 139.)

J'*oubliois à* vous dire que.... (VIII, 331.)

J'*oubliai* dernièrement *à* vous faire réponse sur.... (VIII, 496.)

S'OUBLIER, se relâcher, négliger de faire ce qu'on peut :

J'étois bien averti que M. d'Elbeuf ne s'*oublioit* pas. (II, 150.)

Nous avions des gens dans les lanternes, qui ne manquoient pas de jeter des bruits de ce qui se passoit dans la salle (*du Parlement*); nous en avions dans la salle, qui les répandoient dans les rues. Les curés et les habitués des paroisses ne s'*oublioient* pas. Le peuple accourut en foule de tous les quartiers de la Ville au Palais. (II, 589.)

Mme de Chevreuse nous aida sur ce point.... Mme de Rhodes ne s'*oublia* pas non plus auprès du garde des sceaux. (III, 190.)

Je ne *m'oubliai* pas de ma part : je jouai bien. (III, 515.)

OUBLIEUX, marchand d'oublies, au figuré :

Je répondis civilement aux *oublieux* (on les appeloit ainsi, parce qu'ils alloient d'ordinaire, entre huit et neuf du soir, dans les maisons où ils négocioient quelque chose, et ils négocioient toujours). (III, 51.)

Voyez la note 3 de la page indiquée.

OUIR :

Après toutes ces choses, *oyons* Dieu qui nous dit.... (IX, 157.)

Il les écouta,... et il *ouït* que ces gens-là... discouroient de la manière dont il faudroit entrer chez Miron pour le surprendre. (II, 40.)

Le Comte *ouit* ce discours avec émotion. (V, 534.)

Emery... disoit en plein conseil, je l'*ai oui*, que la foi n'étoit que pour les marchands. (I, 291.)

.... Ce fameux couplet... que vous *avez* tant *oui* chanter à Caumartin. (II, 162.)

Le président de Mesme... dit au Premier Président, à ce que le président de Bellièvre, qui assuroit l'*avoir oui*, me dit après.... (II, 309.)

Le frère de son cuisinier *avoit oui* nommer plusieurs fois la porte de Nesle. (II, 41.)

Voyez I, 142; II, 46, 71, 177, 336, 399, 400, 412; III, 376.

OUTRE (Plus) :

L'on passa *plus outre*. (II, 369.)

Les pyrrhoniens passent *plus outre*, et condamnent cette opinion. (IX, 154.)

OUVERTURE, sens divers :

Le Parlement, aussitôt après son *ouverture*, recommença à s'assembler. (II, 97.)

Monsieur le Prince... me témoigna... bien plus d'amitié et plus d'*ouverture* qu'il n'avoit fait dans les premiers jours de la paix. (II, 531.)

.... De la supplier (*la Reine*) de s'expliquer pour une bonne fois.... L'*ouverture* pleine et entière étoit encore plus de son service, en cette conjoncture, que de l'intérêt de Monsieur. (III, 377.)

Je n'ai jamais vu qu'elle (*Mme de Chevreuse*) en qui la vivacité suppléât le jugement. Elle lui donnoit même assez souvent des *ouvertures* si brillantes qu'elles paroissoient comme des éclairs. (II, 183.)

Le bon traitement que je recevois du Roi fit croire à mes proches que l'on pourroit peut-être trouver quelque *ouverture* pour moi à la coadjutorerie de Paris. (I, 205.)

Il ne plut pas à la providence de Dieu de le bénir (*ce remède*), quoiqu'elle lui eût donné la plus belle *ouverture* qu'ait jamais pu avoir aucun projet. (II, 80.)

Je n'oubliai rien pour leur donner ombrage, sans paroître toutefois le marquer, des *ouvertures* que le chemin que l'on prenoit donnoit aux accommodements particuliers. (II, 358.)

Je ne fus pas fâché de trouver cette *ouverture* à en tirer (*à tirer de Monsieur le Prince*) ce que je pourrois des pensées de la cour. (II, 114.)

M. d'Elbeuf... témoigna qu'il appréhendoit que son absence... ne put être mal interprétée. Et M. de Bouillon, qui ne la lui avoit proposée que pour lui faire craindre l'émotion, prit l'*ouverture* de la difficulté qu'il lui en fit pour s'assurer encore plus de lui par une autre voie. (II, 306.)

OUVRAGE :

L'éloignement du Cardinal et... la liberté de Messieurs les Princes... étoient deux *ouvrages* extrêmement agréables au public. (III, 276.)

OUVRIR, au figuré; Ouvrir

L'AVIS, LE DISCOURS, LA SCÈNE, etc. :

Le tour... m'obligea à parler le premier. J'*ouvris* donc *l'avis*, selon que nous l'avions tout concerté, et il fut suivi de toutes les voix. (I, 247.)

Je me rends... à *l'avis* que Monsieur le Coadjuteur *ouvrit* dernièrement chez moi. (II, 413.)

Le président Viole... *ouvrit l'avis*, non pas qu'il espérât de le faire passer.... (III, 86.)

Il (*le Pape*) ne me dit rien de la censure ni de la Bulle ; mais je vis clairement qu'il attendoit que je lui en *ouvrisse le discours*. (VII, 121.)

J'insinuai... que l'on nous feroit plaisir de faire *ouvrir la scène* par M. d'Elbeuf. (II, 234.)

Nous eûmes... une contestation, qui *ouvrit une scène* où il y eut bien du ridicule. (II, 565.)

Je suppliai M. le prince de Conti de considérer qu'il lui appartenoit, par toute sorte de raisons, d'*ouvrir* et de fermer *la scène*. (II, 383.)

J'*ouvrirai* cette nouvelle *scène*, après que je vous aurai supplié de faire une réflexion. (III, 439.)

Quoique mes proches mêmes s'y opposassent,... je suivis mon dessein : j'entrepris *la carrière*, et je l'*ouvris* avec succès. (I, 111.)

Saint Louis... se résolut... d'*ouvrir la guerre* sainte contre les infidèles. (IX, 127.)

Voyez II, 83, 85, 87, 121, 139, 256 et 323 ; III, 291 et 468 ; IV, 60.

OUVRIR UN MOYEN, UN EXPÉDIENT, etc. :

Je devois penser à en *ouvrir* quelque *moyen*. (VII, 105.)

Vineuil... a apporté une lettre... qui n'*ouvre* aucun *moyen* d'accommodement. (VIII, 42.)

S'ils (*les Évêques*) choquoient tant soit peu les inclinations du Ministre, il auroit *un moyen ouvert* pour les contraindre à quitter leurs siéges. (VI, 397.)

Je pris le bonhomme Broussel à part, et je lui *ouvris un expédient* qui ne me vint dans l'esprit qu'un quart d'heure devant que l'on eût pris séance. (II, 225.)

Dès que j'*eus ouvert* à Mme de Longueville le moindre *jour* du poste qu'elle pourroit tenir.... (II, 121.)

OUVERT :

Celui-ci (*ce chemin-ci*)... paroissoit si *ouvert* et si aplani.... (II, 145.)

J'allai... chez la Reine, que je trouvai avec un visage fort *ouvert* ; et... ce visage *ouvert* ne se referma pas. (III, 414.)

OUVERT À :

Plus il (*l'esprit*) est vif, plus il est tendre, délicat, et *ouvert aux* injures. (IX, 151.)

S'OUVRIR, au figuré, déclarer sa pensée, son dessein ; S'OUVRIR DE.... À, AVEC, etc. :

Il *s'ouvrit*, bien plus qu'il n'avoit fait, *de* tendresse pour moi. (IV, 111.)

M. de Beaufort, à qui l'on ne *se pouvoit ouvrir d'*aucun secret important.... (II, 299.)

Mme de Bouillon... *s'étoit ouverte avec* moi... *du* commerce qu'elle avoit avec Espagne. (II, 237.)

Voyez I, 100 et 172 ; II, 109, 149, 166, 239, 273, 274, 419, 429, 431 et 444 ; III, 64, 94, 168, 176, 180, 181, 183, 239, 286, 311, 324 et 416 ; IV, 111.

S'OUVRIR QUE :

Je n'osois *m'ouvrir* à qui que ce soit *que* j'attendisse M. le prince de Conti et M. de Longueville. (II, 146.)

P

PAIR (MARCHER DU) AVEC :

La résolution *marche du pair avec* le jugement. (I, 152.)

Tirer du pair, tirer d'affaire :

Je n'oubliai rien pour le *tirer du pair*. (III, 14.)

Voyez la note 9 de la page indiquée.

Nous *tirâmes* Monsieur *du pair*. (III, 159.)

Tirer du pair, Tirer de pair, distinguer des autres :

Le maréchal de la Mothe... se laissa toucher à l'honnêteté que Monsieur le Prince lui fit de le *tirer de pair*.... (II, 572.)

Voyez la note 2 de la page indiquée.

Elle (*la Reine*) traita Monsieur de perfide; elle ne me *tira du pair* que pour me faire encore plus sentir qu'elle ne me traitoit pas mieux dans le fond de son cœur. (III, 431.)

Se tirer du pair :

Toutes ces démarches... me firent prendre la résolution de *me tirer du pair*.... Je suppliai la Compagnie de ne me comprendre en rien de tout ce qui pourrroit regarder... aucun intérêt. (II, 458.)

PAIRE, en parlant d'une chose unique :

Envoyez-moi, je vous prie,... une *paire* d'heures pour femme, de maroquin du Levant. (VIII, 525.)

Voyez la note 2 de la page indiquée.

PAIX fourrée. Voyez Fourré.

PALAIS :

Le *palais* d'Orléans et l'hôtel de Condé, étant unis ensemble par ces intérêts, tournèrent en moins de rien en ridicule la morgue qui avoit donné aux amis de M. de Beaufort le nom d'Importants. (I, 225.)

PALAIS (Le), absolument :

Le Premier Président... me dit un moment après qu'il fut sorti *du Palais*.... (II, 74.)

Comme il (*Molé*) avoit été nourri dans les formes *du Palais*, tout ce qui étoit extraordinaire lui étoit suspect. (II, 188.)

Voyez I, 294 et 321; II, 36, 43, 50, 105, 153, 220, 228 et 262.

Dame du palais. Voyez Dame.

PALETTE, instrument pour jouer au volant :

Je n'ai point demandé de volants ni de *palettes*. (VIII, 371.)

PALLIATIF, adjectif :

L'unique remède efficace et non *palliatif* étoit de... le purger. (II, 276.)

PALLIER :

Il n'y a jamais eu d'esprit si décisif ni si violent; mais il n'y en a jamais eu un qui *ait pallié* ses décisions et ses violences par des termes plus doux. (II, 276.)

PALPABLE, au figuré :

.... Les inconvénients... étoient, dans la vérité, non pas seulement visibles, mais *palpables*. (IV, 17.)

L'aveuglement dont l'Écriture nous parle si souvent est, même humainement parlant, sensible et *palpable* dans les actions des hommes. (IV, 202.)

Voyez IV, 183; VII, 445; IX, 300.

PANTALON, personnage bouffon de la comédie italienne :

Il me coula ces paroles dans l'oreille : « Ce n'est là qu'un *Pantalon* ». (II, 62.)

Voyez la note 2 de la page indiquée.

Si le vieux *Pantalon* (il appeloit de ce nom le garde des sceaux de Châteauneuf, parce qu'il avoit toujours une jaquette fort courte et un fort petit chapeau) étoit capable de cette folie.... (III, 234.)

Voyez la note 3 de la page indiquée.

Le vieux *Pantalon* (il appeloit ainsi M. de Châteauneuf) traitoit,... avec Chavigni, l'accommodement de Monsieur le Prince avec la Reine. (III, 396.)

Voyez le suivant.

PANTALONNADE :

Il... nous fit une *pantalonnade* digne des premières scènes de la pièce. (II, 236.)

Voyez le précédent.

PAPERASSE :

M. de Bellièvre proposa d'écrire ce qui se diroit de part et d'autre. Voici ce que je lui dictai, que j'avois encore de sa main, cinq ou six jours devant que je fusse arrêté. Il en eut quelque scrupule, il me le demanda, je le lui rendis, et ce fut un grand bonheur pour lui, car je ne sais si cette *paperasse*, qui eût pu être prise, ne lui eût point nui quand on le fit Premier Président. (II, 421.)

M. de Brissac soutint que toutes ces *paperasses* étoient supposées. (II, 475.)

.... Je ne pourrois m'empêcher de me plaindre de ce qu'ils (*les préopinants*) n'ont pas relevé l'indignité de cette *paperasse* que l'on vient de lire. (III, 240.)

Cette lettre n'étoit qu'une *paperasse* du Mazarin. (IV, 194.)

Voici une nouvelle *paperasse* contre Bernard, qui sera peut-être aussi mal fondée que beaucoup d'autres. (VIII, 490.)

PAR, en parlant d'un lieu ou du temps :

Venez en diligence à Luxembourg, et prenez garde à vous *par* le chemin. (III, 258.)

.... Ceux qui m'avoient suivi dans mon voyage, et... tous les autres qui m'avoient joint *par* le chemin. (V, 110.)

Je voyois un prince de la maison de Lorraine... prêt à se déclarer et à être déclaré certainement général des troupes, qui n'en n'avoient point, et qui en avoient un besoin pressant *par* les minutes. (II, 146.)

PAR, par le fait ou le moyen de, par suite de, d'après, etc. :

Je lui fis répondre qu'il n'y avoit rien que je n'eusse rendu à Son Excellence, si elle me l'eût demandé *par* civilité; mais puisque c'étoit un ordre.... (I, 126.)

Il paroît un peu de sentiment,... et ce signe de vie, dans les commencements presque imperceptible, ne se donne point *par* Monsieur, il ne se donne point *par* Monsieur le Prince, il ne se donne point *par* les grands du royaume, il ne se donne point *par* les provinces, il se donne *par* le Parlement, qui jusques à notre siècle n'avoit jamais commencé de révolution. (I, 293.)

L'après-dînée, l'on tint la police générale *par* les députés du Parlement, de la Chambre des Comptes, de la Cour des Aides.... (II, 142.)

.... Edits vérifiés *par* la présence du Roi. (I, 304.)

Le peuple, qui s'étoit animé *par* les assemblées du Parlement, s'effaroucha dès qu'il les vit cessées. (II, 96.)

Il y eut des moments... où ils (*les esprits*) revinrent à leur emportement, ou *par* les accidents qui survinrent, ou *par* l'art de ceux qui les y ramenèrent. (II, 273.)

M. de Turenne me jura qu'il n'avoit pas senti la moindre émotion, et il convint que j'avois eu sujet de croire, *par* son regard si fixe et *par* son mouvement si lent, qu'il en avoit eu beaucoup. (I, 191.)

J'insistois... sur le secret confié à deux personnes *par* son commandement et à quatre autres pour son service et *par* son aveu. (I, 169.)

Le Parlement, délivré du cardinal de Richelieu, qui l'avoit tenu fort bas, s'imaginoit que le siècle d'or seroit celui d'un ministre qui leur disoit tous les jours que la Reine ne se vouloit conduire que *par* leurs conseils. (I, 237.)

Il ne vouloit plus rien faire que *par* mes avis. (II, 61.)

Il avoit été résolu, *par* l'avis du Premier Président, que.... (II, 573.)

Il résolut, *par* mon avis, de consentir à la translation de Messieurs les Princes au Havre-de-Grâce. (III, 156.)

.... Elle envoya, *par* leur avis, MM. de Vendôme, d'Elbeuf et d'Épernon prier Monsieur de venir prendre sa place au Conseil. (III, 254.)

Malclerc me vient de dire que, *par* les lettres d'aujourd'hui, M. de Chevincourt se porte beaucoup mieux. (VIII, 160.)

Je devois... me mettre à la tête des compagnies,... avec vingt-cinq gentilshommes que j'avois engagés *par* différents prétextes. (I, 173.)

« Sous différents prétextes, » dans les manuscrits H et Ch et dans quelques éditions anciennes.

Il n'y avoit rien de si facile que ce coup *par* toutes les circonstances que vous avez vues, mais il paroissoit grand. (I, 233.)

La Reine étoit adorée beaucoup plus *par* ses disgrâces que *par* son mérite. (I, 229.)

Il y eut... quelque petit nuage... entre Monsieur le Duc et M. le cardinal Mazarin, pour la charge d'amiral, que le premier prétendit *par* la mort de M. le duc de Brézé, son beau-frère. (I, 239.)

Je ne sais si la qualité de premier ministre, qu'il (*Richelieu*) a prise le premier, n'auroit pas pu être, avec un peu de temps, aussi odieuse en France que l'ont été, *par* l'événement, celles de maire du Palais et de comte de Paris. (I, 281.)

Les Hollandois se croyoient subjugués par le duc d'Albe, quand le prince d'Orange, *par* le sort réservé aux grands génies, qui voient devant tous les autres le point de la possibilité, conçut et enfanta leur liberté. (I, 292.)

Cet appui n'a qu'un temps, et ce temps même n'est pas fort long, *par* mille accidents qui peuvent arriver dans le désordre. (II, 38.)

Je me servis de cet instrument pour animer Viole... *par* sa propre timidité, qui étoit grande. (II, 70.)

Cet embarras est grand, mais j'ose soutenir qu'il n'est pas insurmontable et qu'il n'est pas même difficile à démêler, dans la conjoncture présente, *par* des circonstances particulières. (II, 107.)

Grancei avoit assiégé Brie-Comte-Robert.... La place ne valoit rien; elle étoit inutile *par* deux ou trois considérations. (II, 294.)

Ce personnage me convenoit préférablement, et *par* ma dignité et *par* ma profession. (II, 243.)

Le pouvoir que les particuliers prennent quelquefois dans les peuples n'y est jamais cru que *par* les effets. (II, 281.)

Le maréchal de la Mothe n'étoit accessible que par M. de Longueville, duquel la Cour ne s'assuroit pas beaucoup davantage, *par* la négociation d'Anctauville, que nous nous en assurions *par* la correspondance de Varicarville. (II, 374.)

Elle me dit que le Premier Président vouloit la liberté de Monsieur le Prince et *par* lui-même et encore plus *par* Champlâtreux; mais qu'il l'espéroit *par* la Cour, et qu'il ne la vouloit en façon du monde *par* la guerre. (III, 179.)

.... Le respect qui lui étoit dû *par* tant de titres. (IV, 183.)

.... Un ministre... dont la grandeur est incompatible avec la sienne *par* la jalousie naturelle qui est entre eux *par* leurs dignités. (V, 263.)

Je vous suis obligé d'en user aussi ponctuellement que vous faites, et *par* la part que je prends à ce qui le touche, et *par* celle que je prendrai toujours à vos intérêts. (VIII, 626.)

Par deçà :

Je crois que je ne vous dois pas faire de remerciement de tout ce que vous faites si bien pour moi ; il me semble que nous sommes *par deçà* les compliments. (VIII, 489.)

Par devers :

.... Lesdites protestations et révocations gardées *par devers* nous, pour nous en aider en temps et lieu. (VI, 3.)
.... Qu'il eût gardé quelques papiers *par devers* lui. (VIII, 258.)

PARADE :

Il auroit lui-même défait le corps et non pas l'ombre, qu'il poursuit à présent avec tant de pompe et de *parade*. (V, 340.)

PAREMENT :

J'ai promis la chaire de Saint-Denis pour cette année au père Cauqui,... et à un Augustin, pour la suivante,... de sorte que le recommandé par le Religieux du *parement* (*celui qui pare l'autel*) n'y sauroit prêcher que dans deux ans. (VIII, 332.)

Parement, ornement d'église :

Je n'en trouvois pas (*de bienséance*) à demander au Roi des *parements* pour une cérémonie qui ne se fait que par reconnoissance... d'un bienfait qui leur venoit de la France. (VII, 162.)

PARER à :

Nous avions... beaucoup de peine à *parer aux* coups. (III, 130.)

Voyez encore II, 243.

Se parer de, se garder, se défendre de :

J'eus quelque peine à *me parer de* certains mouvements que je dois appeler des tentations.... (VI, 297.)

On eût trouvé peut-être quelque expédient pour *se parer de* cet inconvénient. (VII, 61.)

Parez-vous avec application *des* chicanes de la Serment que Chevincourt portera en tout et partout. (VIII, 417.)

Voyez encore IV, 221.

PARFAIT, parfaite :

.... Un galimatias *parfait*. (III, 405.)
Je ne puis croire que Dieu... ne la rende bientôt (*la santé de la Reine*) toute entière et toute *parfaite* aux vœux de toute la terre. (VII, 109.)

PARFAITEMENT :

L'on savoit qu'il le méprisoit *parfaitement*. (II, 501.)

PAROI, masculin :

Ce n'est que l'enduit d'un *paroi* (IX, 186.)

PAROÎTRE :

J'évoquai, de mon côté, un démon, qui lui *parut* sous une forme plus bénigne et plus agréable. (I, 131.)

Voyez la note 1 de la page indiquée.

Mes attachements me retinrent à Paris, mais si serré et si modéré, que j'étudiois tout le jour, et que le peu que je *paroissois* laissoit toutes les apparences d'un bon ecclésiastique. (I, 150.)
Je ne vous puis exprimer le transport de joie qui me *parut* dans les yeux et sur le visage de Monsieur. (III, 300.)
Je commençai à entrevoir quelque chose, et ce qui m'en *parut* fut une longue procession de fantômes noirs. (I, 189.)
Ce qui me *parut* de tout cela, au retour de Laigue à Paris, c'est qu'il l'étoit pleinement (*qu'il étoit pleinement content*) d'elle. (II, 485.)
Nous sortîmes... pour voir... la contenance du peuple, que l'on m'avoit mandé de différents quar-

tiers être beaucoup consterné. Cela nous *parut* effectivement. (II, 564.)

Nous nous réservons une porte pour sortir d'affaire avec le Parlement. — Il ouvrira cette porte, lui répondis-je, quand vous ne le voudrez pas, comme il *paroît* déjà. (II, 360.)

L'unique Premier Président, le plus intrépide homme, à mon sens, qui *ait paru* dans son siècle, demeura ferme. (II, 51.)

Il (*M. de la Rochefoucauld*) eût beaucoup mieux fait de se connoître et de se réduire à passer, comme il l'eût pu, pour le courtisan le plus poli qui *eût paru* dans son siècle. (II, 182.)

Faire paroître :

Le cardinal de Richelieu la vint traiter (*la France*) comme un empirique, avec des remèdes violents, qui lui *firent paroître* de la force, mais une force d'agitation qui en épuisa le corps et les parties. (I, 289.)

Elle (*cette colère*) étoit toute affectée et toute contrefaite, à dessein d'avoir une manière d'éclaircissement, qui fît ou au moins qui *fît paroître* un raccommodement. (II, 500.)

Cet avis... nous obligea à prévenir le mal, mais d'une façon toutefois qui ne parût pas offensive, n'y ayant rien de si grande conséquence dans les peuples que de leur *faire paroître*, même quand l'on attaque, que l'on ne songe qu'à se défendre. (II, 41.)

PAROLE, entrant dans différentes locutions :

Porter parole de :

M. le cardinal Mazarin... vint lui-même dans l'assemblée (*du clergé*) *porter parole* de la restitution.... Il donna dans la suite toutes sortes de démonstrations qu'il tiendroit fidèlement sa parole. (I, 269.)

La même raison qui l'avoit obligé à rendre compte à son général de la lettre qu'il avoit reçue ne lui permettoit pas *d'en porter la parole* en sa présence. (II, 247.)

Je ne puis vous exprimer la chaleur et la fureur qui parut... à cette nouvelle. Le Premier Président, qui *en avoit porté parole* à la Compagnie, fut piqué au dernier point de ce procédé. (II, 311.)

Avoir parole de :

Mgr Capobianco... *avoit eu parole*... *du* secrétariat *de Propaganda fide*, qu'il a recherché, depuis huit ou dix mois, avec des instances continuelles, pour avoir lieu... de ne point aller à sa résidence. (VII, 208.)

Avoir des paroles, Avoir des paroles avec :

.... Ils *eurent* sur cela *des paroles* dans l'antichambre de Mademoiselle. (IV, 167.)

Ils firent leur relation au Parlement, sur laquelle M. de Bouillon *eut des paroles* assez fâcheuses *avec* Messieurs les présidents. (II, 477.)

Se prendre de parole :

Deux François qui sont ici *se prirent* hier *de parole*, dans un jeu de paume, avec un autre François et deux Danois. (VII, 68.)

Avoir la parole de, parler en place de :

M. de la Fons a l'administration pleine et entière de mon bien; il a ma procuration, il *a ma parole* et ma main. (VIII, 303.)

Demeurer dans une parole :

.... Pourvu qu'ils (*les Espagnols*) *demeurent*... *dans la parole* qu'ils ont fait porter au Parlement, qu'ils s'en rapporteront à son arbitrage. (II, 338.)

Je prie Monsieur le Coadjuteur... de me déshonorer si je ne *demeure* fidèlement *dans cette parole*. (II, 392.)

SOUS LA PAROLE DE :

Le président Viole... vint à Saint-Germain, où le Roi étoit allé de Ruel, *sous la parole de* Monsieur le Prince. (II, 87.)

PARQUET des gens du Roi, enceinte réservée où ils siégeaient ; PARQUET des huissiers :

La Sourdière, lieutenant des gardes du corps, entra dans le *parquet* des gens du Roi. (II, 137.)

Voyez la note 3 de la page indiquée.

M. le prince de Conti dit, au Parlement qu'il y avoit au *parquet* des huissiers un gentilhomme envoyé de M. l'Archiduc Léopold. (II, 229.)

Voyez I, 313 ; II, 132, 399 et 591 ; III, 201 et 493.

PARRICIDE :

Il (*Cromwell*) voit à tous moments les mânes de Henri le Grand, qui menacent le *parricide* de son beaufils. (V, 309.)

..... Le moderne Attila, le *parricide* de la royauté. (V, 315.)

Gênes... vous considérera... comme le *parricide* du peuple. (V, 531.)

PARROCHIAL, paroissial :

.... Aux prônes des messes *parrochiales* de notre dit Diocèse. (VI, 133.)

PART, entrant dans différentes locutions :

J'exécutai fort bien *de ma part* (pour ma part) tout ce qui m'avoit été ordonné.... Il ne fit pas si bien de son côté. (I, 116.)

Je ne m'oubliai pas *de ma part* : je jouai bien. (III, 515.)

De ma part, j'essayerai de ne manquer jamais à ce que je dois à l'Église. (VI, 216.)

Je ne me hâterai pas, *de ma part*, à lui montrer.... (VII, 146.)

Monsieur le Prince établit *de sa part* ses quartiers. Il porta le maréchal du Plessis à Saint-Denis.... (II, 196.)

La Rivière... avoit déjà beaucoup *de part dans* l'esprit de Monsieur. (I, 224.)

Il a tant de *part dans* l'esprit de Monsieur qu'il arrête tous ses bons desseins. (V, 242.)

M. le cardinal Corrado mourut ici samedi au soir ; ceux qui se croient le mieux avertis sont persuadés que l'on ne donnera pas sa charge à un cardinal, et il y en a d'autres qui assurent que M. le cardinal Celsi y a bonne *part*. (VII, 153.)

Si vous entrez, par complaisance, dans leurs pensées, vous *entrez en part* de la haine publique. (II, 107.)

La guerre même *entre en part* de la sainteté de Saint-Louis. (IX, 121.)

Elle (*Mme de Guémené*) avoit traversé l'inclination qu'il (*Richelieu*) avoit pour la Reine ; et... elle avoit même été, *de part* à la pièce que Mme du Fargis... lui fit quand elle porta à la Reine mère... une lettre d'amour qu'il avoit écrite à la Reine sa belle-fille. (I, 104.)

J'eus la vanité de prétendre le premier lieu, et je ne crus pas le devoir céder à l'abbé de la Mothe Houdancourt... M. le cardinal de Richelieu... envoya en Sorbonne... pour le recommander.... J'allai trouver M. de Raconis... pour le prier de dire à Monsieur le Cardinal... que... je m'étois désisté de ma prétention aussitôt que j'avois appris qu'il *y prenoit part*. (I, 120.)

André guérit, et Jean-Louis montra plus que personne de *prendre part* à sa guérison. (V, 637.)

Mme de Retz... en avertit Monsieur son père, qui ne manqua pas *d'en donner part au* mien. (I, 97.)

Il y avoit à l'Hôtel de Ville une lettre du Roi, par laquelle il *donnoit part* au prevôt des marchands des raisons qui l'avoient obligé à sortir de sa bonne ville de Paris. (II, 132.)

Le comte de Fuensaldagne leur avoit donné des raisons... pressantes et... solides de cette marche;... il les avoit priés de *m'en donner part*. (II, 427.)

La Tivolière... vint *donner part à Monsieur... de* ce changement. (III, 290.)

Monsieur le Premier Président prit la parole en *donnant part à* la Compagnie *que* la Reine lui avoit envoyé un gentilhomme. (III, 367.)

Ses intérêts ne *feront* jamais aucune *part des* affaires publiques. (V, 182.)

Elle *en mit de part* sa fille (*du personnage que je jouais*). (IV, 189.)

PARTANCE :

.... Jannetin,... qu'il pria... de commander aux officiers de ses galères de ne donner aucun empêchement à la *partance* de la sienne. (V, 563.)

PARTANT, adverbe :

Et *partant* il a fallu ou abandonner tous les droits de mon Église..., ou me résoudre... à en confier le soin à des gens capables de les soutenir. (VI, 241.)

PARTI :

L'on ne connoît pas ce que c'est que le *parti*, quand l'on s'imagine que le chef en est le maître. (III, 543.)

Parti, entrant dans différentes locutions :

Elle lui avoit enfin fait donner parole... de s'accommoder à la Cour ou de *prendre parti avec* Espagne. (II, 441.)

Le cardinal de Richelieu avoit de la naissance. Sa jeunesse jeta des étincelles de son mérite.... Il *prenoit* d'ordinaire *très-bien son parti*. Il étoit homme de parole.... (I, 281.)

Dites à la Reine et à Monsieur que ce diable de Coadjuteur perd tout ici;... mais que si ils veulent *me faire un bon parti*, je leur témoignerai que je ne suis pas venu à Paris avec une aussi mauvaise intention qu'ils se le persuadent. (II, 159.)

.... Elle savoit de science certaine que l'on *me faisoit des partis* immenses. (III, 151.)

La Cour des Aides... fit défenses... de *mettre* les tailles *en parti* (*de les affermer*). (II, 97.)

Voyez la note 3 de la page indiquée.

PARTIALITÉ, division, faction :

Son unique vue devoit être dorénavant d'assoupir toutes les *partialités*. (III, 277.)

.... Tous ceux qui s'étoient éloignés de moi dans les différentes *partialités*. (IV, 185.)

PARTICIPER :

Cette éternité seroit une éternité *participée*.... Qui m'empêchera de dire, par la même raison, que je puis devenir créateur et conservateur par participation? (IX, 332.)

PARTICULARISER :

Ce second avis, qui me parut plus *particularisé* que l'autre, me tira de mon assoupissement. (IV, 31.)

Je ne touche... cette matière que parce que Messieurs vos enfants ne la trouveront peut-être en lieux du monde si spécifiée, et je ne l'ai jamais rencontrée, au moins *particularisée*, dans aucun livre. (V, 113.)

PARTICULIER, adjectif :

.... Il ne s'agissoit plus... de la défense de Paris et de la protection des peuples, où tout ce qui paroît *particulier* est suspect. (III, 164.)

Les ressorts *particuliers* de ce grand mouvement sont assez curieux, quoiqu'ils soient fort simples. (II, 100.)

Lui, qui m'avoit donné les avis

les plus *particuliers* des sentiments de la cour sur ce sujet, les croyoit de la meilleure foi du monde changés pour moi. (II, 91.)

.... Les paroles les plus positives et les plus *particulières* d'union et d'amitié. (III, 378.)

Je lui représentai (*à Mazarin*) les raisons et les exemples. Je lui dis qu'étant son serviteur aussi *particulier* que je l'étois, j'espérois qu'il me feroit la grâce de les faire entendre à la Reine. (I, 252.)

PARTICULIER, pris substantivement : détail :

Je vis Hocquincourt,... qui me conta familièrement tout le *particulier* de l'offre qu'il avoit faite à la Reine. (III, 338.)

Elle (*cette considération*) me rejeta dans le *particulier* de la manière d'agir de Monsieur le Prince. (III, 386.)

Je ne sais de ce détail que ce que Croissi... m'en a dit depuis à Rome ; mais je suis persuadé qu'il m'en a dit le vrai.... En voici le *particulier*.... (III, 541.)

Voyez la note 10 de la page indiquée.

Il faut examiner le *particulier* de tout ce qui s'est fait. (V, 230.)

Je vous rends très-humbles grâces de la peine que vous avez pris de me faire savoir le *particulier* de vos sentiments. (VI, 83.)

Je dis hier à Monsieur l'Ambassadeur ce *particulier*. (VII, 318.)

Voyez II, 201 ; III, 94, 420 et 462 ; VIII, 609.

POUR MON PARTICULIER, POUR SON PARTICULIER :

Je me voyois... dans la nécessité... de subir... le joug du monde... le plus dangereux *pour mon particulier*. (II, 140.)

Le ministre d'un roi affoibli trouvoit quelquefois plus d'avantage, *pour son particulier*, dans la diminution de l'autorité que dans son agrandissement. (III, 306.)

Je ne lui fis, *pour mon particulier*, aucune apologie. (III, 440.)

PARTIE :

Le cardinal de Richelieu la vint traiter (*la France*) comme un empirique, avec des remèdes violents, qui lui firent paroître de la force, mais une force d'agitation qui en épuisa le corps et les *parties*. (I, 289.)

Le cardinal de Richelieu... eût... souhaité d'être aimé du public ; mais quoiqu'il eût la civilité, l'extérieur et beaucoup d'autres *parties* propres à cet effet, il n'en eut jamais le je ne sais quoi, qui est encore, en cette matière, plus requis qu'en toute autre. (I, 282.)

Quoiqu'il (*M. de Bouillon*) eût de très-grandes *parties*, je doute qu'il ait été aussi capable que l'on l'a cru des grandes choses qu'il n'a jamais faites. (II, 350.)

PARTIE, complot, projet ; entrant dans différentes locutions :

Le marquis de Boisy nous déclara qu'il ne nous découvriroit jamais, mais qu'il ne pouvoit plus *être de* cette *partie* (*de ce complot contre Richelieu*). (I, 148.)

La cour ne craignoit rien tant au monde que la rupture entre Monsieur et Monsieur le Duc ; Monsieur le Prince l'appréhendoit encore davantage.... Il vint tout courant chez moi : il y trouva soixante ou quatre-vingts gentilshommes ; il crut qu'il y avoit quelque *partie liée* avec Monsieur le Duc. (I, 262.)

Elle dit en badinant à Mme de Vendôme qu'il y falloit donner la comédie à M. de Lisieux.... *La partie se fit*. (I, 187.)

Si Noirmoutier avoit été la nuit chez la Reine, comme Ondedei lui proposoit, *la partie étoit faite* pour faire mettre derrière une tapisserie le maréchal de Gramont. (III, 6.)

Je ne doutai point que *la partie ne fût faite*. (III, 238.)

Le président Viole... ouvrit l'avis, non pas qu'il espérât de le faire passer, car il savoit bien que *sa partie* n'*étoit* pas assez bien *faite*. (III, 86.)

Il n'étoit pas... difficile de lui donner, *de partie faite*, un amant. (II, 185.)

Voyez la note 2 de la page indiquée.

PARTIE D'APOTHICAIRE, mémoire de frais ou de fournitures exagéré :

Vous n'aurez point de réponse à ce que vous demandez pour la récompense du sel et autres telles *parties d'apothicaire*. (VIII, 170.)

Voyez la note 8 à la page indiquée.
Voyez encore VIII, 275.

PARTISAN, financier qui faisait des avances au trésor, et touchait ensuite les impôts :

Le Chancelier insista fort... sur l'inconvénient qu'il y auroit à faire le procès... à ceux d'entre eux (*d'entre les intendants*) qui auroient malversé, parce qu'il seroit impossible que les *partisans* ne se trouvassent engagés dans ces procédures. (I, 322.)

Voyez la note 2 de la page indiquée, sur les différentes étymologies attribuées à ce mot.

.... Des meubles ou de l'argent que l'on prétendoit être cachés chez les *partisans* et chez les gens de la cour. (II, 204.)

Il s'atêta au président de Mesme et au Premier Président sur le sujet d'un certain la Raillière, *partisan* fameux qu'il faisoit entrer dans tous ses avis. (II, 250.)

Voyez la note 5 de la page 249.

PAS, substantif, au figuré : avance, démarche, etc. :

Je croyois que la bonne conduite vouloit que le premier *pas*, au moins public, de désobéissance, vînt de ce corps (*du Parlement*). (II, 133.)

.... Les conseils de M. de Bourlemont, que j'ai absolument suivis dans les premiers *pas* de compliments et de cérémonies que j'ai été obligé de faire en arrivant ici. (VII, 32.)

Vous vous étonnerez, sans doute, de ce qu'après ces *pas* l'on ne fit pas celui de s'assurer des portes de Paris. (III, 232.)

Le *pas* de donner du mouvement à ses troupes contre lui (*contre Mazarin*) n'ajoutoit pas tant à la mesure du dégoût qu'il avoit déjà donné à la Cour. (VII, 102.)

Le Parlement fera demain des *pas* qui rendront tous ces préalables que vous attendez fort inutiles. — Non, madame :... je conviens que le Parlement fera demain des *pas*, même très-imprudents, pour son propre compte vers la cour; mais je soutiens que quelques *pas* qu'il fasse, nous demeurerons en état... de nous moquer du Parlement. (II, 304.)

Cela... eut des suites qui nous ont dû apprendre, aux uns et aux autres, qu'il n'y a point de petits *pas* dans les grandes affaires. (II, 503.)

Je crus qu'il étoit nécessaire que je m'ouvrisse, quoique le *pas* fût fort délicat. (III, 311.)

S'ils font un *pas* de procédure, ma résolution est, pour l'exemple, de ne les payer jamais. (VIII, 511.)

L'utilité que la cour de Rome auroit pu concevoir à jeter de fausses lueurs pour ralentir les *pas* du clergé.... (VIII, 158.)

Voyez I, 169 et 254; II, 147, 213, 226, 234, 275, 293, 311, 312, 314, 326 et 359; IV, 83, 71 et 116.

PAS, entrant dans différentes locutions prises au figuré :

L'appréhension qu'il avoit que la cour ne donnât tout d'un coup, sans sa participation, la liberté à Messieurs les Princes, lui avoit fait faire ce *faux pas*. (III, 189.)

Je n'ai jamais pu comprendre ce *pas de ballet* du cardinal, qui m'a paru un des plus ridicules de notre temps. (III, 268.)

Je vis clairement que ce *pas de ballet* l'avoit surpris. (III, 302.)

Il n'y avoit... qu'à exécuter la chose au nom de Monsieur;... Monsieur l'avoueroit de tout son cœur dès qu'elle seroit exécutée, et... nous le mènerions *de ce pas* sur nos relais à Sedan. (I, 146.)

Le Parlement étoit si engagé à la liberté de Messieurs les Princes, et... le Premier Président même s'étoit si hautement déclaré qu'il n'y avoit plus lieu de craindre qu'ils pussent, ni l'un ni l'autre, *faire le pas en arrière*. (III, 220.)

PAS, particule :

Je ne lui vis jamais, dans *pas* une occasion, ni un mouvement de chagrin ni d'intérêt. (V, 112.)

Elle feroit tous ses efforts pour empêcher que M. de Noirmoutier... ne demeurât *pas* dans mes intérêts. (IV, 52.)

Ni l'une ni l'autre de ces préoccupations ne sont *pas* nouvelles dans le monde. (IX, 204.)

Voyez NON PAS, NON PAS SEULEMENT, à l'article NON.

PASSAGE :

Mon parti... fut... d'éveiller par quelque *passage* court et curieux l'imagination des auditeurs.... Je fis un *passage* d'un latin le plus pur... qui fût en mon pouvoir, et je formai mon avis en ces termes... (III, 240.)

PASSE-MERVEILLE :

Il auroit fait des *passe-merveilles*, si M. de Beaufort ne lui avoit point manqué. (III, 300.)

PASSE-PORT :

Je fis dire... à Flammarin de sortir de Paris, parce qu'il y avoit déjà quelques jours que le temps de son *passe-port* étoit expiré. (II, 293.)

Les *passe-ports* pour les blés n'avoient point été expédiés. (II, 369.)

Voyez II, 140, 288, 407 et 453.

PASSER, actif : traverser :

Comme j'étois en rochet et en camail, je *passai* la grande salle le bonnet à la main. (II, 580.)

Il *passa*... le Périgord, le Limousin. (IV, 171.)

PASSER, dépasser, surpasser ; au propre et au figuré :

Ces auteurs impertinents,... n'*ayant* jamais *passé* l'antichambre, se piquent de ne rien ignorer de tout ce qui s'est passé dans le cabinet. (III, 354.)

M. le Prince est né capitaine, ce qui n'est jamais arrivé qu'à lui, à César et à Spinola. Il a égalé le premier ; il *a passé* le second. (II, 176.)

Sa capacité... *passoit* son âge. (V, 572.)

Il (*le Premier Président*) étoit naturellement si hardi qu'il ne parloit jamais si bien que dans le péril. Il se *passa* lui-même lorsqu'il revint au Palais-Royal. (II, 52.)

Voyez I, 129; II, 593; III, 53, 229 et 259.

PASSER JEU, dépasser la mesure :

Je ne laissai pas... de faire quelques railleries de l'abbé Foucquet, qui se persuada... qu'elles *avoient passé jeu*. (IV, 228.)

PASSER, neutre :

Nous nous battîmes à l'épée.... Je blessai Bassompierre.... Il ne laissa pas de me désarmer, parce qu'il *passa* sur moi et qu'il étoit plus âgé et plus fort. (I, 86.)

Voyez encore I, 88.

Les pyrrhoniens *passent* plus outre, et condamnent cette opinion. (IX, 154.)

PASSER À, PASSER JUSQU'À ou

jusques à: aller jusqu'à, au figuré:

La méchanceté *passa* à un excès de tout point étrange. (IX, 98.)

Cette haine de M. le cardinal de Richelieu *avoit passé jusqu'au* point d'avoir voulu obliger, pour se venger.... (I, 105.)

Nos foiblesses *passent* assez souvent *jusqu'à* la dernière impiété. (IX, 99 *et* 100.)

Mme de Longueville... prit une rage et une fureur contre lui, qui *passa jusques à* un excès incroyable. (II, 119.)

Le garde des sceaux le combattit avec une force qui *passa jusques à* la brutalité. (III, 100.)

.... Les désordres qui *passent jusques aux* derniers excès. (III, 504.)

Je ne laisserois pas d'avoir pour votre mérite cette sorte d'estime qui *passe jusques au* respect. (VI, 444.)

L'incapacité de cet agent *passe jusques à* l'imbécillité. (VII, 227.)

Voyez I, 167, 260, 289 et 292; II, 502; IV, 180; VII, 348.

PASSER à, impersonnel, suivi d'un substantif ou d'un verbe;
PASSER QUE:

Si M. Broussel n'eût ouvert l'avis *auquel il avoit passé*, je tombois... dans une imprudence qui eût peut-être causé la perte de la Ville. (II, 256.)

Le Nain... fut d'avis d'inviter M. le duc d'Orléans de venir prendre sa place, et *il passa à* cet avis au plus de voix. (III, 205.)

Il passa à cela de toutes les voix. (III, 470.)

Il passa enfin *à* ce que nous nous retirassions. (II, 588.)

L'on ne voulut presque pas écouter ceux qui opinèrent au contraire, et *il passa à* refuser l'entrée de la Ville au héraut. (II, 226.)

L'on opina deux ou trois jours de suite sur cette affaire, et *il passa à* faire registre de ce que Monsieur d'Orléans avoit dit. (III, 76.)

Il passa, de quatre-vingt-deux voix contre quarante, *que* l'on manderoit aux députés d'insister. (II, 467.)

Voyez II, 250; III, 241, 254 et 509.

PASSER COMME, passer pour:

.... Des soldats... dont les uns *passoient comme* étant de la garnison, les autres *comme* aventuriers qui demandoient à prendre parti, quelques-uns *comme* mariniers, et beaucoup même *comme* forçats. (V, 559.)

SE PASSER:

Comme la conversation *se passoit* avec assez de confusion.... (II, 245.)

Elle (*cette conversation*) *se passa* justement l'après-dînée du jour où l'on prétendit qu'il (*Monsieur le Prince*) avoit menacé le Parlement. (II, 101.)

PASSER DU BONNET À. Voyez BONNET.

PASSION, ardeur, violent désir:

Toute ma famille s'épouvanta.... Mon père et ma tante... souhaitoient avec *passion* de m'éloigner et de m'envoyer en Italie. (I, 121.)

Tous les ecclésiastiques du diocèse me souhaitoient pour successeur de mon oncle, avec une *passion* qu'ils ne pouvoient cacher. (I, 197.)

Nous eussions souhaité de toute la *passion* de notre cœur de.... (VI, 111.)

.... L'honneur de vous voir, que je souhaite avec toutes les *passions* du monde. (VIII, 608.)

J'ai... une *passion*... violente de pouvoir récompenser par mes services ce que mon malheur m'a forcé de faire.... (III, 312.)

.... La *passion* que le cardinal

Mazarin a de faire périr ce généreux prince. (V, 455.)

Voyez II, 90 et 604; III, 336.

Passion, en parlant de la peur :

Ces raisons sont... assez bonnes pour toucher des esprits qui n'ont pas peur. Mais ceux qui sont prévenus de cette *passion*.... (II, 574.)

PASSIONNÉMENT :

La Reine... lui envoya les patentes de vice-roi de Catalogne, qu'il avoit *passionnément* souhaitées. (IV, 7.)

PASSIONNER :

.... Les longueurs dont on a usé en une affaire qu'il *passionnoit* si fort pour le bien général de la France. (VIII, 69.)

Voyez la note 3 à la page indiquée.

Passionné :

Assurez, s'il vous plait, le P. Général de mes services très-*passionnés*. (VIII, 304.)

PASTOURELLE, scène pastorale :

Vous allez voir des scènes au prix desquelles les passées n'ont été que des verdures et des *pastourelles*. (II, 94.)

Voyez la note 5 de la page indiquée.

PATRON :

C'est aussi l'avis... que Jésus-Christ donne à son peuple... de ne suivre pas les scribes et les pharisiens, qui étoient pourtant leurs modèles et leurs *patrons*. (IX, 165.)

Les collations des bénéfices... nous appartiennent de plein droit et sans dépendance de *patron* laïque et ecclésiastique. (VI, 135.)

Le cardinal Patron, le cardinal premier ministre :

Il se croyoit dans les bonnes grâces *du cardinal Patron*. (VII, 306.)

Voyez encore VII, 313.

PATRONNE :

.... Mme de Montbazon, que l'on savoit être la *patronne* de la Boulaie. (II, 563.)

PATTE de loup, au figuré :

Il faut réunir les gens le plus qu'il est possible. Tu es une vraie *patte de loup*, bonne à cela quand il te plaît. (VIII, 136.)

PAUVRE :

Varicarville... n'attribuoit cette *pauvre* et misérable conduite ni au défaut de cœur de M. de Longueville,... ni même au défaut d'expérience. (III, 451.)

Pauvre, terme de commisération, employé le plus souvent par ironie :

Elle (*la Reine*) avoit voulu me voir... pour me faire une réprimande de la manière dont j'avois parlé à ce *pauvre* Monsieur le Cardinal (*Mazarin*). (I, 254.)

Voyez II, 61 (3 fois), 185 et 197; III, 8; IV, 92.

PAUVRETÉ :

Le président de Bellièvre traita mon scrupule de *pauvreté*. (II, 554.)

PAVÉ, entrant dans différentes locutions figurées :

Si on manque de nous tuer, demain nous sommes les *maîtres du pavé*. (II, 576.)

Voyez encore II, 514.

La Reine fut transportée de joie de voir que Monsieur le Prince avoit trouvé des gens qui *lui* pussent *disputer le pavé*. (III, 485.)

Voyez III, 491; V, 378.

Je ne croyois pas qu'il y eût personne dans le Royaume qui fût assez insolent pour prétendre de lui disputer le haut du pavé. (III, 491.)

Pour ce qui étoit de la cour, l'on eût pu trouver des tempéraments ; mais... à l'égard du monde, il étoit difficile d'en trouver qui pût satisfaire un premier prince du sang, *auquel* on *disputoit* publiquement et les armes à la main, *le pavé*, à moins que je me résolusse de *le lui quitter*, au moins pour quelque temps. (II, 604.)

Les Frondeurs ne pouvoient faire *quitter le pavé* à cette cabale que par une violence. (III, 133.)

.... Je l'avois assurée que je lui ferois *quitter le pavé*. (III, 341.)

Voyez III, 345, 369, 491 et 492.

.... Les Frondeurs n'en *tinrent* pas moins *le pavé*. (III, 193.)

Chavigni lui représenta monsieur le Prince *tenant le pavé* avec une superbe livrée. (III, 463.)

La Reine... ne se sentoit pas de la joie qu'elle avoit de voir *sur le pavé* un parti déclaré contre Monsieur le Prince. (III, 335.)

J'aurai la joie de le voir *sur le pavé* comme un laquais. (III, 535.)

Il déclara à Monsieur que Monsieur le Prince étoit en état de demeurer *sur le pavé* tant qu'il lui plairoit, sans être obligé d'en demander congé à personne. (IV, 180.)

PAYEN, païen. (IX, 325.)

PAYER :

Au lieu de répondre à ses avances,... je ne les *payai* toutes que de très-méchantes excuses. (I, 112.)

Je n'*étois* pas *payé* pour adoucir son esprit dans cette occasion. (III, 530.)

PAYER DE :

Je *payai de* bonne mine,... mes amis *payèrent d*'une grande audace. (III, 484.)

Je ne répondis... qu'en avouant avec ingénuité que je ne pouvois comprendre la justesse de ce raisonnement. Je *payai de* la même humilité touchant les motifs qu'il m'avoit allégués.... (VII, 42.)

SE PAYER, au figuré :

Comme il (*le Parlement*) fut à la barrière des Sergents, où étoit la première barricade, il y rencontra du murmure, qu'il apaisa en assurant que la Reine lui avoit promis satisfaction. Les menaces de la seconde furent éludées par le même moyen. La troisième... ne *se* voulut pas *payer* de cette monnoie. (II, 50.)

PAYS, au figuré :

Voyez ce que c'est que de n'être pas jour et nuit en ce *pays*-ci (*à la cour*). Le Coadjuteur est homme du monde ; il a de l'esprit : il prend pour bon ce que la Reine lui vient de dire. (II, 19.)

Au *pays* des romans, l'or coule à gros bouillons parmi le sable de leurs rivières. (IX, 137.)

BATTRE DU PAYS, au figuré :

Le Pape *battit* beaucoup *de pays* pour me tirer, ou plutôt pour se tirer lui-même de la décision que je lui demandois. (V, 75.)

PEAUX D'ÂNES (CONTES DE) :

Ces misérables gazetiers de ce temps-là ont forgé, sur ce fond, des *contes de Peaux d'ânes*. (III, 256.)

PEINE :

Il (*Mestrezat, ministre protestant*) m'embarrassa dans la sixième (*conférence*), où l'on parloit de l'autorité du Pape, parce que, ne voulant pas me brouiller avec Rome, je lui répondois sur des principes qui ne sont pas si aisés à défendre que ceux de Sorbonne. Le ministre s'aperçut de ma *peine*. (I, 182.)

Cette circonstance... réveilla mes espérances de la coadjutorerie de Paris. Comme le Roi avoit pris des engagements assez publics de n'en point admettre,... l'on balançoit, et l'on se donnoit du temps avec d'autant moins de *peine* que sa santé s'affoiblissoit tous les jours et que j'avois lieu de tout espérer de la Régence. (I, 208.)

« Le dernier frère convers des Carmes qui adora avant-hier (*le vendredi saint*) la croix devant Votre Altesse Royale le fit sans aucune *peine*.... » Je n'ignorois pas que tous ceux du clergé vont à l'adoration tous les premiers. (I, 258.)

Être en peine de, être dans la nécessité de :

Nous ne *serions* pas présentement *en peine de* supplier M. le duc d'Orléans.... (III, 427.)

Faire peine, Faire de la peine :

M. de Turenne nous écrit qu'il est sur le point de se déclarer pour le parti; qu'il n'y a plus que deux colonels dans son armée qui lui *fassent peine*. (II, 285.)

Monsieur son mari et moi... emporterions toujours si fort la balance, que les autres ne nous pourroient *faire* aucune *peine*. (II, 241.)

Monsieur le Prince convint... que nos troupes, qui ne se pouvoient attaquer au poste qu'elles avoient pris, lui *feroient* plus *de peine* que si elles étoient demeurées dans la Ville. (II, 319.)

Une seule chose me *fait de la peine*, c'est de vaincre les premiers mouvements de ma juste haine contre Jeannetin Doria, lorsqu'il me traite avec dédain. (V, 632.)

Sa Sainteté vouloit acquérir du mérite auprès des Espagnols, en leur faisant voir qu'il leur auroit pu *faire de la peine* parce qu'ils ne sont pas venus dans le temps ordonné. (VII, 250.)

Prendre peine à :

Le reste de la soirée ne raccommoda pas ce qu'il sembloit que la fortune *prît peine à* gâter. (III, 100.)

Sous peine de :

Il seroit défendu à tous gens de guerre, *sous peine de* la vie, de prendre des commissions pareilles. (II, 48.)

La conduite du parlement de Paris,... qui défendoit, *sous peine de* la vie, les levées que M. le Prince faisoit.... (IV, 22.)

À toute peine :

Le chancelier, poussé de tous côtés, se sauva *à toute peine*. (II, 43.)

L'on tira enfin *à toute peine* cette parole de la bouche de la Reine. (II, 52.)

L'on obtint de la Reine, *à toute peine*, qu'elle (*l'exécution*) fût différée jusques au lendemain. (III, 201.)

Il s'étoit sauvé *à toute peine*. (III, 208.)

PENCHANT, substantif :

Ils firent peur à Monsieur.... Ce fut de ce *penchant* où nous crûmes... que nous le pourrions précipiter dans nos pensées. (I, 144.)

Le Parlement d'Aix... s'unit à celui de Paris. Celui de Rouen... fit la même chose. Celui de Toulouse fut sur le *penchant*. (II, 203.)

L'État... me paroissoit sur le *penchant* de sa ruine. (II, 430.)

Voyez II, 430; III, 385.

PENDRE sur :

L'on auroit même recueilli les fruits de cette Église *pendants sur* terre, qui sont au Pape tant qu'elle n'est pas remplie. (VII, 294.)

Pendu :

Ce diable de Coadjuteur... étoit toujours *pendu* aux oreilles de M. le prince de Conti et de Mme de Longueville. (II, 292.)

PÉNÉTRATION :

L'aveuglement, en ces matières, des bien intentionnés, est suivi pour l'ordinaire, bientôt après, de la *pénétration* de ceux qui mêlent la passion et la faction dans les intérêts publics. (II, 60.)

Cet avis « ... étoit, ajouta-t-il, (*ajouta Mazarin*), de soi-même trop dangereux, si je n'eusse pénétré les intentions de M. de Bouillon et les vôtres »…. Je ne sais si il ne parloit point après coup; mais je sais bien que si il eût plu à M. de Bouillon de me croire, nous n'eussions pas donné lieu... à cette *pénétration*. (II, 378.)

PÉNÉTRER, au figuré :

En voici une (*une confidence*)... qui n'*a* jamais *été pénétrée*, que je n'ai jamais faite à personne. (I, 186.)

Je n'avois pas manqué de faire *pénétrer* à mes amis de la Faculté ce qu'elle m'avoit fait l'honneur de me dire. (VII, 111.)

Il n'y avoit personne au monde qui pût *pénétrer* où elles (*les affaires*) devoient tomber. (V, 202.)

PÉNÉTRER QUE :

Je n'ai pas laissé de *pénétrer que* l'on continue ici à souhaiter l'accommodement. (VII, 137.)

PÉNÉTRER SI :

J'avois été la veille... chez les envoyés de l'Archiduc, pour essayer de *pénétrer si* ils étoient toujours aussi attachés à l'article de la paix générale. (II, 353.)

.... J'eusse été bien aise de pouvoir *pénétrer si* cette proposition n'étoit point le hausse-pied de quelque négociation souterraine. (III, 386.)

PENSÉE :

AVOIR PENSÉE DE :

Les Religieux de Saint-Denis *avoient pensée de* faire parler pour moi un autre avocat. (VIII, 474.)

PRENDRE LA PENSÉE DE, PRENDRE DES PENSÉES :

Je *pris la pensée de* faire... en sorte que la cour ne portât pas les affaires à l'extrémité. (II, 126.)

La qualité de factionnaire de France et l'entreprise de Naples mettroient vraisemblablement de grands obstacles aux *pensées que* l'on *prendroit* pour lui. (VII, 402.)

PENSER :

Le comte de Fiesque... auroit employé utilement pour le service de la République les mêmes qualités qui *pensèrent* la ruiner. (V, 516.)

PENSER, absolument, réfléchir :

Il *pensa* un peu, et puis il me dit.... (II, 116.)

PENSER, se rapprochant du sens primitif de *peser, examiner* :

Ce fut de ce penchant où nous crûmes... que nous le pourrions précipiter dans nos pensées. L'expression est bien irrégulière, mais je n'en trouve point qui marque plus naturellement le caractère d'un esprit comme le sien. Il *pensoit* tout et il ne vouloit rien. (I, 144.)

PENSER DE :

Le Pape... m'ayant demandé ce qu'ils *avoient pensé de* faire pour sa satisfaction.... (VII, 125.)

PENTE, au figuré, penchant, inclination :

Si j'en eusse eu un grain (*de bon sens*),... je n'eusse pas... fait voir que j'eusse eu *pente* à en recevoir l'ouverture (*l'ouverture de cette proposition*. (II, 93.)

Longueil, qui connoissoit mieux le Parlement qu'homme du Royaume,... lui avoit confirmé tout ce que je lui avois dit la veille de la *pente* que ce corps prenoit. (II, 275.)

Elle lui avoit vu, dès l'entrée de la Régence, une grande *pente* pour Monsieur le Cardinal. Mais... elle n'avoit pu démêler jusques où cette *pente* l'avoit portée. (III, 519.)

PÉNULTIÈME :

Il n'y en a encore à Rome qu'un exemplaire que le Pape reçut par le *pénultième* ordinaire. (VII, 197.)

Voyez VII, 190, 297 et 311.

PERÇANT :

Mme de Bouillon... joignoit à une douceur admirable une vivacité *perçante*. (II, 267.)

PERCER, au figuré :

J'appréhendai que si la chose alloit plus loin et que l'on *perçât* la vérité de l'assassinat,... je ne pusse plus tirer des mains du Parlement ce malheureux gentilhomme. (IV, 34.)

Cette même hardiesse (*de la Reine*) *perça* tous les embarras par lesquels il prétendoit de la traverser. (IV, 42.)

PERDRE :

Il voyoit la cour très-disposée à ne pas *perdre* le moment fatal. (II, 35.)

Nous y *perdîmes* (*au consistoire*) de trois voix l'instance que nous y faisions... en commun avec les Espagnols. (VII, 227.)

Quoique j'eusse lieu de me croire *perdu* à la cour, je n'avois jamais voulu être des amis de Monsieur le Grand. (I, 200.)

Les ménagements que j'étois obligé de garder avec le public, pour ne m'y pas *perdre*.... (III, 35.)

Perdu :

.... L'hérésie la plus *perdue* qui ait jamais entrepris de déshonorer le christianisme. (V, 294.)

Il n'est point sur la terre de courtisans assez *perdus* pour justifier cette action. (V, 302.)

PERMETTRE à quelqu'un que :

Il (*Mazarin*) supplia la Reine de lui *permettre* qu'il manquât au respect qu'il lui devoit pour m'embrasser devant elle. (III, 8.)

Je vous supplie de *me permettre que* je fasse ici une pause. (IV, 85.)

Je la supplie (*Votre Majesté*) très-humblement de *me permettre que* je n'attende rien pour la servir. (III, 320.)

PERMUTATION :

Mandez-moi, je vous prie, quel est précisément le revenu de chacun des Bénéfices que j'ai en *permutation* de l'abbaye de la Chaulme. (VIII, 401.)

PERSONNE :

Jeune personne, dans un sens masculin :

Il est juste de redoubler ses frayeurs quand on voit des particuliers et de *jeunes personnes* que l'on aime exposés à ce danger. (V, 525.)

Voyez la note 1 de la page indiquée.

PERSPECTIVE, au figuré :

Les plus grands dangers ont leurs charmes pour peu que l'on aperçoive de gloire dans la *perspective* des mauvais succès. (II, 68.)

Voyez encore II, 121.

Mettre en perspective :

.... L'impossibilité qu'il avoit trouvée.... de me *mettre en perspective* vis-à-vis du Mazarin avec un bonnet rouge (*une calotte de cardinal*). (III, 165.)

PERSUADER :

Quoiqu'il (*Monsieur le Prince*) *fût* très-mal *persuadé* du Cardinal,... et quoiqu'il ne fût guère plus satisfait de la conduite du Parlement,... il ne balança pas un moment à prendre la résolution qu'il crut la plus utile au bien de l'État. (II, 84.)

Persuader quelque chose à quelqu'un :

.... Si je pouvois une fois *per-*

suader au Roi par ma fidélité et par mon zèle l'envie que j'ai de lui plaire. (VII, 18.)

Voyez I, 141 ; II, 243 et 355.

PERTE :

Je mets en fait qu'il y [a] encore plus de *perte* à la manquer (*la proposition*) en la proposant légèrement, qu'il n'y a d'avantage à l'emporter en la proposant à propos. (II, 423.)

À PERTE :

Il est d'un homme sage d'en sortir avec précipitation (*de ces conjonctures*), même *à perte*, parce que l'on court fortune d'y perdre tout son honneur. (IV, 312.)

PESANT, au figuré :

Quoiqu'ils voient très-bien les inconvénients et les avantages des deux partis sur lesquels ils balancent à prendre leur résolution, et quoiqu'ils les voient même ensemble, ils ne les pèsent pas ensemble. Ce qui leur paroît aujourd'hui plus léger leur paroît demain plus *pesant*. (II, 113.)

PESANTEUR, au figuré :

.... Le fléau de ces longues et cruelles guerres dont la *pesanteur* les accable depuis tant d'années. (VI, 200.)

PESER, au figuré :

Jusques à la nuit qui a précédé les barricades il n'y a pas eu un grain de ce qui s'appelle manége d'État dans les affaires publiques, et... celui même qui y a pu être de l'intrigue du cabinet y a été si léger qu'il ne mérite presque pas d'*être pesé*. (II, 56.)

Je n'ai point eu d'application plus forte... que celle de *peser* mes obligations et mes devoirs au poids du sanctuaire. (VI, 437.)

PETIT :

L'on s'amusa tant que la *petite* pointe du jour... commençoit à paroître quand l'on fut au bas de la descente des Bons-Hommes. (I, 188.)

Voyez encore la même locution, III, 345.

LE PETIT VENTRE :

Meillaincour... avoit été blessé dans *le petit ventre*. (I, 101.)

PETIT, PETITE, pris substantivement :

Il faudra essayer de faire quelque chose pour le *petit* de Gondi. (VIII, 461.)

Je suis de votre sentiment touchant le *petit* de Gondy ;... il est plus juste en toute manière de l'aider que son père. (VIII, 465.)

Je me trouve en vérité sans comparaison plus sensible à ce qui vous regarde, vous et la *petite* (*votre fille*), qu'à ce qui m'a jamais touché moi-même. (VIII, 623.)

UN PETIT, un peu :

Un *petit* d'accoutumance aplanit les difficultés. (IX, 185.)

PEU :

PEU MOINS QUE :

....Charton, président aux enquêtes, *peu moins que* fou. (II, 58.)

La proposition... fut reçue... comme une hérésie, et... *peu moins que* sifflée. (II, 244.)

PEU, pris substantivement :

Mes attachements me retinrent à Paris, mais si serré et si modéré, que j'étudiois tout le jour, et que le *peu* que je paroissois laissoit toutes les apparences d'un bon ecclésiastique. (I, 150.)

La Reine, qui ne craignoit rien, parce qu'elle connoissoit *peu*, s'emporta. (II, 49.)

PEUPLE :

Les curés... travaillèrent, ces sept ou huit jours-là, parmi leur *peuple*, avec un zèle incroyable pour moi. (II, 573.)

Nous avons une armée dans Paris, qui, tant qu'elle sera dans l'enclos des murailles, n'y sera considérée que comme *peuple*. (II, 281.)

Je vous ai dit plusieurs fois que toute compagnie est *peuple*, et que tout, par conséquent, y dépend des instants. (II, 422.)

La Compagnie (*le Parlement*)... se montra plus *peuple*, en cette occasion, que ceux qui ne l'ont pas vu ne le peuvent croire. (II, 294.)

Rien n'est plus *peuple* que les Compagnies. (IV, 92.)

LE PEUPLE, la populace, et, plus souvent dans ce sens, LES PEUPLES :

Je faillis à me décréditer dans le public et à passer pour Mazarin dans *le peuple*. (II, 468.)

Le Chancelier se réduisit à demander que les intendants ne fussent point révoqués par arrêt du Parlement, mais par une déclaration du Roi, afin que *les peuples* eussent au moins l'obligation de leur soulagement à Sa Majesté. (I, 323.)

.... N'oubliant rien de tout ce qui... pouvoit être nécessaire pour m'attirer, ou plutôt pour me conserver l'amitié *des peuples*. (II, 8.)

Il falloit rendre Broussel devant que *les peuples*, qui menaçoient de prendre les armes, les eussent prises effectivement. (II, 24.)

Le Parlement... ne donna point d'arrêt pour les faire poser (*pour faire poser les armes*), qu'il n'eût vu Broussel en sa place. Il y revint le lendemain, ou plutôt il y fut porté sur la tête *des peuples*. (II, 54.)

Voyez, pour le singulier, I, 280, 324 et 325; II, 25, 50 et 178, etc.: et, pour le pluriel, I, 272, 289, 294, 315, 319 et 327; II, 38, 50, 63, 159, 216 et 266; III, 79, etc.

PICOTER :

Le président de Mesme les *picota* (*picota les généraux*) sur ce que les troupes n'avoient pas agi avec assez de vigueur. (II, 411.)

Mlle de Chevreuse me disant devant lui, pour me plaire et pour le *picoter*, qu'elle ne concevoit pas comme l'on pouvoit souffrir un impertinent, je lui répondis.... (III, 169.)

PICOTERIE :

Il mêla dans ses réflexions des menaces indirectes, et la conversation s'échauffant, il passa jusques à la *picoterie* toute ouverte, en me disant que quand l'on affectoit de faire des actions de saint Ambroise, il en falloit faire la vie. (I, 260.)

L'on arrêta enfin, après une infinité de paroles de *picoterie* qui furent dites de part et d'autre, de concevoir l'arrêt en ces termes. (II, 405.)

Le respect que j'avois pour la Compagnie m'avoit obligé à dissimuler et à souffrir toutes ses *picoteries*. (II, 255.)

PIÈCE :

.... Ces contradictions... en sont pourtant les *pièces* les plus curieuses (*de l'histoire de ce temps-là*). (IV, 75.)

Cet échantillon vous fait voir les replis de la *pièce* qui étoit sur le métier. (IV, 223.)

Je ferois une faute extrême... de préférer... des chimères de cette nature, à la conservation d'une *pièce* dont on ne me peut jamais empêcher le juste et légitime titre (*l'archevêché de Paris*). (VI, 84.)

FAIRE PIÈCE À :

Il pouvoit y avoir quelque dessein de *me faire pièce*. (VII, 213.)

Elle (*Mme de Guémené*) avoit même été de part à la *pièce* que Mme du Fargis... *lui fit* (*à Richelieu*) quand elle porta à la Reine-mère... une lettre d'amour qu'il avoit écrite à la Reine sa belle-fille. (I, 104 et 105.)

Elle se ne brouilloit point avec

le garde des sceaux en contribuant à me brouiller avec la cour, non pas par aucune *pièce* qu'elle m'y *fit*,... mais en entrant dans les moyens de m'en éloigner. (III, 138.)

Celle (*la confiance*) que le Ministre (*Mazarin*) prit de l'état où il me voyoit à Paris, et qui l'avoit déjà porté à *me faire* les *pièces* que vous avez vues ci-dessus, l'obligea encore... à m'en faire une nouvelle trois mois après. (I, 266.)

PIED, au propre et au figuré, entrant dans diverses locutions :

L'exemple anime et rassure les plus timides, et quand ils voudroient *lâcher le pied*, ils ne le peuvent pas. (V, 573.)

Ceux de la garde *lâchèrent le pied* et abandonnèrent leur poste aux ennemis. (V, 576.)

Il n'y vouloit entrer (*dans ce parti*) que conjointement avec la cour, dans l'opinion que la cour y *marcheroit de bon pied*. (III, 188.)

Le commandeur de Jars... est convaincu que la Reine *marche de bon pied*, et que non pas seulement les Frondeurs, mais que le Tellier même ne sait rien de notre négociation. (III, 396.)

Votre lettre... m'apprend l'opiniâtreté du sieur de Levemont ; je suis persuadé que l'on le pourra mettre à la raison. J'ai ici M. Cherrier et j'espère que je le *mettrai sur le bon pied*. (VIII, 459.)

Le petit voyage qu'il a fait à Commerci aidera bien à le *mettre sur le bon pied*. (VIII, 461.)

Cela étant, il me semble que l'on peut agir avec elle *sur ce pied*. (VIII, 475.)

Je fus très-étonné... de les trouver... *sur le pied gauche* (*c'est-à-dire prêts à combattre*) et dans des prétentions... plus grandes que l'on ne les a dans les maisons des premiers ministres. (V, 110.)

TENIR PIED À BOULE, locution empruntée au jeu de quilles : être assidu :

Je conçois très-bien... le peu de soin que les fermiers prennent toujours de ce qui n'est pas de leur intérêt présent, mais si vous avez besoin, pour les faire *tenir pied à boule*, de ma parole ou de ma main, vous n'avez qu'à dire. (VIII, 322.)

PILLER, injurier :

Les enquêtes s'échauffèrent pour la défense de Quatresous que les présidents, qui à la fin s'impatientèrent de ses impertinences, voulurent *piller*. (II, 250.)

Voyez la note 1 de la page indiquée.

Le premier Président et ses adhérents... *pillèrent*, pour ainsi parler, les généraux, et par des plaintes et par des reproches. (II, 411.)

Voyez la note 1 de la page indiquée.

PILLERIE :

....Les *pilleries* épouvantables des troupes de Monsieur le Prince dans les portes de Paris. (V, 421.)

PIPER :

Le cardinal Mazarin étoit d'un caractère tout contraire (*à celui de Richelieu*).... Au sortir du Colisée, il apprit à *piper*. (I, 283.)

Dans les manuscrits H et Ch, et dans les éditions de 1717 A et de 1718 B et F : « Au sortir du collége, il apprit à tromper au jeu. »

PIPERIE, tromperie :

Son humilité n'est qu'une douce et modeste *piperie*. (IX, 181.)

PIQUER :

MM. de la Vieuville et de Sourdis... le *piquèrent* un soir si vivement, sur l'ingratitude que le Parlement lui témoignoit.... (III, 274.)

Si cette femme (*Mme de Bouillon*) eût eu autant de sincérité que d'esprit, de beauté, de douceur et de vertu, elle eût été une merveille accomplie. J'en *fus* très-*piqué*; mais je n'y trouvai pas la moindre ouverture; comme la piqûre ne me fit pas mal fort longtemps, je crois que j'eusse parlé plus proprement si j'eusse dit que je crus en *être* très-*piqué*. (II, 126.)

PIQUER DE, SE PIQUER DE, suivi d'un substantif, d'un verbe ou d'un adjectif :

M. de Beaufort, que le président de Bellièvre *piqua de* reconnoissance, *se piqua* aussi *d'*honneur. (III, 148.)

Il étoit vain jusques au ridicule et au point de *se piquer de* sa noblesse. (V, 96.)

Je ne vois personne qui ne *se pique de* politique. (V, 261.)

Il *se piquoit* aisément *de* tout ce qui lui paroissoit audacieux. (II, 564.)

Tout ce qui étoit de la vieille Fronde *se piqua de* renchérir sur la nouvelle. (III, 330.)

M. de Beaufort *se piqua de* brave. (II, 215.)

PIQÛRE :

Si cette femme (*Mme de Bouillon*) eût eu autant de sincérité que d'esprit, de beauté, de douceur et de vertu, elle eût été une merveille accomplie. J'en fus très-piqué ; mais je n'y trouvai pas la moindre ouverture; et comme la *piqûre* ne me fit pas mal fort longtemps, je crois que j'eusse parlé plus proprement si j'eusse dit que je crus en être très-piqué. (II, 126.)

PIRE. Voyez PIS.

PIS :

Quel malheur ! nous voilà *pis* que jamais. (IV, 178.)

LE PIS DU PIS :

Le pis du pis est que la Reine croit que vous n'embrassez pas avec assez d'ardeur ses intérêts. (II, 111.)

Le pis du pis de cette affaire étoit un procédé de Jairzé, qui ne pouvoit point avoir de mauvaises suites, parce que sa naissance n'étoit pas fort bonne. (II, 516.)

Voyez II, 423 et 535; VII, 132.

PISTE :

C'est... un vaisseau sur la mer, qui vogue d'une roideur incroyable, et ne laisse pourtant aucune *piste* après soi. (IX, 146.)

PISTOLE, monnaie :

Il ne fut pas en mon pouvoir de l'obliger à assister de mille *pistoles* le roi d'Angleterre. (III, 114.)

Voyez I, 202; II, 260, 414 et 592; VIII, 336.

PLAIE, au figuré :

Vous avez résolu de faire des remontrances au Roi;... et vous avez témoigné par là combien les *plaies* que l'on vouloit faire à mon caractère vous étoient sensibles. (V, 121.)

PLAINDRE, regretter ou épargner :

Je sais bien que cela peut aller à de grandes longueurs; mais je ne les *plaindrois* pas, si elles nous produisoient un bon pape. (VII, 453.)

Voyant que je serai obligé d'y faire un voyage (*à Paris*) quand on le plaidera (*mon procès*), je *plains* pour cette fois ma peine. (VIII, 431.)

PLAIRE, suivi d'un infinitif :

.... Dès qu'il *a plu* à Dieu me délivrer de la captivité. (VI, 9.)

.... Qu'il lui *plut* faire faire.... (VI, 324.)

On trouve aussi *plaire de* devant un infinitif. Voyez VI, 25 ; VII, 25.

PLAISANT, sens divers :

Ce qui est *plaisant* et agréable en toute autre chose ne l'est que par l'opinion. (IX, 185.)

Arnauld crut avoir fait un miracle en faveur de son parti, d'avoir gagné M. de Beaufort par Mme de Montbazon. Mme de Nemours, sa bonne sœur, prétendoit cette gloire. Madame la Palatine, qui étoit aussi *plaisante* qu'habile, s'en donnoit toutes les nuits la comédie et à elle et à moi. (III, 183.)

Bachaumont s'avisa de dire un jour, en badinant, que le Parlement faisoit comme les écoliers qui frondent dans les fossés de Paris, qui se séparent dès qu'ils voient le lieutenant civil et qui se rassemblent dès qu'il ne paroît plus. Cette comparaison... fut trouvée assez *plaisante*. (II, 493.)

Ce fut un assez *plaisant* spectacle de voir les femmes, à ce fameux siége (*au siége de la Bastille*), porter leurs chaires dans le jardin de l'Arsenal, où étoit la batterie, comme au sermon. (II, 190.)

C'est un *plaisant* moyen de rétablir l'autorité royale que de chasser le ministre d'un roi malgré lui. (III, 384.)

PLAISIR (Prendre) DE :

L'on *prendroit plaisir de* m'attribuer ce qu'il pourroit dire mal à propos. (III, 216.)

Voyez encore I, 158.

PLAN :

Je vous marque cette circonstance pour avoir lieu de vous faire le *plan* de l'état où les choses se trouvèrent à la mort du feu Roi. (I, 227.)

Elle me fit le *plan* de son parti. (III, 179.)

Comme il parloit fort bien, il nous fit un beau *plan* sur cela. (IV, 43.)

Voyez encore I, 238.

PLANER, au figuré :

La conjoncture étoit très-fâcheuse ; et quand il en arrive quelqu'une de cette nature, il n'y a de remède qu'à *planer* dans les moments où ce que l'on vous objecte peut faire plus d'impression que ce que vous pouvez répondre, et à se relever dans ceux où ce que vous pouvez répondre peut faire plus d'impression que ce que l'on vous objecte. (II, 254.)

Voyez la note 1 de la page indiquée.

Je les prêchois tous les jours qu'il falloit *planer*; que les pointes étoient dangereuses. (II, 546.)

PLAUSIBLE :

La proposition de la paix générale, qui est de soi-même le plus grand et le plus *plausible* de tous les biens.... (II, 422.)

PLEIN :

Je suis ici depuis trois jours où j'ai trouvé M. de Châlons, tout *plein* de plaintes de M. d'Olonne. (VIII, 523.)

PLEINEMENT, complètement :

.... La crainte d'abandonner trop *pleinement* les provinces de delà (*la Loire*) à celle (*à l'armée*) de Monsieur. (IV, 169.)

Il les chargea avec tant de vigueur... qu'il les renversa *pleinement*. (IV, 175.)

Voyez I, 136; II, 129, 275, 315 et 433; III, 431.

PLEUREUX :

Je n'eus toute la nuit chez moi que des *pleureux* et des désespérés. (III, 209.)

PLOYER, au figuré :

Le Premier Président fut obligé de *ployer*. (III, 418.)

Si la Reine eût été capable et de lumière et de raison,... elle eût connu qu'il n'y avoit qu'à *ployer* dans ce moment. (III, 435.)

PLUS, où nous mettrions *de plus* :

Il avoit vingt ans *plus* que moi. (I, 98.)

Plus de :

Le respect que j'eus pour M. le cardinal Mazarin... alla jusques à la patience. J'en eus encore *plus de* besoin trois ou quatre mois après. (I, 249.)

Plus, pris substantivement :

J'avois bien connu, à l'air du bureau, que le *plus* de voix de la Compagnie alloit à lui donner (*à lui donner audience*). (II, 256.)

POINT, substantif :

Les Hollandois se croyoient subjugués par le duc d'Albe quand le prince d'Orange, par le sort réservé aux grands génies, qui voient devant tous les autres le *point* de la possibilité, conçut et enfanta leur liberté. (I, 292.)

Quand Madame la Palatine... eut mis les esprits au *point* où elle les vouloit.... (III, 185.)

Ma promotion... me met en un *point* d'être beaucoup plus considéré pour lui résister (VIII, 37.)

Au point de, Jusqu'au point de :

Les raisons que je lui alléguois (*à Mazarin*) le touchoient *au point d'être* certainement fâché d'avoir donné cet ordre devant que d'en savoir la conséquence. (I, 252.)

Cette haine de M. le cardinal de Richelieu (*envers la princesse de Guémené*) avoit passé *jusqu'au point d*'avoir voulu obliger pour se venger M. le maréchal de Brézé, son beau-frère et capitaine des gardes du corps, à rendre publiques les lettres de Mme de Guémené. (I, 105.)

Au point que, sens divers ; À un point que :

Il (*Mazarin*) avoit de l'esprit, de l'insinuation, de l'enjouement, des manières ; mais le vilain cœur paroissoit toujours au travers, et *au point que* ces qualités eurent, dans l'adversité, tout l'air du ridicule, et ne perdirent pas, dans la plus grande prospérité, celui de fourberie. (I, 286.)

Il me charma et... il me toucha *au point que* Monsieur le Prince s'aperçut de mon transport. (II, 85.)

Je conviens que l'apparence y est, et *à un point que* je crois que l'on doit excuser les historiens qui ont pris le vraisemblable pour le vrai en ce fait. (II, 55.)

Il fit presser.... Monsieur de revenir à Paris, *à un point qu*'il l'y obligea. (III, 457.)

La Reine... me dit... qu'elle n'eût jamais cru que j'eusse été capable de lui manquer *au point que* je venois de le faire. (I, 248.)

Il y a plus de douze cents ans que la France a des rois ; mais ces rois n'ont pas toujours été absolus *au point qu*'ils le sont. (I, 271.)

Étant à la Reine *au point qu*'elle y étoit.... (III, 151.)

Sur le point de, suivi d'un substantif :

Aussitôt que je me vis *sur le point de* la pratique, c'est-à-dire *sur le point de* l'exécution de la même action dont j'avois réveillé moi-même l'idée dans l'esprit de la Rochepot, je sentis je ne sais quoi qui pouvoit être une peur. (I, 146.)

Il donna... toute sorte de démonstrations qu'il tiendroit fidèlement sa parole.... *Sur le point de* la décision, il changea tout à coup. (I, 269.)

Pour la même locution suivie d'un verbe, voyez I, 264 et 269 ; II, 94, etc.

Point de vue :

En se regardant dans un miroir qui étoit dans la ruelle, elle montra tout ce que la morbidezza des Italiens a de plus tendre.... Mais par malheur elle ne prit pas garde que Palluau... étoit au *point de vue* du miroir. (I, 97.)

POINT DE VENISE :

Mlle de Chevreuse... les brûloit (*ses hardes*), et ses filles avoient toutes les peines du monde à sauver une jupe, des coiffes, des gants, un *point de Venise*. (IV, 229.)

POINT, particule, employé par pléonasme :

Ni lui (*le Coadjuteur*) ni M. de Beaufort ne veulent *point* opprimer le Parlement par le peuple. (II, 330.)

Le cardinal de Retz n'avoit *point* voulu prendre aucune correspondance avec le Prince de Condé. (VI, 75.)

Ils n'ont *point* à me reprocher aucun crime véritable. (VI, 396.)

POINTE :

Quand il (*Job*) se vit couvert d'une ulcère maligne par tout le corps, et qu'il sentit les *pointes* de la douleur, alors, il s'écria.... (IX, 150.)

Qui eût dit, trois mois devant la petite *pointe* des troubles, qu'il en eût pu naître... eût passé pour insensé. (I, 293.)

POINTE, terme de fauconnerie, au figuré :

Je les prêchois tous le jours qu'il falloit planer ; que les *pointes* étoient dangereuses. (II, 546.)

Voyez la note 4 de la page indiquée.

POINTILLE :

Il tranche toutes les difficultés et toutes les *pointilles* qui se pourront rencontrer. (VII, 142.)

Voyez la note 6 à la page indiquée.

POINTILLER :

M. le cardinal Pallavicin *pointilla* sur le cérémonial. (VII, 240.)

POINTILLEUX :

C'est une bonne affaire, si l'on se peut tirer de la juridiction des eaux et forêts ; elle est très-*pointilleuse*, de la manière dont j'en ai toujours ouï parler. (VIII, 246.)

POLI, au figuré :

Patru, bel esprit et fort *poli*.... (III, 331.)

Il (*M. de la Rochefoucauld*) eût beaucoup mieux fait de se connoître et de se réduire à passer, comme il l'eût pu, pour le courtisan le plus *poli* qui eût paru dans son siècle. (II, 182.)

POLICE :

L'on y apporta (*à Paris*)... plus de blé qu'il n'en eût fallu pour le maintenir six semaines. La *police* y manquoit, par la friponnerie des boulangers et par le peu de soin des officiers. (II, 297.)

Le mensonge... dissout toutes les liaisons de notre commerce et de nos *polices*. (IX, 173.)

L'après-dînée, l'on tint la *police* générale par les députés du Parlement, de la chambre des comptes, de la Cour des Aides.... (II, 142.)

L'on tint la *police* générale, dans laquelle tous les corps de la Ville et tous les colonels et capitaines de quartiers jurèrent une union pour la défense commune. (II, 144.)

PONCIRE, sorte de limon :

La Reine... affecta de ne donner qu'à Madame la Princesse la mère, à Monsieur le Prince et à moi des *poncires* d'Espagne que l'on lui avoit apportés. (II, 77.)

Voyez la note 2 de la page indiquée.

PONCTUELLEMENT :

Je donne *ponctuellement* ordre à M. l'Official de faire... tout ce que... vous... souhaiterez de son ministère. (VI, 141.)

Voyez V, 86 et 297 ; VII, 31, 201 et 441.

POPULAIRE, du parti du peuple :

Il rencontra plus de trente de

ces gentilshommes que l'on appeloit *populaires*. (V, 563.)

PORT (PRENDRE) :

Les sages mariniers,... quand le temps est mauvais et les vents contraires, au lieu de s'opiniâtrer contre leur violence pour *prendre port*, se rejettent à la mer. (V, 529.)

PORTÉE :

Je connoissois la *portée* de sa foiblesse, et j'avois beaucoup de raisons pour être convaincu qu'elle n'iroit pas jusque-là. (III, 156.)

À PORTÉE DE, suivi d'un substantif ou d'un verbe :

Monsieur le Prince pourroit être *à portée de* leur armée en quatre jours. (II, 463.)

Le Tellier avoit ordre positif du Cardinal de tirer Messieurs les princes du bois de Vincennes, si les ennemis se mettoient *à portée d'*en pouvoir approcher. (III, 116.)

ÊTRE À LA PORTÉE, absolument :

Aussitôt que le Roi *fut à la portée*, M. de Saint-Simon... vint à la cour.... (III, 67.)

PORTE-MANTEAU :

.... Gabouri, *porte-manteau* de la Reine. (III, 7 et 8.)

PORTER, sens divers, au propre et au figuré :

Nous nous battîmes;... il me *porta* par terre.... (I, 88.)

Il y en eut... qui... me donnèrent à moi-même un coup de pierre, au-dessous de l'oreille, qui me *porta* par terre. (II, 27.)

.... Un soldat qui n'a point encore d'autre trône que l'échafaud sur lequel il *a porté* le gendre de Henri le Grand. (V, 299.)

Je ne m'arrêterai point à vous remettre devant les yeux mes longues souffrances, et la patience et modération avec laquelle je les *ai portées*. (VI, 285.)

Je ne doute point qu'il ne vous *ait porté* l'état où a été le Pape jusques au jour qu'il partit. (VII, 299.)

Ce que je puis au moins... est d'employer le peu de séjour qui me reste ici à *porter* d'abord à Monsieur l'Ambassadeur le peu d'habitudes que mes différents voyages m'y ont données, et que son propre mérite lui auroit même acquises sans moi en fort peu de temps. (VII, 289.)

M. le cardinal Mazarin... vint lui-même dans l'assemblée (*du clergé*) *porter* parole de la restitution (*de l'évêché de Saint-Pol-de-Léon à René de Rieux*), et l'on se sépara sur celle qu'il donna publiquement de l'exécuter dans trois mois. (I, 268.)

Il (*Monsieur le Prince*) étoit persuadé que je m'étois plaint de lui, comme ayant manqué aux paroles qu'il m'avoit fait *porter* à des particuliers du Parlement. (II, 496.)

A ce même moment que nous lui *portons* les paroles, que le grand Saint Martin... *porta* autrefois à un Empereur.... (IX, 34.)

Le samedi précédent... étoit le jour auquel il avoit fait les remontrances. Il les *avoit portées* avec force. (III, 523.)

Dans les siècles corrompus, et qui *portent* pourtant des gens habiles..... (V, 251.)

Que lui sert (*à votre maison*) d'être sortie des anciens ducs de Bavière et d'avoir *porté* tant de grands personnages ? (V, 624.)

Ce qui attire assez souvent je ne sais quoi d'odieux sur les actions des ministres, même les plus nécessaires, est que pour les faire ils sont presque toujours obligés de surmonter des obstacles dont la victoire ne manque jamais de *porter* avec elle de l'envie et de la haine. (I, 233.)

Les temps *avoient porté* des raccommodements.... (III, 309.)

Voyez,... avec M. de Hacqueville, si ce qui s'est passé ici devant, touchant ce même prieuré, ne *porteroit* point quelques embarras. (VIII, 481.)

Il ne me répondit que par un apologue italien, qui *porte* qu'au temps que les bêtes parloient, le loup assura avec serment un troupeau de brebis qu'il le protégeroit contre tous ses camarades. (II, 9.)

Le bruit commun *portant* que la paix avoit été signée à Ruel.... (II, 393.)

Vous *porterez* les yeux de tous les peuples si uniquement sur le cardinal Mazarin.... (V, 180.)

M. de Longueville avoit autant de facilité à croire Anctauville dans la fin des affaires, qu'il en avoit à croire Varicarville dans les commencements. Le premier le *portoit* continuellement dans les sentiments de la cour.... (II, 452.)

J'ai appréhendé que... mes actions les mieux intentionnées ne *fussent portées* plus loin que je n'aurois désiré. (VI, 327.)

.... L'appréhension que j'ai eue que, dans un temps de guerre, qui ne fournit que trop de matière à la division des esprits, mes actions les plus innocentes... ne *fussent* peut-être *portées* au delà de mes intentions. (VI, 425.)

L'honneur que je vous *porte*... m'oblige de m'entretenir dans cette espérance. (VI, 216.)

Le Roi avoit commandé à M. d'Épernon... de venir au devant de lui sur son passage, dans la vue de *porter* les affaires à la douceur. (III, 75 et 76.)

Je coulai sur cela... plus légèrement que la matière ne le *portoit*. (III, 386.)

Pour l'affaire de Bourgogne, je crois qu'il faut faire tout ce qui sera en notre pouvoir pour l'accommoder à l'amiable; si cela ne se peut, il faut, à mon avis, la *porter* jusqu'à l'hiver prochain dans lequel je pourrai moi-même l'aller solliciter. (VIII, 500.)

Mon opinion est qu'il est bon de *porter* insensiblement le procès contre Vacherot jusqu'à l'hiver, s'il est assez fol pour l'entreprendre. (VIII, 580.)

Les coups de canon que l'on tira à Bordeaux *avoient porté* jusques à Paris. (III, 74.)

SE PORTER À, se résoudre à :

Si le Parlement... *se porte* malgré nous *à* une paix honteuse,... que ferons-nous? (II, 331.)

Après quoi il n'y a point de condescendance honnête et légitime *à* laquelle je ne *me porte*. (VI, 254.)

Je croirois manquer à mon ministère si, avant le rétablissement nécessaire pour l'honneur de l'Église, je *me portois à* choisir de nouveaux Grands Vicaires entre ceux qu'on me pourroit nommer. (VI, 260.)

Il auroit été à souhaiter que le Pape et le collége eussent bien voulu *se porter à* insérer dans la bulle de cette investiture la réserve que nous avons faite des droits du Roi. (VII, 271.)

PORTION (À) :

Il les fit servir *à portion* à part, comme l'on sert les pèlerins dans le temps du jubilé. (V, 97.)

PORT-ROYAL (LE) :

Il la retira... *du Port-Royal*. (I, 131.)

Voyez encore I, 176.

POSER :

La Boulaie... *posa* une espèce de corps de garde de sept ou huit cavaliers dans la place Dauphine. (II, 559.)

.... Tant de sentinelles et de gardes, *posées* de nuit et de jour. (VI, 37.)

Mes vedettes se *posoient* réglément à vingt pas des sentinelles des gardes. (III, 194.)

Les faits que je viens de *poser* nous convainquent assez de cette vérité. (V, 201.)

Posé, employé comme préposition :

Ce qui nous convient, *posé* ce fondement, est d'empêcher que.... (II, 331.)

POSSÉDER :

Le maréchal de la Meilleraie m'a chargé de vous dire que le diable *possède* le Palais-Royal ; qu'il leur a mis dans l'esprit que vous avez fait tout ce que vous avez pu pour exciter la sédition. (II, 35.)

POSSESSION, habitude :

Le Premier Président... justifia par des exemples illustres et fameux la *possession* où les compagnies avoient été, depuis si longtemps, et de s'unir et de s'assembler. (I, 319.)

La *possession* où l'on se met de lever presque autant de siéges que l'on en forme.... (V, 320.)

ÊTRE EN POSSESSION, absolument :

J'avois le cœur du monde le plus propre pour l'y placer (*pour y placer Mme de Longueville*) entre Mmes de Guémené et de Pommereu. Je ne vous dirai pas qu'elle l'eût agréé.... Le bénéfice n'étoit pas vacant ; mais il n'étoit pas desservi. M. de la Rochefoucauld *étoit en possession ;* mais il étoit en Poitou. (II, 124.)

POSSIBLE, substantif :

Ils dissimulent... de tout leur *possible* les obstacles qu'ils apportent. (VI, 373.)

POSSIBLE, sens adverbial, peut-être :

.... Ce qui n'étoit, *possible*, pas si difficile. (V, 409.)

POSTE, féminin :

POSTE VENANT, par la poste prochaine :

.... A moins que Monsieur l'Ambassadeur me mande, *poste venant*, que je dois continuer mon voyage. (VII, 364 *et* 365.)

POSTÉRITÉ, signifiant non les descendants, mais simplement les membres de la famille qui doivent vous survivre :

Il (*le Pape*) préviendra par une prompte satisfaction le ressentiment d'un jeune et grand monarque, dont il ne voudra pas charger sa *postérité*. (VII, 10.)

POSTSCRIT :

Quand à ce qui est dans notre *postscrit*, de la négociation.... (VIII, 38.)

POT DE CHAMBRE :

Monsieur le Prince ajouta qu'il confessoit qu'il n'entendoit rien à la guerre des *pots de chambre* (*où l'on a pour armes des pots de chambre*). (III, 292.)

Voyez la note 5 de la page indiquée.

Messieurs les Princes sortirent du Palais-Royal, en se moquant publiquement, sur les degrés, de la guerre des *pots de chambre*. (III, 296.)

POT DE VIN :

Contente-toi, pour cette année, d'un arpent pour le *pot de vin*. (VIII, 138.)

POUDRE, poussière :

Dix jours de voyage de plus en cette saison et la *poudre* de Lombardie mérite quelque réflexion. (VII, 408.)

Parce que tu n'es que *poudre*, tu retourneras en *poudre*. (IX, 143.)

Voyez encore II, 58.

POUR :

L'on s'appliqua avec ardeur *pour* faire payer les taxes, auxquelles personne ne vouloit plus satisfaire. (II, 313.)

.... Le moyen le plus propre

pour faire sortir le Roi de Paris. (III, 231.)

Le président de Maillé,... qui savoit le péril qu'il y a, en ce pays-là, *pour* ces sortes d'aventures, me commanda d'en sortir. (I, 123.)

Le président de Maillé, ambassadeur *pour* le Roi (*à Venise*).... (I, 123.)

Montrésor... avoit été toute sa vie nourri dans les factions de Monsieur, et il étoit d'autant plus dangereux *pour* conseiller les grandes choses, qu'il les avoit beaucoup plus dans l'esprit que dans le cœur. Les gens de ce caractère n'exécutent rien, et par cette raison ils conseillent tout. (II, 7.)

.... Ce que je ne dis pas, Messieurs, *pour* être (*parce que je suis*) fort touché de cette injustice. (VI, 44.)

Pour, comme, en qualité de :

Le Roi y alla en personne (*en Picardie*), et il y mena Monsieur son frère *pour* général de son armée et Monsieur le Comte *pour* lieutenant général. (I, 138.)

Tous les ecclésiastiques du diocèse me souhaitoient *pour* successeur de mon oncle. (I, 197.)

M. le cardinal de Richelieu avoit dépossédé Monsieur l'évêque de Léon.... M. le cardinal Mazarin... vint lui-même dans l'assemblé (*du clergé*) porter parole de la restitution.... Je fus nommé, en sa présence, *pour* solliciteur de l'expédition, comme celui de qui le séjour étoit le plus assuré à Paris. (I, 269.)

Cette atteinte fut cruelle à la personne d'un cardinal reconnu, depuis la mort du feu Roi, *pour* premier ministre. (II, 87.)

L'on résolut... de nommer *pour* députés quatre présidents, deux conseillers de la Grande Chambre.... (II, 308.)

Le Roi, qui... alla en Bourgogne, y établit... M. de Vendôme *pour* gouverneur. (III, 28.)

.... Un conseiller appelé Guionnet, envoyé par sa compagnie *pour* chef de la députation. (III, 78.)

Ce pas... pourroit être interprété, dans les suites, *pour* une approbation tacite. (II, 242.)

Pour ce que, parce que :

Vous traitiez un Cardinal en criminel de lèse-Majesté *pour ce qu'*il s'étoit sauvé de vos prisons. (VI, 76.)

Quelques-uns de ceux dont nous attendions du soulagement dans nos maux, non-seulement *pour ce qu'*ils le devoient aux affligés, mais *pour ce qu'*ils étoient unis avec nous par le caractère sacré de l'Épiscopat.... (VI, 118.)

Pour encore. Voyez Encore.

Pour et contre, substantivement :

J'ai observé sur ce point beaucoup de *pour et contre*. (III, 325.)

POURMENER (Se) :

L'esprit... *se pourmène* parmi les astres, il les mesure, il les compte. (IX, 172.)

POURSUIVRE :

Je *poursuivrois*, à toute rigueur, la justice contre les témoins.... (III, 33.)

POURTANT QUE :

L'on m'a donné quelques avis que M. de Paris pourroit... prendre la nomination en échange de l'archevêché ; j'y ai quelque pensée et *pourtant* encore *que* je n'y suis pas tout à fait résolu. (VIII, 65.)

POURVOIR à :

L'ignorance du Mazarin ne garda point de mesure dans sa puissance. Il recommença, aussitôt après la paix, à rompre celles par lesquelles et les arrêts du Parlement et les déclarations du Roi avoient *pourvu aux* désordres. (II, 549.)

POUSSER, repousser, presser, attaquer, renverser; au propre et au figuré :

Noirmoutier... sortit avec cinq cents chevaux... pour *pousser* des escarmoucheurs... qui venoient faire le coup de pistolet dans les faubourgs. (II, 170.)

Il détermina le Roi à prendre le chemin de Saumur, quoique beaucoup de gens lui conseillassent de marcher en Guienne pour achever de *pousser* Monsieur le Prince. (IV, 94.)

Que deviendrez-vous... quand Monsieur le Prince sera raccommodé à la cour, ou *poussé* en Espagne ? (IV, 50.)

Elles (*les bulles*) portent assez clairement l'obligation de prêter le serment dans les six mois pour laisser lieu de dire que l'on se peut plaindre de ce que les Espagnols n'y ont pas satisfait dans le temps, mais que cette obligation n'y est pourtant pas conçue en termes sur lesquels on les puisse *pousser* en effet, au moins devant que de les avoir intimés. (VII, 250.)

Les corps *poussent* toujours avec trop de vigueur les fautes des ministres. (II, 105.)

Saint-Amour a fait encore une nouvelle chicane; je vous conjure de *pousser* cet homme avec vigueur. (VIII, 407.)

L'on en conçut beaucoup de mépris pour le Ministre, et... le Parlement, aussi persuadé de sa propre force que de l'impuissance de la cour, le *poussa* par toutes les voies qui peuvent anéantir le gouvernement d'un favori. (I, 320.)

Le Ministre,... *poussé* par tous les courtisans,... se résolut à un expédient qu'il crut décisif. (I, 324.)

Comme la manière dont j'*étois poussé* et celle dont le public étoit menacé eurent dissipé mon scrupule,... je m'abandonnai à toutes mes pensées. (II, 37.)

Je ne pouvois pas ignorer que ce même parlement qui *poussoit* la cour, ne fût très-capable de faire le procès à ceux qui le seroient eux-mêmes de prendre des précautions pour l'empêcher d'être opprimé. (II, 62.)

Je continuerois à faire *pousser* le Cardinal par le Parlement. (II, 78.)

Nous résolûmes... de *pousser* tous ensemble le Ministre et le ministère, les uns par le cabinet et les autres par le Parlement. (III, 172.)

Monsieur... se résolut de le *pousser* personnellement (*Mazarin*) et même de le chasser. (III, 231.)

Monsieur le Cardinal seroit au désespoir, si elle ne se servoit de l'occasion que Monsieur le Prince lui avoit donnée lui-même de le *pousser*. (III, 391.)

Les amis de Monsieur le Prince firent voir au Premier Président que, comme nous les voulions tromper en nous servant d'eux pour *pousser* le Mazarin, sous le prétexte de servir Monsieur le Prince, ils se vouloient servir de nous pour donner la liberté à Monsieur le Prince, sous le prétexte de *pousser* le Mazarin. (III, 198.)

Il (*le Parlement*)... prendra du courage, il nous *poussera* effectivement si nous plions. (II, 282.)

Il s'imagina... que la Compagnie n'ayant pas pris le feu que nous lui avions voulu donner, il n'avoit qu'à nous *pousser*. (II, 466.)

Pousser, absolument :

Je connoissois le Parlement pour un corps qui *pousseroit* trop sans mesure. (II, 62.)

Se pousser :

Si les choses *se poussoient*, il pourroit se former quelque division dans le Royaume. (VII, 74.)

POUVOIR, verbe :

Ne pouvoir que :

La continuation de ce silence a

si peu de rapport à l'impatience que la visite de Mgr Varese avoit fait paroître que je *ne pourrois qu*'en dire, s'il n'y avoit lieu de l'attribuer à la maladie de M. le cardinal Albizzi. (VII, 155.)

NE POUVOIR, OU NE PAS POUVOIR QUE.... NE :

Quoique je ne sache rien de toute cette affaire, je *ne puis que je ne* m'en réjouisse. (VI, 83.)

Nous *ne pouvons pas que* nous *ne* demeurions d'accord que.... (V, 320.)

NE SE POUVOIR QUE.... NE, impersonnel :

Je témoignai au Maréchal que je la croyais (*que je croyois cette lettre*) très-sincère, et qu'il *ne se pouvoit*, par conséquent, *que* je *ne* m'en sentisse très-obligé. (III, 307.)

Il *ne se pourroit*... qu'ils *ne* prissent cette démarche pour un pas fait par ordre. (VII, 61.)

PRATICABLE :

.... Un bon chef de parti, dont la qualité la plus souvent et la plus indispensablement *praticable* est de supprimer en beaucoup d'occasions... les soupçons même les plus légitimes. (I, 153.)

PRATIQUE, exécution :

Aussitôt que je me vis sur le point de la *pratique*, c'est-à-dire sur le point de l'exécution de la même action dont j'avois réveillé moi-même l'idée dans l'esprit de la Rochepot, je sentis je ne sais quoi qui pouvoit être une peur. (I, 146.)

Il n'y a rien de plus incertain que le jugement que l'on peut faire sur le temps de sa mort. Voilà ma spéculation. Ma *pratique* suivra ponctuellement les sentiments de Monsieur l'Ambassadeur. (VII, 363.)

Voyez II, 6; III, 167.

PRATIQUER :

Les ordres nécessaires furent donnés... avec beaucoup de conduite, Verrina, Calcagno et Sacco disposant de leur côté ceux qu'ils *avoient pratiqués*. (V, 562.)

Lorsque Satan, jaloux du bonheur de notre premier père, le voulut ruiner, il ne *pratiqua* pas les sens par la promesse de quelques biens matériels.... (IX, 142.)

PRÉALABLE DE :

Le cardinal de Richelieu... s'impatientoit trop facilement dans les petites choses qui étoient *préalables des* grandes. (I, 282.)

PRÊCHER quelqu'un :

Mme de Montbazon l'*avoit prêché* jusqu'à deux heures après minuit sur le même ton. (II, 534.)

Voyez encore I, 196.

PRÊCHER quelqu'un... QUE :

Je les *prêchois* tous les jours *qu*'il falloit planer; que les pointes étoient dangereuses. (II, 546.)

PRÉCIPITER à :

L'agitation du peuple... nous pouvoit à tous les quarts d'heure *précipiter à* ce qui nous déshonoreroit. (II, 390.)

PRÉCIPITÉ :

Lorsque quelqu'un de ceux que le bonheur a portés à ces élévations *précipitées*, atteint le comble sans broncher, il faut qu'il ait trouvé, dès le commencement, beaucoup de difficultés qui l'aient formé peu à peu à se soutenir sur un endroit si glissant. (V, 530.)

Il avoit un peu mûri son humeur *précipitée*. (V, 201.)

SE PRÉCIPITER :

Elle (*cette conduite*) empêcha que le Cardinal ne *se précipitât* dans quelque résolution qui ne nous plût pas. (III, 199.)

PRÉFIX, fixé d'avance :

.... Au jour et au lieu *préfix*. (III, 102.)

Il ne faut jamais donner l'argent qu'aux pensionnaires mêmes, mais à terme *préfix* et sans avances. (VIII, 170.)

PRÉJUGÉ, terme juridique. « Ce qui a été jugé auparavant dans un cas semblable ou approchant. » (*Dictionnaire de l'Académie*, 1694.) Employé au propre, ou au figuré dans le sens de *présage* :

En condamnant un particulier, elle (*Sa Sainteté*) condamneroit tous les autres qui se seroient trouvés dans les mêmes rencontres...; comme, en le déclarant innocent, elle justifieroit toute une guerre et un parti.... Si le Pape en usoit de la sorte en cette occasion, tout le public ne seroit-il pas épouvanté de ces *préjugés* ? (VI, 166.)

Les *préjugés* au moins sont incontestablement pour M. le cardinal de Retz. (V, 228.)

Celle (*la conduite*) qu'il tint à l'égard de M. le duc d'Orléans... fut un *préjugé* que l'on connoîtroit bientôt qu'elles (*les espérances*) n'étoient pas bien fondées. (V, 197.)

PREMIER :

Il (*Mazarin*) me fit toutes les honnêtetés imaginables, mais il ne conclut rien, et il nous remit à un petit voyage qu'il croyoit faire au *premier* jour à Paris. (I, 255.)

Les peuples enragés ne pouvoient pas ne pas s'attacher au *premier* objet. (II, 147.)

La petite vérole lui avoit ôté (*avoit ôté à Mme de Longueville*) la *première* fleur de sa beauté. (II, 123.)

Le premier..., Le second, sens neutre :

.... Je pris... celle (*la résolution*) de me précautionner contre les mauvaises intentions du Ministre : et du côté de la cour même en y agissant avec autant de sincérité et de zèle que de liberté ; et du côté de la ville.... Je ne vous puis mieux exprimer *le second* qu'en vous disant.... Je ne crus pas pouvoir mieux exécuter *le premier*, qu'en disant à la Reine et au Cardinal.... (II, 8.)

L'intérêt du Coadjuteur n'est pas de vous tuer, Messieurs, mais de vous assujettir. Le peuple lui suffiroit pour *le premier*; le camp lui est admirable pour *le second*. (II, 319.)

Voyez encore II, 365 et 441.

Premier, sens adverbial :

Celui d'entre eux qui *premier* donna le nom à toutes choses, n'en donna point aux vices, parce qu'ils n'en connoissoient point. (IX, 138.)

Voyez la note 1 de la page indiquée.

PRENDRE, sens divers, propres et figurés :

Le Parlement... étoit aigri par l'enlèvement de Turcan et d'Argouges, conseillers au grand conseil, que la cour fit *prendre* la nuit. (I, 312.)

Le marquis de Silleri... y *fut pris* prisonnier. (II, 263.)

Un de mes estafiers... *fut pris* prisonnier par les sbires. (VII, 162.)

Les belles alliances qu'elle (*la famille de Saint Charles Borromée*) a *prises*.... (IX, 86.)

Le ministère étoit en exécration, mais... je ne voyois pourtant pas encore que l'exécration fût au période qu'il est nécessaire de *prendre* bien justement pour les grandes révolutions. (I, 155.)

Il y a des feux qui embrasent tout : l'importance est d'en connoître et d'en *prendre* le moment. (I, 164.)

Je crus qu'il seroit à propos de *prendre* ce moment pour faire faire à la Compagnie quelque pas qui.... (II, 312.)

M. de Beaufort *ayant pris* ce temps... pour essayer d'animer le Parlement, parla, à sa mode, contre la contravention. (II, 313.)

M. le président de Novion, qui étoit raccommodé intimement avec la cour, *prit* très-habilement cette conjoncture pour la servir. (IV, 91.)

.... Pour *prendre* en même temps l'occasion de vous assurer.... (VII, 33.)

M. de Beaufort... forma une cabale de gens qui sont tous morts fous.... Ils obligèrent M. de Beaufort à me faire beaucoup d'avances.... Je devois la coadjutorerie de Paris à la Reine, et... la grâce étoit assez considérable pour m'empêcher de *prendre* aucune liaison qui pût ne lui être pas agréable. (I, 223.)

Je ne laissai pas de *prendre* une grande liaison d'affaire avec Mme de Longueville, et par elle un commerce avec M. de la Rochefoucauld. (II, 124.)

Cette parole, jointe... aux liaisons un peu trop étroites qu'il me paroissoit *prendre* avec le Tellier.... (III, 125.)

Il m'avoit fait assurer par Montrésor qu'il seroit bien aise de *prendre* liaison avec moi. (II, 192.)

Je me résolus de ne lier aucun commerce avec Espagne et d'attendre que les occasions, que je jugeois bien n'être que trop proche, donnassent lieu à une conjoncture où celui que nous y *prendrions* infailliblement parût plutôt venir des autres que de moi. (II, 122.)

Le Cardinal de Retz n'avoit point voulu *prendre* aucune correspondance avec le prince de Condé. (VI, 75.)

.... Que je commence, dès aujourd'hui, à *prendre* avec vous une correspondance que je continuerai assurément avec autant de joie que de sincérité. (VII, 26.)

La conclusion de la paix de Ruel... fut purement l'effet d'un concert qui *fut pris*, la nuit d'entre le 8 et le 9 de mars, entre le Cardinal et lui (*et le président de Mesme*). (II, 376.)

Il est toujours judicieux de *prendre* toutes les issues que l'honneur permet pour sortir des affaires que l'on a avec la cour. (I, 255.)

Le cardinal de Richelieu... aimoit la gloire beaucoup plus que la morale ne le permet; mais il faut avouer qu'il n'abusoit, qu'à proportion de son mérite, de la dispense qu'il *avoit prise* sur ce point de l'excès de son ambition. (I, 282.)

J'avois eu mille fois cette vue; mais elle avoit toujours cédé à ce que je croyois devoir à la Reine. Le souper du Palais-Royal, et la résolution de me perdre avec le public l'ayant purifiée, je la *pris* avec joie. (II, 38.)

Le Parlement *prit* à son retour toutes les bagatelles qui sentoient le moins du monde l'inexécution de la déclaration, avec la même rigueur... qu'il auroit traité ou un défaut ou une forclusion. (II, 96.)

Mme de Longueville... *prit* une rage et une fureur contre lui, qui passa jusques à un excès incroyable. (II, 119.)

Je me rends... à l'avis que M. le Coadjuteur ouvrit dernièrement chez moi, et je suis persuadé que si Votre Altesse diffère à [le] *prendre* et à l'exécuter, nous aurons dans deux jours une paix plus honteuse et moins sûre que la première. (II, 413.)

Crespin, doyen du Parlement, ne sachant quel avis *prendre*, porta celui de demander à Monseigneur l'Archevêque une procession générale. (III, 204.)

Je me résolus, dès que je vis qu'il ne *prenoit* pas mon conseil, de me servir contre lui-même de celui qu'il suivoit. (II, 150.)

Les défiances du Cardinal...

étoient... particulièrement aigries par l'imagination qu'il *avoit prise* que Monsieur le Prince favorisât le mouvement de Bordeaux. (II, 532.)

Je *pris* la pensée de faire... en sorte que la cour ne portât pas les affaires à l'extrémité. (II, 126.)

Je m'attendois... qu'elle en *prendroit* la pensée (*de cette proposition*). (III, 352.)

L'on ne lui a pas inspiré d'assez bonne heure les grandes et générales maximes.... Il n'a pas eu le temps de les *prendre* par lui-même.... (II, 176.)

.... Qu'il n'y avoit à tout cela qu'un remède, que non pas seulement je ne *prendrois* pas, mais auquel même je m'opposerois. (II, 274.)

Longueil, qui connoissoit mieux le Parlement qu'homme du Royaume,... lui avoit confirmé tout ce que je lui avois dit la veille de la pente que ce corps *prenoit*. (II, 275.)

Le président de Mesme... fit extrêmement valoir tout ce qu'il avoit dit... à Messieurs les généraux, pour les obliger à *prendre* la campagne avec leurs troupes. (II, 318.)

Comme cet expédient avoit peu ou point d'inconvénient, je me résolus à tout hasard de le *prendre*. (II, 356.)

Il ne laisseroit pas... de *prendre* hautement notre protection. (II, 537.)

Il feroit tous ses efforts pour obliger Monsieur à *prendre* la protection de Messieurs les Princes. (III, 184.)

L'affront que l'on leur vouloit faire n'étoit qu'une vengeance qu'on vouloit *prendre* de la Fronde. (II, 542.)

J'assurai de ma prudence : elle en *prit* ma parole. (III, 125.)

.... Les justes sujets de méfiance que je ne pouvois pas m'empêcher de *prendre* à chaque instant. (III, 160.)

Le coup étoit si nécessaire que je crus en devoir *prendre* le hasard. Le lendemain, qui fut le 20, je le *pris*, je parlai comme je viens de vous le marquer. (III, 213.)

Le terme que l'on disoit *être pris* pour le sacre du Roi, au 12 de mars, seroit échu. (III, 228.)

Je méprise... l'insolence de ces âmes de boue qui ont osé écrire... qu'un cœur aussi ferme et aussi éprouvé que celui de César ait été capable, en cette occasion, d'une alarme mal *prise*. (III, 358.)

Le Pape... me répondit : « Ce n'est pas ce que je veux dire. »…. Je le suppliai de me pardonner si je n'*avois* pas bien *pris* son sens. (V, 92.)

Le Pape lui ayant reparti qu'il *avoit* mal *pris* son sens et que ce qu'il avoit voulu dire étoit.... (VII, 205.)

Ils n'*ont* pas bien *pris* le sens d'une bulle qu'il leur a adressée. (VII, 90.)

.... Un procès, qui seroit, *étant pris* ainsi, contre toutes les formes de l'Église. (VI, 371.)

Je vous rends un million de grâces des mémoires que vous avez eu la bonté de m'envoyer, qui sont très-doctes et très-bien *pris*. (VII, 99.)

Voyez la note 25 à la page indiquée.

PRENDRE, servant à former différentes locutions :

Mme de Longueville... *prenoit des eaux* à Noisi avec M. le prince de Conti. (II, 125.)

Prenons des dates pour faire pendre à notre témoignage, à la majorité du Roi, ces pestes de l'État, ces flatteurs infâmes. (II, 29.)

Ce même Broussel, avec lequel il *avoit pris* lui-même *des mesures*,... fut celui qui ouvrit l'avis de l'arrêt. (II, 85.)

Il y eut hier consistoire, où tous les cardinaux *prirent audience* du Pape pour se réjouir de sa santé. (VII, 73.)

L'évêque de Varmie, l'un des ambassadeurs qui venoient querir la reine de Pologne, *prit en gré de vouloir faire la cérémonie du mariage dans Notre-Dame.* (I, 250.)

Je feignis que je *prenois pour bon* tout ce qu'il lui plut de me dire. (II, 18.)

Il *prend pour bon* ce que la Reine lui vient de dire. (II, 19.)

Je fis semblant de *prendre pour bon* tout ce qu'il lui plut de dire. (II, 390.)

Elle nous le découvrit (*ce dessein*) comme un grand secret que la Reine lui eût commandé... de nous communiquer. M. de Beaufort le *prit pour bon.* (III, 64.)

M. de Beaufort prit si mal son parti qu'il tomba tout d'un coup à rien. Vous le verrez par la suite, et que, par conséquent, Mme de Montbazon avoit raison de ne pas *prendre sur elle* sa conduite. (III, 294.)

PRENDRE SUR LE COMPTE DE, PRENDRE HABITUDE AVEC, etc. Voyez COMPTE, HABITUDE, etc.

SE PRENDRE :

Le mouvement fut comme un incendie subit et violent, qui *se prit* du Pont-Neuf à toute la ville. (II, 44.)

Le feu *se prit* en moins d'un instant. (II, 194.)

SE PRENDRE À :

Ceux qui roulent d'une montagne sont fracassés par les mêmes pointes des rochers *auxquels* ils *s'étoient pris* pour y monter. (V, 532.)

.... L'imagination *se prend* et s'étend même *à* tout ce qui est possible. (III, 364.)

PRÉOCCUPATION, prévention :

....En disant à la Reine et au Cardinal la vérité des dispositions que je voyois dans Paris, dans lesquelles la flatterie et la *préoccupation* ne leur permirent jamais de pénétrer. (II, 8.)

Il (*Molé*) fit du mal avec de bonnes intentions. La *préoccupation* y contribua beaucoup.... J'ai même observé qu'il jugeoit toujours des actions par les hommes et presque jamais des hommes par les actions. (II, 188.)

Elle étoit convaincue que je parlois du cœur, mais que j'étois aveuglé moi-même par la *préoccupation.* (III, 389.)

La *préoccupation*, dont le propre est de s'armer particulièrement contre les faits.... (III, 432.)

PRÉOCCUPER, prévenir :

Il (*ce discours*) ne persuada point Monsieur le Prince, qui *étoit* déjà *préoccupé.* (II, 112.)

Nous présentâmes requête au Parlement pour récuser le Premier Président comme notre ennemi,... ce magistrat témoignant autant de passion qu'il en faisoit voir en cette affaire.... Il *étoit préoccupé*, mais son intention étoit bonne. (II, 599.)

PRÉPARATOIRE, substantif :

Ce discours... n'étoit qu'un *préparatoire* à ne point recevoir la réponse que je demandois. (V, 73.)

PRÉSENCE :

PRÉSENCE D'ESPRIT ET DE CŒUR :

La *présence d'esprit et de cœur* d'Argenteuil ne l'est guère moins (*moins extraordinaire*). (III, 496.)

SE TROUVER EN PRÉSENCE AVEC :

Crenan... *se trouva*, par bonheur, *en présence avec* Laigue. (III, 496.)

EN PRÉSENCE, absolument :

La Reine, à laquelle il ne pourroit jamais résister *en présence.* (III, 256.)

Il fit par ses lettres tout ce qu'il auroit fait *en présence.* (V, 126.)

PRÉSENTEMENT :
Nous ne saluerons plus les premiers, *présentement*. (IV, 183.)

Présentement que :
Je vois bien que vous n'aviez pas mis en jeu le retour du Mazarin, et je ne doute point que vous ne vous en soyez servi *présentement que* vous avez reçu mes derniers ordres là-dessus. (VIII, 72.)

PRÉSENTER :
.... Une mendicité que j'ai préférée à l'abondance, qui *m'a été présentée* si souvent et par tant de voies. (VI, 292.)

PRÉSIDENTE :
Je vous envoie une lettre pour Madame la *Présidente* de Pommereu. (VIII, 204.)

Voyez VIII, 553 et 565.

PRESQUE :
Je n'étois *presque* pas endormi, quand un ordinaire de Monsieur tira le rideau de mon lit. (III, 257.)

PRESSANT :
Ces vérités sont si *pressantes*, que nous ne doutons point qu'elles ne touchent un jour très-vivement le cœur de V. M. (IX, 39.)

La nécessité d'un secours prompt et *pressant*.... (II, 239.)

PRESSÉMENT :
Leurs mauvaises actions leur sont encore plus particulièrement et plus *pressément* reprochées par les saints qui vivent dans leur temps. (IX, 82.)

PRESSER :
Il étoit à propos de réduire, s'il se pouvoit, la conversation à quelque chose de plus positif et de plus *pressé*. (VII, 83.)

Presser à ce que, dans le jargon attribué au duc de Beaufort :
Monsieur le Prince *avoit* fort *pressé* Monsieur *à ce qu*'il ne me laissât pas aller à l'armée. (V, 210.)

Voyez la note 3 de la page indiquée.

PRÊT DE :
Je vous ai facilité le chemin de la gloire, et je suis *prêt de* vous le montrer. (V, 566.)

Il est *prêt d'*exécuter sa parole. (*Ibid.*)

Voyez I, 324; III, 102; VII, 228.

Prêt pour :
Je donnai ordre à l'Espinai... de se tenir *prêt pour* se saisir... de la barrière des sergents. (II, 41.)

PRÉTENDRE, actif :
J'eus la vanité de *prétendre* le premier lieu. (I, 118.)

Monsieur finit par un serment qu'il m'obligeroit d'aller à Notre-Dame... recevoir l'encens après lui.... La Reine... me dit d'abord que Monsieur étoit dans une colère terrible...; qu'elle vouloit absolument que je le satisfisse.... Monsieur le Cardinal... n'oublia rien pour me conduire à la dégradation que l'on *prétendoit*. (I, 260.)

.... Le chapeau de cardinal *prétendu* par Monsieur son frère. (II, 76.)

Mme de Nemours... *prétendoit* cette gloire. (III, 183.)

.... Refuser aux particuliers les grâces qu'ils *ont* demandées ou *prétendues* sous ce prétexte. (III, 383.)

Il vendit la charge de secrétaire d'État quand il étoit en posture de la faire agréablement à la cour; il la *prétendit* deux mois après.... (V, 199.)

J'espère, Sire, que Votre Majesté ne me refusera pas la protection que je lui demande en cerencontre par mon innocence, qui la doit *prétendre* de sa justice. (VI, 422.)

Si la Faculté de théologie de Paris n'*avoit prétendu* par sa censure que la condamnation de la proposition qui accuse sa doctrine d'hérésie.... (VII, 47.)

Voyez I, 239; III, 277.

PRÉTENDRE, neutre :

Avez-vous pour cela cessé de *prétendre?*... Personne n'a cessé de *prétendre*. (III, 383.)

PRÉTENDRE DE :

Sa retraite à Sedan le défendoit des bassesses auxquelles la cour *avoit prétendu de* l'obliger. (I, 155.)

Dans plusieurs éditions : « avoit prétendu l'obliger ».

.... Les frayeurs qu'il *prétendoit de* donner au Ministre. (III, 356.)

Elle ne *prétendoit* pas *d'*être gênée dans le choix des ministres du Roi son fils. (III, 393.)

Il exagéra... les sujets de défiance que Monsieur le Prince *prétendoit d'*avoir. (III, 421.)

Voyez II, 256; III, 196 et 491; VII, 399 et 425.

Pour *prétendre* suivi d'un simple infinitif, voyez I, 263, etc.

SE PRÉTENDRE :

La Reine... leur témoigna être surprise de ce qu'ils *se prétendoient* toucher à ce que la présence du Roi avoit consacré. (I, 305.)

Voyez la note 3 de la page indiquée. — Le sens paraît être : « qu'ils prétendaient qu'ils toucheraient », *se.... toucher* devant être considéré comme une proposition infinitive analogue à celles du latin.

PRÉTENTION (ENTRER EN) :

Les plus désintéressés s'imaginèrent qu'ils seroient les dupes des autres, si ils ne se mettoient aussi sur les rangs.... Je ne trouvai que M. de Brissac qui voulût bien n'*entrer* point *en prétention*. (II, 457.)

PRÉTEXTE (AVOIR) DE :

Le Premier Président n'accordera jamais l'assemblée des chambres, qu'il *a prétexte de* refuser.... (II, 553.)

PRÉTEXTER quelque chose DE, couvrir de, cacher sous l'apparence de :

C'est donc en vain qu'on veut couvrir la violence d'un procédé inouï et sans exemple par le sujet *dont* on le *prétexte*. (V, 127.)

.... Une aversion noble et religieuse de toutes les actions violentes qui font soupirer l'Église,... et de toutes les vaines appréhensions *dont* on les *prétexte*. (VI, 34.)

Voyez la note 22 à la page indiquée.

.... Toutes les fausses impressions *dont* on lui *prétexte* toutes les violences qu'on exerce. (VI, 369.)

Les ennemis de la discipline ecclésiastique... n'ont jamais manqué de *prétexter de* crimes imaginaires d'État, les violences qu'ils ont exercées contre ceux qui l'ont défendue. (VI, 409.)

Mon sentiment est... que vous *prétextiez* la prolongation de votre séjour *de* quelque chose fort solide. (VIII, 103.)

PRÉVALOIR :

L'autorité du ministère devoit *prévaloir* aux oppositions qu'elle trouvoit. (V, 199.)

PRÉVENIR DE :

Ceux qui *sont prévenus de* cette passion (*la peur*) ne sont susceptibles que du sentiment qu'elle leur inspire. (II, 574.)

Des princes très-religieux... *ont été* souvent *prévenus de* sinistres impressions contre de très-saints Évêques. (VI, 31.)

SE PRÉVENIR :

Les indifférents du Parlement *se*

fussent prévenus infailliblement contre un spectacle de cette nature. (III, 498.)

PRÉVOIR :

Mme de Chevreuse... songea à empêcher les suites que *prévoyoit* la conduite du Cardinal. (III, 136.)

Voyez la note 6 de la page indiquée. Le texte est probablement fautif.

PRÉVÔT. Voyez Provôt.

PRÉVÔTÉ des marchands. (V, 268.)

PRIER à, inviter à :

Verrina étoit d'avis que l'on *priât à* une nouvelle messe André et Jannetin Doria. (V, 560.)

PRIMER, devancer :

Il ne falloit plus songer qu'à applaudir à celui qui a été assez habile, me dit-il,... pour nous *primer* à recommencer l'escarmouche contre le Sicilien. (III, 398.)

PRINCIPAL :

Nous supplions la bonté divine de vous donner cet Esprit *principal* qui vous fasse accomplir le ministère que nous vous avons commis. (VI, 119.)

Traduit littéralement des mots *spiritu principali* du *Miserere*.

Voyez la note 10 à la page indiquée.

PRINCIPAUTÉ, qualité de prince :

Mille démêlés particuliers, dont la moitié ne venoit que de la ridicule chimère de sa roturière *principauté*, l'avoient brouillé (*le duc d'Epernon*) avec le parlement... de Bordeaux. (III, 42.)

PRINCIPE, cause, motif :

Je rejetai, par le *principe* de l'obligation que j'avois à la Reine, toutes ces pensées. (II, 35.)

Ces raisons... l'obligèrent à faire, par le seul *principe* de la peur,... une des plus hardies actions dont l'on ait peut-être jamais ouï parler. (II, 70.)

Ceux qui croient que les petits intérêts... furent l'unique cause de son changement ne se trompent guères moins. La vue d'être l'arbitre du cabinet y entra assurément, mais elle ne l'eût pas emporté sur les autres considérations ; et le véritable *principe* fut qu'ayant tout vu d'abord également, il ne sentit pas tout également. (II, 113.)

Voyez I, 264 ; II, 93 et 366 ; III, 74, 277 et 530 ; IV, 202.

PRISE, démêlé :

Le Chancelier et le maréchal de la Meilleraie... furent admis dans les quatre autres (*conférences*). Ce premier y eut de grandes *prises* avec le Premier Président. (II, 88.)

PRISON, emprisonnement, captivité :

Vous ne serez pas surprise de ce que l'on le fut de la *prison* de M. de Beaufort, dans une cour où l'on venoit de les ouvrir à tout le monde sans exception. (I, 232.)

M. de Beaufort fut arrêté. Cette *prison* fit beaucoup d'éclat. (I, 223.)

Mes amis avoient promis, pour le temps de ma *prison* seulement, quatre mille livres par année. (VIII, 554.)

La longueur adoucit toujours les *prisons*. (I, 159.)

Voyez I, 287 ; II, 291 ; III, 35 ; IV, 7.

PROBLÉMATIQUE :

.... Monsieur comprit l'inconvénient affreux qu'il y aurait à une action... dont les auteurs pourroient demeurer, par l'événement, fort *problématiques*. (III, 123.)

C'étoit... un de ces soufflets *problématiques* dont il est parlé dans les *Petites Lettres* du Port-Royal. (IV, 168.)

PROCÉDÉ :

Je les fis jurer de se conduire à

ma mode.... Je leur exagérai les inconvénients... des *procédés* particuliers. (II, 515.)

PROCHAIN, voisin :

Celui qui étoit en garde... s'étoit amusé à boire dans un cabaret *prochain*. (IV, 32.)

PROCHE, adjectif :

.... Un traité, qui... ne nous obligeroit encore à rien de *proche* ni de tout à fait positif à l'égard de la paix générale. (II, 346.)

Ceux qui... étoient dans les intérêts de la cour en auroient un trop personnel et trop *proche* pour laisser pénétrer leur sentiment. (IV, 125.)

PROCHE, adverbe ou préposition ; PROCHE DE :

Argenteuil... se mit chez un sculpteur, qui logeoit tout *proche*. (II, 42.)

Je me résolus... d'attendre que les occasions, que je jugeois bien n'être que trop *proche*, donnassent lieu à une conjoncture.... (II, 122.)

Je sortis de sa chambre (*de la chambre de mon oncle*) ;... un chirurgien qu'il avoit me pria d'aller attendre de ses nouvelles aux Carmélites, qui étoient tout *proche*. (II, 578.)

.... *Proche* les Carmes déchaussés. (VIII, 507.)

.... Sur le quai, *proche* de l'Horloge. (II, 410.)

Il est chez lui à Anneri *proche* de Pontoise. (VIII, 425.)

Je vous prie de prendre la peine de venir mardi prochain à Pierrefitte, *proche* de Saint-Denis. (VIII, 619.)

PROCURER (comparez l'espagnol *procurar*) :

.... La conduite que Monsieur devoit prendre, ou pour *procurer* le retour de Monsieur le Prince à la cour, ou pour le traverser. (III, 390.)

Je l'ai suppliée (*Sa Sainteté*) très-humblement d'avoir la bonté de *procurer* la cassation des sentences données contre M. Chassebras. (VI, 147.)

Cette divine Épouse de Jésus-Christ ne peut voir sans une affliction extrême la ruine et la désolation continuelle d'un Empire spirituel, dont elle doit *procurer* l'accroissement. (VI, 154.)

Voyez la note 2 à la page indiquée.

Elle (*ma conscience*) m'oblige... de rendre à l'Église des marques effectives du zèle que je dois avoir pour ses intérêts, en *procurant*, autant que je le pourrai, la cessation et la réparation des injures qu'on lui fait en ma personne. (VI, 404.)

Je... promets à Sa Majesté que je *procurerai* son service et le bien de son État de tout mon pouvoir. (VI, 179.)

PROCURER QUE :

Nous avions justement espéré que... vous... *procureriez* par toutes les voies possible *qu'*il ne restât dans nos paroisses aucune marque d'affliction. (VI, 222.)

PROCURER À :

Elle (*la cour*) faillit à se faire deux des préjudices les plus réels... que ses ennemis les plus mortels *lui* eussent pu *procurer*. (III, 272.)

PROCUREUR :

Je vous prie de ne vous servir jamais d'autre *procureur* (*que de M. Modave*) dans les affaires que vous aurez pour moi. (VIII, 559.)

Voyez II, 402 ; VIII, 189.

PROCUREUR DU ROI :

M. le Tellier, qui avoit été *procureur du Roi* au Châtelet, et qui, par cette raison, devoit avoir connoissance de la police, répondoit que la cessation de deux marchés affameroit la ville. (II, 141.)

Voyez encore II, 528.

PROCUREUR FISCAL. (VIII, 186.)

PROCUREUR GÉNÉRAL :

Elle (*cette requête*) concluoit à ce que... le *procureur général* fût mandé pour déclarer si il avoit quelque chose à proposer. (III, 200.)

Voyez II, 573 et 577 ; III, 238.

PROCUREUR GÉNÉRAL, religieux chargé des intérêts de son ordre :

Le *procureur général* de la congrégation de Sainte-Geneviève m'a fait voir deux lettres du Roi. (VII, 256.)

Voyez encore VII, 288.

PROCUREUSE GÉNÉRALE :

Je vous prie de voir... M. le Procureur général de ma part et de faire mes compliments sur la mort de Mme la *Procureuse générale*. (VIII, 455.)

PRODUCTION :

L'accord de ces contraires est la *production* la plus forte du christianisme. (IX, 116.)

PRODUIRE À :

Ma pensée avoit été de *lui produire* le président de Bellièvre, parce qu'il lui falloit toujours quelqu'un qui le gouvernât. (III, 36.)

PROFIL (DE), au figuré :

Je sais que vous aimez les portraits, et j'ai été fâché, par cette raison, de n'avoir pu vous en faire voir jusques ici presque aucun qui n'ait été *de profil*. (II, 173.)

PROFOND, substantif :

.... Ce mystère qui est tiré du *profond* de l'abîme, ce mystère qui est formé dans les enfers. (V, 316.)

PROGRÈS :

.... Des défiances qui sont naturelles... dans les commencements des affaires, encore plus que dans leur *progrès* et dans leurs suites. (III, 364.)

PROIE (EN), absolument :

.... Que je doive laisser *en proie* un bien que je ne puis abandonner sans être un lâche déserteur des intérêts de l'Église. (VI, 208.)

PROJETER :

Celui (*le dessein*) d'abattre le parti de la religion *avoit été projeté* par M. le cardinal de Retz, mon oncle ; celui d'attaquer la formidable maison d'Autriche n'avoit été imaginé de personne. (I, 227.)

PROMOTEUR, titre qui, dans une cour ecclésiastique, correspond à peu près à celui de procureur du roi dans une cour laïque :

.... Ordonné que les Présentes seront... publiées ès prônes des paroisses de cette Ville et faubourgs de Paris et enjoint au *Promoteur* d'y tenir la main. (IX, 49.)

PRÔNER, sens divers, actifs et neutres :

Il se faisoit une contrainte extrême à soi-même en la *prônant* (*en lui faisant des remontrances*) sur un sujet qui peut-être ne me seroit pas fort agréable. (III, 507.)

Il nous la *prôna* comme une héroïne. (II, 485.)

Vous savez... que j'ai horreur pour Cromwell ; mais, quelque grand homme que l'on nous le *prône*, j'y ajoute le mépris s'il est de ce sentiment. (III, 520.)

Mme de Bouillon dira... que je *prône* toujours les inconvénients, sans en marquer les remèdes. (II, 280.)

Je me remis en honneur... parmi les emportés du Parlement, en *prônant* fortement contre le comte de Grancei. (II, 469.)

PRÔNERIE :

Il (*Richelieu*) craignoit... ses emportements (*les emportements de Brézé*) et ses *prôneries* auprès du Roi, qui avoit quelque sorte d'inclination pour lui. (I, 106.)

PRONONCER, actif :

L'on voit, par la diversité de ce qui se pratique à la création des évêques et à celle des cardinaux, dont les derniers *sont* proposés et créés dans le même consistoire, et les autres préconisés et *prononcés* en deux temps différents.... (VII, 340.)

PROPORTION :

À PROPORTION :

Ils lui proposèrent... le mariage de son neveu... avec ma nièce. Il y donna de tout son cœur. Je m'en éloignai *à proportion*. (III, 51.)

À LA PROPORTION DE :

Je me relevois *à la proportion des* menaces. (III, 151.)

SANS PROPORTION :

Il craignoit naturellement Monsieur le Prince... comme supérieur, *sans proportion*, en gloire, en courage, en génie. (III, 166.)

PROPOS (SUR CES) :

Et *sur ces propos*, Messieurs, je ne puis m'empêcher de vous supplier très-humblement de faire quelques réflexions.... (VI, 67.)

PROPOSER SI :

J'ai *proposé* pour cela à M. de Bourlemont *s'il* ne jugeroit point à propos que je parlasse, dans les rencontres, à ces Messieurs de la congrégation d'une façon ambiguë. (VII, 175.)

PROPRE :

Si il (*M. d'Elbeuf*) fût parvenu jusques à la richesse, l'on l'eût envié comme un partisan, tant la gueuserie lui paroissoit *propre* et faite pour lui. (II, 179.)

.... La grandeur humaine... assujettie au christianisme, et assujettie jusques au point que d'être un de ses plus *propres* et un de ses plus glorieux instruments. (IX, 116.)

Il attendoit une conjoncture *propre*. (V, 633.)

LE PROPRE JOUR, LES PROPRES PAROLES, le jour même, les paroles mêmes, etc. :

Le *propre* jour qu'il l'eut fait nommer par le Roi, il écrivit au cardinal Sachetti. (III, 15.)

Le roi d'Angleterre... arriva à Paris le *propre* jour du départ de dom Gabriel de Tolède. (III, 111.)

Le *propre* jour que Mme de Chevreuse fit cette amitié à M. le Tellier.... (III, 124.)

Je me souviens, entre autres, d'une lettre qu'il lui écrivoit un jour, dans laquelle je lus ces *propres* paroles : « Les gens que vous connoissez, *etc.* » (I, 151.)

Voici en *propres* paroles ce que je lui répondis. (II, 102.)

A quoi je lui répondis ces *propres* mots : « Tous les serviteurs de Monsieur le Comte, *etc.* » (I, 156.)

Voyez I, 146, 152, 161, 182, 223 et 258; II, 383, etc.

PROPRE À :

Le prince de Guémené, *à qui* cet emploi n'étoit pas *propre*.... (II, 92.)

Je ne trouvai auprès de moi... que neuf gentilshommes, qui étoit justement un nombre très-*propre à* me faire assassiner. (IV, 37.)

PROPRE DE :

L'âme... est bien plus *propre d'*étendre sa connoissance en ligne droite... que *de* la replier en circulaire. (IX, 136.)

PROPRE POUR :

J'avois le cœur du monde le plus *propre pour* l'y placer (*Mme de Longueville*) entre Mmes de Guémené et de Pommereu. (II, 123.)

L'expression... étoit assez *propre pour* grossir la nuée que l'on vouloit faire fondre sur moi. (III, 236.)

Le propre, pris substantivement et accompagné d'un adjectif :

Tout se disoit et tout se faisoit dans l'esprit des procès ; et comme il avoit l'air de la chicane, il en avoit la pédanterie, dont *le propre essentiel* est l'opiniâtreté. (II, 59.)

PROPREMENT :

Je n'ai jamais pu m'imaginer la raison pour laquelle le Cardinal lanterna *proprement* les cinq ou six derniers jours qui précédèrent cette exécution. (III, 17.)

M. de Longueville... étoit *proprement* la bête de M. d'Elbeuf. (II, 163.)

Il envoya le maréchal d'Estampes à la Reine lui demander *proprement* une abolition. (III, 439.)

L'on employa toute la matinée *proprement* à rien. (III, 394.)

Voilà ce qui occupa *proprement* toutes les assemblées dont je vous viens de parler. (IV, 138.)

Envoyez-moi, je vous prie,... une paire d'heures pour femme, de maroquin du Levant, relié un peu *proprement*. (VIII, 525.)

PROSCRIRE :

Ma prison... n'a été qu'un pur effet d'une animosité particulière,... dans laquelle toutes les formes *ont été proscrites*. (VI, 209.)

PROTECTEUR :

Il y eut vendredi congrégation des Réguliers, dans laquelle M. le cardinal de Sainte-Croix, rapporteur des Mathurins François de cette ville, fit voir clairement que le convent de Saint-Denis, où ils sont, est purement de la province de France. M. le cardinal Ginetti, *protecteur* de l'ordre, ne le nie pas absolument. (VII, 114.)

Voyez le 1er exemple du mot suivant.

PROTECTION :

La *protection* de cet ordre (*des Bernardins*), vacante par la mort de M. le cardinal Franciotti, a été donnée à M. le cardinal Nini. (VII, 194.)

Voyez le précédent.

Le Pape pense pour M. le cardinal Chigi à la *protection* d'Espagne, vacante par la mort de M. le cardinal de Médicis. (VII, 281.)

PROTESTER, actif :

.... Pour lui *protester* publiquement sa juste soumission et sa parfaite obéissance. (VI, 177.)

Protester de, suivi d'un verbe :

M. de Montbazon, assisté de Fournier, premier échevin, d'un autre échevin, et de quatre conseillers de Ville, apportèrent la lettre au Parlement ; et ils lui *protestèrent*, en même temps, *de* ne recevoir d'autres ordres que ceux de la Compagnie. (II, 144.)

Protester de nullité :

.... Ladite démission, *protestée de nullité*. (VI, 3.)

Contre laquelle convocation faite... par ledit Archevêque de Sens, ledit Seigneur Archevêque de Paris *auroit protesté de nullité*, et d'en poursuivre la réparation par les voies de droit. (IX, 48.)

PROUVELLES (La rue des), plus tard *rue des Prouvaires*. (I, 165.)

Voyez la note 1 de la page indiquée. Voyez encore II, 27.

PROVANDIER (Trou). Voyez Trou provandier.

PROVERBE :

Je fis faire... une volière dans une croisée, et Nogent en fit le *proverbe* : « Le coadjuteur siffle ses linottes. » (III, 304.)

PROVINCE :

Les provinces, opposé à la capitale :

La cour étoit esclave du Ministre,... les provinces et la capitale lui étoient soumises. (I, 293.)

Voyez encore dix et onze lignes plus bas, à la page indiquée.

Province, terme ecclésiastique : étendue de la juridiction d'un métropolitain, pour le clergé séculier, ou d'un provincial, pour le clergé régulier :

Cette résolution, qui fut prise d'un consentement général dans les conversations particulières, fut portée innocemment et sans aucun mystère dans l'Assemblée (du clergé), où l'on ne songea pas seulement que la cour y pût faire réflexion ; et il arriva par hasard que lorsque l'on y délibéra, le tour, qui tomba ce jour-là sur la province de Paris, m'obligea à parler le premier. (I, 247.)

M. le cardinal Mazarin... donna dans la suite toute sorte de démonstrations qu'il tiendroit fidèlement sa parole ; il me fit écrire deux ou trois fois aux provinces qu'il n'y avoit rien de plus assuré. Sur le point de la décision, il changea tout à coup.... Je me résolus de rendre compte aux provinces de tout le procédé. (I, 269.)

Il y eut vendredi congrégation des Réguliers, dans laquelle M. le cardinal de Sainte-Croix, rapporteur des Mathurins François de cette ville, fit voir clairement que le convent de Saint-Denis, où ils sont, est purement de la province de France. (VII, 114.)

Les religieux réformés... demandent que l'on fasse ici une province de sept ou huit convents qu'ils ont en France. (VII, 161.)

PROVISION :

Nous connûmes... que nous avions de la provision encore pour longtemps dans l'imagination du peuple. (II, 527.)

Provisions, lettres qui confèrent un bénéfice ou un office :

Je donne de très-bon cœur à M. d'Hautecourt la chapelle vacante à Pontoise et je prie Messieurs mes grands vicaires de lui en expédier les provisions. (VIII, 324.)

.... L'enregistrement de ses provisions de l'amirauté. (III, 275.)

M. le cardinal de Bouillon me demande des provisions de capitaine des chasses de Sergi et de ses dépendances. (VIII, 409.)

Voyez encore VII, 277.

PROVISIONNEL :

J'acceptai cet expédient provisionnel comme une marque visible de la forte inclination que j'avois à la paix. (VI, 233.)

PROVÔT des marchands, Grand provôt :

La Compagnie (le Parlement)... manda le provôt des marchands pour pourvoir à la sûreté de la ville. (II, 82.)

La Reine commanda sur l'heure que l'on lui tranchât la tête. Le grand provôt... m'en avertit. (II, 200.)

Voyez II, 67, 73, 132, 138, 142, 143, 147, 223, 275, 293 et 309 ; III, 64, 105 et 250, etc. — Pour la forme prévôt, voyez I, 250, 274 et 559 ; III, 88, 146 et 159.

PROVÔTÉ :

.... La Forêt, lieutenant de la Provôté. (IV, 35.)

PUBLIC :

Elle m'entendit bien, à ce qu'elle m'a confessé depuis, mais elle n'en fit pas semblant : elle se remit dans la conversation publique. (I, 192.)

Il s'éleva un cri, plutôt qu'une voix publique, qui ordonna au président de Bellièvre.... (II, 368.)

.... La révocation... que nous avons... fait contresigner par notaires *publics*. (VI, 3.)

.... Des recéleurs de brigands *publics*. (VI, 29.)

Voyez la note ** de la page indiquée.

PUBLIC, pris substantivement :

Ce chef de parti (*le prince de Conti*) étoit un zéro, qui ne multiplioit que parce qu'il étoit prince du sang. Voilà pour le *public*. Pour ce qui étoit du particulier, la méchanceté faisoit en lui ce que la foiblesse faisoit en M. le duc d'Orléans. Elle inondoit toutes les autres qualités. (II, 180.)

EN PUBLIC :

Ses concitoyens... lui érigèrent une statue *en public*. (V, 510.)

PUBLIER À :

Si je lui envoie un Mandement,... et si je lui donne ordre de le faire *publier au* peuple.... (VI, 235.)

PUBLIER POUR :

Je consens que vous me *publiiez* tous *pour* le plus lâche et le plus scélérat de tous les hommes, si je m'accommode jamais avec la cour. (II, 392.)

Voyez encore V, 218.

PUISSANT :

.... Les mauvais et *puissants* effets que ces émotions faisoient... dans les esprits de ceux qui en avoient peur. (IV, 206.)

PUPILLE :

Le roi d'Espagne n'étant que *pupille*, c'est-à-dire n'ayant pas sept ans.... (VII, 259.)

Il faut qu'en qualité de mère, elle corrige son fils, comme alors elle étoit obligée, en qualité de *pupille*, de souffrir son adversaire. (VI, 206.)

PUR :

Ce composé... d'esprit et de vues est toujours confus et brouillé, et... il n'y a jamais que la *pure* fortune qui le démêle. (IV, 21.)

Quelques autres le contredirent par ce *pur* esprit que je vous ai quelquefois dit être opposé à tout ce qui est ou paroît concert dans ces sortes de compagnies. (IV, 91.)

Voyez I, 139; II, 477; III, 94 et 277.

PUREMENT :

Je me sentirois obligé de rentrer *purement* dans les exercices de ma profession. (III, 299.)

Je déclarai... que je ne recevrois *purement* que les honneurs qui avoient toujours été rendus aux cardinaux de mon nom. (IV, 184.)

Le *convent* de Saint-Denis... est *purement* de la province de France. (VII, 114.)

Mandez-moi, s'il vous plaît, si cette affaire regarde M. Cherrier ou moi *purement*, parce que, selon cela, je ferai ma réponse. (VIII, 553.)

Il (*M. de Bouillon*) croit que le Mazarin lui lâchera Sedan; il s'attache, dans cette vue, à ce qui lui peut donner *purement* : il préfère ce petit intérêt à celui qu'il pouvoit trouver à donner la paix à l'Europe. (II, 350.)

PURGER :

Ce médicament, en *purgeant* les mauvaises humeurs, n'a point altéré les bonnes. (IX, 188.)

Q

QUALIFICATEUR, théologien chargé de qualifier les propositions déférées au Saint-Office :

Il n'y a pas eu un seul des consulteurs et des *qualificateurs* du Saint-Office... qui n'ait cru être obligé... de se rendre aux menaces que l'on leur a faites. (VII, 113.)

.... En cas qu'il (*ce secret*) soit demeuré entre les cardinaux du Saint-Office et qu'il ne soit pas passé jusques aux consulteurs et aux *qualificateurs*. (VII, 187.)

Voyez la note 4 à la page indiquée.

Il n'y a aucun des consulteurs et des *qualificateurs* qui en aient connaissance. (VII, 190.)

QUALITÉ, bonne ou mauvaise :

La hauteur que j'avois affectée dès que je fus coadjuteur me réussit, parce qu'il parut que la bassesse de mon oncle l'avoit rendue nécessaire. Mais je connus clairement que, sans cette considération, et même sans les autres assaisonnemens que la *qualité* des temps, plutôt que mon adresse, me donna lieu d'y mettre,... elle n'eût pas été d'un bon sens. (IV, 182.)

Un naturel de cette *qualité* ne trouve point d'action qui soit au-dessus de son courage. (V, 518.)

La méchanceté faisoit en lui (*prince de Conti*) ce que la foiblesse faisoit en M. le duc d'Orléans. Elle inondoit toutes les autres *qualités*. (II, 180.)

Monsieur... étoit un des hommes du monde le plus foible, et tout ensemble le plus défiant et le plus couvert. Il n'y a que l'expérience qui puisse faire concevoir à quel point l'union de ces deux *qualités* dans un même homme rend son commerce difficile et épineux. (III, 140.)

QUALITÉ, HOMME DE QUALITÉ, GENS DE QUALITÉ, etc. :

Mlle de Vendôme... et Mlle de Guise... étoient des beautés *de qualité*. (I, 194.)

Cet éclat, joint à sa *qualité*, à son esprit et à sa langueur,... la rendoit (*rendoit Mme de Longueville*) une des plus aimables personnes de France. (II, 123.)

Avec la grande *qualité* et les grands desseins, l'on n'est jamais compté pour rien. (II, 177.)

Il (*l'archevêque de Paris*) s'étoit laissé précéder partout par les moindres officiers de la couronne, et il ne donnoit pas la main, dans sa propre maison, aux *gens de qualité* qui avoient affaire à lui. (I, 218.)

Je vois encore... plus de trente *hommes de qualité*, qui se disoient et qui se disent de mes amis, qui m'en donnèrent cette marque. (II, 580.)

.... En présence de toutes les *personnes de qualité* qui étoient avec lui. (III, 364.)

QUARANTE HEURES (PRIÈRES DE), prières qui duraient primitivement quarante heures, devant le Saint Sacrement :

L'un fut de sentiment de faire des *prières de quarante heures*.... (III, 239.)

Voyez la note 3 de la page indiquée.

QUARRE, angle :

Une chaise qui se renversa sous moi me porta avec violence sus le *quarre* d'un piédestal de table et m'a fait un trou à la tête. (VII, 371.)

QUARTAINE (FIÈVRE) :

Je lui dis... que je n'avois jamais vu personne qui fût si éloquent que lui pour persuader aux gens que *fièvres quartaines* leur étoient bonnes. (II, 448.)

QUARTENIER, officier chargé de surveiller un quartier :

M. du Maine... se servit, quoique couvertement, des Seize, qui étoient les *quarteniers* de la Ville, pour abattre cette compagnie (*le Parlement*). (II, 279.)

Voyez la note 5 de la page indiquée.

QUARTIER, sens divers :

Quentin me demande... de lui remettre sa pension sur le même pied qu'elle étoit ci-devant et de la lui faire payer de *quartier* en *quartier*. (VIII, 514.)

Je vous écrivis... que vous reprendriez sur mes *quartiers* l'argent que vous donneriez à M. Paris. (VIII, 238.)

S'il y a quelque chose de plus, marquez-le... dans le mémoire.... Je vous en tiendrai compte sur le *quartier* d'octobre. (VIII, 275.)

Voyez VIII, 226 et 244.

Chandenier... étoit capitaine des gardes en *quartier* (*de celle des quatre compagnies qui servoit pendant ce quart de l'année*). (III, 249.)

Voyez la note 2 de la page indiquée. Voyez encore III, 508.

Je vis bien, par la réponse de Varicarville, que Anctauville étoit sur le point de servir son *quartier* (*que son tour était venu*). (II, 452.)

Voyez la note 1 de la page indiquée, et l'exemple précédent.

Je fus obligé de sortir un moment, pour apaiser un tumulte qui étoit arrivé, par le malentendu de deux officiers du *quartier*, dans la rue Neuve-Notre-Dame. (II, 45.)

L'après-dînée, l'on tint la police générale, dans laquelle tous les colonels et capitaines de *quartiers* jurèrent une union pour la défense commune. (II, 144.)

J'envoyai... un trompette à Palluau, qui commandoit dans le *quartier* de Sèvres. (II, 200.)

Trois mille hommes ont mangé, à ta vue, tout un *quartier* de campagne. (V, 431.)

Monsieur le Prince attaqua Charenton à la pointe du jour; il l'emporta.... Clanleu s'y fit tuer, ayant refusé *quartier*. (II, 216.)

Un cornette de mon régiment ayant été pris,... fut mené à Saint-Germain, et la Reine commanda sur l'heure que l'on lui tranchât la tête. Le grand prévôt... m'en avertit.... J'envoyai... à Palluau...

une lettre... qui faisoit entendre les inconvénients de la suite, d'autant plus proche que nous avions aussi des prisonniers.... Palluau... représenta les conséquences de cette exécution.... L'on échangea mon cornette, et ainsi le *quartier* s'établit insensiblement. (II, 201.)

Voyez la note 2 de la page indiquée.

QUASI :

Il n'y a *quasi* personne qui ne soit informé de la vérité. (V, 395.)

QUATRE (Tenir à) :

MM. de Novion et de Bellièvre... menèrent M. d'Elbeuf, qui se faisoit encore *tenir à quatre*, dans la seconde (*dans la grande chambre*). (II, 167.)

QUE, conjonction :

Que, après des noms ou des adverbes de temps, de lieu ou d'état, là où nous mettrions *où*, *dont*, ou un relatif précédé d'une préposition :

Ce fut le propre jour *que* je partis pour aller en Italie. (I, 152.)

Il (*Mazarin*) fit si bien qu'il se trouva sur la tête de tout le monde, dans le temps *que* tout le monde croyoit l'avoir encore à ses côtés. (I, 235.)

Au temps *que* les bêtes parloient.... (II, 9.)

Je vis l'heure, avant hier au soir, *que*... Monsieur le Cardinal lui en faisoit donner (*des coups de bâton*). (II, 61.)

Au moment *que* j'y pensois.... (II, 62.)

Monsieur son mari,... à l'instant *que* j'eus achevé ma lecture, la tira à part. (II, 284.)

Je ne puis encore vous dire précisément le jour *que* je partirai. (VIII, 597.)

Il est bon,... en l'état *que* sont les choses, d'en parler. (VIII, 377.)

Je ne me dois pas... empêcher de vous faire un récit succinct de ce qui se passa de ce côté-là, depuis le 20 de janvier, *que* M. de Longueville partit de Paris pour y aller. (II, 449.)

Depuis le 29 décembre 1649 *qu*'elle (*la procédure*) recommença, jusqu'au 18 de janvier 1650 *qu*'elle finit.... (II, 596.)

Voyez I, 80, 223, 259 et 263; II, 4, 60, 117, 221, 315; 356, 383 et 432; III, 124.

Faites, s'il vous plaît, à l'égard du sel *qu*'il parle, ce que vous jugerez à propos. (VIII, 412.)

Reçois-le (*cet avis*) avec le même esprit *que* je te le donne. (V, 427.)

Dans toute autre rencontre,... je ne lui écrirois pas en la manière *qu*'est cette lettre. (VI, 149.)

Je gage qu'il y reviendra devant qu'il soit deux jours, de la manière *que* tout cela tourne. (III, 369.)

Le résultat fut que l'on accorderoit au roi d'Espagne l'investiture en la forme et teneur *qu*'elle avoit été accordée à ses prédécesseurs. (VII, 260.)

Si il eût pris les choses sur le ton *qu*'il les pouvoit prendre.... (IV, 208.)

La Reine... me dit... qu'elle n'eût jamais cru que j'eusse été capable de lui manquer au point *que* je venois de le faire. (I, 248.)

Je suis persuadé que le péril n'est pas au point *qu*'il se l'imagine. (II, 19.)

Voyez (pour l'expression *au point que*) I, 271; II, 431 et 445; III, 151.

La veille *que* Monsieur la porta au Parlement, elle (*cette proposition*) fut extrêmement discutée dans son cabinet. (III, 91.)

La veille *qu*'il partit.... (III, 156.)

J'y allai le lendemain *qu*'elle y fut logée. (I, 203.)

Le lendemain *qu*'elle (*cette déclaration*) fut publiée et enregistrée,... le Parlement prit ses vacations. (II, 89.)

Voyez II, 97, 144 et 344; III, 34 et 44.

À CAUSE QUE. (VII, 71, etc.)

QUE, sinon, si ce n'est :

Qui peut donc écrire la vérité, *que* ceux qui l'ont sentie? (I, 191.)

Le Roi... monta au Parlement, sans l'avoir averti *que* la veille. (I, 302.)

L'on n'y reçut (*l'on ne reçut dans la Ville pendant le siège*) presque aucune incommodité; et l'on doit ajouter qu'il ne parut pas que l'on en eût seulement peur, *que* le 23 de janvier, et le 9 et 10 mars. (II, 202.)

Il les prioit de trouver bon qu'il n'y fît pas un pas *que* de concert avec le Coadjuteur. (II, 328.)

Je ne me sentis touché d'aucun mouvement *que* de celui qui me fit admirer l'intrépidité de cet homme. (II, 402.)

A quoi nous servira... de faire au Parlement la proposition de la paix générale *qu*'à lui faire croire.... (II, 424.)

La cour... fut reçue comme les rois l'ont toujours été et le seront toujours, c'est-à-dire avec acclamations qui ne signifient rien, *que* pour ceux qui prennent plaisir à se flatter. (II, 528.)

Il ne fut pas en notre pouvoir d'en tirer *que* des impertinences et des vanteries. (II, 578.)

.... L'impossibilité d'y réussir *que* par le chapeau. (III, 160.)

.... Ce qui est impossible *que* par des moyens qui sont... contraires à l'inclination et aux maximes de Monsieur. (IV, 114.)

N'attendez donc pas que le motif que vous avez de sauver la République puisse être reçu dans le monde *que* comme un prétexte commun à tous les usurpateurs. (V, 621.)

QUE, où nous mettrions *de* suivi d'un infinitif :

Je le suppliai avec instance *qu*'il me permît d'avoir l'honneur de l'accompagner. (I, 116.)

Je fus bien étonné *qu*'un matin,

à six heures, je vis toute ma chambre pleine de gens armés. (I, 116.)

Il (*Mazarin*) ne voulut point écouter mes justifications, et il me déclara qu'il me commandoit, de la part du Roi, *que* je me rétractasse le lendemain en pleine assemblée (*du clergé*). (I, 248.)

Que, emplois divers :

L'on voyoit... un successeur (*Mazarin*)... qui étoit au désespoir *que* sa dignité de cardinal ne lui permettoit pas de s'humilier autant qu'il l'eût souhaité devant tout le monde. (I, 232.)

Vous voyez l'air qui fut donné à la conversation. Les courtisans commencèrent par le ridicule, et Monsieur finit par un serment *qu'*il m'obligeroit d'aller à Notre-Dame prendre ma place et recevoir l'encens après lui. (I, 259.)

J'écrivis un mot à Fournier, premier échevin,... *qu'*il prît garde que l'Hôtel de Ville renvoyât M. d'Elbeuf au Parlement. (II, 148.)

J'allai... chez Monsieur le Cardinal, qui m'embrassa avec des tendresses *qu'*il faudroit un bon cœur comme le sien pour vous les exprimer. (III, 45.)

Voyez la note 4 de la page indiquée.

Que diriez-vous *qu'*il y ait des gens assez méchants pour dire que j'ai fait prendre Charenton? (II, 163.)

Que diriez-vous *qu'*il y ait des gens assez scélérats pour dire que...? (II, 163.)

Je ne fus pas au Marché-Neuf, *que* je fus accablé d'une foule de peuple. (II, 15.)

Une occasion considérable... donne à leur autorité (*à l'autorité des ministres*) un éclat... qui leur fait même tirer, dans les suites, du mérite de tout ce qu'ils ne font pas, presque également *que* de tout ce qu'ils font. (I, 233.)

Que, doublé par pléonasme :

La Reine ayant fait dire... *que* comme cette union n'étoit faite que pour l'intérêt particulier des compagnies,... *qu'*elle n'y trouvoit rien à redire. (I, 311.)

Que de :

Il crut beaucoup faire *que de* se résoudre à ne point délibérer sans les généraux. (II, 268.)

La cour... crut... qu'elle feroit un grand coup contre moi *que de* la dissiper (*de dissiper l'assemblée de la noblesse*). (III, 272.)

Le soulèvement des amis de Monsieur le Prince alla... jusques au point *que de* faire entre eux un traité... par lequel.... (III, 544.)

.... Assujettie jusques au point *que d*'être.... (IX, 116.)

Que... ne :

Le Bernardin ne fut pas si satisfait de ce pont d'or, *qu'*il *ne* me dit après, en particulier, qu'il en eût aimé beaucoup mieux un de bois sur la Marne ou sur la Seine. (II, 464.)

Que (Davantage). Voyez Davantage.

QUEL, quelle :

.... La lettre... de laquelle... vous vous pourrez servir à *quel* usage il vous plaira. (VIII, 52.)

J'écrirai quand et en *quelle* manière vous le désirerez. (VIII, 450.)

Je lui repartis... que l'entreprise pourroit recevoir des difficultés. « *Quelles?* » reprit-il brusquement. (II, 115.)

QUELCONQUE :

Monsieur le Duc... ajouta qu'il ne souffriroit, en façon *quelconque*, que l'on usât d'aucune violence. (I, 262.)

QUELQUE :

M. le cardinal de Richelieu avoit donné une atteinte cruelle à la liberté du clergé dans l'assemblée de Mantes, et il avoit exilé... six de ses prélats les plus considérables. On résolut, en celle de 1645, de leur faire *quelque* sorte de réparation, ou plutôt de donner *quelque* récompense d'honneur à leur fermeté. (I, 246.)

Il (*Richelieu*) craignoit même ses emportements (*les emportements de Brézé*) et ses prôneries auprès du Roi, qui avoit *quelque* sorte d'inclination pour lui. (I, 106.)

Nous résolûmes, dès ce soir-là, de prendre des cordons de chapeaux qui eussent *quelque* forme de fronde. (II, 495.)

QUELQUE... OÙ :

Il s'atêta au président de Mesme et au Premier Président sur le sujet d'un certain la Raillière... qu'il faisoit entrer dans tous ses avis sur *quelque* matière où il pût opiner. (II, 250.)

QUERIR :

J'envoyai *querir*, un quart d'heure après, les principaux du chapitre (*de Notre-Dame*). (I, 255.)

Noirmoutier... fit un détachement de mille chevaux..., et il alla du côté d'Etampes pour *querir* et pour escorter un fort grand convoi. (II, 216.)

Il faut aller à Saint-Germain *querir* notre bon Roi. (II, 400.)

Voyez I, 116 et 249; II, 39, 61, 64, 191 et 322; III, 74 et 290.

QUEUE :

Les gendarmes de la Reine donnèrent sur la *queue* du convoi; mais ils furent repoussés. (II, 290).

QUI, QUE, QUOI :

Qui, relatif, emplois divers :

Je lui demandai ce qu'il regardoit, et il me répondit, en me poussant du bras et assez bas : « Je vous le dirai, mais il ne faut pas épouvanter ces femmes, » *qui*, dans la vérité, hurloient plutôt qu'elles ne crioient. (I, 188.)

J'y demeurai... avec ce que j'avois de gens le plus à moi, *qui* étoient en bon nombre. (II, 157.)

L'on se vouloit imaginer qu'elle (*la Reine*) avoit eu de la patience, *qui* est très-souvent figurée par l'indolence. (I, 229.)

Mon âge avoit besoin d'avis et de conseils *qui* ne se rencontrent jamais que fort imparfaitement dans les provinces. (I, 207.)

Nous n'en portâmes (*des cordons de chapeaux en forme de fronde*) que les derniers pour n'y point faire paroître d'affectation *qui* en eût gâté tout le mystère. (II, 495.)

QUI, pour *ce qui*, sens neutre :

Il me prêta douze cents écus, *qui* étoit tout ce qu'il avoit d'argent comptant. (I, 99.)

Le sien (*son esprit*) étoit médiocre, et susceptible, par conséquent, des injustes défiances, *qui* est de tous les caractères celui qui est le plus opposé à un bon chef de parti. (I, 153.)

Nous en apprîmes assez pour ne pas douter... qu'Erlac... n'eût été obligé de se retirer... avec mille ou douze cents hommes, *qui* étoit tout ce qu'il avoit pu débaucher. (II, 335.)

Je la considérai (*cette expédition*) comme le moyen le plus propre pour faire sortir le Roi de Paris, *qui* étoit uniquement ce que nous craignions. (III, 231.)

Il doit veiller particulièrement sur les vierges consacrées à Dieu, *qui* a été de tout temps un des principaux soins de l'Évêque. (VI, 386.)

Je n'en étois pas moins souvent à l'hôtel de Chevreuse, *qui* est (*ce qui est, c'est-à-dire*) présentement à l'hôtel de Longueville. (III, 193.)

Voyez la note 5 de la page indiquée. Voyez II, 95 et 140; VI, 355.

QUI, séparé de son antécédent :

Il me fit des leçons sur la manière dont je devois vivre, *qui* me persuadèrent. (I, 123.)

Voyez la note 7 de la page indiquée.

Ce filoutage faisoit que le ministère... ne lui seyoit pas bien (*à Mazarin*), et que le mépris s'y glissa, *qui* est la maladie la plus dangereuse d'un État. (I, 287.)

Je trouvai M. de Chavigni à l'hôtel de Lesdiguières *qui* me l'apprit (*la nouvelle*). (II, 4.)

Mme de Longueville prit une rage et une fureur contre lui, *qui* passa jusques à un excès incroyable. (II, 119.)

Voyez I, 205 et 275; II, 16, 34, 75 et 154.

Quoi, relatif :

L'or et le marbre en *quoi* travailla ce grand homme (*Phidias*) n'en pouvoient recevoir davantage (*de beautés*). (IX, 140.)

Qui, que, interrogatif :

Que savez-vous ce qu'une beauté comme celle-là... vous pourra mettre dans l'esprit? (I, 104.)

Que diriez-vous qu'il y ait des gens assez méchants pour dire que j'ai fait prendre Charenton? (II, 163.)

Que diriez-vous qu'il y ait des gens assez scélérats pour dire que...? (II, 163.)

Que savons-nous, ajouta Monsieur, si, par l'événement, cela ne pourra pas être bon à quelque chose, même pour le gros des affaires? (IV, 222.)

QUIMPER-CORENTIN :

L'on avoit même déjà parlé de m'envoyer à *Quimper-Corentin*. (II, 36.)

QUINT, terme de jurisprudence féodale : la cinquième partie du prix de vente d'un fief servant, payée comme droit au seigneur dominant :

Je ne me souviens en façon du monde de ces *quints* et requints dont il parle. (VIII, 384.)

Voyez la note 1 à la page indiquée.

QUINZE (Avoir), terme de jeu de paume, au figuré :

Si Monsieur le Prince avoit su jouer la balle qu'il lui avoit servie le matin, il *avoit quinze* sur la partie contre moi! (III, 470.)

Voyez la note 3 de la page indiquée.

QUITTER :

Sa Sainteté, après avoir pris et *quitté* deux fois le lait d'ânesse.... (VII, 299.)

Le Roi d'Angleterre s'offroit à *quitter* tous les droits et priviléges qu'il contestoit à l'Église. (VI, 399.)

QUITTER quelque chose à quelqu'un, le lui abandonner :

Le prince de Schomberg... m'envoya dire, un jour que je jouois au ballon dans les Thermes de l'empereur Antonin, de *lui quitter* la place. (I, 126.)

Le Premier Président se leva de colère, en disant qu'il n'y avoit plus de discipline, et qu'il *quittoit* sa place *à* quelqu'un pour qui l'on auroit plus de considération que pour lui. (II, 601.)

Pour ce qui étoit de la cour, l'on eût pu trouver des tempéraments; mais... à l'égard du monde, il étoit difficile d'en trouver qui pût satisfaire un premier prince du sang, auquel on disputoit, publiquement et les armes à la main, le pavé, à moins que je me résolusse de le *lui quitter*, au moins pour quelque temps. (II, 604.)

On fut bien empêché de trouver les raisons qui purent obliger un grand prince de *quitter* le chapeau de cardinal *à* un homme de néant. (V, 371.)

Si le capitaine (*des chasses*) d'Anvers a Sergi, vous ferez à mon nom tout ce qu'il faudra pour l'obliger à le *quitter* à celui que M. le Cardinal de Bouillon vous nommera. (VIII, 409.)

QUOIQUE :

Monsieur de Paris partit de Paris,... et il m'ordonna, *quoique* avec beaucoup de peine, de prendre soin de son diocèse. (I, 240.)

La petite finesse qui infectoit toujours la politique, *quoique* habile, de M. le cardinal Mazarin.... (III, 133.)

QUOLIBET, sobriquet :

Tout beau, notre ami la Franchise (nous lui avions donné ce *quolibet* dans notre parti), vous êtes un poltron. (III, 500.)

Voyez encore II, 494.

R

RABATTRE :

Il n'étoit pas fâché que le Parlement lui donnât des coups d'éperon; et quoiqu'il fît toujours semblant de les *rabattre* de temps en temps, il n'étoit pas difficile à connoître... qu'il vouloit la liberté de Messieurs les Princes. (III, 206.)

Elle (*cette insolence*) *fut* un peu *rabattue* par le retour de Bartet. (III, 346.)

RABIENNEMENT, raccommodement :

Il faisoit tous les matins une brouillerie et... tous les soirs il travailloit à un *rabiennement*. (III, 361.)

Voyez la note 5 de la page indiquée.

RACE, génération :

L'on donna le sanglant arrêt contre Ottobon, qui porte défenses à sa postérité, jusques à la cinquième *race*, de s'approcher de Gênes. (V, 585.)

RACCOMMODER :

Il *raccommoderoit* tout le mal que le manquement de secret de M. de Beaufort avoit causé. (II, 521.)

Le reste de la soirée ne *raccommoda* pas ce qu'il sembloit que la fortune prît peine à gâter. (III, 100.)

Sa Sainteté s'en plaignit, et le cardinal Nini *raccommoda* la chose. (VII, 218.)

SE RACCOMMODER À :

M. de Châteauneuf... joignoit... à sa bile... une grande frayeur que Monsieur le Prince ne *se raccommodât* à la cour. (III, 477.)

Voyez II, 125; III, 134; IV, 50.

SE RACCOMMODER DE :

Je fus ravi de *me raccommoder de* tout le monde. (IV, 186.)

RACCOMMODER OU SE RACCOMMODER AVEC. (II, 116, 150 et 570, etc.)

RACCOMPTER, raconter. (II, 364.)

RACCOURCIR :

Je voulus *raccourcir* la mienne (*mon épée*) pour lui en donner dans les reins. (I, 88.)

Vous verrez... comme dans un tableau *raccourci*, ce qui se passa dans toutes celles (*dans toutes les assemblées*) qui furent même assez fréquentes depuis ce jour. (IV, 138.)

RACCOUTUMER (SE) À :

La Reine, dans les commencements, s'étoit tenue si couverte avec elle, qu'elle n'avoit pu y rien pénétrer;... depuis qu'elle *s'y étoit raccoutumée*, elle lui avoit vu, dans des moments, de certains airs.... (III, 519.)

RADICAL (HUMIDE). Voyez HUMIDE RADICAL.

RADOUCIR, neutre :

Je *radoucis* beaucoup. (II, 568.)

Voyez la note 1 de la page indiquée.

RADOUCISSEMENT :

Celle (*la confiance*) que le Ministre (*Mazarin*) prit de l'état où il me voyoit à Paris, et qui l'avoit déjà porté à me faire les pièces que vous avez vues ci-dessus, l'obligea encore, malgré les *radoucissements* de Fontainebleau, à m'en faire une nouvelle. (I, 267.)

Il assuroit que M. Danville devoit arriver de la cour... avec des *radoucissements*. (IV, 54.)

RAFRAÎCHIR (Se) :

Il y a eu, ces jours passés, sept frégates angloises à Livourne, qui *s'y sont rafraîchies* et qui en attendent... quinze autres. (VII, 172.)

RAFRAÎCHISSEMENT, au figuré :

Le lieu de la retraite n'étoit pas trop affreux; l'ombre des tours de Notre-Dame y pouvoit donner du *rafraîchissement*. (IV, 189.)

Je retournai chez moi, et j'y trouvai, pour *rafraîchissement*, la lettre de Laigue dont je vous ai parlé. (II, 426.)

Monsieur le Prince me met le couteau à la gorge, et voilà Monsieur qui, pour *rafraîchissement*, dit que c'est ma faute. (III, 379.)

RAGE :

Monsieur le Cardinal, auquel il avoit dit *rage* contre Mme de Guémené.... (I, 110.)

Il disoit... des *rages* de Votre Majesté. (III, 514.)

RAILLERIE cessante :

Raillerie cessante, cela est important et j'en ai encore de nouvelles raisons. (VIII, 135.)

Voyez VIII, 156, 164 et 173.

RAISON, raisonnement, discussion :

Ce n'est pas que M. le cardinal de Retz ne se soit mis en toutes sortes de *raisons* sur ce sujet. (V, 245.)

Voyez la note 1 de la page indiquée. Voyez encore I, 248 et 263; II, 252; III, 293.

Comprendre raison :

Faites, je vous prie, si vous pouvez, *comprendre raison* à Bruslé. (VIII, 491.)

Se mettre à la raison :

.... Si la cour ne *se met à la raison*. (II, 347.)

RAISONNABLE :

Il crut qu'il falloit... me donner une place qui parût belle et *raisonnable* pour un homme de mon âge. (I, 207.)

Je crois que vous en pourrez avoir une (*une montre à l'angloise*) très-*raisonnable* pour vingt-cinq ou trente pistoles. (VIII, 336.)

RAISONNABLEMENT :

L'on ne se connoît jamais assez bien pour se peindre *raisonnablement* soi-même. (II, 190.)

RAISONNER de... à :

Ceux qui l'ont (*ce défaut*) ne *raisonnent* jamais cohéremment *des* effets *à* leurs causes. (III, 433.)

RAMASSER, réunir, rassembler :

.... Ce qu'il avoit pu *ramasser*... des amis... de Messieurs les Princes. (III, 27.)

Il *ramassa* et il exagéra, en cet endroit, tout ce que vous avez vu jusques ici répandu dans cet ouvrage sur cette matière. (IV, 112.)

Il est en général très à propos d'inquiéter en toutes les façons la cour de Rome et de *ramasser* ensemble toutes les frayeurs et toutes les appréhensions qui s'impriment plus fortement dans les esprits de ce pays, à qui elles sont comme naturelles. (VII, 10.)

Au même moment que je fais ces demandes, il me semble que

j'entends les voix confuses et *ramassées* de tous les hommes qui ont vécu.... (IX, 129.)

Voyez III, 86, 92, 196 et 261; IV, 131.

RAMASSER, relever ce qui est tombé :

Mlle de Chevreuse, qui n'osoit me parler ouvertement devant sa mère, me serra la main, en faisant semblant de *ramasser* son manchon, pour me faire connoître qu'elle ne me parloit pas d'elle-même. (III, 5.)

Le Grand, premier valet de chambre de Monsieur, ayant vu tomber ce billet de la poche de Croissi, *l'avoit ramassé*. (III, 396.)

RANG :

Je suis persuadé qu'il faut plus de grandes qualités pour former un bon chef de parti que pour faire un bon empereur de l'univers, et que dans le *rang* des qualités qui le composent, la résolution marche du pair avec le jugement. (I, 152.)

RAPAISER :

Je me fâchai, l'on me *rapaisa*. (III, 169.)

RAPIDITÉ :

Les quatre premières années de la Régence furent comme emportées par ce mouvement de *rapidité* que M. le cardinal de Richelieu avoit donné à l'autorité royale. M. le cardinal Mazarin, son disciple,... crut que ce mouvement de *rapidité* étoit le naturel. (I, 270 et 271.)

RAPPELER :

Je m'abandonnai à toutes mes pensées. Je *rappelai* tout ce que mon imagination m'avoit jamais fourni de plus éclatant. (II, 37.)

RAPPORT :

La continuation de ce silence a si peu de *rapport* à l'impatience que la visite de Mgr Varese avoit fait paraître que je ne pourrois qu'en dire, s'il n'y avoit lieu de l'attribuer à la maladie de M. le cardinal Albizzi. (VII, 155.)

RAPPORTER, sens divers :

Le comte de Montrose... étoit le seul homme du monde qui m'*ait* jamais *rapporté* l'idée de certains héros que l'on ne voit que dans les *Vies de Plutarque*. (III, 37.)

L'on y fit (*au palais d'Orléans*) quelques propositions, qui *furent rapportées* au Parlement, et rejetées avec... emportement. (I, 317.)

Un conseiller ayant voulu, à ce moment, *rapporter* une requête pour Joli, le président de Mesme... dit qu'il falloit, préalablement à toutes choses, lire les informations qui avoient été faites contre la conjuration publique. (II, 581.)

J'oubliai de vous mander, par le dernier ordinaire, ce qui s'étoit passé dans la congrégation des Réguliers touchant l'affaire des Augustins. M. le cardinal Farnèse y voulut *rapporter* la requête des religieux.... (VII, 155.)

S'EN RAPPORTER, absolument :

Il m'a dit plusieurs fois qu'il n'auroit pas accepté la commission : je *m'en rapporte*. (III, 126.)

RAPPORTEUR :

Il y eut vendredi congrégation des Réguliers, dans laquelle M. le cardinal de Sainte-Croix, *rapporteur* des Mathurins François de cette ville, fit voir clairement que le convent de Saint-Denis, où ils sont, est purement de la province de France. (VII, 114.)

Je ne vous puis exprimer l'exultation des Enquêtes. Il y eut beaucoup de voix qui s'élevèrent sur ce que j'avois dit des témoins à brevet. Le bonhomme Dougeat, qui étoit un des *rapporteurs*,... se leva comme en colère, et il dit très-finement.... (II, 587.)

Deslandes Païen, *rapporteur* de

la requête de Messieurs les Princes, ayant été interrogé par le Premier Président.... (III, 206.)

RARE, extraordinaire, étrange :

Si un laquais se fût avisé de tirer l'épée, nous eussions tous été tués en moins d'un quart d'heure ; et ce qui est *rare* est que, si cette occasion fût arrivée entre le premier jour de janvier et le 18e, ceux qui nous eussent égorgés eussent été ceux-là mêmes avec lesquels nous étions d'accord. (III, 17.)

L'autre aventure fut encore plus *rare* que celle-là. (III, 169.)

RASSURER :

.... Profiter des occasions que la fortune fait toujours naître dans des temps qui ne *sont* pas encore remis et *rassurés*. (II, 436.)

RATTRAPER :

Je fais état... d'envoyer... *rattraper* le courrier à Saint-Dizier. (VIII, 364.)

RAVAUDER :

Le fort de M. le cardinal Mazarin étoit proprement de *ravauder*, de donner à entendre, de faire espérer. (IV, 213.)

REBATTRE :

Je vous ennuierois si je *rebattois* ici les raisons que j'alléguai. (II, 433.)

Il y a inconvénient, dans les grandes affaire, à *rebattre* le passé. (IV, 113.)

.... Une matière qui est trop légère en elle-même pour *être rebattue* tant de fois. (IV, 218.)

Voyez II, 332 ; III, 334.

REBROUILLER (Se) :

Je prévoyois que si la Fronde *se rebrouilloit* avec Monsieur le Prince, nous retomberions dans des confusions étranges. (III, 280.)

Nous *nous rebrouillâmes* avec Monsieur le Prince, après sa liberté. (V, 83.)

REBUTER :

Il *rebuta* même avec colère les conseils de Saint-Ibar. (I, 151.)

Si la cour s'opiniâtre à *rebuter* notre proposition.... (II, 343.)

J'essayai de les consoler, en les assurant qu'elles auroient une prompte satisfaction par la punition de ces insolents.... Ces indignes victimes *furent rebutées*, même avec indignation de ce qu'elles avoient été seulement proposées. (III, 444.)

Mon sentiment est que nous ne *rebutions* pas les offres touchant le forfait. (VIII, 206.)

Voyez IV, 72, 162 et 186.

REBUTER DE :

.... Il *étoit* fort *rebuté* de la guerre civile. (III, 166.)

RECEVOIR, sens divers :

Je n'ai guères eu en ma vie de plus sensible joie que celle que je *reçus* à cet instant. (II, 442.)

Cette question... fut presque la seule qui *reçut* beaucoup de contradiction. (II, 88.)

Il n'y eut jamais ombre de mouvement dans la Ville.... L'on peut dire même que l'on n'y *reçut* presque aucune incommodité. (II, 202.)

L'entreprise... pourroit *recevoir* des difficultés. (II, 115.)

Ce que nous avions projeté la veille ne *recevroit* pas grande difficulté dans son exécution. (II, 419.)

La maxime générale... *reçoit*... fort peu d'exception. (V, 256.)

Ce que le Roi a fait en cette occasion *a été reçu* dans cette cour avec un applaudissement... général. (VII, 102.)

Les maîtres des requêtes... entrent dans la Grande Chambre, et ils demandent qu'ils *soient reçus* opposants à l'édit de création de leurs confrères. (I, 305.)

Quand je fus persuadé que je devois penser au chapeau, je serrai les mesures que j'*avois* jusque-là plutôt *reçues* que prises. (III, 145.)

Je suppliai Monsieur de me pardonner si je ne *recevois* pas (*si je n'acceptais pas*) ce parti. (III, 505.)

L'on peut inférer de ces deux articles quels seront les autres, et quelle infamie ce seroit que de les *recevoir*. (II, 385.)

Cette déclaration ne nuisit pas à faire *recevoir* de toute la compagnie l'avis de M. de Bouillon. (II, 392.)

Je fus assez innocent pour *recevoir* cette commission. (II, 464.)

RECEVOIR à, suivi d'un verbe ou d'un substantif :

Il présenta, le lendemain, requête au Parlement, par laquelle il demandoit à *être reçu à* se justifier de l'accusation intentée contre lui. (II, 195.)

L'esprit s'élève au-dessus des choses humaines, il prend l'essor et s'envole jusques au sein de la nature pour *être reçu à* l'intelligence de ses secrets. (IX, 172.)

RECEVOIR LA MAIN GAUCHE. Voyez GAUCHE.

RECHERCHE :

Je m'imaginai... que ce petit délai... que Rome fut obligé (*sic*) de prendre... n'étoit pas conforme aux paroles qu'elle m'avait données, ni aux *recherches* qu'elle m'avoit faites. (IV, 137.)

Il n'avoit pas ouï parler, depuis l'année 1648, de la *recherche* (*de la recherche en mariage*) de Mlle Mancini. (III, 523.)

RECHERCHER, solliciter :

Mgr Capobianco, évêque de Syracuse,... avoit eu parole... du secrétariat *de Propaganda fide*, qu'il *a recherché*, depuis huit ou dix mois, avec des instances continuelles, pour avoir lieu de demeurer à Rome et de ne point aller à sa résidence. (VII, 208.)

RECHERCHER, attaquer, poursuivre en justice :

Lorsque la déclaration fut portée au Parlement, elle fut trouvée défectueuse, en ce qu'en révoquant les intendants, elle n'ajoutoit pas que l'on *recherchât* leur gestion. (I, 323.)

M. le prince de Conti... et tous ceux sans exception qui ont pris les armes, n'en pourront *être recherchés*. (II, 380.)

Voyez encore III, 32.

RECHERCHER DE :

Je n'aurai d'autre soin qu'à *rechercher de* pénétrer.... (VI, 70.)

RECHIGNEMENT :

Cette parole, jointe aux réprimandes impertinentes qu'il faisoit, de temps en temps, avec un *rechignement* de beau-père, à la fille.... (III, 125.)

RÉCITER :

En *récitant* les diverses parties qui la composent (*ma vie*), j'interromps quelquefois le fil de l'histoire. (I, 81.)

RÉCOLLET :

Il n'est nullement nécessaire de faire aux *Récollets* la gratification qu'ils demandent. (VIII, 222.)

Voyez encore VIII, 261.

RÉCOMPENSE, prix, compensation :

Tous les martyrs du cardinal de Richelieu regardoient ses richesses immenses comme la *récompense* de leur souffrance. (V, 198.)

M. de Vendôme envoya en forme sa malédiction à son fils, si il n'obtenoit du moins la surintendance des mers, qui lui avoit été promise à la Régence pour *récompense* du gouvernement de Bretagne. (II, 457.)

Bruslé me demande la permission de se défaire de sa lieutenance et d'en tirer *récompense*. (VIII, 499.)

Voyez I, 246; II, 463 et 477.

EN RÉCOMPENSE, en revanche :

Jugez... à quel point un homme qui ne se sent rien sur le cœur est surpris d'un éclat de cette espèce. Je n'en fus, *en recompense*, que très-peu touché. (II, 499.)

Voyez encore IV, 6.

RÉCOMPENSER, compenser, racheter :

Son bon sens... joint à sa douceur... devoit *récompenser*... le défaut de sa pénétration. (II, 181.)

La gloire de la paix générale *récompensera*-t-elle dans le peuple... la conservation d'un ministre pour la perte duquel nous avons pris les armes ? (II, 345.)

Voyez III, 312 et 490.

RÉCOMPENSER, permuter des charges ou des bénéfices, en donner la valeur en autres titres :

M. de Brissac auroit permission de *récompenser* le gouvernement d'Anjou, à tel prix et avec un brevet de retenue pour toute la somme. (III, 14.)

Voyez la note 4 de la page indiquée.

SE RÉCOMPENSER, se payer, se donner une compensation :

Je ne suis nullement aise d'avoir perdu les deux mille livres de rente, et je *me récompenserai* sur la grande prébende. (VIII, 142.)

RECONNOISSABLE :

Il chercha dans la paillasse de tous les lits.... Ils ne s'avisèrent pas de la soupente, qui dans la vérité n'étoit pas *reconnoissable*. (I, 117.)

RECONNOISSANCE :

Je vous en rends toutes les *reconnoissances* dont je suis capable. (VI, 6.)

RECONNOÎTRE POUR :

Il les *reconnoissoit* de très-bon cœur et avec joie *pour* arbitres de la paix. (II, 252.)

RECORDER, dresser, préparer :

J'avois *recordé*, jusques à deux heures après minuit, M. de Beaufort chez Mme de Montbazon, pour le faire parler au moins un peu juste. (III, 216.)

RECOUDRE (SE) AVEC, au figuré :

Nous étions sur le point de nous reprendre et de *nous recoudre*, pour ainsi dire, *avec* le Parlement. (II, 553.)

RECOURS :

Jugez... de mon embarras. Je ne trouvai de *recours* qu'à me remettre au jugement de Monsieur le Premier Président. (III, 83.)

RECTIFIER :

Toutes ces considérations, qui embarrassoient Fuensaldagne, et qui le pouvoient fort naturellement obliger à chercher ses avantages du côté de Saint-Germain, où l'on appréhendoit avec raison sa jonction avec nous : toutes ces considérations, dis-je, ne se pouvoient *rectifier* pour le bien du parti que par un traité du Parlement avec Espagne. (II, 239.)

Je trouvai... une manière qui *eût rectifié* et même consacré l'imprudence, pour peu qu'il eût plu à ceux qui l'avoient causée de ne la pas outrer. (II, 548.)

Il n'y en a point (*de matière*) qui soit plus contraire aux formes du Palais.... J'étois très-persuadé... qu'elle *étoit* bien *rectifiée* et même sanctifiée par la circonstance. (III, 263.)

La fortune... fit arriver ce Mestaier... justement au moment où il étoit absolument nécessaire pour *rectifier* ce qu'il ne tenoit pas à Monsieur de gâter. (III, 402.)

Il n'y auroit point de meilleur moyen de *rectifier* les mauvaises dispositions qu'en éclaircissant ce qui leur peut donner de la force. (VII, 87.)

REDEVABLE :

.... Pour me purifier des fautes dont je me sens *redevable* à sa justice (*à la justice de Dieu*). (VI, 404.)

REDIRE (Trouver à) que :

Le P. Oliva *avoit trouvé fort à redire que* le jésuite confesseur de la reine d'Espagne se fît traiter d'Excellence. (VII, 204.)

REDIT, substantif :

Vous devez être... fatiguée de tous ces dits et *redits* des conversations passées. (III, 414.)

Voyez encore III, 500.

REDONNER :

Par cette nouvelle, il *redonna* cœur aux ennemis, et jeta l'épouvante dans l'esprit des siens. (V, 587.)

Voyez encore V, 263.

Se redonner :

Je considérois... que si Monsieur suivoit leurs conseils, il donneroit, en peu de semaines,... le Parlement de Paris à Monsieur le Prince; que Monsieur, dont je connoissois la foiblesse, *s'y redonneroit* lui-même, dès qu'il verroit que le public y courroit. (III, 82.)

REDOUBLER :

Il m'en présenta la garde (*de son épée*) en me demandant un million de pardons. Il les *redoubla* bien quand mon gouverneur fut arrivé, qui lui dit qui j'étois. (I, 205.)

REDRESSER, au figuré :

Il ne vouloit pas ébranler l'État;... si le Parlement eût pris la conduite dont on étoit demeuré d'accord, on l'*eût redressé;* mais... agissant comme il faisoit, il prenoit le chemin de le renverser. (II, 102.)

L'on ne peut nier que.... il n'*eût redressé* l'État peut-être pour des siècles. (II, 113.)

Voilà où gît le défaut de notre machine. Votre Altesse la veut *redresser...*; mais pour la *redresser*, faut-il se joindre à ceux qui la veulent rompre? (II, 103.)

.... La constitution des choses, qui... *redresseront* les hommes, au lieu que, pour l'ordinaire, ce sont les hommes qui *redressent* les choses. (III, 400.)

.... Les manières de Monsieur, que je ne pouvois *redresser*. (IV, 181.)

Ces exemples, dans un temps ordinaire, n'autoriseroient pas le mal, et je les saurois bien *redresser*. (V, 72.)

RÉDUIRE, résumer :

J'ai estimé qu'il seroit bon de *réduire* en ce petit endroit tout ce qui est de ces combats et de cette trêve. (III, 334.)

Réduire en :

Je fis... trois tribunaux,... qui devoient *réduire* tous les prêtres *en* trois classes, dont la première étoit des capables, *etc.* (I, 242.)

Les favoris des deux derniers siècles n'ont su ce qu'ils ont fait, quand ils *ont réduit en* style l'égard effectif que les rois doivent avoir pour leurs sujets. (II, 47.)

Réduire dans :

J'étois bien fâché que l'on m'*eût réduit... dans* une condition où je ne pouvois plus être que chef de parti ou cardinal. (III, 163.)

L'on ne découvrira point ici les menées secrètes, pratiquées depuis un mois, pour *réduire* cette ville *dans* la servitude. (V, 453.)

.... Des personnes *réduites dans* les dernières extrémités. (V, 121.)

.... En me *réduisant... dans* la dernière nécessité. (VI, 261.)

SE RÉDUIRE, se résumer :

Je *me réduis :* je confesse d'une part que.... (IX, 343.)

SE RÉDUIRE À :

Il (*M. de la Rochefoucauld*) eût beaucoup mieux fait... de *se réduire à* passer, comme il l'eût pu, pour le courtisan le plus poli qui eût paru dans son siècle. (II, 181.)

.... Si les Espagnols *se* vouloient *réduire à* des conditions raisonnables, nous ferions la paix.... (III, 106.)

Voyez I, 242 et 232; III, 345; V, 136.

RÉDUISIBLE :

L'exclusion de toutes les négations non *réduisibles*.... (IX, 337.)

RÉEL :

Ce que la première (*l'Espagne*) propose pour la paix générale devient solide et *réel* par la déclaration de M. de Turenne. (II, 342.)

Son crime (*le crime d'Adam*) ne fut pas personnel, mais *réel*, qui gâta, corrompit et altéra toute la nature. (IX, 143.)

REFERMER (SE), au figuré :

J'allai... chez la Reine, que je trouvai avec un visage fort ouvert; et... ce visage ouvert ne *se referma* pas. (III, 414.)

.... Il vit que je *m'étois refermé*, après avoir jeté cette petite lueur. (III, 309.)

Elle (*la Reine*) *se referma* tout d'un coup, et... je n'en pus rien tirer. (III, 415.)

REFLEURIR :

Bachaumont s'avisa de dire... que le Parlement faisoit comme les écoliers qui frondent dans les fossés de Paris, qui se séparent dès qu'ils voient le lieutenant civil et qui se rassemblent dès qu'il ne paraît plus. Cette comparaison... fut célébrée par les chansons, et elle *refleurit* particulièrement lorsque, la paix étant faite entre le Roi et le Parlement, l'on trouva lieu de l'appliquer à la faction particulière de ceux qui ne s'étoient pas accommodés avec la cour. (II, 493.)

RÉFLEXION (FAIRE) :

Je dis ce mot si à l'aventure que je *fis* même *réflexion*, un moment après, sur quoi je l'avois dit. (II, 394.)

Faites réflexion, je vous supplie, ce que c'étoit pour moi que... de soutenir la haine d'un nom aussi odieux que l'étoit celui du Mazarin. (III, 135.)

RÉFORMATION :

La cour des aides députa vers la chambre des comptes pour lui demander union avec elle pour la *réformation* de l'État. (I, 309.)

Les députés du Parlement retourneront à Saint-Germain pour faire instance et obtenir la *réformation* de quelques articles. (II, 406.)

Voyez I, 310 et 311; II, 454 et 472.

RÉFORMER :

.... Pour faire *réformer* les articles qui ne plaisoient pas à la Compagnie. (II, 398.)

.... La religion prétendue *réformée*. (V, 307.)

REFROGNÉ :

Il le dit... au Pape, qui lui répondit avec une mine *refrognée*.... (V, 92.)

REFROIDIR, au figuré :

Joui... m'avertit de la disposition où étoit Monsieur : je ne la laissai pas *refroidir*. (III, 223.)

REFUSER QUARTIER :

Monsieur le Prince attaqua Charenton à la pointe du jour; il l'emporta.... Clanleu s'y fit tuer, *ayant refusé quartier*. (II, 216.)

RÉGALE, droit qu'avait le souverain de pourvoir aux bé-

néfices simples d'un diocèse, et d'en percevoir les revenus, tandis que le siége était vacant :

Je ne dis rien de l'intrusion des Chanoines dans mon Église sous le prétexte de la *Régale*. (VI, 394.)

Voyez encore VI, 152.

EN RÉGALE :

.... Alléguer que, faute d'avoir rendu le serment de fidélité au Roi, l'Archevêché est *en régale*, c'est-à-dire que ceux qui m'ont empêché jusqu'à cette heure, et m'empêchent encore de rendre ce devoir à Sa Majesté, ont droit de prendre cet empêchement, qu'ils forment eux-mêmes, pour une raison légitime, de se saisir de mon bien, et de réduire à l'aumône un Archevêque de Paris. (VI, 44.)

REGARD (AU) DE :

S'il (*ce prétexte*) étoit ridicule et insoutenable, à l'égard des revenus de mon Archevêché, il ne pouvoit pas même être allégué *au regard de* mes Abbayes. (VI, 355.)

REGARDER :

Parmentier étoit capitaine du quartier de Saint-Eustache, qui *regarde* la rue des Prouvelles. (I, 165.)

REGARDER, prendre garde à, s'occuper de :

L'on n'envisagea plus le Roi hors de Paris que pour l'y ramener; l'on ne *regarda* plus les troupes que pour les prévenir. (II, 73.)

SE REGARDER :

Après les grandes et illustres actions qu'il a faites, il ne doit plus *se regarder*; il n'est plus à lui. (V, 400.)

RÉGIME, direction :

Des usurpateurs... s'ingèrent dans le *régime* des âmes qui ne leur sont point commises. (VI, 79.)

REGISTRE (FAIRE) DE :

L'on opina deux ou trois jours de suite sur cette affaire, et il passa à *faire registre de* ce que Monsieur d'Orléans avoit dit. (III, 76.)

Celui (*l'avis*) de M. Champron... alloit à ce qu'il *fût fait registre des* paroles de la Reine. (III, 469.)

REGISTRER, enregistrer :

Ils (*les traités*) seroient faits sans le concours du Parlement, à qui seul il appartient de *registrer* et de vérifier les traités de paix. (II, 252.)

Voyez IV, 55 et 76.

RÉGLÉMENT :

Le Parlement s'assembloit *réglément* tous les matins. (II, 204.)

Mes vedettes se posoient *réglément* à vingt pas des sentinelles des gardes. (III, 194.)

Il est nécessaire par toute raison de lui payer *réglément* ses intérêts. (VIII, 433.)

Voyez III, 17 et 328; IV, 216; VII, 319; VIII, 335.

RÉGLER (SE) À :

Il falloit *se régler* si justement à ce qui s'étoit fait autrefois en pareille occasion.... (VII, 269.)

RÉGNER :

Le cardinal de Richelieu... voulut *régner* selon son inclination, qui ne se donnoit point de règles, même dans les choses où il ne lui eût rien coûté de s'en donner. (I, 281.)

RÉITÉRER :

J'ai cru qu'il seroit inutile de *réitérer* par écrit un devoir, dont je me suis acquitté tant de fois par ma propre bouche. (VI, 324.)

REJETER, jeter de nouveau :

Il prévoyoit... combien cet exemple eût été pernicieux, et combien il eût été facile au Roi de *rejeter* l'Église dans une pire servitude. (VI, 400.)

REJOINDRE à :

L'assemblée des chambres... nous est absolument nécessaire, parce qu'elle nous *rejoint* naturellement *au* Parlement.... (II, 554.)

RELÂCHER DE :

L'on dînoit avec lui (*avec Mazarin*) comme avec un particulier; il *relâcha* même beaucoup *de* la morgue des cardinaux les plus ordinaires. (I, 235.)
Que le sang d'Autriche *relâche* un peu *de* ce noble orgueil. (IX, 123.)

SE RELÂCHER à :

La Compagnie (*le Parlement*) *se relâcha*... *à* examiner les contraventions faites à la déclaration, par députés seulement. (II, 99.)
L'Empereur et les rois de France et d'Espagne, pour des considérations temporelles, *se relâchent* quelquefois *à* choisir des Italiens (*pour cardinaux*). (VII, 345.)

SE RELÂCHER DE, suivi d'un nom ou d'un verbe :

.... Le Parlement n'ayant pas moins de peine à *se relâcher d'*une ancienne ordonnance accordée par nos rois. (II, 88.)
M. le duc d'Orléans ayant dit aux députés que la Reine *se relâchoit de* la translation du Parlement, qu'elle se contenteroit que, lorsque l'on seroit d'accord de tous les articles, il allât tenir un lit de justice à Saint-Germain.... (II, 365.)
La Reine *se relâcha de* faire tenir un lit de justice à Saint-Germain. (II, 472.)
Voyez II, 98; III, 283 et 447.

RELAIS, terme de vénerie, pris au figuré :

Nous lui donnâmes, à cet instant, le troisième *relais* (*nous lâchâmes après lui la meute du troisième relais*),

qui fut l'apparition du maréchal de la Mothe. (II, 165.)
Voyez la note 2 de la page indiquée.
Voyez aussi le mot suivant.

RELAYER, au figuré, relancer (voyez, plus haut, le sens analogue du mot *relais*) :

Monsieur le Prince et M. de Chavigni, qui le *relayèrent* tout le soir, ne le purent obliger à se rendre aux instances qu'ils lui firent. (III, 480.)
Voyez la note 4 de la page indiquée.

RELÉGUER :

Le grand Constantin *a relégué* saint Athanase. (VI, 31.)

RELEVÉE, substantif :

Le Parlement, ayant délibéré, ne répondit à cet arrêt du conseil que par un avis, donné solennellement aux députés des trois autres compagnies, de se trouver le lendemain, à deux heures de *relevée*, dans la salle de Saint-Louis. (I, 313.)
.... Le même jour 14 du présent mois, une heure de *relevée*. (IX, 48.)

RELEVER, sens divers :

Je lui répondis : « Vous me permettrez, Monsieur, de ne pas traiter de frivoles des motifs qui ont été consacrés par un arrêt. » La cohue du Parlement s'éleva à ce mot, qui *releva* celui du président de Mesme. (II, 249.)
Le président de Mesme n'avoit rien oublié pour jeter sur moi toute l'envie de la collusion avec les ennemis de l'État, qu'il *relevoit* de toutes les couleurs qu'il trouvoit assez vives et assez apparentes dans l'opposition du héraut et du député. (II, 253.)
Voyez I, 124; II, 526; III, 214, 292 et 437.

Le diable monta à la tête de nos subalternes : ils crurent que cette occasion tomberoit, si nous ne la *relevions* par un grain qui fût de plus haut goût que les formes du Palais. (II, 553.)

Je me voyois... dans la nécessité... de m'ériger... en tribun du peuple, qui est le parti de tous le moins sûr et même le plus bas, toutes les fois qu'il n'est pas revêtu. La foiblesse de M. le prince de Conti,... celle de M. de Longueville... l'avoient fort dégarni, ce tribunat. L'imprudence du Mazarin le *releva*. (II, 140.)

Voyez la note 3 de la page indiquée.

Il les trouva (*les galères*) presque toutes désarmées et s'en rendit maitre avec beaucoup de facilité; mais craignant que, dans cette confusion, la chiourme ne *relevât* la Capitaine, sur laquelle il entendoit beaucoup de bruit, il courut en diligence pour y donner ordre. (V, 577.)

Relevé :

Peuples qui m'entendez, prenez des idées *relevées* pour concevoir les merveilles du grand Saint Charles. (IX, 83.)

Se relever :

La conjoncture étoit très-fâcheuse ; et quand il en arrive quelqu'une de cette nature, il n'y a de remède qu'à planer dans les moments où ce que l'on vous objecte peut faire plus d'impression que ce que vous pouvez répondre, et à *se relever* dans ceux où ce que vous pouvez répondre peut faire plus d'impression que ce que l'on vous objecte. (II, 254.)

Je *me relevois* à la proportion des menaces. (III, 151.)

A ce même moment, où je me trouve saisi d'un étonnement profond, en songeant que je parle à mon Roi, je *me relève* par une sainte confiance, en considérant que je lui parle de la part de son Maître. (IX, 28.)

RELIGIEUX, religieuse :

Le manquement de secret étoit encore plus à craindre de celui (*du côté*) de Sedan.... Tout le monde fut également *religieux*;... personne du monde ne parla. (I, 175.)

.... Cet espèce de silence *religieux* et sacré dans lequel on ensevelit, en obéissant presque toujours aveuglément aux rois, le droit que l'on ne veut croire avoir de s'en dispenser que dans les occasions où il ne seroit pas même de leur service de leur plaire. (II, 105.)

L'auguste sang de ce pieux et magnanime Prince (*de saint Louis*), qui coule dans ses veines, ne lui auroit jamais inspiré qu'une aversion noble et *religieuse* de toutes les actions violentes qui font soupirer l'Église. (VI, 34.)

RELIGION, sens divers :

La raison, à mon égard, a beaucoup moins de part que le plaisir dans la *religion* et l'exactitude que j'ai pour la vérité. (I, 191.)

Le scrupule sur cette matière est en lui une *religion* louable. (II, 19.)

La même Compagnie, qui venoit d'ordonner la marche des troupes de Monsieur pour s'opposer à celle du Roi, traita la proposition de prendre ses deniers avec la même *religion* et le même scrupule qu'elle eût pu avoir dans la plus grande tranquillité du Royaume. (IV, 72.)

Il (*Mazarin*) se fit de la honte de tout ce que l'autre (*Richelieu*) s'étoit fait de l'honneur. Il se moqua de la *religion*. Il promit tout, parce qu'il ne voulut rien tenir. (I, 286.)

Ce valet de chambre... me trouva chez une misérable épinglière une nièce de quatorze ans.... Je la menai à ma tante de Maignelais, qui la mit dans une *religion*, où elle mourut, huit ou dix ans après, en réputation de sainteté. (I, 203.)

Dans les manuscrits H et Ch et dans les éditions de 1717 A et de 1718 B, F: « qui la mit dans un couvent. »

Celui (*le dessein*) d'abattre le parti de la religion (*les Calvinistes*) avoit été projeté par M. le cardinal de Retz, mon oncle; celui d'attaquer la formidable maison d'Autriche n'avoit été imaginé de personne. (I, 227.)

RELIGIONNAIRE :

Ils ont... souvent arrêté les prétentions illégitimes de ces prétendus *Religionnaires*. (IX. 32.)

REMANDER :

Il *fut remandé*, quelques jours après, par un billet de sa main. (III, 38.)

REMARQUABLE :

Je la trouvai très-belle, le teint du plus grand éclat du monde,... du défaut à la taille, mais peu *remarquable*. (I, 93.)

Je considérois la liberté que j'en prenois comme une faute *remarquable*. (VII, 61.)

REMARQUER :

Je lui fis voir un manuscrit de Saint-Aldegonde, un des premiers fondateurs de la république de Hollande, où il *étoit remarqué* que Brederode se fâchant de ce que.... (II, 494.)

Je ne continuerai pas... la suite de la procédure,... n'y ayant eu, depuis le 29 décembre 1649,... jusqu'au 18 de janvier 1650,... rien de considérable que quelques circonstances que je vous *remarquerai* succinctement. (II, 596.)

REMÈDE :

Les provinces... demeuroient abattues et assoupies sous la pesanteur de leurs maux.... Si cette indolence générale eût été ménagée, l'assoupissement eût peut-être duré plus longtemps; mais comme le médecin (*Mazarin*) ne le prenoit que pour un doux sommeil, il n'y fit aucun *remède*. (I, 290.)

Les gens du Roi ayant demandé audience pour les remontrances, la Reine les remit à huitaine, sous prétexte des *remèdes* qui lui avoient été ordonnés par les médecins....

Les *remèdes* de la Reine durèrent huit ou dix jours de plus de ce qu'elle avoit cru. (III, 217.)

FAIRE DES REMÈDES :

Je vous demande un peu de temps, c'est-à-dire celui qui sera nécessaire pour *faire des remèdes* contre les douleurs d'une sciatique qui commence à me tourmenter. (VII, 427.)

Voyez encore VII, 406.

REMERCIER (SE), se savoir gré, se féliciter :

Je me reprochois à moi-même la contrariété que je trouvois dans mon cœur.... Je *m'en remerciai*, après en avoir examiné à fond l'intérieur. (II, 6.)

Monsieur *se remercia* beaucoup de ce qu'il n'avoit pas cru le conseil que je lui avois donné. (III, 418.)

Mes amis... m'en écrivirent,... et ils ne me persuadèrent pas; et je *me remercie* encore aujourd'hui de mon sentiment. (V, 138.)

REMETTRE, sens divers :

Monsieur le Prince les rallia et les *remit* en bataille. (IV, 174.)

Il employoit tout son crédit... pour pacifier les troubles de l'État et *remettre* le Roi dans Paris. (VI, 75.)

J'essayai de le *remettre*, mais il me fut impossible. (IV, 178.)

Sa Majesté le supplie de faire connoître ses véritables sentiments d'une manière qui puisse *remettre* les esprits. (VII, 94.)

.... Profiter des occasions que la fortune fait toujours naître dans des temps qui ne *sont* pas encore *remis* et rassurés. (II, 436.)

Vous voyez les choses de plus près que nous. C'est pourquoi je vous les *remets* (*je m'en rapporte à vous pour elles*). (VIII, 64.)

Un prince du sang doit plutôt faire la guerre civile que de *remettre* rien ou de sa réputation ou de sa dignité. (I, 154.)

Le Parlement... ne *remet* rien de sa chaleur; le peuple augmente la sienne. (III, 380.)

Elles n'y avoient consenti (*à ces engagements*) que pour avoir la satisfaction de lui *remettre* ses paroles. (III, 281.)

Remettre à, renvoyer à :

Il (*Mazarin*) me fit toutes les honnêtetés imaginables, mais il ne conclut rien, et il nous *remit à* un petit voyage qu'il croyoit faire au premier jour à Paris. (I, 255.)

Il nous *remit au* lendemain. (III, 296.)

Aussitôt qu'il (*Laigue*) eut fait mon compliment à M. le prince de Conti, il *fut* reçu avec joie, et *remis* pourtant pour la réponse *à* Mme de Longueville, comme à la principale intéressée. (II, 500.)

M. Labeur m'écrit pour sa pension, et je le *remets à* ce que vous lui direz en conformité de ce que je vous écrivis. (VIII, 474.)

Se remettre :

Elle m'entendit bien, à ce qu'elle m'a confessé depuis, mais elle n'en fit pas semblant : elle *se remit* dans la conversation publique. (I, 192.)

Les douceurs de la paix y faisoient revenir l'abondance (*à Gênes*);... le trafic *se remettoit* dans la ville avec un avantage visible du public et des particuliers. (V, 500.)

M. de Beaufort *se remit* encore sur le même ton. (III, 293.)

Je me sentirois obligé de rentrer purement dans les exercices de ma profession, quand je n'en aurois point d'autre raison que celle de prendre un temps aussi propre que celui-là pour *m'y remettre*. (III, 299.)

Il n'y eut que le dernier qui l'approuvât (*cette pensée*), tout le monde disant qu'il falloit laisser *remettre* les esprits, qui ne *se fussent* jamais *remis*. (III, 213.)

Je ne puis *me remettre* de mes frayeurs qu'en adorant la main toute-puissante de Dieu.... (IX, 90.)

Se remettre, se rasseoir :

Le président le Cogneux... dit... : « J'ai, Messieurs, à parler à la Compagnie; je vous supplie de reprendre vos places.... » Tout le monde *s'étant remis*, il prononça... ces paroles.... (II, 258.)

Se remettre à, Se remettre à... de :

Jugez... de mon embarras. Je ne trouvai de recours qu'à *me remettre au* jugement de Monsieur le Premier Président. (III, 83.)

La Faculté de Louvain ne s'est pas repentie de *s'être remise à* ma volonté. (VII, 126.)

Je *me remets à* vous entièrement *d*'ajouter ou diminuer ce que vous jugerez à propos. (VIII, 104.)

.... Des conditions raisonnables, *du* détail desquelles le roi catholique *se remettroit* même *à* l'arbitrage du Parlement. (II, 356.)

.... M. de Hacqueville, à qui vous savez que je *me suis remis de* cette affaire. (VIII, 323.)

Se remettre de... sur :

Malheur à moi, si, étant dans le pouvoir de faire ma charge, je *m'en remettois sur* des Grands Vicaires. (VI, 386.)

Se remettre, se rappeler :

Je ne *me* puis *remettre* ce qu'il me répondit. (II, 604.)

Voyez encore IV, 94.

REMISE :

.... Des *remises* de places qui donnent l'entrée dans la frontière la plus proche de votre capitale, au plus ancien et au plus mortel ennemi de votre État. (V, 303.)

Remise, retard :

La *Rochepot* fit tous les efforts possibles, et comme il vit que l'on ne répondoit que par des *remises* et par des imposibilités que l'on trouvoit à tous les expédients qu'il proposoit, il s'avisa d'un moyen.... (I, 144.)

SANS REMISE :

Il partiroit de Rouen, *sans remise*, le 15 du mois. (II, 369.)

REMONTER, au figuré :

Celui (*le curé*) de Saint-Gervais... m'écrivit.... « Vous *remontez ;* sauvez-vous de l'assassinat ; devant qu'il soit huit jours, vous serez plus fort que vos ennemis. » (II, 573.)

REMONTRER QUE :

Ce Belot, qui avoit été arrêté sans décret, faillit à être la cause du bouleversement de Paris. Le Président de la Grange *remontra* qu'il n'y avoit rien de plus opposé à la déclaration. (II, 600.)

Voyez encore V, 388.

REMORE, poisson qui passait jadis pour arrêter les vaisseaux :

Le cardinal de Retz étoit la véritable *remore* de ce grand vaisseau. (V, 265.)

REMPLIR :

Il est important que cette place soit *remplie* d'un homme sage et d'un homme de bien. (VIII, 569.)

.... Des satisfactions qui le pussent *remplir* (*contenter*) pour quelque temps. (III, 438.)

Laigue étoit *rempli* (*rassasié, satisfait*) et de plus l'homme du monde le plus changeant de son naturel. (IV, 51.)

J'entrepris la carrière, et je l'ouvris avec succès. Elle *a été remplie* depuis par toutes les personnes de qualité de la même profession. (I, 111.)

Le président de Nesmond, qui, avec tout le feu d'un esprit gascon, étoit l'homme du monde le plus simple, *remplit* la seconde scène d'aussi bonne foi qu'il y avoit eu d'art à la première. (II, 235.)

Les Jeannins, les Villerois et les Silleris sortiroient du tombeau pour venger le cruel outrage que ce faux politique a fait à ce nom de ministre, qu'ils *ont rempli* avec tant de gloire. (V, 203.)

Les grands noms, quoique peu *remplis* et même vides, y sont toujours dangereux (*à Paris*). (III, 132.)

La déclaration que j'avois faite sur ce sujet *avoit été* plus que suffisamment *remplie* et soutenue, par le désintéressement que j'avois témoigné. (III, 140.)

La seule peine que j'ai, en cette occasion, est de ne pouvoir *remplir* avec assez de capacité le zèle très-parfait et très-ardent que j'ai pour son service. (VII, 424.)

Il (*Monsieur le Prince*) n'a pu *remplir* son mérite (*en tirer tout le parti possible*). (II, 176.)

RENCHÉRIR :

.... Monsieur exécuta ce que je vous ai dit ci-devant qu'il avoit résolu, et même il y *renchérit*. (IV, 101.)

RENCONTRE, masculin :

Un autre *rencontre* lui en donna (*de l'ombrage*) avec aussi peu de sujet. (I, 242.)

Voyez la fin de la note 1 de la page indiquée.

Nous éprouvâmes en ce *rencontre* qu'il est bien plus naturel à la peur de consulter que de décider. (II, 24.)

Il ne concevoit pas l'embarras où l'on témoignoit être dans ce *rencontre*. (II, 225.)

Ce *rencontre* m'étoit très-fâcheux. (II, 410.)

Monsieur éluda, avec beaucoup d'adresse, ce *rencontre*. (III, 129.)

C'est un des *rencontres* de ma vie où je me suis trouvé le plus embarrassé. (III, 263.)

Voyez I, 219, 264 et 319 ; II, 253,

254 et 546; III, 63, 342, 374, 397, 399, 411 et 441; IV, 24.

Rencontre, féminin :

Je ne me conduisis pas si raisonnablement dans une autre *rencontre* qui m'arriva. (II, 90.)

Voyez III, 353; V, 263.

Dans bien des passages, le genre du mot est douteux (voyez I, 264 et 297; II, 38; V, 124, etc.). Mais il est probable que, dans l'esprit de l'auteur, il était presque toujours masculin.

Par rencontre :

.... Deux ou trois conversations que nous eûmes, *par rencontre*, chez Monsieur. (III, 106.)

Voyez encore VII, 131.

Faire rencontre de :

Tous les étrangers considéreront avec nous Monsieur le Prince... *faire rencontre du* Roi dans les lieux publics. (V, 351.)

RENCONTRER :

Comme il fut à la barrière des Sergents,... il y *rencontra* du murmure. (II, 50.)

Il me semble avoir vu dans sa manière d'agir... quelque chose de plus solide et de plus effectif qu'on ne *rencontre* pour l'ordinaire aux gens de ce pays-ci. (VII, 78.)

Si le Parlement... se porte malgré nous à une paix honteuse et dans laquelle nous ne *rencontrions* pas même notre sûreté, que ferons-nous ? (II, 331.)

La plus sensible satisfaction que je puisse avoir au monde est d'être assez heureux pour *rencontrer* ce qui peut être de ses volontés. (VII, 212.)

Se rencontrer :

Si c'est ce que je devine, le service du Roi *s'y rencontrera* très-utilement. (VII, 101.)

Je me trouvai tout d'un coup dans la cruelle nécessité de jouer le plus méchant personnage où

peut-être jamais particulier *se soit rencontré*. (II, 25.)

J'espère que ce Mandement arrivera assez à temps pour *se rencontrer* dans la publication du Jubilé. (VI, 158.)

RENDRE :

M. de Bouillon... me pria... de lui mettre par écrit tout ce que j'avois commencé et tout ce que j'avois encore à lui dire. Je le fis sur l'heure même et il m'en *rendit*, le lendemain, une copie que j'ai encore. (II, 273.)

Je n'ai voulu différer plus longtemps à vous *rendre* ces justes remerciements. (VI, 6.)

Je vous en *rends* toutes les reconnoissances dont je suis capable. (*Ibid.*)

Faute d'*avoir rendu* le serment de fidélité au Roi.... (VI, 44.)

Je n'ai pas encore prêté au Roi le serment de fidélité que tous les Évêques ont coutume de lui *rendre*. (VI, 201.)

J'avois témoigné à la Reine l'obéissance que l'on *avoit rendue* à sa volonté. (II, 30.)

Je n'ai point de plus forte passion que de lui *rendre* toute la soumission et l'obéissance d'un très-humble et très-fidèle sujet. (VI, 152.)

Bien que mes respects et mes soumissions vers Votre Majesté n'aient pu encore trouver d'accès auprès d'Elle, il est néanmoins de mon devoir et de mon zèle à son service de lui en *rendre* de nouvelles preuves dans cette conjoncture. (VI, 263.)

Les services que M. Chassebras a rendus si généreusement à l'Église, en faisant tout ce qu'un Grand Vicaire, obéissant à son Archevêque, est obligé de lui *rendre*.... (VI, 239.)

.... L'assistance qu'il *a rendue* au peuple de Paris. (V, 398.)

.... Qui est même contraint de refuser les effets de la charité qu'on pourroit avoir pour lui, pour ne pas engager dans la persécution ceux qui auroient la bonté de les lui *rendre*. (VI, 345.)

.... Ceux qui m'accusent de ne m'être pas acquitté d'un devoir qu'ils m'ont empêché de *rendre*. (VI, 234.)

Le prince de Schemberg... m'envoya dire, un jour que je jouois au ballon,... de lui quitter la place. Je lui fis répondre qu'il n'y avoit rien que je n'*eusse rendu* à Son Excellence, si elle me l'eût demandé par civilité; mais, *etc.* (I, 126.)

Loudun, dont il avoit fait dessein de se rendre maître, lui ayant manqué,... du Mont *rendit* la place à Comminges, à qui la Reine en avoit donné le gouvernement. (III, 39.)

RENDRE une lettre, la remettre :

M. d'Estampes devoit... faire battre le tambour par toute sa colonelle, joindre le maréchal de Vitry,... et marcher au Palais, pour *rendre* des lettres de Monsieur le Comte au Parlement, et l'obliger à donner arrêt en sa faveur. (I, 173.)

M. le prince de Conti... *rendit* au Roi une lettre en son nom. (III, 529.)

Je n'eusse point fait d'effort pour la faire *rendre* à Sa Sainteté, si le sieur Elpidio Benedetti ne m'eût fait voir les instructions que Votre Eminence lui envoie sur cette Lettre, et les obligations précises qu'elle lui impose de la faire *rendre* en quelque état que Sa Sainteté pût être. Elle *a* donc *été rendue*, comme vous l'avez désiré. (VI, 74.)

Voyez II, 407; III, 108, 367 et 417; VII, 352.

Voyez aussi le *Lexique de Malherbe*.

SE RENDRE, devenir :

L'on s'imagina que la diversion... *se rendroit* possible par une nouveauté aussi surprenante. (III, 236.)

Cette remarque *s'est rendue* par l'événement assez curieuse. (III, 415.)

Je *me rendois* dénonciateur contre eux de deux crimes capitaux. (VI, 300.)

La cour de Rome *se rendroit*... plus facile qu'elle n'est aux affaires de France, si.... (VII, 241.)

SE RENDRE À :

J'étois venu là pour *me rendre à* mon devoir. (II, 18.)

Les présidents de Novion et de Bellièvre *se rendirent à* mon sentiment. (II, 245.)

Le maréchal de la Mothe n'eut aucune peine à *se rendre à* mon sentiment. (II, 433.)

M. d'Elbeuf... *se rendit à* plus que l'on ne voulut. (II, 169.)

SE RENDRE EN :

J'ose assurer Votre Majesté qu'il n'y a que la mort qui me puisse empêcher de *me rendre en* mon devoir. (VII, 418.)

.... Pour *me rendre* plus tôt et plus infailliblement *en* mon devoir. (VII, 420.)

RENFERMER, enfermer :

On a trouvé moyen de le surprendre... et de le *renfermer* dans une prison très-étroite et très-rigoureuse. (VI, 390.)

RENFORCER :

Mon crime... étoit d'autant plus dangereux que je n'oubliois rien pour l'aggraver par une dépense naturelle.... Je ne pris d'abord cette conduite que par la pente de mon inclination.... La nécessité de me soutenir contre la cour m'obligea de la suivre, et même de la *renforcer*. (I, 266.)

RENONCER, actif :

.... De *renoncer*, par la terreur des puissances temporelles, celui qu'ils ont reconnu tant de fois tenir la place de Jésus-Christ dans l'Église de Paris. (VI, 56.)

RENTRER DANS :

Il est temps de *rentrer dans* le fil de ma narration. (III, 503.)

RENTRER DANS SOI-MÊME :

Il (*Mazarin*) me fit presser par la Reine de tourner l'affaire d'un biais qui m'auroit infailliblement déshonoré. Je n'oubliai rien pour le faire *rentrer dans lui-même*. (I, 269.)

RÉPANDRE :

.... La Paix, pour laquelle je *répandrois* mon sang et ma vie. (VI, 272.)

RÉPARER :

Quel prodige... de voir (*dans le paradis terrestre*) un arbre qui eût la vertu... de *réparer* l'humide radical dans sa pureté première! (IX, 141.)

Voyez l'article HUMIDE RADICAL.

RÉPÉTER, redemander, réclamer :

Elle me l'envoyoit... sous prétexte de *répéter* quelque prisonnier. (II, 159.)

La cour... avoua et *répéta* même le Chevalier de la Valette à l'égard des placards. (II, 228.)

Voyez la note 3 de la page indiquée.

REPLÂTREUX, au figuré :

J'apostai le comte de Maure, qui étoit proprement le *replâtreux* du parti, pour dire au président Charton.... (II, 295.)

RÉPONDRE :

Vous voyez si j'avois raison quand je disois... que dans le mouvement où seroient les esprits au retour des députés, nous ne pourrions pas *répondre* d'un quart d'heure à l'autre. Je devois ajouter que nous ne pourrions pas répondre de nous-mêmes. (II, 398.)

RÉPONDRE À, correspondre à, justifier :

Celle (*l'affection*) que j'ai pour votre personne *répond* fort justement à l'estime que j'ai pour votre mérite. (VIII, 621.)

.... Cet auguste prince, cousin germain de Votre Majesté, et qui *répond* si parfaitement par son mérite à la proximité du sang qu'il a avec Elle. (V, 311.)

RÉPONDRE À, DANS OU SUR, ouvrir sur, donner sur :

Faisants état de nous trouver tous les jours au Palais, dans la quatrième chambre des Enquêtes, qui *répondoit* à la Grande.... (II, 597.)

.... Une manière de cave, ou plutôt de serre d'orangers qui *répond dans* son jardin. (III, 170.)

Les armoires de la buvette de la quatrième (*chambre des Enquêtes*), qui *répondoit dans* la Grande Chambre, étoient pleines de grenades. (III, 488.)

M. de Beaufort et M. de la Mothe étoient après pour faire ouvrir une espèce de bureau qui *répond sur* la salle. (II, 440.)

SE RÉPONDRE DE quelque chose ou DE quelqu'un, être sûr de :

La gloire de l'action dépend du succès, dont personne ne *se peut répondre*. (I, 155.)

Nous étions très-assurés que Monsieur ne le suivroit pas (*le Roi*) si il avoit rompu publiquement avec le Cardinal, au lieu que nous ne *nous en* pouvions pas *répondre*, si la cour prenoit cette résolution dans le temps qu'il y gardoit encore des mesures. (III, 220.)

Je me *répondois* de M. de Longueville. (II, 120.)

Le maréchal de la Mothe étoit si dépendant de M. de Longueville, que je ne *m'en* pouvois pas *répondre*. (II, 193.)

REPOSER (SE) :

Je me confirmai dans la pensée de *me reposer*, pour ainsi dire, dans mes dernières actions. (III, 280.)

REPOUSSER :

Le président de Mesme, qui voulut alléguer des exemples de vingt-cinq ou trente hérauts envoyés par des rois à leurs sujets, *fut repoussé* et sifflé comme si il eût dit la chose du monde la plus extravagante. (II, 226.)

REPRENDRE :

Cette méprise fut l'occasion de la guerre civile. Je dis l'occasion ; car il en faut, à mon avis, rechercher et *reprendre* la cause de bien plus loin. (I, 271.)

Monsieur le Cardinal *reprit* le mot brusquement en disant.... (III, 12.)

Le Pape *reprit* ce mot avec chaleur, et il me répondit : « Ce n'est pas ce que je veux dire.... Vous allez d'une extrémité à l'autre.... » Je ne *repris* pas avec moins de promptitude ces paroles du Pape.... (V, 91 et 92.)

Le Pape... *reprit* promptement et même vivement la parole de me soumettre, que vous venez de voir. (V, 74.)

Se reprendre avec :

Nous étions sur le point de *nous reprendre* et de nous recoudre, pour ainsi dire, *avec* le Parlement. (II, 553.)

REPRÉSENTATION :

Leurs négociateurs... leur avoient fait voir... que la Cour étoit persuadée que le Parlement n'étoit qu'une *représentation*, et qu'au fond il falloit compter avec les généraux. (II, 382.)

Il y avoit des moments où il (*Monsieur*) la vouloit par la cour (*la liberté de Messieurs les Princes*). Cela ne se pouvoit, parce que si la cour y eût donné, son premier soin eût été d'en exclure Monsieur, ou du moins de ne l'y admettre qu'après coup et comme une *représentation*. (III, 187.)

REPRÉSENTER :

L'on prendroit,... sur le prix, la somme de cent cinquante mille livres pour être données à celui qui *représenteroit* ledit Cardinal vif ou mort. (IV, 70.)

Le Premier Président parla à la Reine.... Il lui *représenta* au naturel le jeu que l'on avoit fait... de la parole royale. (II, 48.)

L'agitation que je viens de vous *représenter*... n'en produisit point (*ne produisit point de chef*) dans le cours d'une année entière. (II, 60.)

Elle prenoit particulièrement goût à ce que je lui *représentois* du rétablissement de son autorité. (III, 382.)

REPRISE :

Je jouai bien, je passai, dans les conversations que j'avois avec la Reine, de la rêverie à l'égarement. Je ne revenois de celui-ci que par des *reprises*, qui, en marquant un profond respect pour elle, marquoient toujours du chagrin. (III, 515.)

Par reprises :

M. d'Elbeuf,... en entendant les cris du peuple, qui, *par reprises*, nommoient son nom et le mien ensemble.... (II, 158.)

RÉPROUVÉ (Tomber en sens).
Voyez Sens.

RÉPUTATION :

Chaque condition des hommes a sa *réputation* particulière : l'on doit estimer les petits par la modération, et les grands par l'ambition et par le courage. (V, 544.)

Il y auroit, ce semble, quelque *réputation* pour la France à obliger Rome de condamner cet auteur. (VII, 143.)

REQUÉRIR :

M. de Beaufort nous réjouit sur cela de quelques apophthegmes, qui ne manquoient jamais dans les occasions où ils *étoient* les moins requis. (II, 438.)

Voyez I, 282; II, 91; VIII (*supplément*), 14*.

REQUÉRIR QUE :

M. le procureur général Foucquet... *requit*, au nom du Roi, *que* Monsieur le Prince lui donnât communication de toutes les associations et de tous les traités qu'il avoit faits. (IV, 208.)

REQUINT, terme de jurisprudence féodale : droit qu'on paye au seigneur dominant à chaque vente qu'on fait d'un fief servant. C'est le cinquième du cinquième du prix :

Je ne me souviens en façon du monde de tous ces quints et *requints* dont il parle. (VIII, 384.)

Voyez la note 1 à la page indiquée.

RESCRIPTION, « mandement qu'on donne à un fermier, à un débiteur, à un correspondant, pour payer une certaine somme au porteur du billet » (*Furetière*) :

J'ai toujours oublié de vous prier jusques ici de retirer le brevet de M. Lhommeau en lui donnant les *rescriptions* que nous avons réglées. (VIII, 206.)

Voyez VIII, 532 et 533.

RESCRIT, lettre du Pape :

Lesquels Doyen et Chapitre ayant... obtenu par surprise un *Rescrit* en Cour de Rome.... (IX, 46.)

RÉSERVE (À LA) QUE :

Sa réponse à la reine de Suède... est telle que je l'aurois pu faire, *à la réserve qu*'elle est plus juste et beaucoup mieux conçue. (VII, 350.)

RÉSERVER :

Si des termes de courtoisie qui nous promettent qu'on fera notre affaire et qu'on accorde notre demande, ont un sens *réservé*, et je ne sais quelle évasion mentale toute contraire.... (IX, 174.)

RÉSERVER À :

J'ai cru qu'il falloit *réserver à* vous en écrire jusques à ce que.... (VI, 193.)

Je ne vous dirai que deux mots par cette lettre, *réservant à* vous mander toutes choses par Malclerc qui vous dira l'état des affaires de Commercy. (VIII, 185.)

SE RÉSERVER À :

Au lieu de... *me réserver à* m'ouvrir à M. de Bouillon, quand nous serions demeurés le président de Bellièvre et moi seuls avec lui.... (II, 419.)

Je *me réserve à* lui donner la réponse que je fais.... (VII, 80.)

RÉSOUDRE :

Je *résoudrai* avec eux, en moins d'un quart d'heure, une réponse qui satisfera plus que suffisamment les plus difficiles. (VII, 127.)

RÉSOLU :

Monsieur... ne se pouvoit déterminer pour l'action, même dans les choses les plus *résolues*. (IV, 161.)

RÉSOUDRE quelqu'un À :

Caumartin... me conseilla,... dès qu'il m'*eut résolu à* penser au cardinalat.... (III, 147.)

RÉSOUDRE SI :

Nous nous assemblâmes... pour *résoudre si* il étoit à propos que les généraux députassent. (II, 315.)

SE RÉSOUDRE DE :

Mon père *se résolut de* me mener en Bretagne. (I, 93.)

Il n'y en avoit point d'autre (*de parti*) que... de faire bonne mine... et de *nous résoudre de* ce que nous aurions à faire, selon les occasions. (II, 564.)

Voyez I, 92, 95, 123, 264 et 269; II,

7, 26, 62, 122, 150, 305, 356, 431 et 604; III, 154; IX, 100, etc.

Pour l'expression *se résoudre à*, très fréquente aussi, voyez I, 240, 325, 327, etc., etc.

RESPECT (Manquer au) à :

Ne ferez-vous point donner de coups de bâton à ce coquin de Bautru, qui *vous a* tant *manqué au respect?* (II, 61.)

Laigue me vint dire que M. le prince de Conti... disoit que je *lui avois manqué au respect.* (II, 498 et 499.)

RESPIRER, actif et neutre :

Un esprit qui ne *respire* que le sang et le carnage.... (V, 271.)

Saint Paul ne respire que le sang des disciples de Jésus-Christ,... *Spirans erat cædis et minarum in discipulos.* (IX, 115.)

.... Les protestations d'un fidèle sujet, qui ne *respire* que les occasions de lui faire connoître (*au Roi*) sa parfaite soumission. (VI, 440.)

Lorsque je pensois un peu *respirer* après une oppression si longue.... (VI, 237.)

RESPONSABLE à :

Il ne pouvoit... prendre le parti que je lui avois proposé, parce qu'il risquoit pour jamais toute sa maison, *à* laquelle il seroit *responsable* de sa ruine. (II, 441.)

.... Dont l'on ne laisse pas d'être *responsable au* public. (III, 112.)

RESSENTIMENT, sens physique :

Ses médecins (*les médecins du Pape*) dirent à D. Mario qu'ils avoient beaucoup d'espérance, parce que le mal avoit fait son dernier effort. Il ne laissa pas, la nuit du vendredi au samedi, d'en avoir du *ressentiment*, jusques au point que M. le cardinal Chigi monta deux fois à son appartement. (VII, 309.)

Ressentiment, au sens moral, pris en bonne part :

.... Ce qui doit augmenter l'affection, les *ressentiments* et la reconnoissance de tous les gens de bien envers M. le duc de Beaufort et tous ceux qui emploient si utilement leurs soins... pour la conservation de cette ville. (V, 456.)

Je porterai partout les *ressentiments* de respect, de reconnoissance et de soumission que je dois à Votre Sainteté. (VI, 254.)

Mon respect pour votre Assemblée, et le *ressentiment* que j'ai de vos soins, m'obligent de recourir encore à vous. (VI, 269.)

Voyez la note 10 à la page indiquée.

Vous me ferez bien la grâce de témoigner au Roi le *ressentiment* que j'ai de ses bontés. (VII, 414.)

Vous me témoignez par votre lettre de prendre part à la joie que tous mes amis m'ont fait paroître sur ma promotion au cardinalat, d'une manière si obligeante, que je ne puis assez vous en faire paroître mon *ressentiment.* (VIII, 128.)

Voyez encore VIII, 611.

RESSENTIR :

Je *ressens* avec tant de reconnoissance et avec tant de tendresse la bonté que vous avez de vouloir bien être informé de mes actions, que je ne me puis empêcher de vous rendre compte de toutes mes pensées. (I, 149.)

Se ressentir de :

Laigue me vint dire que M. le prince de Conti étoit dans une colère terrible contre moi; qu'il disoit que je lui avois manqué au respect; qu'il périroit lui et toute sa maison, ou qu'il *s'en ressentiroit.* (II, 499.)

RESSERRER, renfermer, cacher :

Il faut extraordinairement prendre garde au secret, et que toutes les résolutions de Sa Majesté *soient* extrêmement *resserrées* dans son cabinet et entre ses plus particuliers serviteurs. (VII, 13.)

RESSOURCE :

L'avis de M. de Bouillon... agréa à tout le monde avec d'autant plus de facilité, qu'en laissant le mien pour la *ressource*, il laissoit la porte ouverte aux négociations que chacun avoit ou espéroit en sa manière. La source la plus commune des imprudences est la vue que l'on a de la possibilité des *ressources*. (II, 393.)

Ressource, action de se relever :

Quel contre-temps de désespérer l'oncle du Roi, dont la *ressource* étoit proche, infaillible et certaine. (V, 198.)

Voyez la note 1 de la page indiquée.

RESSOUVENIR (Se) DE :

Vous me permettrez d'oublier tout ce qui pourroit diminuer ma reconnoissance et de ne *me ressouvenir* que *de* ce qui la doit augmenter. (I, 223.)

Je ne *me ressouviens* plus *du* nom de celui à qui l'on expédia un brevet pour un impôt sur les messes. (I, 231.)

Voyez I, 147, 197, 227 et 286; II, 66, 89, 197, 227, 239, 303, 314, 326, 335, 376, 390, 408, 419, 427, 430, 483 et 502; III, 98, 292, 302, 306, 307, 512 et 513; IV, 102, etc.

RESTAURATEUR :

La gloire de *restaurateur* du public fut sa première idée. (II, 113.)

RESTE :

La première venoit chez lui la nuit; il alloit aussi la nuit chez la seconde, qui étoit déjà un *reste* de Buckingham et de l'Epienne. (I, 109.)

De reste :

Ils viennent de donner un arrêt qui peut très-bien produire la guerre civile; et, parce qu'ils n'y ont pas nommé le cardinal,... ils croient que la Reine leur en doit *de reste*. (II, 74.)

Contrôleur des restes :

.... Monsieur de la Fons, conseiller du Roi, *contrôleur des Restes* de la Chambre des Comptes. (VIII, 604.)

RÉTABLIR :

M. le cardinal de Richelieu avoit dépossédé Monsieur l'évêque de Léon, de la maison de Rieux, avec des formes tout à fait injurieuses à la dignité et à la liberté de l'Église de France. L'Assemblée (*du Clergé*) de 1645 entreprit de le *rétablir*. La contestation fut grande. (I, 267.)

Monsieur le Cardinal dit à Monsieur de Lisieux... que j'étois ami de tous ses ennemis.... Monsieur de Lisieux me rendit sur cela tous les bons offices imaginables, et tels qu'il me dit... que si M. le cardinal de Richelieu eût vécu, il m'*eût* infailliblement *rétabli* dans son esprit. (I, 200.)

Lionne... n'*étoit rétabli* à la cour que depuis peu. (V, 76.)

Le combat étant presque perdu, Monsieur le Prince le *rétablit* et le gagna. (II, 4.)

Se rétablir :

.... Le Cardinal se mettoit dans l'esprit de *se rétablir* dans le public. (III, 53.)

RÉTABLISSEMENT :

.... Pour le *rétablissement* de sa maison qui a été brûlée. (VIII, 351.)

RETARDEMENT, retard :

Si elle (*cette armée*) eût marché sans s'arrêter,... elle eût... fort embarrassé la marche du Roi. Tout contribua à ce *retardement*. (IV, 161.)

Voyez encore VI, 371.

RETENIR :

La proposition... faisoit, en quelque façon, juger que je voulois au moins *retenir* mes bénéfices, puisque j'en voulois prendre soin (*les administrer*). (I, 96.)

J'étois fort assuré que le maréchal de la Mothe... ne se détacheroit point de M. de Longueville, à qui il avoit été attaché vingt ans durant, par une pension, qu'il avoit voulu même *retenir*, par reconnoissance, encore après qu'il eut été fait maréchal de France. (II, 120.)

RÉTENTION, action de retenir :

.... La *rétention* de mes revenus. (VI, 270.)

RETENTUM, article que les juges n'exprimaient pas dans un arrêt, mais qui ne laissait pas d'en faire partie et d'avoir son exécution. (Littré) :

Martineau... dit... que le *retentum* de l'arrêt étoit que l'on feroit fort bonne chère à l'envoyé d'Espagne. (II, 260.)

Il y falloit toutefois un *retentum* (*ce fut son mot*). (IV, 222.)

RETENUE :

J'espérois qu...'ils auroient toujours quelque *retenue* pour la grandeur et pour la sainteté de l'Épiscopat. (VI, 28.)

BREVET DE RETENUE ou *brevet d'assurance*, acte par lequel le Roi assurait une certaine somme à payer au titulaire d'un gouvernement ou d'une charge quelconque par le successeur dudit titulaire :

M. de Brissac auroit permission de récompenser le gouvernement d'Anjou, à tel prix et avec un *brevet de retenue* pour toute la somme. (III, 14.)

RETOMBER À :

Le Parlement,... de toutes ses saillies, *retomboit* toujours... *à* la paix. (II, 347.)

RETOMBER DANS :

M. de Bouillon... *retomboit dans* ses premières propositions de porter toutes les choses à l'extrémité. (II, 428.)

Pour obéir, Madame, à Votre Majesté, il faut que je *retombe dans* les prophéties que j'ai tantôt pris la liberté de lui toucher. (III, 385.)

RETOMBER SUR :

Mme de Chevreuse dit à la Reine... tout ce qu'elle avoit vu de ma conduite.... Elle *retomba* ensuite *sur* les injustices que l'on m'avoit toujours faites. (III, 160.)

Je n'ignorois pas que tant que la délibération ne se fixeroit pas, elle pourroit toujours *retomber sur* ce qui ne me convenoit pas. (III, 239.)

RETOUCHER :

Je mis au jour quelques-uns de ces libelles desquels je vous ai parlé dans le second volume de cet ouvrage, quoique ce n'en fût pas le lieu, pour n'être pas obligé de *retoucher* une matière qui est trop légère en elle-même pour être rebattue tant de fois. (IV, 218.)

RETOUR, action de revenir sur ce qu'on a fait, changement de conduite :

Ce qui n'est présentement qu'une plaie dangereuse à l'État lui deviendra peut-être mortelle, et pourra mêler dans la suite de la révolution le désespoir du *retour*, qui est toujours, en ces matières, le dernier et le plus dangereux symptôme de la maladie. (II, 107.)

.... S'abandonner... à la discrétion de Monsieur le Prince et aux *retours* de M. de la Rochefoucauld. (IV, 114.)

ESPRIT DE RETOUR :

Dans cette compagnie, il y avoit toujours un fond d'*esprit de retour*, qui revivoit à toute occasion. (II, 266.)

RETOURNER :

Il est important de ne pas accoutumer MM. Cherrière à faire des actes de leur autorité. Si ils y *retournent* après la dernière lettre que j'ai écrite sur ce sujet à M. de Chevincourt, il n'y a plus de remède qu'à les désavouer par un acte en forme. (VIII, 239.)

RETRAITE (Donner) :

Le Cardinal ne répondoit à ses raisons que par des exclamations contre l'insolence du parlement de Bordeaux, qui *avoit donné retraite* à des gens condamnés par une déclaration du Roi. (III, 59.)

RETRANCHEMENT :

Au surplus je me vas retrancher en tout et par tout, et pour cela je vous dirai pour vous seul... que je partirai d'ici le 1er de décembre pour faire un petit voyage de 15 jours à Paris où nous prendrons toutes nos mesures sur le pied d'un *retranchement* entier et parfait. (VIII, 533.)

RETRANCHER :

Voyez l'exemple du mot précédent.

RETROUVER, sens divers :

J'allai trouver M. de Raconis, évêque de Lavaur, pour le prier de dire à Monsieur le Cardinal que... je m'étois désisté de ma prétention.... Monsieur de Lavaur me vint *retrouver*, dès le lendemain matin, pour me dire.... (I, 120.)

Les députés partirent... pour se rendre à Ruel. Vous les y *retrouverez*, après que je vous aurai rendu compte de ce qui se passa à l'Hôtel de Ville le soir de ce même 16. (II, 408.)

Ce bien (*la paix générale*)... est si grand que l'on ne peut jamais manquer d'y *retrouver*, sans comparaison, davantage que ce que l'on lui immole. (II, 340.)

Se retrouver :

Les chemins pour arriver aux uns et aux autres s'unissent et *se retrouvent*... être les mêmes. (II, 339.)

Je *me suis retrouvé* mille fois moi-même dans cette idée. (III, 404.)

RÉUNIR :

Il étoit résolu de la donner (*sa fille*) à son cousin, pour *réunir* la maison. (I, 92.)

Réunir à :

L'artifice de Servien rendit un grand service au Cardinal,... parce que il *lui réunit* Monsieur le Prince. (II, 562.)

RÉUSSIR :

Si il eût eu cette pensée, il lui eût été très-facile de la faire *réussir*. (III, 17.)

Réussir à quelqu'un :

Je vous confesse que cette entreprise, qui nous eût comblés de gloire si elle *nous eût réussi*, ne m'a jamais plu. (I, 148.)

Réussir à quelque chose :

.... Une prédiction du mal que l'on vouloit faire et *auquel* l'on ne pourroit pas *réussir*. (III, 62.)

REVALOIR :

Comme il n'y va que d'une année pour Bruslé, ce n'est pas une grande affaire, il faudra lui *revaloir* cela quand nous le pourrons. (VIII, 518.)

RÉVEIL :

Mme de Longueville... avoit une langueur... même dans l'esprit, qui avoit ses charmes, parce qu'elle avoit des *réveils* lumineux et surprenants. (II, 182.)

REVENIR :

. Comme il (*Noirmoutier*) *revint* descendre à l'Hôtel de Ville.... (II, 170.)

L'éclat qu'il fit après la paix de Bordeaux... me *revint* de tous côtés. (III, 136.)

Revenir, convenir :

J'ai eu le plaisir de lui faire aujourd'hui essayer des étoffes rouges, qu'on m'a apportées d'Italie, et de les approcher de son visage pour voir ce qui y *revenoit* le mieux, ou de la couleur de feu, ou du nacarat. (III, 15.)

Ce canevas... fut brodé par moi de toutes les couleurs que je crus les plus *revenantes* à ceux à qui je les faisois voir. (III, 325.)

Il avoit... un je ne sais quel air d'emporté et de fou qui ne me *revenoit* pas. (IV, 227.)

Revenir à, suivi d'un infinitif :

Je ne puis proférer ce mot sans *revenir* encore *à* supplier... Votre Majesté de me le pardonner. (III, 312.)

Elle *revint* ensuite *à* me parler du Mazarin. (III, 316.)

Revenir dans :

Le peuple... *étoit revenu* jusqu'à la fureur *dans* sa chaleur pour nous. (II, 597.)

.... Ce qui m'obligea de *revenir* tout à coup *dans* le fond de la matière. (VII, 128.)

Revenir de :

Comme je vis l'esprit des peuples... assez *revenu de* sa méfiance pour ne pas s'intéresser pour M. d'Elbeuf.... (II, 163.)

La Reine se mit en colère.... Elle fut plus d'un demi-quart d'heure dans de grands mouvements, *dont* elle *revint* après assez bonnement. (III, 315.)

Tout homme que la fortune seule a fait homme public devient presque toujours, avec un peu de temps, un particulier ridicule. L'on ne *revient* plus *de* cet état. (III, 503.)

Senneterre dit au Premier Président qu'un mot que la Reine avoit dit à Monsieur le Cardinal, à la louange de ma fermeté, lui avoit frappé l'esprit d'une telle manière, qu'il n'*en reviendroit* jamais. (III, 63.)

Il s'étoit réduit à la supplier de vouloir bien mettre la main sur la garde de son épée;... elle avoit trouvé cette manière si sotte qu'elle n'*en* avoit jamais pu *revenir*. (III, 517.)

Voyez I, 291; II, 186.

RÊVER sur :

La Reine *rêva* un peu *sur* ma réponse. (III, 384.)

RÉVÉRENCE, déférence, respect :

.... La *révérence* que le Roi a rendue à sa qualité et à ses grands services. (V, 397.)

Je sais la *révérence* qui est due à Sa Majesté. (VI, 30.)

La *révérence* que nous devons tous avoir pour le Saint-Siége.... (VI, 186.)

Révérence, titre honorifique :

S'il avoit plu à la Congrégation de Saint-Maur d'avoir quelque égard à ce que je souhaitois d'elle,... elle se seroit épargné le chagrin qu'elle prend de voir la *Révérence* de Dom Laumer maltraitée sur ce ton. (VIII, 535.)

REVÊTIR :

.... Des allées sablées, ombragées, et *revêtues* de palissades. (IX, 185.)

Je me voyois...dans la nécessité... de m'ériger purement et simplement en tribun du peuple, qui est le parti de tous le moins sûr et même le plus bas, toutes les fois qu'il n'*est* pas *revêtu*. La foiblesse de M. le prince de Conti,... celle de M. de Longueville... l'avoient fort dégarni, ce tribunat. L'imprudence du Mazarin le releva. (II, 140.)

Voyez la note 3 de la page indiquée.

RÊVEUR :

Vous êtes un *rêveur* de me demander des lettres, puisque vous avez des blancs signés de quoi en faire de plus éloquentes que moi. (VIII, 54.)

RÉVOLTER, actif :

La Bécherelle se rendit maître de Damvilliers, *ayant révolté* la garnison... contre le chevalier de la Rochefoucauld, qui y commandoit pour son frère. (III, 27.)

RÉVOLUTION :

Si l'on le manque (*le moment décisif*) dans la *révolution* des États, l'on court fortune ou de ne le pas retrouver, ou de ne le pas apercevoir. (II, 95.)

RÉVOQUER :

Nul ne perdra plus que moi... à cette conduite, qui *révoque* ma nomination. (III, 383.)

RHABILLEUR :

Senneterre, qui étoit grand *rhabilleur* de son naturel, ne voulut pas laisser partir la cour sans mettre un peu d'onction (c'étoit son mot) à ce qui n'étoit... qu'un pur malentendu. (III, 63.)

RIDICULE (Le), substantif :

Il y eut sur ce détail mille et mille farces, dignes, sans exagération, *du ridicule* de Molière. (III, 199.)

TOURNER EN RIDICULE, au sens neutre :

Ces mouvements ne seroit (*sic*) qu'un feu de paille, qui passeroit en quatre jours et qui *tourneroit en ridicule*. (III, 471.)

RIDICULEMENT :

Je n'ai jamais vu à la comédie italienne de peur si naïvement et si *ridiculement* représentée que celle qu'il fit voir à la Reine. (II, 23.)

Ce qui se dit *ridiculement* du ministère se fait réellement à l'égard des autres prétentions que chacun a. (III, 382.)

RIEN, entrant dans diverses locutions :

Vous croyez sans doute l'affaire bien avancée. *Rien moins*. (I, 175.)

L'on ne parloit de *rien moins*... que de révoquer le pouvoir des députés. (II, 365.)

Cette irrésolution... n'a pu venir en lui de la fécondité de son imagination, qui n'est *rien moins que* vive. (II, 181.)

Le vieux Machaut,... qui n'étoit *rien moins qu'*un sot, me dit à l'oreille... : « L'on voit bien que cela n'est pas de son cru. » (III, 217.)

Ces derniers mots ne furent *rien moins que* sages. Ils font, à mon sens, une des grandes imprudences que j'aie jamais faites. (III, 484.)

L'imprudence du duc d'Astorga, qui n'est *rien moins qu'*un habile homme.... (VII, 397.)

Voyez la note 8 à la page indiquée.

.... Il en sortoit (*du Parlement*), *à propos de rien*, comme un tourbillon de voix. (III, 130.)

La Reine dit à Senneterre *à propos de rien*.... (III, 338.)

Je n'*entrai en rien* de l'opposition que le clergé de France y fit. (III, 278.)

Le palais d'Orléans et l'hôtel de Condé, étant unis ensemble par ces intérêts, tournèrent *en moins de rien* en ridicule la morgue qui avoit donné aux amis de M. de Beaufort le nom d'Importants. (I, 225.)

Senneterre... effaça *en moins d'un rien* ces premières idées. (II, 21.)

Voyez encore l'expression *en moins d'un rien*, II, 425; III, 45 et 152.

M. de Nemours étoit *moins que rien* pour la capacité. (III, 132.)

Ne comptant rien, à l'égard de Paris, sur les autres généraux. (II, 234.)

Depuis ce qui s'étoit passé à l'hôtel de Chevreuse,... je *n'y comptois* plus *rien*. (IV, 226.)

RIGUEUR (À TOUTE) :

.... Je poursuivrois, *à toute ri-*

gueur, la justice contre les témoins.... (III, 33.)

RIME :

NI RIME NI RAISON, au figuré :

Il n'y a *ni rime ni raison* avec tous ces gens ici. (III, 392.)

RISQUE, féminin :

Il n'y a aucune *risque* pour moi. (VIII, 407.)

RISQUER :

Il ne pouvoit... prendre le parti que je lui avois proposé, parce qu'il *risquoit* pour jamais toute sa maison, à laquelle il seroit responsable de sa ruine. (II, 441.)

RIVIÈRE (LA), en parlant de la Seine :

.... Jusques au point d'avoir mené le président de Thoré sur le quai, proche de l'Horloge, pour le jeter dans *la Rivière*. (II, 410.)

ROIDEUR :

C'est... un vaisseau sur la mer, qui vogue d'une *roideur* incroyable. (IX, 146.)

ROIDIR (SE) CONTRE, au figuré :

Je voyois qu'en *me roidissant contre* leurs sentiments, je donnois lieu... à tous ceux qui vouloient plaire à la cour, de me traiter d'esprit dangereux. (III, 82.)

ROMANESQUERIE :

Je confesse que la pensée, qui est grande, honnête, ecclésiastique, et supérieure de beaucoup à toute la *romanesquerie*, me toucha infiniment. (VII, 448.)

ROMPRE, au propre et au figuré :

Le peuple *rompit* les portes, y entra avec fureur. (II, 44.)

Je fis *rompre* le hausse-cou à coups de marteau. (II, 45.)

L'on *rompit* les barricades. (II, 54.)

Voilà où gît le défaut de notre machine. Votre Altesse la veut redresser...; mais pour la redresser, faut-il se joindre à ceux qui la veulent *rompre* ? (II, 103.)

Le bureau des entrées de la porte Saint-Antoine *fut rompu* et pillé par la populace. (IV, 204.)

Je fis l'impossible toute la nuit pour *rompre* ce coup. (II, 82.)

Nous ne souffrions cette conférence que parce que nous étions très-assurés que nous la *romprions* par le moyen du peuple, quand il nous plairoit. (II, 315.)

Quelque exactitude que j'aie sur ces matières, je n'ai pas peine à *rompre* ma règle en cette occasion. (VIII, 279.)

J'étois sur le point de m'assurer d'une de ces flûtes hollandoises qui sont toujours à la rade de Retz, lorsqu'il arriva un accident qui *rompit* toutes mes mesures. (I, 96.)

Elle me dit tout ce que sa colère contre son parti (*le parti de Monsieur le Prince*) lui put inspirer de plus tendre pour un homme qui faisoit au moins ce qu'il pouvoit pour lui en *rompre* les mesures. (III, 485.)

Voyez encore le mot *rompre* en parlant des *mesures*, I, 158 et 205; II, 64 et 464; III, 183.

SE ROMPRE :

Vous me la pouvez envoyer dans le paquet, mais bien emballée, s'il vous plaît, de peur qu'elle ne *se rompe*. (VIII, 326.)

ROQUE, citadelle, château fort (de l'italien *rocca*) :

Hiérôme de Fiesque... tenoit encore la *roque* de Montobio, qu'il pouvoit mettre entre les mains des étrangers. (V, 586.)

Voyez la note 1 de la page indiquée.

ROSÉE, au figuré :

Cette *rosée* (*le discours de Monsieur*) fit tomber le vent qui commençoit de s'élever dans la grande Chambre. (III, 91.)

ROTURIER, ROTURIÈRE :

.... La ridicule chimère de sa *roturière* principauté (*la principauté du duc d'Épernon*). (III, 42.)

ROUER :

Il ne m'eût pas été difficile, après un aveu de cette nature, de le faire *rouer*. (IV, 32.)

ROUGIR :

Quelque perfidie que la Rivière eût faite au Cardinal, celui-ci n'étoit pas en reste. Le propre jour qu'il l'eut fait nommer par le Roi, il écrivit au cardinal Sachetti une lettre, bien plus capable de jaunir son chapeau que de le *rougir* (*de le déshonorer que de lui procurer le cardinalat*). (III, 16.)

Voyez la note 1 de la page indiquée.

ROUSE, pour *ruse*, imitation de la prononciation de Mazarin :

La réponse de Saint-Germain... ne pouvoit être que quelque méchante *rouse* du Mazarin. (II, 260.)

Voyez la note 5 de la page indiquée.

RUDE :

« Les bourgeois sortiront-ils pour donner bataille? — Elle ne seroit pas *rude*, Monsieur, si il n'y avoit qu'eux, » lui répondis-je. (II, 115.)

Le Pape me parla de Guimenius comme d'un livre contre lequel on verroit bientôt quelque chose de sa part de plus *rude* et de plus sanglant que tout ce que l'on a fait en France. (VII, 133.)

Je me porte beaucoup mieux de ma fluxion sur les yeux, mais en vérité elle a été *rude* cette fois. (VIII, 565.)

Ce n'est pas qu'il ne nous parût très-*rude*... de voir renouveler... une investiture directement contraire à celle dont la France tire ses droits sur la couronne de Naples. (VII, 262.)

N'y ayant plus aucune maison dans le royaume où l'on paye de pensions, il est assez *rude* que l'on se plaigne de moi quand je paye très-réglément et à jour nommé. (VIII, 335.)

RUINER :

On *ruine* la nomination de ce Grand Vicaire que je n'avois pris que par déférence. (VI, 238.)

Je crois avoir assez *ruiné*, dans ma lettre précédente, le vain prétexte dont on se sert. (VI, 260.)

On a publié partout, lorsque j'étois à Rome, que mon dessein dans ce séjour étoit de *ruiner* les négociations de la paix. (VI, 271.)

Les intérêts de M. le cardinal d'Este touchant Cluny *avoient été ruinés*, en cette cour, par une conduite de même nature qu'est celle qui paroit de ce procureur général. (VII, 241.)

RUINEUX :

.... Les frêles et les *ruineux* fondements sur lesquels on les appuie (*ces raisons*). (V, 301.)

Ce qui eût peut-être été facile la veille eût été impossible et même *ruineux* le matin du jour suivant. (II, 153.)

Ce qui la veille étoit facile dans le Parlement y seroit le lendemain impossible et même *ruineux*. (II, 419.)

M. de Châteauneuf... ne pouvoit que flatter la Reine par l'espérance du rétablissement de son ministre, ou s'opposer à ce rétablissement par les obstacles qu'il y pouvoit former par le cabinet. L'un étoit *ruineux*, parce que l'état où étoient les affaires faisoit voir ces espérances trop proches, pour espérer que l'on les pût rendre illusoires.... (IV, 19.)

RUINEUX À :

Il n'y avoit rien qui me contraignît de me servir de cet expédient, que plusieurs hommes sages prévoyoient bien *me* devoir être *ruineux*. (VI, 242.)

RUPTURE (Entrer en) :

.... Pour faire *entrer*... Monsieur *en rupture* avec Monsieur le Prince. (V, 242.)

S

SA. Voyez Son, sa, ses.

SAC :

Le bon homme Broussel étoit vieilli entre les *sacs*. (II, 58.)

SACERDOTAL :

Toutes ces pratiques n'ont pu empêcher que le plus grand nombre des Députés de l'Assemblée... n'ait soutenu avec une vigueur ecclésiastique et une liberté *sacerdotale* les droits de l'Épiscopat. (VI, 348.)

SACRAMENTAL, au figuré :

Je suis aussi assuré de M. de Longueville que vous l'êtes de M. de la Rochefoucauld : les paroles *sacramentales* sont dites. (III, 15.)

SACRE :

Monsieur le Premier Président... se joignit à eux... pour m'exhorter, par mon *sacre* (mon caractère épiscopal) à ne pas contribuer au massacre du peuple que Dieu m'avoit commis. (III, 501.)

SACRER :

Il n'y a aucun temps dans la vie où la sainteté soit assurée, que ce dernier moment qui juge tous les autres, et où la persévérance couronne et *sacre*, pour ainsi dire, les bonnes œuvres. (IX, 102.)

SADITE. Voyez Dire.

SAIGNER, neutre, au figuré :

A-t-il eu part au massacre de l'Hôtel de Ville, qui *saignera* aux siècles à venir dans le cœur de tous les bons François? (V, 271.)

SAINT, adjectif :

Cet arrêt (*du Parlement*)... eût commencé la guerre civile dès le lendemain, si Monsieur le Prince... n'eût pris le parti du monde le plus *saint* et le plus sage. (II, 84.)

Voyez la note 2 de la page indiquée.

Jamais projet n'a été si beau, si innocent, si *saint* ni si nécessaire. (II, 111.)

Cette distribution (*d'argent*), qu'il (*Émery*) fit sagement et sans éclat dans les commencements de son rétablissement, nous obligea à songer... à nous incorporer, pour ainsi dire, avec le public; et comme nous en trouvâmes une occasion qui étoit *sainte* en elle-même, ce qui est toujours un avantage signalé, nous ne la manquâmes pas. (II, 546.)

J'ôtai mon bonnet pour parler; et le Premier Président m'en ayant voulu empêcher,... la *sainte* cohue des Enquêtes s'éleva et faillit à étouffer le Premier Président. (II, 584.)

SAINT-MAUR (Congrégation de). (VIII, 535.)

Pères de Saint-Maur :

Je ferai avec application ce que vous désirez touchant les *Pères de Saint-Maur*. (VIII, 627.)

SAISIR, au figuré :

Nous avions jugé à propos... de prévenir et d'étouffer, par quelque chose de réel et de positif qui lui *saisît* l'esprit, la première opposition qui y naîtroit.... (VII, 126.)

Se saisir de :

Tout ceux qui crient dans les rues... *se saisissent* de ces idées. (IV, 201.)

SAISON :

Le Roi Catholique n'avoit pas estimé qu'il fût sûr ni honnête d'accepter ses offres (*les offres de Mazarin*) dans une *saison* où...

l'on voyoit bien qu'il ne les faisoit que pour pouvoir plus aisément opprimer le Parlement. (II, 252.)

DE SAISON, ÊTRE DE SAISON :

Dans les affaires où il s'agit de notre vie et de l'intérêt général de l'État, la franchise n'est pas une vertu *de saison*. (V, 558.)

Je crus... que l'ostentation seroit aussi à propos ce jour-là que la modestie *avoit été de saison* la veille. (II, 163.)

SALETÉ, au figuré :

Il (*le Coadjuteur*) ne voulut prendre aucune part dans toutes ces *saletés* dont l'histoire doit rougir. (V, 219.)

SALIR, au figuré :

Elle (*sa foiblesse*) *salit* tout le cours de sa vie. (II, 175.)

Voyez la note 3 de la page indiquée.

SALMIGONDIS :

Le comte de Brion... faisoit un *salmigondis* perpétuel de dévotion et de péché. (I, 185.)

« Un salmigondi, » dans le manuscrit original.

SALTIMBANQUE :

M. d'Elbœuf, qui étoit grand *saltimbanque* de son naturel, commença la comédie par la tendresse qu'il avoit pour le nom françois. (II, 235.)

SANCTIFIER :

Le Parlement... étoit sur le point... de *sanctifier*... tout ce que nous avions fait. (II, 553.)

Il n'y en a point (*de matière*) qui soit plus contraire aux formes du Palais.... J'étois très-persuadé... qu'elle *étoit* bien rectifiée et même *sanctifiée* par la circonstance. (III, 263.)

SANCTUAIRE :

PESER AU POIDS DU SANCTUAIRE,

c'est à dire à un poids juste et équitable. Allusion à la loi des anciens Juifs, dont les prêtres gardaient, dans le sanctuaire, des poids qui servaient d'étalon :

Dieu vous oblige, Sire,... de *peser au poids du sanctuaire* les raisons qui peuvent balancer cette importante question. (V, 301.)

Voyez la note 2 de la page indiquée.

Je n'ai point eu d'application plus forte... que celle de *peser* mes obligations et mes devoirs *au poids du sanctuaire*. (VI, 437.)

SANG :

Son intention véritable étoit de perdre Monsieur le Prince, et... il ne prit le parti de le ménager qu'après qu'il eut vu que je ne voulois pas le *sang*. (III, 342.)

VOIES DE SANG, moyens sanglants :

Elle ne vouloit pas se servir des *voies de sang*. (III, 340.)

SANS :

La Reine... lui avoit fait... des reproches des mesures qu'il gardoit encore avec Monsieur le Prince, « après ce qu'il vous a fait, lui dit-elle, *sans* ce que je ne vous en ai pas encore dit ». (III, 370.)

SANS QUE :

Sans quelques amis qu'avoit Monsieur le Prince dans le Parlement, et *que* (*sans que, sans ce fait que*) le Cardinal et quelques autres de la cour s'y trouvèrent aussi intéressés, les faux témoins eussent été punis. (V, 377.)

Voyez la note 1 de la page indiquée, et le *Lexique de Sévigné*, au mot SANS, 1°.

.... Ce que Sa Majesté n'eût pas fait *sans qu'*elle étoit (*si elle n'eût été*) bien avertie de ce qui s'étoit passé. (V, 408.)

SANS QUE.... NE :

.... *Sans que* la tête *ne* tourne. (IX, 149.)

SANTÉ :

La *santé* du Roi fut bue avec le refrain de : « Point de Mazarin ! » (III, 269.)

SAOULER, rassasier, satisfaire :

.... L'effusion du sang d'un million de personnes dont on vouloit *saouler* une vengeance injuste et brutale. (V, 399.)

SAPIENCE (Les Écoles de) :

Je disputai dans *les Écoles de Sapience* (*à Rome*), qui ne sont pas à beaucoup près si savantes que celles de Sorbonne. (I, 124.)

Voyez la note 4 de la page indiquée.

SATISFACTION :

Qui ignore la mauvaise *satisfaction* que tous les rois firent paroître de la conduite de Léon X^e ? (VII, 331.)

L'intention du Roi... étoit que le Parlement ne s'assemblât, pour quelque affaire que ce pût être, que la santé de la Reine, sa mère, ne fût un peu rétablie, afin qu'elle pût elle-même travailler avec plus d'application à tout ce qui seroit de leur *satisfaction*. (III, 204.)

SATISFAIRE (Se) :

Le Premier Président ne *se satisfit* que par une invective assez aigre.... (III, 266.)

SAUVER :

.... Ce qui me paroît un subterfuge de l'école et inutile à la question, puisqu'il ne *sauve* pas l'inconvénient d'attribuer.... (IX, 331.)

SAUVER A, conserver à :

Cette déclaration... *eût sauvé* plus de réputation *au* parti... que je ne me l'étois imaginé. (II, 461.)

Sa révolte... *sauva* Naples *à* l'Empereur. (V, 507.)

SAUVER A, épargner à :

Ce tempérament... ne *sauvoit* pas *au* Cardinal le chagrin de n'avoir pu conférer avec le Parlement. (II, 322.)

Nous ne sommes pas hors de tout embarras, mais je suis persuadé que ce partage *nous* en *sauve* au moins les plus considérables. (VIII, 416.)

Se sauver, Se sauver de :

Du Tillet, greffier en chef,... ayant répondu qu'elle (*la feuille de l'arrêt*) étoit entre les mains du greffier commis, le Plessis Guénégaut et Carnavalet, lieutenant des gardes du corps, le mirent dans un carrosse et l'amenèrent au greffe pour la chercher. Les marchands s'en aperçurent ; le peuple se souleva, et le secrétaire et le lieutenant furent très-heureux de *se sauver*. (I, 314.)

Monsieur le Cardinal lui avoit témoigné beaucoup moins de joie de la victoire (*de Lens*), qu'il ne lui avoit fait paroître de chagrin de ce qu'une partie de la cavalerie espagnole *s'étoit sauvée*. (II, 3.)

M. d'Olonne... avoit été arrêté comme il *se* vouloit *sauver* habillé en laquais. (II, 201.)

Tout plia devant la cour. Mme de Longueville *se sauva*, par mer, en Hollande. (III, 26.)

Monsieur son fils... *s'étoit sauvé*... *de* la prison du bois de Vincennes. (II, 90.)

Sauvez-vous de l'assassinat ; devant qu'il soit huit jours, vous serez plus fort que vos ennemis. (II, 573.)

Voyez II, 191 ; III, 157 ; IV, 35.

SAVANT de :

Je l'ai demandée (*la raison*)... au cardinal Trivulce, à Caracène,... et ils ne m'*en* ont pas paru beaucoup plus *savants* que moi. (III, 111.)

Voyez encore III, 353.

SAVOIR, connaître :

MM. de Beaufort, de la Mothe, de Brissac et de Bellièvre, que nous avions avertis et qui *savoient* le dessous des cartes.... (II, 316.)

Quoique Dom Gabriel ne soit pas François, il *sait* assez nos manières pour.... (II, 422.)

Dieu *sait* mon cœur. (III, 312.)

Savoir, sens divers :

Je vous prie de faire *savoir* à M. Gagne s'il a reçu ma réponse que je lui ai adressée par la voie des Minimes. (VIII, 497.)

Je ne *sais* donner à M. Cagnart mon agence parce que j'ai à Rome un nommé M. de la Chausse à qui je suis obligé et au préjudice duquel le sieur Cagnart ne voudroit pas l'avoir. (VIII, 556.)

Savoir de :

Vous pouvez, sans vous ouvrir, *savoir de* l'état où l'on sera avec elle par Chevincourt. (VIII, 171.)

SCANDALEUX à :

.... Une entreprise beaucoup plus *scandaleuse à* l'Église que.... (VI, 62.)

SCHELME, du mot allemand *schelm*, qui signifie *coquin* :

Nous allons faire égorger Monsieur le Prince et Monsieur le coadjuteur, *Schelme* qui ne remettra l'épée dans le fourreau ! (III, 496.)

Voyez la note 2 de la page indiquée.

SCHISMATIQUE :

Elle ne pourroit demeurer volontairement dans cet état sans un esprit *schismatique*. (VI, 381.)

Si l'on veut colorer cet ordre *schismatique*, par lequel on a défendu à tous ceux que Dieu a soumis à la conduite d'un évêque, d'avoir aucune communication avec lui.... (VI, 406.)

SCHOLASTIQUE (Cercle) :

Ainsi l'auteur ne prouve sa conclusion que par un synonyme, ce qui s'appelle, en toute philosophie, un *cercle scholastique*. (IX, 331.)

SCIENCE :

Savoir de science certaine :

Et je *sais, de science certaine*, que Monsieur le Prince savoit que Madame sa sœur aimoit véritablement Coligni. (II, 119 et 120.)

Il *savoit de science certaine* que la proposition seroit très-agréée par la cour. (II, 219.)

Voyez II, 60, 125 et 228; III, 6, 7 et 105.

SCRUPULE (Faire du) de :

M. de Beaufort... *faisoit du scrupule de* s'engager par un traité signé avec les ennemis de l'État. (II, 325.)

SE, soi, là où nous mettrions de préférence un autre pronom :

Monsieur envoya, dès le matin, *s*'excuser sous le prétexte d'une colique. (IV, 101.)

Cet avis... étoit... de *soi-même* trop dangereux. (II, 378.)

La proposition de la paix générale, qui est de *soi-même* le plus grand et le plus plausible de tous les biens.... (II, 422.)

Il perdroit l'État en *se* perdant *soi-même*. (III, 95.)

Tout le monde revint de cette illusion en s'étonnant de *soi-même*. (III, 228.)

SÉANCE, droit de siéger :

M. de Longueville, n'étant point pair, n'avoit point de *séance* au Parlement. (II, 163.)

Est-il possible... qu'un prince du sang de France propose de donner *séance* sur les fleurs de lis à un député du plus cruel ennemi des fleurs de lis ? (II, 247.)

Voyez II, 577; III, 507.

SECOND :

Les vastes et lointains desseins

de MM. de Guise ne leur permirent pas, sous François *second*, de penser à y donner des bornes (*à l'autorité royale*). (I, 273.)

Le second, sens neutre :

« Mon avis est,... repartit... Guitaut, de rendre ce vieux coquin de Broussel mort ou vif. »... Je lui dis : « Le premier ne seroit ni de la piété ni de la prudence de la Reine; *le second* pourroit faire cesser le tumulte. » (II, 23.)

L'intérêt du Coadjuteur n'est pas de vous tuer, Messieurs, mais de vous assujettir. Le peuple lui suffiroit pour *le premier*; le camp lui est admirable pour *le second*. (II, 319.)

Elle lui avoit enfin fait donner parole... de s'accommoder à la cour ou de prendre parti avec Espagne. « Je vois bien, ajouta-t-il, que vous ne voulez pas *du second;* aidez-moi au premier, je vous en conjure. » (II, 441.)

Voyez II, 8 et 365.

SECONDER :

.... Un reproche du pas auquel il l'avoit engagé et qui *avoit été* si mal *secondé* par monsieur le Cardinal. (III, 97.)

SECOUSSE :

Les provinces... demeuroient abattues et assoupies sous la pesanteur de leurs maux, que les *secousses* qu'elles s'étoient données de temps en temps, sous le cardinal de Richelieu, n'avoient fait qu'augmenter et qu'aigrir. (I, 289.)

Voyez la note 5 de la page indiquée.

SECRET, discret :

Un chirurgien domestique que j'avois venant de sortir de chez moi, parce qu'il avoit tué un homme, je crus que je ne me pouvois mieux adresser qu'au marquis de Noirmoutier,... qui en avoit un très-bon et très-affidé; et quoique je le connusse assez pour n'être pas *secret*, je ne pus pas m'imaginer qu'il pût être capable de ne l'être pas en cette occasion. (II, 594.)

Je connoissois Noirmoutier pour l'homme du monde le moins *secret*.... (III, 18.)

Il ne l'est pas moins (*il n'est pas moins constant*) qu'il ne se pouvoit pas qu'elle ne l'eût (*cet avis*), le prince de Guéméné et Béthune étant les deux hommes du royaume les moins *secrets*. (III, 251.)

SECRET, substantif :

.... En la présence de Celui qui voit le *secret* des cœurs. (VI, 264.)

Le grand *secret* de ceux qui entrent dans les emplois est de saisir d'abord l'imagination des hommes. (I, 216.)

Un des plus grands *secrets* de la vie est de savoir s'ennuyer. (III, 536.)

Secret, discrétion :

Il ne lui falloit parler de rien, parce qu'il étoit léger et sans *secret*. (I, 165.)

M. le comte de Cramail... ne songea plus qu'à couvrir le passé, qui, du côté de Paris, n'étoit qu'entre six personnes. C'étoit toujours beaucoup ; mais le manquement de *secret* étoit encore plus à craindre de celui de Sedan. (I, 175.)

Le *secret* n'est pas si rare que l'on le croit, entre les gens qui ont accoutumé de se mêler de grandes affaires. (I, 176.)

.... Son peu de *secret* et son peu de jugement, belles qualités... pour suppléer aux défauts de Laigue. (II, 363.)

.... Le peu de *secret* et l'infidélité de Mme de Montbazon. (III, 183.)

Nous tromperions même l'ambassadeur, qui, comme vous savez, n'a point de *secret*. (III, 378.)

Mes amis... se défioient beaucoup de son *secret* et de sa bonne foi. (V, 137.)

SECRÉTAIRE DES COMMANDEMENTS :

Monsieur... se laissa aller à envoyer avec eux Goulas, *secrétaire de ses commandements.* (III, 244.)

Voyez III, 35 et 153.

SECRÉTAIRE D'ÉTAT :

Pancirolle, ayant été créé cardinal et *secrétaire d'État* de l'Église.... (III, 143.)

Voyez I, 251 et 313; II, 586; III, 236 et 382; IV, 135.

SÉCULIER, opposé soit à *régulier*, soit à *ecclésiastique* en général.

.... Défenses à tous Prêtres, tant *Séculiers* que Réguliers, de dire et célébrer la Sainte Messe... audit Hôtel de Sens. (IX, 49.)

.... Une si violente usurpation de l'autorité ecclésiastique par une puissance *séculière.* (V, 119.)

Des *séculiers*, usurpant l'autorité de l'Eglise, déclarent mon siége vacant. (V, 119.)

SEIGNEUR :

La Reine... me dit... qu'elle n'eût jamais cru que j'eusse été capable de lui manquer,... dans une occasion qui blessoit la mémoire du feu Roi son *seigneur.* (I, 248.)

C'est assez, mon bon *seigneur*; vous ne voulez pas qu'elle sorte, elle ne sortira pas. (II, 489.)

Je ne vous blâme pas tant à l'égard de Monsieur que vous pensez. C'est un étrange *seigneur.* (III, 315.)

SÉJOUR :

J'avois fait l'ecclésiastique et le dévot dans tout le voyage: je continuai dans le *séjour.* (I, 93.)

SEL, au figuré :

Monsieur le Premier Président y trouva trop de vinaigre (*dans le mémoire*); mais il y mit du *sel*, ce fut l'expression dont il se servit. (III, 477.)

SELLETTE (METTRE SUR LA).

.... Une nouveauté aussi surprenante que seroit celle qui *mettroit*, en quelque façon, le Coadjuteur *sur la sellette.* (III, 236.)

SEMBLANT (FAIRE) DE :

Je ne *fis* aucun *semblant* de l'avoir remarqué. (II, 65 *et* 66.)

FAIRE SEMBLANT QUE :

Cette imposture est si noire et si grossière que je suis résolu de ne pas *faire* seulement *semblant que* j'en aie la moindre connoissance. (VII, 106.)

Ne *faites* pas *semblant*... *que* vous ayez vu sa lettre. (VIII, 283.)

SEMER DE :

La méchanceté faisoit en lui (*prince de Conti*) ce que la foiblesse faisoit en M. le duc d'Orléans. Elle inondoit toutes les autres qualités, qui n'*étoient* d'ailleurs que médiocres et toutes *semées de* foiblesses. (II, 180.)

SÉNAT APOSTOLIQUE :

Sa généreuse constance... n'a pas moins donné d'ornement au *Sénat Apostolique*, que la dignité en avoit été avilie par ses liens. (VI, 168.)

SENS :

Laigue n'avoit qu'un fort petit *sens.* (II, 7.)

Ce conseiller,... comme vous voyez, ne parloit pas de trop mauvais *sens.* (IV, 64.)

D'un *sens* dégagé de toutes préventions,... je viens apporter aux peuples les sentiments que m'inspire la pure vérité. (V, 184.)

SENS, manière :

Mlle de Vendôme... étoit aimable à tout prendre et en tout *sens.* (I, 195.)

Mme de Montbazon, pressée par

Vineuil en plus d'un *sens*, promettoit M. de Beaufort à la Reine. (II, 373.)

Le Parlement, qui faisoit, d'un *sens*, notre principale force, faisoit, en deux ou trois manières, notre principale foiblesse. (II, 266.)

M. de la Rochefoucauld... a voulu se mêler d'intrigue, dès son enfance, et dans un temps où il ne sentoit pas les petits intérêts, qui n'ont jamais été son foible; et où il ne connoissoit pas les grands, qui, d'un autre *sens*, n'ont pas été son fort. (II, 180.)

Voyez I, 244, 265 et 281; II, 103, 233 et 269; III, 173 et 354.

Tomber en sens réprouvé, se heurter à un aveuglement obstiné :

Quand il vit qu'il *étoit tombé en sens réprouvé*, il se tira d'affaire habilement. (III, 159.)

SENSIBLE :

Je trouve une satisfaction si *sensible* à vous rendre compte de tous les replis de mon âme et de ceux de mon cœur, que.... (I, 191.)

Le comte de Brion... prenoit une *sensible* part à sa prétendue conversion (*à la conversion de Turenne*). (I, 185.)

M. de Longueville témoignoit de la tristesse, et il étoit dans une joie *sensible*. (II, 19.)

Je n'ai guères eu en ma vie de plus *sensible* joie que celle que je reçus en cet instant. (II, 442.)

Il aime son pays, et je suis persuadé qu'il se fera un plaisir *sensible* de lui rendre sa liberté. (V, 628.)

Votre amitié... me sera assurément toute ma vie très-*sensible* et très-chère. (VII, 25.)

La reconnoissance du Pape... ne pourra être que très-grande, très-*sensible* et très-véritable. (VII, 192.)

Le Cardinal lui avoit témoigné une douleur *sensible*. (II, 91.)

Il y en a mille et mille exemples. Les six ou sept semaines qui coulèrent depuis la publication de la déclaration jusques à la Saint-Martin de l'année 1648 nous en présentent un qui ne nous a été que trop *sensible*. (II, 95.)

La mode, qui a du pouvoir en toutes choses, ne l'a si *sensible* en aucune qu'à être ou bien ou mal à la cour. Il y a des temps où la disgrâce est une manière de feu qui purifie toutes les mauvaises qualités et qui illumine toutes les bonnes; il y a des temps où il ne sied pas bien à un honnête homme d'être disgracié. (I, 227.)

Ce qui regarde Monsieur le Cardinal est *sensible* à Votre Majesté. (III, 381.)

Je n'ai jamais rien eu de plus *sensible* que les occasions de témoigner à Votre Majesté un attachement inviolable. (VI, 7.)

Voyez I, 260; II, 28, 93 et 190; III, 9, 144, 347 et 375; VII, 107; VIII, 433 et 480.

Sensible, pris substantivement :

.... Croyant assurer beaucoup mieux son retour en différant jusques à ce temps-là l'exécution des avantages promis, qu'il sait être le *sensible* de Monsieur le Prince, qu'en se confiant entièrement à ses paroles. (V, 421.)

SENSIBLEMENT :

Je crus que j'avois toute la liberté de songer à ce qui étoit des miens (*de mes intérêts*), que je trouvois même *sensiblement* dans cette guerre. (I, 157.)

Les officiers de quartiers... me firent tenir cinquante et plus de billets, pour m'avertir que... les dispositions étoient *sensiblement* et visiblement changées. (II, 161.)

Je répondis... que j'étois *sensiblement* obligé à la Reine. (III, 307.)

.... Au comte de Pas, qui m'avoit obligé... *sensiblement*. (IV, 33.)

Une infinité de raisons... justifient ma conduite et font remarquer *sensiblement* que je n'ai pas dû raisonnablement en prendre une autre. (VI, 243.)

Je vous en suis très-*sensiblement* obligé. (VII, 60.)

Je vous recommande de tout mon cœur les intérêts de M. le prince de Lixin, et vous ne pourrez jamais m'obliger plus *sensiblement*. (VIII, 489.)

Je me trouve en vérité... plus sensible à ce qui vous regarde... qu'à ce qui m'a jamais touché moi-même le plus *sensiblement*. (VIII, 623.)

Voyez II, 76; III, 214, 324 et 507; IV, 23; V, 525; VII, 107; VIII, 580.

SENTIMENT :

La postérité aura peine à croire qu'une fille d'Angleterre, et petite fille de Henri le Grand, ait manqué d'un fagot pour se lever au mois de janvier dans le Louvre. Nous avons horreur, en lisant les histoires, de lâchetés moins monstrueuses que celle-là; et le peu de *sentiment* que je trouvai dans la plupart des esprits sur ce fait m'a obligé de faire... cette réflexion, que les exemples du passé touchent sans comparaison plus les hommes que ceux de leur siècle. (II, 198.)

La manière si généreuse dont il a plu au Roi de traiter Monsieur le Nonce... a fait un très-bon effet dans le Sacré Collége et... plus de vingt cardinaux m'en ont parlé avec *sentiment* et avec joie. (VII, 150.)

Nous trahirions les intérêts sacrés de notre caractère, si nous manquions de vous avertir, mais de vous avertir avec *sentiment*, que l'Église, à qui son Époux a donné le nom et la douceur de la colombe, n'est pas encore en état dans votre Royaume d'en perdre le gémissement. (IX, 33.)

Sentiment, avis :

Je vous ordonne... de me rendre compte de temps en temps de ce qui se passera dans mon Diocèse, et de n'y résoudre rien de considérable sans mes *sentiments* et sans mes ordres. (VI, 427.)

SENTIR, sens divers :

Ces galanteries ne l'empêchèrent pas (*mon père*) de faire tous ses efforts pour [m']attacher à l'Église... : la prédilection pour son aîné et la vue de l'archevêché de Paris... produisirent cet effet. Il ne le crut pas et ne le *sentit* pas lui-même. (I, 91.)

Elle se donna à elle-même des idées plus douces, sans les *sentir*, de ce qui s'étoit passé le matin. (III, 434.)

Voilà la vue de la Rochepot, qui n'étoit nullement impraticable, et je le *sentis* par l'effet que la possibilité prochaine fit dans mon esprit. (I, 146.)

Il n'oublia rien pour faire *sentir* à la Reine la vérité. (III, 159.)

Ce qui paroît un prodige aux siècles à venir ne se *sent* pas dans les temps. (IV, 64.)

Je vous assure que je *sens* beaucoup tout ce que vous faites pour moi. (VIII, 263.)

Je ne vous dirai rien qu'avec toute la sincérité que demande l'estime que je *sens* pour vous. (I, 81.)

Monsieur le Comte *sentoit* du scrupule de posséder, sous le nom de *Custodi nos*, plus de cent mille livres de rente en bénéfices. (I, 128.)

Le Parlement prit à son retour toutes les bagatelles qui *sentoient* le moins du monde l'inexécution de la déclaration, avec la même rigueur... qu'il auroit traité ou un défaut ou une forclusion. (II, 96.)

Se sentir :

Les provinces demeuroient abattues et assoupies.... Si cette indolence générale eût été ménagée, l'assoupissement eût peut-être duré plus longtemps; mais comme le médecin (*Mazarin*) ne le prenoit que pour un doux sommeil, il n'y fit aucun remède. Le mal s'aigrit; la tête s'éveilla : Paris *se sentit*, il poussa des soupirs. (I, 290.)

Se sentir de :

Je n'ai pas connu un seul homme de mérite qui ne *se soit senti de* mes bienfaits. (V, 631.)

SEOIR, être assis :

.... Le Roi *séant* en son lit de justice. (V, 380.)
Que le Roi *séant* en son trône dissipe par sa présence toute sorte de mal. (IX, 71.)

Seoir, convenir; *il sied, il sioit, il seoioit* :

Il y a des temps où il ne *sied* pas bien à un honnête homme d'être disgracié. (I, 227.)
Il ne *sioit* pas bien à un honnête homme d'être mal à la cour en ce temps-là. (I, 232.)
Il (*Mazarin*) porta le filoutage dans le ministère;... et ce filoutage faisoit que le ministère, même heureux et absolu, ne lui *seoioit* pas bien, et que le mépris s'y glissa. (I, 287.)

SÉPARER de :

J'avois trop d'intérêts de faire connoître à la Reine... qu'il n'y avoit point d'autre motif qui m'*eût séparé de* son service. (III, 9.)

Se séparer de :

Rien... ne le... pourroit jamais obliger à *se séparer des* sentiments du Parlement. (IV, 99.)

SEPTANTE :

Ce même pape, en donnant la raison pour laquelle il fixe le nombre des cardinaux à *septante* et deux, s'explique ainsi.... (VII, 331.)

Voyez encore VIII, 309.

SEPTENTRION :

Le cardinal Mazarin... tire son successeur (*le successeur de Gustave Adolphe*) du *Septentrion*, dans un temps où l'Allemagne.... (V, 319.)

SÉPULTURE, au figuré :

.... Une action que l'on peut appeler la *sépulture* de la paix générale. (V, 317.)

SERGENT :

Pradelle m'envoya le chevalier de Rarai... avec quarante hommes choisis entre les *sergents* et les plus braves soldats du régiment. (III, 486.)

Sergent, huissier :

Il me vient de dire que l'on lui offre de l'argent d'un office de *sergent*, mais il me semble que ces offices de *sergents* ne sont pas compris dans les métiers. (VIII, 289.)

La barrière des sergents :

Je donnai ordre à l'Espinai... de se tenir prêt pour se saisir, au premier ordre, de la *barrière des Sergents*, qui est vis-à-vis de Saint-Honoré. (II, 41.)

Voyez la note 3 de la page indiquée.

SERMENT (Avoir) à :

Tous les cardinaux... *ont serment au* Pape. (III, 270.)

Voyez la note 4 de la page indiquée.

SERRER :

Sa galère... étoit toute prête pour *serrer* la bouche de la Darse. (V, 571.)

Voyez la note 2 de la page indiquée.

Cette aventure ne nuisit pas... à *serrer* la vieille amitié qui étoit entre M. de Turenne et moi. (IV, 28.)
Quand je fus persuadé que je devois penser au chapeau, je *serrai* les mesures que j'avois jusque-là plutôt reçues que prises. (III, 145.)

Voyez encore l'expression *serrer les mesures*, III, 352; VII, 396.

SERRÉ :

Mes attachements me retinrent à Paris, mais si *serré* et si modéré, que j'étudiois tout le jour, et que le peu que je paroissois laissoit toutes les apparences d'un bon ecclésiastique. (I, 150.)

SERVICE, au singulier et au pluriel :

Cela n'empêcheroit pas que nous ne demeurassions toujours dans les termes et du respect et du *service* que nous avions voués à Son Altesse. (II, 537.)

M. de Montrose... amena avec lui près de cent officiers, la plupart gens de qualité et tous de *service*. (III, 38.)

C'est un malheur ordinaire aux plus grands princes de ne considérer pas assez les hommes de *service* quand une fois ils croient être assurés de leur fidélité. (V, 502.)

Le pauvre M. de Morcin... est homme de qualité, de mérite et de *service*. (VIII, 550.)

Je vous supplie d'assurer le Père Dom du Pui de mon *service* très-humble. (VIII, 48.)

Je prends la hardiesse de vous supplier très-humblement d'assurer Madame votre femme de mon très-humble *service*. (VIII, 609.)

Assurez, je vous prie, Monsieur votre frère de mes *services*. (VI, 445.)

SERVIR :

Si Monsieur le Prince avoit su jouer la balle qu'il lui *avoit servie* le matin, il avoit quinze sur la partie contre moi. (III, 470.)

Voyez la note 3 de la page indiquée.

Il étoit capitaine des gardes en quartier; je *servois* le mien dans la Fronde. (III, 249.)

Voyez l'article *quartier*.

SERVITEUR :

Mlle de Vendôme... étoit aimable à tout prendre et en tout sens. Je suivis ma pointe, et je trouvois des commodités merveilleuses.... Je ne fus arrêté dans ma course que par son mariage.... Je demeurai son *serviteur*, et je fus assez heureux pour lui en donner de bonnes marques dans les suites de la guerre civile. (I, 196.)

Je lui représentai (à *Mazarin*) les raisons et les exemples. Je lui dis qu'étant son *serviteur* aussi particulier que je l'étois, j'espérois que l'on me feroit la grâce de les faire entendre à la Reine. (I, 252.)

Monsieur le Duc... ajouta qu'il ne souffriroit, en façon quelconque, que l'on usât d'aucune violence; que j'étois son parent et son *serviteur*, et qu'il ne partiroit point pour l'armée qu'il ne vît cette affaire finie. (I, 262.)

Rarai... étoit *serviteur* particulier de Monsieur le Prince,... quoiqu'il fût domestique de Monsieur. (III, 399.)

Monsieur le Premier Président, qui étoit dans le fond très-bien intentionné pour Monsieur le Prince, avoit fait témoigner à ses *serviteurs* qu'il le serviroit avec zèle. (III, 197.)

Voyez I, 156; II, 72, 442 et 540; III, 83 et 89.

SERVITUDE :

Sa *servitude* naturelle... obscurcissoit la grande capacité qu'il avoit pour son métier. (III, 53.)

SEULEMENT :

Il y avoit très-peu de gens... qui ne s'effarassent *seulement* de la proposition (*de la seule proposition*) (II, 63.)

SÈVE, au figuré :

La véritable *sève* de ces plaintes, c'est l'imagination que l'on a, que l'on seroit bien mieux ailleurs qu'auprès d'un disgracié. (V, 109.)

SI, même si, quand même :

Si j'étois assuré de périr, je ne

commettrois pas cette lâcheté. (II, 402.)

Je l'aurois refusé *si* il y eût ajouté douze chapeaux. (III, 165.)

Si ce n'est que :

Le président de Bellièvre… n'eut d'autre réponse, *si ce n'est que* l'on leur donneroit ce pouvoir. (II, 372.)

Si il, Si ils, sans élision. (I, 209, 229, 252, 307 et 315 ; II, 159, 249 et 274 ; III, 165, etc.)

Si, pourtant :

Quoique cet outrage soit aussi grand qu'on peut le dire, *si* est-ce que nous eussions souhaité qu'il eût été de la nature de ceux qui se peuvent dissimuler. (VI, 118.)

Soyons, tant qu'il nous plaira, montés sur des échasses ; *si* faut-il pourtant que nous marchions de nos jambes. (IX, 151.)

Voyez la note 5 de la page indiquée.

SIÈCLE (Le) d'or :

Le Parlement, délivré du cardinal de Richelieu, qui l'avoit tenu fort bas, s'imaginoit que *le siècle d'or* seroit celui d'un ministre qui leur disoit tous les jours que la Reine ne se vouloit conduire que par leurs conseils. (I, 237.)

SIFFLER, actif : apprendre à siffler (à un oiseau) ; et, par suite, préparer, instruire, faire la leçon à :

Le coadjuteur *siffle* ses linottes. (III, 304.)

Pouvez-vous répondre de vous-même à l'égard d'une fille aussi brillante et aussi belle qu'elle est ? Dans six semaines elle ne sera plus enfant ; elle *sera sifflée* par Épineville, qui est un vieux renard, et par sa mère, qui paroît avoir de l'entendement. (I, 104.)

Il (*Mazarin*) finit brusquement et incivilement la conversation, et il me renvoya à la Reine. Je la trouvai *sifflée* et aigrie. (I, 252.)

M. d'Elbeuf entra chez moi, qui me dit tout ce que la cajolerie de la maison de Guise lui put suggérer. Je vis ses trois enfants derrière lui qui ne furent pas tout à fait si éloquents, mais qui me parurent *avoir été* bien *sifflés*. (II, 148.)

Je connus, dès le premier mot que je lui tirai de la bouche, qu'il *avoit été sifflé*. (III, 154.)

SIGNALER :

…. C'étoit en cette occasion où nous avions dû *signaler* le pouvoir que nous avions sur le peuple. (III, 32.)

Se signaler pour :

M. Loisel… et M. Biet… *s'étoient signalés pour* mes intérêts. (V, 141.)

Signalé :

La Rivière… étoit le poltron le plus *signalé* de son siècle. (II, 20.)

Par un malheur *signalé*, je trouvai…. (II, 133.)

Voici une des plus *signalées* sottises que j'aie faites dans tout le cours de ma vie. (II, 462.)

…. Sur le rapport qu'il lui en a été fait par les cardinaux plus *signalés* de la congrégation du Saint-Office. (VII, 96.)

SIGNATURE de grâce, nom d'une congrégation :

J'ai vu ce matin le Pape à la *Signature de grâce*. (VII, 204.)

SIGNER dans :

Dans ce traité préliminaire que M. de Bouillon veut que l'on signe avec les envoyés de l'Archiduc, *y* signerez-vous ? (II, 355.)

SIGNOR (Le), ou Il signor :

J'ai témoigné *au Signor* Ferdinando Raggi que…. (VII, 168.)

Nous avons ici de mercredi *il signor* Zandedari, petit neveu de Sa Sainteté. (VII, 212.)

SIGNORA (La) :

La signora Olimpia…. (IV, 132.)

Il ne voyoit plus *la signora*. (IV, 132.)

Voyez IV, 133, lignes 2, 5 et 18.

SIMILITUDE :

Il nous instruit par contrariété plutôt que par *similitude*, et il veut que, pour bien faire, nous prenions le contre-pied de ce qu'ils fesoient. (IX, 165.)

Voulez-vous encore d'autres *similitudes ?* L'homme est comme le traversin d'une balance.... (IX, 146.)

SIMPLE :

Qu'est-ce que pouvoient faire... deux des plus *simples* et des plus communes têtes de tout le corps? (II, 58.)

Votre Altesse me disoit... que cette disposition du peuple n'étoit qu'une fumée ; mais cette fumée... est entretenue par un feu qui est bien vif et bien allumé. Le Parlement le souffle, et ce parlement, avec les meilleures et même les plus *simples* intentions du monde, est très-capable de l'enflammer à un point qui l'embrasera. (II, 104.)

SINON :

Je ne désire autre chose... *sinon* de garder.... (VI, 273.)

SIRE :

L'histoire du *sire* de Joinville nous fait voir clairement que saint Louis l'a connu et estimé. (I, 272.)

SIXIÈME :

Monsieur... fit promettre à Monsieur le Prince qu'il n'iroit, le lendemain, que lui *sixième* (*c'est-à-dire avec cinq personnes*) au Palais, pourvu que je m'engageasse à n'y aller qu'avec un pareil nombre de gens. (III, 505.)

SIX-VINGTS :

M. de Beaufort, accompagné... de cent ou *six-vingts* gentilshommes.... (II, 515.)

Il passa de *six-vingts* voix... à.... (IV, 55.)

Voyez encore IV, 180.

SOI. Voyez SE, SOI.

SOL, sou :

Je ne me trouvois pas un *sol*. (I, 95.)

« Un sou, » dans quelques éditions plus ou moins modernes.

Voyez II, 591 ; V, 112 ; VIII, 242, 396 et 496.

SOLDAT :

M. de Longueville... étoit très-*soldat*. (II, 451.)

Il (*M. de la Rochefoucauld*) n'a jamais été guerrier, quoiqu'il fût très-*soldat*. (II, 181.)

SOLEIL (À LA VUE DU), au figuré : au grand jour, ouvertement :

Il s'étonnoit qu'un homme pour l'exclusion duquel il y avoit eu soixante et deux voix se pût résoudre à violer les formes de la justice *à la vue du soleil*. (II, 601.)

SOLIDE :

Cette nourriture (*les acclamations du peuple*), quoique assaisonnée avec soin par les flatteries des courtisans, n'étoit pas d'une substance tout à fait *solide*. (III, 193.)

.... Ceux dont le ministère véritable et *solide* offusquoit le sien. (III, 365.)

D. Brachet paroît un homme *solide* et fort net, et avec lequel il y a plaisir de traiter. (VIII, 333.)

Rien ne marque tant le jugement *solide* d'un homme, que de savoir choisir entre les grands inconvénients. (II, 248.)

.... Homme... d'un jugement *solide*. (IV, 75.)

Son raisonnement, dans le fond, n'étoit pas *solide*. (II, 349.)

Le comte de Fuensaldagne leur avoit donné des raisons si pressantes et si *solides* de cette marche.... (II, 427.)

Je ne pouvois dire les raisons les plus *solides* que j'avois pour ne la pas approuver (*pour ne pas approuver cette émotion*). (II, 301.)

Je ne me rendis pas à ces raisons, qui certainement n'étoient pas *solides*. (III, 121.)

L'intérêt véritable et *solide* du public est la paix générale. (II, 339.)

Je ne manquai pas cette occasion de faire connoître aux envoyés d'Espagne leur intérêt *solide*. (II, 357.)

.... L'intérêt *solide* qui l'eût dû attacher à ses troupes. (IV, 202.)

Nous nous tenons en état de faire ce que le véritable service du Roi et le bien *solide* de l'État demandera de notre ministère. (II, 260.)

.... Le rétablissement entier et parfait de l'ordre de l'Église, auquel les plus *solides* et les plus saintes de toutes les bénédictions sont attachées. (VI, 315.)

L'on ne fait qu'un mal imaginaire à l'Église, et j'en ferois un *solide* à l'État si.... (III, 279.)

M. de Thou... m'en avoit pressé (*d'être des amis de Cinq-Mars*), et... je n'y donnai point, parce que je n'y crus d'abord rien de *solide*. (I, 201.)

Ce que la première (*l'Espagne*) propose pour la paix générale devient *solide* et réel par la déclaration de M. de Turenne. Elle met la possibilité à l'exécution; elle nous donne lieu d'engager le Parlement, sans lequel nous ne pouvons rien faire qui soit *solide*. (II, 342.)

.... Ce qui avoit été... promis dans la prison, et que, sur ce titre, je ne comptois pas pour fort *solide*. (III, 281.)

Solide, pris substantivement :
Mme la Palatine estimoit autant la galanterie qu'elle en aimoit le *solide*. (II, 187.)

SOLIDEMENT :

Venons aux moyens de les refuser (*ces articles*), et de les refuser *solidement* et avantageusement pour le public et pour les particuliers. (II, 385.)

Le milieu de la dépêche étoit substantiel et lui faisoit voir *solidement* que nous étions très-bien intentionnés pour la paix. (III, 108.)

Il se donne l'honneur, dans le public, de le pousser personnellement et *solidement*. (III, 412.)

.... Pour me raccommoder *solidement* avec la cour. (V, 137.)

.... Des miracles très-*solidement* vérifiés. (IX, 104.)

SOLIDITÉ :

L'on dit toujours qu'il n'y a point d'assurance au peuple; l'on a menti, il y a mille fois plus de *solidité* que dans les cabinets. (III, 397.)

Rien ne fit plus paroître... son peu de *solidité*, que le faux honneur qu'il (*le Pape*) se voulut donner de la conversion de la reine de Suède. (V, 97.)

Il me parle avec sincérité, et même avec *solidité*. (VII, 74.)

Celui qui est persuadé que tout ce qui paroît moderne dans le culte est superstition et qui croit que la fête dont il s'agit aujourd'hui est de cette nature, la profane par le peu d'opinion qu'il a de la *solidité* de son institution. (IX, 205.)

.... Les difficultés qui me font douter de la *solidité* de ma pensée touchant l'inutilité des pures et simples négatives. (IX, 336.)

SOLLICITER de, suivi d'un nom ou d'un verbe :

Il l'*avoit sollicité de* ce mariage trois mois durant. (III, 472.)

Il (*Laigue*) *sollicitoit* Bridieu, gouverneur de Guise, *de* remettre sa place aux Espagnols. (II, 475.)

SOMMER de, suivi d'un nom :

Ces envoyés (*les envoyés de l'Archiduc*)... ne laissoient pas, au travers de toute la confiance qu'ils avoient en M. de Bouillon, de me *sommer*, de temps en temps, *de la parole que je leur avois donnée de ne les pas laisser surprendre.* (II, 462.)

SON, SA, SES :

Le président le Cogneux... éleva *sa* voix et dit.... (II, 166.)

Comme il affecta d'élever *sa* voix,... j'affectai aussi de ne pas baisser la mienne. (I, 260.)

Il abaissa *sa* voix. (II, 360.)

M. le cardinal de Richelieu avoit donné une atteinte cruelle à la dignité et à la liberté du clergé dans l'assemblée de Mantes, et il avoit exilé, avec des circonstances atroces, six de *ses* prélats les plus considérables. (I, 245.)

Le Cardinal Mazarin... fut capitaine d'infanterie en Valteline ; et Bagni, qui étoit son général, m'a dit qu'il ne passa dans *sa* guerre, qui fut de trois mois, que pour un escroc. (I, 284.)

Monsieur le Prince... se servit très-habilement de cette parole pour faire croire au Cardinal... qu'il étoit de *sa* prudence de se faire honneur de la nécessité. (II, 86.)

Son courage étoit sa vertu la plus naturelle. (II, 96.)

Étant peu satisfait du Cardinal et moins encore du maréchal de la Meilleraie, son beau-frère, il (*M. de Brissac*) venoit chercher *son* aventure dans un parti où il crut que notre alliance pourroit ne lui être pas inutile. (II, 145.)

Tout ce qu'il faisoit étoit accompagné d'un air noble et grand, qui sentoit *sa* naissance illustre. (V, 552.)

Blancménil... nous déclara qu'il ne vouloit plus de conférences particulières, qu'elles sentoient *sa* faction et *son* complot. (II, 66.)

SONGER DE :

J'ose soutenir qu'un particulier ne peut *songer* avec raison *de* changer lui seul une nécessité qui a pris de si fortes racines. (V, 529.)

SORTE, façon, manière :

L'Église a été autrefois en peine de quelle *sorte* elle pourvoiroit aux besoins d'un diocèse, lorsque.... (VI, 52.)

Malheur à moi, si je ne travaillois point d'une autre *sorte* au bien de l'Église. (VI, 386.)

Ils mouroient sans douleur de la même *sorte* que nous nous endormons. (IX, 138.)

S'ils se meuvent, c'est de la même *sorte* que ceux qui voyagent en carrosse. (IX, 163.)

QUELQUE SORTE DE, TOUTE SORTE DE :

On résolut... de leur faire *quelque sorte de* réparation. (I, 246.)

Blancménil... faisoit en ce temps-là *quelque sorte de* figure. (III, 185.)

Qui pourra posséder son bien avec *quelque sorte de* sûreté, si...? (VI, 355.)

.... Un rapprochement à la cour qui, contre *toute sorte de* bon sens, avoit été encore plus apparent qu'effectif. (II, 501.)

Leurs Majestés marchèrent à Bourges. Elles en chassèrent M. le prince de Conti avec *toute sorte de* facilité. (IV, 5.)

Assereto et Scipion Borgognino exécutèrent ce qui leur avoit été commandé avec *toute sorte de* bonheur. (V, 577.)

SORTIR DE, au propre et au figuré :

Je *sortis de* ma place sous prétexte d'aller à la cheminée. (II, 312.)

Il ne me fut pas difficile de la mettre (*la Reine*) en état de ne pouvoir que me dire sur mes raisons, et elle *en sortit* par le commandement qu'elle me fit de les aller faire connoître à Monsieur le Cardinal. (I, 248.)

Je l'assurai de mes obéissances et de mon zèle en tout ce qui ne seroit pas contraire aux engagements qu'il savoit que j'avois pris. Je le fis convenir de l'impossibilité d'*en sortir*. (II, 116.)

La cour *sortit* encore plus aisément *de* la proposition faite par l'Archiduc, sur le sujet de la paix générale. (II, 471.)

Sortir pour, suivi d'un nom de lieu :

Le lendemain,... les députés *sortirent pour* Ruel, et notre armée *sortit pour* le camp formé entre Marne et Seine. (II, 317.)

Au sortir, absolument :

Au lieu de trouver un asile dans la Maison du premier Ministre de la Justice,... il trouve *au sortir* des gens armés.... (VI, 259.)

Voyez encore VI, 259.

SOUFFRIR :

M. le cardinal de Richelieu aimoit la raillerie, mais il ne la pouvoit *souffrir*. (I, 133.)

Souffrir à :

Il faut qu'elle (*la philosophie*) *souffre à* son sage de pleurer et de se plaindre comme le vulgaire. (IX, 149.)

Sou :

Il ne fut pas en mon pouvoir de l'obliger (*d'obliger Monsieur*) à offrir un *sou* au Roi son neveu. (III, 112.)

Voyez l'article Sol.

SOÛLER, rassasier :

C'est le chef-d'œuvre de Dieu... de former des plaisirs tout purs qui nous contentent sans nous *soûler*. (IX, 193.)

SOULÈVEMENT :

.... Un *soulèvement* général de toutes les voix. (IV, 64.)

Qui ne vous peut pas répondre du *soulèvement* de tous les esprits, que vous réunissez de tous les partis contre vous, en moins d'un quart d'heure? (III, 119.)

Je ne vous puis exprimer à quel point alla le *soulèvement* des esprits. (IV, 69.)

Le *soulèvement* des amis de Monsieur le Prince alla... jusques au point que de faire entre eux un traité... par lequel ils s'obligèrent de l'abandonner. (III, 544.)

SOULEVER :

Je faisois état de me saisir du Pont-Neuf,... et de pousser ensuite les barricades dans les lieux qui nous paroîtroient les plus *soulevés*. (I, 174.)

SOUPÇON (Entrer en) :

Novion *entra en soupçon* que je n'eusse moi-même du concert avec la cour. (II, 65.)

SOUPLE à :

Cette proposition... les rendoit plus *souples aux* différentes prétentions des particuliers. (III, 365.)

SOURCE (Sortir de), au figuré :

Je fus touché de ce discours de la Reine, qui *sortoit de source*. (III, 379.)

SOURD :

Nous découvrîmes, quelque temps après, un obstacle plus *sourd*, mais aussi plus dangereux. (I, 206.)

Les voies tout à fait déclarées seroient inutiles;... les moyens *sourds* et cachés sont bien plus propres et plus assurés. (V, 411.)

Voyez encore I, 266.

SOURDEMENT :

Il mande à Philippin Doria de continuer le siége de Naples avec Lautrec, et de laisser entrer *sourdement* des vivres dans la ville, qui étoit réduite à l'extrémité. (V, 598.)

Pendant qu'il sembloit ne songer qu'à se divertir, il préparoit *sourdement* ce qui étoit nécessaire pour l'exécution de son dessein. (V, 636.)

SOURIS, sourire :

Je ne répondis que par un *souris* et par une profonde révérence. (I, 120.)

« Un sourire, » dans quelques éditions plus ou moins modernes.

La Reine se mit à sourire, mais d'une sorte de *souris* ambigu. (II, 29.)

Voyez I, 253; III, 266 et 309.

SOUS :

Ils (*ces temples*) auront été conservés *sous* les armes victorieuses du Roi Très-Chrétien; semblables à cette peinture si renommée à Rhodes,... que l'on admiroit parce qu'elle avoit été achevée en toute liberté sous les murailles d'une place assiégée, et... *sous* l'épée d'un Conquérant, qui avoit respecté son auteur. (IX, 37.)

Saint-Ibar... se ressouvenoit qu'il avoit autrefois écrit *sous* moi (*sous ma dictée*) une instruction. (II, 239.)

Je lui fis écrire *sous* moi un mémoire.... (IV, 87.)

Il... le prie d'aller à la cour, *sous* un passeport de Son Altesse. (V, 410.)

L'abattement qui paroissoit encore dans le peuple faisoit craindre que la cour ne se servît de cet instant pour nous faire arrêter, *sous* quelque formalité de justice, que Longueil prétendoit pouvoir être coulée dans la procédure. (II, 574.)

Le tout seroit exécuté *sous* le bon plaisir du Roi. (I, 307.)

Une proposition... alloit à la radiation de tous les prêts faits au Roi *sous* des usures immenses. (I, 324.)

Noirmoutier se laissa corrompre par elle, *sous* des espérances qu'elle lui donna de la part de la cour. (IV, 52.)

Mme de Chevreuse... prit le parti d'en sortir (*de Paris*),... *sous* l'espérance que Laigue... lui rapporta.... (IV, 230.)

Il n'y avoit plus lieu de douter que l'on n'eût laissé dépérir l'armée *sous* l'espérance des avantages promis par le traité. (V, 417.)

Monsieur,... après avoir engagé Monsieur le Comte... à se retirer à Sedan, *sous* la parole qu'il lui donna de l'y venir joindre, étoit revenu de Blois honteusement à la cour. (I, 137.)

Le président Viole... vint à Saint-Germain... *sous* la parole de Monsieur le Prince. (II, 87.)

C'étoient eux qui lui avoient persuadé de sortir de Paris, *sous* la parole qu'ils lui avoient donnée de le servir ensuite. (III, 255.)

Il (*Laigue*) sollicitoit Bridieu, gouverneur de Guise, de remettre sa place aux Espagnols, *sous* promesse de la liberté de M. de Guise. (II, 475.)

SOUSCRIPTION :

Le marquis de Gatinare... m'en a apporté une lettre, que je n'ai pas cru devoir recevoir, parce qu'elle n'est pas dans la forme selon laquelle Monsieur de Savoie avoit accoutumé de m'écrire. M. de Bourlemont... a été de cet avis parce que la *souscription* est directement contraire à ce qui avoit été autrefois concerté à Paris entre son ambassadeur et moi. (VII, 256.)

SOUSCRIRE à :

La chaire de Saint-Pierre... m'ordonne, par la bouche d'Innocent premier écrivant à un saint Archevêque de France, de ne pas *souscrire à* la persécution de mon Épouse (*de mon Église*) par un silence.... (VI, 326.)

SOUS-MAIN, substantif :

J'étois très-assuré que Longueil... ne m'épargneroit pas par ses *sous-mains*, que je connoissois pour être encore plus dangereux que les déclamations des autres. (III, 264.)

Voyez la note 2 de la page indiquée.

Il ne prit pas même le soin de lui expliquer le *sous-main* des fausses avances qu'il fit pour le rappeler. (III, 533.)

SOUTENIR, sens divers :

Ses sermons l'avoient élevé, d'une naissance fort basse,... à l'épiscopat; il l'*avoit soutenu* avec une piété sans faste et sans fard. (I, 184.)

Si le ministre eût été assez sage pour la recevoir (*pour recevoir cette proposition*) de bonne foi, je suis persuadé et que l'État *eût soutenu* la dépense nécessaire et qu'il n'y auroit point eu de guerre civile. (II, 127.)

Je ne trouvai pas que sa prison lui eût donné plus de sens.... Il l'*avoit soutenue* avec fermeté, il en étoit sorti avec courage. (II, 191.)

M. de Beaufort, qui étoit fort lourd, voyant la garde du stylet, dont le bout paroissoit un peu hors de ma poche, le montra à Arnault, à la Moussaie,... en leur disant : « Voilà le bréviaire de M. le Coadjuteur. » J'entendis la raillerie, mais je ne la *soutins* jamais de bon cœur. (II, 598.)

Nous présentâmes requête au Parlement pour récuser le Premier Président comme notre ennemi, ce qu'il ne *soutint* pas avec toute la fermeté d'âme qui lui étoit naturelle. (II, 599.)

Ce me sera un malheur : mais j'ai quelque lieu d'espérer que je le pourrai *soutenir* par ma dignité. (III, 10.)

Faites réflexion... ce que c'étoit pour moi que... de *soutenir* la haine d'un nom aussi odieux que l'étoit celui de Mazarin. (III, 135.)

Ce Belot, qui avoit été arrêté sans décret, faillit à être la cause du bouleversement de Paris. Le président de la Grange remontra qu'il n'y avoit rien de plus opposé à la déclaration, pour laquelle on avoit fait de si grands efforts autrefois. Monsieur le Premier Président *soutenant* l'emprisonnement de Belot, Daurat, conseiller de la troisième, lui dit.... (II, 600.)

Vous faisiez pourtant votre compte... de *soutenir* la guerre avec nos troupes. (II, 434.)

Nous ne saurions *soutenir* la guerre par le peuple sans nous mettre dans la dépendance de l'Espagne. (II, 435.)

Il (*le duc d'Orléans*) entra dans toutes les affaires; il n'en sortit jamais qu'avec honte, parce qu'il n'avoit pas le courage de les *soutenir*. (II, 175.)

Vous croyez que nous pouvons *soutenir* l'affaire par le peuple, et... je crois que nous ne le devons pas. (II, 434.)

Avec la grande qualité et les grands desseins, l'on n'est jamais compté pour rien; quand l'on ne les *soutient* pas, l'on n'est pas compté pour beaucoup. (II, 177.)

Vous ne tombez pas dans cette bassesse générale, vous *soutenez* ces nobles sentiments que votre illustre naissance vous inspire. (V, 537.)

Ces deux considérations, *soutenues* par la satisfaction que j'ai supposé ci-dessus avoir été donnée par M. le cardinal d'Estrée.... (VII, 452.)

La rapidité du mouvement donné à l'autorité royale par M. le cardinal de Richelieu, *soutenue* par les circonstances que je vous viens de marquer et par les avantages continuels remportés sur les ennemis.... (I, 238.)

Le premier coup étoit sûr; mais il eût été très-difficile à *soutenir* dans le Parlement. (II, 75.)

La déclaration que j'avois faite... *avoit été* plus que suffisamment remplie et *soutenue* par le désintéressement que j'avois témoigné. (III, 140.)

La manière dont il se conduisit dans cette déclaration, qu'il ne *soutint* que quatre ou cinq jours, est aussi surprenante. (II, 337.)

Que si la cour est assez aveuglée pour refuser cette proposition, pourra-t-elle *soutenir* ce refus deux mois durant? (II, 341.)

Le maréchal de la Mothe... ne pouvoit jamais jouer le premier personnage. M. de Bouillon l'eût pu *soutenir*. (II, 121.)

Il n'ignoroit pas que le personnage qu'il *soutenoit*, en cette occasion, ne fût le plus fâcheux du monde. (IV, 103.)

Je crois que vous voyez suffisamment, par ces échantillons, la difficulté du personnage que je *soutenois*. (V, 114.)

SOUTENIR, suivi d'un infinitif :

L'aîné Fouquet *soutenoit* savoir le contraire. (III, 391.)

SE SOUTENIR :

Si Monsieur le Prince et Monsieur le Cardinal se fussent réunis, et qu'ils m'eussent opprimé par leur poids, ce qui paroissoit désintéressement dans le temps que je *me soutenois*, eût passé pour duperie en celui où j'eusse été abattu. (III, 142.)

La providence de Dieu, qui connoissoit la pureté de mes intentions, m'avoit mis, dans Paris, en un état où je *me soutiendrois* apparemment par moi-même. (II, 498.)

Vous ne pouvez croire à quel point cette bagatelle aida à *me soutenir* dans le public. (II, 476.)

Il seroit... plus glorieux à Monsieur le Comte de *se soutenir* par son propre poids... contre les artifices d'un ministre aussi puissant que le cardinal de Richelieu. (I, 155.)

Je ne pris d'abord cette conduite que par la pente de mon inclination, et par la pure vue de mon devoir. La nécessité de *me soutenir* contre la cour m'obligea de la suivre, et même de la renforcer. (I, 266.)

Ce qu'il fit en cette occasion pour se rendre moins dépendant de cette couronne, fit qu'il en eût plus de besoin pour *se soutenir* contre le Parlement. (II, 279.)

.... Le projet que nous aurions pu faire de *nous soutenir* sans le Parlement, ou plutôt contre le Parlement. (II, 329.)

SOUTERRAIN, au figuré :

.... Quelque négociation cachée et *souterraine*. (III, 377.)

Voyez III, 386 et 526; IV, 16.

SPÉCIFICATION :

.... La plainte de la manière dont Monsieur le Prince s'étoit conduit depuis sa liberté ; la *spécification* de cette manière. (III, 478.)

SPÉCIFIER :

Je ne touche... cette matière, que parce que Messieurs vos enfants ne la trouveront peut-être en lieu du monde si *spécifiée*. (V, 113.)

Si j'avois cru que la recommandation que vous souhaitez de moi vous pût être utile, je vous l'aurois envoyée devant même que vous me l'*eussiez spécifiée*. (VIII, 300.)

SPÉCIFIQUE, précis, déterminé :

.... Un fait aussi positif et aussi *spécifique* que celui-là. (III, 429.)

SPECTACLE.

.... Il me répondit : « Effectivement, je crois que ce pourroit bien être des diables. » Comme nous avions déjà fait cinq ou six pas du côté de la Savonnerie, et que nous étions, par conséquent, plus proches du *spectacle*, je commençai à entrevoir quelque chose. (I, 189.)

SPÉCULARISER, dans le jargon attribué au duc de Beaufort :

Puisqu'on se moque de moi, on se peut bien moquer d'un autre. On *spécularise* sur tout. (V, 208.)

Voyez tome V, p. 207, note 1, à la fin.

SPÉCULATION :

Il n'y a rien de plus incertain que le jugement que l'on peut faire sur le temps de sa mort. Voilà ma *spéculation*. Ma pratique suivra ponctuellement les sentiments de Monsieur l'Ambassadeur. (VII, 363.)

Il est bien plus ordinaire aux hommes de se repentir en *spéculation* d'une faute qui n'a pas eu bon événement, que de revenir, dans la pratique, de l'impression qu'ils ne manquent jamais de recevoir du motif qui les a portés à la commettre. (II, 390.)

SPIRITUELLEMENT :

.... De laquelle il étoit encore plus amoureux que moi, mais en Dieu et purement *spirituellement*. (I, 130.)

Dans plusieurs éditions : « Mais en Dieu, purement et spirituellement. »

.... Ceux qui jugent *spirituellement* et ecclésiastiquement des choses spirituelles et ecclésiastiques. (VI, 412.)

STAMPE, estampe :

.... La Vénus de Médicis, que je venois de voir tout fraîchement à Rome. J'en avois apporté la *stampe*. (I, 129.)

Voyez la note 4 de la page indiquée.

L'on vit deux jours après une *stampe* sur le Pont-Neuf et dans les boutiques des graveurs.... (III, 158.)

Voyez III, 158 et 159.

STATION, en parlant de la chaire d'une église accordée à un prédicateur pour y aller prêcher pendant un temps donné :

Pour ce qui est de la *station* de Saint-Denis, je la donnerai aussi très-volontiers à celui que vous me recommandez. (VIII, 187.)

STYLE :

Ils ont réduit en *style* l'égard effectif que les rois doivent avoir pour leurs sujets ; il y a... des conjonctures dans lesquelles, par une conséquence nécessaire, l'on réduit en *style* l'obéissance réelle que l'on doit aux rois. (II, 47.)

Ils se servirent... très-habilement des grandes apparences que M. de Beaufort, selon le *style* de tous ceux qui ont plus de vanité que de sens, ne manqua pas de donner... aux moindres bagatelles. (I, 226.)

Leurs négociateurs, selon le *style* ordinaire de ces sortes de gens, leur avoient fait voir... que la cour étoit persuadée que le Parlement n'étoit qu'une représentation, et qu'au fond il falloit compter avec les généraux. (II, 382.)

Le premier ne lui parla que... des sujets qu'il avoit de se plaindre de moi : ce qui est le *style* ordinaire de tous les ingrats. (V, 136.)

Ce n'est pas le *style* de Rome de parler au sous-dataire d'une affaire que l'on a recommandée au dataire. (VIII, 231.)

SUBDIVISION :

La *subdivision* est ce qui perd presque tous les partis. (III, 545.)

SUBJECTION, soumission :

C'est par l'entremise de l'ignorance plutôt que de la science que nous sommes savants aux choses divines ; il n'y faut apporter que de la docilité et de la *subjection*. (IX, 153.)

SUBMISSION, soumission :

Ce grand homme voulut... que la figure et la forme de son palais fussent des témoignages publics et éternels de sa *submission*. (V, 351.)

Voyez encore V, 351.

SUBORDINATION :

Elles (*ces patentes*) donnoient à Monsieur plein et entier pouvoir de traiter et de conclure la paix ;...

et elles lui joignoient, avec *subordination*, mais toutefois aussi avec le titre d'ambassadeurs..., MM. Molé... et d'Avaux. (III, 105.)

SUBORDINÉMENT À :

Ce qui se peut cependant examiner au-dessous, et *subordinément à* toutes ces connoissances.... (VII, 5.)

SUBSISTANCE :

Peut-il désirer la *subsistance* du ministre dont le nom seul est fatal ? (V, 229.)

Ceux du Conseil et les autres qui n'ont de *subsistance* que par la cour.... (III, 427.)

.... Un puissant parti contre lequel j'aurois plus de *subsistance* avec le chapeau. (VIII, 70.)

Voyez la note 5 à la page indiquée.

SUBSTANCE :

Le président de Mesme... dit... que, pour ce coup, j'étois la dupe et que j'avois pris le frivole pour la *substance*. (II, 274.)

SUCCÉDER :

SUCCÉDER À LA PLACE DE :

Les Évêques... *ont succédé à la place des* Apôtres. (VI, 377.)

SUCCÉDER, réussir :

.... Ce qui ne lui [a] pas *succédé* dans la politique, doit être au moins... exalté par tous les gens de bien dans la morale. (IV, 208.)

SUCCER, pour SUCER. (I, 279.)

SUÉE :

La maladie du Pape m'a donné une terrible *suée* ; mais je suis persuadé que nous en sommes quittes pour cette fois. (VIII, 329.)

SUFFRAGANT :

1° Titre d'un évêque relativement à son métropolitain :

.... Messeigneurs les Évêques de Chartres, Meaux et Orléans, *Suffragants* de l'Archevêché de Paris. (IX, 47.)

2° Titre d'un évêque *in partibus*, qui fait les fonctions épiscopales dans le diocèse d'un autre évêque :

Je lui répondis que je savois fort bien que j'étois le coadjuteur de Paris qui parlois à M. le cardinal Mazarin ; mais que je croyois que lui pensoit être le cardinal de Lorraine qui parloit au *suffragant* de Metz. (I, 253.)

Voyez la note 3 de la page indiquée.

SUITE, conséquence :

Monsieur n'a pas voulu entendre à ce parti, parce qu'il le croit d'une *suite* trop dangereuse pour l'État. (IV, 126.)

SUITE, esprit de suite :

Les héros ont leurs défauts ; celui de Monsieur le Prince est de n'avoir pas assez de *suite* dans un des plus beaux esprits du monde. (II, 113.)

À LA SUITE, ensuite, plus loin :

Vous verrez, *à la suite*, à quel usage nous destinions cette noblesse. (II, 592.)

SUITES, au pluriel :

Cette entrée (*du Roi au Parlement*) ne fut pas accompagnée de l'applaudissement ni même des cris accoutumés. Les *suites* n'en furent pas plus heureuses. La Compagnie commença, dès le lendemain, à examiner la déclaration et à contrôler presque en tous ses points. (I, 325.)

J'avois plus d'intérêt que personne à sauver la ville ; mais... je n'en avois pas un moindre à ne me point laisser de tache pour les *suites*. (II, 242.)

Je demeurai son serviteur, et je fus assez heureux pour lui en donner de bonnes marques dans les *suites* de la guerre civile. (I, 196.)

Comme toutes les circonstances

extraordinaires sont d'un merveilleux poids dans les révolutions populaires, je fis réflexion que celle-ci... feroit un effet admirable.... Je ne perdis pas de temps dans les *suites* : je m'ouvris à feu M. d'Estampes, *etc.* (I, 164.)

.... Une émotion qui me seroit infailliblement imputée, et qui seroit toutefois ma ruine dans les *suites.* (II, 300.)

Voyez encore l'expression *dans les suites,* I, 233, 256 et 280; II, 8, 242 et 271.

SUIVRE :

Il n'y en avoit pas un... qui eût la moindre vue... de ce qui en pouvoit *suivre.* (II, 59.)

Quoique mes proches mêmes s'y opposassent,... je *suivis* mon dessein. (I, 111.)

Mlle de Vendôme... étoit aimable à tout prendre et en tout sens. Je *suivis* ma pointe, et je trouvois des commodités merveilleuses. (I, 195.)

Je pensai aux moyens de me distinguer : je les imaginai, je les *suivis.* (I, 158.)

La mort de Monsieur le Comte me fixa dans ma profession.... Je me résolus donc, non pas seulement à *suivre,* mais encore à faire ma profession. (I, 176.)

Les allures qu'il étoit obligé d'y *suivre* (*au bord des précipices*) et d'y prendre étoient d'une nature à faire glisser les gens.... (IV, 79.)

SUJET :

Le Roi, son père, qui n'aimoit ni n'estimoit la Reine, sa femme, lui donna, en mourant, un conseil ;... et il y nomma M. le cardinal Mazarin, Monsieur le Chancelier, M. Boutiller et M. de Chavigny. Comme tous ces *sujets* étoient extrêmement odieux au public.... (I, 229.)

M. de Bouillon n'étoit pas un *sujet* à être gouverné. Il me falloit un fantôme, mais il ne me falloit qu'un fantôme. (II, 193.)

SUPERBE, adjectif, sens divers :

... Cet esprit altier et *superbe.* (IV, 218.)

Chavigni lui représenta Monsieur le Prince... tenant le pavé avec une *superbe* livrée. (III, 463.)

Il avoit un *superbe* équipage pour ce voyage. (VII, 207.)

SUPERBE, substantif, orgueil :

.... Que leur silence... ne fût imputé plutôt à *superbe* qu'à patience et modération. (V, 403.)

SUPÉRIEUR :

Cet avis... fut *supérieur* de beaucoup, ce jour-là, ayant été embrassé de plus de sept voix. (IV, 195.)

SUPPLÉER, actif :

Si je contribuois à le perdre (*le Parlement*), sans avoir de quoi le *suppléer* par un parti dont le fonds fût françois et non odieux.... (II, 302.)

Suppléer à. (II, 592.)

SUPPOSER pour :

Ce raisonnement... *supposoit pour* certain qu'il y eût une nouvelle proposition à faire. (II, 420.)

Voyez III, 376; VII, 445.

Supposé pour, adverbialement :

J'eus beau lui représenter que, *supposé* même *pour* sûr ce qu'il croyoit très-proche.... (III, 398.)

SUPPOSITION :

Il n'y a, ajouta-t-il, qu'à faire tirer un coup de pistolet dans la rue à l'un des syndics qui ne sera pas assez connu du peuple pour faire une trop grande émotion, et qui la fera toutefois suffisante pour produire l'assemblée des chambres, qui nous est si nécessaire. Je m'opposai à ce dessein avec toute la force qui fut en mon pouvoir. Je représentai que nous aurions infailliblement l'assemblée des chambres sans cet expédient, qui avoit mille et mille inconvénients. J'ajoutai qu'une *supposition* étoit toujours odieuse. (II, 554.)

SUR, préposition, emplois divers :

Nous le mènerions de ce pas *sur* nos relais à Sedan. (I, 146.)

L'on envoiroit deux conseillers... *sur* les rivières, avec ordre d'armer les communes. (IV, 71.)

Le Parlement va trop vite.... Ces diables de bonnets carrés sont-ils enragés de m'engager... à mettre *sur* leur tête et *sur* la mienne un gredin de Sicile, qui nous pendra tous à la fin? (II, 84.)

Je le vois tout d'un coup passer *sur* la chaire de Saint-Ambroise. (IX, 96.)

J'ai couru jusques ici à perte d'haleine *sur* ces matières, quoique nécessaires à ce récit, pour me trouver plus tôt *sur* une autre. (I, 308.)

Il ne quittera jamais l'ombre du public, tant que ce public fera un corps, et il le fera encore longtemps *sur* une matière *sur* laquelle Votre Majesté elle-même est obligée de l'échauffer toujours par de nouvelles déclarations. (III, 386.)

Il entra bonnement avec moi *sur* les raisons qu'il avoit eues. (II, 540.)

Je n'eus pas la force *sur* moi-même de solliciter la destitution de l'autre. (III, 126.)

Je serois le premier *sur* qui l'on voudroit faire un grand exemple. (II, 36.)

Je vis bien qu'il ne me pouvoit parler ainsi que *sur* ce que j'avois dit de la lettre de l'Archiduc au Parlement. (II, 245.)

Le peuple, qui s'étoit animé par les assemblées du Parlement, s'effaroucha dès qu'il les vit cessées *sur* l'approche de quelques troupes. (II, 96.)

La Reine... consentit que la défense au Parlement de s'assembler le reste de l'année 1649 ne fût pas insérée dans la déclaration, à condition que les députés en donnassent leur parole, *sur* celle que la Reine leur donneroit aussi que telles et telles déclarations... seroient inviolablement observées. (II, 472.)

.... Cet homme admirable, dont j'entreprends aujourd'hui le panégyrique, *sur* la confiance que la protection du Ciel soutiendra ma foiblesse. (IX, 80.)

Je me résolus, *sur* ces fondements, d'opiner... fortement contre les désordres de l'État, et de prendre mon thème *sur* ce que Dieu ayant béni les armes du Roi et éloigné les ennemis de la frontière... nous donnoit le moyen de penser sérieusement aux maladies internes. (III, 212.)

L'on le veut croire...; il faut donc agir *sur* ce que l'on veut croire. (III, 380.)

M. de Bouillon... s'en excusa *sur* je ne sais quel prétexte. (II, 431.)

Je pris mon prétexte *sur* la parenté que j'avois avec la maison de Guémené. (II, 542.)

.... La réputation qui, dans la première affaire, consisteroit dans le désintéressement, tournoit en celle-ci *sur* l'habileté. (III, 141.)

Vous êtes ici *sur* ma parole, vous êtes entre mes mains. (III, 178.)

Après avoir fait toutes ces réflexions au dehors, il faudroit encore faire une application de ce qui se passe *sur* l'intérieur de notre État, et même *sur* ce qui peut être de plus intime dans les desseins... de Sa Majesté. (VIII, 4.)

Au lieu de m'éveiller *sur* les états généraux, *sur* l'assemblée de la noblesse, *sur* la déclaration contre les cardinaux, je me confirmai dans la pensée de me reposer, pour ainsi dire, dans mes dernières actions. (III, 280.)

SUR, à, touchant, au sujet de :

Jamais personne n'a fait moins d'attention *sur* les périls. (II, 186.)

Après qu'il m'eût témoigné de l'étonnement du peu d'attention que j'avois fait *sur* son premier avis.... (IV, 30.)

.... En lui rendant un compte, qui peut-être le surprendroit, de mes pensées *sur* les deux arrêts du héraut et de l'envoyé, *sur* lesquels il m'avoit donné tant d'attaques. (II, 255.)

Faites réflexion... *sur* ce que vous avez vu dans la cour *sur* ce sujet. (II, 281.)

Il est bien difficile d'en pouvoir parler sans une connoissance et une réflexion plus particulière *sur* tous nos intérêts étrangers et domestiques. (VII, 3.)

J'oubliai de dire à Servien que je fisse état de parler à la Reine *sur* ce retour. (II, 524.)

Je leur fis voir les inconvénients de l'inaction *sur* ce qui se passoit dans les Tuileries. (II, 515.)

Le Cardinal, ayant fait son effet, qui étoit de m'entamer dans le public *sur* l'intérêt particulier, *sur* lequel il n'avoit pu jusque-là prendre sur moi le moindre avantage, rompit l'affaire. (II, 93.)

Il m'arrivera ce qui m'est arrivé au commencement des troubles et ce que j'éprouve, encore aujourd'hui, *sur* les affaires de Guienne. (III, 120.)

Dans l'émotion où je vois tout le monde *sur* l'évasion de Monsieur le Prince.... (III, 378.)

Ma sévérité *sur* Dom Laumer vient de.... (VIII, 325.)

Voyez la note 4 de la page indiquée.

Il n'est pas aveugle *sur* son parent. (VIII, 461.)

Sur, en parlant de l'heure à laquelle une chose s'est faite :

Il m'envoya Lionne *sur* le minuit. (III, 21.)

Longueil... l'avoit été voir *sur* le midi. (II, 275.)

Nous sortîmes ensemble, *sur* les huit heures, pour nous faire voir au peuple. (II, 564.)

Je me les faisois apporter réglément (*ces libelles*) *sur* l'heure de mon dîner. (III, 328.)

Voyez II, 137, 160, 265, 319, 534, 564 et 565.

Sur peine de, etc :

.... Un second arrêt du conseil, portant... défenses de s'assembler *sur peine de* rébellion. (I, 315.)

La cour des aides... fit défenses, *sur peine de* la vie, de mettre les tailles en parti. (II, 97.)

.... Fait inhibitions et défenses... de convoquer aucune Assemblée du Clergé en la maison et Hôtel de Sens en cette Ville de Paris,... *sur les peines* de Droit. (IX, 48.)

Voyez IV, 80; VI, 339.

Sur ce que, dès que, du moment où, parce que, par la raison que :

Le maréchal de la Meilleraie, qui jusque-là étoit demeuré très-ferme avec moi à représenter la conséquense du tumulte,... changea tout d'un coup et de ton et de sentiment *sur ce que* le bonhomme Vennes, lieutenant-colonel des gardes, vint dire à la Reine que les bourgeois menaçoient de forcer les gardes. (II, 21.)

Il n'y avoit qu'un parti, qui étoit de refuser toute audience... au héraut, sur ce que ces sortes de gens n'étoient jamais envoyés qu'à des ennemis ou à des égaux. (II, 225.)

Le 26, il y eut de la chaleur dans le Parlement, *sur ce que*... la plupart des conseillers vouloient ridiculement que l'on s'exposât à une bataille. (II, 294.)

Je ne me pus empêcher de sourire *sur ce que* des conseillers s'avisèrent de dire... qu'il falloit raser la Bastille. (II, 468.)

Sur ce qu'elle me témoignoit quelque défiance que je ne fusse pas de ses amis,... je lui dis.... (II, 566.)

Je refuse à Bruslé l'administration

de Saint-Denis *sur ce qu'il n'est pas prêtre.* (VIII, 491.)

Voyez II, 98 et 437; III, 33; VII, 28.

Sur le tout. Voyez Tout.

SURCHARGER :

Leur esprit paroît inquiet et *surchargé* du secret et du poids de leur entreprise. (V, 551.)

SÛREMENT :

L'on croyoit compter *sûrement* tous les mois sur la mort de mon oncle, qui étoit dans la vérité fort infirme. (I, 207.)

SÛRETÉS (Prendre ses) :

Votre Altesse Royale a bien su *prendres ses sûretés.* (III, 372.)

SURPRENDRE :

Cette chaleur revint avec la Saint-Martin. Il sembla que tous les esprits *étoient surpris* et enivrés de la fumée des vendanges. (II, 94.)

SURSÉANCE :

Les bruits de peste mettent la plupart des affaires en *surséance.* (VI, 257.)

Voyez encore VII, 6.

SURSEOIR, actif :

Le Pape, étant sur le point de faire tenir la congrégation de Jansénius,... en *avoit sursis* tout d'un coup l'assemblée. (VII, 174.)

La condamnation de Guimenius, qui avoit été tout à fait résolue, *a été* encore *sursise* par l'extrême résistance du P. Oliva. (VII, 178.)

Voyez I, 321; VIII, 48.

Surseoir, absolument :

L'arrêté du jour précédent lui avoit ordonné, et à lui, et aux autres députés, de *surseoir.* (II, 372.)

Surseoir à, suivi d'un substantif ou d'un verbe. (I, 326; II, 369 et 377; III, 201; IV, 76.)

SURVEILLANT :

Ils (*les conspirateurs*) laissent toujours échapper quelque chose qui peut donner prise à leurs *surveillants* et de l'ombrage à leurs ennemis. (V, 551.)

SUS, sur :

Le peuple, qui s'étoit animé par les assemblées du Parlement, s'effaroucha dès qu'il les vit cessées *sus* l'approche de quelques troupes. (II, 96.)

Monsieur... m'envoya, *sus* les neuf heures, chercher à l'hôtel de Chevreuse. (III, 373.)

Voyez III, 468 et 480; VI, 248 et 249; VII, 363, 371, 386, 390, 405 et 416.

Courir sus à, Courre sus à. voyez Courir, Courre.

SUSCEPTIBLE de :

Elle (*la Reine*) n'étoit pas encore *susceptible de* la vérité sur ce fait. (III, 435.)

.... L'humeur dont il connoissoit le Mazarin, *susceptible de* toute négociation. (III, 540.)

Voilà des naturels bien *susceptibles de* propositions de négociations. (IV, 212.)

SUSCITATION :

Les rentiers s'émurent par eux-mêmes et sans aucune *suscitation.* (II, 549.)

J'avoue que j'aurois eu peine à croire qu'il y eût eu dans le protêt autre mouvement que celui de la précipitation de M. Prestic, mais vous me marquez de certaines circonstances qui y peuvent faire juger de l'affectation et de la *suscitation.* (VIII, 231.)

SUSCITER :

Il résista longtemps aux emportments du peuple, *suscité* et animé par M. de Bouillon. (III, 59.)

SUSPENS, adjectif, interdit :

Si deux Évêques ont entrepris de faire dans mon Diocèse des ordinations que le Pape a regardées comme sacriléges, et si une nouveauté si pernicieuse m'a obligé de les traiter comme *suspens*.... (VI, 235.)

Voyez la note 12 à la page 120. Voyez aussi plus bas Suspension.

SUSPENSION, interdiction :

Deux Évêques... avoient encouru la *suspension*. (VI, 237.)

Voyez plus haut Suspens.

SYLLABE :

La Reine... s'écria : «.... Vous voudriez que je donnasse la liberté à Broussel : je l'étranglerois plutôt avec ces deux mains. » Et en achevant cette dernière *syllabe*, elle me les porta presque au visage. (II, 23.)

« Vous m'en répondrez,... vous, vos femmes et vos enfants. » En prononçant cette dernière *syllabe*, elle rentra. (II, 49.)

Je n'aurai qu'à ajouter quelques *syllabes* à ce que je leur ai dit pour leur faire croire.... (VII, 189.)

T

TABLE (Mettre sur la), au figuré :

Il *mit son cœur sur la table*, c'étoit son terme. (III, 45.)

TABOURET, les honneurs du tabouret, chez la Reine :

Monsieur le Prince s'étoit engagé, à la prière de Meille, cadet de Foix, qui étoit fort attaché à lui, de faire donner le *tabouret* à la comtesse de Fleix ; et le Cardinal, qui y avoit grande aversion, suscita toute la jeunesse de la cour pour s'opposer à tous les *tabourets* qui n'étoient point fondés sur des brevets. Monsieur le Prince... ne voulut pas s'attirer la clameur publique,... et il crut qu'il feroit assez pour la maison de Foix si il renversoit les *tabourets* des autres maisons privilégiées. (II, 540 et 541.)

Voyez la note 2 de la page 541.

Nous résolûmes une contre-assemblée de noblesse pour soutenir le *tabouret* de la maison de Rohan. (II, 542.)

Je vous promets que je ne choquerai point le *tabouret* de la maison de Rohan. (II, 543.)

TÂCHER À :

Ils *tâchent* plus *à* s'adoucir les yeux que l'esprit. (IX, 184.)

TANT, entrant dans diverses locutions :

Tant plus j'y pense, *tant plus* j'en suis persuadé. (VIII, 183.)

David... craignit plus le visage de son Roi, seul et désarmé, que toute l'armée des Philistins. *Tant y a que* la plus légitime résistance d'un sujet est toujours dangereuse. (V, 402.)

L'âme... voit bien mieux... devant elle que dedans elle,... soit qu'elle ait cela de commun avec les sens, que la trop grande proximité de l'objet empêche sa fonction, soit que l'amour-propre lui soit comme un de ces verres mis devant nos yeux,... *tant y a qu'*[il] paroît de là que ce n'est pas sans nécessité qu'aujourd'hui on rappelle à notre souvenir la pensée de notre condition par ces paroles : *Memento*, etc. (IX, 137.)

.... Le désintéressement que j'avois témoigné *en tant et en tant* d'occasions. (III, 140.)

TANT, pris substantivement :

Je sais bien que ce sont trois cent et tant de livres, mais comme j'ai perdu votre lettre, je ne me ressouviens pas précisément de ce *tant*. (VIII, 244.)

TANTÔT, dernièrement :

.... Les lettres écrites à M. de Montmorency, desquelles je vous ai *tantôt* parlé. (I, 110.)

Vous direz bien, Madame, encore avec plus de fondement à cette heure que *tantôt*, que je marque beaucoup d'inconvénients, mais que je marque peu de remèdes. (II, 271.)

Entendons-nous, comme vous l'avez *tantôt* proposé. (II, 442.)

.... Montreuil, duquel je vous ai *tantôt* parlé. (III, 180.)

TANTÔT, prochainement :

Vous verrez *tantôt* que j'ai raison de prendre une date de cette parole. (III, 127.)

Je vous rendrai *tantôt* compte de la raison que j'eus pour ne la pas accepter (*leur parole*) en ce temps-là. (III, 183.)

Je vous parlerai *tantôt* de ce voyage. (III, 235.)

TAUPE, métaphoriquement :

Il (*le comte de Fuensaldagne*) n'étoit pas content de M. de Bouillon ;... il l'étoit beaucoup moins de ses envoyés, qu'il appeloit des *taupes*. (II, 497.)

TAVELÉ, moucheté :

Le renard de la fable est plus *tavelé* et plus marqueté au dedans que le léopard au dehors. (IX, 182.)

Voyez la note 3 de la page indiquée.

TAXER DE, suivi d'un verbe :

La lettre du Roi... le *taxoit de* donner la main à l'entrée des ennemis dans le Royaume. (IV, 138.)

Monsieur le Coadjuteur *est taxé d'*avoir été l'auteur de l'écrit. (V, 396.)

TEINTURE, au figuré :

Leur pouvoir fait, pour l'ordinaire, qu'ils (*les ministres*) ne sont pas susceptibles de la *teinture* du ridicule ; elle prenait sur le Cardinal. (II, 127.)

Je n'avois pas voulu que ceux qui étoient attachés à la cour... s'y trouvassent (*au Palais*), de peur qu'ils ne me donnassent quelque *teinture* ou plutôt quelque apparence de Mazarinisme. (III, 490.)

Voyez I, 128 ; III, 398.

TEL, TELLE :

Le Roi lui répondit avec beaucoup de bonté pour moi ; mais j'étois encore trop jeune, l'affaire avoit fait trop de bruit devant que d'aller au Roi, et autres *telles* choses. (I, 206.)

UN TEL, un certain :

Il (*le vicomte de Samet*) marchoit avec deux mille chevaux droit à nous, et... M. de Turenne le devoit joindre, *un tel* jour et en *un tel* lieu, avec le gros. (II, 335.)

Comme ils avoient vu que je n'avois pas pris le chemin du quai *un tel* jour, ils m'étoient allés attendre, le lendemain, auprès des Blancs-Manteaux. (IV, 32.)

TELLEMENT, de telle manière :

Que chaque prêtre fasse *tellement* son office particulier que l'Evêque soit néanmoins l'ordinateur général de toutes choses. (VI, 382.)

TÉMOIGNER :

J'*avois témoigné* à la Reine l'obéissance que l'on avoit rendue à sa volonté, en posant les armes dans les lieux où l'on les avoit prises et en ne les prenant pas dans ceux où l'on étoit sur le point de les prendre. (II, 31.)

TÉMOIGNER, ou **TÉMOIGNER DE**, suivi d'un infinitif :

La Reine *témoigna* être satisfaite des exemples que l'on lui apporta. (I, 306.)

La Reine... leur *témoigna d'*être surprise. (I, 305.)

Vous me *témoignez* par votre lettre *de* prendre part à la joie que tous mes amis m'ont fait paroître sur ma promotion au cardinalat. (VIII, 128.)

TÉMOIN (En) de, en témoignage de :

En témoin de quoi nous avons signé les présentes. (VI, 136.)

TEMPÉRAMENT :

Prendre des tempéraments, prendre des ménagements, garder des mesures :

Elle ne peut, sans se déshonorer, *prendre de tempérament* sur cet article. (IV, 115.)

On me verra parfaitement disposé à *prendre* tous *les tempéraments* que l'honneur de l'Église me pourra permettre. (VI, 262.)

Voyez encore IV, 82.

TEMPÉRER de :

Vous saurez bien *tempérer* ce discours *des* honnêtetés nécessaires à l'égard de M. Gagne, qui est homme riche et considérable dans son parlement. (VIII, 512.)

Se tempérer, s'apaiser :

La Serment, voyant que les frais d'un procès tomberoient sur elle, pourra *se tempérer* et ne nous pas troubler. (VIII, 464.)

TEMPS, emplois et locutions diverses :

Je fis voir à la reine de Pologne que si elle se marioit ainsi, je serois forcé... de déclarer son mariage nul.... La chose pressoit : il n'y avoit pas de *temps* pour attendre une nouvelle permission d'Angers. (I, 256.)

Cette circonstance... réveilla mes espérances de la coadjutorerie de Paris. Comme le Roi avoit pris des engagements assez publics de n'en point admettre,... l'on balançoit, et l'on *se donnoit du temps* avec d'autant moins de peine que sa santé s'affoiblissoit tous les jours

et que j'avois lieu de tout espérer de la Régence. (I, 208.)

M. de Beaufort, qui entra *dans le temps de* cette conversation, l'anima encore (*anima encore Monsieur*). (III, 275.)

Comme il y avoit eu beaucoup de particuliers qui avoient fait du bruit dans les assemblées de l'Hôtel de Ville, à cause de l'intérêt qu'ils avoient dans les rentes, ils appréhendoient d'en pouvoir être recherchés *dans les temps*. (III, 32.)

Il étoit assez difficile qu'elle (*la pourpre*) manquât, *dans les temps*, à un archevêque de Paris. (III, 47.)

Celle (*la déclaration*) à laquelle l'on travaille n'est... causée que sur les remontrances du Parlement,... et ainsi pourroit être expliquée *dans les temps*. (III, 412.)

Ce qui paroît un prodige aux siècles à venir ne se sent pas *dans les temps*. (IV, 64.)

Si... Sa Majesté trouvoit qu'il fût à propos de revenir, *dans les temps*, à quelque pourparler.... (VII, 175.)

Il travaille, *à même temps*, à.... (V, 242.)

Le Parlement s'assembla, *au même temps*, avec un tumulte de consternation. (II, 131.)

TENDREMENT :

Monsieur me poussa, mais *tendrement*, avec ses deux mains, en me disant : « Rendez le repos à l'État. » (II, 25.)

TENDRESSE, au singulier et au pluriel :

Elle sentit jusques à la *tendresse* l'injustice qu'elle m'avoit faite. (III, 485.)

.... La *tendresse* de la conscience. (VII, 342.)

.... La *tendresse* de votre conscience. (VII, 436.)

Il m'embrassa avec des *tendresses* que je ne puis exprimer. (II, 61.)

.... Monsieur le Cardinal m'embrassa avec des *tendresses* qu'il faudroit un bon cœur comme le sien pour vous les exprimer. (III, 45.)

TENDRON, pour *tendon*, dans le jargon attribué au duc de Beaufort :

.... S'exposer... aux coups d'épée, qui ne valent rien pour les *tendrons*. (V, 211.)

Voyez tome V, p. 207, note 1.

TENIR, acceptions diverses, propres et figurées :

Dès l'après-dînée du jour dont elle arriva le matin, ils me firent *tenir (sur les fonts baptismaux*), avec Mademoiselle sa fille, un enfant qui vint au monde tout à propos. (II, 486.)

Les Espagnols... n'étoient pas encore sortis de la ville de Stenai, quoique Monsieur le Prince en *tînt* la citadelle. (III, 323.)

Ce lui étoit... un mérite que de n'avoir pas quitté les bords de la Loire dans un temps où... il falloit et de l'adresse et de la fermeté pour les *tenir*. (II, 192.)

Dès que j'eus ouvert à Mme de Longueville le moindre jour du poste qu'elle pourroit *tenir* en l'État où les affaires alloient tomber.... (II, 121.)

L'on ne pourroit plus *tenir* aucun, même particulier, du Royaume en prison plus de trois jours sans l'interroger. (II, 88.)

On *tient*,... contre toutes les lois divines et humaines, un Archevêque banni de son siége, dépouillé de tout son bien.... (VI, 350.)

M. l'abbé Lenami... m'a *tenu* et traité dix ou douze jours cheux lui avec une politesse et avec une magnificence incroyable. (VII, 366.)

Pour ce qui étoit de Monsieur le Cardinal, elle le *tiendroit* dans ses conseils tant qu'elle le jugeroit utile au service du Roi. (III, 248.)

Il pouvoit encore moins souffrir qu'il le *tînt* en bonne intelligence avec le Mazarin. (III, 362.)

Il y avoit des propositions sous terre qui aidoient encore à *tenir* la Reine dans ses incertitudes. (III, 392.)

Il ne *tenoit* plus rien de sa prétendue piété que son sérieux quand il étoit à l'église. (V, 94.)

Ottobon, Verrina, Calcagno et Sacco... *tinrent* la route de France, et se rendirent à Marseille. (V, 582.)

Il y a peu d'esprits capables de s'ouvrir eux-mêmes les chemins qu'ils doivent *tenir*. (IX, 163.)

Je *tins* une conduite qui dut... faire honte au jugement de M. Servien. (III, 355.)

La conduite que je *tins* en cette occasion,... et celle que j'*ai tenue* depuis dans toutes les autres.... (VI, 332.)

Il n'accompagna ce discours d'aucune des maximes qu'il *avoit tenues* dans notre première conversation. (VII, 47.)

Le Roi lui donnoit sa foi et sa parole de faire *tenir* les états généraux le premier jour d'octobre. (III, 273.)

Le Pape, étant sur le point de faire *tenir* la congrégation de Jansénius pour y résoudre les termes selon lesquels.... (VII, 174.)

Les maîtres des requêtes... s'assemblent dans le lieu où ils *tiennent* la justice, que l'on appelle des requêtes du Palais. (I, 304.)

Ils (*les officiers subalternes*) se sont opposés dans les intervalles des Assemblées à l'exécution de ce qui nous avoit été promis pendant qu'elles *tenoient*. (IX, 40.)

Le faible qu'il avoit toujours à *tenir* des deux côtés l'emporta... plus loin et plus vite... qu'il n'avoit accoutumé. (III, 532.)

Elle (*cette jonction*) l'obligeoit à *tenir* des deux côtés. (IV, 80.)

.... *Tenir* un peu de tous les côtés. (IV, 113.)

Ce marquis de la Boulaie... étoit attaché à M. de Beaufort, qui le traitoit de parent, mais il *tenoit* encore davantage auprès de lui par Mme de Montbazon, de qui il étoit tout à fait dépendant. (II, 558.)

Vous savez la profession publique que j'ai faite de ne vouloir jamais rien tirer de cette affaire en mon particulier; je la *tiendrai* jusques au bout. (II, 340.)

Nous ne sommes pas obligés à *tenir* l'accommodement, et... nous sommes même obligés à ne le pas *tenir*. (II, 385.)

Du Boisle s'avançant et me demandant avec audace si je répondois que l'on ne *tiendroit* pas la paix qui avoit été signée à Ruel.... (II, 402.)

L'armée de M. de Longueville, vous savez ce que c'est;... et... nous l'*avons* tant promise et si peu *tenue*, que nous n'en oserions presque plus parler. (II, 424.)

Il ajouta que la doctrine de l'infaillibilité du Pape, *étant tenue* par le Saint-Siége et par toutes les universités du monde, à ce qu'il prétend, excepté celle de Paris, il devoit être permis à tous les théologiens de qualifier la contraire comme il leur plairoit. (VII, 41.)

La France tenoit... l'opinion de l'infaillibilité du Pape pour une opinion problématique et que l'on peut *tenir* en conscience. (VII, 90.)

TENIR, croire, juger; TENIR QUE, croire que:

Je conviens de la possibilité de l'exécution; mais je la *tiens* pernicieuse dans les suites. (II, 276.)

M. d'Elbeuf... savoit bien qu'il n'avoit pas la voix publique, et... ne se *tenoit* pas plus en sûreté chez lui qu'ailleurs. (II, 306.)

.... Ce que je *tenois* le plus mortel de tous les inconvénients. (II, 348.)

Bien qu'en mon particulier je ne me *tinsse* pas justiciable de la Compagnie (*du Parlement*).... (II, 575.)

.... Un crime dont la cour ne nous *tenoit* nous-mêmes purgés que depuis deux ou trois mois. (III, 50.)

Nous jugions bien qu'avec tout ce concours le coup ne seroit pas sûr, mais nous le *tenions* possible. (III, 149.)

Il voulut que j'éprouvasse l'aventure, qu'il *tenoit* fort incertaine. (III, 225.)

C'est dont un homme de bien ne se doit jamais *tenir* dispensé. (III, 313.)

Je ne *tenois* pas ce raisonnement de Monsieur le Cardinal bien juste. (III, 408.)

Je ne vois pas que l'on me *tienne* dans le monde fort coupable sur ce sujet. (VI, 86.)

Cependant le Cardinal avance fort à la Cour. On *tient* qu'il y doit arriver dans deux ou trois jours. (VIII, 81.)

Pour les expressions *tenir comme*, *tenir pour*, voyez I, 114; II, 65, 115 et 431; V, 77.

NE TENIR QU'À, suivi d'un infinitif:

Si pour faire taire Madame Daurat,... il *ne tenoit qu'à* lui donner quelque petite somme.... (VIII, 170.)

TENIR À QUATRE:

MM. de Novion et de Bellièvre... menèrent M. d'Elbeuf, qui se faisoit encore *tenir à quatre*, dans la seconde (*dans la Grande Chambre*). (II, 167.)

ÊTRE TENU DE:

MM. Cherriers ont dit à M. de Hacqueville que je *suis tenu de* l'incendie. (VIII, 581.)

TENIR LE PAVÉ. Voyez PAVÉ.

TENTATIVES (FAIRE DES) À quelqu'un:

.... Sous prétexte de me faire savoir *les tentatives* que Dom Francisco Pizarro *lui* étoit allé *faire* de la part de l'Archiduc. (II, 453.)

TENUE:

.... Obtenir de la Reine un lieu pour la *tenue* de la conférence pour la paix générale. (II, 341.)

.... Dans le moment même... que le changement de la disposition du Pape touchant la *tenue* de la congrégation est arrivé. (VII, 175.)

TERCERO, mot espagnol : tiers, entremetteur :

Ce valet de chambre de mon gouverneur qui étoit mon *tercero* me trouva chez une misérable épinglière une nièce de quatorze ans. (I, 202.)

TERMES (Être en) de :

Il me demanda si je croyois qu'elle (*la chose*) fût *en termes d'*accommodement. (VII, 105.)

TERMINAISON :

La succession n'est pas dans les parties prétendues de la substance de l'esprit, ni dans celles de son existence, mais dans ses *terminaisons* ; c'est toujours un même esprit indivisible qui pense, mais qui, pensant tantôt à une chose et tantôt à une autre, donne lieu de dire, qu'une pensée succède à une autre.... (IX, 304.)

TERMINER (Se) à, suivi d'un nom ou d'un verbe :

Toutes ces cabales... *se terminèrent à* l'ouvrage de nos jours... le plus innocent. (V, 220.)

Toutes les intelligences qu'on m'accuse si faussement d'avoir avec les ennemis de l'État *se termineront à* une liaison toute sainte avec le souverain Pontife. (VI, 70.)

L'honneur que nous rendons aux saints *se doit terminer à* celui que nous rendons à Dieu. (IX, 104.)

Voyez à quoi *se sont terminées* toutes les commotions que vous avez vues jusques ici dans cette compagnie. (II, 386.)

A quoi *se sont terminées* toutes ces espérances ? (V, 236.)

Le mieux qui me pouvoit arriver étoit d'avoir avantage sur Monsieur le Prince, et ce mieux *se fût*

terminé, si il y eût péri, à passer pour l'assassin du premier prince du sang. (III, 504.)

J'avois cru que leurs efforts *se termineroient à* me bannir de mon siége. (VI, 27.)

Voyez la note 7 à la page indiquée.

TERRASSER, au figuré :

Il ne parloit que de la facilité qu'il y avoit à *terrasser* Monsieur le Prince et à rétablir Monsieur le Cardinal. (III, 346.)

TERRE (Sous), au figuré :

Nous serons tous pendus, si vous n'agissez *sous terre*. (II, 74.)

Il y avoit des propositions *sous terre*. (III, 392.)

TERRIBLE :

Je souhaite avec une impatience *terrible* qu'il soit satisfait. (VIII, 331.)

M. Chevalier... me demande... cette grâce avec une instance *terrible*. (VIII, 519.)

Voyez encore VIII, 346.

TERRIBLEMENT :

Je fus, pour vous dire le vrai, *terriblement* honteux de ma bêtise. (II, 245.)

Il en étoit *terriblement* fatigué (de *Messieurs les Princes*). (III, 16.)

L'ordre de Commercy... me tient aussi *terriblement* au cœur. (VIII, 395.)

TERRIER (Pied), papier terrier :

Je n'ai point ouï parler de la pancarte du *pied terrier* de Saint-Denis. (VIII, 440.)

Voyez la note 1 de la page indiquée.

TÊTE, sens divers :

Je mets mon nom à la *tête* de cet ouvrage (de ces *Mémoires*). (I, 81.)

Qu'est-ce que pouvoient faire... deux des plus simples et des plus communes *têtes* de tout le corps ? (II, 58.)

Je n'ignore pas les justes raisons qu'a Votre Altesse d'appréhender les manières d'un corps composé de plus de deux cents *têtes*. (II, 107.)

M. de Bouillon... étoit sans contestation la meilleure *tête* du parti. (II, 349.)

Sur la tête de :

Il (*Mazarin*) fit si bien qu'il se trouva *sur la tête de* tout le monde, dans le temps que tout le monde croyoit l'avoir encore à ses côtés. (I, 235.)

Avoir en tête :

Le maréchal de la Meilleraie,... bien qu'il n'eût encore *en tête* que quelques enfants qui disoient des injures et qui jetoient des pierres aux soldats, ne laissoit pas d'être fort embarrassé. (II, 16.)

.... Que je n'étois général des armées de Son Altesse Royale que quand elles n'*avoient* point d'ennemis *en tête*. (V, 209.)

Faire tête à :

Quoique le président de Mesme me désignât avec application et avec adresse, je ne pris rien pour moi, tant que je n'eus pour *lui faire tête* que ce que M. le prince de Conti avoit dit en général de la paix générale. (II, 254.)

Le maréchal du Plessis... n'étoit pas en état de *leur faire tête*. (III, 92.)

C'est un traître qui s'entend avec lui et qui est au désespoir de ce que vous *lui faites tête*. (III, 335.)

Tourner la tête à :

Je lui dis ces propres paroles : « Je serois bien honteux, Monsieur, de ce qui se vient de faire, si.... » Le mot plut à Monsieur.... Il alla le lendemain à Petit-Bourg, chez la Rivière, qui *lui tourna la tête*, et qui lui fit croire que je lui avois fait un outrage public. (I, 259.)

Tête à tête, Tête pour tête :

Ce mot, qui avoit été dit *tête à tête*, dans un cabinet, fut redit, je ne sais par qui, à Monsieur le Cardinal. (I, 198.)

Je me trouvai *tête pour tête* devant son carrosse. (III, 509.)

Laver la tête. Voyez Laver.

THÉATIN :

Mgr Roberti a fait de grands commentaires, dans sa pénultième dépêche au Pape, sur la négociation du *Théatin* qu'il prétend être à Paris, depuis sept ou huit jours, de la part de Monsieur de Bavière. (VII, 297.)

THÉÂTRE, au figuré :

Il est à propos que je vous rende compte d'un détail assez curieux, qui concerne M. de Chavigni, que vous avez déjà vu et que vous verrez encore, au moins pour quelque temps, sur le *théâtre*. (III, 534.)

Voyez I, 212; III, 284; IV, 2.

TIRER, emplois divers :

Nous examinions les moyens de *tirer* l'armée hors des murailles sans donner de la défiance au Parlement. (II, 286.)

Il n'y a point de moyen plus efficace... pour cela, que de *tirer* notre armée de Paris, de la poster en quelque lieu.... (II, 283.)

Il espéroit qu'il se distingueroit beaucoup par cet emploi, qui le mettroit dans la négociation sans le *tirer* de la guerre. (II, 363.)

La proposition de cette chambre de justice... ne tardoit qu'à *tirer* les voleurs (*les intendants*) de la main du Parlement. (I, 323.)

Monsieur le Prince,... à la lettre, l'*avoit tiré* de la potence. (II, 503.)

Le cardinal Augustin Trivulce... lui envoya... Nicolas Foderato,... pour *tirer* la réponse de ce qu'il avoit résolu. (V, 524.)

.... Les expressions qu'il *avoit*

tirées très-fidèlement de Mme de Vendôme. (II, 177.)

Elle (*Mme de Longueville*) me parut enragée contre la cour. Je savois par le bruit public qu'elle l'étoit au dernier point contre Monsieur le Prince. Je joignis ce que l'on en disoit dans le monde à ce que j'en *tirois* de certains mots qu'elle laissoit échapper. (II, 118.)

Ils *avoient tiré* de moi que j'aurois une grande joie d'être employé à la paix générale. (III, 51.)

Mme de Montbazon... n'avoit pas, à beaucoup près, tant de pouvoir que moi sur l'esprit de M. de Beaufort, mais... en avoit plus qu'il n'en falloit pour lui *tirer* tous ses secrets. (II, 496.)

.... Dans la seule vue de *tirer* mérite dans le public de la retraite.... (IV, 93.)

S'il eût su mépriser de foibles avantages, qu'il *tiroit*, dans les premières années de la Régence, par la complaisance qu'il avoit pour le ministère, il eût.... (V, 252.)

Monsieur le Prince... *tira* pour récompense le gouvernement de Guyenne. (V, 228.)

Rien ne justifieroit davantage ce ministre coupable, que de donner le moindre lieu de croire que l'on voulût *tirer* en exemple journalier... ce qui s'est passé à son égard. (III, 411.)

Tirez promptement le contenu en la lettre de change sur le sieur Géricot. (VIII, 21.)

Je puis *tirer* sur les six mille livres, je le ferai lundi pour le vingtième du mois. Si celle (*la lettre*) que je recevrai demain de vous ne me donne lieu de *tirer* la somme entière.... (VIII, 314.)

TIRER quelqu'un, tirer sur lui :

Il (*Saint Charles Borromée*) se croit obligé de réformer l'ordre des Humiliés qui étoit tombé dans le dernier des désordres. Un furieux de cette compagnie le *tire* de vingt pas, comme il prioit Dieu dans sa chapelle, et il reçoit ce coup avec une assurance.... (IX, 97.)

TIRER, neutre : traîner, faire durer les choses :

Je *tirerai* jusques au lendemain de la Notre-Dame, sous prétexte de l'audience, que je ferai semblant d'attendre sans l'espérer. (VII, 324.)

TIRER DE LONGUE, tirer en longueur :

Mon avis est que vous *tiriez* l'affaire *de longue*, afin qu'elle ne se juge que l'hiver qui vient. (VIII, 487.)

Voyez la note 1 à la page indiquée.

TIRER LES CHAUSSES, au figuré, dépouiller :

J'ai peine à me laisser ainsi *tirer les chausses* par une espèce de force. (VIII, 362.)

TIRER À CONSÉQUENCE OU À DES CONSÉQUENCES, avec un sens actif ou neutre :

Les politiques de Rome.... ne croient pas... que la dérogation de Léon Dix à cette clause en faveur de Charles V puisse *être tirée à conséquence* pour ses successeurs. (VII, 118.)

.... Des exemples fâcheux, et qui pouvoient *tirer à des conséquences* plus grandes. (VII, 90.)

TIREUR DE LAINE, filou qui vole les manteaux :

Ce pillage... étoit trouvé tout aussi mauvais... que celui des *tireurs de laine* sur le Pont-Neuf. (IV, 216.)

TISSU, au figuré :

Ce qu'elle avoit vu étoit... un *tissu* de services considérables, que j'avois rendus à la Reine. (III, 160.)

Après lui avoir conté le *tissu* de la conjuration.... (V, 643.)

TITRE :

Cette maladie n'étoit qu'un prétexte pour ne faire de consistoire, où l'on ne pourroit pas s'empêcher de reconnoître M. le cardinal Barberin pour doyen du Sacré Collége, qu'après que l'on auroit ôté à l'évêché d'Ostie, qui en est le *titre*, la jurisdiction temporelle de Velletri. (VII, 294.)

Je ne quitterois pas le pavé et... je le tiendrois sous le *titre* que, le Cardinal et ses créatures étant éloignés, il n'étoit pas juste que l'on continuât à se servir de leur nom. (III, 453.)

Qui pourroit croire que ce grand et illustre Clergé... ait donné un *titre* funeste pour opprimer sa liberté ? (VI, 295.)

Cette déclaration pernicieuse des prêts... autorisoit l'usure publique, et la faisoit passer en *titre* de loi. (VI, 410.)

J'arrivai à Sedan une heure après Anctoville, négociateur en *titre* d'office, que M. de Longueville... y avoit envoyé. (I, 169.)

.... Des amuseurs en *titre* d'office. (IV, 222.)

TOMBER, sens divers, propres et figurés :

Le diable monta à la tête de nos subalternes : ils crurent que cette occasion *tomberoit*, si nous ne la relevions par un grain qui fût de plus haut goût que les formes du Palais. (II, 553.)

Sa maladie est d'une nature que l'on ne devra pas être surpris, soit qu'il *tombe* dans quelques mois, soit qu'il passe encore quelques années. (VII, 320.)

Sa Sainteté ayant été frappée d'une maladie que ses médecins ont d'abord jugée mortelle, Votre Éminence peut penser ce qui se fait en un lieu où tous les esprits prennent intérêt au Pontificat qui *tombe*. (VI, 74.)

En laissant ainsi couler le Cardinal plutôt que *tomber*, il se trouveroit maître du cabinet. (II, 79.)

Caumartin, par amitié, et le président de Bellièvre, par l'intérêt de ne me pas laisser *tomber*, m'avoient assez ébranlé, au moins quant à la spéculation. (III, 142.)

Je *tombois*... dans une imprudence qui eût peut-être causé la perte de la Ville. (II, 256.)

Avec un esprit merveilleux, il *est tombé* dans des imprudences. (II, 176.)

Le Parlement penche ou plutôt *tombe* vers une paix et très-peu sûre et très-honteuse. (II, 271.)

Mlle de Chevreuse donna dans mon sens.... Madame sa mère y *tomba*.... (III, 282.)

Nous ne pouvons pas même *tomber* dans ce sentiment. (VII, 158.)

Je suis bien aise d'*être tombé* dans votre sentiment sur le forfait de Bretagne. (VIII, 235.)

Cette imagination, quoique non digérée, *tomba* d'abord dans l'esprit de mon père. (II, 430.)

Ces imaginations basses et frivoles... ne peuvent *tomber* que dans des esprits peu éclairés. (VI, 67.)

Le chef est responsable... de tout ce que l'on soupçonne lui pouvoir *tomber* dans l'esprit. (III, 364.)

.... Il est nécessaire de vous expliquer... un détail... qui est de la nature de ces sortes de choses qui ne *tombent* dans l'imagination que par la pratique. (II, 408.)

L'on *est tombé* dans un temps où un homme de bien a quelquefois honte de parler comme il y est obligé. (III, 316.)

L'on est bien malheureux de *tomber* dans des temps où un homme de bien est obligé... de manquer au respect qu'il doit à son maître. (III, 388.)

Je la trouvai seule ; elle *tomba*, dans la conversation, sur les affaires publiques, qui étoient à la mode. (II, 118.)

La Reine me témoigna beaucoup de bonté et même beaucoup d'agrément sur tout ce que je lui disois ; mais quand elle *fut tombée* sur ce qui regardoit le Cardinal.... (II, 525.)

De propos en propos,... elle *tomba* sur les beaux exploits que nous aurions faits si nous nous étions trouvés unis ensemble. (II, 567.)

Sa gloire... étoit trop intéressée à souffrir que les Mazarins... se vengeassent de ceux qui l'avoient servi pour le détruire (*Mazarin*), en quittant sa personne, pour attaquer sa dignité, en vue d'un homme à qui lui, Monsieur, la vouloit faire *tomber* (*faire échoir*). (III, 275.)

TONNER, au figuré :

Je ne pouvois pas ignorer que le Premier Président ne *tonnât*. (III, 263.)

Voyez III, 458 ; IV, 90.

TÔPER :

M. d'Elbeuf, qui ne cherchait que de l'argent comptant, *tôpait* à tout ce qui lui en montroit. (II, 325.)

Voyez la note 3 de la page indiquée.

TÔT, adjectif :

J'écrirois à ceux que je connois... si j'avois la liste.... Témoignez-lui que cela n'importe aucunement, parce qu'il est même plus *tôt* (*il est même préférable*) que vous leur parliez à mon nom. (VIII, 394.)

TOTAL, substantif :

Qui a dit à Tycho-Brahé que les planètes tournent à l'entour du soleil et ce *total* à l'entour de la terre ? (IX, 351.)

TOUCHANT, TOUCHANTE :

Ils doutent encore si des calomnies aussi *touchantes* que celles dont ils m'attaquent, ne feront point d'impression sur un cœur fidèle.... (VI, 305.)

Voyez la note 3 à la page indiquée.

TOUCHER, sens divers :

.... Après *avoir été touchée* par trois différentes fois de la foudre. (IX, 99.)

Elle ne pouvoit pas s'ouvrir davantage, n'étant pas assurée de moi ; mais si je voulois m'engager dans son service,... qu'elle m'en feroit *toucher* le détail au doigt et à l'œil. (III, 286.)

Cette corde nous avoit paru à nous-mêmes bien grosse à *toucher*. (II, 73.)

Je leur fis le fin des intentions de Monsieur, ce qui étoit la grosse corde, et qui, par toutes raisons, ne se devoit *toucher* que la dernière. (III, 186.)

En cas de la mort du roi d'Espagne, l'investiture *touche* directement, selon les bulles, la personne de la Reine. (VII, 271.)

TOUCHER, au sens moral : faire une impression, bonne ou mauvaise :

Ce valet de chambre... me trouva chez une misérable épinglière une nièce de quatorze ans.... Il l'acheta pour moi.... Je la menai à ma tante de Maignelais, qui la mit dans une religion.... Ma tante... fut si *touchée* de mon procédé, qu'elle alla, dès le lendemain, le conter à Monsieur de Lisieux. (I, 203.)

Je voyois la carrière ouverte, même pour la pratique, aux grandes choses, dont la spéculation m'*avoit* beaucoup *touché* dès mon enfance. (II, 6.)

M. le duc d'Orléans vit tout le bien qu'il pouvoit faire et une partie du mal qu'il pouvoit empêcher ; mais... l'endroit par lequel il *fut touché* de l'un et de l'autre ne fut pas celui de la peur. (II, 96.)

Noirmoutier... et Laigue... *furent touchés* de cette raillerie, qui leur parut bien fondée. (II, 547.)

Cette démarche de M. de Beaufort *avoit touché* l'esprit du Mazarin à un tel point, qu'il fut quatre ou cinq jours à ne parler d'autre chose avec ses confidents. (II, 568.)

L'on feignit d'avoir reçu des lettres bien pressantes; l'on dit un adieu aux dames fort léger et fort public. Mon père me mena coucher à Nantes. Je *fus*, comme vous le pouvez juger, et fort surpris et fort *touché*. Je ne savois à quoi attribuer la promptitude de ce départ. (I, 97.)

Le Cardinal parut fort *touché* de la liberté d'un homme en qui il n'en avoit jamais vu. (II, 21.)

La terreur du Parlement n'étoit pas encore bien dissipée. Je ne *fus* pas *touché* de son irrésolution. (II, 133.)

Je *fus* très-*touché* d'une nouvelle que j'appris le même jour. (II, 136.)

Je revins chez moi fort *touché* de ce qui se venoit de passer. (II, 360.)

M. de Bouillon fut atterré de cette nouvelle comme d'un coup de foudre, et j'en *fus* presque aussi *touché* que lui. (II, 418.)

Nous présentâmes requête au Parlement pour récuser le Premier Président comme notre ennemi.... Il en parut *touché* et même abattu. (II, 599.)

M. Chevalier... ne croit pas vivre longtemps, dont je *suis* extraordinairement *touché*. (VIII, 519.)

Une légère indisposition le *touche* vivement; une parfaite santé n'est pas seulement sensible. (IX, 149.)

TOUR, masculin, au propre et au figuré :

Le Cardinal... ne fit que m'embrasser en passant dans le jardin, et, à un autre *tour* d'allée, il me dit.... (II, 77.)

Les discours de ce bref sont plutôt un *tour* de paroles ajustées aux longueurs et aux excuses affectées que médite la cour de Rome.... (VII, 6.)

Il arriva par hasard que lorsque l'on... délibéra, le *tour*, qui tomba ce jour-là sur la province de Paris, m'obligea à parler le premier. (I, 247.)

Je ferai bientôt un petit *tour* de Joigny à Paris. (VIII, 172.)

Après bien des *tours*, je lui nommai M. de Châteauneuf. (III, 308.)

TOUR, tournure, apparence, manière d'être ou de présenter les choses :

Mme de Longueville a naturellement bien du fonds d'esprit, mais elle en a encore plus le fin et le *tour*. (II, 182.)

M. de Bouillon alla... chez les envoyés d'Espagne, auxquels il persuada que la conduite que nous venions de résoudre... leur pouvoit être très-utile.... Il assaisonna ce *tour*... de tout ce qui les pouvoit persuader que l'accommodement de M. d'Elbeuf avec Saint-Germain leur étoit fort bon. (II, 446.)

Voyez I, 264 ; II, 595.

FAIRE UN TOUR à quelqu'un :

Elle auroit assez de pouvoir auprès de moi... pour m'obliger à ne pas rompre avec lui sur le dernier *tour* qu'il *m'avoit fait*. (III, 173.)

Voyez III, 255 ; V, 605.

TOURNELLE (LA), la cinquième chambre du Parlement, la chambre criminelle :

La Tournelle condamna à la mort deux imprimeurs convaincus d'avoir mis au jour deux ouvrages très-dignes du feu. (II, 512.)

Voyez la note 1 de la page indiquée.
Voyez II, 571 et 582 ; IV, 99 et 100.

TOURNER, actif :

Je lui dis ces propres paroles : « Je serois bien honteux, Monsieur, de ce qui se vient de faire, si.... » Le mot plut à Monsieur.... Il alla le lendemain à Petit-Bourg, chez la Rivière, qui lui *tourna* la tête, et qui lui fit croire que je lui avois fait un outrage public. (I, 259.)

La réponse douce et honnête que

la Reine fit aux gens du Roi touchant le héraut, la protestation de pardonner sincèrement à tout le monde, les couleurs dont Talon, avocat général, embellit cette réponse, *tournèrent* en un instant presque tous les esprits. (II, 273.)

Nous avions eu deux ou trois jours pour *tourner* les esprits. (II, 467.)

Cette proposition... eût *tourné*, en moins d'un demi-quart d'heure, toute la Compagnie (*le Parlement*) du côté des Princes, si elle eût été exécutée. (III, 81.)

Comme rien n'anime et n'appuie plus un mouvement que le ridicule de ceux contre lesquels on le fait, je conçus qu'il nous seroit aisé d'y *tourner* de tout point la conduite d'un ministre.... (I, 163.)

Il (*Mazarin*) me fit presser par la Reine de *tourner* l'affaire d'un biais qui m'auroit infailliblement déshonoré. (I, 269.)

.... A la Reine, à qui il *tourna* son absence du Parlement d'une manière si délicate, qu'il se la fit demander. (III, 206.)

SE TOURNER, SE TOURNER À :

Je suis... si accablé de lettres et de compagnie aujourd'hui que je n'ai presque pas le temps de *me tourner*. (VIII, 370.)

Il y a deux mois qu'il (*le vent*) est contraire, ce qui, joint au changement de lune qui sera ce soir, nous fait espérer qu'il pourra *se tourner* à l'entrée de la nuit. (VII, 387.)

Il finit sa réponse en me disant que je lui avois parlé la veille fort insolemment.... Je *me tournai* aux députés, en leur disant : « Messieurs, le mot est gai. » (I, 253.)

Je *me tournai* à M. de Brissac, en répondant.... (III, 502.)

TOURNER, neutre :

Il *tourna* quelque temps, il siffla.... (III, 405.)

Un garçon rôtisseur, s'avançant avec deux cents hommes, et mettant la hallebarde dans le ventre du Premier Président, lui dit : « *Tourne*, traître ; et si tu ne veux être massacré toi-même, ramène-nous Broussel ou le Mazarin et le Chancelier en otage. » (II, 51.)

Monsieur, à cette vision,... *tourna* brusquement et s'enfuit dans la Grande Chambre. (III, 87.)

M. de Longueville, qui... revenoit de Rouen,... ayant appris la sortie du Roi à six lieues de Paris, avoit *tourné* tout court à Saint-Germain. (II, 136.)

.... La réputation qui, dans la première affaire, consisteroit dans le désintéressement, *tournoit* en celle-ci sur l'habileté. (III, 141.)

TOURNER À OU EN, SE TOURNER EN :

Je m'étois imaginé que cette malignité n'alloit qu'à diminuer le mérite du service que j'avois rendu, et je ne me pouvois figurer que l'on fût capable de me le *tourner à* crime. (II, 34.)

Toutes les fautes du ministère nous *tourneront* à compte. (II, 436.)

Comment le Roi seroit-il informé, s'il ne promettoit l'impunité à ceux qui lui donnent des avis pour son service, et qui sont quelquefois obligés, pour les avoir, de dire des paroles qu'on leur pourroit *tourner en* crime ? (II, 587.)

Cet air de honte et de timidité que vous lui voyez dans la vie civile *s'étoit tourné*, dans les affaires, en air d'apologie. (II, 181.)

TOURNER DE TÊTE, changer d'avis, de disposition :

Je lui répondis que le Cardinal me paroissoit, depuis quelque temps, avoir *tourné de tête*. (III, 251.)

Voyez la note 4 de la page indiquée.

TOUSSAINTS (LA), la Toussaint. (I, 212 et 216.)

TOUT, TOUTE, TOUS, TOUTES :

TOUT, sens neutre :

Il avoit parlé à M. le maréchal

de Vitry, qui étoit dans *toutes* les dispositions du monde de servir Monsieur le Comte. (I, 162.)

Mme de Guémené... m'avoit donné mon congé dans *toute* la forme la plus authentique que l'ordre de la pénitence pouvoit demander. (I, 177.)

Monsieur... crut qu'...il s'assuroit ainsi lui-même de *tous* les deux côtés. (III, 371.)

.... Par *tous* les deux partis. (V, 262.)

Vous ne me l'avez point fait *toutes* les deux fois. (VIII, 571.)

Je n'avois presque plus d'habitudes avec *toutes* les femmes, hors Mme de Guémené. (I, 128.)

Le prévôt des marchands avertit le Palais-Royal que *tout* est sur le point de prendre les armes. (I, 302.)

Tout ce qui étoit dans ce cabinet jouoit la comédie. (II, 19.)

Je me les faisois apporter (*ces libelles*)... pour les lire... devant *tout* ce qui se trouvoit chez moi. (III, 328.)

Tout ce qui étoit de la vieille Fronde se piqua de renchérir sur la nouvelle. (III, 330.)

Il fut résolu que l'on iroit à Montargis,... parce que de là l'armée des Princes, qui seroit ainsi entre Paris et le Roi, pourroit donner la main à *tout*. (IV, 168.)

.... Le peuple, qu'un mot du moins accrédité de *tout* ce que nous étions pouvoit enflammer. (II, 301.)

Les envoyés de l'Archiduc... avoient plus de confiance en lui qu'en *tout* ce que nous étions. (II, 347.)

Je voyois que ce prince... et que Fuensaldagne... y auroient en huit jours plus de pouvoir que *tout* ce que nous étions. (II, 428.)

Mlle de Vendôme.... étoit aimable à tout prendre et en tout sens. Je suivis ma pointe, et je trouvois des commodités merveilleuses.... L'on fit deux voyages à Anet,... et dans le dernier voyage, j'allai plus loin qu'à Anet. Je n'allai pourtant pas à *tout*, et je n'y ai jamais été : l'on s'étoit fait des bornes, desquelles l'on ne voulut jamais sortir. (I, 196.)

Tout, pris substantivement :

Nous connûmes visiblement que nous avions de la provision encore pour longtemps dans l'imagination du public : ce qui fait le *tout* en ces sortes d'affaire. (II, 527.)

Il y alloit du *tout* pour le parti. (II, 521.)

J'ai, Messieurs, à parler à la Compagnie ; je vous supplie de reprendre vos places ; il y va du *tout* pour toute l'Europe. (II, 258.)

Je connus très-bien son intention, mais elle ne me fit pas balancer, car il y alloit du *tout*. (III, 226.)

Tout, adverbe :

Ce Parlement étoit *tout* propre à s'aveugler. (II, 224.)

La Reine me demanda ensuite ma parole de ne me point ouvrir avec M. de Beaufort du dessein d'arrêter Monsieur le Prince, jusqu'au jour de l'exécution, parce que Mme de Montbazon, à qui il le découvriroit assurément, ne manqueroit jamais de le dire à Vineuil, qui étoit *tout* de l'hôtel de Condé. (III, 11.)

Le tour... m'obligea à parler le premier. J'ouvris donc l'avis, selon que nous l'avions *tout* concerté, et il fut suivi de toutes les voix. (I, 247.)

Voyez la note 2 de la page indiquée.

Je savois que Monsieur avoit été aux Carmes à l'office du vendredi saint, et je n'ignorois pas que tous ceux du clergé vont à l'adoration (*de la croix*) *tout* les premiers. (I, 258.)

Voyez la note 5 de la page indiquée.

Si nous prenons cette résolution, il faut les arrêter *tout* à cette heure. (III, 295.)

J'avois fait la résolution de demeurer *tout* le plus qu'il me seroit possible dans l'inaction. (IV, 219.)

Mon avis est que [l'on] la prolonge (*cette affaire*) *tout* le plus qu'il se pourra. (VIII, 566.)

Voyez donc, s'il vous plaît, sur cela M. le duc de Luines *tout* le plus tôt qu'il vous sera possible. (VIII, 305.)

Vous n'avez qu'à adresser à Commercy la réponse à celle-ci, car... j'y serai un jour ou deux *tout* au plus tard après elle. (VIII, 323.)

Je vous écrirai amplement jeudi prochain ou *tout* au plus tard d'aujourd'hui en huit jours. (VIII, 506.)

Il y demeure *tout* devant le portail de l'église. (VIII, 201.)

TOUT, avec le sens adverbial, mais s'accordant pourtant :

Considérez... si ce dessein étoit praticable... dans une maison *toute* en défiance. (III, 345.)

Je m'en vais à Saint-Mihiel passer la fête, et comme je n'en reviendrai que lundi, j'ai *toute* la mine de ne point écrire ce jour-là. (VIII, 552.)

Voici une lettre pour le bailli de Saint-Denis que j'ai faite *toute* la plus forte qu'il m'a été possible. (VIII, 499.)

Les députés refusèrent *tous* d'une voix ces deux propositions. (II, 365.)

Voyez la note 1 de la page indiquée.

Cette déclaration passa *toute* d'une voix. (II, 367.)

TOUT, entrant dans différentes locutions :

« Je vous le vas signer de mon sang. — Vous l'en signerez *tout à l'heure*, » s'écria-t-elle. Elle me lia le pouce avec de la soie...; elle m'en tira du sang avec le bout d'une aiguille, et elle m'en fit signer un billet de cette teneur.... (II, 304.)

La Reine me dit... qu'il n'avoit combattu pour elle que très-faiblement, « et *tout de même*, me dit-elle, *que* si il avoit eu l'épée à la main. » (III, 419.)

Il fit mon éloge, *tout de nouveau*, avec une aigreur incroyable. (I, 120.)

La Rochepot... haïssoit cordialement M. le cardinal de Richelieu... parce que, *tout de nouveau*, Monsieur le Cardinal... avoit refusé l'agrément du régiment de Champagne pour lui à M. le maréchal de la Meilleraye. (I, 137.)

« Mais, mon Dieu ! ajouta-t-elle *tout d'un coup*.... » (II, 61.)

Un homme foible de son naturel n'est jamais fort *en tout*. (III, 233.)

Le prévôt des marchands étoit... passionné pour la cour.... Le Premier Président n'en étoit pas esclave comme l'autre, mais l'intention certainement y étoit; et de plus, quand j'eusse été aussi assuré d'eux que de moi-même, que leur eussé-je pu proposer ?... *Sur le tout*, je n'osois me promettre tout à fait que M. le prince de Conti et M. de Longueville vinssent sitôt qu'ils me l'assuroient. (II, 147.)

Sur le tout, j'admire votre désintéressement. (II, 345.)

Mme de Longueville, *sur le tout*, vouloit... l'accommodement. (III, 363.)

Pour l'expression *sur le tout*, dans le sens de *surtout, par-dessus tout*, voyez encore II, 428; III, 155, 283 et 450; VII, 129.

TOUTEFOIS :

Envoyez querir le coadjuteur; *toutefois* qu'y a-t-il à faire ? (III, 259.)

TOUTEFOIS QUE :

Le cardinal de Richelieu... alloit au bien, ou par inclination ou par bon sens, *toutefois que* son intérêt ne le portoit point au mal. (I, 282.)

TRAGÉDIE, au figuré :

.... Ceux... qui ont joué les premiers personnages dans ces *tragé-*

dies si funestes à l'État. (V, 218.)

Voyez II, 20 et 388, etc.

TRAGIQUE, au figuré :

.... Tout ce qu'il y a eu de foible et de *tragique* à la conduite de ce parti. (V, 258.)

TRAIN :

Je ne laissai pas de prendre ma place, d'y demeurer durant tout le temps de la cérémonie et de me maintenir par là à Rome dans le *train* de cardinal françois. (V, 102.)

TRAÎNER, faire traîner en longueur, retarder :

.... Ce qu'ils y avoient (*ce qu'ils avoient dans l'âme*)... étoit une résolution bien formée... de *traîner* la promotion et de trouver dans le chapitre des accidents de quoi la révoquer. (III, 349.)

Traînant, traînante :

Mme de Fruges, que vous voyez *traînante* dans les cabinets, sous le nom de vieille femme, en fut un autre (*fut un autre objet de l'amour de Richelieu*). (I, 108 et 109.)

TRAITAILLER :

Je connoissois M. de Longueville pour un esprit qui ne se pouvoit empêcher de *traitailler*, dans les temps même où il avoit le moins d'intention de s'accommoder. (II, 451.)

Voyez la note 4 de la page indiquée.

TRAITÉ :

M. le duc de Retz... rompit... le *traité* de mariage qui avoit été accordé, quelques années auparavant, entre M. le duc de Mercœur et sa fille. (I, 91.)

Être en traité de :

Les uns disent que le Pape a dessein d'acheter toutes les maisons qui sont vis-à-vis du portail de la Minerve, pour y faire bâtir un palais pour D. Sigismond, et les autres qu'il *est en traité de* celui du prince Ludovisio. (VII, 230.)

TRAITEMENT :

Comme nous n'ignorons pas... les difficultés qui se rencontrent assez souvent pour le *traitement* (*la manière de se traiter réciproquement*) entre les cardinaux et la république de Gênes, nous avons pris le parti de n'y point toucher. (VII, 389.)

TRAITER :

Elle avoit souhaité que je lui écrivisse (*au Premier Président*), mais je lui ai mandé que vous lui diriez la raison pour laquelle je ne le fais pas et la voici : les Premiers Présidents ont toujours prétendu d'*être traités* par lettres, comme les Chanceliers, et les Cardinaux ont toujours prétendu le contraire. (VIII, 412.)

Traiter en chair, en poisson, donner à manger de la chair, du poisson :

Je veux bien et même je serai bien aise que l'on *traite en chair* M. le baron de Gondi.... Il ne doit pas coûter davantage en le *traitant en chair* qu'*en poisson*. (VIII, 209.)

Traiter à.... de :

Donnez-lui, s'il vous plaît, à lui-même ces assignations dès à présent, en les *lui traitant d*'argent comptant et en lui marquant qu'il n'y a personne en France qui jusques ici ne les ait reçues pour telles. (VIII, 193.)

Voyez le note 6 à la page indiquée, et comparez Molière, *Misanthrope*, I, 1 (vers 24).

Se traiter de :

Le peuple... étoit revenu jusqu'à la fureur dans sa chaleur pour nous ;... mais la noblesse nous étoit bonne... pour faire paroître que nous ne *nous traitions* pas simplement *de* tribuns du peuple. (II, 597.)

TRANCHER :

M. de Beaufort... dit en mettant la main sur la garde de son épée : « Vous avez beau faire, Messieurs les députés, celle-ci ne *tranchera* jamais pour le Mazarin. » (II, 398.)

TRANSIR, neutre :

Monsieur le Prince... faillit à *transir* de frayeur quand la Reine lui dit le discours de Monsieur son fils. (I, 262.)

TRANSISSEMENT :

Je ne suis point surpris des frayeurs de ma nièce;... mais quelque grand que vous me dépeigniez son *transissement* sur le jour de la conclusion (*de son mariage*), je doute qu'il puisse être égal au mien sur les suites. (VIII, 623.)

TRANSPORT :

L'action d'Anaxarchus... étoit un *transport* et une manie. (IX, 149.)

TRAVAILLER, actif :

.... Ce que les plus honnêtes gens... jugent d'une affaire qui *travaille* la Cour depuis si longtemps. (VI, 160.)

Travailler à :

L'on continua à *travailler aux* fonds nécessaires pour la levée et pour la subsistance des troupes. (II, 190.)

TRAVERS :

Il n'y a rien qui soit si sujet à l'illusion que la piété.... La meilleure intention ne suffit pas pour y faire éviter les *travers*. (I, 91.)

« Pour en faire éviter le travers, » dans quelques éditions.

Saint-Ibar,... homme d'esprit et de cœur mais d'un grand *travers*, et qui n'estimoit les hommes que selon qu'ils étoient mal à la Cour.... (II, 63.)

Au travers de :

On n'eût pas été choisir des cervelles de ce carat, *au travers de* tant d'autres qui avoient sans comparaison plus de poids. (II, 59.)

M. de Bouillon avoit promis aux envoyés de Monsieur l'Archiduc de leur faire un pont d'or pour se retirer dans leur pays, en cas que nous fissions la paix; et ces envoyés... ne laissoient pas, *au travers de* toute la confiance qu'ils avoient en M. de Bouillon, de me sommer, de temps en temps, de la parole que je leur avois donnée de ne les pas laisser surprendre. (II, 462.)

TRAVERSER quelqu'un ou quelque chose, au figuré :

La princesse de Guéméné... avoit *traversé* l'inclination qu'il (*Richelieu*) avoit pour la Reine. (I, 104.)

.... Ma faveur naissante,... qui seule, à ce qu'il s'imaginoit, *traversoit* la sienne. (III, 35.)

Madame la Palatine me pressa beaucoup de recevoir en forme la parole de Messieurs les Princes de ne point *traverser* mon cardinalat. (III, 183.)

Il espéroit... que l'on pourroit *traverser* le retour de Monsieur le Cardinal par d'autres moyens. (IV, 79.)

Voyez I, 206 et 211; III, 349 et 390; IV, 42.

TRAVERSIN d'un lit :

Faites faire aussi les matelas et *traversin*. (VIII, 356.)

Traversin d'une balance, le fléau :

L'homme est comme le *traversin* d'une balance qui branle toujours et n'a point de consistance. (IX, 146.)

TREMBLE-TERRE, tremblement de terre :

Ce n'est point un coup de foudre

qui les tue, un *tremble-terre* qui les engloutit. (IX, 147.)

TREMPE, au figuré :

Je ne crois pas qu'il y eût au monde un meilleur cœur que celui de mon père, et je puis dire que sa *trempe* étoit celle de la vertu. (I, 90.)

TRÈS, devant un substantif :

Il (*M. de la Rochefoucauld*) n'a jamais été guerrier, quoiqu'il fût *très*-soldat. (II, 181.)

.... Vaine, grand parlementaire et *très*-confident de Cromwell.... (III, 115.)

Il se servit, pour cet effet, du vicaire général des Augustins, qui lui étoit *très*-confident. (III, 144.)

J'ai toujours *très* mal aux yeux. (VIII, 562.)

Très, devant une locution adjective :

Il seroit... *très* à propos qu'elle envoyât.... (III, 459.)

Il est en général *très* à propos d'inquiéter en toutes les façons la cour de Rome. (VII, 10.)

Je le croyois *très* à son aise. (VIII, 326.)

J'étois *très* en colère. (II, 487.)

Madame, qui étoit *très* en colère.... (III, 437.)

Tout cela me met *très* en peine. (VIII, 148.)

Je suis *très* en peine de la santé de M. de Hacqueville. (VIII, 461.)

J'en suis *très* en peine. (VIII, 517.)

TRIBUN DU PEUPLE, au figuré, et toujours en mauvaise part :

Nous serons, avec le Parlement, les défenseurs de la veuve et de l'orphelin, et nous ne sommes, sans le Parlement, que des séditieux et des *tribuns du peuple*. (II, 554.)

Il vous sied bien... de nous traiter de *tribuns du peuple*! (III, 108.)

Voyez II, 140, 348 et 597.

TRIBUNAL :

J'entrepris d'examiner la capacité de tous les prêtres du diocèse.... Je fis pour cet effet trois *tribunaux*, composés de chanoines, de curés et de religieux. (I, 242.)

TRIBUNAL, comble :

L'autorité de l'État perdue ne se pouvoit jamais rétablir qu'en précipitant ce ministre du *tribunal* de la fortune. (V, 365.)

Voyez la note 1 de la page indiquée.

TRIBUNAT, TRIBUNAT DU PEUPLE, au figuré :

Je me voyois... dans la nécessité... de m'ériger... en tribun du peuple.... La foiblesse de M. le prince de Conti,... celle de M. de Longueville... l'avoient fort dégarni, ce *tribunat*. (II, 140.)

.... Cette espèce de *tribunat du peuple*. (III, 46.)

Voyez plus haut TRIBUN DU PEUPLE.

TRIOMPHES (FAIRE DES) :

La bonne conduite les obligeoit à affecter... de *faire des triomphes* de l'exaltation de Chigi. (V, 138.)

TRIPLE :

Comme le cavalier est tenu ici pour espion double et *triple*.... (VIII (*supplément*), 14*.)

TROMPER :

Le cardinal de Richelieu avoit affecté d'abaisser les corps, mais il n'avoit pas oublié de ménager les particuliers.... Ce qu'il y eut de merveilleux fut que tout contribua à le *tromper* et à se *tromper* soi-même (*c'est-à-dire à faire qu'il se trompât soi-même*). Il y eut toutefois des raisons naturelles de cette illusion. (I, 288.)

Voyez la note 5 de la page indiquée.

TROMPETER :

On l'*a trompeté* comme un séditieux et comme un perturbateur du repos public.... (VI, 190.)

Voyez la note 21 à la page indiquée.

On le cite devant le tribunal laïque du Châtelet, on le fait *trompeter* comme un scélérat devant la porte même de son Église. (VI, 337.)

TROP :

Je jugeois bien que nous n'étions pas *trop* bons, et lui et moi, pour relever une affaire de cette nature. (II, 488.)

Je n'aimois pas *trop* mon frère. (I, 95.)

Je connoissois les deux hommes qui me parloient pour n'être pas *trop* sages. (III, 249.)

L'aversion naturelle qu'il avoit pour l'aîné, sans savoir *trop* pourquoi.... (IV, 24.)

Voyez II, 124, 125 et 375; III, 154; VII, 307.

TROU PROVANDIER :

Voyez, sur cette expression singulière, que Retz ne comprenait pas, tome VIII, page 267, note 2, et tome VIII, page 446, note 2.

D. Laumer se vante d'avoir rompu une fois en sa vie le *trou provandier*. (VIII, 267.)

Chevincourt m'écrit qu'il peut y avoir quelque difficulté entre les Cherrière et moi touchant le *trou provandier*. (VIII, 279.)

Je ne sais, dans la vérité, ce qu'il veut dire du *trou provandier*; personne du monde ne m'en avoit rien écrit de lui (*il faut lire probablement : que lui*), et ce que je vous en avois mandé n'étoit qu'à cause de l'oiseau nocturne du temps passé que j'avois appris de lui-même. (VIII, 284.)

Le corps de cette belle dépêche est une protestation de tous dépens, dommages et intérêts, si je ne fais refaire... le *trou provandier*. (VIII, 295.)

Voyez VIII, 287, 290, 319, 446 et 484.

TROUBLE, adjectif :

.... L'émotion qu'une telle députation pourroit causer dans un temps aussi *trouble*. (IV, 69.)

TROUER, au figuré :

Il est comme impossible que nous n'en tirions au moins l'avantage de commettre l'Escadron, qui est comme l'âme de cet ouvrage, avec l'Espagne, qui le *trouera* (*qui y fera des trous, des brèches*) de tout son pouvoir. (VII, 396.)

Voyez la note 4 à la page indiquée.

TROUVER, sens divers :

Mon trésor étant épuisé par le don des cent pistoles, je ne me *trouvois* pas un sol. (I, 95.)

Émery, surintendant des finances, et à mon sens l'esprit le plus corrompu de son siècle, ne cherchoit que des noms pour *trouver* des édits. (I, 291.)

Monsieur le Cardinal... dit publiquement, le lendemain, qu'il ne me *trouvoit* pas moins ferme pour le service du Roi que pour l'honneur de mon caractère. (I, 265.)

Mlle de Vendôme... et Mlle de Guise... étoient des beautés de qualité : on n'étoit point étonné, en les voyant, de les *trouver* princesses. (I, 194.)

Je le vis, la nuit, dans le château où il logeoit; je lui parlai,... et je *trouvai* que la véritable raison pour laquelle il m'avoit mandé étoit.... (I, 154.)

Elle (*la Reine*) en sortit par le commandement qu'elle me fit de les aller faire connoître (*mes raisons*) à Monsieur le Cardinal. Je *trouvai* qu'il les entendoit aussi peu qu'elle. (I, 248.)

Vous en jugerez mieux que moi et vous en ferez comme vous *trouverez* pour le mieux. (VIII, 299.)

TROUVER À DIRE, regretter l'absence de :

La lumière du feu empêche qu'on ne *trouve à dire* celle du soleil. (IX, 178.)

Voyez la note 2 de la page indiquée.

SE TROUVER :

Si vous aviez vu combien je *me suis trouvé* sensible à cette nouvelle, vous avoueriez que l'on ne le peut être davantage à ce qui vous touche. (VIII, 579.)

A la réserve des gens que j'y avois fait *trouver* (*à qui j'avois commandé de s'y trouver*), personne ne cria : « Vive Conti ! » (II, 157.)

SE TROUVER MAL, être malade ou mal à son aise :

M. le prince de Conti... s'étoit mis au lit. J'eus toutes les peines du monde à le persuader de se relever. Il *se trouvoit mal*, et il tarda tant.... (II, 155.)

TRUCHEMENT :

Cette vaste étendue de mers qui nous séparent ne nous empêche pas... d'avoir ensemble de l'intelligence par l'entremise des *truchements*. (IX, 174.)

TUER, au figuré :

Voici l'hiver et la neige me *tue* les yeux pour peu que je sorte. (VIII, 330.)

SE TUER, s'éteindre :

Leur flambeau... *se tuera* au milieu des ténèbres. (IX, 179.)

TUFFEAU, tuf :

Les diamants, les rubis et les opales ne te seroient pas des pierres plus précieuses que le *tuffeau*. (IX, 170.)

Voyez encore IX, 137.

TUMULTUAIRE, qui se fait précipitamment, ou avec tumulte :

Il exagéra avec force le péril où le public se trouvoit par la prise *tumultuaire* et générale des armes. (II, 49.)

Comparez le latin *tumultuarius*, dans Tite-Live et dans d'autres, qui a tout à fait ce sens.

Il y avoit eu beaucoup de contestation *tumultuaire* dans la Compagnie. (II, 253.)

.... Ces bruits *tumultuaires* et confus. (VIII, 100.)

TUMULTUAIREMENT :

Les Enquêtes prendront leurs places *tumultuairement*. (II, 554.)

Elles (*les Enquêtes*) prirent leur place *tumultuairement* dans la Grande Chambre. (III, 81.)

Voyez III, 81 ; V, 454.

TYMPANISER, blâmer en public :

Voyez si on ne pourroit pas terminer cette affaire par une autre voie que celle du Parlement, car il est fâcheux de voir les officiers de Saint-Denis *tympanisés* tant de fois de suite dans la Grand'Chambre. (VIII, 521.)

Voyez la note 1 à la page indiquée, et le dictionnaire de *Furetière*.

U

UN, UNE, article, emplois divers :

Je lui repartis, sans balancer, comme par *un* enthousiasme.... (IV, 50.)

Il venoit de recevoir *une* je ne sais quelle grâce de Monsieur le Cardinal. (I, 148.)

Je conviens que l'apparence y est, et à *un* point (*à un tel point*) que je crois que l'on doit excuser les historiens qui ont pris le vraisemblable pour le vrai en ce fait. (II, 55.)

Voyez POINT.

UN CHACUN. Voyez CHACUN.

UN TEL. Voyez TEL.

UNI :

Comme il me voyoit avec un petit collet *uni* et un habit noir tout simple, il me prit... pour un écolier. (I, 204.)

À L'UNI, de niveau, au figuré :
M. de Hacqueville... m'a même assez soulagé l'esprit... en me faisant voir... que les avances n'étoient pas fort grandes, que vous aviez touché en papier, valant argent, ce que vous n'avez pas touché en espèces, et que nous pourrions bientôt être à *l'uni*. (VIII, 292.)

Voyez la note 2 de la page indiquée.

Nous ferons mieux l'année qui vient; mais le préalable de tout mieux est de se mettre à *l'uni*. (VIII, 402.)

Il se faut mettre à *l'uni*. (VIII, 403.)

UNIFORME, unanime, général :

.... Un concert *uniforme* de tout le monde. (IV, 13.)

.... Le consentement *uniforme* de tous les Allemands à s'opposer à l'incendie que l'on essaye de jeter dans leur pays. (V, 320.)

UNIFORMÉMENT :

Ils déclarèrent, *uniformément* et constamment, qu'ils n'y consentiroient jamais. (II, 472.)

Ces mêmes hommes qui parloient si *uniformément*.... (III, 431.)

UNIFORMITÉ :

J'avois cru que je ferois mieux de me conformer par avance à celui (*au sentiment*) des autres, et de faire paraître... de l'union et de l'*uniformité* dans le corps. (II, 256.)

UNION, alliance :

Tous les corps de la ville et tous les colonels et capitaines de quartier jurèrent une *union* pour la défense commune. (II, 144.)

ARRÊT D'UNION :
Un envoyé de M. de la Trémouille demanda audience au Parlement, à qui il offrit, de la part de son maître, huit mille hommes de pied et deux mille chevaux....
Le Parlement lui fit de grands remercîments, lui donna *arrêt d'union*.... (II, 371.)

UNIQUE :

Mon père... ne vouloit point du tout paroître au Louvre. Il y vint enfin une *unique* fois. (I, 210.)

L'*unique* Premier Président... demeura ferme. (II, 51.)

Ce parti étoit l'*unique* bon. (II, 440.)

Le seul et *unique* abbé de la Rivière étoit convaincu que l'émotion du peuple n'étoit qu'une fumée. (II, 20.)

Je m'étendis beaucoup sur ce point, parce que j'étois assuré que c'étoit celui-là seul et *unique* qui retenoit M. de Bouillon. (II, 391.)

UNIQUEMENT :

Il n'étoit pas... difficile de lui donner, de partie faite, un amant; mais dès qu'elle l'avoit pris, elle l'aimoit *uniquement* et fidèlement. (II, 185.)

.... Les bonnes grâces du cardinal Patron, auquel Celsi est *uniquement* attaché. (VII, 306.)

Je trouve une satisfaction si sensible à vous soumettre *uniquement* et absolument le jugement de tout ce qui me regarde.... (II, 190.)

Les moindres pas qui ne seroient pas concertés... jetteroient de la défiance dans les esprits, dans une occasion où la confiance se pouvoit presque dire *uniquement* nécessaire. (III, 377.)

UNISSON :

Cette inégale distribution des facultés de l'âme, nous rendant absolument nécessaires les uns aux autres, est... l'*unisson* de l'harmonie politique. (IX, 168.)

URSULINE :

Je vous envoyerai à la huitaine une réponse que je dois aux *Ursulines* de Dijon. (VIII, 487.)

USAGE, utilité :

La résolution marche du pair avec... le jugement héroïque, dont le principal *usage* est de distinguer l'extraordinaire de l'impossible. (I, 152.)

Être d'usage :

Il est constant que cette proposition, qui ne pouvoit plus avoir d'effet solide dans la conjoncture, *étoit* assez *d'usage* pour ce que M. de Bouillon s'y proposoit. (II, 463.)

Le talent d'insinuer *est* plus *d'usage* que celui de persuader, parce que l'on peut insinuer à tout le monde et que l'on ne persuade presque jamais personne. (III, 109.)

Il en recevoit quelques-unes (*quelques lettres*) dans des pièces de quarante-huit qui étoient creuses. Cette invention ne m'*eût* pas *été d'usage* dans ma prison, parce que l'on ne m'y laissoit toucher aucun argent. (III, 192.)

USURE, au figuré :

.... Dans l'espérance de me venger d'eux avec *usure*. (V, 632.)

UTILITÉ, au pluriel :

Voilà... les trois sortes d'*utilités* qui se peuvent remarquer dans la conduite que Monsieur a prise. (IV, 118.)

V

VACATION, au singulier et au pluriel, la cessation des séances :

.... L'inaction du Parlement, qui étoit en *vacation*. (II, 94.)

Il (*le Parlement*) demanda... la continuation de ses assemblées, même dans le temps des *vacations*. (II, 65.)

Le Parlement prit ses *vacations*. (II, 89.)

Voyez II, 64 et 67; III, 131.

VAGUE, substantif, au figuré :

Il eût été impossible de tenir plus longtemps contre les *vagues* (*du Parlement*), si la nouvelle de la paix de Bordeaux ne fût arrivée. (III, 130.)

VALOIR :

L'évêché d'Agde... n'a que vingt-deux paroisses, et... *vaut* plus de trente mille livres de rente. (I, 207.)

Autant vaut, locution :

Vous voilà cardinal, *autant vaut*. (III, 381.)

VARIÉTÉ :

La Reine ne savoit où elle en étoit ;... un moment elle vouloit, à toutes conditions, le retour de Monsieur le Prince,... l'autre, elle remercioit Dieu de ce qu'il étoit sorti de Paris ;... cette *variété* venoit des différents conseils que l'on lui donnoit. (III, 391.)

.... Comme je disois un jour à Guitaut que cette *variété* (*ces assertions contradictoires*) m'étonnoit, il me répondit qu'il n'en étoit point surpris. (III, 297.)

VAYE, fourrure de vair :

Nous trouvâmes, hier au soir, en *vaye*, M. le cardinal Grimaldi. (VII, 390.)

Voyez la note 6 à la page indiquée.

VEILLE. Voyez Veiulle.

VEIULLE, veille :

.... La *veiulle* de la Saint-Denis. (I, 250.)

Voyez la note 4 de la page indiquée, et tome I, p. 253, ligne 7.

VENDRE :

Laigue... s'étoit fort lié avec moi depuis qu'il *avoit vendu* sa compagnie aux gardes. (II, 361.)

VENGER :

La foi d'une déclaration publique... n'a pas empêché que le cardinal Mazarin n'ait voulu *venger* les Barricades. (V, 456.)

Dieu vous a confié l'épée de sa justice... pour *venger* sa cause. (IX, 124.)

VENIR :

Nerlieu,... qui commandoit la cavalerie des Mazarins, *étant venu* avec beaucoup de vigueur à la charge, fut tué par les gardes de M. de Beaufort. (II, 217.)

Si elle (*Mme de Chevreuse*) *fût venue* dans un siècle où il n'y eût point eu d'affaires, elle n'eût pas seulement imaginé qu'il y en pût avoir. (II, 184.)

VENIR À OU JUSQUES À, arriver à, parvenir à :

Pour *venir à* toutes ces fins, le premier préalable... est de n'en avoir aucune. (II, 340.)

Ce qui cause l'assoupissement dans les États qui souffrent est la durée du mal, qui saisit l'imagination des hommes, et qui leur fait croire qu'il ne finira jamais. Aussitôt qu'ils trouvent jour à en sortir, ce qui ne manque jamais lorsqu'il *est venu jusques à* un certain point,... bien loin de considérer les révolutions comme impossibles, ils les croient faciles. (I, 292.)

VENIR À, en venir à :

Ils m'insinuèrent que Monsieur pourroit bien *venir aux* voies de fait, et me faire enlever par ses gardes. (I, 261.)

Il fallut *venir* malgré moi *à* agir. (II, 548.)

Voyez II, 347 et 542.

VENT, au figuré :

Cette rosée fit tomber le *vent* qui commençoit de s'élever dans la Grande Chambre. (III, 91.)

Un *vent* s'éleva à ce mot, du côté des bancs des Enquêtes, qui faillit à étouffer, par son impétuosité, le pauvre président Bailleul. (IV, 190.)

Ils laissèrent toujours, dans Paris, un air de parti contraire, qui ne manque jamais de s'épaissir quand il est agité par les *vents* qu'y jette l'autorité royale. (IV, 211.)

Le lieu de la retraite n'étoit pas trop affreux ; l'ombre des tours de Notre-Dame y pouvoit donner du rafraîchissement ; et le chapeau de cardinal la défendoit encore du mauvais *vent*. (IV, 189.)

VENTRE (LE PETIT) :

Meillaincour... avoit été blessé dans *le petit ventre*. (I, 101.)

VERBALISER SUR, discourir sur :

Le Pape s'attendoit que... je *verbaliserois sur* la distinction des ordres du Roi et de ceux de M. le cardinal d'Est. (V, 75.)

VERDURE :

Vous allez voir des scènes au prix desquelles les passées n'ont été que des *verdures* et des pastourelles. (II, 94.)

VÉRIFIER (SE) :

.... Ce mot est vrai, et il *se vérifia* même en cette occasion. (IV, 85.)

VÉRITABLE, sincère, véridique :

Il n'y a de *véritables* histoires que celles qui ont été écrites par les hommes qui ont été assez sincères pour parler véritablement d'eux-mêmes. (I, 191.)

Varicarville... a été, à mon sens, le gentilhomme de son siècle le plus *véritable*. (II, 449.)

La lettre du Cardinal étoit *véritable* et sincère en ce point. (III, 353.)

Voyez II, 215 ; VII, 205.

VÉRITABLEMENT, sincèrement, avec vérité :

Il n'y a de véritables histoires que celles qui ont été écrites par les hommes qui ont été assez sincères pour parler *véritablement* d'eux-mêmes. (I, 191.)

VÉRITÉ, sincérité, véracité :

Je me résolus de rendre compte aux provinces de tout le procédé, avec toute la *vérité* que je devois à ma conscience et à mon honneur. (I, 269.)

Dans la vérité :

L'on croyoit compter sûrement tous les mois sur la mort de mon oncle, qui étoit *dans la vérité* fort infirme. (I, 207.)

Vous ne doutez pas que je ne fusse un peu ému ; mais *dans la vérité* je ne le fus pas au point que vous le devez croire. (II, 34.)

Je l'eusse fait, *dans la vérité*, avec beaucoup de joie. (II, 391.)

Voyez I, 219, 242, 262 et 266 ; II, 328.

VERMEIL, substantif :

M. de Brissac me fit remarquer un hausse-cou de *vermeil* doré. (II, 45.)

VERS :

.... Un voyage que M. de Navailles avoit fait *vers* M. d'Elbeuf. (IV, 62.)

Ils sont déjà *vers* Agen. (VIII, 63.)

Vers, envers :

.... La commisération très-naturelle *vers* une grande princesse affligée. (III, 30.)

Le bonhomme s'aida ainsi *vers* tout le monde, tout le monde l'aida, et le Cardinal le fit garde des sceaux. (III, 55.)

Quand il vit que tous ses efforts étoient sans effet, et *vers* la mère et *vers* la fille, il les tourna vers moi. (III, 445.)

Du lieu de sa retraite il (*saint Cyprien*) envoyoit des mandements pour la conduite qu'on devoit tenir *vers* ceux qui étoient tombés dans la persécution. (V, 126.)

Voyez II, 261 et 568 ; III, 243, 376 et 437 ; V, 138 et 139.

VERVE :

Le maréchal d'Estrées, qui vit que le Cardinal se mettoit dans l'esprit de se rétablir dans le public en accommodant les affaires de Bordeaux et en remettant l'ordre dans les rentes, prit le temps de cette *verve*, qui ne dureroit pas longtemps, ce nous disoit-il, pour lui persuader qu'il falloit couronner ces beaux feux par la dégradation du Chancelier. (III, 53.)

VÉTILLER :

Il *vétilla* beaucoup sur la manière dont il étoit convenu à midi. (III, 374.)

VÉTILLEUX :

Il étoit naturellement *vétilleux* et grondeur. (III, 32.)

VIANDE, chair :

Il me paroissoit au désespoir quand elle mangeoit les vendredis de la *viande*. (II, 567.)

VICAIRE général, grand vicaire d'un évêque, ou, dans une communauté religieuse, celui qui remplace le supérieur pendant son absence :

Vous verrez par la commission que je vous envoie, le choix que j'ai fait de votre personne, pour être mon *vicaire général* dans mon diocèse. (VI, 136.)

Il se servit, pour cet effet, du *vicaire général* des Augustins. (III, 144.)

VICTOIRE :

Ce qui attire assez souvent je ne sais quoi d'odieux sur les actions des ministres, même les plus nécessaires, est que pour les faire ils sont presque toujours obligés de surmonter des obstacles dont la *victoire* ne manque jamais de porter avec elle de l'envie et de la haine. (I, 233.)

VIDAME :

Le Cardinal, à qui la citadelle d'Amiens eût assez plu pour lui-même, eût bien voulu que le *vidame*

lui en eût cédé le gouvernement....
Ce *vidame*... se fâcha. (II, 544.)

VIDE :

Les grands noms, quoique peu remplis et même *vides*, y sont toujours dangereux (*à Paris*). (III, 132.)

Voyez Vuide.

VIE :

Je me fis... connoître à cette sorte de gens (*aux pauvres*).... Le voile de Mme de Maignelais, qui n'avoit jamais fait d'autre *vie* (*que la charité*), couvroit toute chose. (I, 167.)

Il passa jusques à la picoterie toute ouverte, en me disant que quand l'on affectoit de faire des actions de saint Ambroise, il en falloit faire la *vie*. (I, 260.)

VIÉDASE, fat :

Vous êtes un *viédase*, Monsieur l'Abbé. (VIII, 62.)

Voyez, sur les divers sens du mot et sur son étymologie, la note 2 à la page indiquée.

VIEIL-PALAIS (Le), la citadelle de Rouen :

Le Pont-de-l'Arche,... joint au *Vieil-Palais* de Rouen, à Caen et à Dieppe, ne convenoit pas mal à un gouverneur de Normandie. (II, 534.)

VIF, vive :

Ce ne fut pas la vue de l'impossibilité qui m'en fit rejeter la pensée, qui fut même assez *vive* dans les commencements. (II, 123.)

VIGNE de Virginie, vigne vierge :

.... Du plant de *vigne de Virginie* pour mettre auprès des murailles de mon petit appartement. (VIII, 558.)

Voyez la note 1 à la page indiquée. Voyez encore VIII, 561.

VIGOUREUX :

Il alloit aux avis les plus *vigoureux*. (III, 82.)

VILAIN, adjectif :

Il (*Mazarin*) avoit de l'esprit, de l'insinuation, de l'enjouement, des manières ; mais le *vilain* cœur paroissoit toujours au travers. (I, 286.)

VILAINIE, vilenie :

Je n'ai jamais vu personne moins capable d'une *vilainie* que M. de Turenne. (III, 538.)

VILLE (La), absolument, en parlant de Paris :

Le lendemain au matin,... *la Ville* reçut une lettre du Roi, par laquelle il lui étoit commandé de faire obéir le Parlement et de l'obliger à se rendre à Montargis. (II, 144.)

Les gens de bien étoient las de la division que l'on essayoit de faire dans *la Ville*. (II, 169.)

Voyez II, 130, 139, 143, 150, 151, 191 et 228.

VINAIGRE, au figuré :

Monsieur le Premier Président y trouva trop de *vinaigre* (*dans le mémoire*). (III, 477.)

VIOLEMENT, violation :

.... Tous ceux qui étoient affligés du *violement* de la liberté ecclésiastique par la détention d'un cardinal et d'un archevêque. (V, 118.)

.... Un *violement* si insupportable de la sainteté de l'Episcopat. (VI, 26.)

Voyez VI, 193, 274 et 352.

VIOLEMMENT :

M. de Rohan passoit pour les aimer un peu trop *violemment* (*les violons*). (IV, 165.)

VIOLENCE, violation :

.... Toutes les entreprises contre l'Église, et les *violences* de ses droits les plus sacrés. (VI, 258.)

VIOLENT :

Certains mouvements... me portoient à épargner mes plus *violents* ennemis. (VI, 297.)

Si cela n'arrive pas, et même dans le doute que cela n'arrive pas, qui n'est que trop *violent*, agréez que je cherche à sauver ma maison. (II, 442.)

J'eus un *violent* soupçon... que l'on n'emmenât le Roi ce jour-là. (III, 255.)

VISAGE, au figuré :

Toutes les affaires ont deux *visages* différents. (V, 543.)

Visage, mine, apparence :

Les dogmatistes... n'ont pourtant rien fait qu'emprunter le *visage* de l'assurance pour en avoir meilleure mine. (IX, 154.)

Avoir mauvais visage, avoir mauvaise mine :

Le Pape se trouva assez mal la nuit de jeudi à vendredi; mais il ne laissa pas de se trouver dimanche à la chapelle du Vatican.... Quelques-uns de ceux qui y furent m'ont dit qu'il *avoit* fort *mauvais visage*. (VII, 118.)

VIS-À-VIS DE, en face de, devant :

L'on cria aux armes. Un crocheteur mit un sabre à la main *vis-à-vis des* Quinze-Vingts. (II, 26.)

VISIBLE, évident :

Il étoit *visible* que le Roi n'étoit sorti de Paris que pour l'attaquer. (II, 70.)

N'est-il pas *visible* que ce qui n'auroit pas été légitime quand mon siége auroit été vacant par ma mort, le peut être encore moins.... (V, 130.)

Quand ce procès... ne seroit pas une *visible* chimère.... (VI, 355.)

VISIBLEMENT, évidemment, manifestement, avec certitude :

Cette considération... est certainement et *visiblement* le vrai sens de la bulle. (VII, 165.)

Il parut *visiblement* que le prétendu adoucissement de la Reine n'avoit pas été de concert avec lui. (III, 527.)

Elle (*la frayeur des Espagnols*) a été remarquée *visiblement* par quelques cardinaux. (VII, 116.)

Nous connûmes *visiblement* qu'il croyoit déjà gouverner Fuensaldagne. (II, 362.)

Voyez II, 527; III, 471; VII, 111.

VISION :

Il vient droit à Monsieur... en criant : « Point de Mazarin ! vivent les Princes ! » Monsieur, à cette *vision*,... tourna brusquement et s'enfuit dans la Grande Chambre. (III, 87.)

Pour ce qui étoit du cardinalat,... je lui allois découvrir... quels étoient mes mouvements sur cette dignité;... je m'étois mis follement dans la tête qu'il seroit plus glorieux de l'abattre que de la posséder;... il n'ignoroit pas que j'avois fait paroître quelque étincelle de cette *vision* dans les occasions. (III, 46.)

Je ne me puis imaginer... que le Coadjuteur soit asssez fou pour se mettre cette *vision* dans la fantaisie. (III, 514.)

VISITEUR GÉNÉRAL, religieux chargé de visiter les divers couvents d'un ordre :

Je parlai dernièrement à M. le cardinal Ginetti du *visiteur général* qui a été accordé aux Mathurins d'Andalousie. (VII, 198.)

Le pape a enfin accordé un *visiteur général* à la province d'Andalousie. (VII, 178.)

Voyez encore VII, 193.

VIVANT :

N'y ayant qu'un Épiscopat dans l'Église sainte de Dieu *vivant*.... (VI, 195.)

VIVEMENT :

.... Un lieutenant général de l'État, aussi *vivement* et aussi hautement offensé qu'il l'étoit. (III, 290.)

Ces hommes extraordinaires,... qui pénètrent si *vivement* dans l'avenir sur les intérêts qui leur sont indifférents.... (V, 554.)

VIVRE :

BIEN VIVRE AVEC, vivre en bonne intelligence avec :

.... La passion qu'il (*le Pape*) avoit toujours eue de *bien vivre avec* le Roi. (VII, 32.)

VIVRE, substantif :

Pauvre malheureux peuple,... tu n'avois à appréhender que la rareté du travail ou du *vivre*. (V, 428.)

VOEU :

Je m'étois promis à moi-même, par une espèce de *vœu*, de n'être jamais cardinal. (III, 9.)

SE FAIRE VOEU, se promettre :

Je *me suis fait vœu* à moi-même de ne vous celer quoi que ce soit. (III, 169.)

VOIE, au figuré, moyen :

Nous évitions, par toutes les *voies* possibles, d'être obligés à ces extrémités. (II, 321.)
Il le serviroit avec zèle en tout ce qui seroit purement des *voies* de justice ; mais si l'on prenoit celles de la faction, il n'en pouvoit jamais être. (III, 197.)
Il falloit que lui ou elle périssent ;... elle ne vouloit pas se servir des *voies* de sang. (III, 340.)
Je cherchai... les *voies* de le pouvoir faire avec honneur. (III, 280.)
Ma prison... marque une *voie* infaillible d'exercer sur tous les Évêques la même rigueur. (VI, 209.)
Vous voyez de quelle horrible conséquence seroit cette *voie* nouvelle de déposséder les Évêques. (VI, 397.)

Voyez I, 280 et 320; II, 31 et 403; V, 119 et 192; VI, 204.

VOILE, masculin, au figuré :

Je me fis... connoître à cette sorte de gens (*aux pauvres*).... Le *voile* de Mme de Maignelais, qui n'avoit jamais fait d'autre vie (*que la charité*), couvroit toute chose. (I, 167.)

VOILE, féminin :

À PLEINES VOILES, au figuré :

L'unique moyen... étoit d'aller au-devant de la délibération par une sédition. M. de Beaufort, qui alloit toujours à ce qui paroissoit le plus haut, y donnoit *à pleines voiles*. (II, 300.)

VOIR, acceptions diverses :

Je fut bien aise de m'en ouvrir avec M. de Bouillon,... pour *voir* avec lui la conduite que nous aurions à y prendre. (II, 273.)
Le Premier Président fit *voir* à la Reine toute l'horreur de Paris armé et enragé ; c'est-à-dire il essaya de lui faire *voir*, car elle ne voulut rien écouter, et elle se jeta de colère dans la petite galerie. (II, 50.)
Sa puissance... fourniroit infailliblement, par l'abus qu'il ne manqueroit pas d'en faire, des occasions plus favorables au mouvement que celles qui s'y *voyoient* présentement. (I, 156.)
Il est pis que l'autre ; car l'on *voit* au moins un temps ou l'autre négociera ; mais celui-là ne traitera jamais que pour le général. (II, 376.)

VOIRE, même :

On fera un corps de dix mille hommes, *voire* de vingt, s'il est nécessaire. (V, 432.)

VOITURE (CARROSSE DE), voiture publique :

M. le cardinal de Hesse dit publiquement qu'il est venu en *carrosse de voiture*. (VII, 228.)

Voyez la note 2 à la page indiquée.

VOIX :

M. d'Elbeuf... savoit bien qu'il

n'avoit pas la *voix* publique, et... ne se tenoit pas plus en sûreté chez lui qu'ailleurs. (II, 306.)

VOLANT, substantif :
Je n'ai point demandé de *volants* ni de palettes. (VIII, 371.)

VOLÉE, au figuré :
Cinquante ou soixante voix le désavouèrent d'une *volée*. (IV, 190.)

VOLERIE :
.... Le président de Maisons, noirci par tant de *voleries*. (V, 181.)

Voyez encore V, 308.

VOLTIGER :
Nous voyons les restes d'une armée de quarante mille hommes *voltiger* encore sur les dunes de Flandres pour le service de deux ou trois mille goujats. (V, 305.)

VOULOIR :
Monsieur d'Orléans y vint encore (*au Parlement*), quelques jours après, porter une troisième déclaration, par laquelle le Roi *vouloit* qu'il ne se fît plus aucune levée d'argent qu'en vertu de déclarations vérifiées en Parlement. (I, 324.)
L'on ajouta dans l'arrêt que la Reine seroit très-humblement suppliée de *vouloir* nommer les calomniateurs. (II, 138.)
L'on voyoit sur les degrés du trône, d'où l'âpre et redoutable Richelieu avoit foudroyé plutôt que gouverné les humains, un successeur (*Mazarin*) doux, bénin, qui ne *vouloit* rien. (I, 232.)

BIEN VOULU, MAL VOULU :
Le président de Novion... étoit *bien voulu* pour s'être signalé dans les premières assemblées des chambres contre la personne du Mazarin. (II, 399.)
Comme il est assez *mal voulu* en Allemagne, il n'a osé demeurer près de Cologne. (VIII, 32.)

VOYANT, VOYANTE, visible, facile à voir :
Il n'y a guère de couleurs en la nature qui n'y paroissent (*dans l'arc-en-ciel*) : les unes sont plus sombres, et les autres plus *voyantes*. (IX, 168.)

VRAI, substantivement :
AU VRAI, avec vérité, avec certitude :
Il m'ordonna de lui exposer *au vrai* l'état des choses. (II, 78.)
Le petit Courtin, qui étoit dans une croisée, pouvoit m'avoir entendu ; c'est ce que je n'ai jamais su *au vrai*. (II, 172.)

Voyez encore III, 79.

DANS LE VRAI, en réalité :
Elle me l'envoyoit... sous prétexte de répéter quelque prisonnier ; mais, *dans le vrai*, pour m'avertir que.... (II, 159.)

Voyez II, 245 ; IV, 25 et 120.

VU (AU) DE :
Mes grands Vicaires ont administré mon Archevêché *au vu* et au su *de* tout le monde. (VI, 51.)

VU, préposition, sans accord :
Je doutois que, *vu* l'aigreur des esprits, il (*le Parlement*) voulût conférer avec le Cardinal. (II, 86.)
J'aurois eu peine à croire ce qu'il m'assuroit,... *vu* la foiblesse et le ridicule de cette fantastique faction. (III, 544.)

VUE :
Le reste à la première *vue*, qui me donnera en vérité bien de la joie par celle que j'aurai à vous embrasser. (VIII, 484.)
Je tire une lettre de change de quatre mille neuf cent soixante et dix livres, payables à M. Le Moine à douze jours de *vue*. (VIII, 338.)

VUE, au figuré :
Il n'y en avoit pas un... qui

eût la moindre *vue*... de ce qui en pouvoit suivre. (II, 59.)

Je la trouvai très-belle,... du défaut à la taille, mais peu remarquable et qui étoit beaucoup couvert par la *vue* de quatre-vingt mille livres de rente. (I, 93.)

Je ne pris d'abord cette conduite que par la pente de mon inclination, et par la pure *vue* de mon devoir. La nécessité de me soutenir contre la cour m'obligea de la suivre, et même de la renforcer. (I, 266.)

La santé de M. le cardinal de Richelieu commençoit à s'affoiblir, et à laisser, par conséquent, quelques *vues* de possibilité à prétendre à l'archevêché de Paris. (I, 127.)

Dans plusieurs éditions : « quelques vues de la possibilité de l'archevêché de Paris. »

Je jugeai bien que ce seroit proprement à moi à ouvrir les avis, parce que ces bons vieillards n'en portent jamais qui signifient quelque chose, lorsque l'on les fait opiner sur un sujet sur lequel ils ne sont pas préparés. Je ne me trompai pas dans ma *vue*. (III, 468.)

Le cardinal de Richelieu étoit trop habile pour ne pas avoir toutes ces *vues*; mais il les sacrifia à son intérêt. (I, 280.)

Le fort de M. le cardinal Mazarin étoit proprement... de jeter des lueurs, de les retirer; de donner des *vues*, de les brouiller. (IV, 213.)

Les esprits irrésolus ne suivent presque jamais ni leur *vue* ni leur sentiment, tant qu'il leur reste une excuse pour ne se pas déterminer. (III, 221.)

C'est la pensée de M. de la Houssaye;... c'est la mienne pareillement, et mon sentiment est qu'il faut attendre sur cela la *vue* du Roi qui nous donnera peut-être plus d'ouverture sur toutes choses. (VIII, 155.)

Voyez I, 90; II, 32, 38 et 124; III, 116; IV, 121 et 127.

VUE, perspicacité :

L'ignorance de celui qui gouverne aujourd'hui ne lui laisse ni assez de *vue* ni assez de force pour régler les poids de cette horloge. (II, 103.)

Ce qui n'a pas honoré sa *vue*, ou plutôt sa résolution, a bien justifié son intention. (II, 113.)

Le connoissant comme je faisois, je ne devois pas être surpris de son peu de *vue*. (II, 535.)

Voyez II, 24 et 166; III, 435.

VUE, idée, intention, projet :

Le maréchal d'Aumont... le faisoit donner sous main (*cet avis*) et de concert avec le maréchal d'Albret... par la seule *vue* de ne pas rejeter le Royaume dans une confusion aussi effroyable que celle qu'ils prévoyoient. (III, 258 *et* 259.)

Ma première *vue*... fut de faire prendre les armes à toutes les troupes. (II, 225.)

L'une de ses premières *vues* fut de s'allier à la maison de Vendôme. (II, 503.)

Son unique *vue* devoit être dorénavant d'assoupir toutes les partialités. (III, 277.)

.... La honte que je pouvois avoir de n'avoir pas eu d'assez bonnes *vues*. (IV, 199.)

Je n'eusse pas eu peine à lui faire prendre des *vues* peu favorables à la cour. (III, 95.)

La difficulté de s'assurer des uns ou des autres brouilloit à midi les *vues* qu'il avoit prises à dix heures. (III, 361.)

Voyez I, 146; II, 110, 113, 121, 344, 392 et 497; III, 244, 245 et 352, etc.

D'UNE VUE, TOUT D'UNE VUE, TOUTE D'UNE VUE :

.... Mille et mille choses de cette nature, que je vois *d'une vue*. (III, 514.)

Elle (*cette lettre*) vous fera connoître, *d'une vue*, ce qui se passa... à cet égard. (V, 116.)

Je vois encore, *tout d'une vue*,

plus de trente hommes de qualité, qui se disoient et qui se disent de mes amis, qui m'en donnèrent cette marque. (II, 580.)

Vous verrez cette déclaration *toute d'une vue*. (II, 89.)

À LA VUE DE :

Il s'étonnoit qu'un homme pour l'exclusion duquel il y avoit eu soixante et deux voix se pût résoudre à violer les formes de la justice *à la vue du* soleil. (II, 601.)

Les Princes ne sont plus *à la vue de* Paris. (III, 127.)

DANS LA VUE DE, dans l'intention de :

Il (*Richelieu*) le souffroit (*Brézé*) *dans la vue de* se donner à lui-même quelque repos dans sa famille. (I, 106.)

Voyez II, 113, 154, 366, 466, 485 et 577; III, 75, 96, 399 et 528; IV, 93.

EN VUE DE :

Mon père n'étoit pas dans le dessein de me mener aux noces (*de Catherine de Gondi*), peut-être *en vue de* ce qui en arriva. (I, 92.)

Voyez encore III, 275.

AVOIR EN VUE DE :

Nous pourrions *avoir en vue de* faire ce que firent les Seize. (II, 270.)

POINT DE VUE :

En se regardant dans un miroir qui étoit dans la ruelle, elle montra tout ce que la morbidezza des Italiens a de plus tendre.... Mais par malheur elle ne prit pas garde que Palluau... étoit au *point de vue* du miroir. (I, 97.)

VUIDE, vide :

Tout ce qui est *vuide*, dans les temps de faction,... passe pour mystérieux. Ce *vuide*... ne fut rempli que de négociations. (III, 442.)

Voyez III, 308 et 317.

VULGAIRE, ironiquement :

Je veux bien vous l'avouer à vous, qui êtes une âme *vulgaire*, qui compatissez à ma foiblesse (II, 445.)

W

WEYMARIEN, WEYMARIENNE :

La cavalerie de l'Empire ne tenoit pas devant les *Weymariens*. (I, 232.)

Voyez la note 1 de la page indiquée.

Son armée (*l'armée de Turenne*)... étoit la *Weimarienne* et sans contredit la meilleure qui fût en Europe. (II, 334.)

Voyez la note 5 de la page indiquée.

Y

Y, équivalent soit à *là*, soit à un pronom précédé d'une préposition, et qui tient la place d'un nom de chose (exprimé précédemment ou même non exprimé), ou bien se rapporte à l'idée plutôt qu'à un mot :

N'ai-je pas eu de raison de vous dire qu'il ne seyoit pas bien à un honnête homme d'être mal à la cour en ce temps-là? et n'eus-je pas encore raison de conseiller à Nangis de ne s'*y* pas brouiller? (I, 232.)

Monsieur se crut au-dessus de l'exemple; Monsieur le Prince, attaché à la cour par son avarice, voulut s'*y* croire. (I, 235.)

L'affoiblissement et... le changement des lois de l'État... plaît toujours d'abord aux princes peu éclairés, parce qu'ils s'*y* imaginent l'agrandissement de leur autorité. (I, 280.)

Ce filoutage faisoit que le ministère... ne lui seyoit pas bien (à

Mazarin), et que le mépris s'*y* glissa, qui est la maladie la plus dangereuse d'un État. (I, 287.)

Les Suisses paroissoient... si étouffés sous la pesanteur de leurs chaînes, qu'ils ne respiroient plus, quand la révolte de trois de leurs paysans forma les ligues. Les Hollandois se croyoient subjugués par le duc d'Albe quand le prince d'Orange... conçut et enfanta leur liberté. Voilà des exemples, la raison *y* est. (I, 292.)

Dès que j'eus pris la résolution de me mettre à l'étude, j'*y* pris aussi celle de reprendre les erremens de M. le cardinal de Richelieu. (I, 111.)

L'on ne les voulut pas recevoir (*les remontrances du Parlement*) à la cour, où l'on prétendoit que le Parlement, que l'on *y* avoit supprimé, par une déclaration, comme rebelle, ne pouvoit plus parler en corps. (II, 210.)

Il n'y a peut-être jamais eu de bêtise plus complète; et ce qui *y* est de merveilleux est que je la fis sans réflexion. (II, 464.)

Le prévôt des marchands étoit... passionné pour la cour.... Le Premier Président n'en étoit pas esclave comme l'autre, mais l'intention certainement *y* étoit. (II, 147.)

Sa puissance... fourniroit infailliblement, par l'abus qu'il ne manqueroit pas d'en faire, des occasions plus favorables au mouvement que celles qui s'*y* voyoient présentement. (I, 156.)

Comme rien n'anime et n'appuie plus un mouvement que le ridicule de ceux contre lesquels on le fait, je conçus qu'il nous seroit aisé d'*y* tourner de tout point la conduite d'un ministre.... (I, 163.)

L'avarice insatiable du connétable de Montmorenci lui donna bien plus de mouvement à étendre l'autorité de François premier qu'à la régler. Les vastes et lointains desseins de MM. de Guise ne leur permirent pas, sous François second, de penser à *y* donner des bornes. (I, 273.)

Les provinces... demeuroient abattues et assoupies sous la pesanteur de leurs maux.... Si cette indolence générale eût été ménagée, l'assoupissement eût peut-être duré plus longtemps; mais comme le médecin (*Mazarin*) ne le prenoit que pour un doux sommeil, il n'*y* fit aucun remède. (I, 290.)

Le Parlement s'assembla... pour délibérer de ce qui étoit à faire à l'égard de l'arrêt du conseil d'en haut... qui avoit défendu la continuation des assemblées.... Ils *y* désobéissoient même en *y* délibérant, parce qu'il leur avoit été expressément enjoint de n'*y* pas délibérer. (I, 316.)

Nous devons suspendre notre jugement là-dessus, puisque le Parlement *y* délibère. (V, 347.)

Ce que vous allez voir est d'une peinture plus égayée, et les factions et les intrigues *y* donneront du coloris. (I, 327.)

Je rejetai... toutes ces pensées, quoique à vous dire le vrai, je m'*y* fusse nourri dès mon enfance. (II, 35.)

Monsieur s'éleva avec chaleur à ce mot.... Viole le soutint avec vigueur; les députés, tous d'une voix, *y* demeurèrent fermes. (II, 88.)

L'acharnement que l'on avoit à ne se point départir des formes, en des affaires qui *y* étoient directement opposées.... (II, 205.)

Cet inconvénient étoit plus à craindre en cette occasion qu'en toute autre. J'*y* admirai M. de Bouillon. (II, 248.)

La paix fut donc signée,... et les députés consentirent, avec beaucoup de difficulté, que M. le cardinal Mazarin *y* signât. (II, 379.)

Cette comparaison, qui fut trouvée assez plaisante, fut célébrée par les chansons.... Nous *y* donnâmes nous-mêmes assez de cours. (II, 494.)

Le maréchal de la Mothe, à qui nous communiquâmes ce bel exploit, *y* eut presque autant d'aversion que moi. (II, 556.)

Monsieur le Prince s'étoit engagé... de faire donner le tabouret à la comtesse de Fleix; et le Cardinal, qui *y* avoit grande aversion, suscita toute la jeunesse de la cour pour s'opposer à tous les tabourets qui n'étoient point fondés sur des brevets. (II, 541.)

Il (*M. de la Rochefoucauld*) n'a jamais été bon homme de parti, quoique toute sa vie il *y* ait été engagé. (II, 181.)

Je pris le parti d'aller trouver Monsieur d'Arles,... et de le prier de vouloir bien se joindre à moi pour faire entendre ensemble nos raisons à Monsieur le Cardinal. Nous *y* allâmes, nous lui parlâmes. (I, 249.)

M. le prince de Conti se mit dans mon carrosse, sans aucune suite que la mienne de livrée,... qui me faisoit... reconnoître de fort loin; ce qui étoit assez à propos en cette occasion, et qui n'empêchoit pourtant pas que M. le prince de Conti ne fît voir aux bourgeois qu'il prenait confiance en eux, ce qui n'*y* étoit pas moins nécessaire. (II, 156.)

M. de la Rochefoucauld, qui avoit plus de cœur que d'expérience, s'emporta de chaleur: il n'en demeura pas à son ordre, il sortit de son poste, qui lui étoit très-avantageux, et il chargea les ennemis avec beaucoup de vigueur. Comme il avoit affaire à de vieilles troupes et qu'il n'en avoit que de nouvelles, il fut bientôt renversé. Il *y* fut blessé d'un fort grand coup de pistolet dans la gorge. Il *y* perdit Rosan, frère de Duras; le marquis de Silleri... *y* fut pris prisonnier; Rachecour... *y* fut fort blessé. (II, 263.)

Les rois qui ont été sages... ont rendu les parlements dépositaires de leurs ordonnances, particulièrement pour se décharger d'une partie de l'envie et de la haine que l'exécution des plus saintes et même des plus nécessaires produit quelquefois. Ils n'ont pas cru s'abaisser en s'*y* liant eux-mêmes, semblables à Dieu qui obéit toujours à ce qu'il a commandé une fois. (I, 278.)

Je donnois des bottes à M. de Beaufort, qu'il ne paroît pas avec toute l'adresse qui *y* eût été nécessaire. (III, 305.)

Monsieur de Lisieux... me dit le lendemain... que si M. le cardinal de Richelieu eût vécu, il m'eût infailliblement rétabli dans son esprit. Ce qui *y* mettoit le plus de disposition étoit que Monsieur de Lisieux l'avoit assuré que... je n'avois jamais voulu être des amis de Monsieur le Grand; et il est vrai que M. de Thou... m'en avoit pressé, et que je n'*y* donnai point, parce que je n'*y* crus d'abord rien de solide, et l'événement a fait voir que je ne m'*y* étois pas trompé. (I, 200 *et* 201.)

L'on m'a donné quelques avis que M. de Paris pourroit prendre la nomination en échange de l'archevêché; j'*y* ai quelque pensée et pourtant encore que je n'*y* suis pas tout à fait résolu. (VIII, 85.)

Comme cette affaire et le mariage de la reine de Pologne m'avoient fort brouillé à la cour, vous pouvez bien vous imaginer le tour que les courtisans *y* voulurent donner. (I, 264.)

J'*y* admirai M. de Bouillon, chez qui la résolution se prit de faire l'ouverture par M. le prince de Conti. Il n'*y* balança pas un moment. (II, 248.)

Comme il n'étoit pas juste que M. le prince de Conti et les autres s'en rapportassent à lui seul, qui pouvoit avoir en tout cela des intérêts particuliers,... il les prioit de trouver bon qu'il n'*y* fît pas un pas que de concert avec le Coadjuteur. (II, 328.)

Nous n'en avions attendu ni plus ni moins, et nous n'*y* fûmes pas trompés. (II, 471.)

J'eus le temps de mander à M. de Turenne... de se sauver

sans y perdre un moment. (IV, 28.)

Il est constant qu'il y a fait tous ses efforts. (VII, 209.)

Y, équivalent à une préposition (*à, avec, en, pour, sur*), suivie d'un pronom représentant un nom de personne précédemment exprimé :

Vous ne vous êtes ouvert qu'à deux hommes de tout le Parlement, et encore vous ne vous y êtes ouvert que sous la parole qu'ils vous ont donnée... de ne laisser pénétrer à personne du monde... vos intentions. (II, 109.)

Si le prieur des Chartreux lui eût plu, elle eût été solitaire de bonne foi. M. de Lorraine, qui s'y attacha, la jeta dans les affaires. (II, 184.)

Il y a aussi de l'imagination de croire que Monsieur le Coadjuteur a offert au Roi M. le duc d'Orléans, le Parlement et le peuple, comme s'ils n'y avoient pas toujours été. (V, 370.)

Toutes ces considérations lui faisoient croire qu'il ne falloit pas perdre un moment à... conclure avec l'Archiduc; mais... elles ne le persuadoient... pas qu'il y fallût conclure à toutes conditions. (II, 327.)

Quoique j'eusse vu Monsieur le Prince chez Mme de Longueville, je ne m'y croyois que fort médiocrement raccommodé. (II, 496.)

Nous étions très-assurés que Monsieur ne le suivroit pas (*le Roi*) si il avoit rompu publiquement avec le Cardinal, au lieu que nous ne nous en pourrions pas répondre, si la cour prenoit cette résolution dans le temps qu'il y gardoit encore des mesures. (III, 220.)

Je ne m'accommoderai point avec Monsieur le Prince si l'on ne révoque point ma nomination; je m'y accommoderai demain... si l'on continue seulement à m'en menacer. (IV, 26.)

S'étant brouillé avec lui au mois de septembre,... il s'y raccommoda. (V, 227.)

Je la trouvai dans un abattement extrême, et je n'en fus point surpris, parce que je l'attribuai à la pudeur. J'y trouvai quelque chose de plus le lendemain. (I, 203.)

Monsieur le Prince n'auroit pas conservé pour elle la tendresse qu'il y conserva toujours. (II, 119.)

Il eût été aussi judicieux, en ce temps-là, de fonder sur lui (*sur le Parlement*), qu'il l'est,... à cette heure, de n'y rien compter. (II, 434.)

Y, tenant la place d'un attribut :

Je ne vois pas même la perte de Mazarin assurée, ou... je l'y vois d'une manière qui ne nous donne aucune sûreté. (II, 345.)

Z

ZÉLÉ, substantivement :

Comme la fin de l'assemblée du clergé approchoit, et que l'on étoit sur le point de délibérer sur le don que l'on a accoutumé de faire au Roi,... je me séparai de la bande des *zélés*, à la tête desquels étoit Monsieur de Sens; je me joignis à Messieurs d'Arles et de Châlon. (I, 264.)

ZÉRO, au figuré :

Ce chef de parti (*le prince de Conti*) étoit un *zéro*, qui ne multiplioit que parce qu'il étoit prince du sang. (II, 180.)

ZIZANIE :

Je n'entre point dans les intentions de ceux qui sèment cette malheureuse *zizanie*. (V, 385.)

TABLE DES MATIÈRES
CONTENUES
DANS LE DIXIÈME VOLUME

LEXIQUE DE LA LANGUE DE RETZ.

Préface I
Introduction grammaticale IX
Orthographe LXXXIII
Lexique 1

FIN DE LA TABLE DES MATIÈRES.

32255. — Imprimerie Lahure, 9, rue de Fleurus, à Paris.

www.ingramcontent.com/pod-product-compliance
Lightning Source LLC
Chambersburg PA
CBHW071612230426
43669CB00012B/1910